Call of Plowmen

Khachik Dashtents

ՌԱՆՉՊԱՐՆԵՐԻ ԿԱՆՉԸ

ԽԱՉԻԿ ԴԱՇՏԵՆՑ

Call of Plowmen

Copyright © 2014, Indo-European Publishing

All rights reserved.

Contact:
IndoEuropeanPublishing@gmail.com

ISNB: 978-1-60444-770-5

ՌԱՆՉՊԱՐՆԵՐԻ ԿԱՆՉԸ

© Հնդեվրոպական Հրատարակչություն, 2014

Հրատարակված է Ամերիկայի Միացյալ Նահանգներում:

Կապ՝

IndoEuropeanPublishing@gmail.com

ISNB: 978-1-60444-770-5

ԱՌԱՋԻՆ ՄԱՍ

Եվ շարան-շարան բարձրանում էր վեր
Մեր բեռնավորված ընկերների չուն:

Ե. ՉԱՐԵՆՑ

«ՌԱՆՉՊԱՐՆԵՐԻ ԿԱՆՉԸ»

Մուշ քաղաքի ս. Մարինե թաղում հայոց լեզվի դաս էր:

— Ապա արտասանիր «Ռանչպարների կանչը», — մատնացույց արեց Մելքոն վարժապետը վերջին շարքում նստած մի թխադեմ աշակերտի, որ լուսամուտին կպած մտազբաղ նայում էր Չորաթաղի այգիներին:

Աշակերտը կանգնեց:

Բոլորը զույգ-զույգ էին նստած, իսկ սա մենակ էր: Կողքի դասընկերը մի տարի առաջ լքել էր դպրոցը՝ իրեն մենակ թողնելով վերջին նստարանին:

Շաբաթը մեկ անգամ Մելքոն վարժապետը աշակերտներին կրկնել էր տալիս հայոց այբուբենը: Աշակերտները պարտավոր էին անգիր ասել բոլոր տառերը, դրանք զուգակցելով հայ շինականների առավոտյան կանչերի հետ: Այբուբենը սերտելու այս եղանակը Մելքոն վարժապետն էր մշակել ոտանավորի ձևով, նպատակ ունենալով հայոց գրերի պատկերը և հաջորդական կարգը ամուր դրոշմել իր սաների հիշողության մեջ: Այնպես պետք է արտասանեին, որ թվար, թե առավոտ է, և ռանչպարները իրար ձայն տալով շտապում են դաշտային աշխատանքի:

— Ա՛յբ, բե՛ն, գի՛մ,
Բրդեմ ուտեմ.

— Ի՞նչ ուտես, — ընդմիջեց Մելքոն վարժապետը հոնքերը խոժոռելով:

— Թփով կլուլիկ կարմիր տաքտեղով:

Դասարանը փռթկաց:

— Լավ բան է Մշո թփով կլուլիկ ուտելը, այն էլ կարմիր տաքտեղով, բայց դասը լավ սերտելուց հետո, — սաստեց վարժապետը: — Այլապես տեսնու՞մ ես վարոցների խուրձը:

— Առաջ ուտել, հետո սերտել, — պատասխանեց թխադեմ աշակերտը, դժկամությամբ նայելով բարակ վարոցների կապոցին, որ դրված էր անկյունում, կարգապահությունը խախտող և դասը չսովորող աշակերտներին պատժելու համար:

— Դու ասա «Ռանչպարների կանչը», — դիմեց պարոն Մելքոնը մի ուրիշ աշակերտի, որ առջևում էր նստած և թվաբանությունից ու մայրենի լեզվից միշտ հինգ ու խաչ էր ստանում :

Խաժաչք, սուր քթով և մազերի խոպոպները ճակատին թափած սասունցի մանուկ էր Սանասարը: Դասը պատասխանելուց առաջ սա միշտ դիմում էր Մարութա սարին, կարծես ուժ առնելու համր: «Յա Մարաթուկ», ասում էր ու դասը պատասխանում: Ուստի դասարանում նա հայտնի էր նաև «Յա Մարաթուկ» մականունով:

Սանասարը համարձակ վեր կացավ, և «Յա Մարաթուկ» դոչելով, ճակատը բարձր պահած սկսեց.

— Ա՛յք, բե՛ն, գի՛մ,
Ե՛լ, Հովակիմ,
Դա՛, ե՛չ, զա՛,
Լծիր եզան:
Է՛, ը՛թ, թո՛,
Վերկաց, Թաթո,
Ժե՛, ինի՛, լյո՛ւն,
Կապիր քո շուն:
Խե՛, ծա՛, կե՛ն,
Ու՞ր է Հակեն:
Հո՛, ձա՛, ղա՛տ,
Միհրա՛ն, Մրհրդա՛տ,
Ճե՛ն, մե՛ն, հի՛,
Կզանք հիմի:
Նու̀, շա', ո՛,
Պրծիր, Շավո,
Չա', պե', ջե',
Ուշ է, Վաչե:
Ռա', սե', վե՛վ,
Ծագեց արև:
Տյո՛ւն, րե', ցո',
Մարդ աստծո:
Վյո̀ւն, փյո՛ւր, քե',
Քելե, Սրքե,
Ե՛վ, օ', ֆե',
Օ, ի՛նչ զով է:

— Ապրե՛ս, Սանասար: Դու Սասնա ո՞ր գյուղից ես:

— Բսանաց գավառի Ջրտնիք գյուղից:

— Շատ ապրես, որդիս: Ա՛յ, այդպես կսերտեն «Ռանչպարների

կանչը» և ոչ թե կլուլիկ ուտելու մասին կմտածեն, — նկատեց Մելքոն վարժապետը և դասամատյանը բաց անելով Սանասարի անվան դիմաց ավելացրեց մի նոր հինգ ու խաչ:

Թեպետ խոսքը վերջին նստարանի աշակերտի մասին էր, բայց նա դարձյալ դրսի աշխարհով այնպես էր կլանված, որ բոլորովին չլսեց իր ուսուցչի ձայնը: Ներքևում ձորի մեջ ինչ-որ բան էր կատարվում, որ նրան գամել էր լուսամուտին:

— Ուշադրությունդ ուրիշ տեղ է, Մամիկո՛ն:

— Ա՛յբ, բե՛ն, գի՛մ,

Ել, Հովակիմ,

Դա՛, եջ, զա՛,

Լծիր եզան, — բարձրաձայն կրկնեց թխադեմ աշակերտը և լուսամուտը արագությամբ բաց անելով, իրեն վայր նետեց այնտեղից: — Վարժապետ, ես գնացի, — հնչեց Մամիկոնի ձայնը լուսամուտի տակից: Նա թռավ առաջին տանիքը, այնտեղից երկրորդ տանիքը և, մի կտուրից մյուսը անցնելով, սլացավ դեպի Ջորաթաղի այգիները:

Տարիների ընթացքում մի քանի աշակերտներ զանազան պատճառներով լքել էին ուսումը: Բայց նրանցից ոչ մեկը այդպես չէր բաժանվել դպրոցից, այդքան հանդուգն և անթույլատրելի ձևով:

Ձորի մեջ կանացի ճիչեր լսվեցին, և դպրոցում պարապմունքը ընդհատվեց:

Հետևյալ օրը շաբաթ էր:

Վարժապետ Մելքոնը վաղ լուսաբացին շտապեց դեպի ս. Մարինե թաղը՝ իր աշակերտի ծնողներին տեսնելու:

Նրանց տունը շինված էր գետափին:

Հասավ այն ժամանակ, երբ Մամիկոնը, մի կապոց թևի տակ, քայլում էր դեպի այն կամուրջը, որ ս. Մարինե թաղը միացնում էր Կողու թաղին:

— Մամիկո՛ն:

Պատանին կանգ առավ:

— Զավակս, երեկվա դեպքը ցնցեց մեր քաղաքը: Բայց խոհեմություն չէր այդքան անթույլատրելի ձևով հեռանալ դպրոցից՝ «Ռանչպարների դաս» թողնելով կիսատ:

— Իմ դասը վերջացավ, վարժապետ: Ներիր ինձ և թողություն արա ձեռքդ համբուրեմ:

— Քահանայի ձեռքն են համբուրում, ես քահանա չեմ:

— Ոչ թույլ տուր համբուրեմ ձեռքը այն մարդու, որ հայոց այբուբենի մշակն է եղել երեսուն տարի: Օրհնյալ լինես դու, Մեսրոպ Մաշտոց: Օրհնյալ լինես և դու, Մելքոն վարժապետ:

— Որոշել ես գնա՞լ:

— Իմ պես պատանին իրավունք չունի այժմ հանգիստ նստել դասի:

Մելքոն վարժապետի աչքում արտասուք երևաց:

— Գնա՛, տղաս, ես քեզ արգելք լինել չեմ կարող։ Ճիշտ է, իմ դասարանը մեկով կպակասի, բայց ժողովրդի համար գործող արաբոների թիվը մեկով կավելանա։ Անցյալ տարի կոփեցի Շեկ Լևոնը գնաց Ամերիկա, այժմ դու ես գնում։ Էլ ո՞վ պիտի լսի ս. Կարապետի Ժառանգավորաց վարժարանի շրջանավարտ Մելքոն վարժապետի դասը։ Ո՞վ պիտի անգիր անի «Ռանչպարների կանչը»։ Գոնե այնքան սովորեիր, որ կարողանայիր «Նարեկը» և Րաֆֆու «Խենթը» կարդալ։

— Իմ սովորածը ինձ բավ է, Մելքոն վարժապետ։ Շարժում է ինձ պետք, լեռների կյանք եմ փնտրում։ Ես մեկ էլ քեզ մոտ կգամ այն ժամանակ, երբ ռանչպարների կանչը իրական դառնա և հայ շինականներն առանց երկյուղի գնան գործի։ Տա աստված, որ քեզ ողջության մեջ տեսնեմ վերադարձիս։

— Գնա՛, որդիս, և աստված քեզ հետ։ Մինչև ցորյանի հատիկ չմեռնի՝ հունձք չկա։ Եվ եթե քո մեջ հավատք ունես մանանեխի հատիկի չափ՝ լեռը կշարժես։

Մելքոն վարժապետը հնամաշ վերարկուն թիկունքին ուղղելով, թանձր ծխելով ետ դարձավ, իսկ Մամիկոնը առաջ ընթացավ քթի տակ դանդաղ երգելով.

Թե հայրենյաց պսակադիր
Գողթնի քնարք լռել են,
Երկնուց թող գան անմահ հոգիք
Հայոց քաջեր պսակել։

Փրե կամուրջով անցնելիս Մամիկոնը տեսավ իր դաստիարակներից մեկին, որ գետափին կռացած լվացվում էր պաղ ջրով։ Հայոց պատմության ուսուցիչ պարոն Սենեքերիմն էր, որ ամեն առավոտ իջնում էր ձորը գետակի ջրով թարմանալու։

Նրա տեսքը մռայլ էր։

Պարոն Սենեքերիմը իր աշակերտին չնկատեց, այլապես կարող էր կանգնեցնել նրան և հարցնել, թե որո՛նք են Հայաստանի գավառները։

Մամիկոնը գնում էր ոտքով չափելու այդ գավառների լայնքը և նրանց լեռների վրա սերտելու ռանչպարների կանչը։

ԲԴԵ

Բայց ես պետք է մտնեմ Բդեի մոտ։ նա իմ քեռին է։ Ես ինչպե՞ս կարող եմ քաղաքից հեռանալ առանց քեռի Բդեի օրհնությունն առնելու։

Փույթ չէ, թե քեռիս խեցիների վաճառական է։ Բայց նա այժմ մի

շատ օգտակար գործով է զբաղված: Նա սկսել է գրել Մուշ քաղաքի պատմությունը և այն էլ՝ երկաթագիր տառերով, որով դժվարանում է գրել նույնիսկ ս. Կարապետի Ժառանգավորաց դպրոցի շրջանավարտ Մելքոն վարժապետը:

Բղեն նստած գրում էր ձեթի ճրագի տակ, երբ ես անաղմուկ մտնելով, կանգնեցի նրա թիկունքին: Նա վերջին անգամ գրիչը թաթախեց սև մելանի մեջ, շարադրեց ևս մի պարբերություն և հիշատակարանը ձեռքը վերցնելով բարձրաձայն կարդաց.

ՄՈՒՏՔ

«Կարմիր իրիցու տների բուն կենտրոնը եղել է Խութ-Բռնաշեն գավառակի Արծվիք գյուղը, որ կոչվել է նաև Կրպնիք-Արծվիք: Տոհմի հիմնադիրը եղել է կարմիր մորուքով մի երեց, որ ունեցել է քառասուն զավակ: Այդ տան մի ճյուղը Արծվիքից տարածվել է Մոտկան, Մոտկանից՝ Մուշ, Մշուց՝ շրջակա մի քանի գյուղեր: Դրանք կարմրահեր, կապուտաչյա հայեր էին՝ աշխատասեր և քաջ, բարությամբ անսահման, ազնվությամբ անբաղդատելի: Կարմիր երեցը ունեցել է Կոճղեզ անունով մի թռչնագիր ավետարան, որ այժմ կորած է համարվում: Այդ գրքի վրա հին հայերը երդվել էին:

Խութ-Բռնաշենի սահմանների վրա, ս. Աղբերիկ վանքից ոչ շատ հեռու, գտնվում էր կարմիր իրիցու գյուղերից մեկը — Վերին Շնիստը: Շնիստի գյուղապետն էր տանուտեր Գասպարը: Ռես Գասպարը իր որդի Բղեին (Բաղդասար) 1715-ին ուղարկում է Գոմաց վանքը գրել-կարդալ սովորելու: Նոր վայրում դպրոցն ավարտելով և սոլկարի արհեստին հետևելով, Բղեն դառնում է նշանավոր արհեստավոր: Բղեի թոռը (Բղե Բ) 1825-ին իր հոր հետ Գոմաց վանքից տեղափոխվում և հաստատվում է Դաշտի Խաս գյուղ բնակավայրը, որ Մուշից ոտքով կես օրվա ճամփա է:

Բղե Բ-ն Խասգյուղի մեջ ունեցավ չորս զավակ: Ավագ զավակի անունը Գասպար էր: Սրանք փոխանակ իրենց հորենական սոլկարի արհեստը բանեցնելու, սկսեցին խեցեգործությամբ զբաղվել և, իրենց ձեռնարկը ընդարձակելով, հաստատվեցին Մուշ քաղաքում:

Գասպարն էր, որ 1862-ին առաջին անգամ խեցիների խանութ բաց արեց Մշո մեջ: Նա ունեցավ չորս արու զավակ:

Այս հուշեր գրողը ես եմ՝ Բղե Միսակը, կարմիր իրիցու տներից, երկրորդ որդին Գասպարի: Մեր տունը շինված է Մշո Ձորաթաղի մեջ, որի կռնակը Կուրտիկ լեռն է: Մեր տան առջևով քաղաքի գետակն է գլորվում, երբեմն գազազած քանդելով իր վրայի կամուրջները:

Մեր տան ետևը աղբյուր կա և քաղաքում հայտնի է Պաղորակ անունով: Ինչպես շատ մշեցիք, այնպես էլ ես այդ աղբյուրի կենսատու ջրով եմ սնած ու մեծացած:

Իմ պապը՝ Բղե Բ-ն, տեսավ իր զավակների հալածվելն ու տառապանքը օսմանյան բանտերի մեջ և վշտից մեռավ 1835-ին, թաղվելով Ձորաթաղի գերեզմանատանը: Նա էր, որ ինձ իր ծնկներին նստեցնելով, սովորեցրեց հայոց երկաթագրերը: Ու ես Տարոն աշխարհի հիշատակարանն եմ գրում պապիս սովորեցրած գրերով: Գրում եմ անցյալ ժամանակով, քանզի հիշատակարանը գալոց սերունդների համար է, երբ ես էլ մեռած կլինեմ, ինչպես վաղուց մեռած են Բղե գերդաստանի բոլոր մեծերը Վերին Շենիստում, Խաս գյուղում և Մուշ քաղաքում:

Գրում եմ դեպք առ դեպք, քառածալ թղթի վրա, ընկույզի կեղևից շինած մելանով, ականջս Մշո գետակի աղմկահույզ շառաչին, որ զոր ու գիշեր անլռելի հնչում է մեր տան մոտով:

«Աստված, դու նախ մեր ազգի բոլոր զավակներին տիրություն արա, հետո իմ երկու զավակներին ու եղբայրներիս և մանավանդ իմ սիրասուն եղբայր Վաղարշակին, որ բնակիչն է Խասգյուղի: Եվ հավիտյան խնկելի հիշատակով պահիր մեր քաղաքի երևելի մարդոց, մեր Կոտո Հակոբին, մեր Մելքոն վարժապետին և Մշո ու Սասնո աշխարհի մեր աննման ժողովրդի մեծին ու փոքրին:

Տեր ամենակարող, սատարիր ինձ, որ ավարտեմ հիշատակարանը Տարոնա և մեղքերիս թողություն տուր, որ ավուր դատաստանին սևերես չգամ քովդ: Մեղա քար բերնիս»:

«Տարոնը՝ Մեծ Հայքի Տուրուբերան նահանգի գավառներից մեկն է, այժմյան Մշո դաշտը, որի կենտրոնն է Մուշ:

Մշո հարավում Սասունն է: Հայ իշխանության օրերին Սասունի բնակչությունը բաղկացած էր բացառապես հայերից, որոնք կոչվում էին լեռնցի, այդպես է հավաստում Զենոբ Գլակը: ԺԷ և ԺԸ դարերում քրդական վաչկատուն ցեղերը հարավից գաղթելով և հայերի հետ շփման մեջ մտնելով, հետզհետե թափանցեցին Սասնո Բսանք, Խիանք և Գաբլճոզ գավառակների մեջ:

Օսմանցին մի օրենք ուներ. եթե մեկը տաս տարի օգտագործում էր մի արոտավայր, այդ արոտավայրը կամ կալվածքը այլևս դառնում էր նրա սեփականությունը: Այսպիսով, վերոհիշյալ գավառակներում, լեռնցի հայերի բոլոր արոտավայրերը, որտեղ քուրդ աղաները իրենց անասուններն էին արածեցրել, մի քանի ամառվա ընթացքում՝ քրդերի ձեռքն անցան: Այդ գավառակները ոչ միայն խլվեցին իրենց տերերից, այլե հայ գյուղացիները խաֆիր (ճորտ) դարձան այդ հողերի վրա: Նրանք պարտավոր էին շաբաթվա մեջ մի քանի օր ձրի աշխատել քուրդ աղայի համար և նրան խաֆիրության տուրք վճարել: Մինչև անգամ քուրդ աղաները իրենց ճորտ հայերին կամ հայերով բնակեցված գյուղերը սկսեցին ծախել կամ նվիրել միմյանց՝ իբրև ինչք կամ ստացվածք:

Այս վիճակին ենթարկվեցին ոչ միայն Խիանքի, Բսանքի և Գաբլճոզի գավառակները, այլև նրանց հարևան շրջանները՝ Խութ-Բռնաշենը և Մոտկանը: Հարստահարությունը այնպիսի ահռելի չափեր ընդունեց, որ այդ վայրերի հայ բնակիչները, մեծ մասամբ կարմիր իրիցու տներից, լքեցին իրենց տունն ու տեղը և իրենց լեռներից իջան Մշո դաշտ՝ շարժվելով դեպի Խնուս, Բուլանուխ և Ալաշկերտ:

Մշո դաշտի մի շարք գյուղեր Սասունի և Խութի նախկին

բնակիչներից են կազմված: Մոկսի և Վանի Շատախի բնակիչները հին սասունցիներ են: Խաֆիրության տուրքը այնպիսի խոր արմատներ էր ձգել քրգերի մեջ իբրև իրենց արդար իրավունք, որ որևէ քուրդ, ոտքով երկու օրվա ճամփա կտրելով, Սասնո կամ Խութա լեռներից իջնում էր Մշո դաշտ, գտնում էր իր նախկին հպատակ հային, մեկ-երկու օր հյուր էր լինում այդ հայի տանը և հաջորդ օրը, գանձելով իր տուրքը, ամենաքիչը մի զույգ տրեխ կամ գուլպա վերադառնում էր տուն: Անձամբ հիշում եմ, մենք Խութ-Բռնաշենի քրդական աշիրեթապետությանը պատկանելով (որովհետև կարմիր իրիցու տան մեր նախնիքները ապրած են եղել Վերին Շենիստում), մեր Միրզա աղան 1884-ին եկավ Խասգյուղ և իբրև խաֆիրության տուրք, իմ հորից ստացավ մի ձեռք հագուստի կերպաս, կտորն էլ հորս դրամով կարել տվեց և հագնելով վերադարձավ Խութ:

Մինչև 1880 թվականները Տարոնի և Սասնո գործերը կառավարում էին քուրդ բեկերն ու օսման փաշաները: Թուրք փաշաները հայերին ստիպում էին իսլամանալ: Երբ հայը մերժում էր՝ նրան հազար ու մի ձևով չարչարում, սպանում էին: Այդ շրջանի զոհերից բավական է Հիշել կոշկակար Սարուխանին՝ սպանված Բաղեշում 1631-ին, 15-ամյա պատանի Նիկողոսին՝ սպանված Դիարբեքիրում 1642-ին, 20-ամյա փականագործ Խաչատուրին՝ սպանված նույն քաղաքում 1652-ին, վարպետ Գրիգորին՝ սպանված Մուշում 1676-ին, վարսավիր Դավթին՝ սպանված 1677-ին:

Օսմանյան վերջին կառավարողներից մեկը Չփլաղ Շեյխն էր: Այս բռնակալը երկար իշխեց Տարոնում, կողոպտեց, գերեվարեց և զնդանների մեջ տանջեց հայ գյուղացիներին: Նրա օրոք հայկական հողերին տիրացած թուրք և քուրդ աղաները ասում էին. «Գյավուրներ, ձեր ազան էլ մենք ենք, ձեր բեկն էլ մենք ենք, ձեր աստվածն էլ մենք ենք»: Հայերը որոշեցին վերջ տալ այս հրեշին: Շեյխի համար դհոլ և զուռնա նվագող երկու հայ փողփուչ մի գաղտնի անցք փորեցին շեյխի քյոշկի տակ և մի գիշեր, երբ շեյխը քնած էր, նրանք իրենց դհոլը վառոդով լցրին, պատրույգը վառեցին, և քյոշկը բռնակալի հետ բարձրացավ օդ:

Չփլաղին հաջորդեց Ալադին փաշան: Ալադինի տունը հաճախ ըմբոստ դիրք էր բռնած օսման կայսրության դեմ: Այս փաշայի օրոք Խութի մեջ տիրում էր Միրզաբեկի աշիրեթը, որ մի ճյուղն էր Ալադին փաշայի: Այդ աշիրեթը հայտնի էր նաև «Յոթ թամբերի տուն» անունով: Միրզաբեկի թոռներից մեկը՝ Մուսան, բազում չարագործություններ կատարեց Մշո դաշտում: Նա իրավունք ուներ կողոպտել և սպանել իրեն ենթակա գյուղերի շինականներին և նույնիսկ ամբողջ գյուղը վաճառել մեկ ուրիշի իբրև ժառանգական իրավունք: Մուսաբեկը բռնեց իր պատկանյալ Արգավանք գյուղի ռես Օհանին, որ ընդդիմացել էր իր դեմ և, բուխարիկի մեջ դնելով ողջ-ողջ այրեց: 1889-ին նա քսան ձիավորով և անհամար չեթեներով գիշերով հարձակվեց Մշո դաշտի հարս գյուղի վրա և զեղեցկուհի Գյուլիզարին առևանգելով՝ փախցրեց Խութա սարի Տախտակներ՝ իր քյոշկը:

Ուրիշ աշիրեթներ էլ կային: Խիանքում տիրում էր Խիանքի քրդական աշիրեթը, որի առաջնորդն էր Սլեման աղան (Քոռ Սլո): Հայտնի էր նաև Սասունի աշիրեթը, որի աշիրեթապետն էր Բալաքցի Խալիլ աղան: Մոտկանում և Խութում իշխում էր Շեկո տան աշիրեթը: Այս աշիրեթի քրդերի մի մասը շիկամորուս էին և կապուտաչյա: նրանք ասում էին, որ առաջ իրենք հայ են եղել և մի ճյուղն են կարմիր իրիցու տան հին հայերի:

Երբ աչքս բացի և գիտակցության եկա, ես Սասունի և Մշո դաշտի հայ իրականությունը հետևյալ վիճակում տեսա, մեկ գերդաստանին պատկանող անձինք բնակություն էին հաստատած մեկ գյուղի մեջ: Գերդաստանի նահապետը միաժամանակ և գյուղի կառավարիչն էր՝ ռեսը, որի որոշումները պարտադիր էին բոլորի համար: Մեծ ընտանիք ունեցողը մեծ պատիվ ու հարգանք էր վայելում: Քսանից մինչև քառասուն և ավելի անձեր մի տան մեջ ապրելը ընդունված կարգ էր: Սեմալ գյուղի Մարտոյի տունը, օրինակ, վաթսուն և չորս անձ էր: Մինչև խոր ծերության հասնելը Մարտոն կառավարեց իր տնտեսությունը և ամբողջ գյուղը: Երբ ծերացավ, նրան փոխարինեց իր որդի Գորգեն, որն ինչպես Մարտոն, դարձավ այդ գյուղի ռեսը:

Երկրագործի աշխատանքը սուրբ էր: Երբ ընտանիքի նահապետը կամ աշխատող ձեռքը դաշտից տուն էր մտնում, ամբողջ գերդաստանը, մեծ թե փոքր, ոտքի էր ելնում՝ իբրև հարգանք հողի աշխատավորին:

Հարսանիքին մասնակցում էր ամբողջ համայնքը: Ամենապատվավորն այն տան պսակն էր, որի հարսանիքին յոթ սրինգ էր պայթել փոխնեփոխ փչելով:

Համայնքի անդամներից որևէ մեկի տունը այրվելիս կամ հուսինից[1] ու հեղեղից քանդվելիս, ամբողջ գյուղը միանում էր և նրա համար նոր տուն էր շինում: Չքավորին օգնում էին. մեկը մի կտոր վարելահող էր տալիս, մյուսը՝ լծկան, երրորդը սերմացու, չորրորդը՝ մի կով, հինգերորդը՝ մեկ-երկու այծ կամ ոչխար:

Ընդհանուր աղետի կամ հարձակման ենթարկվելու դեպքում գյուղապետը կամ գյուղի իշխանը հրացան էր կրակում կամ մեկնումեկը մի քարափի կանգնած հարայ էր կանչում, և ամբողջ գյուղը՝ զինյալ ու անզեն, մի ակնթարթում ոտքի էր:

Սասնո մեջ Գելի կամ Գելիեգուզան գյուղի կառավարիչն էր Պետոյի տունը, Շենիքի մեջ՝ իշխան Գրքոյի տունը, Սեմալի մեջ՝ Քյաթիպ Մանուկի և Մարտոյի տները: Տալվորիկի մեջ նշանավոր էին իշխան Մակարը, Համզեն, Թաթարը:

Տակավին երեսուն տարի առաջ «Արծվիք Տարոնոյ» մեջ դրված է

---

[1] Ձյան փլվածք

Մուշի և մշեցու մասին. «Երանի մրջյունին և արոս թռչունին: Մեկը իր կուտը կուտե, մյուսը իր սիրեկան ամուսինը իր հետ կպահե: Երանի սարեկին, որ իր ձագերը իր ածածեն կծնե, և իր փետրիկներով զանոնք կծվարե, իր բնությունն ու լեզուն անոնց կուսուցանե և ազատ կթռցուցանե: Մշեցի հայը քան զանոնք շատ թշվառ է... նա սուլթանի ճորտն է և աղայի գերին: Ծեծ՝ ոսկորները փշրելու չափ, ստրկություն՝ գերությունից վատ: Օ՜հ, այն դաշտի մեջ գըլգըլացող աղբյուրը, որմե ինքը ջուր կխմե, այն արտիկը, որու մեջ քրտնաթաթախ և արևակեզ ինքը վար կվարե և հունձ կհնձե, այն եզնիկը, որ իր ձեռքով կփայփայե, ասոնցմե և ո՛չ մեկը ալ իրեն չի մնար:

Մուշը մշավ, Տարոնը տարան, անոր բնակիչները հետզհետե փախան, շատերն անոթութենե մեռան... վերջին գուժաբերին կսպասեինք, որ գա և գուժե, թե ահա Տարոն տունը ամբողջը փլավ և յուր որդիք տակը մնալով՝ ողջ-ողջ մտան գերեզման»:

Բայց բարեբախտաբար վերջին գուժաբերը չեկավ: Նրա փոխարեն ազգային զարթոնքի համբավաբերն եկավ: Ազատության կոչնակներ հնչեցին, և տառապած մշեցին զարթնեց:

Այդպիսի մի փորձ եղել էր դեռևս ս. Կարապետի վանահայր Հովնանի օրոք: Արտասովոր տարազով և անգլիական զենքով մեր երկիրն էր եկել Հովսեփ էմին անունով մի նշանավոր պարսկահայ: նա Հալեպի վրայով բարձրացել էր Տարոն:

Խնուսի մեջ եղած միջոցին շատ հայ ռանչպարներ են հավաքվել նրա շուրջը: էմինը Մովսես Խորենացու «Հայոց պատմությունը» նրանց առաջ պարզելով՝ գոչել է» «Ինչու՞ եք դուք այսպես գերի մնացած, իսկ բեկերն ու աղաները այսպես զինված և իշխող ձեր աշխարհի վրա»:

Գյուղի քահանան, աստվածաշունչը ձեռքը բռնած, վճռաբար առաջ գալով պատասխանել է նրան.

— Մեր գյուղի և Տարոն աշխարհի պատվական հյուր, դու գալիս ես մի աշխարհից, որը մեզ անհայտ է, ինչպես որ դու չես ճանաչում մեր աշխարհը, որի մասին խոսում ես... Մեր պատվական հայ զավակ, սուրբ Աստվածաշնչի մեջ գրված է, թե 666 տարի հետո մեկը պիտի գա և ազատե մեզ օսման բռնակալությունից: Դու, ըստ երևույթին, այդ մեկը չես, վասնզի շատ կանուխ ես եկել: Գնա այն երկիրը, որտեղից շնորհ ես բերել:

Եվ Հովսեփ էմինը, զգալով, որ ինքը իսկապես շատ կանուխ է եկել, Հին Բայազետի վրայով Խնուսից մեկնել է էջմիածին:

Տարոնի ուժգին զարթոնքի կոչնակը հնչեց Հովսեփ Էմինից հարյուր տարի հետո:

Այդ տարիներին Մուշում հայ կուսակցություններ չկային: Կար մի միություն՝ «Վարդան» անունով, որի նպատակն էր ազատագրել Տարոնի ժողովուրդը սուլթանի և թուրք փաշաների բռնակալությունից: Ամեն ճնշված հայ գյուղացի և արհեստավոր, որ զենք էր վերցնում սուլթանի դեմ կռվելու, «Վարդան» միության անդամ էր:

1879-ին Մուշ քաղաքում հիմնադրվեց Միացյալ Ընկերության վարժարան, որ կոչվեց Կեդրոնական: Մշո մեջ սկսվեց շինվել նաև մի վարժարան հայ օրիորդների համար: Հայերի այս կրթական շարժումը գրգռեց սուլթանի պաշտոնյաների և քուրդ բեկերի նախանձը: Շուկայից անցած պահերին, երբ Կեդրոնականի սաները իրենց թևերը համարձակ շարժելով երգում էին «Ո՛րն է աշխարհ Հայաստան», Մշո գաղտնի ոստիկանության պետ Հյուսնի էֆենդին առանձին աշխուժությամբ դիտում էր նրանց երթը, ասելով՝ թե «հայերը անկախության են ձգտում»:

Շուտով կատարվեց անսպասելին:

Երեք օր առաջ սուլթանի ժանդարմաները Սասնո լեռների մեջ ձերբակալել էին Միհրան անունով մի շրջիկ քարոզչի և բերել Մուշ: Միհրանը առաջին գործիչն էր Տարոնում: Անձամբ տեսա, թե ինչպես երկու կարգ ոստիկանների շարքի միջով քայլում էր Միհրանը՝ սասունցու տարազով, ոտքերը բոբիկ, գլուխը դրած ճերմակ արախչի, գրեթե կիսաբաց, սիգապանծորեն վեր բռնած, գրեթե ծիծաղերես: Քաղաքի փողոցների երկու կողմերը բռնված էին մեծ բազմությամբ: Միհրանին ներս բերին և այդ բազմության միջով ուղղակի վեր՝ կառավարչի ներկայությանը հանեցին:

Իսկ երեկ...

Երեկ ըմբոստ քարոզչին կառավարչությունից հանելով, իմ դռան առջևով Բաղեշ տարան: Իր հեծած ձիու վրա ոտքերը կապած լինելով՝ ոստիկաններից մեկի ձիու աքացու հարվածից իր մեկ ոտքը ջախջախված էր: Եվ այդ ջախջախված ոտքով էլ նրան Բաղեշի բանտը տարան:

Քարոզչին ձերբակալելու հաջողությունից քաջալերված, Հյուսնի էֆենդու ազդանշանով, մի քանի տաքգլուխ երիտասարդներ Փորկանց աղբյուրի վրա հայ օրիորդների կժերը կոտրեցին: Ջրաթաղի մեջ կանացի ճիչեր լսվեցին: Մավի անունով մի չերքեզ աղջիկ (միակ չերքեզուհին մեր ամբողջ քաղաքում), որ նույնպես ջրի հերթի էր կանգնած, հայ կանանց հետ հարձակվեց ոստիկանների վրա և ստացավ դաշույնի երկու հարված...»:

— Նա մեռավ, քեռի, օրհնիր, որ գնամ, — գոչեցի ես՝ Բդեի թիկունքից առաջ գալով և ինձ նետելով նրա ծնկներին:

— Ո՞վ մեռավ, — շփոթահար հարցրեց քեռիս՝ իմ ներկայությունից անակնկալի եկած:

— Մավին մեռավ, Մանազկերտի սարերում տեսած այն աղջիկը, որ սիրում էր ինձ և մեր գաղտնի հանդիպումների ժամանակ նվիրել էր ինձ մի դաշույն: Օրհնիր, որ գնամ:

— Դ՛եպի ու՞ր, — գոչեց Բդեն, հիշատակարանը ձեռքին ոտքի կանգնելով:

— Ուր որ բախտը և պարտքը կառաջնորդեն:

— Օրհնյալ լինես, զարմիկ, և աստված քեզ հետ, — հուզված ասաց նա, հուշամատյանը ձեռքի հետ իմ գլխին իջեցնելով:

Բդեի մոտից դուրս գալով ես քայլերս ուղղեցի դեպի Պաղորակ աղբյուրը: Երկար նայեցի նրա ծորակի վճիտ ջրին և կռանալով՝ խմեցի: Ապա շարժվեցի դեպի գետափի կանաչ բարդիները:

Մշո գետակը շառաչելով թավալվում էր իմ ոտքերի տակով: Ա՜խ, այդ գետակը, այդ բարձրագոչ և մաքրամաքուր վտակն հայրենի: նա հարավից էր գալիս և գնում դեպի հյուսիս՝ Ձորաթաղը երկու մասի բաժանած: Ինչքա՜ն կամուրջներ էր քանդել նա, երբ գիժ

էր, մանավանդ գարնանը հորդանալիս: Հայլում էին Սիմ լեռան և Ծիրնկատարի ձյուները, և գետակն իր ափերից ելած՝ որոտալով անցնում էր քաղաքի միջով:

Ուր էր գնում՝ չգիտեմ:

Կեսօրին Փրե կամուրջի մոտ լողանալու կգան իմ խաղընկերները՝ Ճիրոն, Պստիկ Արամը և Շահկա Արոն ու ինձ այլևս այդ գետակի մոտ չեն տեսնի, ոչ էլ իմ շորերը կգտնեն նրա երկնասլաց բարդիների տակ:

Հայրենի քաղաքիս գետակը վերջին անգամ փայլեց աչքերիս առաջ և անհետացավ քեռի Բդեի ապարանքի ետևում:

ՍԱՄԻՐՈՎ ՃԱՇ

Քաղաքից հեռանալով, ես բռնեցի Քանասարի ճանապարհը: Բայց հանկարծ վարանում եկավ վրաս: Դեպի ո՛ր կողմը գնալ: Բարձրանալ դեպի Սասուն, թե իջնել Մշո դաշտ: Դեպի Սասուն գնալու համար ես պետք է բարձրանայի Սիմ լեռան լանջերն ի վեր և նրա գագաթներից մեկով, որ Ճանճիկ էր կոչվում, շրջվեի Շենիք և Սեմալ գյուղերի վրա: Մշո դաշտ գնալու համար՝ պետք է շարժվեի Քանասարի լանջերով՝ ուղղություն վերցնելով դեպի արևելք: Քանի որ բռնել էի վերջին ճանապարհը, որոշեցի շարունակել այն:

Իմ ետևում մնաց Մուշ քաղաքը իր աղջկանց վարժարանի նորակառույց շենքով: Այդ շինության վրա մի ժամանակ ես էլ էի աշխատում, օգնելով իմ Հովհաննես հորեղբորը, որ որմնադիր էր այնտեղ: Քար ու շաղախ էի կրում, որ հայոց աղջիկները կարդան:

Քանասարի վրա մի նշանավոր վայր կար, որ Ծծմակա Քիթ էր

կոչվում: Ծծմակը քարքարոտ բազուկներից մեկն էր, որ կտրուկ իջնելով վերջանում էր Մշո դաշտի մեջ, Ալվառինջ գյուղի ետևում:

Երեք գյուղ կար Մշո դաշտում, ուր բնակիչները կաթոլիկ էին՝ Հավատորիկ, Բերդակ և Նորշեն:

Ես աննկատելի հասել էի վերջին երկու գյուղի սահմանագլխին և պատրաստվում էի Ալվառինջի մոտով դեպի Ծըծմակ բարձրանալ, երբ տեսա երկու մարդ վազում են իմ ետևից: Մեկը նորշենցի էր, իսկ մյուսը՝ բերդակցի: Նորշենցին միջակից քիչ ցածր էր, բարակ կեռ բեղերով, ձեռքին մի կծիկ պարան կար և մի քանի ցցափայտ: Նա զայրացած վիճում էր բերդակցու հետ, որը ոչ մի կերպ չէր համաձայնում պարանի ծայրը բռնել: Նրանք մեկ-երկու տեղով կանգ առան, նորից վիճեցին և համաձայնության չգալով՝ շտապեցին իմ ետևից:

— Երևում է դու մշեցի ես և քաղաքից ես գալիս, մի եկ էս չվանի ծայրը պահիր՝ սահմանը որոշենք, — ասաց նորշենցին, որին կոչում էին Ֆրանկ-Մոսո, և իմ թևից քաշելով պարանի ծայրը զոռով դրեց բռիս մեջ:

— Դե հիմա գնա դեպի Բերդակ գյուղի Սալով աղբյուրի կողմը: Ես չվանը կամաց-կամաց կարձակեմ քո ետևից, որտեղ կասեմ՝ կանգնիր, կկանգնես, — ասաց Ֆրանկ-Մոսոն և իր մոտի ցցափայտերը ինձ տալով՝ հրամայեց, որ առաջանամ:

Վերցրի ցցերն ու գլուխս դեպի նրա ցույց տված կողմը ուղղելով, շարժվեցի առաջ, իմ ետևից քարշ տալով պարանը:

— Էդտեղ կանգնիր, — գոռաց Ֆրանկ-Մոսոն իմ ետևից և դառնալով բերդակցուն՝ ասաց. — երկայնքը վաթսուն չվան է, իսկ լենքը եղավ քսան չվան ու կես: Էլի՛ գնա, — հրամայեց նորշենցին, ու ես, պարանի ծայրը մեջքիս ետև բռնած, ցցերը թևատակիս շարժվեցի առաջ:

— Էդտեղ կանգնիր: Էս եղավ հիսուներկու չվան ու կես, — ազդարարեց նորշենցին:

— Իսկ հիմա երեք չվան ետ արի ու գնա դեպի Նորշենի կողմը, — կարգադրեց բերդակցին՝ պարանի ծայրը նորշենցու ձեռքից բարկությամբ վերցնելով:

Այս անգամ ես կատարեցի բերդակցու հրամանը: Այդ մարդիկ ինձ այնքան տարան ու բերեցին մերթ դեպի Բերդակի, մերթ դեպի Նորշենի կողմը, որ ես հոգնեցի քարափից-քարափ գնալով, մի հանդից մյուսը վազվզելով:

Նորշենցին ու բերդակցին նորից սկսեցին տաքացած վիճել: Բերդակցին բարկությունից նորշենցիներին անվանում էր «գրիրա (կրյա) ուտող), իսկ նորշենցին բերդակցիներին՝ «շաղգամ ուտող գավռցի", և քիչ մնաց գործը տուրուդմբոցի հասներ»

Պատմությունը իմացա:

Այս երկու գյուղերի միջև սահմանային վեճ կար: Մեկը մյուսի սահմանաքարերը հանելով՝ գիշերով գաղտնի փոխադրում էր մյուսի կողմը՝ հանած քարերի հետքերը վարպետորեն ջնջելով: Սահմանային այդ վեճը այնպիսի սուր բնույթ էր ընդունել, որ նույնիսկ կռիվներ էին տեղի ունեցել մեկ-երկու քարափի կամ խանդակի համար: Մի քանի անգամ պաշտոնական մարդիկ էին եկել կենտրոնից և չէին կարողացել հաշտություն կայացնել դրանց միջև:

— Չեղա՛վ, — ասել էր բերդակցին:

— Չեղա՛վ, — պնդել էր նորշենցին:

Եվ ահա այս երկու հարևան գյուղերի ներկայացուցիչները համայնքների կողմից լիազորված իջել էին դաշտ՝ իրենց գյուղամիջյան սահմանը վերջնականապես ճշտելու: Եվ որովհետև բերդակցիները գավառի, այսինքն Սասունի կողմից գաղթած լեռնականներ էին և իրենց շաղգամի արտերը և խոտհարքները չափում էին պարանով, ինչպես իրենց պապերն էին արել, ուստի բերդակցին առաջարկել էր սահմանային վեճը լուծել անպայման պարանի օգնությամբ:

Նորից ինձ տարան ու բերին քարափից-քարափ և այնքան վիճեցին, որ իրենք էլ հոգնեցին, ես էլ: Երբ չվանը տանում էի դեպի Բերդակի հողային տարածությունները, բերդակցին էր գոռում նորշենցու վրա, երբ Նորշենի կողմն էի տանում, նորշենցին էր նեղանում ու խռոված հեռանում:

— Չեղա՛վ, — ասում էր բերդակցին:

— Չեղա՛վ, — պնդում էր նորշենցին:

Պաշտոնյաներից մեկը արել էր այսպիսի մի առաջարկություն. «Գնացեք ձեր տները, ամեն մեկդ ձեր ուզած ձևով մի ճաշ եփել տվեք, լցրեք հողե ամանների մեջ և նույն ժամին հավասար քայլով ճամփա ընկեք դեպի դաշտ: Որտեղ ձեր ճաշերը սառեցին, այնտեղ էլ կդրվի ձեր սահմանը»:

Տեսան, որ համաձայնության չեն գալիս, որոշեցին հարցը այդ ձևով կարգավորել: Ինձ վկա գրեցին վիճելի սահմանի վրա, մոտս թողնելով պարանի կծիկն ու ցցափայտերը, իսկ իրենք գնացին, մեկը՝ դեպի Բերդակ, մյուսը՝ Ֆրանկ-Նորշեն:

Ճիշտն ասած, ես էլ դեմ չէի, որ հարցը այդ ձևով լուծվի, որովհետև այդ գյուղերի հանդերը չափչփելով այնպես էի հոգնել ու քաղցել, որ սիրով կուզենայի բաժին ունենալ նրանց եփած ճաշերից:

Ես այդտեղ սպասեցի մինչև եղավ կեսօր: Մեկ էլ վեր նայեցի՝ տեսնեմ գալիս են, բերդակցին՝ Բերդակի կողմից, Ֆրանկ-նորշենցին՝ Նորշենի: Գալիս էին հավասար քայլով, ինչպես պայմանավորվել էին, և հանդիսավորությամբ, ամեն մեկի ետևից մի քանի մարդ և կին իբրև վկա, նաև երեխաներ, ամանով ճաշերը իրենց կրծքի առաջ երկու ձեռքով պահած:

Հանկարծ Ֆրանկ-Մոսոն իրենց սահմանի մեջ շփոթված կանգ առավ: Նրա եփած ճաշը ձվածեղ էր և սառել էր դեռ չհասած նույնիսկ նախկին սահմանին: Իսկ բերդակցու կինը խորամանկ էր եղել և եփել էր սամիրով ճաշ: Սամիրը դեղին կորեկի տեսք ունեցող գավարսն է: Ծեծում են և նրանից եփում են թանով սամրե ճաշ, որ երկար ժամանակ տաք է մնում:

Բերդակցին անցավ իրենց գյուղի նախկին սահմանը և Հաղթական շարժվեց դեպի նորշենցու կանգնած տեղը, մի քանի ոտնաչափ խորանալով հարևան գյուղի հողային տարածության մեջ: Ես ցիցը տարա և ամրացրի Ֆրանկ-Մոսոյի կանգնած տեղում:

Այդպես հաջորդաբար ամրացրի նաև մյուս ցցերը:

Ու սահմանը որոշվեց ժողովրդական հավատքի ուժով՝ համաձայն պայմանի:

Չվածեղը բերդակցին կերավ, իսկ սամիրով ճաշը բաժին ընկավ ինձ:

— Վա՜յ, Կաքավ, Մոկնաց Հովհաննեսի աղջիկ, էս չվանի մեջ ավելի շատ խելք կա, քան քո գլխի, — բացականչեց Ֆրանկ-Մոսոն իր կնոջ հասցեին, պարանի կծիկն ու մնացած ցցերը իմ ձեռքից առնելով: — Աշխարհը քո սիրուն երեսին նայի, թե քո բռնած գործին:

— Կնոջ խելքը բնովի է և ոչ թե գնովի, — վրա թերեց բեր՛դակցին մանրիկ ծիծաղելով:

Թեպետ հողային սահմանը երկու գյուղերի միջև վճռվեց իրենց պայմանավորված ձևով, բայց ես զգացի, որ Ֆրանկ-նորշենցիները դժգոհ մնացին արդյունքից և նրանցից մեկը նույնիսկ ոտքով աննկատելի զարկեց իմ ձեռքին, երբ ես կռացած վերջին ցիցն էի ամրացնում:

Կողմերը շարժվեցին դեպի իրենց գյուղերը, բերդակցիներր ուրախ տրամադրությամբ, նորշենցիներր տխուր:

Ամենից տխուրը Ֆրանկ-Մոսոն էր: սա քայլում էր գլուխը կախ, կարծես ամաչելով գյուղ մտնել:

Իսկ իմ մտքերը ուրիշ տեղ էին:

Դաշտեցի այդ երկու հողագործների միջև ծագած վեճը ավարտված համարելով, ես իմ կապոցը վերցրի և Բերդակ գյուղի տակով քայլերս ուղղեցի դեպի Ծծմակի բարձունքները:

ՏԵՐԳԵՂԱՆՔԻ ԳԻՇԵՐԸ

Ծծմակի գազաթի մոտ մի բարձր քարաժայռ կար: Մագլցեցի վեր և նստեցի այդ ժայռին: Կողքիս մի խոր կիրճ էր բացվում, երևում էին վիհեր, անձավներ: Այդ կիրճն ու վիհերը համարվում էին Մշո դաշտի բուք ու բորանի որջերը: Այդտեղից էին ամպրոպն ու մրրիկը որոտմունքով խուժում դաշտի վրա:

Ծծմակը հայտնի էր իր կաքավներով, որոնք վաղ արևածագից մինչև ուշ մայրամուտ կկկվում էին ձորերի ու ծերպերի մեջ, իրենց գունագեղ փետուրները ժայռերին թափելով:

Վարժապետ Սենեքերիմը պատմում էր, որ երբ Մշո դաշտի հեթանոս տաճարները կործանվեցին, նրանց քրմերն ու քրմուհիները քարակաքավներ դարձան ու թռան դեպի ապառաժոտ բլուրները: Նրանց մի մասը թաքնվեց Ծծմակա Քթի ծերպերի մեջ:

Ահա նրանք խմբերով բխում են Ծծմակի քարուտներից և, խախաբալով ու զգույշ պտույտներ գործելով արևի տակ՝ մայրամուտից առաջ շտապում են թաքնվել իրենց խոռոչներում: Մի քանիսը ուղղակի իմ ոտքի տակից թռան և ոլորապտույտ գլորվեցին դեպի ձորը: Ես նայում եմ նրանց և մի տեսակ սրբազան դող է պատում ինձ. մի՞թե իսկապես դրանք այն հին քրմերի ու քրմուհիների վերափոխված մնացորդներն են:

Բարձր քարաժայռին նստած ես երկար նայեցի Մշո դաշտին: Բայց դաշտի առաջին բնակիչները, ըստ ավանդության, եղել է Սիմ նահապետի սերունդը, որ ջրհեղեղից հետո բնակություն է հաստատել Մշո թիկունքի լեռներին, որոնք նրա անունով այնուհետև կոչվեցին Սիմ: Սիմ նահապետի կրտսեր որդի Տարբանին բաժին ընկավ այդ լեռների առաջ տարածված հարթությունը. այն էլ նրա անունով կոչվեց Տարբանի կամ Տարոնի դաշտ:

Մի ուրիշ բան էլ էր պատմում պարոն Սենեքերիմը: Ոչ, սխալվեցի, այդ պատմողը Մելքոն վարժապետն էր, «Ռանչպարների կանչի» հեղինակը: նա ասում էր, որ Մաշտոցի գրերից առաջ Հայաստանում եղել են քարե հեթանոս մատյաններ: Երբ թշնամին մտել է Տարոն և սկսել է դրանք ջարդել, նրանց միջի բոլոր գրերը մի ակնթարթում դարձել են մեղուներ և աղմկալի դուրս փախչելով քարե մատյաններից՝ պարս են կապել Ծծմակի և Ծիրնկատարի ապառաժներին:

— Գնացեք դեպի Ծծմակի կողմերը: Առաքելոց վանքի ճանապարհին, ուր Արաբոյի քարն է, — աչքերը սրբելով ասաց մի անգամ Մելքոն վարդապետը, — իր մոլեգին սլացքի մեջ անշարժացած մի գազաթ կա թուխ ժայռերով, որ կոչվում է Մեղրի քարեր: Դա մեղրաճանճեր դարձած մեր հին ու հալածական գրերի հավերժական բնակավայրն է: Իմաստության փոխարեն նրանք այժմ որձաքարերի խոռոչներից կախված մեղր են շինում մարդկանց համար:

Ծծմակա Քթի մեծ ժայռին նստած նայում եմ Մեղրի քարերին: Մեղուները մայրամուտի ցոլքերի մեջ վերջին պտույտներն են գործում իրենց քարե փեթակների շուրջ:

Ալվառինջ գյուղը իմ աչքի առաջ է: Դեպի աջ Տերգեվանքն է, իմ մորաքրոջ գյուղը: Գինեվարդ մորաքույրս խաշած ցորեն է փռել տանիքին: Սարի կողերով շինականներ են իջնում դեպի գյուղ: Առաքելոց վանքից են գալիս: Գնացել են մոմեր վառելու Դավիթ Անհաղթի գերեզմանին: Մորաքույրս ինձ մի օր վանքում տեսնելով՝ ասաց. «Դու էլ մի մոմ կպցրու Անհաղթի խաչքարին»: Ես ասացի՝ թող տերգեվանքցիք կպցնեն, իրենց գյուղումն է ծնվել: «Ինչի, դու հայ չե՞ս», նեղացավ վրաս Գինեվարդ մորաքույրս և մի դեղնամոմ վառելով՝ տվեց ձեռքս, ինձ տանելով դեպի վանքի արևելակողմը և չոքեցնելով մի հին խաչքարի առաջ:

Այնքան հափշտակված էի Ծծմակից դեպի Մեղրի քարերը և Ալվառինջ ու Տերգևվանք գյուղերը բացվող տեսարանով, որ աննկատելի իջավ երեկոն: Նախ թանձր մթնեց, ապա երկնքի չորս կողմը առկայծեցին աստղերը, ասես իրարից լույս առնելով:

Գեղեցիկ է գիշերը Մշո դաշտում:

Ահա իմ գլխավերևում կանգնած է Հակոբի ցուպը: Կաթնագույն Հարդագողի եզերքին հետզհետե կամար կապեցին Լուծքն ու Կշեռքը: Մեկը Հավատամք լեռան ետևից ելավ, մյուսը՝ Մանազկերտի բերդի: Լուծքի աստղերը ես հիանալի զանազանում եմ իրարից: Դրանք յոթ սանամոր աստղերն են՝ Մեծ Արջը: Յոթից առաջինը Մաճկալն է, մի զույգ գոմեշ և մի զույգ եզ լծած: Վեցերորդը՝ Հոտաղն է Լուծքին նստած, իսկ յոթերորդը՝ զատվորն է, որ մաճկալի և հոտաղի համար հաց է բերել դաշտ: Զատվորի կողքին հազիվ նշմարվող մի ուրիշ աստղիկ էլ կա, դա էլ զատվորի շնիկն է:

Շուտով կերևա Բույլքը:

Ուղիղ իմ դիմաց կարմրավուն փայլով շողշողում է մի սիրուն աստղ, որ մի քիչ առաջ Նեմրութի թիկունքից ցատկեց երկինք: Դու նրան մի շփոթիր Լուսաստղի հետ: Դա Քարվան-Կորուսն է, որով շատերն են մոլորվել ճանապարհներին:

Ցուլի պարանոցի վրա վառվեցին Բույլքի աստղերը: Լուսինն ու Լուսաստղը ելան: Ծծմակի քթին նստած տեսնում եմ, թե ինչպես Լուծքն ու Կշեռքը, Լուսաստղն ու Քարվան-Կորուսը փայլփլելով դանդաղորեն շարժվում են Մշո դաշտի վրայով:

Մի աստղիկ դեմ է առել Մեղրի քարերին և շունչը պահած նայում է Սիմ լեռան քերծերից իրեն ժպտացող մի ուրիշ աստղի:

Ուշ գիշեր է: Ինչ-որ մեկը իր արտն է վարում դիմացի լանջին: Երևի Ալվառինջի շինականներից է: Այնպես պարզ լսվում է գութանի ճռոցը գիշերային խաղաղության մեջ: Եզները հոգնած շարժվում են լեռան կողերով: Ես տեսնում եմ նրանց կարճ ու կեռ եղջյուրները, որ մերթ ստվերի մեջ են ընկնում և մերթ ուժգին փայլում լուսնի տակ:

Գնացի բռնեցի գութանի մաճը և մինչև լուսադեմ վարեցի: Բույլքը այնպես պայծառորեն շողում է երկնքում: Այդ այն ժամն է, երբ ուղևորները ասում են իրար, «Վե՛ր կացեք, Բույլքը ելել է, ճանապարհ ընկնելու ժամանակ է»:

Բայց ես ու՞ր պիտի երթամ և ո՞րն է իմ ժամը ճանապարհ ընկնելու:

Երբ վերջին անգամ նայեցի դեպի երկինք, Մաճկալն անհետացել էր՝ իր հետ տանելով զույգ լծկանին, հոտաղին և զատվորին: Շնիկն էլ չկար: Կշեռքն ու Լուսինն էլ չէին երևում: Մնացել էր միայն Լուսաստղը: Ես Ալվառինջի շինականին թողեցի իր կարճ եղջյուրներով եզների հետ և Լուսաստղի լույսով շարժվեցի Ծծմակն ի վեր:

ԱՐԱԲՈ

Ծծմակի կողմերով մի կածան էր ոլորվում դեպի վանքի կողմերը: Բռնեցի այդ կածանն ու գնացի: Հասա Մեղրի քարերին և Ծիրնկատարի լանջերով բարձրացա վեր: Հանկարծ կածանը չքացավ, ու դեմս ցցվեց ծառերով ծածկված մի ապառաժ: Նստեցի այդ քարին, որ հանգստանամ: Չնկատեցի, թե ինչպես նիրհը հաղթեց ինձ, ու ես այդ քարին ընկած քնեցի:

Երազ տեսա: Երկու տղամարդ կուզեկուզ գալիս էին Ծծմակի կողմից: Ճանաչեցի: Մեկը պարոն Սենեքերիմն էր, իսկ մյուսը՝ Մելքոն վարժապետը: Առաջինը վազեց կաքավների ետնից: Մեկ-երկուսին բռնեց դրեց ծոցը, իսկ մյուսները խախաբալով փախան թաքնվեցին ծերպերում: Երկրորդը մոտեցավ Մեղրի քարերին: Վերարկուի տակ աման կար: Բռնեց ժայռերից ծորացող մեղրի դեմ: Մեղուները պարսերով եկան լցվեցին ամանի մեջ: Մեկ էլ տեսնեմ՝ ի՜նչ աման, ի՜նչ բան: Մելքոն վարժապետի ձեռքին Նարեկն է ու աստվածային մեղուները մեջը կողք-կողքի շարված:

Ու մի ծանոթ ձայն է հնչում ականջիս. «Գոնե այնքան սովորեիր, որ կարողանայիր Նարեկը և Րաֆֆու «Խենթը» կարդալ»:

Երբ արթնացա՝ Լուսաստղը չկար: Եվ մենության մեջ սարի վրա ահավոր մտքեր պաշարեցին ինձ: Չէ որ այդ վայրը կապված էր քաջ Արաբոյի անվան հետ:

Արաբոյի անունը վառել էր իմ մանկական երևակայությունը: Յոթ տարեկան էի, երբ առաջին անգամ ինձ պատմեցին Արաբոյի և նրա ձիու՝ Տիլիբոզի մասին:

Արաբոն կարմիր իրիցոս տներից էր, Բռնաշեն գավառակի Կուռթեր գյուղից: Մկրտության անունը Առաքել էր: Ասում էին, որ նա ապրում է Առաքելոց վանքի մոտերքը՝ դարավոր ծառերով ծածկված մի քարայրի մեջ: Ձմեռը մշակություն է անում Հալեպում, իսկ ամառները զենքը ձեռքին կռվում է քրդական աշիրեթների և տաճիկ հարստահարիչների դեմ՝ իրեն զինակից ունենալով Մխո Շահեն անունով տերգեվանքցի մի երիտասարդ: Որ ինքը և Մխո Շահենը ահաբեկում են իշխանավորներին, կողոպտում նրանց քարավանները և ավարը բաժանում չքավոր գյուղացիներին:

Արաբոյի հայրը մի անգամ տեղեկանում է, որ իր որդին գնացել է Կովկաս: Ենթադրելով, որ որդին պետք է մեծ հարստություն դիզած լինի և նրա բեռնված քարավանը շուտով հասնելու է Մուշ, գնում է, որ նրան օգնի քարավանը բերելու: Մի ծանոթի միջոցով իմանում է, որ Արաբոն Կարս քաղաքի ճամփեզրին նստած մուրճով քար է ջարդում խճուղի շինելու համար: Ծերունին մեջքից ճանաչում է զավակին և մոտենալով ասում է. «Առաքել, լաո, էդ դու՞ն ես, որ քար կջարդես: Ապա ու՞ր են քո քարվանները, որ Կովկասեն Մուշ պիտի բերեիր: Թու՛հ, մորդ կաթը հարամ լինի վրադ»: Ու հայրը առանց որդու երեսին նայելու Կարսից վերադառնում է Բռնաշեն:

Արաբոյի և իմ տեսած երազի մտքերով էի տարված, երբ գեղադեմ մի ձիավոր, իրեն թամբից վայր նետելով, ձիու սանձը բռնած՝ մոտեցավ ինձ: Հագած էր կիսաթև աբա, գլխին՝ կարմիր արախչի, ոտքերին՝ տրեխներ բրդյա գուլպաներով, թևին՝ բերդանկի:

— Դու ի՞նչ գործ ունես այս քարի վրա, — հարցրեց նա, կռանալով վրաս:

— Նստեցի, որ հանգստանամ: Քաջ Արաբոյի մասին էի մտածում :

— Արաբոն ես եմ և սա իմ քարն է: Որտեղացի՞ ես:

— Մշեցի:

— Սրտոտ տղա ես երևում, որ եկել նստել ես այս քարին: Իմ ձին պահիր, ես հիմա կգամ, — ասաց ու սանձը ինձ հանձնելով՝ աներևութացավ:

Նայում եմ՝ սանձը բռիս մեջ է, իսկ ինքը չկա: Աչքերս շաղվեցին: Մի՞թե սա Արաբոն էր: Ու՞ր գնաց:

Տեսնեմ՝ գետնի տակից մի խուլ ձայն է գալիս» «ձին քաշիր Մեղրի քարերի մոտ»: Մի դող եկավ վրաս: Կանչը նորից լսվեց» «Ձին քաշիր Մեղրի քարերի մոտ»:

Ձիու սանձր բռնած իջա դեպի Մեղրի քարերը: Հասա ճիշտ այն կետին, որտեղ քիչ առաջ Մելքոն վարդապետն էր կանգնած երազիս մեջ: Մեղուները տենդագին պտույտներ էին գործում երկնասլաց ժայռերի շուրջ: Կաքավները ծերպերից բխելով լցվել էին ձորերը:

Ու հանկարծ մեկը ետևից ձեռքը դրեց ուսիս:

Արաբոն էր:

Ինչպես Հայտնվեց՝ չիմացա:

Արաբոն ինձ նստեցրեց Տիլիբոզի թամբին, և մենք Մեղրի քարերի տակով ընկանք ճանապարհ: Ուր էր գնում նա, ուր էր տանում ինձ՝ չգիտեի: Ամբողջ ժամանակ մենք գնում էինք անտառների միջով: Նա այդ անտառներով անցնում էր իբրև այդ երկրի տերը, համարձակ և անվախ, և ոչ մի իշխանավոր չէր համդգնում նրա առաջ ելնել: Ընթացքի միջոցին, մեկ էլ տեսար, ձին թափով կանգնեցնում էր որևէ ընկուզենու տակ և ծառաբնից մի կտոր չորացած աբեթ պոկելով դնում էր կայծքարին ու չախմախը զարկում: Տեղ-տեղ նա երգելով էր գնում, ձայնը գցելով, տեղ-տեղ էլ՝ հանգիստ ծխելով և դանդաղ պատմելով բեկերի և աշիրեթների դեմ մղած իր անթիվ կռիվներից, թե ինչպես շեյխի կամ աշիրեթապետի տարազով ծպտված ներկայացել է այս կամ այն գյուղի վայրագ բռնակալին և ոչնչացրել նրան իր ապարանքի մեջ:

Անհավատալի էր ուղղակի, որ ես գտնվում էի այդ հերոսական մարդու նժույգին, որին երազում նույնիսկ չէի կարող այդքան մոտիկից տեսնել: Մի քանի անգամ նա իր կարմիր արախչին դրեց գլխիս և ես ինձ այնքան հպարտ էի զգում, որ պատրաստ էի նրա հետ մինչև աշխարհի ծայրը գնալ:

Անվեհեր նշանառու էր Արաբոն, և առաջին իսկ օրը նա ինձ սովորեցրեց հմուտ հրաձիգ դառնալ: Իր բերդանկին մեկ կրականի էր. տալիս էր իմ ձեռքը և, կողքիս կանգնելով վարժեցնում էր ինձ անվրեպ կրակելու ձևերին: Մի ուրիշ վարժություն էլ սովորեցրեց. ինչպես մագլցել ժայռից-ժայռ և ձիով թռիչք գործել կիրճերի և անդունդների վրայով: Արաբոյի սիրած վայրերից մեկը Շմլակ գյուղի կիրճն էր, որ տանում էր դեպի Բռնաշեն: Այդտեղ ճանապարհը շատ նեղ էր և լեռը կոչվում էր Խաչաասար: Շատ կարմիր ալուջ կար Խաչաասարի անտառներում, և Արաբոն ինձ հաճախ տանում էր այդ կողմերը ալուչ ուտելու: Բայց ամեն անգամ այդ ճանապարհով անցնելիս տխրում էր Արաբոն:

Կարմիր իրիցու տան «Կոճղեզ» ավետարանը պահվում էր Արաբոյի տան տոհմական սնդուկի մեջ, Կուռթեր գյուղում: Այնքան զորավոր էր, որ հին խութեցիները կռվի գնալուց առաջ նրա վրա երդվել էին: Սուրբ Կարապետի վանահոր առաջարկով Արաբոն այդ ավետարանը տանում է վանք, որ սուլթանի դեմ զենք վերցնող ռանչպարները աստվածաշնչի փոխարեն նրա վրա երդվեն: Կապում է ձիու թամբին և տանում: Ձին արագ քշելիս՝ «Կոճղեզը» ընկել էր թամբից և կորել կիրճի ճանապարհին:

— Ա՛յ, այստեղ կորավ, — ասում էր Արաբոն, մատնացույց անելով ինձ անտառի նեղ կածանը կարմիր ալուջների ձորում:

Արաբոյի հետ ձի հեծած Բռնաշենի լեռներով գնալը իմ առաջին դասն էր, հայոց պատմության առաջին անմոռանալի դասը:

Արաբոյի երազն էր Սասունում ստեղծել Տալվորիկ անունով մի իշխանապետություն, դրա մեջ միավորելով Սասնո և Մշո դաշտի բոլոր բերդերը:

Բերդե՛ր:

Աստված իմ, որքան շատ էին դրանք: Ամեն սարի ու սարավանդի վրա մի բերդ կամ բերդամրոց կար: Մշո հովտի վրա շինված էր Մուշեղի բերդը: Մոկնաց հովտի մեջ երևում էին Մոկնաց բերդի ավերակները: Ալվառինջի մոտ՝ Պստիկ բերդը: Բերդակի դաշտահովտի մեջ՝ Խասգյուղի վերևում, խոյանում է առեղծվածային Սմբատաբերդը: Հենց որ Տիլիբոզը մոտենում էր այդ բերդին՝ սկսում էր խրխնջալ և սմբակներով կատաղորեն դոփել նրա քերծերը:

Մի օր Արաբոն ինձ Տիլիբոզի թամբին առած բարձրացավ Սմբատաբերդի գագաթը և այդտեղից, Սասնո լեռների միջով, ձին քշեց մինչև Փրե-Բաթմանի կամուրջը, Տիգրիսի հովիտն իջնող ճանապարհի վրա:

— Սա է իմ իշխանության սահմանը, — ասաց Արաբոն, ձին կանգնեցնելով կամուրջին:

Կամարներին բախվող ամեհի ջրերի որոտից ձին ծառս եղավ կամրջի վրա: Մի ակնթարթ՝ և ես թամբից պոկվելով կանհետանայի գետի հորձանքների մեջ, եթե Արաբոն ինձ չբռներ:

— Բաթման անունով կամուրջ շինող մի հայտնի վարպետ կար,

— ասաց Արաբոն, — կարմիր իրիցու ավետարանի մեջ է գրված: Սասունցիք դիմեցին նրան՝ թե եկ, մեր գետի վրա կամուրջ կապիր:

— Ձեր գետի անունը ի՞նչ է, — հարցրեց Բաթմանը:

— Սասնա գետ:

— Որտեղի՞ց է բխում:

— Մարաթուկի և Ծովասարի գագաթներից:

— Կկապենք, — ասաց Բաթմանը:

Քարհանքը Ֆարխին քաղաքի մոտ էր: Չափն առավ ու հիմքը գցեց:

Հաջորդ օրը եկավ տեսավ իր շինած հիմքը չկա: Երկրորդ և երրորդ անգամ գցեց՝ դարձյալ չդիմացավ: Ու զարմացավ Բաթմանը իր վարպետության վրա:

Մի ծերունի երազի մեջ եկավ՝ ասաց նրան.

— Սասնա գետին հիմք չի դիմանա, Բաթման: Սրանց երկրի ջուրը որձ է: Եթե կուզես, որ քո շինած կամուրջը Սասնա ջրին դիմանա, նրա հիմքում դիր առավոտյան առաջին հանդիպած շնչավորին և որմը նրա վրա շինիր»:

Առավոտյան Բաթմանը աշխատանքը սկսելիս տեսավ սիրած կինը կերակուրը ձեռքին, շունը ետևից՝ գալիս է: Հուզվեց Բաթմանը: Շունն առաջ անցավ: Ուրախացավ վարպետը: Բայց հաց բերող կինը անհամբեր էր: Ոտքը շտապելուց դիպավ քարին և կերակուրը թափվեց: Շունը զբաղվեց կերակուրը լիզելով: Փրեշան հասավ ամուսնու մոտ: Մռայլվեց Բաթմանը: Կինը հարցրեց տխրության պատճառը: Վարպետը պատմեց իր տեսած երազը: Կինը ասաց. «Մահը մահ է, շինիր քո կամուրջը»:

Բաթմանը կնոջը դրեց շինվածքի հիմքում և որմը շարեց:

— Եթե աստված չքանդի, քանի աշխարհը կանգուն է, էս կամրջին քանդվել չկա, — ասաց վարպետը և իր շինած կամրջի տակով անհետացավ գետի հորձանքի մեջ: Այդ օրվանից կամուրջը կոչվեց Փրե-Բաթման վարպետ Բաթմանի և. իր կնոջ անունով:

Արաբոն ինձ մի քանի անգամ տարավ-բերեց այդ կամուրջի վրայով և Սասնա ներքին դաշտից ձին քշեց դեպի Տալվորիկ:

Գիշերը անցկացրինք Ջկնգոլում:

Այդ աղբյուրը գտնվում էր Ծիրնկատարի լանջին: Նրա վերևով անցնում էր Սասունից Մուշ և Մուշից Սասուն տանող լեռնային ճանապարհը՝ բարձր գագաթներով:

Լուսաբացին Արաբոյի հետ Ջկնգոլից հասանք Ծիրնկատար և նրա բարձունքից դիտեցինք արևածագը: նա, ով չի տեսել արևածագը Ծիրնկատարից, թող երբեք չասի, թե ինքը ապրել է աշխարհում:

Անկարելի է այդ վայրով անցնել և չիջնել Կորեկ աղբյուրի վրա: Մենք էլ իջանք:

Արաբոն Տիլիբոզին կապեց արոտ և շտապեց աղբյուր: Կռացավ,

կարմիր արախչին լցրեց ջրով և խմեց: Մի գդակ ջուր էլ ինձ տվեց: Գրեթե բոլոր խութեցիք այդ ձևով էին ջուր խմում:

Բերդակի հանդում կերած սամրե ճաշից հետո ես դեռ տաք ճաշ կերած չկայի: Երկուսս էլ քաղցած էինք, իսկ մեր ունեցածը կորեկ հաց էր. փոքրիկ չոր գնդեր՝ քարի կարծրությամբ:

Այդ հացը լավ է կաթի հետ:

Արաբոն ինձ ուղարկեց հովիվներից կաթ բերելու, իսկ ինքը, աջ թևը զենքի վրա բարձ արած, պառկեց հանգստանալու:

Բավական հեռացել էի, երբ ինձ թվաց իմ ետևում ձիու խրխինջ լսվեց: Ետ դարձա, տեսնեմ մի զինված տղամարդ ձախ ոտքը հասցրել է Տիլիբոզի ասպանդակին և փորձում է թամբին բարձրանալ:

— Արաբ՛ո, Տիլիբոզին փախցրին, — գոռացի ես հեռվից և արագ նետվեցի դեպի ձին: Իմ գոռոցից Արաբոյի վեր թռչելն ու մի կարծր գունդ ավազակի քունքին զարկվելը՝ մեկ եղավ: Գողը անշնչացած փռվեց խրտնած նժույգի սմբակների տակ:

Ես շատ զարմացա, թե Արաբոն ինչով սպանեց հափշտակիչին, որովհետև իր պառկած տեղում միայն ծաղիկ էր ու կանաչ: Քար ու կոշտ չկար:

— Ինչո՞վ սպանեցիր, — հարցրի:

— Կորեկ հացով:

Ժամանակ չկար այլևս կաթի ետևից գնալու: Նստեցինք աղբյուրի մոտ և կորեկ հացի վերջին կոշտերը ջրի մեջ թաթախելով կերանք:

Ու լուր տարածվեց, որ կարմիր իրիցու Արաբոն մի կտոր կորեկ հացով սպանել է իր ձին հափշտակելու եկած բազրևանդցի մի քրդի:

Այդ օրվանից այդ աղբյուրի անունը մնաց «Կորեկ աղբյուր»: Թեպետ այդպիսի զրույց պատմում էին Աղբիկ գյուղացի մի քաջ սասունցու մասին, բայց իրապես այդ աղբյուրի անունը առնչվեց Արաբոյի հետ պատահած դեպքին, որին ես անձամբ ականատես եղա:

Ընդամենը մի տարի եղա Արաբոյի հետ Բռնաշենի լեռներում:

Մի առավոտ Արաբոն շատ կանուխ արթնացավ: Ես բռնեցի ասպանդակը և նա թռավ Տիլիբոզի թամբին: Զգում էի, որ հեռու տեղ էր գնալու: Գնալուց առաջ ծոցից հանեց ընկույզի փայտից շինած մի ծխատուփ և մեկնելով ինձ՝ ասաց.

— Կգնաս Կարմիր Ծառ և ինձ համար թութուն կբերես: — Ապա ավելացրեց.

— Եթե ինձ չտեսնես՝ բերածդ կտանես Աղբյուր Սերոբին: Նրա տեղը Սողորդն է, կողմը՝ Խլաթ:

Հետևյալ օրը ես առա Արաբոյի մահվան լուրը: Քոսուրա սարի վրա կա մի ձոր: Կոչվում է Գյալառաշ (Սև բերդ): Արաբոն զոհվել էր այդ ձորի մեջ 1895 թվականին, երբ քրդական տարազ հագած, իր հինգ ընկերներով, քնից նոր արթնացած անհավասար կռվի էր բռնվել մի ավազակախմբի հետ:

Սպանվելուց հետո նրա զենքը տեսել էին հասնանցի մի քրդի ձեռքում:

Բայց ես կատարեցի նրա պատվերը:

ԴԵՊԻ ԿԱՐՄԻՐ ԾԱՌ

— Կարմիր Ծառ, ու՛ր ես, եկա՛, — ասացի ու ելա ոտքի: Ծծմակից իջա Մշո դաշտ և դեպի արևմուտք գնալով՝ Աշմանուկ և Քարձոր գյուղերի տակով հասա Խորոնք: Խորոնքի վերևում Կարմիր Ծառն էր, որին օտարները Ղզլաղաճ էին ասում: Նստած էի Խոզմա լեռան ստորոտում: Աջ կողմը մի սիրուն անտառ կար կարմրատերև ծառերով: Երևի այդ էր պատճառը, որ այդ գյուղը Կարմիր Ծառ էր կոչվում:

Ես այդտեղ հասա հետևյալ օրը. Արաբոյի մահվան լուրը առնելուց հետո: Դեռ գյուղ չմտած, զգացի, որ ականջներս լավ չեն լսում: Մի խուլ ու խոր շառաչ է գալիս Զանգակ սարի կողմից: Ես այդ ձայնը առել էի Քարձորի տակով անցնելիս: Որքան մոտեցա Կարմիր Ծառին, այնքան այդ գոռոցը ուժեղացավ: Վերջում հիշեցի, որ դա Գուռգուռա կոչվող ջրվեժի գոռոցն է Առածանու վրա, Խոզմո սարի տակ, որի թնդյունը լսելի էր շատ հեռուներից, մանավանդ պարզկա գիշերներին և վաղ առավոտյան: Արաբոն նրա մասին ասում էր» «Էդոր համար կըսեն Գուռգուռ, որովհետև ձեն կիտա ու իր ձեն երեք օրվա ճամփա կերթա»:

Քիչ-քիչ ականջներս ընտելացան այդ ջրվեժի որոտին և ես Արաբոյի ծխատուփը ծոցս դրած, մտա Կարմիր Ծառ: Այդ վայրի թութունը հռչակավոր էր: Հիշում եմ, թե ինչպես Մելքոն վարժապետը հաճախ շուկա էր գնում, որ այդ գյուղի ծխախոտից առնի:

Ամբողջ գյուղում ընդամենը մի հատիկ ծառ կար և այն էլ տնկված եկեղեցու բակում:

Առաջին իսկ հարցումից, թե որ տան ծխախոտն է հարգի, ինձ հեռվից ցույց տվեցին Արմենակ անունով մի գյուղացու, որ իրենց ասելով ամենահայտնի ծխախոտ մշակողն էր: Ասացին, որ նա Սասունի Ահարոնք գյուղից է գաղթել Կարմիր Ծառ: Երկար տարիներ եղել է Ռուսաստանում և նոր է ազատվել Կարինի բանտից:

Անցա մի քանի տնկարաններ և հասա այն տունը, որ հեռվից մատնացույց էին արել: Իմ տեսածը փոքրահասակ մի գյուղացի էր, նիհար ու ոսկրոտ կազմվածքով, գլխին կարմիր արախչի: Իր որոշ դիմագծերով նա ինձ հիշեցրեց Արաբոյին:

Բայց ինձ այդ պահին ոչ մի բան չէր հետաքրքրում: Շտապում էի իմ տուփը լցնել ծխախոտով և ելնել ճամփա:

Արմենակը ինձ նախ իր ծխախոտի մարգերը ցույց տվեց, ապա տարավ չորանոց և ամենաընտիր ծխախոտի շարանները ցույց տալով՝ հարցրեց.

— Ինչքա՞ն թութուն է քեզ պետք:

— Ընդամենը մի տուփ, — պատասխանեցի:

— Մի տուփ թութունի համար Կարմիր Ծա՞ռ ես եկել, — ծիծաղելով հարցրեց նա և սաստիկ զարմացավ, որ ես մի փոքրիկ տուփ իմ ծոցից հանելով՝ մեկնեցի նրան: Նա տուփը շուռ ու մուռ տվեց, ուշադրությամբ նայեց մաշված նախշերին, կարծես ինչ-որ բան էր ուզում վերհիշել կամ մտաբերել և դժվարանում էր: Երկու անգամ աչքի տակով խորհրդավոր նայեց ինձ: Հազաց: Նորից նայեց: Ապա տուփը լցրեց ծխախոտով, մատներով ամուր սեղմեց և կափարիչը փակելով ու ինձ հանձնելով՝ ասաց.

— Երևի մի նպատակ ունես, որ ընդամենը մի տուփ թութուն է քեզ հարկավոր:

Ուզեցի հայտնել, որ իմ նպատակը բարի է, բայց աչքերս, չգիտեմ ինչու, հանկարծ լցվեցին արցունքով և նա հասկացավ, որ մի վիշտ է ինձ տանջում: Նա ինքն էլ հուզվեց և առաջարկեց գնալ իրենց տուն, բայց ես կարևոր համարեցի ճանապարհ ընկնել:

Կարմիր Ծառի Արմենակը մինչև գյուղի ծայրը եկավ ինձ հետ: Փոքրիկ, վտիտ մարդ էր, շատ քչախոս: Ավելի շատ իր մտքերի հետ էր, քան թե իր շրջապատի: Երբեք չհարցրեց, թե որտեղից եմ գալիս և դեպի ուր եմ գնում: Եվ արդյոք որևէ տեղ ունե՞մ գնալու:

Անտառը հրաշալի բուրում էր: Իրար կողք-կողքի կամ իրար թիկնած հպարտ կանգնած էին բողախին, լուսանը, կաղամախին: Բայց անտառին իշխողը կարմրատերև նորքենին էր:

— Սրա ամուր, ծանր ու փայլուն փայտից մեր պապերը նետեր են շինել ինքնապաշտպանության համար, — ասաց Արմենակը ծառերից մեկին մոտենալով: Այդ եղավ նրա ամբողջ խոսակցությունը: Նա այդ ծառից մի ճյուղ պոկեց, հավանորեն ձեռնափայտի համար, և դանդաղ վերադարձավ գյուղ, իսկ ես մի քանի քայլ անելուց հետո՝ վարանած կանգ առա անտառի եզրին: Ուղղակի շփոթված էի: Կանգնած մտածում եմ. ու՞ր գնալ: Մի քանի անգամ հոտ քաշեցի՝ Արաբոյի կարոտը առնելու համար, ապա տուփը դրեցի ծոցս և ինձ նետեցի դեպի Դաշտի գյուղերը՝ հայացքս Խլաթի սարերին պահած:

Որքան հեռացա Կարմիր Ծառից և Զանգակ սարից, այնքան Գուռզուռայի գոռոցը նվազեց և ականջներս, Արածանու զայրագին թնդյունից խաղաղվելով՝ անձնատուր եղան Մեղրագետի հանդարտիկ հոսանքին:

Միայն մի տեղ կանգ առա. այդ Սողգոմն էր, հռչակված իր սոխով և անուշահամ շաղգամով: Այդ գյուղի մոտակայքում իմ հայրենի քաղաքի գետակը գալիս միանում էր Մեղրագետի ջրերին: Այդտեղ հասնելով նա սպառում էր իր կյանքը՝ խառնվելով ավելի մեծին, դառնալով անճանաչելի ու անըմբռնելի։

Իմ կյանքն էլ այդ գետակի նման էր։

Ես գնում էի դեպի Խլաթ, հեռանալով իմ ծննդավայրից և խառնվելով ավելի մեծին ու անծանոթին։ Եվ արդյոք երբևիցե վերադարձ կլինե՞ր դեպի Մուշ։

ԽԼԱԹԻ ՍԱՐԵՐՈՒՄ

Սողորդը Խլաթի մեջ էր։

Հայերը և քրդերը այդ գավառին Խլաթ էին ասում, թուրքերը՝ Ախլաթ։

Ես դեպի Խլաթ դիմեցի Սողգոմից շարունակ դեպի արևելք գնալով և անցնելով Մշո դաշտի Ազադբյուր և Արագիլի բույն գյուղերը։

Արագիլի բու՛յն։ Հայկական այդ գողտրիկ բնակավայրի անունը տարիների ընթացքում բերանից բերան զարկվելով դարձել էր Ալիգլբուն։

Այդ գյուղի ծայրին մի կին ինձ կանգնեցնելով՝ հարցրեց.

— Դո՞ր կերթաս, այ տղա։

— Խլաթ կերթամ։

— Խլաթ ո՛ր գեղը կերթաս։

— Սողորդ կերթամ, — ասացի։

— Զգույշ Շամիրամա ավազներից և մանրիկ փշերի բը– լէրից։ Ղարիբ ես, լաո։ Ղարիբ աղավնին կուտի ետևից կերթա, թակարդ կընկնի, — զգուշացրեց դաշտեցի պառավը և պատմեց Շամիրամա ավազների հին զրույցը։

Նեմրութ լեռան տիրակալը մի ամբարտավան իշխան է եղել։ նա թրով հարձակվել է աստծո վրա, որ նրան հաղթի և իրեն հայտարարի աստված։ Գոռոզ իշխանը Վանա ծովի ավազները ուղտերին բարձած բերել է տալիս դեպի Նեմրութ, որ իր գահը բարձրացնի երկինք հասցնի և թրի մի հարվածով վայր գլորի աստծուն ու նստի նրա տեղը։ Երկնավորը, զայրացած, իշխանի ավազով բեռնված ուղտերի քարավանը քարացնում է դեպի Շամիրամ գյուղը շարժվելու ճանապարհին, իսկ Նեմրութին անիծելով՝ որոտմունքով ցնցում է հիմքից, գազաթի քարաժայռերն ու փոշին շպրտելով ստորոտների վրա և տեղը գոյացնելով մի հսկայական փոս, որից մինչև այսօր դեղին գոլորշիներ են բարձրանում։ Անզգամ իշխանին պատժելով, աստված, այնուամենայնիվ, լեռան խառնարանը լցնում է սառնորակ ջրով, որ երկրագործ մարդիկ իրենց դաշտերը ոռոգեն։

— Անզգամը աստված չունի, անգութը՝ խիղճ, — ասաց դաշտեցի կինը և գնաց:

Չնայած, որ Ալիգլբունցի պառավը ինձ զգուշացրեց Շամիրամի «ուղտոլ քարերից», բայց ես մոլորվեցի և քիչ մնաց անհետանայի Նեմրութի ավազաբլուրների մեջ: Շամիրամը շինված էր Նեմրութ լեռան մի փոքրիկ ձորահովտում: Կողքին չորս մեծ բլուրներ կային, իսկ ավելի հեռվում կանգնած էր մի հինգերորդ սրածայր բլուր, որ վիզը երկարած Նեմրութի գագաթին էր նայում: Իսկական ուղտի էր նման: Ինձ թվաց, թե այդ հինգ քարացած ուղտերը հիմա վեր կկենան ու կգան ինձ վրա ու ես, այդ մտքից սարսափած, արագացրի քայլերս, որ Սողորդ հասնեմ: Բայց այս անգամ դեմս ելավ Գրգուռ լեռան մանրիկ փշերի ու մացառների դաշտը: Ոտքերիս տակից սահող ավազափոշին և այդ մանրիկ փշերն ու բլերը ինձ անվերջ քաշում էին դեպի իրենց խորքը: Իսկապես, այդ վայրերի համար ես դարիբ աղավնի էի, և ամեն քայլափոխին թակարդը լարված էր: Իմ ոտնամաններից մեկը կորավ ավազների մեջ: Խառնեցի ավազները, բայց չգտա, երկյուղս սաստկացավ ու ես մի պահ զղջացի իմ այդ հանդուգն ուղևորության համար:

Հազիվ էի հաղթահարել ավազափոշին և ուղտափշերը, երբ նոր արգելքի հանդիպեցի: Սուլթանի ոստիկանները բռնել էին սասունցի մի ծերունու և մազի պարանով կապկպած, սարից–սար քարշ տալով, ստիպում էին նրան հայտնել հայդուկների տեղը: Խոսակցությունից հասկացա, որ ծերունուն տանջող ոստիկանապետի անունը Ղալիպ էր, իսկ տանջվողի անունը՝ ոեսՒ Խեչո:

— Ու՞ր տեսար Սերոբին ու իր ֆիդայիներին: Ինչպե՞ս տեսար, — գոռում էր ոստիկանապետը:

— Անցյալ ամսին տեսա: Ինձ ստիպեցին, թե՝ մեզ տար Կուրտիկ սար: Ես ընկա իրենց առաջ ու տարա Կուրտիկ:

— Կուրտիկից ու՞ր գնացին:

— Կուրտիկից անցան Քոսուրա սար:

— Իսկ Քոսուրա սարից ու՞ր տարար:

— Քոսուրա սարից անցան գնացին Խաթավին:

— Ճանապարհին պապիրոս վառեցի՞ն:

— Մեկ-երկու հատ:

— Մնացորդները գետին թափեցի՞ն:

— Չէ, էֆենդի, ձեռքերի մեջ փշրեցին, քամուն տվին:

— Կանգնած տեղը խո՞տ էր, թե հող:

— Խոտ էր, էֆենդի:

— Ի՞նչ էին հագած:

— Բոլորն էլ չուխա շորեր: Մի քանիսի գլխին փափախ կար:

— Ո՞ր կողմով գնացին:

— Մի Խաթավին սար՝ տասս ճամփա: Որ ճամփով գնացին՝ չգիտեմ:

— Դու ինձ գիտես, ոես Խեչո, — գոռաց Ղալիպ էֆենդին: — Ես քեզ էլ եմ ճանաչում, քո պապին էլ, քո ջոջ պապին էլ:

— Ի՞նչ պիտի անես, շատ-շատ գլուխս պիտի կտրես՝ մի ափ արյուն պիտի երթա... ես բոլոր ֆիդայիների պա՞պն եմ, որ նրանց տեղը իմանամ:

— Դու իբրև հպատակ պարտավոր ես բռնել և մեր ձեռքը հանձնել սուլթանի թշնամիներին:

— Դրանք թռչուն են, էֆենդի, ինչպե՞ս բռնենք: Ֆիդային սահման չունի: Հարյուր աշիրի միջով կանցնեն, հազար սարով կգնան կթառեն իրենց ուզած սարին: Վաղն էլ կթռչեն կերթան ուրիշ սարեր: Թագավորի ձեռքը երկար է, թող գնա բռնի:

— Ուրեմն դու չե՞ս ուզում Սերոբի խմբի տեղն ասել:

— Որ սպանեք էլ՝ չեմ ասի:

— Նեմրութի վրա չե՞ն:

— Որ Նեմրութի վրա լինեին, կթողնե՞ին, որ դու և քո կարմիրգլուխ ասկյարները ինձ էսպես տանջեք:

Խեչոն խոսում էր համարձակ, զրեթե բոռալով, չիբուխն էլ բարկությունից գետնին թխկթխկացնելով:

— Իսկ երբ Սերոբը Կուրտիկ էր, ի՞նչ ասաց գյուղացիներին:

— Սերոբն ասաց. «Սուլթանի երկրում առանց հացի մնացեք, առանց զենքի մի մնացեք»:

— Էլ ի՞նչ ասաց:

— Հետո ասաց. «Ես բախտավոր ընտանիքի զավակ էի: Բայց պետք է բախտավորները երբեմն լան, որ թշվառները մխիթարվեն: Տեսեք, մեր շեն տունը ձեզ օրինակ. ես նախ մեր տունը՝ Խլաթա Խչեի մեծ օջախը քանդեցի, որ շատ մայրեր իրավունք չունենան ինձ անիծելու, ասելով. «մեր տուն քանդողի տունը քանդվի»:

— Եվ դու չե՞ս ուզում այդ ապստամբի տեղը մեզ ասել:

— Ես նրա ասածը ասացի, բայց տեղը չգիտեմ:

— Շու՛տ, ասա Սերոբի տեղը, թե չէ քեզ կխորովենք ավազների մեջ:

— Չեմ ասի:

Ղալիպի հրամանով ոստիկանները շինական Խեչոյի մազե պարանը նորից ամուր ձգեցին և քարշ տալով տարան դեպի Շամիրամի ավազաթմբերը: Այստեղ դարձյալ չարչարեցին նրան և, վզից մի մեծ ապառաժ կապելով, թաղեցին ավազների մեջ: Միայն գլուխը դուրս մնաց: Ապա ուղտափշերի մի կույտ դիզեցին շուրջը, չիբուխի կոթը մտցրին բերանը. «Դե, հիմա ծխիր», — ասացին, և փշերը կրակ տալով՝ հեռացան:

Երբ նրանք իջան ձորը, ես ավազների միջով սողալով մոտեցա ռանչպար Խեչոյին, կրակները ոտքով, ձեռքով մի կողմ հրեցի և կապանքը քանդելով ապառաժը հեռացրի նրա կրծքից:

Շուտով տեսա, թե ինչպես ծերունին ավազներից ելավ և չիբուխը

զայրացած ծխելով իջավ դեպի ձորը: Իսկ ես Արաբոյի ծխատուփը ծոցիս մեջ, անվհատ շարունակեցի իմ վերելքը:

Վերջապես մեծ դժվարությամբ մագլցեցի Նեմրութի լանջերն ի վեր, իմ ետևում թողնելով Շամիրամի ավազաբլուրները և Գրգուռի ուղտաքարերն ու ուղտափշերը:

ՆԵՄՐՈՒԹԻ ՎՐԱ

Մողորդը Նեմրութ լեռան բարձրադիր լանջին էր: Գտա իմ որոնած տունը և դուռը ծեծեցի:

— Ու՞մ ես փնտրում, — հարցրին:

— Աղբյուր Սերոբին:

— Դու սար պիտի երթաս, — ասացին: — Ինքն էլ, Աղբյուր Սոսեն էլ սարն են:

Տեսան, որ իմ ոտքը բոբիկ է, դես-դեն ընկան, որ մի հարմար ոտնաման գտնեն՝ չգտան: Ստիպված իմ ունեցածն էլ թողեցի այդտեղ, որ ազատ քայլեմ և տանից հաց առնելով ընկա ճամփա:

Խեղճ հայրս ինչ իմանար, որ իր սոլկար որդին մի օր առանց ոտնամանի կմնար:

Անցա գերեզմանոցի մոտով, որ պատով բաժանված էր գյուղից և շարժվեցի սարն ի վեր: Իմ բախտից ամբողջ լեռը ծածկված էր գինարբուկի կապույտ ծաղիկներով և թվիչ կանաչով:

Սերոբ Աղբյուրին ես գտա Նեմրութի քարոտ լանջին, մի ժայռի նստած: Սերոբն ավելի հաղթահասակ էր, քան Արաբոն և ավելի լավ զինված: Արաբոյի ունեցածը մի հասարակ բերդանկի էր, իսկ Սերոբի ձեռքին մոսինի կար: Մեջքի շուրջը փաթաթված կաշյա փամփշտակալները ուսերից իջնելով լայն խաչկապ էին կազմել կրծքի վրա: Դեմքը թուխ էր, երկու խոշոր աչքերով լուսավորված: Գլխին ոլորված էր մոխրագույն թաշկինակ՝ ծայրերն արձակ:

— Եկել ես ճնճղու՞կ տեսնելու, — հարցրեց Աղբյուրը, ոտքից-գլուխ չափելով իմ հասակը:

Այդ օրերին ճնճղուկ էին անվանում այն հայ շինականներին, որ ըմբոստանալով բռնության դեմ, բարձրանում էին սար, ի նկատի ունենալով նրանց թափառիկ, ոստոստուն կյանքը:

— Ոչ, եկել եմ ճնճղուկ դառնալու, — համարձակ պատասխանեցի ես և իմ ծոցից հանելով ծխախոտով լի տուփը՝ մեկնեցի նրան:

Սերոբը տուփը մոտեցրեց քթին:

— Կարմիր Ծառի թութուն է: Ծխու՞մ ես:

— Ոչ:

— Ապա ի՞նչ գործ ունի այս տուփը քեզ մոտ:

— Տուփը Արաբոն տվեց, իսկ ծխախոտը Կարմիր Ծառից վերցրի:

— Դու Արաբոյին տեսե՞լ ես:

— Ուղիղ մեկ տարի նրա մոտ եմ ծառայել, — հպարտությամբ նկատեցի ես:

— Նրա ձիու անունը ի՞նչ էր:

— Տիլիբոզ:

— Որ էդպես է, տուփը քեզ մոտ պահիր, իսկ թութունը տուր ինձ: — Այս ասելով Սերոբ Աղբյուրը ծխախոտը դատարկեց իր տոպրակի մեջ և տուփը վերադարձրեց ինձ:

— Դու դեռ շատ փոքր ես զենք բանեցնելու համար, — ասաց Աղբյուրը, կամենալով ինձ ետ ուղարկել:

Ուզեցի ասել, որ ես հրացան գործածել գիտեմ, բայց նա հանկարծ իր զինափողին նայելով՝ ասաց.

— Կարո՞ղ ես ոզնի բռնել:

— Ինչու՞ չէ, — ասացի, — դրանից էլ հեշտ բան:

— Դե գնա ոզնի բռնիր:

Ես անմիջապես գնացի սար և մի քանի ոզնի բռնելով եկա իր մոտ:

— Ապրես: Ինձ մեկն էր հարկավոր, իսկ դու միանգամից մի քանիսը բերիր: Դե հիմա ոզնու ճարպով մաքրիր իմ զինափողը:

Սերոբ Աղբյուրի հրացանի փողը երկար էր և օղակավոր: Ես նրա ներկայությամբ մաշկեցի ոզնիներից մեկին, հանեցի ճարպը և սկսեցի նրա զինափողը զգուշությամբ մաքրել: Շատ եռանդուն էի աշխատում և նրան դուր էր գալիս իմ պատրաստակամությունը:

Զենքը մաքրելուց հետո Սերոբը դարձավ ինձ.

— Կուզե՞ս ինձ մոտ մնալ:

— Արաբոյից հետո իմ միակ փափագն է ձեզ հետ լինել, — ասացի ես:

Ու ես մնացի Նեմրութի վրա, Սերոբ Աղբյուրի մոտ:

Մինչև իմ նեմրութ գալը այս ռանչպարը արդեն հայտնի էր դարձել բռնակալության դեմ մղած իր կռիվներով: Ինքը և իր կին Սոսեն տասնվեց զինվորներով փայլել էին մանավանդ Բաբշենի նշանավոր ճակատամարտում և մտել երգերի մեջ:

Ռանչպար Սերոբը ընտանիքով էր հալածական սուլթանից: «Իմա՞լ էնենք, սանդուղք չկա, որ դնենք էլնենք երկինք աստծուն բողոքելու: Ուզենք-չուզենք սարեր պիտի քաշվենք մեր նամուսն ու կյանքը պաշտպանելու հույսով», ասել էր Սոսեն ու ապավինել Նեմրութին:

Սոսեին ես տեսա հաջորդ օրը արևածագին, երբ Սերոբի հետ հասել էինք լեռնային մի գետակի: Դիմացի ափին յոթ-ութ զինված տղամարդիկ երնացին: Նրանք ոտքերը քշտելով, ոտնամանները ուսերից կախ մտան ջուրը: Նրանցից մեկը իր ետնից եկող մի երիտասարդ զինվորի ձեռքից բռնած, մյուս ձեռքով զենքը պահած, մաքառում էր ալիքների դեմ: Լեռնային պաղ ջուրը խփում էր ծնկներից բարձր: Ետնից եկող զինվորը գետակի մեջտեղ հասնելով, ստիպված եղավ վերնավարտիքի ծալքերը մի քիչ ավելի վեր բարձրացնել: Մեկ-երկուսը զինվորներից, այս բանը նկատելով, երեսները շուռ տվին, իսկ երիտասարդ զինվորի ձեռքից բռնած լեռնականը ուղղակի թևով ծածկեց երեսը:

Ետնից եկող զինվորը Սոսեն էր, արական զգեստով ծպտված: Բոլորը թրջված դուրս եկան ջրից: Սոսեն առանձնացավ և, տաբատի ծալքերը իր սրունքների կապույտ երակներին իջեցնելով, սկսեց ոտնամանները հագնել: Տեսա, թե ինչպես մի զինվոր Սերոբ Աղբյուրի կողքով անցնելիս խուլ տրտնջաց.

— Չեղա՜վ, չեղա՜վ, փաշա:

Խարտյաշ, գեղեցիկ կին էր Սոսեն, վայելուչ սլացիկ հասակով, վարդագույն դեմքին մի հպարտ ժպիտ: Բայց նա ավելի հպարտ ու գեղեցիկ էր իր հայդուկային զգեստի մեջ, մազերը կրծքին և մեջքը փամփուշտներով գոտեպինդ:

Սերոբ Աղբյուրը միացավ իր «ճնճղուկներին» և խումբը շարժվեց:

Ոչ միայն Սոսեն, այլև Սերոբի երկու ռանչպար եղբայրները և մեծ որդին, սուլթանի բռնակալությունից փախչելով, նույնպես դեգերում էին լեռներում:

Սերոբի զինվորները լեռնցի և դաշտեցի գյուղացիներ էին: Մի քանիսի անունները առաջին օրը նույնիսկ սարսափ ազդեցին վրաս. Առյուծ Ավագ, Փալաբեխ Կարապետ, Զուլումաթ Օհաննես, Կայծակ Անդրեաս, Լոլո Հաջի, Կարկուտ Թադե:

Նեմրութի վրա մնալով ես դարձա անբաժան Սերոբ Աղբյուրի «ճնճղուկներից»: Ոզնի էի բռնում սարերում, մաքրում-յուղում էի նրանց զինափողերը, հովիվներից հաց ու կաթ էի բերում նրանց համար:

Այդ յոթ-ութ զինվորները միշտ միասին էին և Սոսեն նրանց հետ էր: Նրանք երբեմն անհետանում էին խմբով և ես չգիտեի, թե որ ուղղությամբ գնացին և ինչով են զբաղված:

Հայ շինականները հաճախ էին սար գալիս — «Սերոբ, հասնանցի քրդերը մեր նախիրը տարան, օգնության հասիր: Սերոբ, Արաբոն չկա, մեր տերը դու ես, Իկնա գյուղի վարժապետին նորից բանտ տարան»:

Ու ամեն տեղ էր ռանչպար Սերոբը: Բոլորի սրտի ծարավը կոտրում էր, դրա համար էլ անունը Աղբյուր Սերոբ էր:

Փետրվարյան մի ձյունոտ օր, երբ մենք Սողորդում էինք, սուլթանի զորքը հանկարծ պաշարեց գյուղը: Փնտրում էին հայդուկապետին և նրա խմբին: Սերոբը վերցրեց հրացանը և մեն-մենակ ելավ գյուղից, որ կոտորածի պատճառ չդառնա: Նա հագած էր լաքան և հանգիստ գնում էր ձյուների վրայով: Սուլթանի զինվորները չէին կարողանում ետևից հասնել, որովհետև ձիերը մինչև գավակները խրվում էին ձյան մեջ: Սերոբը երբեմն-երբեմն ետ էր դառնում և կրակում: Երեք ռոմի ձիավոր սպանվեցին: Նա բարձրացավ Նեմրութ լեռը և աչքով ինձ էր որոնում, իսկ ես մի կապոց հաց շալակած արդեն հասել էի լեռան գագաթը և հանգիստ նստած սպասում էի նրան: Ոստիկանները կարծելով, թե Սերոբը խեղդված է նեմրութի դաշտերի մեջ, թողել հեռացել էին գյուղից:

Սերոբ Աղբյուրը ինձ իր հետ առնելով հասավ լեռան հրաբխաբերանը, որի լայնածավալ խորքի մեջ տաք ջրեր կային՝ շեկ գոլորշիների ամպով ծածկված:

Երբ ամենքը, հայ թե թուրք և քուրդ համարել էին Սերոբին զոհ գնացած Նեմրութի ձյուներին, հանկարծ Խլաթի գյուղերում հայտնվեց Սողորդի հերոսը, և մարդիկ սկսեցին նրա շուրջը առասպելներ հյուսել և նրան կոչել Նեմրութի ասլան: Այդ անունը մտավ քրդական երգերի մեջ և հասավ սուլթանի ականջին:

Այդ նույն տարվա սեպտեմբերին Սոսեն անհետացավ: Բագրեվանդի հայ գյուղացիները ըմբոստացել էին սուլթանի դեմ: Սոսեն բարձրացել էր Բագրեվանդի լեռները և ղեկավարել ըմբոստ շինականների ապստամբությունը:

Սակայն Նեմրութի Սերոբի՝ կնոջ հետ սարերում թափառելը դուր չէր գալիս իր

խմբի զինվորներին: Սոսեն քաջ էր, բայց քաջերի քաջին վայել չէ կնոջը խմբի հետ ման ածել թեկուզ տղամարդու հագուստով:

Սոսեի պատճառով Սերոբից արդեն բաժանվել էին մի քանի զինվորներ, որոնցից մեկը իր հին զինվոր Անդրանիկն էր:

Բողոքողներից երեքը Սերոբի երեք ամենասիրած զինվորներն էին. մեկը Կայծակ Անդրեասն էր, Խլաթի Շամիրամ գյուղից: Սա միշտ խմբի առջևից էր գնում և պատասխանատու էր նրա երթի համար: Սարսափազդու դեմք ուներ Անդրեասը, ոչխարենու մի ահագին գդակ գլխին և բեղը մինչև ականջները սրած:

Մյուսը Լոլո Հաջին էր կամ Հաջի Գևոն, որ մասնակցել էր Խանասարի և Բաբշենի կռիվներին և հավատարիմ թիկնապահն էր Սերոբի: Երրորդը Կարկուտ Թաղեն էր, Սասունի Փեթար գյուղից: Սա մանուկ հասակից էր զենք վերցրել իր հոր կողքին մասնակցելով սասունցի իշխան Գրքոյի և իշխան Պետոյի գլխավորությամբ մղած հերոսական կռիվներին:

Անհանգիստ զինվոր էր Թաղեն, սատիկ արագաշարժ ու անհամբեր: Կռիվը չսկսած, սա միշտ առաջինն էր պայթեցնում զնդակը: Հրացանը շտկում էր ու բլթակը քաշում:

Մի օր սա առանց հրամանի նետվեց մի ժայռի ետև և փակաղակը արագությամբ բացում ու փակում էր չխկոցով:

— Էղ ի՞նչ կենես, Թաղե, — հարցրեց Սերոբ Աղբյուրը հեռվից մոտենալով:

— Գյուլեքի սերտն ու փուլը կջոկեմ, փաշա, — պատասխանեց Թաղեն և բեղը խածնելով՝ բլթակը նորից քաշեց:

Սերոբը բարկացավ, փակաղակը ձեռքից առավ և սպառնաց, որ եթե շարունակի խախտել կարգապահությունը և առանց հրամանի կրակել՝ կհեռացվի խմբից:

— Չեղա՜վ, չեղա՜վ, փաշա, — այս խոսքերը հաճախ էին կրկնում Կայծակ Անդրեասը, Լոլո Հաջին և Կարկուտ Թաղեն, երբ լեռնային հորդ գետակներն անցնելիս՝ ստիպված էին լինում հերթով բռնել Սոսեի դաստակից:

Ու մի օր նրանք ասացին Սերոբին.

— Սոսեին ուղարկիր Սասուն, իսկ դու մնա Նեմրութի վրա:

— Ջուր անցնելու ժամանակ նա ի՞նչ իրավունք ունի մեր ներկայությամբ տկլորանալու: Մեղք է նրա ոտքերին նայելը:

— Սոսեի պատճառով մի օր կարող է փորձանք գալ մեր գլխին:

Սերոբի հոգին Բաբշեն էր, իսկ սիրտը՝ Սասունն:

Սասնո Գելի գյուղում նա Տեր Քաշ անունով մի հին բարեկամ ուներ: Տեսավ, որ իր զինվորների խոսքը արդար էր, վերցրեց Սոսեին ու տարավ Գելի:

Ինձ էլ իր հետ տարավ:

Գելին կամ Գելիեգուզանը ձորի մեջ էր և գետակով բաժանված երկու մասի: Այդ Գյուղը շատ թաղեր ուներ և ամեն թաղը մի անուն: Գյուղի ետևը Անդոկ սարն էր: Բոլոր տները շինված էին Անդոկի թեք լանջին, ամեն մեկը մի ժայռի վրա ու մի թաղի մեջ: Գլխավոր թաղերն էին՝ Տաղվրնիկ, Հարսնգոմեր, Ղարիպշան, Մխիթար, Տեղ, «Գյուղ» կամ Գելի:

Տեր Քաշի տունը «Գյուղի» մեջ էր:

Ծեծեց Տեր Քաջի դուռը և ասաց. «Սոսեին քեզ մոտ պահիր, իսկ ինձ լուսաբացին դիր ճանապարհ»:

Տեր Քաջն ասաց. «Եկ դու էլ մնա Սասուն: Էսքան ժամանակ Խլաթ եղար, մի քանի տարի էլ մեզ մոտ ապրիր»:

Խութեցիք ընկան ոտքը՝ ասացին.

— Արաբոն չկա, եկ տեր կանգնիր Արաբոյի երկրին:

Ու Սերոբի մի գիշերը դարձավ շաբաթ, շաբաթը՝ ամիս:

Տեսնելով, որ Նեմրութի Ասլանը Ուշանում է, իր զինվորներն էլ եկան Սասուն:

Սերոբը մի որդի ուներ Խլաթում, անունը՝ Հակոբ և երկու եղբայր՝ Մխո և Զաքար:

Երեքն էլ հայդուկ էին:

Նրանք էլ եկան Սասուն:

ԿՐԱԿՈՑ ԳԵԼԻ ԳՑՈՒՂՈՒՄ

Արաբոյի մահից հետո Սասունում իր քաջագործություններով անուն էր հանել Գևորգ անունով մի անվեհեր երիտասարդ:

Գևորգը Սասնո Բսանք գավառի Մկթինք գյուղից էր, Արաբոյի և Սերոբ Աղբյուրի հին զինվորներից մեկը:

Սրա հայրը հայտնի որսորդ էր: Որդուն տվել էր Առաքելոց վանք, որ քահանա դառնա: Մի օր որդին վանքից գալիս է տուն: Տեսնում է պատից մի չախմախլի հրացան կախված և տակը թախտին մի հսկա քնած՝ սև արան հագին, երեսով դեպի պատը:

— Կա չկա սա իմ հայրն է, — ասում է Գևորգը, աչքը պահած պատից կախված զենքին:

Արթնացնում է հսկային ու ասում.

— Ես չորս տարի կարդացի վանքում: Ինձ մի թվանք տուր՝ գնամ միանամ Արաբոյի խմբին:

— Կորի՛ր, լակոտ, դու ու՞ր, Արաբոն ու՞ր: Զենքը քո բանը չէ, — սաստում է հայրը և պահանջում է, որ որդին վերադառնա վանք և Մաշտոց ու շարական կարդա:

Գևորգը խռոված փախչում է տնից:

Գյուղամիջով անցնելիս տեսնում է երկու բազրևանդցի քուրդ իրենց եկեղեցու ծառերից սաստկորեն վայր են թափում ընկույզները» Գևորգը հարձակվում է նրանց վրա և սկսվում է ուժեղ ծեծկռտուք: Վախեցած գյուղացիները օգնության չեն հասնում և Գևորգը մի լավ ծեծ կերած, գլուխը կապած հեռանում է գյուղից:

Բսանցի հայ գյուղացիների պանդխտության վայրը գլխավորապես Հալեպն էր, որտեղ նրանք աշխատում էին հացի փռերում և ջրաղացներում: Այդ երկրի մեջ արաբները սասունցիներին ուրիշ Հայերից տարբերելու համար սուսանի էին անվանում:

Գևորգը գտնում է դեպի Դամասկոս գնացող մեկ-երկու բազրկան և նրանց հետ գնում է Հալեպ:

Բազրկանները քաղաքի դռներին հասնելով՝ ասում են.

— Հալեպ, որ կասեն՝ սա է, մենք գնացինք:

Գևորգը անծանոթ քաղաքի դռանը շվար կանգնած, չի իմանում ինչ անի:

Մտածում է, որ, երևի Արաբոն էլ Հալեպ մշակության գնալիս առաջին օրը այդպես շվար կանգնած է եղել անծանոթ քաղաքի դռանը:

Տափարակ կտուրների միջից մի գմբեթ է երևում:

— Էդ եկեղեցու անունը ի՞նչ է, — հարցնում է մի արաբի:

— Սուրբ քառասնից մանկանց:

— Ո՞վ է շինել:

— Մի սուսանի:

— Շինողը ո՞ղջ է:

— Իր շինածը կա, ինքը չկա: Հազար տարվա եկեղեցի է: Դամասկոսի մեծ խալիֆը, — շարունակում է ծերունի արաբը, — մի օր Դամասկոսից գալիս է Հալեպ: Ոչ ոք չի դիմավորում նրան, բացի մի կաշեգործ սասունցուց:

Խալիֆը հուզված հարցնում է սասունցուն.

— Ի՞նչ բարիք ես ուզում, որ քեզ անեմ:

— Ես Սասունի Բսանաց գավառի Գոմք գյուղից եմ, մեծդ խալիֆ, — ասում է կաշեգործը: — Մեր գյուղում Քառասուն Մանուկ անունով մի եկեղեցի կար: Եթե ուզում ես ինձ բարիք անել, մի կտոր հող տուր ինձ, որ դրա նման մի եկեղեցի շինեմ Հալեպում ապրող սասունցոց համար:

— Ինչքա՞ն հող ես ուզում, — հարցնում է խալիֆը:

Սասունցու թևատակին մի եզան կաշի է լինում: Պարզում է գետնին և ասում. — Էս եզան փոստի չափ:

— Արածիդ համեմատ քո ուզածը շատ քիչ է, — նկատում է խալիֆը և եզան կաշին վերցնելով սրեմում է ծայրեծայր և նրա թելերի բռնած տարածության չափով հող է տալիս սասունցուն քաղաքի կենտրոնում:

Եվ սասունցին շինում է իր եկեղեցին:

Առավոտյան ժամկոչը զանգակները քաշելիս տեսնում է մի կապած գլուխ տղա իրենց վանքի շեմքին պառկած:

— Ո՞վ ես, — հարցնում է ժամկոչը քնածին արթնացնելով:

— Ես Բսանաց Գնորգն եմ:

— Ղարիբ ես, ուրեմն:

— Ղարիբ եմ ու գլուխս կոտրած:

Հալեպի հայերը գալիս են աղոթքի: Մեկ-երկուսը ճանաչում են Գնորգի ծնողներին և հարցնում են, թե ինչի համար է եկել:

— Եկել եմ, որ մի քիչ փող վաստակեմ, մի հրացան առնեմ ու երթամ Սասունն ազատեմ սուլթանի լծից, — ասում է Գնորգը և պատմում գյուղում իր գլխին պատահած դեպքը:

Սասունցի մի քանի հացթուխ և ջրաղացպան մտածում են, որ իրենք մի բան չդարձան, գոնե այդ ծուռ տղայից մի բան դուրս գա: Փող են հավաքում և Գնորգի համար մի հրացան առնելով, նրան Հալեպից ճանապարհ են դնում դեպի Սասուն:

— Դե, գնա ազատիր հայոց ազգին:

Մի ծեր հացթուխ երկմտում է. — Էս տղան, — ասում է նա, — Սասունից ճղված գլխով եկավ Հալեպ: Ընկույզի համար երկու քրդից ծեծված մարդը ինչպես կարող է մի ամբողջ ազգ ազատել սուլթանի լծից:

— Իսկ դու կհավատայի՞ր, որ գոմքեցի մի խեղճ ու կրակ կաշեգործ ընկներ Հալեպ և մեն-մենակ մի եկեղեցի շիներ քաղաքի կենտրոնում: Մինչև մարդու գլուխը չճղվի, նա ազգի ցավը չի հասկանա, — առարկում է նրան երկրորդ հացթուխը:

— Կտրիճ տղա է երևում, թող երթա իր բախտը փորձի, — վրա է բերում մի երրորդ պանդուխտ սասունցի:

Գևորգի հայրն ու մայրը սպասում են մի շաբաթ, երկու շաբաթ՝ որդին չկա:

— Վա՜յ, մեր խեղճ տղան կորավ, — ասում են ու գլխներին տալիս:

Գևորգը մի քանի հորեղբայր ուներ: Սրանք կասկածում են, թե երևի, Հալեպ է գնացել: Որոշում են, որ իրենցից մեկը գնա Հալեպ, տղային գտնի բերի:

— Յա բարի լուսո քաղցրիկ Քրիստոս, — ասում է մեծ հորեղբայրը և բռնում Հալեպի ճամփան: Ու դեռ հորեղբայրը Հալեպ չհասած, Գևորգը զինված մտնում է Սասուն: Ճանապարհին որսում է մի քարայծ և ուսին դրած գալիս է տուն: Տու՜ն, ի՜նչ տուն, որձաքարից շինված մի բերդ: Որսը դնում է ցած և մեկնվում թախտին՝ երեսով դեպի պատը:

Հայրը մտնում է ներս, տեսնում է անծանոթ մարդ թախտին քնած, գլխավերևում՝ հրացան, կողքին՝ մի սպանված քարայծ:

— Կա չկա սա իմ տղան է, — ասում է հայրը և արթնացնում քնած երիտասարդին:

— Վատ հարևանը մարդու գործիքի տեր կդարձնի, — ասում է Գևորգը և հրացանն առնելով նույն օրը գնում միանում է Արաբոյի խմբին:

Արաբոյից հետո զինվոր է դառնում Սերոբ Աղբյուրին: Կռիվներից մեկում սպանում է սուլթանի ազդեցիկ չաուշներից մեկին և շուտով հայտնի դառնում Գևորգ Չաուշ անունով:

Միջահասակից քիչ ցածր էր Գևորգը, թուխ ու թիկնեղ և աչքերը բոցավառ: Վարսերը սև գանգուր էին, հոնքերը խիտ ու գեղագծված: Արաբոն ինձ շատ էր պատմել նրա մասին, բայց տեսած չկայի: Իսկ Սերոբն ասում էր, որ նա մեծ համբավ է ձեռք բերել քրդական աշիրեթների մեջ և այնպես վարժ է խոսում քրդերեն, որ դժվար է նրան տարբերել քրդից:

Սասունում աղջիկ փախցնելը խստորեն արգելված էր օրենքով, որպեսզի հայ գյուղերի համերաշխությունը չքայքայվի:

— Ձեր մորուքները կնտել կտանք, եթե աղջիկ փախցնողին պսակեք, — զգուշացրել էին սասունցիք իրենց քահանաներին:

Երբ Սերոբ Աղբյուրը Տեր Քաջի տանն էր, լուր եկավ, որ Գևորգ Չաուշի հորեղբայրներից մեկը կին է փախցրել Սասնո Աղբիկ գյուղից: Գյուղացիները փախցնողին հետապնդելով բռնել բերել էին նեմրութի Ասլանի մոտ, որ նա դատն անի: Նրան բերեցին այն ժամանակ, երբ ես Սերոբ Աղբյուրի զենքերն էի մաքրում:

Հասակավոր մարդ էր, մեծ բեղերով և գոմշե տրեխներով:

— Ու՞մ համար էիր փախցնում այդ կնոջը, — հարցրեց Սերոբը:

— Ինձ համար, — համարձակ պատասխանեց հորեղբայրը:

— Ու՞ր տեսար առաջին անգամ նրան:

— Առաքելոց վանքում:

— Ո՞ր գյուղից էր և ինչու՞ էր գնացել վանք:

— Դաշտի գյուղերից էր, բայց հարս էր տրված Սասուն: Էրիկը տաս տարի է, ինչ պանդխտության է գնացել և ոչ մի օգնություն ցույց չի տալիս իրեն: Խեղճ կինը դիմել էր Մշո Առաջնորդարանին, որ ինքը նեղության մեջ է: Առաջնորդարանը նամակ էր գրել վանքի վանահայր Հովհաննես վարդապետին, որ նրան վանք ընդունի, պայմանով, որ աշխատի իբրև հավաքարար և օգտվի վանքի հացից:

— Դու ի՞նչ էիր անում վանքում:

— Ես վանքում տնտես էի:

— Այդ կնոջը գյուղի՞ց փախցրիր, թե վանքից:

— Գյուղից:

— Որտե՞ղ է գտնվում այդ գյուղը:

— Ծովասարի վրա:

— Աղբիկցիները ձեզ որտե՞ղ բռնեցին:

— Բասնաց ճանապարհին:

— Այդ կինը ամուսին ունի, դու ի՞նչ իրավունքով փախցրիր նրան: Չէ՞ որ դու ծեր ես, իսկ նա՝ ջահել:

— Մեր երկիր հազար բան կպատահի, փաշա, թող դա էլ լինի հազար ու մեկը, — պատասխանեց սասունցին:

— Շիտակ խոսիր, դու այդ կնոջը քե՞զ համար փախցրիր, թե Գևորգի:

— Ինձ համար փախցրի, փաշա:

— Չգիտեի՞ր, որ Սասունում կին փախցնելը օրենքով արգելված է:

— Գիտեի, բայց եղավ...

Մարդուն մի կողմ տարան, կնոջը ներս բերին:

— Դու այդ մարդու հետ ինչու՞ փախար, — հարցրեց փաշան: — Ու՞մ համար կերթայիր՝ նրա՞, թե ուրիշի:

— Ես էդ մարդու հետ կերթայի իրեն համար: Էրիկս էս տաս տարի զուրբաթ է գնացել, ու ես մնացել եմ վանքի սեղանին:

Երկրորդ օրը նորից հարցաքննության բերեցին: Աղբիկցիները համառորեն դատաստան էին պահանջում: Սերոբը կանչեց Աղբիկ գյուղի ռեսին, գելեցի մի քանի իշխանների և Տեր Քաջին: Նրանք գլուխ տվին երկրի մեծին ու միաձայն ասին նրան.

— Դրանց դատաստանը դու մեզ հանձնիր, փաշա:

Այդ ժամանակ եկան ասացին, թե Գևորգ Չաուշը Տաղվրնիկ է հասել: Սերոբը իր զինվորներից երկուսին ուղարկեց, որ նրան իր մոտ կանչեն:

Երկար գյուղ էր Գելին և թաղերը իրարից շատ հեռու: Թաղից թաղ մարդ կանչելու համար պետք է բոռային:

Դեպի Ծովասար իջնող մի սար կար Անդոկի մոտ, անունը Խտան:

Զինվորները ելան Խտանա կածը և բոռացին.

— Գնորգ Չաու՜շ, Տեր Քաջի տուն արի, — բոռաց առաջին զինվորը:

— Քո հորեղբայրը կի՜ն է փախցրել Աղբիկ գյուղից, — բոռաց երկրորդ զինվորը:

Գնորգ Չաուշը վերցրեց հրացանը և Խտանա կածը անցնելով եկավ իր հայդուկապետի մոտ:

Տեր Քաջի տանը շատ մարդիկ կային: Մեծամեծ իշխաններ, քահանա և ռամիկ:

Սոսեն էլ ներկա էր:

Բարև տվեց բոլորին և հրացանը սյունից կախելով նստեց:

Եվ Նեմրութի Սերոբը դիմեց նրան՝ ասելով.

— Ինչպես է, որ դու՝ ամենահին զինվորը այս երկրի, ուր օրենք է դրված, որ սասունցին իրավունք չունի աղջիկ փախցնելու, թույլ ես տվել, որ քո հորեղբայրը կինարմատ փախցնի Սասնո աշխարհից:

Գնորգը պատասխանեց.

— Դու սերն ու մածունը կերել ես, չորթանի՞ն ես ինձ կանչել:

Ասաց ու նայեց Սոսեի աչքերին:

— Եթե դու փոքր չափով պատիվ ունենայիր մեծավորիդ հանդեպ, չէիր համարձակի ինձ այդպիսի խոսք ասել: Ես ի՞նչ սեր ու մածուն եմ կերել, — դիմադարձեց Սերոբը և սաստիկ առնված ձեռքը նետեց դաշույնին:

Սոսեն բռնեց Սերոբի թևը:

Գնորգը ոտքի ելավ:

— Իմ հորեղբայրը այդ հանցանքը կատարել է ինձանից ծածուկ, — ասաց նա: — Դու ես երկրի մեծը և դատն ու դատաստանը քո ձեռքին է, ինչպես ուզում ես, այնպես էլ վճռիր:

— Եթե դատն ու դատաստանը իմ ձեռքին է, ուրեմն այս գործը ես քեզ եմ հանձնում, Արաբոյի հին զինվորիդ, որ այժմ իմ զինվորն է: Գնա և ինքդ դատիր, — ասաց Աղբյուր Սերոբը և նույնպես ոտքի ելավ:

— Ի՞նձ ես հանձնում:

— Այո, քեզ:

Գնորգ Չաուշը առանց պատասխանի, զենքը վերցնելով՝ գլխահակ հեռացավ Տեր Քաջի տնից:

Ես հետաքրքրությունից գնացի նրա ետևից դեպի այն մարագը, ուր փակված էին Գնորգի հորեղբայրը և աղբիկցի կինը:

Մոլեգին էր Գնորգը և անկշռադատ:

Նրա ինքնասիրությունը վիրավորված էր: Կանգնեց շեմքին և Հալեպից բերված հրացանը ուղղեց հորեղբոր կրծքին: Երկրորդ գնդակով սպանեց աղբիկցի կնոջը և, հրացանը վիզը գցելով, մռայլադեմ հեռացավ դեպի Շուշնամերկի անտառները:

Գնորգը այլևս չվերադարձավ Սերոբի խմբի մեջ:

Ես առաջին անգամ էի հրազենի կրակոց լսում այդքան մոտիկից և այդպիսի ուժգնությամբ:

Ես այդ ժամանակ ընդամենը տասնյոթ տարեկան էի:

ՇԱՊԻՆԱՆԴ

Այդ կրակոցի հաջորդ օրը Սերոբ Աղբյուրն ինձ մի կոտրած հրացանի կոթ տվեց, որ տանեմ նորոգելու:

— Վարպետ Շապինին կտաս, — ասաց ու ձեռքով ցույց տվեց իմ գնալիք տեղը՝ Տալվորիկի ուղղությամբ:

— Է, — ասացի ինքս ինձ, — եթե Խլաթից հասել եմ մինչև Գելի, ուրեմն կարող եմ նաև Տալվորիկ գնալ: Մարդ ինչքան շատ աշխարհ տեսնի, այնքան Լավ:

Ու բռնեցի Տալվորիկի ճամփան: Անցա Ղարիպշան, Մխիթար և Տեղ թաղերը և սկսեցի Անդոկով բարձրանալ: Խտանա կածը շուռ էի գալիս, երբ մեկը իմ թիկունքից գոռաց:

Նայեցի տեսնեմ՝ մի ջրտուքվար է:

— Դեպի ու՞ր:

— Տալվորիկ կերթամ, — ասացի:

— Ա՜յ ծուռ, — ասաց, — քո գնալիք տեղը Տաղվրնիկն է և ոչ թե Տալվորիկ:

Հասկացա, որ սխալ եմ եկել և ետ դառնալով քայլերս ուղղեցի դեպի Տաղվրնիկ: Երանի նրանց, որոնք շուտ են ուղղում իրենց սխալ ճամփան:

Տազվրնիկը Գելու թաղերից մեկն էր: Այն տունը, որ պետք է գնայի, թառած էր մի բարձրիկ ժայռի: Հաստ պատերով տուն էր, ճակատով դեպի հարավ:

Շեմքի մոտ նստած էր մի տղամարդ՝ մի ձեռքը նեցուկ արած գլխին, մյուսով ծխամորճը պահած: Ոտքերը խոշոր էին, մեծ տրեխներով: Կորացած մեջքը և զորավոր թիկունքը հսկայի երևույթ էին տալիս նրան: Կարծեցի, թե իմ ոտնաձայնից ուշքի կգա, բայց տեղից չշարժվեց: Երևի քնած էր:

Համարձակ մոտեցա շեմքին: Դուռը մի փեղկանի էր, ընկույզի երեք հաստ տախտակներից շինված:

Հրեցի և ներս մտա:

Փողանը մութ էր: Ամբողջ երկայնքով վառելափայտ էր դարսված, մեծ-մեծ կոճղեր և չորացած ծառեր: Թեքվեցի դեպի ձախ և մտա տան գլխավոր մասը, ուր թվեկն էր՝ օջախը: Ամբարը և մառանը մնացին աջ թևի վրա: Թվեկը պատի մեջ էր, կիսաղեղի ձևով և բուխարիկով միացած երդիկին: Սալաքարը դեռ տաք էր, երևի կրակը նոր էր հանգել: Կողքին գաթաներով լի մի տաշտակ կար՝ ընկուզենու կանաչ տերևներով ծածկված: Քանի որ սասունցու տուն եմ մտել և նոր թխած հաց կա, եկ դրանցից մեկը ուտեմ: Եմ ասելն ու տաշտակից մի գաթա վերցնելը մեկ եղավ: Բայց հանկարծ վարանեցի: Չլինի՞ թե սխալ տուն եմ մտել: Արագ նետվեցի դեպի փողանը, որ դուրս գամ: Դիպա մի սյունի և մի բան վայր ընկավ: Ճրագն էր: Ի՞նչ արած, որ անծանոթ տանը մի գաթա եմ կերել կամ մի հողե ճրագ եմ շուռ տվել մութի մեջ: Սասունցու տունը միշտ բաց է, իսկ սիրտը այնքան ճրագներ ունի, որ կարող է ամբողջ աշխարհը լուսավորել: Ձեռքս տարա դեպի սողնակը, որ դուռը բանամ: Մի խուլ թխկոց դիպավ ականջիս: Պատի մեջ բացվեց մի դուռ, որը ինձ տարավ դեպի մի ընդարձակ աչք. ախոռն էր: Գլուխս կամաց ներս մտցրի:

Մի մարդ ախոռի վերին անկյունում նստած ինչ-որ բան էր շինում: Գոմը մութ էր և ես նրան տեսնում էի կիսաստվերի միջով: Ինձ օգնում էր արևի շողքը, որ թեքությամբ իջել էր նեղլիկ շբաքից: Հատակը սալած էր անտաշ քարերով: Թացությունից այդ սալաքարերը տեղ-տեղ փայլում էին, մանավանդ մսուրի մոտ, ուր մի մարդ էր նստած՝ արևի շողքը ճակատին:

— Էստեղ ո վ կա հրացանի կոթ շինող, — հարցրի ես, մսուրի կողմից զգուշությամբ մի քանի քայլ առաջանալով:

— Բեր, վարպետ Շապինը կշինի, — ձայն տվեց գոմի կիսաստվերում զբաղված մարդը առանց գլուխը բարձրացնելու:

Անծանոթ արհեստավորը բանում էր տակը փռած մի թաղիքի վրա: Ձեռքին եղածը մի հին փականակ էր, որ նա նորոգելով աշխատում էր տեղը գցել: Թիկնեղ տղամարդ էր, ճակատը լայն, փոքր-ինչ կլոր դեմքով, բեղը շեկ և սրածայր ոլորած: Գլխի սև մազերի միջից սպիտակին էր տալիս մի լուսնաձև ճաղատ: Կողքին մի սնդուկ կար փոքրիկ գավը վրան, իսկ մեջքի ետևը՝ թամբաձև մի կոճ, որ հյուսնի գործասեղանն էր հիշեցնում:

Վարպետ Շապինը գարահիսարցի էր: Տակավին պատանի փախել էր իր ծննդավայրից և երկար թափառումներից հետո եկել էր Սասուն: Լսել էի, որ նա հյուսնի որդի էր և Սասունում գլխավորապես իր հոր արհեստն էր բանեցնում: Միաժամանակ հրացանի կոթ շինող էր և հրազենի կոտրած մասերը վարպետորեն նորոգող: Ու այժմ աչքով տեսնում էի նրա ձեռքի գործը:

— Փաշեն տվեց,— ասացի ես և հրացանի խզակոթը տոպրակից հանելով՝ մեկնեցի նրան:

— Փաշեն ո՞վ է:

— Նեմրութի Սերոբը:

— Բոլորը փաշա են դարձել: Չլինի" թե դու էլ ես ուզում փաշա դառնալ,— ասաց նա փականակը ձեռքին հարցական նայելով ինձ:

— Ոչ, ես մի հասարակ ընտանիքի զավակ եմ:

— Արհեստ ունե՞ս:

— Սոլկար եմ,— ասացի:

— Լավ արհեստ է և կյանքում շատ պետք կգա: Իսկ կարդալ գիտե՞ս:

— Գիտեմ, — ասացի:

— «Շունն ու կատուն» կարդացե՞լ ես:

— Այո:

— Իմ ոտնամանը ծակվել է, կարո՞ղ ես կարել, — հարցրեց նա:

— Կարող եմ, բայց ձեռքիս գործիք չունեմ:

— Ես ունեմ, տղաս: Դ՛ու նստիր քովս և իմ կոշիկը նորոգիր, մինչև ես քո փաշի հրացանի կոթը շինեմ: — Ասաց և կոշիկը ոտքից հանեց: Մեջը ավազ էր, թափ տվեց և հանձնեց ինձ: Ես հասկացա, որ նա ավելի շուտ ինձ փորձելու համար այդ առաջարկը արեց, քան թե լրջորեն ուզում էր, որ ես իր ոտնամանը կարեմ: Զինվորական մի մեծ պայուսակ ուներ մոտը: Գործիքները հանեց և ես, իր կողքին նստելով, սկսեցի նորոգել իր ոտնամանը:

Մենք աշխատում էինք միասին: Վարպետ Շապինը փակաղակը տեղն էր գցել և զբաղված էր Սերոբ Աղբյուրի հրացանի կոթը շինելով, իսկ ես եռանդով նորոգում էի նրա ոտնամանը: Լուռ էինք աշխատում և կարծես իրար հետ մրցելով: Երբ վերջացրի, նա կոշիկը հագավ և ձեռքը ուսիս դնելով ասաց.

— Աֆերիմ, տղաս, լավ կար ունես: Իմ ձախ ոտքը ավազներից ազատեցիր: Ա՛յ, ես եկել եմ Տարոն և հրացանի կոթ ու փակաղակ եմ շինում, երբեմն էլ՝ դուռ ու լուսամուտ: Դա– տավորի գործ էլ եմ անում գյուղացիների ներքին վեճերը մաքրելով: Ի՛նչ արած, պետք է: Եվ որտե՞ղ եմ նստած՝ ախոռում: Չատոյի գոմն է: Վերջերս մի անբուժելի ոսկրացավ է բռնել ինձ: Տիրամոր քամի են ասում: Ամեն օր ձեռնափայտը ձեռքիս իջնում եմ ձորը, պառկում արևից տաքացած ավազի մեջ, որ ցավերս մեղմանան: Մի քիչ էլ սա է օգնում: — Նա թեքվեց սնդուկի վրա և գավը մոտեցրեց բերանին: Օղի էր: Մի կում խմեց:

Ապա պատմեց, թե ինչպես Սերոբ Աղբյուրը սկզբում իրեն օգնել էր Սարիղամիշում, բայց հետագայում, երբ ինքը եկել էր Խլաթ նրան զինվոր դառնալու, Սերոբը իրեն զենք չէր տվել և չէր ցանկացել պահել իր մոտ:

Ես ուզում էի նրան հարցնել Գնորգ Չաուշի սարսափելի արարքի մասին, բայց չհամարձակվեցի: Ինձ, թվաց, թե ինքը տեղյակ էր այդ սպանությանը և գաղտնի էր պահում ինձանից:

— Ասում են, երեկ մարդ են սպանել Գելիում: Ճի՞շտ է, — հարցրեց նա դիմելով ինձ:

— Ճիշտ է, — ասացի: — Բաանաց Գնորգը սպանել է իր հորեղբորը:

— Չիմացա՞ր թե պատճառը ինչ է:

— Կին էր փախցրել Աղբիկ գյուղից։

— Կնո՞ջն էլ է սպանել։

— Այո։

— Ծուռ են էդ սասունցիք, — քթի տակ ծիծաղեց վարպետ Շապինը և լռեց, հավանորեն չուզենալով այդ մասին խոսել։ — Երկու թռչուն կա, որ սասունցիները շատ կսիրեն՝ կաքավ և արծիվ։ Կաքավին իրենց հավերի հետ կպահեն, իսկ արծվին իրենց տանիքների վրա։ Իրենց ուտելիքը շաղգամ է և մածնահատիկ, իսկ մտածելիքը՝ աստվածներից բարձր։ Տեսնենք Մոսե Իմոն մեզ ի՞նչ լուր կբերի Եվրոպայից։ Ազգի գործով թուղթ է տարել թագավորներին։

Ուզում էի հարցնել, թե ով է Մոսե Իմոն, երբ վարպետ Շապինը վերջին աշխատանքը հյուսնի գործասեղանի վրա ավարտելով, դարձավ ինձ.

— Առ, Սերոբ փաշի հրացանի կոթը պատրաստ է։ — Եվ խզակոթը մի կոշտ ստվարաթղթով սրբելով՝ կոխեց տոպրակիս մեջ։

— Քո փաշեն կնոջը ման է բերում իր հետ, մի բան, որ թույլատրելի չէ հայդուկի օրենքով, իսկ Գևորգ Չաուշի հորեղբորը մեղադրում է կին փախցնելու մեջ։ Գաղափարին նվիրված մարդը պետք է ամեն կողմից կատարյալ լինի, — ասաց հրացանի կոթ շինողը և նայեց հորթուկի կողմը՝ որոշելու, թե օրվա որ ժամն է։

Արևի շողքը հորթի ճակատից թռել էր մուրի պատին։

— Ջրի ավազը հիմա տաքացած կլինի, — ասաց նա, դարձյալ շրջվեց դեպի ձախակողմը և սնդուկի վրայից գավը վերցնելով՝ դրեց բերանին։

— Ո՞վ կար դռանը, երբ ներս մտար։

— Մեծ տրեխներով մի տղամարդ։

— Նա քեզ նկատե՞ց։

— Ոչ, քնած էր։

— Լսիր, տղաս, — ասաց վարպետ Շապինը դատարկ գավը սնդուկին իջեցնելով։ — Փաշան եթե իմ մասին կհարցնի, ասա, որ ես այս գիշեր Շենիք պիտի երթամ։ Իսկ դու իմացիր իմ իսկական անունը։ Իմ մկրտության անունը Անդրանիկ է և ինձ այստեղ դոնդաշի Անդրանիկ են ասում։ Իսկ մի քանի հին սասունցիներ անվանում են վարպետ Շապին կամ կարճ՝ Շապինանդ, այսինքն շապինգարահիսարցի Անդրանիկ։ Ասքե ետքը դու էլ այդ անունով ճանաչիր ինձ։

— Շապինա՛նդ, — հնչեցրին իմ շուրթերը խավարի մեջ։ Ես վերցրի իմ տոպրակը, մնաս բարով ասի նրան և անաղմուկ դուրս ելա մութ գոմից, դիմելով դեպի Տեր Քաջի տունը, ուր Աղբյուր Սերոբն էր։

ՋՐՎՈՐՆ ՈՒ ԱԼԻԱՆՑԻՔ

Մի երիտասարդ լեռնցի թիակը ուսին քայլում էր Խտանա կածով: Նույն ջրվորն էր, որ գոռալով ցույց էր տվել ինձ Տաղվրնիկի ճամփան: Գդակը թեք դրած գալիս էր լեռնային առվի հետ: Հագած էր մաշված ոտնաման, բրդյա կարմրավուն տաբատ՝ ծոթերը մինչև ծնկները քշտած, կուրծքը մազոտ ու բաց և կրծքի մազերը խառնված, խճճված աբայի սև մազերին:

Ես ներքևից եկա, նա վերևից իջավ և մենք իր նորածիլ գարու արտի եզրին հանդիպեցինք իրար:

— Անունդ բարի:

— Ֆադե:

— Քո գործը ի՞նչ է էս սարի վրա, Ֆադե քեռի, — հարցրի:

— Իմ գործը աշխարհի ջրելն է, — ասաց նա, — և մոլորվածներին շիտակ ճամփա ցույց տալը:

— Աշխարհին ինչո՞վ ես ջրում:

— Էս թիակով:

Մազե աբան հանեց ծալեց մի ժայռի ու նստեց վրան՝ նեղթաթ թիակը երկու ձեռքով ծնկների մեջ սեղմած:

Ֆադեն Տալվորիկի Վերին գյուղից էր: Սուլթանը հրաման էր արձակել, որ Սասունի մեջ զորանոցներ շինվեն: Զորանոցներից մեկի հիմքը դրել էին Ֆադեի շաղգամի արտի մեջ: Զայրացել էր տալվորիկցին և գիշերով բոլոր քարերը շալակելով տարել թափել էր ձորը: Առավոտյան քարերը նորից ետ էին բերվել, մի մասն էլ պարտադրաբար Ֆադեի կռնակին դնելով, և զորանոցը մինչև ձյուն դնելը շինվել էր:

Ու ջրվոր Ֆադեն անիծելով զորք ու զորական, թիակը ուսին դրած փախել էր Տալվորիկից՝ ապավինելով Խտանա կածին: Ընտրել էր մի հարմար տեղ այդ սարի վրա,

որ ոչ զորք տեսնի, ոչ զորական: Շաղգամի փոխարեն գարի էր ցանել և իր արտի ջրտուքով էր զբաղված:

Զորանոցների հանդիսավոր բացմանը Տալվորիկ է գալիս Բաղեշի կուսակալը: Բոլոր սասունցիները զարդարված և զենք ու զրահ կապած շտապում են նրան դիմավորելու:

Միայն Ֆադեն է բացակա:

— Որտե՞ղ է թագավորի հրամանին դիմադրած ըմբոստ գյուղացին, — հարցնում է կուսակալը: — Գտեք, բերեք ինձ մոտ:

Ֆադեն ոտքերը քշտած և բահը ուսին սարից իջնելով, համարձակ գալիս կանգնում է կուսակալի առաջ:

— Արար-աշխարհի իմ պատվին զրահ է կապել, դու ինչու ես բահով եկել, — սպառնում է փաշան:

— Արար-աշխարհի զենքն ու զրահը թող դուրբան էղնեն իմ թիակի պոչին, փաշա: Էս թիակն է պատճառը և ստեղծողը բոլոր զենքերի: Ինչքան էլ թոփ ու թվանքները գոռան, վերջը պիտի խոնարհվեն թիակի առաջ: Ուրեմն, ես քեզ ավելի մեծ պատիվ եմ արել, որ թիակով եմ ներկայացել և ոչ թե ղենք ու զրահ կապած:

— Դու ինչ-որ բանի մասին մտածում ես:

— Գլուխդ ողջ մնա, փաշա, մտածում եմ թե վաղը մյուս օր, որ էս զորանոցը քանդվի, էսքան քար ու կիրը ո՞վ պիտի թափի իմ շաղգամի արտից:

— Սուլթանի զորանոցին քանդվել չկա:

— Շատ բան է քանդվել, սա էլ կքանդվի: Գնա քո սուլթանին ասա, որ Ֆադեի շաղգամի ծիլը իր զորանոցի հիմքից զորավոր է:

— Շաղգամի ծի՞լը:

— Դու էդպես ասա սուլթանին: Եվ ավելացրու նմանապես, որ աշխարհը ջրաղաց է և երկուսիս աղունն էլ մի օր կիջնի:

— Աղունն ի՞նչ բան է:

— Երբ սուլթանը ինձ նման զարու արտ ցանի Խտանա կածին, իր քաղածը շալակով տանի խութեցի Միրոյի ջաղաց, էն ժամանակ կիմանա, թե աղունն ինչ բան է, — ասում է և շուռ գալով դեպի լեռ է բարձրանում Ֆադեն, որոշելով այլևս Տալվորիկ չիջնել, մինչև իր շաղգամանոցում շինված զորանոցը չքանդվի:

Առողջ, ուժեղ մարդ էր Ֆադեն: Միշտ իր մեծապատիվ բահի հետ էր, մազե սև աբան հագին, տաբատի ճոթերը մինչև ծնկները կամ ծնկներից վեր քշտած, ջրի ընթացքի հետ վար իջնելիս կամ լեռնիվեր բարձրանալիս:

Ֆադեի գլխավոր հոգսը մայր վտակն էր, որ թնդալով իջնում էր լեռներից և մի քանի առուների բաժանված գալարապտույտ թռչում էր անդունդներին կախված քարափների վրայով: Բարձունքին կանգնած նա դիտում էր, թե ինչպես աղմկալի այդ ջրերը սպիտակ այծերի պես իրար հեծնելով նետվում էին ահռելի ձորը: Ահա նկատեց՝ առուներից մեկի կողը քանդվել է հեղեղից: Իջավ, նորոգեց ու բարձրացավ:

Խտանա կածի արևոտ լանջին փայլում է մի կապույտ լճակ: Այդ Ֆադեի զարու արտն է: Մի բարակ ջուր մայր առվից երակվելով դեմ է առել կորաթմբին: Կռացավ Ֆադեն և թիակի թաթը այդ ջրի կոկորդին զարկելով՝ նրան մի քանի մանր ճյուղերի բաժանած, հավասար ուղղությամբ տարավ դեպի իր արտի խորքը:

Այդ բարձրության վրա մարդկանց քիչ էր հանդիպում Ֆադեն: Անցորդները մեծ մասամբ ծանոթ լեռնականներ էին: Գիտեր, թե այս կամ այն ճանապարհով գնացողը ուր է գնում և ինչ բեռ ունի շալակին, շիտակ ճամփով է գնում, թե սխալ: Մոլորվածներին թիակի պոչով կամ հեռվից գոռալով ցույց էր տալիս ուղիղ ճանապարհը:

Երբ հարցնում էին.

— Ե՞րբ ես իջնելու սարից:

— Երբ սուլթանի զորանոցը քանդվի, — պատասխանում էր տալվորիկցին:

Տարին բոլոր Ֆաղեն ապրում էր բացօթյա։ նա ծածկի տակ էր մտնում միայն այն ժամանակ, երբ ձյունը խփում էր իր անկողնին։ Իսկ ի՞նչ էր նրա անկողինը — մի թաղիք իբրև ներքնակ և մի կարպետ՝ իբրև վերմակ։ Դեկտեմբերի ցրտին թիակի ծայրով կոտրում էր գետակի բարակ սառույցը, մտնում էր մեջը լողանալու և կողինքը շալակած, թիակը թևատակին զնում պատսպարվում էր մոտակա ջրաղացներից մեկում։ Իր սիրած տեղը խութեցի Միրոյի աղորիքն էր դի– մացի սարալանջին կամ Թամոյի հոչակավոր ջրաղացը՝ Ծո– վասարի վրա։ Գարնանը նա շալակում էր կողինքը և թիակը թևատակին բարձրանում էր սար։

Ջրաղացաքարերի գոռոցը ձորերի մեջ և Սասնո զահավեժ ջրերի որոտը բարձր լեռներում — սա էր տալվորիկցի Ֆաղեի բովանդակ աշխարհը։ Իսկ ինչեր ասես նա չէր տեսնում այդ լեռների բարձրության վրա։ Նույնիսկ զիտեր, թե ինչ է կատարվում բարձրաթռիչ արծվի հետ, երբ նա վայր է ընկնում երկնքից։

Մեր զրույցի ժամանակ Ֆաղեն հանկարծ թռավ տեղից.

— Էդ ո՞վ կտրեց իմ առվի ջուրը, — ասաց, թքեց ափի մեջ և թիակը բռնած շպրտեց լեռնիվեր։ Շուտով վերադարձավ մի ահագին բազե ձեռքին» Արծիվն ու բազեն կռվել էին օդում։ Բազեն պարտված ընկել էր առվի մեջ, խափանելով ջրի ընթացքը։

— Իսկ պատահել է, որ վերևից արծիվ ընկնի։

— Մի անգամ ընկավ, — ասաց Ֆաղեն։ — Ուժեղ փոթորիկից լեռնային մի արծիվ ընկավ դիմացի քարափին։ Գնացի դիտելու։ Օ՜, ինչ զարհուրելի բան է, երբ ընկնողը արծիվ է։ Թևերը ջարդված էին։ նախ անծեղները մոտենալով հանեցին աչքերը՝ կտուցները նրա գազաթին զարկելով։ Հետո նապաստակները հավաքվելով նրան քարշ տվեցին մի ժայռի տակ։ Նապաստակներից հետո դաշտային խոշոր մկները բարձրացան նրա թևերին։ Իսկ երբ վերջին անգամ զնացի՝ անթիվ մրջյուն ու ժժմունք կտուցի միջով տարածվել էին նրա մարմնի վրա։

Այդ քարափի կողմից, ուր արծիվն էր ընկել, մի խումբ լեռնականներ երևացին։

— Էհե՜յ ալիանցիք, էդ ու՞ր կերթաք, — գոռաց ջրվոր Ֆաղեն թիակը բարձրացնելով։

— Կերթանք Շապինանդին զինաթափ անելու, — պատասխանեցին ալիանցիք միաբերան։

— Խեղճ Շապինանդը ձեզ ինչ է արել, որ կերթաք նրա վրա։ Ի՞նչ եք ուզում էդ հիվանդ, քամոտ մարդուց, որի ամբողջ փափազը մի բարկ թոնիր է կամ մի քանի բուռ տաք ավազ մեր ձորերի մեջ։

Նրանցից մեկը հեռվից բացատրեց, որ Սասնա մեծերի և նրա խմբի մեջ վեճ է ծագել։ Մուշից մարդ է եկել երկու կողմերը հաշտեցնելու, բայց Շապինանդը չի ուզում զիջել։ Տաղվրնիկի մի կիսամութ գոմում նստած, նա զենք է շինում իր զինվորների համար։

— Մոտ եկեք, ձեզ մի բան ասեմ, — խոսեց Ֆաղեն: Ալիանցիք վազելով շրջապատեցին մեզ:

— Իմ թիա՞կն է զորավոր, թե Շապինանդի զենքը:

— Քո թիակը, — ասացին:

— Ուրեմն դուք ինձ պիտի զինաթափ անեք և ոչ թե Շապինանդին:

Տեսան, որ խելառ բան է ասում, շտապեցին հեռանալ:

— Կացեք, մի բան ասեմ:

Խումբը կանգ առավ:

— Մի տարի էս սարի վրա էնքան ձյուն եկավ, որ եթե ճնճղուկը պառկեր մեջքի վրա և ոտները տնկեր վերև՝ կհասներ աստծուն: Խելքս փչեց թե՝ թիակս առնեմ ելնեմ նստեմ էդ ձյուների վրա: Հագա իմ աբան և թիակը ձեռքս ելա նստեցի աստծո չոքերի տակ: Հանեցի քիսես, որ մի ճղարա քաշեմ: Մեկ էլ էն տեսնեմ, որ ձենս Տալվորիկի ձորից է գալիս: Դու մի ասի, գլորվել ընկել եմ անդունդ՝ թիակս մոռացած երկնքում: Գարնանը Խտանա կածի ձյուները հալվեցին ու իմ թիակը թըր՛մփ ընկավ ցած: Էսպես է աշխարհի բանը: Մի օր սարի վրա ես, մեկ էլ տեսար ձենդ անդունդից եկավ: Մի քիչ առաջ էս գելխավքը* օդի մեջ կռվում էր կշկուռի հետ: Կշկուռը հաղթեց և գելխավքը վերևից ընկնելով քանդեց իմ առուն: Ես թիակի պոչով նրան հրեցի մի կողմ և ջուրը գընաց: Հիմա դու՞ք եք ուզում մայր առվի ջուրը կտրել:

— Մե՞նք, — զարմացան ալիանցիք:

— Որովհետև դուք ավելի անմիտ եք, քան թե գելխավքը: Դուք կռվի եք ելել կշկուռի դեմ: Էնպիսի մի ժամանակ, երբ Սոսե Իմոն դեռ չի վերադարձել խառալների երկրից, երբ Գևորգ Չաուշը Սերոբի խմբից հեռացած իր վիշտն է ողբում Շուշնամերկի անտառներում, դուք գնում եք Անդրանիկի զենքերը խլելու:

— Մենք մենակ չենք, շենիկցիներն էլ են մեզ հետ:

— Նրանք ձեզանից պակաս անմիտ չեն: Դուք ուզում եք ազգի մայր առուն քանդել: Բայց վա՜յ ձեզ, եթե վերևից ընկաք: Բոլորիդ էս թիակիս պոչով մի կողմ կշպրտեմ ու ջուրը նորից անխափան կերթա:

— Էս ջրտուքվարը կատարյալ խենթ է, — ասացին ալիանցիք ու հեռացան:

— Խենթը դուք եք, մեկ էլ էն ընկնավոր սուլթանը, որ իմ շաղգամի արտի մեջ զորանոց էր շինել, — գոռաց տալվորիկցին, իր ձեռքի գելխավքը բարկությամբ շպրտելով նրանց ետևից:

Արդեն ուշ էր: Ես իրավունք չունեի այդքան դանդաղել ճանապարհներին: Ֆաղեին թողնելով իր գարու արտի և առվի կողքին, արագ վերցրի իմ տոպրակը և շտապեցի դեպի այն թաղը, որտեղից դուրս էի եկել Աղբյուր Սերոբի պատվերը կատարելու:

ՄՈՍԵԻ ԿԱՆՉԸ

Սակայն բախտը չժպտաց ինձ։

Շուտով լուր ստացվեց, որ ալիանցի երիտասարդները շենիկցոց հետ միաբանելով խուժել են Տալվորիկ և Անդրանիկին զինաթափ անելով փախցրել Սիմ լեռան կողմերը։

Մուշի մեջ իշխում էր ոստիկանապետ Հյուսնի էֆենդին, իսկ Սասունում ցեղապետ էր Բշարե Խալիլ աղան։ Եվ ճիշտ այն միջոցին, երբ Անդրանիկը զինաթափված էր, սուլթանից հրաման եկավ, ողջ թե մեռած, ձեռք գցել Սերոբ Աղբյուրին։

Սասնո Գեղաշեն գյուղում Ավե անունով մի իշխան կար։ Ավեն ռես էր իրենց գյուղում։ Տեսնելով, որ քաջությամբ անկարող են նեմրութի հերոսին հաղթել, Հյուսնի էֆենդին և Բշարե Խալիլը որոշեցին Ավեի միջոցով Սերոբին թունավորել։ Այդ գործի համար Հյուսնին ռես Ավեին խոստացավ մի կճուճ ոսկի։

Իմացավ Ավեն, որ Սերոբ Աղբյուրը Խլաթից Գելի գալով իր զինվորներին դրել է թաղերի վրա, իսկ ինքը և Սոսեն ապրում են Տեր Քաջի լեռան գոմում։

Ավեն մի քանի անգամ տեսության գնաց Սերոբին ծանոթ իշխանների հետ և ամեն անգամ ջորին բարձած ուտելիք տարավ նրա համար, մինչև որ Սերոբ Աղբյուրի և Տեր Քաջի կատարյալ վստահությունը շահեց։

Վերջապես Մուշից եկավ թունավորելու հրամանը։ Ավեն դարձյալ այցելության գնաց Սերոբ Աղբյուրին, բայց այս անգամ ուտելիքը թունավորված էր։ Հյուսնի թույնը մի այնպիսի բաղադրություն ուներ, որ անմիջապես չէր մեռցնում, այլ ենթակային երեք-չորս օրով պահում էր կիսազգա վիճակում, անկարող շարժվելու։

Սերոբը միամտորեն կերավ ռեսի բերած պանիրը և ծխախոտը քաշեց։ Երբ ամեն ինչ կարգադրված էր, Ավեն լուր ուղարկեց Խալիլ աղային, որ Սերոբը թույնը ընդունել է, ապա գնաց Մուշ և ոստիկանապետի խոստացած մի կճուճ ոսկին առնելով՝ հայտնեց, թե զորքը կարող է շարժվել։ Խալիլն իր հերթին այդ մասին շտապ հայտնեց Բաղեշ։ Եվ նույն գիշերը սուլթանի զորքը Բաղեշից շարժվեց դեպի Բռնաշեն, լուր տարածելով, թե Սասնո ըմբոստ քրդերը ճնշելու կերթա։

Հրամանատարը Ալի բեկն էր։

Միաժամանակ Խալիլի գլխավորությամբ Գելու վրա շարժվեցին Խուլբի և Խիանքի զինված քրդերը։ Սուլթանի զորքը հինգ հարյուր ասկյար էր, աշիրեթը՝ հազար հինգ հարյուր։

Գելին պաշարվեց 1899-ի Հոկտեմբերին, երբ ամբողջ գյուղը քնած էր։ Լեռան գոմի մեջ քնած էր նաև Սերոբ Աղ– բյուրը՝ գլուխը դրած իր հրացանի նոր շինված խզակոթին։

Սոսեն առավոտ շուտ դուրբինն առավ ելավ դուրս։ Նայեց տեսավ Թուխ Մանուկ եկեղեցու մոտով զորք է գալիս։

— Փաշա, — ասաց Սոսեն, — ասկյարն ելավ ժամու դուռ:

Սերոբը չեմք ելավ: Դուրբինն առավ նայեց, բայց աչքերը ծանր էին, չկարողացավ ջոկել: Ետ դարձավ, որ մոսինը վերցնի ոտքերը փոթ եղան, վայր ընկավ: Ձեռքը տարավ դեպի գլուխը մազերը մնացին բռի մեջ:

— Վա՜յ ինձ, Գեղաշենի ռես Ավեն թույն է խառնել իմ հացին, — գոռաց Սերոբն ու գլխին զարկեց: Ու զղջաց, որ իր գիշերը շաբաթ դարձավ ու շաբաթը ամիս դարձավ Սասունում:

նրա գոռոցից ու անսպասելի հրաձգությունից գյուղը զարթնեց:

Զարթնեց նաև Տեր Քաշը:

Թուխ Մանուկ եկեղեցու մոտով սև զորքը սուրաց դեպի Սերոբի պահված լեռան կողմը:

Սոսեն բռնեց Սերոբի թևից, որ բարձրացնի, բայց ծանրությունից երկուսն էլ վայր ընկան: Տեր Քաջն ու իր որդի Ադամը փորձեցին՝ նրանք էլ վայր ընկան:

Մի գնդակ եկավ լեռան կողից, և Տեր Քաջն հենց այդպես էլ ընկած մնաց իր դռան շեմքին:

Հանկարծ փոթորիկի պես հայտնվեցին Սերոբի զինվորներից չորս հոգի և Սոսեի հետ Սերոբին իրենց թևերին առնելով թռցրին դեպի Անդոկ: Ամբարնի կոչվող մի բարձունք կա Անդոկի վրա. նրան այնտեղ դրին: Սոսեն մոսինը տվեց Սերոբի ձեռքը, բայց նրա թևը մերժեց զենքը վերցնել: Հայդուկապետը դժվարությամբ մեկ-երկու գնդակ վառեց և թուլացած ընկավ:

Ու Ամբարու վրա հերոսաբար կռվելով նահատակվեցին Սերոբ Աղբյուրի եղբայրները — Միսեն ու Զաքարը և որդին՝ Հակոբը: Զոհվեցին նաև չորսը այն յոթ զինվորներից, որ Խլաթից եկել էին Սասուն: Իսկ Տեր Քաջն արդեն սպանվել էր իր պատի տակ:

Տեր Քաջից մի որդի մնաց — Տեր Քաջ Ադամը, Սերոբից՝ մի այրի Սոսե ու մի քանի զինվոր:

Ու գոռաց Սոսեն Անդոկից, որ ձայնը Տալվորիկ հասնի: Բարձրացավ մի քարաժայռի ու նորից գոռաց. «Անդրանի՜կ, Սերոբը նեղ տեղ է, Գևորգի, Մակարի հետ օգնության հասեք»: Վերջին անգամ կրակեց Սերոբը և զենքը վայր նետեց զայրույթից:

Սոսեն վերցրեց հերոսի հրացանը, չոքեց մի ժայռի ետև ու սկսեց կատաղորեն կրակել: Անզորությունից մռնչում էր Սերոբը, աչքերը շանթեր էին արձակում: Ամբարնու լեռան կողին մեռնում էր Նեմրութի Առյուծը մենակ ու անօգնական:

Երկրորդ անգամ դեպի Տալվորիկ գոռաց Սոսեն: Ջրտուքվար Ֆադեն հեռվից առավ նրա կանչը և Խտանա կածին կանգնած որոտաց դեպի Տալվորիկ. «Սերոբը նեղ տեղ է, հասե՜ք»:

Հայց ոչ Գևորգն էր այնտեղ, ոչ Անդրանիկն էր օգնության կանչը լսում: Մեկը Շուշնամերկի անտառները քաշված իր վիշտն էր ողբում մենության մեջ, իսկ մյուսը անզեն և անզոր դեպի Սիմ լեռը փախչելով՝ կաշկանդվել էր Սեմալ գյուղի գոմերում:

Սոսեն բարձրացավ հավասարվեց ջրտուքվար Ֆադեին ու նրանք սարի գագաթին կանգնած միատեղ գոռացին, «Հասե՛ք»:

Անդրանիկն առավ աչդ կանչը Սեմալում, բարձրացավ տանիք ու զայրույթից գնաց ու եկավ տանիքին: Իր զինվորները փամփուշտ ու զենք կապեցին վրան ու նրա հետ դեպի Սերոբի լեռը շարժվեցին:

Ճիշտ այդ միջոցին մի գնդակ վերևից գալով խոցեց Աղբյուր Սերոբին: Սասնո ցեղապետ Խալիլ աղան հասավ և մեռած հերոսի գլուխը կտրելով ու վիրավոր Սոսեին գերի վերցնելով, հրաման տվեց ավարտի փող հնչեցնել: Քիչ վերջը թե՛ զորք, թե՛ խուժան լեռներից իջան վար:

Հեծյալ մի ոստիկան Սերոբ Աղբյուրի գլուխը մի ցցափայտի զարկած երեք զինվորով գնում էր Բշարե Խալիլի առջևից: Ետևից ձիու վրա վիրավոր Սոսեն էր իջնում երկու ոստիկան կողքերից նրա թևերը բռնած, իսկ սանձը բռնած էր ռես Ավեն: Սոսեի ետևից Ալի փաշան էր շարժվում իր հաղթական զորքով:

Սերոբ Աղբյուրի գլուխը նախ տարան Մուշ, ապա այնտեղից տարան Բաղեշ: Երկու օր քաղաքի հրապարակի վրա ցուցադրելուց հետո հանձնեցին Բաղեշի հայոց առաջնորդարանին:

Կարմրակ անունով մի վանք կա Բաղեշում: Հայոց առաջնորդը և վանքի սպասավորը նեմրութի հերոսի գլուխը գիշերով թաղեցին Կարմրակ վանքի արևելյան գավթի մեջ, մի ծեր թթենու տակ:

Թաղեցին և օրհնելով հեռացան:
Գլուխդ Բաղեշ, մարմինդ Անդոկ,
Էլ քեզ նման քաջ կծնվի՞ արդյոք,
Նջիր սուրբ հողում Բաղեշ քաղաքի,
Հին թթենու տակ Կարմրակ վանքի:

Ես Սասունից գնացի Բաղեշ, գտա Կարմրակ վանքը և մի ամբողջ գիշեր արտասվեցի այդ դժբախտ գերեզմանի վրա, ուր մի հատիկ գլուխ էր հանգչում — Սերոբ Աղբյուրի հերոսական գլուխը:

Առաջին մարդը, որ ինձ արթնացրեց այդ շիրիմի վրայից, մի թուրք ոստիկան էր: նա ինձ գիշերով բանտ տարավ:

ԲԱՂԵՇԻ ԲԱՆՏՈՒՄ

Բաղեշի բանտը գտնվում էր Կարմրակից վերև մի բարձր քարաժայռի վրա:

Շատերն էին տանջվել այդ բանտում, ինձ էլ բախտը պատանի հասակից նետեց այնտեղ: Ոստիկանը ծոծրակիս մի հարված տալով, ինձ հրեց բանտի միջանցքը, ուր մի գիրուկ տղամարդ իմ անունը մուտքի հաշվեմատյանի մեջ առնելով՝ նույն ոստիկանի հսկողությամբ իջեցրեց բանտի նկուղը:

Այստեղ նստած էր դահճապետ Ռասիմ էֆենդին:

Մհե Չաուշ և Ռասիմ էֆենդի: Մուշ քաղաքում և Բաղեշում չկար մեկը, որ այս հրեշների անունը լսած չլիներ: Առաջինը Մշո բանտի դահճապետն էր, իսկ երկրորդը՝ Բաղեշի: Այս երկուսը իրենց ճարպիկ գործակալների միջոցով հայ, քուրդ և ասորի ապստամբներին որսալով բերում լցնում էին բանտերը:

Ոսկրոտ, մազոտ թևերով և առնետանման դեմքով մի հաստլիկ պաշտոնյա էր Ռասիմ էֆենդին: Լսել էի, որ սա, երբեմն, առանց դատ ու դատաստանի, կալանավորի ձեռքը բահ ու բրիչ տալով, ստիպում էր իր սեփական գերեզմանը փորել և ետնից կրակելով՝ նետում էր այդ փոսի մեջ:

Արաբոյի տուփը ինձ մոտ էր և ես վախենում էի, որ եթե խուզարկվեմ՝ իմ փոսն էլ պատրաստել կտա:

Ռասիմը ձեռքը տարավ իմ ծոցը և ծխատուփը հանելով, չարախնդությամբ նայեց ինձ.

— Պապիս ծխատուփն է, — ասացի:

Նա տուփը ուշադիր զննեց և տեսնելով, որ մի առանձին արժեքավոր իր չէ, ետ տվեց ասելով՝

— Պահիր պապիդ տուփը: Իսկ հիմա, գյավուր օղլի գյավուր, պատասխան տուր ինձ, թե դու առավոտ վաղ ի՞նչ գործ ունեիր Կարմրակ վանքի գերեզմանի վրա: Դու գիտես, որ այնտեղ գլուխն է թաղված մի անհավատի, որ անհամար չարիք է գործել մեր սուլթանի տերությանը: Եվ լավ իմացիր, սուլթանի թշնամին իմ թշնամին է: Սա այն բանտն է, որտեղ ձեր քարոզիչ Միհրան էֆենդին է նստել: Ձեր սազանդար Դարդիման Սաքոն և Ճիպրանցի աղան էլ այստեղ էին, որոնց ես նվեր ուղարկեցի Մհե Չաուշին: — Նա ուրիշ անուններ էլ տվեց, որ չեմ հիշում: Ու առանց իմ պատասխանին սպասելու, ինձ բերող ոստիկանի օգնությամբ իմ ձեռքերը ոլորելով կապեց մեջքիս և իմ վիզը մի հաստ պարան անցկացնելով, օղը միացրեց առաստաղի երկաթե ձողին: Ապա ոտքերիս տակից աթոռը հեռացնելով, դեյլանը վառած նստեց դեմս: Տեսնելով, որ խեղդվում եմ, ես ճիգ արեցի բթամատներիս կանգնել: Այդ բանը նկատելով, նա պարանը նորից ձգեց: Իմ երեսը կարմրեց և լեզուս երկու հալաբի դուրս ընկավ: Էդ է, պետք է շունչս փչեի, մոտենալով պարանը քանդեց և ես ուշագնաց ընկա հատակին:

Առավոտյան Ռասիմ էֆենդին նույն ոստիկանին և մի հսկիչի կանչելով՝ ասաց.

— Սրան բարձրացրեք մանազկերտցի վարժապետ Ավետիսի մոտ:

Ինձ վերև տարան:

Բանտի բոլոր խցերը և երկայն միջանցքը լցված էին կալանավորներով: Մեծ մասը հայ գյուղացիներ էին՝ մազակալած երեսներով: Աջ թևի վրա մի սրահի երևաց, ուր երկու թուրք բանտարկյալ չոքած աղոթում էին՝ երեսները դեպի պատը:

Միջանցքով անցնելիս բոլորը շուռ գալով զարմացած նայում էին, թե ուր են տանում ինձ այդ ատելի ոստիկանը և հսկիչը:

Միջանցքի վերջավորությանը մի առանձնացած խուց կար երկաթե սողնակով, որի առաջ մի թուրք հսկիչ նստած դռան անցքից նայում էր ներս: Մի ուրիշ հսկիչ նրա

ուսերի վրայով թեքված, նույնպիսի հետաքրքրությամբ դիտում էր, թե ինչ է կատարվում ներսում:

Մեր ոտնաձայնն առնելով, երկուսն էլ շուռ եկան: Ոստիկանի ազդանշանով առաջին հսկիչը անմիջապես երկաթե սողնակը քաշեց: Դուռը բացվեց: Ես ներս մտա և դուռը ծանրորեն փակվեց իմ ետևից: Դա մի նեղլիկ խուց էր, փոքրիկ լուսամուտով: Պատի երկայնքով մի թախտ էր դրված՝ կուժը կողքին և վրան մի գիրք: Ղուրանն էր: Մի տղամարդ թախտին ծալապատիկ նստած ինչ-որ բան էր գրում: Այնքան կլանված էր իր գրությամբ, որ գրեթե իմ ներս մտնելը չիմացավ, կամ չուզեց նկատած լինել:

Ես անաղմուկ մոտեցա և նստեցի թախտի ծայրին: Նա հանկարծ մի երկար չոր հայացք նետեց վրաս: Ապա գրչածայրը թաթախեց սև մելանի մեջ և գլուխը իջեցնելով շարունակեց գրել:

«Ուրեմն սա է մանազկերտցի վարժապետ պարոն Ավետիսը», — մտքումս ասացի: Ու՞մ էր նամակ գրում և ինչու՞ էր գրում: Մի՞թե սուլթանի բանտում կալանավորին հնարավորություն են տալիս նամակ գրելու: Գրում էր, բայց տեղ կհասնե՞ր այդյոր իր գրածը:

Սարսափելի նեղվածք էր բանտում և այդ սուղ պայմաններում պարոն Ավետիսին բարեհաճորեն հատկացրել էին մի առանձին խուց՝ փոքրիկ թախտով և ջրով լիքը կուժը կողքին: Ղուրանն էլ կար: Ուրեմն արտոնել էին նաև գիրք կարդալ: Ես այն բախտավորներից էի, որ առաջին անգամ բանտ նետվելով, տեղ էի գրավել պարոն Ավետիսի կողքին՝ դրվելով անհամեմատ նախանձելի պայմանների մեջ:

Բանտախցի լուսամուտից երևում էին Բաղեշի լեռները — Խաչիկ սարն ու Ծապերկարը, իսկ դեպի հարավ-արևմուտք մի նեղ բացվածքի միջով տարածվում էր այն հարթությունը, որ ընդարձակվելով դեպի Տավրոսի ստորոտները, կոչվում էր Մշո դաշտ:

Կարմրակ վանքը չէր երևում: Խոր կիրճի մեջ վեր էր խոյանում միջնադարյան բարձրապարիսպ մի ամրոց, որի կողերին զարկվելով թնդում էր քաղաքի որոտաձայն գետակը: Տները շինված էին գետակի ժայռոտ եզերքներին և ձորի հատակից դեպի շրջակա լեռները ելնող բլուրների վրա: Բարձրադիր տների տանիքների վրայով և պարտեզների միջով դեպի ձորն էին խուժում տասնյակ կապտաջուր քարվեժներ:

Ամրոցի ուղղությամբ դեպի արևելք, որ Թաղի Գլուխ էր կոչվում, կանգնած էր եռահարկ մի շինություն՝ ճաղավոր պատշգամբով և քարե ոլորապտույտ աստիճաններով: Բոլոր տները թուխ քարից էին, իսկ այս շինությունը շիկավուն ժայռաքարից էր և ճակատին խոշոր տառերով գրված՝ «Խաչ Մանուկ»:

Ուրիշ երևելի տներ էլ կային, որոնցից մեկը ձորի մեջ էր, իսկ մյուսը Ավելի մեյդան կոչվող բարձունքի վրա: Մեկի ճակատին հեռվից դժվարությամբ կարդացի «Շեկ Մելիքի տուն», մյուսի ճակատին՝ «Սարոյենց Արմենակի տուն»:

Խաչմանուկյանների ապարանքի ճաղավոր պատշգամբում երևաց մի գեղանի նորահարս: նա կռացավ նայեց դեպի ձորը, նայեց պարսպապատ ամրոցին, մտածկոտ հայացք նետեց մեր բանտի վրա և արագությամբ ներս գնաց:

Իմ բախտի մասին էի մտածում, երբ նկատեցի, որ պարոն Ավետիսը գրում էր արաբական մանր տառերով և ամեն բառի վրա երկար խորհելով: Ձգված ծալապատիկ դիրքը, համակ կենտրոնացած ուշադրությունը և զարմանալի անհոգությունը իմ նկատմամբ՝ իմ մեջ կասկած առաջացրին, որ այդ նամակ գրողը հասարակ մահկանացուներից չէր, ոչ էլ շարքային կալանավոր: Ոչ թե հայերեն, այլ արաբերեն տառերով էր գրում պարոն Ավետիսը: Ոչ, այդ նամակը նույնպես սովորական նամակներից չէր: Այն անպայման տեղ կհասներ, քանզի գրվում էր մեծ տառապանքով, մեծ նպատակի և առաքելության համար:

Պարոն Ավետիսը Մանազկերտի Իկնա գյուղի մեծահարուստ տներից էր: Այդ տունը ամեն տարի մեծաքանակ կաշառք էր տալիս հասնանցի քրդերին և Բաղեշի կուսակալին:

Կուսակալի մեկ հրամանով պարոն Ավետիսին վերստին ձերբակալել էին և բերել բանտ: Մի քանի անգամ խոշոր գումարներ տալով նա ազատվել էր բանտից, բայց այս անգամ շատ ամուր էր նստած, որովհետև հրաժարվել էր պահանջված կաշառքը վճարելուց:

Նա այժմ կաշառքից ավելի մեծ և կարևոր բան էր խոստանում Բաղեշի կուսակալին և սուլթան Համիդին: Վերջնականապես համոզվելով, որ կաշառքին վերջ չի լինի և անկարելի կլինի այդ միջոցով հագեցնել սուլթանի անկուշտ պաշտոնյաներին, պարոն Ավետիսը որոշել էր հավատափոխ լինել, ընդունել իսլամը և դառնալ ռոմի-սելջուկ տիրության պաշտոնյա: Դրանով նա ոչ միայն Մանազկերտի իր նահապետական տունը կազատեր հարստահարությունից և աքսոր նետվելու մշտական սպառնալիքից, այլև օգտակար կլիներ իր հայրենակիցներին: Սուլթան Համիդը և Բաղեշի կուսակալը այդ շրջանում շատ մեծ կարևորություն էին տալիս հայ ֆիդայիների դեմ պայքարելու գործին: Պարոն Ավետիսը հավատափոխ լինելով և թուրքական մի անուն որդեգրելով, ուրախ կլիներ, եթե իրեն արտոնվեր մի հասարակ ոստիկանի պաշտոն:

Երբ դիմումը ավարտեց, առանց իմանալու, թե ես ով եմ, առանց հարց ու փորձ անելու իմ բանտարկության հանգամանքների և բանտի ներքնահարկում կրած չարչարանքների մասին, գրիչը դրեց ականջակոթի ետև և թուղթը աչքերի դեմ պահելով՝ բարձրաձայն կարդաց. «Տեր կուսակալ, ինձանից պահանջված դրամը իբրև մի հասարակ գյուղացի անկարող եմ վճարելու և իբրև մեր օսմանյան գահին հավատարիմ անձ, պարտական եմ ինքս ինձ նվիրաբերելու իմ պետությանը և մինչև կյանքիս վերջը հավատարմորեն ծառայելու նրան: Տվեք ինձ ոստիկանության պաշտոն և ուղարկեք ապստամբների կենտրոնատեղին՝ Մուշ: Ես այնտեղ պիտի կարողանամ երևան հանել բոլոր վնասակար անձերը: Ահա իմ անձնազոհության առաջին ապացույցը իսլամության կրոնքը կընդունեմ»:

Ապա ծունկի գալով, երեք անգամ խոնարհություն արեց դուրանի վրա:

Ինչի՞ համար ինձ գետնահարկից հանելով բերել էին պարոն Ավետիսի բանտախուցը: Արդյոք պատճառը այն չէ՞ր, որ այդ վարժապետի օրինակին հետևելով, ես էլ հավատափոխ դառնայի՝ ընդունելով իսլամության կրոնքը: Ես երիտասարդ էի և ինձ բերել էին մի փորձված դաստիարակի մոտ:

Պարոն Ավետիսը դուրանը ձեռքին իջավ թախտից և դուռը ներսից ծեծեց, որ նշանակում էր, թե դիմումը պատրաստ է: Իսկույն ներս մտան բանտի կառավարիչը և Ռասիմ էֆենդին և նրան բանտախցից հանելով՝ առաջնորդեցին ընդհանուր սրահը, ուր հավաքված էին բոլոր հայ բանտարկյալները: Ինձ էլ տարան:

Սրահի չորս կողմը զինյալ ոստիկաններ էին հսկում:

Պարոն Ավետիսին կանգնեցրին կալանավորների մեջտեղ մի սեղանի վրա և նա, ի տես ամենքիս, բարձրաձայն կարդաց Բաղեշի կուսակալին ուղղած դիմումը: Վերջաբանին դուրանը բարձրացնելով դեպի ճակատը՝ երեք անգամ համբուրեց:

— էֆերիմ, — ասաց բանտի կառավարիչը և պարոն Ավե– տիսին մի քանի ոստիկաններով բանտից հանելով, դահճապետ Ռասիմ էֆենդու ուղեկցությամբ առաջնորդեց Բաղեշի կուսակալի մոտ:

— Կրոնքի և ազգի դավաճան, — բղավեցին բանտարկյալները հայությունից դարձած վարժապետի ետևից:

— Ստոր հավատափոխ, — գոչեցի ես ոստիկանի և երկու պահակների հսկողությամբ իմ բանտախուցը վերադառնալով:

Հետևյալ առավոտ բանտում լուր տարածվեց, որ Բաղեշի կուսակալ Ֆերիկ փաշան սիրահոժար ընդունել էր պարոն Ավետիսի առաջարկը, նրա անունը կնքել էր Մեհմեդ Խալըթ և ոստիկանի պաշտոնով ուղարկել էր Մուշ՝ հայ ապստամբների դեմ պայքարելու: Ուրեմն միանգամայն ստույգ էր իմ կասկածը: Նրանք ինձ ձեղնահարկից բարձրացրել էին երկրորդ հարկ և դրել մանազկերտցի վարժապետի մոտ, որ նրա օրինակին հետևելով, ես էլ հավատափոխ դառնայի և պատանի հասակից գնայի ծառայելու սուլթանի գահին:

Բայց իմ ճանապարհը ուրիշ էր:

Այդ նույն գիշերը ես խախտելով իմ բանտախցի վեց– յոթ աղյուսները և իմ մարմնի համար բավականաչափ լայն մի անցք բանալով, լուսադեմին զգուշությամբ ներքև սահեցի Բաղեշի բանտից:

ԽՈՒԹԵՑԻ ՋՈՐԵՊԱՆԻ ՀԵՏ

Բաղեշից դեպի Դաշտի գյուղերը մի մարդ էր գնում բարձած ջորին առաջին: Իմ բախտից ջորու կապը քանդվեց և վրայի բեռը շուռ եկավ: Թե ինչ կար մեջը՝ չիմացա: Միայն այն նկատեցի, որ ջորեպանը հուսահատորեն այս ու այն կողմը նայեց, կարծես մարդ էր փնտրում բեռը բարձրացնելու: Ես վազելով հասա և տիրոջը օգնելով, բեռը դրեցինք գրաստի մեջքին ու պարանը ամուր ձգելով կապեցինք փորատակին:

Ծանոթացանք: Ջորեպանի անունը Երանոս էր:

— Կարելի է ընկերանալ, — հարցրի:

— Ինչու չէ, միասին գնանք, — ասաց քեռի Երանոսը: Նա ամենևին կասկած չտարավ, որ ես փախստական եմ և շատ ուրախացավ, որ ճանապարհի ընկեր ունի: Քաղցած էի. հաց ուներ մոտը, ինձ հաց տվեց, մի քիչ էլ՝ չամիչ, որ հավանորեն Բաղեշի շուկայից էր առել:

Ջորին առջևից էր գնում, իսկ մենք ետևից:

Բաղեշից դեպի դաշտ գնացող ճանապարհը մի խճուղի էր, որ տանում էր դեպի Մուշ: Չգիտեմ ձեզանից ով է գնացել այդ ճանապարհով, կամ մեկնումեկը ձեզանից բախտ կունենա՞ երբևիցե նրանով գնալու, բայց դիպվածն այնպես բերեց, որ ես մինչև Խութա սարերին հասնելը անցա այդ ճանապարհով և այն էլ մի ջորեպանի ընկերակցությամբ:

Բաղեշը վաղուց մնացել էր ձորի մեջ իր Կարմրակ վանքով և բարձրապարիսպ ամրոցի կողերին հարվածող որոտաձայն գետակով: Կիրճի մեջ էին մնացել քարաժայռին կանգնած Մուշի բանտը և Խաչմանուկյանների շքեղ ապարանքը՝ ճաղավոր պատուհաններով:

Չամիչ ուտելուց սաստիկ ծարավել էի: Ջորեպանն ասաց, որ շուտով ինձ կտանի մի սառնորակ աղբյուրի վրա: Եվ իսկապես, շատ չանցած, մի հրաշալի աղբյուրի վրա հանեց ինձ քեռի Երանոսը:

Դա Մեղրագետի ակունքն էր:

Մեղրագետի ակը լճակն է, ջուրը՝ արտասուքի նման զուլալ, և գոյանում է Նեմրութ լեռան գագաթի ծովակներից։ Այգ ջրի մասին ասված է.

«Մուշից դեպի Բաղեշ և Բաղեշից դեպի Մուշ գնացողը այն ժամանակ կհոգնի, եթե Մեղրագետի մոտով անցնելիս կմոռանա խմել նրա ակունքից»: Ես չէի ուզում հոգնել, որովհետև երկար ճանապարհ ունեի գնալու և կռանալով խմեցի նրա ջրից։ Միշտ ախորժելի է այն ջուրը, որ ակունքից ես խմում։

Ջորեպանն էլ խմեց։

— Հնում այս ակունքի տեղը մի թոնիր է եղել, — ասաց քեռի Երանոսը ջրին շարժելով։ — Գյուղի երեցկինը հաց թխելիս է լինում, մի աղքատ մարդ գալիս է և երեցի կնոջից մի հաց է խնդրում՝ ի սեր Քրիստոսի։ Տիրուհին տալիս է հացը։ Աղքատը նույն աղերսով մի կտոր պանիր է ուզում։

Երեցկինը պանիր էլ է տալիս։ Աղքատը Քրիստոսի սիրո համար մի համբույր է խնդրում։ Տիրուհին իր սիրուն երեսը մոտեցնելով թույլ է տալիս, որ իրեն համբուրի։ Այդ միջոցին ներս է մտնում երեցը։ Նա կնոջը զայրացած հարցնում է համբույրի մասին։ Երեցկինը ասում է, թե այդ մարդը Քրիստոսի սիրո համար հաց խնդրեց՝ տվեցի, պանիր խնդրեց՝ տվեցի։ Վերջում Քրիստոսի սիրո համար մի համբույր խնդրեց՝ չկարողացա մերժել. համբույրն էլ տվեցի։ Քահանան բարկացած ասում է կնոջը՝ Քրիստոսի սիրո համար քեզ գցիր էս բարկ թոնրի մեջ։ Երեցկինը իրեն նետում է թոնիրը։ Թոնիրը իսկույն լցվում է մեղրահամ ջրով։ Տիրուհին դառնում է ձուկ և սուզվում գետի ակունքը, և գետն էլ այդ օրվանից կոչվում է Մեղրագետ։

Այդ գեղեցիկ ավանդավեպով մենք հեռացանք Մեղրագետի ակունքից։ Բավական առաջացել էինք, երբ քեռի Երանոսը ձեռնափայտի թեթև հարվածով ջրու գլուխը շուռ տվեց դեպի մի բարակ ոտնուղի։ Ավելի շուտ ջրին ինքը ընտրեց այդ ուղղությունը:Այդ կենդանին զարմանալի բնազդ ունի. արագ ընտելանում է մի անգամ անցած ճանապարհին։ Սովորաբար ջրու գլուխը ձիու գլխից խոշոր է, ականջներն ու պոչը հիշեցնում են ավանակին, իսկ սրունքները՝ ձիուն։ Բայց քեռի Երանոսի ջրին անհամեմատ փոքր էր, իսկ սրունքները զգալիորեն կարճ։ Միայն պոչը և երկայն ականջներն էին հիշեցնում, որ նա ջրի է։

Ընթացքի ժամանակ պարզվեց, որ իմ ուղեկիցը գնում էր Մարաթուկի կողմերը։ Ընկույզի կոճղեր էր տարել Բաղեշ վաճառելու և այնտեղից կերպասեղեն և չիթ էր տանում սասունցիների համար։

Ավզուտի սարը անցնելով մենք մտանք Խութ։ Սկսվեց մեր դժվարին վերելքը։ Ջորին գնում էր քարքարոտ անտառի եզրով։ Կճղակների տակից գորշագույն քերծեր պոկվելով, թեթև աղմուկով գլորվում էին անդունդ։ Որքան բարձրանում էինք, այնքան ճանապարհը նեղանում էր, ձգվելով մերթ սաղարթախիտ կաղամախիների միջով, մերթ աննկատ սահում լորենուց խռոված կարմրատերև նորքենու կողքով և մերթ կայծակնահար ընկուզենու արմատների վրայից դժվարությամբ ցատկելով, անհետանում վիհին կռացած մանրատերև սալորենու տակ:

Ջորին սկսեց դանդաղ քայլել: Այդ տոկուն կենդանին միակ հուսալի բեռնակիրն է վտանգավոր անցուղիներին:

Այնպիսի վերընթաց զառիթափ էր, որ ջորին երբեմն ընդունում էր ուղղահայաց դիրք, գրեթե կանգնելով ետևի ոտքերին: նորանոր քերծեր էին պոկվում, բայց նա օդում թռիչք գործելով զգուշությամբ որսում էր ապահով հենակետ և առջևի ոտքերը այնտեղ տեղափոխելով՝ պատրաստվում էր երկրորդ թռիչքին: Ջորեպանը տեսնելով, որ դրությունը վտանգավոր է, մի կերպ առաջ անցավ և գրաստի օղակապից բռնելով սկսեց ընթանալ անդնդի եզրով: Գնում էինք, քեռի Երանոսը՝ առջևից, ես՝ ետևից, ջորին՝ մեջտեղից: Ուղղակի զարմանք էր, որ բեռը չէր քանդվում, այնքան ամուր էր կապված:

Սալորենու տակ մոլորված կածանը վերստին հայտնվեց, իջավ, բարձրացավ անտառի կողերով և դարձյալ խճճվելով մենավոր մի տանձենու հողմահար սաղարթների մեղ, շնչակտուր դեմ առավ մի լերկ քարափի:

Բայց ես պետք է բաժանվեի իմ ջորեպանից: Նա գնում էր Սասուն, իսկ իմ այնտեղ գնալը ավելի երկյուղալի էր, քան անդունդների եզրով քայլելը: Չէ որ ես Սասունից էի գնացել Բաղեշ: Ինձ կարող էին նկատել և բանտ առաջնորդել նորից:

Այս մտքերի մեջ էի, երբ ջորեպան Երանոսի խոլինջը բռնեց: Նրա մեջքի մկանները հանկարծ բռնվեցին, սկսվեց ուժեղ փորացավ և նա գրաստի պարանը թողնելով, ուժասպառ նստեց մի քերծի, կարծես մեջտեղից կիսված: Այս բանը հաճախ է պատահում երկար ճանապարհ գնացողների հետ:

Ես ինձ չկորցրիք Ջորին քաշեցի քարափի տակ: Հիվանդի թևերը իսկույն խաչաձև ծալեցի կրծքին և ետևի կողմից թաթերը դեպի մեջքը շուռ տալով, մի ծունկս մեջքի մի կողմին դրած, մյուսը՝ մյուս կողմին՝ ամուր ձգեցի: Թիկունքից մի քանի անգամ ուժեղ ճարճատյուն լսվեց: Ջորեպաօի ցավը անցավ և մենք շուտով ելանք ոտքի:

Քարափը շուռ էինք գալիս, երբ մեր ճակատին երևաց Ծովասարը:

— Է՜, ջուխտակ գլուխ Մարութա սար, տխրու՞մ ես առանց զոքանչի, — հանկարծ բացականչեց քեռի Երանոսը, շեշտ նայելով դիմացի բարձր լեռան, որի մեծ գագաթը Ծովասարի թիկունքից ուղիղ կախված էր մեզ վրա:

Ես հետաքրքրվեցի, թե դա ինչ բան է:

— Քանի որ դու իմ խոլինջը կոտրեցիր և մենք շուտով բաժանվելու ենք, ես քեզ կպատմեմ Մարութա սարի և նրա զոքանչի պատմությունը:

— Սասունում փեսայի համար ամենասիրելի անձը զոքանչն է, — ասաց Երանոսը, ջորու փորատակի կապը թեթև ամրացնելով: — Մի նորափեսա իր զոքանչի և խնամիների հետ ուխտի է գնում Մարաթուկ: Վերադարձին նա իր զոքանչին խնդրում է խնամիների հետ մի քիչ առջևից գնալ, որ ինքը առանձնության մեջ սրտի խոսք ասի Մարութա սարին: Երբ փեսան տեսնում է, որ բոլորովին մենակ է մնացել, ետ դառնալով երկար նայում է այդ լեռան և բացականչում. «Է՜, մեռնիմ քըզի, ջուխտակ գլուխ Մարութա սար, դու անզոքանչ իմա՞լ կմնաս հուտա»:

Այս խոսքերով էլ ջորեպան Երանոսը վերջացրեց իր զրույցը և մենք բաժանվեցինք: Նա ջորու առաջ ընկած մեկնեց դեպի Սասուն, Մարաթուկի կողմերը, իսկ ես Ծովասարի լանջերով շարժվեցի դեպի Բռնաշեն:

ՀԱՎԱՏՔԻ ՈՒԺԸ

Երկու-երեք քարընկեց էր մնացել, որ հասնեի ս. Աղբերիկ, երբ իմ առաջ բացվեց լեռնային աշխարհի անկրկնելի մի տեսարան:

Մի խումբ սասունցիներ, ձորի խոր հատակից քարքաշով դեպի սարի գլուխն էին հանում մի վիթխարի ջրաղացքար: Քարքաշը երկճղանի կոշտ ու կոպիտ մի փայտ էր՝ ուղղահայաց մի ցից կենտրոնում: Գլխի հաստ կողմում կացնի նեղ բերանով փորված մի անցք կար: Ջրաղացքարը պառկեցրել-հագցրել էին ցցի վրա, փորանցքից մի երկայն շղթա էին անցկացրել, շղթայից՝ հորիզոնական ձողեր: Երկու կողմից երեքական տղամարդ ձեռքերով պինդ բռնած և կրծքերը դեմ տված այդ ձողերին, հսկում էին, որ հավասարակշռությունը չխախտվի: Լծել էին նաև յոթ լուծ եզ հոտաղները լուծքերին, և անդունդի թեք քարքարոտ կողերով դեպի վեր էին տանում հսկա քարը, ամեն րոպե պատրաստ քարքաշով, ջրաղացքարով և լծկաններով ձորը գլորվելու: Թվով տասնութ-քսան հոգի էին, բոլորն էլ դարչնագույն թուխ դեմքերով, բրդյա գդակներով և կոնակներին այծամորթի: Ամենից բարձրահասակը մի հաղթանդամ ծերունի էր ալրոտ հագուստով: Սա ետևից էր գալիս, զգուշորեն հետևելով, որ քարը չպոկվի քարքաշից:

Երկու օր առաջ լեռնային հեղեղը քանդել էր քեռի Միրոյի հնադարյան ջրաղացը և նրա վերին քարը տեղահանելով գլորել անդունդն» Տեսնողների վկայությամբ քարը շարունակել էր թավալվել անդունդի հատակին, իր վրայից դեն շպրտելով հեղեղի կատաղի հորձանքները: Այդ բանը ավելի ամրապնդել էր խութեցիների հավատքը իրենց ջրաղացի զորության մասին:

Գրիգոր Լուսավորիչը Կեսարիայից վերադառնալով, Հավատամք լեռան վրա պատերազմի էր բռնվել Տարոնի քրմական բանակի դեմ: Ավանդություն կա, որ նա իր ձեռքին բռնած փայտաշեն խաչով հաղթել է քրմական բանակին և նրանց առաջնորդներ Գիսանե և Դեմետրի քրմապետներին սպանելով և նրանց մարմինները այրելով՝ մոխիրը Փրե-Բաթմանի կամուրջից թափել է ջուրը: Պարտված քրմերի և քրմուհիների մի մասը իրենց տաճարների փլատակներից փախչելով, ըստ ավանդության, վերափոխվել են կաքավների, իսկ մյուսներին Լուսավորիչը ժողովելով լցրել է Հավատամք լեռան և Սասնո լեռների անդունդների մեջ, նրանց վրա շպրտելով հսկայական քարեր:

Միայն մի կաղ դև է ազատվել այդ մութ զնդաններից, խոստանալով որպես փահլեվան հավետ ծառայել ս. Կարապետի և ս. Աղբերիկի վանքերին, մաքրելով նրանց կրակարանները և մոխիրը գիշերով թափելով Փրե-Բաթմանի մեջ:

Ու Տարոնի ժողովուրդը հավատում է, որ երբ ամենքը քնած են, կաղ դևը իր հսկա սակառը շալակած գիշերով գալիս մաքրում է այդ վանքերի մոխիրը և մի ոտքը Շամիրամի լեռանը դրած, մյուսը Ծովասարին Մարաթուկի վրայով շտապում է դեպի Բաթմանի կամուրջը և կռանալով իր ծանր բեռը դատարկում է գետի մեջ:

Սասունցիները իրենց լեռների խոռոչներում ժամանակին հայտնաբերել էին ապառաժյա աղաքարերի բազմաթիվ կուտակումներ: Իբրև թե դրանք եղել են Մշո դաշտի քարե հեթանոս մատյանները, որ Գրիգոր Լուսավորիչը կործանելով շպրտել է փախչող դևերի ետևից: Հեթանոս գրերը ակնթարթում մեղուներ դարձած պարս են կապել Ծիրնկատարի ծերպերին, իսկ սարաժայռերը իրար վրա կուտակվելով, փակել են լեռների խոռոչներում թաքնված դևերի փախուստի ճանապարհը:

Խութեցիները մանավանդ հավատում էին, որ իրենց ջրաղացքարը այդ ապառաժներից է շինված: Այդ էր պատճառը, որ գյուղացիները հավաքվելով միահամուռ ուժերով նորոգել էին ավերված ջրաղացը և յոթ լուծ եզ ու քարքաշ առնելով իջել էին ձորը, որ նվիրական քարը խորխորատից բարձրացնեն և նորից հաստատեն իր հիմքին:

Թեթև դադար եղավ: Երբ հրաման տրվեց գութանը քաշելու, հոտաղները ցատկեցին լուծքերին, ձայն տվին իրար, եզները ձգեցին շղթան և քարքաշը տեղից պոկվելով շարժվեց սարն ի վեր: Հոտաղներից մեկը տալվորիկցի Ֆադեն էր: Սա նստած էր առաջին լուծքին, քշտած ոտքերը անդունդի վրա կախած: Ֆադեն Խտանա կածից առաջինն էր տեսել անդունդի հեղեղի մեջ թավալվող քարը և թիակը ուսին դեպի Ծովասար գոռալով շտապել էր օգնության: Ես էլ մասնակցեցի խութեցոց ջրաղացքարը անդունդից հանելու աշխատանքին: Միայն մի կարճ պահ տնեց իմ մեկնուսի կանգնելը: Վայրկյանապես մոտեցա և ծերունի Միրոյի կողքին տեղ գրավելով, իմ կուրծքը դեմ տվեցի երկաթե շղթային:

Մանրատերև սալորենու տակ մոլորված կածանը անդարձ կորել

էր, շնչակտուր դեմ առնելով լերկ քարափին: Ինչ-որ ջրհեղեղից անդունդ քշված մի քար էր, որ նույնպես կորցրել էր իր ուղին, և մենք մեր ուսերն ու բազուկները իրար նեցուկ արած ու հավատքով կպած գործին, ժայռոտ լեռնալանջով նրան մղում էինք դեպի վեր, դեպի արևոտ բարձունք:

Եզները ձիգ տալով դանդաղ շարժվում էին կճղակները ապառաժներին սեղմած: — Հասանք, հա՜, հասանք, ձեզ դուրբան, — ետևից ոգևորում էր ջրաղացպան Միրոն, շարունակելով աչալուրջ հսկել, որ քարքաշի հավասարակշռությունը չխախտվի:

Վերջապես մեծ դժվարությամբ ջրաղացքարը անդնդախոր ձորից հանեցինք սարի գլուխ, խորդուբորդ ոլորաններով հասցրինք ջրաղացի դուռը, թեքև կռանեցինք և մեր թևերին առած ներս տանելով հաստատեցինք ներքին քարի վրա:

Ֆաղեն իսկույն կարգի բերեց մայր առուն, և ջրաղացը նորից սկսեց թափով աշխատել:

Աղորիքի տերը՝ քեռի Միրոն, բոլոր մասնակիցներին ճաշ տվեց և, իմանալով իմ պատմությունը, ինձ պահեց իր մոտ, թաքցնելով իր շողտան մեջ ջրաղացի ստորին հարկում:

Ամբողջ գիշերը ջրի զորավոր հոսանքը աչքերիս առաջ ուժգնորեն դարձնում էր ջրաղացի թափանիվը, և ես այդ պտուտակի մոտ կանգնած, մտածում էի հեղեղից քանդված և վերականգնված ջրաղացի մասին և այն զարմանալի տոկուն ջրաղացպանի մասին, որի անունը Միրո էր, այն լեռնականների մասին, որոնց կամքը ավելի հզոր էր, քան լեռնային ամեհի հեղեղը: Միայն հավատքի ուժը կարող էր անդունդի հատակից վեր բարձրացնել խորտակված այլուրաքարը: Եվ ակամայից ես մեր ժողովրդի բախտը համեմատում էի խութեցի Միրոյի ջրաղացի հետ: Պատմության դաժան հեղեղը մեր ազգի բախտի ջրաղացքարը նետել էր անդունդ: Ո՞վ պետք է վերևից զգաստ աչքերով նկատի ահեղ վտանգը և սարից-սար գոռալով, առաջինը շտապի օգնության: Ո՞վ պիտի այդ տեղահանված քարը անդունդից հանի և վերստին հաստատի իր հիմքի վրա:

Այդ պետք է անենք մենք: Պետք է անեն հավատքի ուժը և հավատավոր մարդիկ: Եթե բոլորս ի մի զորվենք և մեր կամքը դարձնենք մի հսկա քարքաշ, անկարելի բան է, որ մեր բախտի քարը հեղեղից պարտված մնա անդնդում:

ԱՎԵ

Լուսադեմին մի բռնաշենցի մտավ ջրաղաց։ Կորեկ էր բերել աղալու։

Միրոն նրան հերթ նշանակեց և հարցրեց, թե ինչ նորություն կա։ Բռնաշենցին հայտնեց, որ Գևորգ Չաուշը և Անդրանիկը երկու օր առաջ մտել են Գեղաշեն և սպանել մատնիչ Ավեին։

Բռնաշենցին վարպետ հեքիաթ պատմող էր և անունը Ծաղիկ Համբարձում։ նա իր պատմությունը սկսեց բավական հեռվից։ Պատմեց ինչպես լսել էր։ Պատմեց դարերի համար։

«Կզան լուսահոգի Սերոբ Փաշին կբողոքեն, թե Գևորգ Չաուշի հորեղբայրը երեխա չունի, կուզի նոր կնիկ առնի։ Երբ Սերոբ Փաշեն էդ մասին կիմանա, գործը կհանձնի Գևորգ Չաուշին։ Գևորգը կսպանի իր հորեղբորը, բայց հետո կտանջվի հոգեպես։ Կելնի կերթա Անդրանիկին կասե. «Անդրանիկ, Սերոբ Փաշեն իմ ձեռքով իմ հորեղբորը սպանել տվեց մի կնոջ համար, իսկ ինչու Սոսեի հետ ման կիգա սարերում»։ Անդրանիկ էդ որ կլսի, կելնի կերթա Սերոբ Փաշի մոտ. «Փաշա, կասե, Սոսեին դիր մի տեղ, երբ կուզես գնա տես արի, բայց խմբի հետ մի պտտցրու»։ Էդպես որ կասե, Սերոբ Փաշեն կպատասխանե. «էդ քո խոսքը չէր, քեզ դրդող է եղել։ Ով որ դեմ է, որ ես Սոսեին խմբի հետ ման բերեմ, թող զենքը ցած դնի ու քելե»։ Ու Սերոբն էստեղ բոլորին զինաթափ կենե, Անդրանիկին էլ, Գևորգ Չաուշին էլ։ էդպես որ բոլորին զինաթափ կենե, Գեղաշենի ռես Ավեն ուշիկ կելնի ու կերթա Մուշ Մութասարիֆի մոտ։ Մութասարիֆ կհարցնե. «Հը՛, ռես, Սերոբ Փաշեն մեր հոգին վառեց։ Մի բարի լուր բերե՞լ ես, թե ինչ հնարքով բռնենք նրան»։

— Բերել եմ, աղա, իր ետնի պատն էլ, առջևի պատն էլ փլված է...

Մութասարիֆը ուրախությունից մի ուխալ օսկի կիտա Ավեին։ Ավեն կվերոլ օսկին, հետն էլ մի քիչ դեղին լեղի ու կիգա տուն։ Պանիրը կթույնե ու կտանի Սերոբ Փաշին։ Սերոբ Փաշեն պանիր շատ կսիրե։ Իր հետ խութեցի մի լամուկ կեղնի, որ փոքրուց Սոսեի ձեռքի տակ էր։ Լամուկն ու Սոսեն էգ պանրից քիչ կուտեն, իսկ Սերոբ Փաշեն՝ շատ։

Լուսադեմին Սոսեն կելնի դուրս, կտեսնի սարի կողից Բշարե Խալլիի աշիրեթը կիգա։ իսկ Դաշտի կողմեն՝ կարմիրգլուխ սև ասկյարը։ Սոսեն կասե. «Փաշա, զորք եկավ»։ Փաշեն կասե. «Զիմ չափլին տուր»։ Կառնե չափլին, կվզե ու կկրակե։ Բայց ուշքը վրան չէ, գնդակ թարս կդրթա։ Սերոբն ուժասպառ կպատի քարին։ Սոսեն կգրկե ռանչպար Սերոբին, որ բարձրացնի, մազերն կթափվեն իր չոքերի վրա։ Սոսեն կվերու հերոսի չափլին ու խութեցի լամուկի հետ կմտնի դիրք։ Խութեցի լամուկ նեղ կընկնի։ Կելնի, որ փախչի։ Սոսեն ետնից կբռռա. «Լամուկ, դու ուխտ էիր արել, որ Փաշի հետ մեռնես, ինչու՞ կփախչես»։ Լամուկն ետ կդառնա՝ կասե. «Ուխտ կանեմ, որ իմ արյուն ու Սերոբ Փաշի արյուն խառնվին իրար»: Ետ կիգա կմտնի քարի ետև ու կսկսի կրակել: Լամուկն կսպանվի, Սոսեն կվիրավորվի:

Անդրանիկ Սեմալ կեզնի, Գևորգ Չաուշն էլ կողքին նստուկ: Սոսեն կբոռա սարից. «Սերոբի օրհասն է, հասե՛ք»: Անդրանիկ կլսե Սոսեի կանչ. «Հեյ վա՜խ, կասե, Սերոբ Փաշեն ձեռքից գնաց»: Կզարկի գլխին ու բարկությունից կերթա կիգա սեմալցոց տանիքին:

Գևորգ Չաուշ կվաղե ետնից կասե. «Քու տուն չավրի, Անդրանիկ, Փաշեն ինքն է մեզ զինաթափ արել, էլ դու ինչու՞ կտանջվես նրա համար»:

Խալիլ աղան կկտրե մեռած Սերոբի գլուխն ու կտանի Մուշ, էն տեղից էլ Բիթլիս:

Մյուս օր Գևորգ Չաուշն ու Անդրանիկ կիգան Տեր Քաջի տուն, զենքեր կվերուն ու կերթան Ավեի հոգուն: Անդրանիկ ոսկրացավով հիվանդ կեղեի ու ձեռքին մի փետ: Զգույշ կմոտենան դռան ու բանալու ծակեն ականջ կդնեն: Կիշեն, որ ռես Ավեն տուն չէ, գնացել է ժղլտուն: Պատի տակ կսպասեն: Իրիկվան Ավեն կիգա կմտնի իր օդեն: Իրենք ետնից ներս կմտնին:

Ավեն տղեքին տեսնելով կելնի կկանգնի: Անդրանիկ կասե. «Մեղա աստծո, դու իմա՞լ կելնիս կկանգնիս մեր առջև: Նստիր, ռես Ավե, նստիր»:

— Չէ, դուք նստեք, — կասե Ավեն ու աչքով կենե կնկան ու հարսին, որ հաց բերեն Գևորգ Չաուշի ու Անդրանիկի համար:

Գևորգ Չաուշ կասե» «Ռես Ավե, ոչ քո հացն, ոչ քո հարիսեն մեզ հարկավոր չէ: Մենք կուշտ ենք: Դու գնա էն ուխալ օսկին բեր, որ Մութասարիֆն տվել է քըզի»:

Ավեի ջան դող կընկնի: Կելնի կերթա մի քանի օսկի կբերե:

— Չէ, — կասե Գևորգ Չաուշ, — գնա ամանով առ ու արի:

Ավեն կերթա կիգա կես բուռ օսկի կբերե:

— Քեզ բան ասի. գնա ուխալով օսկին առ ու արի:

Ավեն վախից կմտնի ախոռ:

Գևորգ Չաուշն ու Անդրանիկ կիշեն, որ Ավեն ուշացավ: Կերթան ախոռ: Ախոռ մութ կեղեի: Մոմլուցկիներ կվառեն կտեսնին՝ Ավեն երկու տարեկան հորթի ետև կծկված: Իրենց որ կտեսնի, հորթի ետնից կփախչի կմտնի իր հարսի ետև: Գևորգ Չաուշն Ավեին հարսի ետնից կքաշե, կբերե օդան:

— Ռես Ավե, — կբարկանա Գևորգ, — հերիք է մեզ չարչարես: Գնա ուխալով օսկին առ ու արի:

Ավեն ճարահատյալ կերթա օսկին կառնե կիգա:

— Ավե, — կասե Չաուշ, — էս օսկին ո՞վ տվեց քեզ:

Ավեն կտեսնի, որ իր սուտ ջաղցի քարին դեմ առավ:

Հատիկ-հատիկ ցած ձենով կասե.

— Հյուսնի էֆենդին:

— Ինչու՞ համար:

— Սերոբ Փաշին տարած հացի մեջ թույն խառնելու համար։

Անդրանիկ կասե. «Ռես Ավե, դու հայոց մեծավորի գլուխը մի կճուճ օսկո՞վ ծախեցիր»։

— Մտար երկու տարեկան հորթի եսն, — կավելացնի Գևորգ, — հետո էլ՝ քո հարսի՞ տուն։

Ավեի բերան կբացվի՞, որ խոսի։

Ձեռքերը կրծքին, գլուխը կախ կանգնած է պատի տակ։

— Իսկ լավ չէ՞ր լինի, որ դու մատնություն չանեիր, ու երբ մենք քո դուռ բանայինք, բացճակատ կանգնեիր մեր առաջ ու կարիք չունենայիր թաքնվելու հորթի ու հարսի տուն։

— Մեղք էր՝ գործեցի» կամոք թե անկամք։ Ինչ որ ազգը կուզե, թող որոշի։ — կշշնջա Ավեն ու դեմք շուռ կիտա պատին։

Անդրանիկ աչքով կանե Գևորգ Չաուշին։ Ու Գևորգն Ավեին կառնե խանչալների տակ։ Կինը ձեռքը կթալե օսկու կճուճին։ Գլխանոցը ցած կընկնի զնգալով։ Դու մի ասի, ռես Ավեն օսկիների կես շարած կեղեի կնկա ճակատոցին։ Գևորգ ռեսին էլ կսպանի, կնկան էլ, հարսին էլ։ Կուզե ամբողջ տոհմը չնջե, բայց Անդրանիկն ավելի խղճով կեղեի, փետը դեմ կիտա կասե՝ «Մյուսները մեղավոր չեն, ձեռք չտաս»։

Ավեի ախպոր պստիկ տղեն դեպքի ժամանակ էդտեղ կեղնի։ Անունը Վարդան է։ Էս տղեն կխժժա ու պատանցքով կփախչի իրենց տուն։

Երբ կվերջացնեն կպրծնեն, Գևորգ Չաուշ կասե.

— Էրթա՛նք, Անդրանիկ։

Անդրանիկ կհարցնե. ու՞ր երթանք։

Չաուշ կասե. «Հայաստանի ցավեր շատ են, էս մեկով գործ չի պրծնի»։

Էդ գյուղի մոտ մի խանդակ կեղեի մանրիկ ավազով։ Անդրանիկ փետը ձեռքին կիջնի էդ խանդակ, մի քիչ կպառկի տաք ավազի մեջ ու կգա կհասնի Գևորգին։

Ու նրանք երկուսով կընկնեն ճամփա։ Երկուսն էլ ֆիդան են ու հալբաթ իրենք լավ գիտեն, թե ուր պիտի երթան։ Բարով երթան»։

Ես լսեցի, թե ինչպես Ծաղիկ Համբարձումը բարձրաձայն ասաց.

— Քեռի Միրո, ես իմ պատմությունը պրծա, իսկ իմ կորե՞կը։

— Հախ աստծո, խնամ Համբարձում, ես քո կորեկը առանց հերթի պիտի աղամ, — ասաց Միրոն։

Այդ ժամանակ մի ծանր ոտնաձայն լսվեց և մի նոր աղունատեր մտավ ջրաղաց։

Եկողը Գևորգ Չաուշն էր։

ԽԱԼԻԼ

Գևորգ Չաուշը արագ էր քայլում, իսկ ես ուղղակի վազում էի, որ նրան հասնեմ: Լսել էի, որ նա միշտ ձիով է շրջում, բայց այս անգամ ինչու էր ոտքով և այդպիսի փութկոտությամբ՝ չհասկացա: Ճիշտն ասած, վախենում էի նրանից: Իմ աչքի առաջ նա սպանել էր իր հորեղբորը, ականջովս լսեցի, թե ինչպես դաշույնի տակ էր առել գեղաշենցի ռես Ավեին: Ծուռ սասունցի է, հանկարծ կտա մի ձորի մեջ կսպանի ինձ, անցնում էր իմ մտքով, չնայած ինքս էլ պակաս ծուռ չէի, թեև հասակով շատ փոքր նրանից:

Ամենից շատ մտածում էի, թե նա որտեղից եկավ, և գտավ ինձ ծերունի ջրաղացպանի շողտան մեջ: Արդյոք դա պատահակա՞ն հանդիպում էր, թե նպատակով:

Հանկարծ կանգ առավ:

— Դու քիչ առաջ որտե՞ղ էիր, — հարցրեց:

— Խութեցի Միրոյի շողտան մեջ:

— Իսկ մինչև ա՞յդ:

— Մի շաբաթ առաջ Կարմրակ վանքի գերեզմանի վրա էի, դրանից մի օր հետո՝ Բաղեշի բանտում: Այսօր այստեղ եմ, իսկ թե վաղը որտե՞ղ կլինեմ՝ հայտնի չէ:

— Դու այսօրվանից ինձ հետ կլինես, — ասաց Գևորգ Չաուշը և ինձ տարավ դեպի Շմլակի կողմերը:

Երբ այդ գյուղի տակ հասանք, նորից կանգնեց:

— Դու Կիրճի ճանապարհը գիտե՞ս, — հարցրեց:

— Գիտեմ, — ասացի, — Արաբոյի ավետարանը այդ Կիրճի մեջ է կորել:

— Լսիր, ուրեմն, Խալիլ աղան Մուշ է եկել և վաղ առավոտ Խաչուկի սարով պետք է վերադառնա Սասուն: Այդ այն մարդն է, որ կտրել է Սերոբ Աղբյուրի գլուխը: Մենք Բռնաշենի անտառի մեջ նրա գլուխը պիտի կտրենք:

Երբեք չկասկածեցի, որ Խալիլի գլուխը պիտի թռչի, որովհետև ասողը Գևորգ Չաուշն էր:

— Ինչո՞վ կարող եմ օգնել, — ասացի:

— Դու այդ Կիրճով գնա դեպի Բռնաշեն: Շմլակից վերև անտառի մեջ յոթ ջոթ քարեր կան. չորս քարը աջ թևի վրա, երեքը՝ ձախ: Աջակողմյան նախավերջին ջոթքարը ծակ է:

Այդ քարին նստած սպասիր: Լուսադեմին քեզ կմոտենան երեք զինված տղամարդ գյուղացու մաշված շորերով, որոնցից մեկի ձեռքին փայտ կա: Ձեռնափայտ ունեցողի անունը քեզ չեմ ասի, իսկ մյուս երկուսից առաջինի անունը Մակար է, երկրորդինը՝ Գալե: Մակարը Գալեի քեռին է: Հենց որ նրանք երևացին, կասես՝ քեռիներ, էսօր ուրբա՞թ է, թե՞ շաբաթ: Ուրիշ բան չասես: Քո օգնությունը այդ կլինի:

Շմլակի ճակատին հասնելով մենք բաժանվեցինք: Գևորգ Չաուշը գնաց դեպի վերին Մառնիկ, իսկ ես դիմեցի դեպի Շմլակի Կիրճը: Այդ քարերի տեղը ես լավ գիտեի: Լեռը այդտեղ ոլորապտույտ էր և ճամփան անցնում էր ոլորտների վրայով: Ներքևը ձոր էր, իսկ վերևը՝ խիտ մացառներով ծածկված անտառ:

Շմլակից դեպի Բռնաշեն տանող ճանապարհի այդ մասը Կիրճ էր կոչվում, և ես Արաբոյի հետ շատ էի գնացել-եկել այդ կիրճով: Մանավանդ լավ հիշում էի կարմիր ալուջների ձորը: Կիրճի ամենանեղ տեղից մի կեռման ծառերի տակով բարձրանում էր դեպի Խաչասար: Ալուջների պուրակը այդ կեռմանի կողքին էր:

Հասա թե չէ՝ որոնեցի գտա այդ յոթ ջրթքարերը և մոտենալով նստեցի աջակողմյան ծակ քարին, ինչպես ասված էր:

նախ երևացին Սպաղանաց Մակարը և փայտ բռնած գյուղացին: Ապա երևաց Գալեն: Չեռնափայտով տղամարդը մի ձեռքով հենված էր Գալեի թևին: Ես նրան հեշտությամբ ճանաչեցի — «ղոնդաղչի» Անդրանիկն էր: Աչքի տակ, աջ այտի վրա մի գորշագույն խալ կար: Դեռ չմոտեցած՝ ես հեռվից ձայն տվեցի. «Քեռիներ, էսօր ուրբա՞թ է, թե շաբաթ»:

Երեքն էլ անմիջապես կանգ առան:

— Աֆերիմ, տղաս, — ասաց Անդրանիկը: — Այս լեռան անունը ի՞նչ է:

— Խաչասար:

Ինձ թողեցին ջոթ քարի մոտ և երեքով քաշվեցին մի ծառի տակ:

Սպաղանաց Մակարին մեջքից ճանաչեցի: Դա այն, թիկնեղ ծերունին էր, որին տեսել էի Տաղվրնիկում Չատոյի գոմի պատի տակ՝ մի ձեռքին ծխամորճ, մյուս ձեռքը նեցուկ արած ճակատին» Նույն աժդահա տղամարդն էր, խոշոր, հաստ տրեխներով, աչքերը արնոտ:

Աշիրեթապետ Խալիլ աղայի ազդեցությունը տարածվում էր Սասունից մինչև Մուշ: Իր կտրածը կտրած էր և կապածը՝ կապած սուլթանի տիրության այդ մասում: Բողոքողին խոշտանգում էր և տնով-տեղով ոչնչացնում՝ հայ լիներ, թե քուրդ: Այս ցեղապետը ոչ միայն նենգությամբ սպանել էր Աղբյուր Սերոբին և նրա գլուխը ցույցի դրել Բիթլիսի հրապարակում, այլև դրանից մի քանի ամիս առաջ կառավարության զորքերով քանդել էր Տալվորիկի Սպաղանք գյուղը և սրի քաշել բնակիչներին:

Այդ էր պատճառը, որ ծերունի Մակարի աչքերը արնոտ էին: Կարծես կատաղած գոմեշ լիներ: Սպաղանցին Անդրանիկից և Գալեից բաժանվելով, եկավ նստեց ծակ քարին՝ ձեռքը աբայի տակով դաշույնի կոթին դրած: Նա հանկարծ պոկվեց տեղից և ընկերներին մոտենալով՝ ասաց.

— Տղաներ, մենք սխալ տեղ ենք ընտրել: Երթանք Ծծմա– կա Քիթը և առաջը կտրենք:

Անդրանիկը առարկեց ասելով, թե Ծծմակում պահվելու տեղ

չկա. այդ վայրը Մուշին մոտիկ է, կռիվը կշարունակվի մինչև երեկո, փամփուշտը կվերջանա և իրենք կվրիպեն:

Այդ խոսքի վրա Գևորգ Չաուշը երևաց:

Անդրանիկը հարցրեց.

— Խալիլը Մու՞շ է:

— Մուշից դուրս է եկել:

— Մառնի՞կ է գնացել, թե Ալվառինջ:

— Ալվառինջով բարձրացել է Վերին Մառնիկ:

— Ինչո՞վ է զբաղված:

— Գյուղերից բռնատուրք է հավաքում:

— Ե՞րբ է գալու և ո՛ր ճանապարհով:

— Լուսադեմին դուրս է գալու Մառնիկից և անցնելու է Կիրճի ճանապարհով:

— Մերոնցից ո՞վ կա հետը:

— Ամեն բան կարգադրված է, — ասաց Գևորգը: — Նրա շքախմբի հետ լինելու է նաև Մառնկա Պողեն և մի քանի հայ մշակներ:

Սպաղանքը քանդելու և Սերոբին սպանելու համար կառավարությունը Բշարե Խալիլին հրավիրել էր Մուշ՝ փաշայական աստիճան տալու և պարգևատրելու սուլթանի ուղարկած պատվանշանով:

Մի ուրիշ պատճառ էլ կար:

Խալիլ աղայի և Շեկո տան աշիրեթները իրար թշնամի էին: Շեկո քրդերից մեկը վերջին կռվում սպանել էր նալիլի որդուն: Խալիլը Մուշ էր եկել սուլթանի շքանշանը ստանալու, միաժամանակ կառավարությունից զորք պահանջելու, որ պատերազմ սկսի Շեկոների դեմ: Շեկո տան քրդերը տագնապի մեղ էին և արդեն գաղտնի տեսակցություն էին ունեցել Անդրանիկի հետ, խնդրելով նրա օգնությունը:

Արևը սկսել էր բարձրանալ, երբ Գևորգը սուլեց: Ու ես տեսա, թե ինչպես մի քանի նոր վրիժառուներ եկան և Անդրանիկը, Գևորգն ու Մակարը նրանց միացած արագորեն դիրքեր գրավեցին Կիրճի աջակողմում:

Գալեն իբրև անփորձ զինվոր մտավ ջոթքարի ետև, Անդրանիկի կողքին:

Հոկտեմբեր ամիսն էր և օրը, կարծեմ, ուրբաթ: Անտառը դեղնած էր: Մասուրն ու վարդալուջը կարմրել, կախվել էին թփերից:

Շատ չանցած երևացին մի քանի զինված ղոլամներ, որոնք գնում էին առջևից իրենց հետ վարելով ավանակների բեռնված մի քարավան: Շուտով ծառերի միջից երևաց աշիրեթապետի ձիու գլուխը: Խալիլ աղան թեթևակի կռացած էր դեպի առաջ, բաշլըղի թևերը փաթաթած վզի շուրջ: Ետևից զինված ձիավորներ էին գալիս, իսկ կողքից քայլում էր Մառնիկ գյուղի տանուտերը երեք հայ ծառաների հետ:

Խալիլի ձին հանկարծ ընդոստ կանգ առավ և տարօրինակ վրնջաց:

— Աղա՛, ես քեզ բան ասացի, արի էսօր մի երթա, ետ դարձիր, քո առաջ փորձանք կա, — խրատեց տանտերը:

— Լաո, որձ ձի է, հազար բան մտքեն կանցնի: Երթանք, — ասաց աղան, ընթացքը շարունակելով:

Մի քանի քայլի վրա ձին նորից վրնջաց ականջները խաղացնելով: Տանուտերը դարձյալ զգուշացրեց, որ ետ դառնան: Այդ ժամանակ հայ ծառաներից մեկը, որի անունը Պողե էր, ետևից ծածուկ մի կռուփ զարկեց տանուտերին, որ նշանակում էր թե՝ լռիր:

— Դե, լավ, ճամփացույցը դու ես, դու առաջնորդիր, Պողե, — ասաց տանուտերը, իր տեղը զիջելով ծառային, իսկ ինքը ետ դարձավ: Ճամփացույց Պողեն ընկավ Խալիլի ձիու առաջ ու գնացին: Երբ հասնում էին Կիրճի ամենանեղ տեղը, Պողեն ասաց. «Աղա, դու ուշիկ ձին քաշիր գնա, ես իմ չարուխի թելերը կապեմ ու գամ հասնեմ»: Այդ պատրվակով Պողեն ետ մնաց: Հայ և քուրդ ծառաներից մի քանիսը նրան հետևելով գնացին մացառների ետևը ջուր թափելու:

Որտեղից-որտեղ մի անծեղ կռավեց ծառի վրա՝ ճյուզից– ճյուզ թռչելով: Նույն միջոցին ձին փեքող արեց և չէր ուզում առաջ գնալ:

— Չէ, էսօր իմ առաջ հաստատ փորձանք կա, — իր հեծյալ պահապաններին դարձավ Խալիլ աղան և արագությամբ ձիու գլուխը շուռ տվեց, որ փախչի: Բայց նրանք արդեն խրվել էին Կիրճի ամենանեղ տեղը, որտեղից դուրս պրծնելը հեշտ չէր:

— Փաշա, եթե Խալիլ աղային սպանենք, ինձ մի թվանք կտաս, — թախանձեց Գալեն:

— Իմ առաջին զարկածի հրացանը քոնն է, — ասաց Անդրանիկը:

Սպաղանաց Մակարը անհամբեր էր և առաջինը նա կրակեց: Հարվածը վրիպեց՝ վայր գլորելով մի հեծյալի: Խալիլը սարսափահար զարկեց ձիու կողերին, քառասմբակ արշավելով: Մակարը դիրքը թողած վազեց նրա ետևից:

— Թշվառական, դու իմ ձեռքից չես պրծնի, — գոռաց Անդրանիկը, գլուխը ծակ քարի ետևից հանելով: Այդ ձայնի վրա աշիրեթապետը ձին կանգնեցրեց, բայց նորից արագությամբ սկսեց վազեցնել: Ձին էր հեծյալին փախցնողը: Անդրանիկը կրակեց: Ձին վայր ընկավ: Խալիլի մի ոտքը մնաց ասպանդակի մեջ: Այդ վիճակով վիրավոր ձին իր տիրոջը բավական տեղ քարշ տալով տարավ: Ձիավորներից մեկը հրացանը Անդրանիկին ուղղեց: Երկրորդ գնդակը կանխեց հարվածը, վայր տապալելով ձիավորին:

— Այդ հրացանը Գալեին տարեք, — կարգադրեց Անդրանիկը երկու զինվորի, որոնցից մեկը Մառնկա Պողեն էր, և զենքը ձեռքին, դաշույնը ատամների մեջ սեղմած խոյացավ Խալիլի վրա: Նրան տեսնելով Խալիլը վախից աչքերը փակեց:

Աշիրեթապետը ձիու հես: ընկած էր Կիրճի մեջ՝ անկարող շարժվելու: Անդրանիկը և Մակարը բռնեցին Խալիլի թևերից, բարձրացրին թամբից, ոտքերը ասպանդակից հանեցին և բերեցին ծակ քարի մոտ: Բարձրահասակ, լայնաթիկունք տղամարդ էր, հագին չուխա վերարկու, մեջքին մետաքսե գոտի, բաշլըղը վզի շուրջ:

Գևորգ Չաուշն ու Անդրանիկը երդվել էին, որ Սպաղանաց Մակարին է պատկանելու Խալիլ աղայի պատժելու իրավունքը, եթե նրան ողջ բռնելու լինեն:

Գալեն Անդրանիկի ուղարկած հրացանը վերցնելով գնացել էր զինված ղոլամների առաջը կտրելու: Մակարը ուժեղ կրակոցներ լսելով շտապեց Գալեին օգնության:

Անդրանիկը դաժհին նստեցրեց ծակ քարին և նրա գլխի երկայն մազերը հավաքեց բռի մեջ: Հանկարծ հևասպառ Կիրձի մեջ ցատկեց Գևորգ Չաուշը՝ հեռվից գոռալով.

— Մի զարկիր, բան պիտի հարցնեմ:

Անդրանիկը քրդերեն լավ չգիտեր:

— Գևորգ, ինչ որ կասեմ՝ թարգմանիր նրան, — ասաց Անդրանիկը:

— Բշարե Խալիլ որ կասեն՝ դու՞ ես:

— Այո, — պատասխանեց Խալիլը:

— Սերոբ Փաշի գլուխը դու կտրեցիր:

Խալիլը լուռ էր:

— Դու՞ էիր, որ Սպաղանք գյուղը քանդեցիր և սպանված ռանչպարներին Մակարի տան մեջ լցնելով վառեցիր:

Նա դարձյալ լուռ էր և գլուխը կախ նայում էր գետնին:

— Դու՞ էիր, որ պատրաստվում էիր սուլթանի զորքով ու զենքով հարձակվել Շեկո տան քրդերի վրա:

— Բա՛վ է, բա՛վ է, ժամանակս լրացավ, միայն խնդրում եմ իմ դիակը չփչացնեք:

— Դու Սերոբ Աղբյուրի գլուխը մեռած տեղը կտրեցիր, իսկ ես քեզ ողջ բռնելով գլուխդ կկտրեմ: Գևո՛րգ, մեկդի քաշիր այդ բաշլըղը, — բոռաց Անդրանիկը:

Գևորգը բաշլըղը հանեց Խալիլի վզից:

Եվ քանի որ Մակարն ուշանում էր, Անդրանիկը դաշույնը իջեցրեց...

Մառնկա Պողեն վազեց, որ բռնի, բայց ես ավելի արագությամբ վրա հասնելով, գլուխը բերելով տվեցի Անդրանիկին: Նրան հանձնեցի նաև իր ձեռնափայտը, որ նետել էր ծառերի տակ:

— Այս Խաչասարը ինձ բոլորովին բուժեց, տղաս: Իմ հողացավն անցավ: Ասկե ետքը ինձ ոչ ձեռնափայտ է պետք, ոչ տաք ավազ: Իմ ուզածը հիմա մի տոպրակ է:

Մացառներից խշրտոց լսվեց:

Հրացանները այդ կողմը ուղղվեցին:

— Փաշա՛, մի զարկեք, ես հայ եմ, — և տոպրակը ուսին մի գյուղացի թփուտից դուրս գալով, այլայլված կանգնեց մեր առաջ: Եկել էր անտառ ալուչ ժողովելու:

Այդ լեռան վերևը դեռ քոչվորական վրաններ կային: Հավարն արդեն ընկած էր և լեռը իրար անցած:

— Հասե՛ք, ջան-ֆիդաները Խալիլ աղուն սպանեցին, — սարե-սար վազելով ձայն էին տալիս քրդերը իրար:

— Գևորգ, այս պատանին կտրիճ տղա է: Եթե նա չլիներ, Խալիլ աղայի գլուխը գլորվելով մինչև ձորը կերթար, — ապա դառնալով շվարած գյուղացուն՝ ասաց.

— Քո ալուչները ինչպես ուզում ես՝ տար: Ես քեզ պարտք մնացի մի տոպրակ:

Կիրճից ելավ Գալեն, բերելով Խալիլի ձիու զորգապատ թամբը: Մի բրդոտ շուն նրա ոտքերի մոտով գետինը հոտոտելով նետվեց Կիրճի մեջ: Ում շունն էր՝ չիմացանք:

— Գևորգ, դու քո հարցը մոռացար, — հիշեց Անդրանիկը:

— Մեռածին էլ ի՞նչ հարց:

Ես պարկը շալակեցի և մենք ելանք ճամփա դեպի Սասուն:

ԱՄՈՐԻ ՑԵՂԱՊԵՏԻ ՁԻՆ

Մենք արագ քայլերով անցանք Հավատորիկի սարերը և թրջվեցինք Քոփ գյուղի վրա:

— Ահա Ղուքանե Զեֆրան՝ Շենիքի գլուխը, — ասաց Սպաղանաց Մակարը, ձեռքը ուղղելով դեպի շենիկցիների հեռավոր ամառանոցը Կուրտիք լեռան լանջին: — Էնտեղ եղավ «Յոթ Գդալի կռիվը», — շարունակեց ծերունին:

1882 թվականի ամռանը շենիկցիների ամառանոցից փախցրած յոթ գդալի պատճառով շաբաթներ տևող մեծ կռիվ է ծագում խոշկանցի զինված քրդերի և հայերի միջև: Շենիքցիներին հաջողվում է իրենց լեռներից վռնդել խոշկանցի աղաներին և վերադարձնել բռնագրաված գդալները:

Քեռի Մակարն ասաց, որ ինքը մասնակցել է շենիկցիների այդ ճակատամարտին և իր թիկունքին երկու հին սպի ունի այգ տարիներից մնացած:

— Էն օրվանից չախմախլին իմ ձեռքից չի իջել, — ավելացրեց ծերունին:

Քոփը «Արջնաց երկրի» յոթ գյուղերից մեկն էր և պատկանում էր Խալիլ աղային:

Այդ գյուղի ռեսը և Դիհոլ թաղի ռեսը, որ հյուր էր այդտեղ, օջախի մոտ նստած չիբուխ էին ծխում: Հայտնի էր, որ կատարվածի մասին տեղյակ չէին:

Ձնական բարևից հետո Անդրանիկը դիմեց Քոփի մեծավորին:

— Ի՞նչ լուր կա, ռես:

— Դրսեն եկողը դուք եք, լուրը ձեզ մոտ է, — ասաց ռեսը: — Ասում են Մուշից զորք պիտի գա Շեկո տան վրա:

— Մենք էլ լսած ենք, ափո, բայց չգիտենք, թե որքան ստույգ է:

— Մեր աղան հիմա Մ ուշ է: Մեր մարդիկ նրան տվել են երեք հազար զորք, վեց հարյուր ձիավոր և թնդանոթ, որ գա շեկոների վրա: Ինչու՞ եք եկել էս կողմերը: Չէ որ Քոփը Խալիլի գյուղն է:

— Ձեր աղան հրավիրել է մեզ:

— Ի՞նչ բանի համար:

— Տեսակցության համար:

— Մեր աղա՞ն, — ասաց Քոփի ռեսը աչքերը զարմանքից մեզ վրա պտտացնելով:

— Այո, ձեր աղան:

— Մեր աղան քո գլուխը կտրելու հրաման է բերած Պոլսեն: Սերոբի գլխից հետո քո գլուխը կտրելը հեշտացավ: Տեսակցության մասին խոսք լինել չի կարող: — Ռեսը լռեց և սկսեց ոտքերով աթոռին զարկել:

— Կփափագե՞ս աղայիդ տեսնել, — հարցրեց Անդրանիկը:

— Աղայի՞ս: Ինչպե՞ս:

— Եթե կփափագես, կարող ես տեսնել:

Քոփի մեծավորը Անդրանիկի դեմքի պաղարյուն արտահայտությունից սաստիկ շփոթված մերթ մեկիս, մերթ մեկելի դեմքին էր նայում:

— Իրա՞վ է, ռես, որ Խալիլ աղան Քոփ է եկել, — հարցրեց Դիող թաղի ռեսը:

— Ինչ կխոսես: Եթե աղան Քոփ գար, ամբողջ գյուղը պիտի գիտենար:

— Եկել է, — ասաց Գևորգ Չաուշը, և տոպրակը իմ մեջքից առնելով օջախի լույսի առջև գլխիվայր շրջեց:

— Ահա աղադ:

Դիող թաղի ռեսը աչքի ծայրով նայեց նրան: Խալիլի լեզուն ատամների միջից դուրս էր ընկած: Քոփի ծերունին մեկից շտկվեց նստած տեղից տեսածը ստուգելու: Հանկարծ Դիող թաղի ռեսը չիբուխը վերցնելով սկսեց գլխին զարկել, զայրացած գոչելով.

— ... ուտեիր, լավ չէ՞ր:

Ես իմ բեռը շալակեցի և մենք ռեսի տնից դուրս եկանք: Բավական հեռացել էինք Քոփից, երբ տեսանք մի քուրդ լեռան գագաթից վազում է դեպի Շենիք և Սեմալ գյուղերը բարձրաձայն աղաղակելով.

— Ուրախացե՛ք, հայեր և Շեկո տան քրդեր, ջան ֆիդայիները

Խալիլ աղային սպանեցին: Բոնաշենի կիրճում հրացանաձգություն էր: Թոզ ու դումանը երկինքն է բռնել:

— Աչքովդ տեսա՞ր, որ սպանեցին, — արձագանքեց Խալիլի աշիրեթին թշնամի մի ուրիշ քուրդ՝ Յոթ գդալի հակառակ կողմից նրան ընդառաջ վազելով:

— Տեսա՛, տեսա՛: Մի շուն կանգնած լիզում էր Խալիլի արյունը: Սև սուգի մեջ են Խալիլի տունը և նրա կնիկը:

— Խալիլի կնիկը եթե սուգի մեջ է, թող ինձ հետ ամուսնանա, ես նրա սուգը կփարատեմ, — պատասխանեց ընդառաջ վազող քուրդը և ետ դառնալով Մրկեմոզանի խոտավետ մարգագետնով սլացավ դեպի Շենիք՝ ուրախալի լուրը բարեկամ քրդերին հայտնելու:

Շուտով Շեկո տան հարյուրավոր քրդեր ցնծագին աղաղակներով շարժվեցին դեպի մեր կողմը: Բոլորն էլ գունագեղ տարազ էին հագած, բրդյա սև-սպիտակ քոլոզների շուրջը փաթաթած գույնզգույն թաշկինակներ, ոմանք զենքով, շատերն էլ առանց զենքի:

Առջևից եկողը Շեկո տան մեծավորն էր՝ իր հավատարիմ մարդկանց հետ ձիերը հեծած: Նրա ազդանշանով բոլորը իջան թամբերից և ձեռքները կրծքներին՝ խոնարհվեցին Գևորգ Չաուշի և Շապինանդի առաջ:

— Խուաշբե Անդրանիկ փաշա, խուաշբե Գևորգ Չաուշ, — գոչեցին միաբերան և երեք անգամ իրենց մեծավորի հետ խոնարհվելով ու բարձրանալով, գոհունակություն հայտնեցին իրենց ամենամեծ թշնամուն ոչնչացած տեսնելու համար:

Տարածել էին, որ Անդրանիկի վզից կախված է Բշարե Խալիլի հմայիլը և նրան կյանքում այլևս ոչ մի գնդակ չի դիպչի: Մանրամասնորեն պատմում էին, թե ով է կտրել բալաքցի ավազակապետի գլուխը: Ոմանք ասում էին, թե Շապինանդն է կտրել, մյուսները թե՝ Գևորգ Չաուշը: — Մի հարվածով դաշույնը մինչև խոսափող իջավ, — պարծենում էր նրանցից մեկը իբրև ականատես: Բերնեբերան փախցնում էին Սպաղանաց Մակարի և Գալեի անունները, հսկայական քաջություն վերագրելով նաև Մառնկա Պողեին, որ անզգույշ գյուղապետին մի կռուփ տալով ստիպել էր ետ դառնալ, իրենց աշիրեթի կատաղի թշնամուն առաջնորդելով հայդուկների թաքստոցի վրա:

նրանք իրենց հիացմունքի մի փոքրիկ բաժինը հանում էին նմանապես և ինձ համար, զարմացած նայելով իմ պատանեկան խրոխտ դեմքին, հերոսական նշաններ որոնելով այնտեղ: Օ՜, եթե իմանային, որ Խալիլի գլուխը այդ միջոցին գտնվում էր իմ շալակին կապված ալուչի պարկի մեջ:

Ու հանկարծ այդ ամբողջ բազմությունը սկսեց երգել հայ ֆիդայիներին նվիրված մի երգ.

Օ՜, Սասունի կապուտակ երկինք, մեկ էլ քեզ կտեսնե՞մ իմ գլխիս վերև, մեկ էլ կլսե՞մ այդ երգը կյանքում:

Անդրանիկը, Գևորգ Չաուշը, քեռի Մակարը, Գալեն և Մառնկա

Պողեն մանկան անհոգությամբ նայում էին այդ բազմությանը, կարծես այդ երգը ոչ մի առնչություն չուներ իրենց հետ, կարծես այդ երգի հերոսները իրենք չէին: Պատռված, մաշված էին նրանց հագուստները: Այնքան հին ու մաշված էին, որ մեկ-երկուսի մարմինը երևում էր միջից: Եվ անկարելի էր հավատալ, որ այդ գովասանքը նրանց էր ուղղված:

Այդ երգից հետո, բազմությունը ճեղքելով, Անդրանիկին և Գևորգ Չաուշին մոտեցավ մի թիկնեղ ծերունի: Ասորի էր ազգով: Մորուքը շատությունից կոխել էր ծոցը:

Մի որդի ուներ և մի ձի:

Ձին տվեց Անդրանիկին, իսկ որդուն՝ Գևորգ Չաուշին և ասաց.

— Ձիուս անունը Ասլան է, որդուս անունը՝ Աբդելո: Երկուսն էլ սասունցի են, ծնված Խարզանում: Կարմիր իրիցոց ավետարանում գրված է, որ ս. Աղբերիկի վանքի առաջին վանահայրը եղել է ասորի Աբդելոն: Իմ տոհմի ծագումը Աբդելոյից է: Ասորին երեք բան չի կարող զիջել ուրիշի՝ ձի, զենք և զավակ: Բայց դուք ուրիշ չեք, դուք մերն եք, և ես իմ ձին ու որդին նվիրում եմ ձեզ: Իմ հայրը սպանվել է «Յոթ գդալի» կռվին, շենիքցիների կողմից կռվելով խոշկանցի զինված աղաների դեմ: Էսօր մեր ամենամեծ օրն է, որովհետև ոչնչացված է մեր և ձեր ամենամեծ թշնամին, որն ուզում էր սուլթանի զորքով և իր աշիրեթով հարձակվել մեր վրա: Ընդունեք ծերունի ցեղապետիս այս համեստ նվերը հայրենիքը կորցրած բոլոր ասորիների և Շեկո տան քրդերի կողմից և թող հավիտյան անխախտ մնա հայ, քուրդ և ասորի լեռնականների բարեկամությունը:

Բարձրահասակ, գեղադեմ երիտասարդ էր Աբդելոն: Բայց իմ ուշադրությունը ամենից շատ գրավեց ասորի ցեղապետի ձին: Սպիտակին խառը կարմրամազ մի մտրուկ էր Ասլանը, կապույտ փուլերով պճնված: Գլուխը փոքր էր, աչքերը՝ մանր ու խելացի: Տեսքով վագրի էր նման, ոտքերը բարձր ու բարակ, ռունգները լայն բացված: Արևի փայլի տակ ամբողջ մորթը կարմիր երանգներ էր ստանում:

Հրաժեշտ տալով մեզ դիմավորելու եկած քրդերի բազմությանը և ասորի ծերունուն ու վերջին անգամ հայացք նետելով Շենիք և Սեմալ գյուղերի ամառանոցներին, մենք դուրս եկանք «Յոթ գդալի» լեռնադաշտից, մեզ հետ տանելով ցեղապետի որդուն և նրա ձիու քուռակին՝ Ասլանին:

Ճանապարհին Անդրանիկը կարգադրեց, որ իրենից առաջ շտապեմ Գելի, մի ապահով տեղ պատրաստելու ասորի ցեղապետի ձիու համար:

ԻՆԳԼԻԶԻ ԹԱԳԱՎՈՐԻ ՆՎԵՐԸ

Հազիվ էի քայլ արել դեպի Գելու կողմերը, երբ շատ մոտիկից ձայներ հասան ականջիս: Նայեցի՝ տեսնեմ մի փոքրիկ բազմություն էր ելնում լեռն ի վեր, իսկ գյուղի կողմից նորանոր մարդիկ էին շտապում ընդառաջ բացականչելով՝ Մոսե Իմոն է եկել:

Բազմության առջևից ընթանում էր իմ ծանոթ քեռի Երանոսի ջորին, վրան մի կին նստած, գրկին մի նորածին բարուրի մեջ: Ջորու առջևից քայլում էին քեռի Երանոսը և Տեր Քաջի որդի Ադամը: Ջորու ետևից քայլում էր մի լայնաթիկունք, կաղնու պես ամուր, հաղթանդամ տղամարդ, խոշոր քթով և պալթա բեղերով, սասունցու գդակը գլխին, ձեռքին կեռգլուխ գավազան և մեջքին մի սիրուն օրորոց:

Մոսե Իմոն էր:

Ետևից գալիս էին հանդապահներ, կանայք, երեխաներ: Ինչքան ջորեպանը, Տեր Քաջի Ադամը և կողքի մարդիկ պնդում էին, որ տղամարդը օրորոցը դներ ջորու վրա կամ տար իրենց շալակելու՝ չէր համաձայնում: Անգլիայից մինչև Սասնո լեռները, մինչև Գելի գյուղի սահմանը նա այդ օրորոցը բերել էր մեջքին կապած: Նույնիսկ շոգենավի մեջ շատ քիչ անգամ էր իջեցրել շալակից, այն էլ այն միջոցին, երբ կինը խնդրել էր երեխային դնել մեջը և մի քիչ օրորել, որ քնի:

Բազում ուղևորների ուշադրությունն էր գրավել այդ օրորոցը, թե՛ ծովի վրա, և թե՛ ցամաքի: Տարբեր ազգերի շատ ամուսիններ էին երազել այդպիսի չնաշխարհիկ օրորոց ունենալ իրենց նորածինների համար: Բայց որտեղի՞ց: Միայն գելեցի Մոսե Իմոյին և իր կնոջը՝ իշխանուհի Ալթունին էր բախտ վիճակվել այդպիսի օրորոց ունենալ աշխարհում:

— Ո՞վ տվեց:

— Որտե՞ղ են վաճառում այդպիսի օրորոց, — ամեն լեզուներով, ճանապարհի ամեն քայլափոխին հարցնում էին մարդիկ, խռնվելով Մոսե Իմոյի շուրջ: Բայց Իմոն Սասնա բարբառից բացի անգետ էր աշխարհի բոլոր լեզուներին և ամենքին իր գիտեցած լեզվով մի կարճ պատասխան էր տալիս:

— Ինգլիզի թագավորը տվեց:

Շատերը «Ինգլիզ» բառից կռահում էին, որ դա անգլիական ապրանք է, կամ ոճից որոշում էին դրա հայրենիքը, իսկ երբ իմանում էին, որ թագավորական նվեր է, զարմացած իրար էին նայում, ոմանք այտերը պայթեցնելու չափ ուռեցնելով, ոմանք էլ հոնքերը վեր ու վար անելով հարցական նշանների պես, ոչ մի առնչություն չգտնելով թագավորի և իրենց մեջքի շուրջ շալե ծանր գոտիներ ոլորած այդ գեղջուկների միջև:

Իրողությունը սակայն այն էր, որ իսկապես այդ օրորոցը Անգլիայի թագավորն էր նվիրել Մոսե Իմոյին:

Իմոյի և նրա կնոջ վերադարձը ամենից շուտ իմացել էին

սասունցի հանդապահներն ու նախրապահները: Սրանք էլ իրենց հերթին լուրը հաղորդել էին համագյուղացիներին, ու կարճ միջոցում մեծ թվով մարդիկ էին շտապել գյուղից դուրս նրանց դիմավորելու:

Ջորին կանգ առավ: Ջորեպան Երանոսը նստեց մի ցից քարի: Նրա կողքին նստեց Տեր Քաջի Աղամը: Կանգ առավ և Մոսե Իմոն, շալակը ձեռնափայտի հետ զգուշությամբ մի ժայռի իջեցնելով: Նա ծանր շնչեց և կռանալով բրդյա տաբատի ճոթերը քաշեց մինչև ծնկները: Մոսե Իմոն սովորաբար երկու շալվար էր հագնում, մեջքին ոլորելով հաստ գոտի, որովհետև, ըստ Իմոյի, առողջության տեսակետից կարևորը մարդու համար ոտքերն էին և մեջքը:

Ծխել էր ուզում: Գոտու տակից հանեց ծխամորճը և քիսան: Տեր Քաշի Աղամը ծխամորճը լցրեց և տվեց, որ Իմոն ծխի:

Իմոն քաշեց ու պատմեց:

1896 թվականին եվրոպական յոթ պետությունների հյուպատոսները Բիթլիսից գալիս են Սասուն քննելու հայկական կոտորածների չափերը և բողոք ներկայացնելու իրենց տերություններին սուլթանի վրա: Օսմանյան կառավարողները ոսկով կաշառում են հյուպատոսներին և արձանագրությունները ոչնչացնում: Տալվորիկի հայերը Գևորգ Չաուշի և Անդրանիկի առաջարկով մի տոհմիկ սասունցու՝ Մոսե Իմոյին պատվիրակ են ուղարկում Եվրոպա, հայերին սուլթանի բռնապետություններից ազատելու խնդրանքով: Մոսե Իմոյի հետ իբրև պատվիրակ Եվրոպա է գնում նաև նրա կինը՝ Ալթունը, որի մեջքի թանկարժեք գոտին սուլթանի մարդիկ հափշտակել էին նրա տոհմական սնդուկը ջարդելով:

Մոսե Իմոյին հանձնարարված էր եվրոպական յոթ խառալներից (պետություններից) կնքված երաշխավորագիր բերել, որ իրենք պատրաստակամ են օգնելու Սասնո ապստամբներին: Իմոն և Ալթունը, սասունցու ավանդական տարազ հագած, մեծ դժվարություններով հասնում են Լոնդոն և ուղևորվում դեպի թագավորական պալատ: սուլթան Համիդը, տեղեկանալով այդ մասին, շտապ Լոնդոն է ուղարկում երեք գործակալների, որ գողանան Մոսե Իմոյին և իր կնոջը, թույլ չտալով, որ նրանք հանդիպում ունենան Անգլիայի թագավորի հետ:

— Գնացեք Մոսե Իմոյին բերեք՝ իր քաշով ոսկի տամ ձեզ, — ասում է սուլթանը:

Գործակալները հագնում են անգլիացու շորեր և կառք նստելով շտապում են սասունցիներին որոնելու: Տեսնում են պալթա բեղերով թխադեմ մի լեռնցի և մի իշխանուհի կին զարմանքով նայում են բազմահարկ շենքերին և դանդաղ շարժվում դեպի թագավորական պալատ: Հագուստից որոշում են, որ դրանք են Սասունից եկած պատվիրակները:

Անգլերեն և ֆրանսերեն լեզուներով հարցնում են. — ինչու՞ եք ոտքով ման գալիս, եկեք կառք նստեք, ձեզ տանենք պալատ, մեզ թագավորն է ձեր ետևից ուղարկել, — ասում են սուլթանի մարդիկ և կառապանին աչքով են անում, որ կառքը մոտ քաշի:

Բայց Մոսե Իմոն հեշտությամբ խաբվող մարդ չէր: Հոտ է քաշում նրանց մարմնից և տեսնում է, որ ծպտված թուրքեր են:

Գործակալներից մեկը ձեռքը զցում է նրա կնոջը, իսկ մյուս երկուսը ուզում են բռնել Իմոյին և նետել կառքի մեջ: Մոսե Իմոն աբայի տակ զենք ուներ կապած: Քաշում է մաուզերը և կրակում: Մեկին սպանում է, իսկ մյուսին կոխում է գետին ու չոքում վրան: Երրորդը լեղապատառ փախչում է Լոնդոնի փողոցներով: Ոստիկանները սուլթանի գործակալներին ձերբա կալում են, իսկ Իմոյին և իր տիկնոջը առաջնորդում են արքունի գանձատուն: Գանձատան պաշտոնյան կարծելով, թե Մոսե Իմոն և իր կինը ողորմության համար են եկել Անգլիա, մի բուռ ոսկի է լցնում Ալթունի գոգը: Ալթունը հրում է պաշտոնյայի ձեռքը և ոսկիները նրա երեսին շպրտելով՝ գոչում է. — Առ քեզ, խղճուկ, միայն իմ մեջքի գոտին, որ սուլթանի մարդիկ տարան, արժի քո ամբողջ ղազինան, քո Լոնդոնն էլ հետը:

Սասունցի պատվիրակներին առաջնորդում են պալատ:

— Նստե՛ք, հիմա թագավորն ու թագուհին կգան, — հասկացնում են նրանց:

Մոսե Իմոն և Ալթունը նստում են:

Քիչ հետո՝ բացվում է դուռը և թագավորը ներս է մտնում ձեռքերը թափ տալով: Ետևից թագուհին է գալիս: Մոսե Իմոն ոտքի ելնելով բռնում է թագավորի ձեռքը և համբուրում: Ալթունն էլ թագուհու ձեռքն է համբուրում: Կամենալով ստուգել, թե դրանք իսկապես սասունցի հայեր են, թագավորը նրանց ցույց է տալիս Սասունի 1896-ի կոտորածներին վերաբերող մի հոդված, երեք տղամարդու լուսանկարով, ձեռքով ծածկելով նկարի տակ անգլերեն գրածը:

— Սա Սերոբ Աղբյուրն է, իսկ սա մեր Կարմիր Ծառի Արմենակն է, — բացականչում է Մոսե Իմոն: Այդ բացականչությունից թագավորը հաստատորեն իմանում է, որ դրանք իրոք սասունցիներ են:

— Ի՞նչ եք ուզում, — հարցնում է թագավորը թարգմանի միջոցով:

— Մենք պատվիրակ ենք Բիթլիսի նահանգի հայության կողմից, — ասում է Մոսե Իմոն և սև աբայի տակից մի թուղթ հանելով, երկարում է Անգլիայի թագավորին: —

Մենք քրիստոնյա ազգ ենք, արքա, ուզում ենք, որ դուք և եվրոպական մյուս վեց քրիստոնյա խառալները օգնեք մեզ ազատագրվելու սուլթանի լծից:

Մոսե Իմոն և Ալթունը միառժամանակ ապրում են Լոնդոնում իբրև թագավորի հյուր: Այդտեղ էլ նրանց ծնվում է մի դուստր: Երեխային կնքում են Լոնդոնի հայկական եկեղեցում և, ի պատիվ Անգլիո թագուհու, անունը դնում են Վիկտորիա: Թագավորը և թագուհին նրանց նվիրում են մի սիրուն օրորոց և մի կնքված թուղթ հանձնելով, բարի ճանապարհ են մաղթում Տարոնի հայության պատվիրակներին: Մոսե Իմոն օրորոցը շալակելով և թագավորի թուղթը աբայի տակ պահած, Ալթունի հետ ուղևորվում է Սասուն:

Երբ Իմոն վերջացրեց իր պատմությունը, համագյուղացիներից մեկը ուրախացած գոչեց.

— Իշալլահ, մեր յոթ վիլայեթների հարցը լուծված է:

— Փեչատած թուղթը իմ ծոցի մեջ է, — հաստատեց Իմոն, ծխամորճի կրակը բորբոքելով: Ու ամեն կողմից հարցեր տեղացին.

— Թագավորն ինչու նկարի տակի գրածը ձեռքով ծածկեց:

— Որ չկարգամ: Կըսեն, թե Իմոն անգլերեն գիտի:

— Թագավորի քյոշկը Լոնդոնի մե՞ջ էր, թե Լոնդոնից դուրս:

— Յոթ փարսաղ հեռու էր քաղաքից:

— Քեռի Իմո, թագավորի կնիկ սիրու՞ն էր, — վրա բերեց մի երիտասարդ:

— Վալլահ շատ խորոտ էր: Անունը Վիկտորիա էր:

— Քանի՞ անգամ պագեցիր թագավորի ձեռքը:

— Մեկ անգամ: Էն էլ հայ ազգի խաթեր, թե չէ Իմոն տղամարդու ձեռք պագող չէր:

— Չէ, մեր հողերի հարցը հաստատ լուծված է, — գոչեց մի ծերունի և ինքն էլ իր չիբուխի կրակը բորբոքեց:

Մի հարց էլ ես տվեցի:

— Քեռի Իմո, Անգլիո թագավորը գիտի՞, որ Բիթլիսի մեջ բանտ կա:

— Վա՜յ, քու տունը սուքվի, ապա էս խոջա աշխարհքի տերը չգիտի՞, որ Բիթլիս քաղաք կա ու մեջն էլ բանտ կեղնի:

— Սուլթանն ինչպե՞ս իմացավ, որ դու Անգլիա ես գնացել ու էդքան շուտ քո ետևից լրտեսներ ուղարկեց, — լսվեց մի ձայն:

— Հալբաթ նա էլ թագավոր է, նա էլ նազիր-վեզիրներ ունի:

— Իսկ ինչպե՞ս եղավ, որ ձեր երեխան Լոնդոնի մեջ ծնվեց:

— Եղավ էլի, դրան էլ կասեն ինչպես եղավ, — ասաց Իմոն, շալվարի ճոթը իջեցնելով:

Ու ճանապարհի եզրին, ժայռերին նստած գյուղացիները սկսեցին բազմաթիվ թեր ու դեմ կարծիքներ հայտնել Մոսե Իմոյի դեպի Անգլիա կատարած պատմական ուղևորության մասին: Մի փորձված ծերունի մեծ իմաստ վերագրեց Անգլիայի մեջ սասունցի երեխա ծնվելու փաստին:

Ջորին շարժվեց:

Մոսե Իմոն օրորոցը շալակին թափորով շարժվեց դեպի Գելի:

Տեր Քաշի Ադամը ինձ առանձին տեսնելով ասաց.

— Վաղը Գելիում մեծ ժողով կա, — ու ինձ իր կողքին առած՝ թափորի հետ մտանք Գելի:

ՄԵԾԵՐԻ ԺՈՂՈՎԸ

Ու ժողովի հավաքվեցին Սասնո նշանավոր մարդիկ, որ Մոսե Իմոյի բերած թագավորական թուղթը կարդան:

Անդոկ սարի տակից մի հորդ ջուր էր ժայթքում: Անունը Պայթող Աղբյուր էր: Պատմում էին, որ այդ աղբյուրի մեջ հրեղեն ձիեր կան, բայց ամեն մարդ չի արժանանում նրանց տեսնելու բախտին: Նրանք երբեմն դուրս են թռչում ակունքից, դիտում են արևն ու աշխարհը և արագ սուզվում Անդոկի տակ:

Մոսե Իմոն իր տունը Պայթող Աղբյուրի մոտ էր շինել, որ հրեղեն ձիերին տեսնի:

Սասնո մեծերը այդտեղ հավաքվեցին ժողովի: Եկողը իրեն հարմար մի դիրք գրավեց Անդոկի թեք սարալանջին՝ Մոսե Իմոյի տան առաջ: Եկան շատ անվանի իշխաններ Տալվորիկից և հարևան գավառակներից: Եվ արժե, որ նրանք հիշվեն

սերնդե-սերունդ:

Նախ թող հիշվի Անդոկի ժայթքող աղբյուրը Գելի գյուղում իր հրեղեն ձիերով: Եվ թող հիշվի Մոսե Իմոյի բերդանման տունը, շինված այդ աղբյուրի ակունքի մոտ, դուռը դեպի արևելակողմ:

Եվ թող հիշվեն Գևորգ Չաուշն ու Շապինանդը, որ գումարեցին այդ պատմական ժողովը Գելի գյուղում: Եկավ Սպաղանաց իշխան Մակարը, տեղ գրավելով Անդրանիկի և Գևորգ Չաուշի կողքին: Եվ թող հիշվի երկաթագործ Համզեն՝ անվանի դարբինը Տալվորիկի: Հայտնվեց Հլողինքի մեծ տանուտեր Կիրո Օսմանը, որ սպանել էր Սելիմ բեկին «Գյալի» կովում: Թող նա էլ պայծառ հիշվի: Եվ Հլողինքի ռեսը եկավ՝ վառված ծխամորճը բերանին և բեղերը մինչև ականջները ոլորած: Եվ թող հիշվի ռես Թաթարը Տալվորիկի Վերին թաղից, որ բախշիշի փոխարեն օձի ձագ էր դրել Քոռ Սլոյի գրպանը: Եվ Տալվորիկի բոլոր թաղերի ռեսերը եկան իշխանական մազոտ աբաներով, իրենց մեջտեղ առնելով մեծահամբավ ռեսին:

Եվ Գելի գյուղի Դիոլ թաղի ռեսը եկավ, որ իր չիբուխը վերցնելով այլայլված թխկթխկացրել էր Խալիլ աղայի արյունոտ գլխին՝ բացականչելով.

— ... ուտեիր, լավ չէ՞ր:

Եվ եկավ խութեցի Միրոն ջրաղացպան, որ անդունդից հանել էր լեռնային հեղեղից քշված ջրաղացքարը:

Նրան էլ բարի հիշենք:

Եվ ջրտուքվար Ֆադեն եկավ Խտանա Կածից, թիակը ուսին և ոտքերը քշտած, որ օգնել էր ջրաղացպան Միրոյին տապալված քարը իր հիմքին բարձրացնելու:

նրան էլ հիշենք: Միշտ բարի հիշենք:

Եվ վերջապես հիշվեն թող բոլոր այն անվանի և անանուն

մարդիկ Սասնո աշխարհի, որ ներկա եղան այդ հավաքին և որոնց անունները մոռացանք հիշել:

Եկան ու նստեցին Մոսե Իմոյի բերդանման տան առաջ, իրենց աշխարհագրական դիրքով ու տարազներով, խութեցիք՝ արևելքում, մոտկանցիք՝ հարավ-արևելքում, խարզանցիք՝ հարավում, տալվորիկցիք՝ արևմուտքում, բսանցիք՝ սրանց հարևանությամբ, Խուլբ-Խիանքի ռեսերը՝ հարավ-արևմուտքում, շատախցիք՝ հյուսիսում և բուն սասունցիք՝ կենտրոնում:

Եվ երբ ամենքը բազմած էին իրենց քարե գահերին, երեվաց Մոսե Իմոն:

Իմոն երկու աստված ուներ, մեկը Պայթող արբյուրն էր իր տան կողքին, իսկ մյուսը՝ անտեսանելի աստվածն էր վերևում: Իմոն եկավ բարձրահասակ, ծխամորճը ձեռքին: Մի պահ կանգնեց իր բերդանման տան առաջ, հաղթական նայեց բոլորին, գլխով բարև տվեց, բարև առավ, ծխամորճը վառեց և թավ բեղերը ոլորելով, գնաց նստեց աղբյուրի եզրին, մեջքը Անդոկ սարին հենած:

Ու երբ իշխանները լռեցին, նա բարձրացավ իր քարե գահից, ձեռքը սև աբայի տակով տարավ դեպի մեջքի նախշուն գոտին: Գոտու տակից հանեց խնամքով ծալված մի ոսկեզօծ ծրար, ծալքը բացեց և ի տես ամենքի, բարձրացրեց վեր: Ու բոլորը տեսան Եվրոպայի մեծ խառալի թուղթը, որ կնքված էր մեղրամոմով: Ոմանք իրենց աչքերին չհավատալով, մոտեցան, ստուգեցին ծրարնոցն ու կնիքը ու ետ գնալով նստեցին իրենց գահերին, հանգած ծխամորճերը հուզմունքից դատարկելով ու նորից բորբոքելով: Վերջին մոտեցողը ջրաղացպան Միրոն էր, որ ալրոտ ձեռքը քսեց ծրարին:

— Էդ ի՞նչ արիր, Միրո, չես տեսնում, որ թագավորական թուղթ է, — նեղացավ Մոսե Իմոն, ծրարը թափ տալով որ ալրափոշին մաքրի:

— Աշխարհիքի բոլոր թագավորները թող դուրբան էնին իմ էս ալրոտ ձեռքին, — ասաց խութեցի Միրոն, հպարտ բազմելով իր գահի վրա:

Ու մինչ մկրատ բերելու մասին կմտածեին, Գևորգ Չաուշը առաջարկեց սրով քանդել կնիքը և առաջանալով դաշույնով լուծեց այն: Պահնակի միջից դուրս եկավ Ինգլիզի թագավորի ոսկեգիր թուղթը: Ճակատին դրոշմված էր անգլիական առյուծ, իսկ աջ կողմում Արարատ լեռն էր, տակին Սերոբ Աղբյուրի նկարը, ինչպես ես նրան տեսել էի Նեմրութի լանջերին:

ներքևում մի շատ հակիրճ գրություն կար՝ նախ անգլերեն, ապա հայերեն լեզվով:

Բայց ո՞վ պիտի կարդար այդ մեծապատիվ գիրը: Տեր Քաջը սպանված էր, իսկ Ստեփանոս վարդապետը բացակա էր ժողովից:

Սասնո մեծերը պահանջեցին, որ Անդրանիկը կամ Գևորգ Չաուշը կարդան:

— Այս փոքրիկ տղան թող կարդա, — լսվեց «ղոնդաղչի» Անդրանիկի ձայնը:

Ու թեպետ կարդացողներ կային, բայց այդ նամակը կարդալու պատիվն ինձ վիճակվեց: Մոսե Իմոն թուղթը երկու ձեռքով զգուշությամբ պահեց կրծքի վրա ու ես առաջ գալով՝ բարձրաձայն կարդացի.

«Պատվական իշխաններ Սասունի: Ձեր պատվիրակ Մոսե Իմոն իր իշխանուհի տիկնոջ հետ ժամանեց Լոնդոն սուլթանի բռնակալությունից քրիստոնյա հայերին ազատագրելու խնդրանքով: Մի մոռացեք սակայն, որ ես քրիստոնյաներից բացի, թագավոր եմ նաև միլիոնավոր մահմեդականների: Բիթլիսի մեջ մենք հյուպատոս ունենք՝ դիմեցեք նրան:

Թագավոր Անգլիո»:

Սասնո իշխանները զարմացած իրար նայեցին: Ապա բոլորը դարձան և նայեցին Գևորգ Չաուշին ու Անդրանիկին:

Ինգլիզի թագավորի նամակը սառը ջուր լցրեց նրանց վրա: Նույնիսկ Մոսե Իմոն, որ մեծ հույսեր էր կապել այդ կնքված նամակի հետ և կարծում էր, թե Սասնո ազատագրությունը իր գոտու ծալքերի մեջ էր պահված, սև աբայի տակ թուղթը ոլորելով, հուսահատ նստեց իր ժայռի վրա, գլուխը կախած Պայթող աղբյուրի ջրերին:

Ուրեմն իզուր անցավ իր և իշխանուհի Ալթունի ուղևորությունը դեպի Եվրոպա: Իզուր քրիստոնեական երկյուղածությամբ համբուրեց Ինգլիզի թագավորի ձեռքը:

— Ինգլիզից ու ֆրանկից մըզի օգուտ չկա, — ամփոփեց երկաթագործ Համզեն և առաջարկեց հարձակվել Բիթլիսի վրա և բոլոր հյուպատոսներին, այդ թվում և անգլիական հյուպատոսին, գերի վերցնել: Միայն այդ պարագային Եվրոպան լրջորեն կհետաքրքրվեր հայ ժողովրդի վիճակով և Սասունը կազատագրեր սուլթանի բռնակալությունից:

Տալվորիկի գրեթե բոլոր իշխանները հավանություն տվեցին դարբին Համզեի համդուզն առաջարկին:

— Հենց վաղը շարժվենք, — առաջարկեց Հլղինքի մեծ տանուտերը:

— Վաղը ուշ կլինի, — պնդեց իշխան Թաթարը: — Հիմա քայլենք հյուպատոսների վրա:

— Ոչ, — ասաց Անդրանիկը ոտքի կանգնելով: — Ես դեմ եմ հյուպատոսների վրա հարձակվելուն, բայց կողմ եմ զինված ապստամբության: Մի քանի իշխաններ մեզանից եվրոպական խառալների կողմից կնքված պարտավորագիր պահանջեցին: Մենք Մոսե Իմոյին պատվիրակ ուղարկեցինք Եվրոպա այդ պարտավորագիրը բերելու: Դուք ձեր ականջով լսեցիք, թե ինչ էր գրված Եվրոպայի ամենամեծ խառալից՝ Ինգլիզի թագավորից բերված թղթի մեջ: Այնքան հուսահատ դարձավ Մոսե Իմոն իր բերած թղթից, որ գլուխը կախել է Անդոկի ջրերին և այնտեղից է կարծես օգնություն խնդրում:

— Ոչ մի թագավոր մեզ փրկություն չի տա, — շարունակեց Շապինանդը: — Սուլթանը մեր հորեղբոր տղան չէ, ոչ էլ Անգլիո թագավորն է մեր խնամին: Մոսե Իմոյից շատ առաջ մեր կաթողիկոս Խրիմյան Հայրիկն է գնացել Եվրոպա հայերի համար ազատություն բերելու: — Գնացի Եվրոպա, — ասում է Խրիմյանը, — և ինչ տեսա այնտեղ: Բեռլինի մեջ դրված էր մի մեծ պղինձ՝ մեջը հարիսա: Զանազան ազգերի պատվիրակներ եկած էին երկաթե շերեփներով և հարիսայեն կվերցնեին ու կերթային: Բուլղարը, սերբը, ղարադաղցին, ամենքն ալ առին իրենց բաժինը: Կարգը եկավ մեզի՝ հայերուս: Ես ալ իմ կարգին ձեռքիս աղերսագիրը ցույց տալով, խնդրեցի, որ ամանիս մեջ հարիսա լցնեն: Կաթսայի գլուխը սպասող մեծավորները ինձի հարցուցին — ու՞ր է քու շերեփդ: Ճիշտ է, որ հոս հարիսա կբաժնվի, բայց շերեփ չունեցողը չի կրնար մոտենալ անոր: Այս ալ իմացիր, որ եթե մոտ ատենքս այս հարիսան կրկին բաժնվի, առանց շերեփի չգաս, որովհետև կրկին պարապ ետ կդառնաս:

Եվրոպա չեն պարապ ետ դարձավ նաև մեր պատվիրակ Մոսե Իմոն, որովհետև ձեռքին երկաթե շերեփ չկար:

Ուրեմն ո՞րն է ելքը, Սասունի իշխաններ: Զինվել — այժմ մեր միակ ելքը այդ է: Մենք պետք է շինենք մեր երկաթե շերեփը, որ իրավունք ունենանք ընդհանուր կաթսային մոտենալու: Ձեզանից ոմանք, մանավանդ ալիանցիք և շենիկցիների մի մասը, նաև մի քանի սեմալցիներ դեմ են զինվելուն, դեմ են երկաթե շերեփին: Սեմալի մեջ կա երկու խումբ, ռես Մանուկի (Մնոյի) խումբ, որ զինաթափության կողմ է, և տերտերի խումբ, որ դեմ է զինաթափության:

— Մի գիշեր, — շարունակեց Անդրանիկը, — ես Տաղվրնիկից գնացել էի Շենիք: Ալիանցիք և շենիկցիները գիշերով գաղտնի մտան իմ կացարանը և մեր զենքերը հավաքեցին: Եվ ես Շենիքից Սեմալ գնացի իմ յոթ հոգիանոց զինաթափված խմբով: Ալիանցիք և շենիկցիները վախենում էին, թե ես կարող եմ զինվել և շարժվել իրենց վրա, իսկ ես Սեմալից դուրբինն աչքերիս դրած, տագնապով նայում էի Շենիքի կողմը, կասկածելով, թե նրանք են պատրաստվում ինձ վրա հարձակվելու: Իմ կասկածը ճշտվեց: Շուտով լուր առա, որ շենիքցիները և ալիանցիք իսկապես որոշել են քայլել Սեմալի վրա: Տեղացիներից մի քանի զենք առնելով, ես Սեմալից մեկնեցի Գելի, որ եղբայրասպան կռվի պատճառ չդառնամ:

Այժմ այստեղ եմ:

Ես իմ կյանքը Սասունում սկսեցի հրացանի կոթեր նորոգելով և փականակներ պատրաստելով: Մի քանի շաբաթ էլ հովիվ եմ եղել Մուրո Օհանի տանը: Դու ասա, Օհան, ձեր ոչխարն ո՞վ էր պահում, — հարցրեց Անդրանիկը, շուռ գալով դեպի թիկունքում նստած սասունցին:

— Անթուան փաշան, — պատասխանեց Օհանը, բեղերը հպարտությամբ ոլորելով։

— Ես փաշա չեմ, — ասաց Շապինանդը։ — Ահա իմ ապրած «պալատները». աղբեցի ռես Խեչոյի գոմ, Ղարիպշան՝ Ավոյի գոմ, Տաղվրնիկ՝ Չատոյի գոմ, Դաշտոք՝ սեմալցի Մարգարի գոմ։ Եվ դարձյալ ուրիշ գոմեր ու մարագներ։ Եվ ի՞նչ էր մեր կերած հացը՝ ցամաք կորեկ ու զլզըլ։ Սա էլ վերջացավ։

Սենոյի գոմի չորս կողմը փորեցինք, գտանք մի կարաս՝ մեջը ժաժիկ։ Երկու օր հիսուներեք հոգով էդ ժաժիկով ապրեցինք։ Սուլթանի մարդիկ իմ տեղն իմացան. ուզեցին բռնել։ Սեմալցիները իմ վրա հովվի կոլլափ գցեցին և ես ոչխարի հոտին խառնվելով, չորեքթաթ իջա ձորը։ Այդպիսի մարդու՞ն եք ասում փաշա։ Փաշան կպառկի՞ ավազների մեջ։ Իսկ ես ձեր բոլոր ձորերի ավազներին պառկել եմ։ Ոչ, ես փաշա չեմ։ Ես մի հասարակ զինվոր եմ, որ եկել եմ Սասուն և ուզում եմ, որ դուք բոլորդ լինեք Գևորգ Չաուշ, լինեք Սպաղանաց Մակար և Գալե։ Մի կեղեքիչ Խալիլ աղա է սպանված և մի մատնիչ Ավե։ Բայց գահի վրա ահեղ սուլթան կա։ Քանի դեռ Աբդուլ Համիդը նստած է Յըլդըզ քյոշկում, զինաթափության կողմնակիցը մեր թշնամին է։ Մեր միակ փրկությունը երկաթե շերեփի մեջ է։ Մենք պետք է զինվենք և, մեր երկրի բոլոր ճնշված ազգերի հետ ոտքի ելնելով, տապալենք բռնակալ սուլթանին։ Հայերը այս աշխարհի հարիսայից բաժին ունենալու ուրիշ միջոց չունեն։

Անդրանիկը խոսում էր բարձրաձայն, ջղագրգիռ, ձեռքերի շարժումներով, այնպես որ Մուրո տան Օհանը գլուխը միշտ ետ էր քաշում, որ զերծ մնա նրա արմունկի հարվածներից։ «Ղոնդաղչին» մերթ մոտիկ նստած Տալվորիկի մեծավորների վրա էր սևեռում հայացքը, մերթ ամենահեռուն նստած Խուլբ-Խիանքի և Բսանաց իշխանների։

— Այս իշխանական ժողովը, որ մենք հրավիրեցինք Ինգլիզի թագավորի նամակին ծանոթանալու, թող պատմական ժողով դառնա զինվելու համար։ Նորից եմ կրկնում, մեր միակ փրկությունը երկաթե շերեփի մեջ է, — կրակոտ նայվածքը Անդոկի գագաթին ուղղելով և արագ իջեցնելով Խութ-Բռնաշենի և Մոտկանի իշխանների վրա, իր խոսքը ավարտեց Շապինանդը։

ԽՐԹԻՆ ՀԱՐՑ

Անդրանիկը դեռ չէր նստել, երբ հանկարծ տեղից շարժվեց Հլողինքի ռեսը, որն ամբողջ ժամանակ գլուխը ծնկներին կախած լուռ ծխում էր և ուշադիր լսում խոսողներին։

— Հարց ունեմ:

— Հլողինքի ռեսը հարց ունի, — լսվեցին ձայներ այս ու այն կողմից:

— Տո՛ւր, — ասաց Անդրանիկը:

Բոլորն իրենց հայացքներն ուղղեցին տալվորիկցի մեծ տանուտերին:

Անդրանիկը, որ ուրիշ գավառից էր եկել Սասուն, դժվարանում էր այդ լեռնականների բարբառը հասկանալ: Խրթին խոսողներից մեկը Հլողինքի ռեսն էր: Հենց որ այդ տալվորիկցին սկսում էր խոսել, Շապինանդը աչքով էր անում Գևորգ Չաուշին, թե թարգմանիր:

Այս անգամ էլ հարկ եղավ, որ Գևորգը թարգմանի նրա խոսքը:

Կազմվածքով ջղուտ մարդ էր Հլողինքի ռեսը: նա նախ ծխամորճը թխկթխկացրեց իր նստած քարին, նոր ծխախոտ լցրեց մեջը, չախմախը զարկեց և մեկ-երկու բերան քաշելով՝ ասաց.

— Կրթանը նստած է իր ձագերի վրա, — ռեսի հարցը թարգմանեց Չաուշը: — Սև վիշապ օձը փաթթել է կրթանի չորս կողմը և գլուխը դրել է կրթանի կրծքին: Դուք ինչպե՞ս պետք է սպանեք վիշապ օձին, որ ոչ կրթանին վնաս եղնի, ոչ ձագերին:

Տալվորիկցին բթամատով ոլորեց մինչև ականջները սրված բեղերը և վառված ծխամորճը նորից մոտեցրեց բերանին:

— Դժվար հարց տվիր, ռես, — ասաց Անդրանիկը: — Վա՜յ այն կրթանին, որի կրծքին սև օձի գլուխ է դրված: Այդ հարցին պատասխանելուց առաջ, ես ձեզ մի իրական պատմություն անեմ: Անցյալ տարի ես քնած էի Կիրո Օսմանի գլգըլի արտում: Արթնացա տեսնեմ մի օձ նստել է կրծքիս: Օսմանը գլգըլն էր ջրում: — Օսման, — ասացի, — օձ է նստել կրծքիս: — Մինչև Օսմանը իր թիակով հասավ, օձը իմ վրայից իջավ և խաղաղ սողալով գնաց:

— Օսման, զարկ օձին, — ասացի: Օսմանն ասաց. «Կրծքիդ նստած թշնամին եթե քեզ վնաս չի տալիս և խաղաղ հեռանում է, նրան չեն սպանում»: Ես Օսմանից սովորեցի ոչնչացնել այն թշնամուն, որ խրամատ է մտնում քեզ սպանելու համար: Հիմա դառնանք քո հարցին: Եթե վիշապը թողնի կրթանին և հեռանա, մենք նրան չենք ոչնչացնի, իսկ եթե օղակը սեղմեց, մենք այնպես պետք է անենք, որ վիշապը սպանվի և կրթանն ու ձագերը ազատվեն:

— Այդ հնարավոր չէ, — նկատեց սեմալցի իշխաններից մեկը:

— Այդ պարագային ձագերից մի քանիսը կազատվեն գոնե:

— Երեխա, տաքգլուխ երեխա, — հեգնանքով բացականչեց Հլողինքի ռեսը: Նա Սասնո մեծերին հիշեցրեց դրանից մեկ և կես տասնամյակ առաջ Աիրոնք գյուղի մեջ գումարված նույնանման մի ժողով, ուր ներկա էին եղել շենիքցի իշխան Գրքոն, գելիգուզանցի Պետոն և Տեր Քաջը, տալվորիկցի իշխան Թաթարը, Խիանքից իշխան Վարդանը, նաև Խուլբի գավառակի բոլոր հայ մեծավորները:

Չախմախի հրացանի Ժամանակաշրջանն էր և ժողովը վճռել էր

զինվել չախմախլի հրացաններով, Տիգրանակերտի կողմից վառոդ և կապար տեղափոխել «Արջնաց» գավառի և Տալվորիկի գյուղերը և զինվել սուլթանի դեմ: — Արդյունքն այն եղավ, բացատրեց Հլողինքի ռեսը, որ վիշապն իր պոչը ցնցեց, սպանվեց շենփքցի Գրքոն, պատճառ դառնալով տասնյակ բնակավայրերի ավերակության: — Մնացել է մի քանի գյուղ, էն էլ դու և Գևորգ Չաու՞շն եք ուզում ավերել: Մեզ ոչ ձեր երկաթե շերեփն է հարկավոր, ոչ ձեր հարիսան:

— Բաբանըն ջանընա, — փոխադարձեց Անդրանիկը տեղից վեր ցատկելով և ձեռքը դեպի դաշույնը տանելով:

Լեռնականներն իրար անցան:

— Քաչալ շան որդի, դու ո՞վ ես, որ եկել ես Սասուն և խանչալ ես քաշում տալվորիկցու վրա, — բացականչեց ջրտուքավար Ֆադեն, թիակը ձեռքին սպառնալի առաջանալով դեպի Շապինանդը: Դրանից քաջալերված տալվորիկցի իշխանները միահամուռ հարձակվեցին Գևորգ Չաուշի և Անդրանիկի վրա:

— Նստեք ձեր տեղը, — գոռաց Կիրո Օսմանը, որ հին հայդուկ էր և որի տանը Անդրանիկը հաճախ էր հյուրընկալվել: Այդ ազդանշանին երկաթագործ Համզեն, ռես Թաթարը և Տալվորիկցի մյուս իշխանները ետ քաշվելով նստեցին իրենց տեղերը: Ջրտուքվար Ֆադեն նույնպես հանդարտված՝ վերադարձավ իր քարին, թիակը բաց ծնկների մեջ առնելով:

Մյուս գավառակների իշխանները սկսեցին աղմկալի վիճել, չհնազանդվելով իրենց մեծերի կարգադրություններին: Վիճում էին Խիանքն ու Խաբլջոզը, Մոտկանն ու Խութ-Բռնաշենը: Բսանքից և Խարզանից եկածները տաքացած հարձակվեցին իրար վրա: Վեճը բորբոքվել էր օձին սպանելու եղանակի շուրջը, խստորեն շոշափելով Եվրոպայի խւլամացած թագավորների մորուքը, որ պատճառ էին դարձել Հլողինքի ռեսի դժվարին հարցին: Ալիանցոց մի մասը, վերստին պնդեց, որ Անդրանիկը պատժվի սասունցոց վրա դաշույն քաշելու համար, իսկ մի մասն էլ իր ողջ զայրույթը թափեց Ֆադեի վրա, որ համարձակվել էր բոբիկ ոտքերով ներկայանալ մեծերի ժողովին և իր բահով սպառնալի խառնակություն ստեղծել: Նրանք պահանջեցին Ֆադեին հեռացնել ժողովից: Ոմանք այդ վեճից այնպես շոգեցին, որ աբաները հանելով ծալեցին իրենց տակ:

Խոսքը Ինգլիզի թագավորի, ջրաղացպան Միրոյի ալրոտ մատների և Ֆադեի բոբիկ ոտքերի վրայով անցավ Սասունում շինված զորանոցներին և պտույտ գործելով Անդրանիկի դաշույնի շուրջը, դարձյալ եկավ դեմ առավ վիշապ օձին:

Տալվորիկցու վրա դաշույն քաշելու այս հանդուգն միջադեպը, որ կարող էր ծանր հետևանքներով վերջանալ, Սասնո ժողովրդին ճանաչելու մի լուրջ փորձաքար եղավ Անդրանիկի համար: Նա նկատեց, թե ինչպես նույնիսկ իշխան Մակարը և Գալեն վճռական շարժում կատարեցին իր վրա, մինչդեռ մյուս վայրերի մարդիկ տարաձայնեցին:

Երբ տալվորիկցիները Կիրո Օսմանի ձեռքի մի շարժումով նստեցին իրենց զահերին, նա Գևորգ Չաուշի ականջին թեքվելով՝ ասաց.

— Սասունցին քաջ է, բայց Սասնո մեջ ամենաքաջ և միաբան ժողովուրդը տալվորիկցիներն են: Երբ ես անզգուշությամբ նրանցից մեկի խաթրին դիպա, ձեռքս տանելով դեպի իմ դաշույնը, բոլորը ինձ քաչալ շան որդի անվանելով, մի ջրտուքվարի գլխավորությամբ հարձակվեցին վրաս: Մի ուրիշն ասաց. «Նստեք ձեր տեղը», և նրանք իրենց մեծին հարբելով, մեկ մարդու պես ետ քաշվեցին: Այսպիսի ժողովրդի հետ կարելի է աշխատել և լուծել նաև այն խրթին հարցը, որ Հլողինքի ռեսը տվեց: Տալվորիկցիներն ազատագրական կռվի մակարդ են: Ես Հայաստանում գտա Սասունը, իսկ Սասնո մեջ՝ Տալվորիկը:

ՊԱՅԹՈՂ ԱՂԲՅՈՒՐԻ ՀՐԱՇՔԸ

— Հրեղեն ձի՛, հրեղեն ձի՛, — հանկարծ բացականչեց Մոսե Իմոն, Պայթող աղբյուրի ակունքից ետ-ետ գնալով: Սասնա մեծերն իրար անցան: Մի պահ կարծեցին, թե Մոսե Իմոն խելագարվեց: Բոլորն էլ գիտեին, որ Պայթող աղբյուրի ակունքում այդպիսի ձիեր կան: Գիտեին նույնպես, որ նրանք ամեն մարդու աչքին չեն երևում: Ով քաջ է, միայն նա կարող է այդպիսի ձի տեսնել: Ոմանք հավատացնում էին, թե իրենք տեսել են այդ ձիերի բաշերը, բայց երբեք չի պատահել, որ հրեղեն ձին աղբյուրի խորքից ելներ և հասակով մեկ կանգներ մահկանացուի աչքերի առաջ:

Միայն մի դեպք էր եղել, որ ձին երևացել էր ամբողջությամբ և այդ դեպքը կապված էր Մոսե Իմոյի հետ: Պատմում էին, թե նա մի անգամ աղբյուրից ջուր խմելիս նկատել է, թե ինչպես ձին դուրս եկավ ակունքից, բայց իրեն տեսնելով, նորից սուզվեց խորքը, անհետացավ Անդոկ սարի տակ:

Մի այդպիսի պատմություն էլ կապված էր Մոսե Իմոյի պապի հետ, իբրև թե այդ տունը շինելիս, նրա պապը Պայթող աղբյուրի մեջ տեսել է մի հրեղեն զամբիկ:

Մոգիչ աչքեր ուներ Մոսե Իմոն: Նա հավատացած էր, որ եթե իր աչքը հանդիպեր հրեղեն ձիու աչքերին, ձին անպայման դուրս կգար ակունքից, կամ ինքը նրա աչքերի զորությունից հաղթահարված, կգնար դեպի Անդոկի ծովը:

Այո, կամ ձին պետք է դուրս գար, կամ ինքը սուզվեր աղբյուրի մեջ:

Եվ ահա մի նոր հրաշք:

Ամենքը տեսան, թե ինչպես Մոսե Իմոն ետ-ետ էր գնում զորավոր աչքերը հառած Պայթող աղբյուրի ակունքին, ու այնտեղից, աղբյուրի ակունքից իր հրամանով կարծես ելնում էր հրեղեն ձին: Ձին մահկանացուին տեսնելով թափ տվեց բաշը, ուզեց ետ գնալ, բայց Մոսե Իմոն հանկարծ ցատկ կատարեց, ձեռքը գցեց ձիու բաշին: Ծառս եղավ հրեղեն ձին ու Մոսե Իմոն կախված մնաց ձիու բաշից: Ձին նորից թոթվեց գլուխը, պոչի վրա ետ-ետ գնաց և ուզում էր դարձյալ ջուրը մտնել, սուզվել Պայթող աղբյուրի մեջ, իր հետ տանելով Մոսե Իմոյին, երբ Մոսե Իմոն դեմը կեցավ, ասաց»

— Մի՛ մտիր Անդոկի տակ,ես ու դու դեռ պարտք ենք աշխարհին:

Եվ ասաց Մոսե Իմոն. «Ես երազելով երազել եմ քեզ, հրեղեն: Սա Սասունն է, Գելի գյուղը և սրանք մեծերն են Սասունի: Սուլթանը վիշապ օձի պես փաթթել է մեր չորս կողմը և գլուխը դրել է մեր կրծքին: Ինչպես անենք, որ վիշապ օձը սպանվի և կրթանն ու իր ձագերը ազատվեն: Ես աշխարհի բոլոր մեծերի հողերով անցա ու հասա մինչև Ինգլիզաց երկիր, որ միջոց գտնեմ կրթանի ու իր ձագերի փրկության համար: Նայեցի թագավորների աչքերի մեջ ու նրանց աչքերը իմ աչքերից խորամանկ գտա ու նենգավոր: Ափսո՜ս, խութեցի ջրաղացպան Միրոյին, որ իր մատների սուրբ այլուրը թափեց Ինգլիզի թագավորի կեղծ թղթի վրա: Եվ այսօր, այս ուշ ժամին, ես Ժայթքող աղբյուրի խորքը նայեցի հուսահատ և դու ջրերի միջից երևացիր ինձ: Ես մաքուր աչքերով նայեցի քո աչքերին և գոլ դուրս եկար Անդոկի տակից: Ընդունիր իմ կանչը սասունական և կանգնիր այստեղ, հրեղեն, կանգնիր այստեղ»:

Եվ ասաց հրեղեն ձին. «Քո վիշտը երկրային է, իսկ իմը՝ աստվածային: Եթե ես մնամ արևերես, աշխարհը ոտնատակ կտամ և Անդոկն ու Մարաթուկը նորից կզարկվեն իրար: Թող ինձ գնամ, Մոսե Իմո, թող ինձ գնամ»:

— Իսկ ինչպե՞ս փրկեմ իմ ձագերին:

Եվ ձին ասաց. «Քո ձեռքը դիպավ իմ բաշին: Յոթ Գդալի դաշտում ծերունի ցեղապետը մի զամբիկ տվեց Շապինանդին: Հերիք է, որ քո ձեռքը երեք անգամ զարկես նրա մեջքին, որ նա զորանա ինձ պես և ավելի երկար ապրի, քան ձին երկրային: Եվ այն ժամանակ նրա հեծյալին պարտություն չի լինի, վիշապը կսպանվի և կրթանն ու իր ձագերը կազատվեն: Թող ինձ գնամ, Մոսե Իմո, թող ինձ գնամ: Մահկանացու աչքը ատելի է ինձ: Թե ինչպես դարձանք ստորգետնյա, այդ պատմությունը գրված է Արաբոյի տան գրքի մեջ: Գտեք այդ ավետարանը և երդվեցեք նրա վրա:

— Իսկ որտե՞ղ է այդ ավետարանը:

— Տատրակ գյուղումն է, որ հիմա Ձմոյի գյուղ է կոչվում: Եվ պղծությունը կմաքրեք Թաղվձորի կրակով: Թող ինձ գնամ, Մոսե Իմո, թող ինձ գնամ:

Եվ գնաց, ետ-ետ գնաց հրեղեն ձին, պոչը ծալեց ջրերի մեջ ու ձկան պես սուզվեց Անդոկի տակ, դարձավ աներևույթ, ու մնաց Մոսե Իմոն ձեռնունայն կանգնած Պայթող աղբյուրի եզերքին: Կարծես տեսիլք լիներ, ցնդեց, անհետացավ:

Այդ ժամանակ Պայթող աղբյուրին մոտեցավ ասորի ցեղապետի զամբիկը, որի համար ես տեղ էի պատրաստել Տեր Քաջի մարագում: Ես բռնեցի սանձը և ձին եկավ առաջ: Մոսե Իմոն բարձրացրեց իր աջ բազուկը, նայեց իր մատներին և ձեռքը ամբողջ թափով զարկեց Ասլանի մեջքին: Երկրորդ անգամ դաջեց:

Եվ այն պահից, երբ Մոսե Իմոյի ձեռքը դիպավ նրան, ասես միազամից կերպարանափոխվեց այդ հասարակ ձին: Հրեղեն ձիու ուժը կարծես անցավ նրան ու դարձավ անսանձ ու մրրկային, հեքիաթային դարձավ:

Սասնա մեծերը փորձեցին սանձել նրան: Սպաղանաց Մակարը փորձեց թամբին ելնել, բայց ձին թափ տվեց գցեց Սասնո իշխանին: Գալեն փորձեց սանձել, սրան էլ վայր նետեց: Հերթով փորձեցին գրեթե բոլոր իշխանները: Բոլորին էլ ցած գլորեց:

Հերթը հասավ Անդրանիկին:

Գևորգ Չաուշն ասաց. «Գնա հեծիր քո ձին»:

Ելավ Անդրանիկը տեղից, Ասլանի բաշը բռնեց, պոչն ու բաշը աղեղնաձև բերեց զարկեց իրար, երեք անգամ պտույտ տալով աղբյուրի շուրջ, ապա պոչն ու բաշը ի բաց վանեց և քաջաբար թռավ ձիու թամբին:

Հեծյալն էր քաջ ու ձին առույգ, հեծյալն ու ձին գտան իրար:

Քշեց Անդրանիկն իր ձին և Գևորգ Չաուշի հետ Ծովասարի լանջերով իջավ Մշո դաշտ, նախապես ինձ մի նամակ տալով կարևոր հանձնարարությամբ:

Մոսե Իմոն Անդրանիկի նամակը մի ձեռնափայտի մեջ հաստատելով, ասաց, բարի ճանապարհ:

Այդ ձեռնափայտը ձեռքիս, հետնյալ առավոտ ես հրաժեշտ տվեցի Հրեղեն ձիերի աղբյուրին:

ՄԵՀՄԵԴ ԷՖԵՆԴԻՆ

Մեհմեդ էֆենդու անունը սկսել էր թնդալ Մշո դաշտում: Բաղեշի կուսակալին ուղղած իր դիմումի մեջ նա ցանկություն էր հայտնել, որ իրեն ուղարկեն Մուշ հասարակ ոստիկանի պաշտոնով: Այդ ցանկությունը կատարվել էր: Կարճ ժամանակամիջոցում Սուլթանի թշնամիների դեմ ձեռնարկած իր կտրուկ միջոցառումների համար նա կարգվել էր Մշո գաղտնի ոստիկանապետի օգնական և արդեն լուրեր էին շրջում, թե շուտով փոխարինելու է ոստիկանապետ Հյուսնի էֆենդուն: Հյուսնին իր գազանություններով սարսափ էր տարածել Տարոնում, ուրեմն ինչպիսի՜ վայրագ հրեշ է լինելու նրան փոխարինողը. չէ որ օրենք է, որ հաջորդը ամեն ինչով գերազանցի նախորդին:

Ու մարդիկ սկսեցին հետաքրքրվել, թե ով էր այդ Մեհմեդ էֆենդին, որ կարճ միջոցում այդքան առաջ գնաց, ինչ ազգ ու ծին ունի և որտեղից հայտնվեց Մշո դաշտում:

Պատմում էին, թե նա Ստամբուլի կողմերից բերված թուրք պաշտոնյա է, մյուսները՝ թե Բիթլիս քաղաքի աղքատ թուրքերից է, որ ժամանակին վարունգ է վաճառել իրենց շուկայում՝ «պէշ թանէ օն փարա, խիար, ալան խիար» գոռալով: Մեկն ասում էր, թե նրա մայրը հայ է, երկրորդն ուղղում էր, թե մոր կողմից է թուրք: Երրորդը և չորրորդը նրա ազգակցությունը հանգուցում էին Սուլթան Համիդի տոհմածառին: Այն աստիճանի հակասական բաներ էին պատմում Մեհմեդ էֆենդու անձի շուրջը, որ նրան անձամբ ճանաչող մի հայ գյուղացի Մշո շուկայում հայտարարել էր, թե Մեհմեդ էֆենդին հավատափոխ հայ է, անունը պարոն Ավետիս, Մանազկերտի Իկնա գյուղից: Եվ նույնիսկ ավելացրել էր՝ «այդ գյուղի նահապետ Պողոս աղայի փեսան է»:

Դառնալով բաշքոմիսերի (գլխավոր ոստիկանապետի) օգնական, Մեհմեդ էֆենդին իր ձեռքին էր կենտրոնացրել լրտեսական ամբողջ ցանցը: Նա էր հրահանգում ոստիկանական գաղտնի ջոկատներին և կառավարական զորքերին շարժվել այս կամ այն գյուղի վրա: Ամբողջ Մշո դաշտում և Սասունում նա հայտնի էր դարձել ֆիդայիներին հետապնդելու և տանջելու իր խստություններով:

Կար սակայն մի բան, որ ոչ ոք չգիտեր: Մեհմեդ էֆենդին գաղտնի կապեր էր հաստատել հայ ֆիդայիների առաջնորդների հետ: Իբրև ոստիկանության խուզարկության պետ, նրան հայտնի էին հայդուկներին պատժելու պետության ծրագրերը և միջոցառումները: Նա այդ մասին ծածկաբար տեղեկացնում էր Գևորգ Չաուշին և Անդրանիկին, բայց հրապարակով դաժանորեն չարչարում էր իր ձեռքն ընկած հայդուկին, նպատակ ունենալով վստահություն շահել թուրքերի շրջանակներում: Թուրք պաշտոնյաների ներկայությամբ Մեհմեդ էֆենդին իրեն ձևացնում էր մոլեռանդ մահմեդական և շատ ավելի հայատյաց, քան թուրքը: Հայերը նրան համարում էին «ուրացող», «ազգադավ», «դարձուկ» — իրենց ցեղի ամենավտանգավոր թշնամին, իսկ թուրքերի մեջ առաջին մրցանակն էր շահած իբրև սուլթանին նվիրված ամենահավատարիմ պաշտոնյա: Դրանից նա չէր խուսափում: Ընդհակառակը, ինքն էր ուզում, որ հայերը իր մասին միշտ վատ խոսեն, պախարակեն ու հայհոյեն: Կարևորը այն մեծ նպատակն է, որին նվիրվել է:

Մեհմեդ էֆենդին գաղտնի պայմանավորվել էր ֆիդայիների հետ, որ ինքը բաշքոմիսեր Հյուսնի էֆենդուց և մյուս պաշտոնյաներից ու ոստիկաններից արտաքնապես զանազանվելու համար իր պարանոցի շուրջը սպիտակ սավան է կապելու, որպեսզի հեռվից ճանաչելի դառնա և իր վրա գնդակ չարձակվի: Այդ սպիտակ շորը վզին փաթաթած, նա իր պատժիչ խմբով շրջագայության էր ելնում, հետազոտելով Մշո դաշտի և Սասունի բոլոր կասկածելի քարափներն ու ծերպերը, որտեղ ենթադրում էին, թե կարող են թաքնված ֆիդայիներ լինել: Իսկ երբ իր լրտեսները հաղորդում էին, թե այսինչ վայրում հայդուկների խմբեր են երևացել, նա անմիջապես զորք կամ ոստիկանական զինված ջոկատներ էր ուղարկում այդ կողմերը, միաժամանակ գաղտնի տեղեկացնելով հայդուկների առաջնորդներին, որ այդ վայրից շտապ հեռանան:

Մեհմեդ էֆենդին դիմագծերով շատ նման էր գերմանացու: Ասում էին, թե նա ցերեկը մզկիթ էր գնում, իսկ գիշերը հայ քահանա էր կանչում իր տուն:

Այս մտածությունների մեջ հասել էի Տալվորիկի սարերին, երբ նկատեցի, թե ինչպես դեմից գալիս է քոմիսեր Մեհմեդ էֆենդին երկու զինված ոստիկանի հետ: Վզի շուրջը սպիտակ սավան կար: Այդ նա էր, Մեհմեդ Խալըթը: Ես նրան ճանաչեցի իր դիմագծերից: Հսկա մարդ էր, մաքուր սափրված և գեղեցկադեմ, պաշտոնական հագուստը վրան և սուրը կողքին: Բոլորովին նման չէր այն ողորմելի մարդուն, որին տեսել էի Բիթլիսի բանտի մեջ: Մեկ-երկու անգամ նա սպիտակ վզնոցի ծալքերը հարթեցրեց, որ ավելի տեսանելի դառնա: Ոչ մի կասկած, որ եկողը Մեհմեդ էֆենդին էր: Իսկ եթե հանկարծ ճանաչի՞ ինձ: Բաղեշի բանտում նա մի չոր հայացք էր նետել վրաս և ես վախեցել էի. իսկ այ՞ժմ: Ինչ էլ պատմեին նրա մասին, այդ տեսքով մարդը սարսափելի է, մանավանդ եթե հավատափոխ է և վրան սուր է կապած:

Սուլթանի հրամանով Սասունում հապճեպով շինված զորանոցը գարնան անձրևներից սկսել էր փուլ գալ: Հայ որմնադիր վարպետները կանչված էին պատասխանատվության: Երևի Մեհմեդ էֆենդին այդ գործով էր եկել Սասուն:

Կանգնած մնալը վտանգավոր էր, որովհետև մոտս նամակ կար: Առաջանալ չէի կարող, ետ դառնալ նույնպես: Ձախ թևի վրա երկու զահավեժների մեջ սեղմված մի քարայր կար. Արծվի Բույն էր կոչվում: Տակը անդունդ էր: Տալվորիկի հայտնի վայրերից մեկն էր և գտնվում էր Հարթք գյուղի մեջ: Փախստական սասունցիները վտանգի պահին այդ քարաժայռին էին ապավինում: Այդտեղ էր ապավինել նաև քարոզիչ Միհրանը, որին բռնելով բերել էին Մուշ: Արաբոն էլ Միհրանի հետ այդտեղ էր եղել: Արաբոյի հետ ես մեկ-երկու անգամ մագլցել էի դեպի այդ բարձունքը: Ստորև ազդող մի զահավեժ բացվածք էր, վրան՝ ցցված մի ժայռ: Ծառերից պարան կապելով սահում էինք այդ ցցված ժայռին և մտնում Արծվի Բույն:

Այո, միակ միջոցն էր՝ որքան կարելի էր շուտ թաքնվել Արծվի Բնում: Մեկ անգամ էլ նայեցի եկվորների կողմը և ճանապարհս թեքելով, արագությամբ շարժվեցի դեպի փրկարար քարաժայռը: Բայց ինչպե՞ս հասնել այնտեղ: Արծվաքարի տակ ժայռերը բաժանվում էին իրարից, իսկ ինձ մոտ պարան չկար: Երանի Պայթող աղբյուրի հրեղեն ձին լիներ մոտս, նստեի վրան և նա ինձ թռցներ դեպի այդ անմատչելի բարձունքը, արծիվներից ու ամպերից վեր: Սակայն վտանգի պահին հաճախ միջոցը ինքն է գալիս ու հրեղեն ձիու պես մտնում ոտքերիդ տակ: Վերևից մի բարակ, ամուր ծառաճյուղ կռացել էր ցից քարի ուղղությամբ: Կախվեցի այդ ճյուղից և ճռկանիս ծայրը այդ քարին հենելով, ամբողջ ուժով թափ առած թռա ներքև:

Արծվաբույնը խոր ու ոլորապտույտ մի անձավ էր: Արդեն կիսով չափ տեղավորվել էի այնտեղ, երբ շատ մոտիկից մի գոռոց լսեցի.

— Ետ դարձիր:

Շուռ եկա, տեսնեմ Մեհմեդ էֆենդին կանգնած է ժայռի գլխին և աշխատում է թոփչք գործելով իջնել ցից քարի վրա: Կա չկա, նա եկել է ինձ բռնելու կամ տեղեկություն է ստացել, որ Արծվի Բնում թաքնված ֆիդայիներ կան: Ինձ զարմացրեց, թե ինչպես կարողացավ այդքան արագությամբ հասնել Արծվի քարին, չէ որ քիչ առաջ ես նրան ներքևում տեսա: Այս ինչ մեծ սխալ էր, որ ես գործեցի: Հիմա ինչպե՞ս վեր բարձրանամ, ինչպես ազատվեմ Մեհմեդ էֆենդու ձեռքից:

Մի քանի տարի առաջ Մշո կառավարիչը և Բաղեշի կուսակալը Խարբլջոզի և Բսանքի կողմերից լեռնային թնդանոթներ բերելով ռմբակոծել էին Արծվի Բույնը, այնտեղ պատսպարված հայ իշխաններին ոչնչացնելու նպատակով: Այժմ ես տեսնում էի այդ ռմբակոծության հետքերը: Արծվի Բույնը չէր քանդվել, բայց ավերածություն եղել էր: Ինձ համար, իհարկե, թնդանոթ չէին բերի: Բավական էր մի տասնոցի կրակոց, որ ես տապալվեի այդ ժայռի վրա կամ գահավիժեի անդունդ՝ վաղվանից կեր դառնալով արծիվներին ու սողուններին: Ինձ այդ մահացու գնդակը կարող էր Մեհմեդ էֆենդին ուղարկել, որ ահարկու տեսքով եկել կանգնել էր իմ գլխավերևում, գիշատիչ աչքերը իր որսին հառած:

— Ձեռնափայտդ վեր նետիր, — սպառնաց ոստիկանապետը:

— Ես ձեռնափայտ չունեմ:

— Եթե չես ուզում, որ քո դիակը այս քարաժայռին փտեմ, ձեռնափայտդ վեր նետիր:

Ես վայրկյանապես Անդրանիկի նամակը արագությամբ հանեցի միջից և դատարկ ձեռնափայտը ներքևից շպրտեցի իրեն: Նա ծայրերը ստուգեց և տեսնելով, որ դատարկ է, ինչ-որ բան դրեց մեջը և ձեռնափայտը նորից արագությամբ շպրտեց իմ կողմը, իբրև թե սաստիկ բարկացած վրաս, որ իրեն խաբել եմ: Փայտը ուղիղ ձեռքերիս մեջ ընկավ:

Մի փոքր էլ կանգնեց, զայրացած նայեց դեպի Արծվի Բույնը, կռացավ, բռունցք թափ տվեց վրաս և սուրը ուղղելով աջ կրունկի վրա՝ ետ դարձավ:

Երբ նա գնաց, ես ճռկանի գլուխը բաց արի և մեջը գտա մի թուղթ՝ հետևյալ բովանդակությամբ» «Դու մի կարծիր, թե ես քեզ չեմ ճանաչում:

Դու այն տղան ես, որ ինձ հետ բանտ էիր նստած Բիթլիսում: Բավական էր մի նայվածք, որ քո պատկերը հավիտյան տպավորվեր աչքերիս մեջ: Քո անունը Սմբատ է և դու այժմ Գևորգ Չաուշի և Անդրանիկի հանձնարարությամբ շտապում ես Զմոյի գյուղ — Կարմիր ավետարանի ետևից: Արագացրու վերադարձիդ քայլը և հայտնիր Անդրանիկին ու Գևորգ Չաուշին, որ քոմիսեր Մեհմեդ էֆենդին սարերն ընկած նրանց է որոնում: Զորանոցների գործով եկել եմ Սասուն, բայց աչքս նրանց թաքստոցների վրա է: Երկուսի գլուխն էլ գնահատված է: Ամեն մեկը հազար օսմանյան ոսկի: Բոլորին ասա, որ Մեհմեդ էֆեն դու պես գազան դեռ Հայաստան աշխարհը չի ծնել, որ նա դարձել է հավատարիմ ծառա Սուլթանի գահին և սկսել է բոլոր ապստամբներին մեկ առ մեկ որսալ և քշել դեպի բանտ ու կախաղան: Այս թուղթը կարդալուց հետո ոչնչացրու»:

Այդ գիշերը ես լուսացրի Արծվի Բնում: Առավոտյան Մեհմեդ էֆենդու նամակը ոչնչացրի և Անդրանիկի գիրը դնելով ձեռնափայտի մեջ, նույն ծառաձյուղից կախվելով զգուշությամբ վերև բարձրացա: Շտապում էի Զմոյի գյուղը հասնել:

ԶՄՈ

Սասնո ճամփի վրա Տատրակ անունով մի գյուղ կար: Ճանձիկ սարը իր մերկ ծունկը ծալելով սեղմել էր նրա ծոծրակին, իր ոտնաթաթի վրա խաղացնելով բրգաձև բարդիների մի գեղեցիկ պուրակ:

Եկա, եկա ու դեմ առա այդ գյուղին:

Զմոյին ես այդտեղ տեսա:

Զմոներ ամեն տեղ կան:

Աշխարհը չի կարող լինել առանց Զմոների:

Մեծահարուստ տներից մեկի առաջ կանգնած էր գյուղի ռեսը, գլխին թաղիքե սև գդակ, նախշուն գոտին մեջքին ոլորած, ծխատուփը խրած գոտու տակ:

Գյուղի բոլոր կողմերից բազմություն էր հավաքվում ռեսի շուրջը, գլխավորապես կանայք: Աջից ու ձախից հարսներ էին գալիս, և ի՜նչ շարմաղ հարսներ: Ոմանք աղբյուրից էին տուն դառնում, լիք կժերը ուսերին, ոմանք նոր էին գնում ջրի, բայց ճանապարհը փոխելով շտապում էին դեպի ռեսի ապարանքը: Գալիս էին քաղվոր կանայք, գալիս էին սարվոր կանայք, ու ամենքը կանգ էին առնում ռեսի տան առաջ: Ու բոլորի դեմքին բողոքի արտահայտություն կար, դժգոհություն և զայրույթ: Մեկ-մեկ եկան, խումբ-խումբ եկան, լիք կժերով եկան, դատարկ կժերով եկան, խոտով ու խոտկապով եկան, փոցխով ու մանգաղով եկան: Եկան, մոտեցան, խտացան ու շրջապատեցին ռեսին:

— Ի՞նչ կա, հարսներ, ինձ բողոքելու եք եկել, — հարցրեց ռեսը ձեռնափայտին հենվելով ու զարմացած, վախեցած շուրջը նայելով:

— Եկել ենք պահանջելու, որ Զմոյին կարգի բերես: Մշո աշխարհի մեջ էդպիսի լիրբ կին չի եղել, ռես: Մեզ ազատիր էդ լրբից, — պոռթկաց մի գեղջկուհի, համարձակ առաջ գալով:

— Զմոյին քշիր գյուղից, ռես, — պահանջեց հարսներից մեկը, կուժը բարկացած իջեցնելով ուսից:

— Զմոն օռուսփի է, — հնչեց մի ուրիշ ձայն: — Իր տանը սուրբ գիրք է պահում, որ իր օռուսփի լինելը ծածկի:

— Կարմիր իրիցու տան ավետարանը:

— Նա մեր գյուղի ու գավառի անունը խայտառակեց, — զայրացած վրա տվին հարսներ ու կանայք ամեն կողմից:

Ֆինջո անունով մի համարձակ կին Զմոյի արարքը մոտավորապես այսպես ձևակերպեց. Զմոն իրենց գյուղի ամենավատահամբավ, անառակ կինն է, բայց բոլորից բարձր է գոռում ուրիշների անառակության մասին: Մեկին լիրբ է ասում, մյուսին՝ օռուսփի, երրորդին՝ գող, չորրորդին լարում է հինգերորդի դեմ, հինգերորդին՝ երրորդի ու վեցերորդի դեմ: Հարսները աղբյուր են գնում ջրի՝ Զմոն նրանց ետևից կանչում է՝ անամոթ հարսներ, էսօր մեկը ձեզանից լրբություն է արել, ո՞րն է եղել ձեզնից: Կթվորները գնում են սար՝ բղավում է. աղջի, ձեր աչքը էդ պստիկ հարսի վրա պահեք մեջքից թույլ է: Քաղվորներին հաց են տանում, նրանցից մեկին կանգնեցնում շշուկով ասում է. աղջի, քո վերջին երեխան ինչքան նման է մեր գիշերապահ Անթանին: Մեկ ուրիշի լաչակից քաշում է ասելով՝ տեքոր կնիկ՝ օձի բնիկ:

— Զմոն մեզ վառեց թափեց, ռես:

Ու նորից.

— Մեզ ազատիր էդ լրբից:

— Զմոյին քշիր գյուղից, ռես:

— Ավետարանը ձեռքից առ:

— Նրա ուժը էդ սուրբ գրքի մեջ է:

— Կամ մենք, կամ Զմոն, ընտրություն արա, ռես, էս գյուղի մեծավորը դու ես:

Ու ռեսը բարկացայտ աչքերով խստությամբ շուրջը նայեց:

— Գզիրն ու՞ր է, — հարցրեց:

Գզիրն եկավ:

— Տղա, Մխոո, մի գնա էդ անամոթ կնոջը կանչիր:

— Ո՞ր կնոջը:

— Մեր գյուղի Զմոյին:

— Ի՞նչ ասեմ:

— Ասա՝ ռեսը կանչում է:

Գնաց զզիր Մխտոն լընկլնկալեն ու շուտով երևաց՝ հետևից մի կին:

Զմոն էր:

Երկու որդի ուներ Զմոն, բայց ամուսինը հայտնի չէր: Որդիներից մեկը կոչվում էր Կանոն, մյուսը՝ Անկանոն: Սրանք առաջ գնալիս ետ-ետ էին գնում, ետ գնալիս առաջ էին քայլում, կուրծքը իբրև մեջք և մեջքը իբրև կուրծք ցուցադրելով: Թեև մի քանի անգամ շփոթվել էին ու սայթաքել, բայց պնդում էին, որ ամենօրյա վարժության դեպքում դա կարող է բնականոն դառնալ:

Հարսները Զմոյին տեսնելով գլուխները ամոթից կախեցին, կանայք երեսները շուռ տվին: Եկավ Զմոն աչքերին սուրմա դրած, երեսը ներկած կարմիր ու կանաչ, ոտքերին կանաչ սոլեր, գլխին՝ դեղին լաչակ:

Եկավ, հպարտ կանգնեց բոլորի առաջ, արհամարհալի մի հայացք նետեց ռեսի շուրջը հավաքված բազմությանը, թևերը կանթեց կողքերին ու ասաց.

— Ես եկա, ռես:

— Տեսնում եմ, որ եկար: Մի քիչ ավելի մոտիկ արի:

Զմոն մոտեցավ:

— Աղջի, Զմո, երեք հազար տարի էս Տատրակ գյուղը կանգնած է Մշո դաշտի էս հով սարին: Սասնո ճամփի վրա: Բայց քեզ պես անառակ ծնունդ մեր աշխարհը դեռ տեսած չկա:

— Քո բերան կարգին բաց արա, ռես:

— Տո, անամոթ, — շարունակեց ռեսը, — հերիք չի՞ մեր Տատրակ գյուղի անունը խայտառակ անես: էս ամբողջ գյուղը հավաքվել է քեզ վրա գանգատ, ու բոլորը պահանջում են քեզ քշել գյուղից:

— էս լրբե՞րը:

— Լիրբը դու ես, լռի՛ր: Մի ասա, տեսնենք, ի՞նչ են արել քեզ էս խպնոտ խորոտիկ հարսները, էս անմեղ առաքինի հայ կանայք, որ դու առավոտից իրիկուն գյուղի մեջ կամ գյուղից դուրս կանգնած, մեկ ցածրաձայն, մեկ բարձրաձայն, մեկ առջևից, մեկ ետևից անպատվում ու վիրավորում ես նրանց: Լիրբը դու լինես, գողը դու լինես, օռոսփին դու լինես և քո կեղտը նրանց ճակատի՞ն քսես: Ես ինչքան գիտեմ, ոչ քո պսակն է հայտնի, ոչ քո ամուսինը: Իսկ սրանք բոլորը օրինավոր ամուսիններ ունեն, բոլորի պսակը գրանցված է վանքի տոմարում: Շատերի հարսանիքին ես ներկա եմ եղել: Շենքով, շնորհքով մարդիկ են, ունեն տուն, տեղ, ընտանիք: Եվ ինչպե՛ս են աշխատում: Ամբողջ գյուղը կարծես մեղվի փեթակ լինի: Մեկին մի խոսք ես ասում՝ ամոթից կարմրում է: Տղամարդու ներկայությամբ շուռ են գալիս՝ նոր են մի պուտ ջուր խմում: Դու մեր գյուղի էս հրաշալի ժողովրդի հանգիստը ինչու՞ ես խանգարում:Առանց էդ էլ մեղ տանջողները շատ են, դու ինչու՞ ես մեզ տանջում: Թե սուլթանի կնիկ ես՝ գնա քո սուլթանի կողքին հանգիստ նստիր, թե խանբեկի սիրեկան ես՝ գնա քո խանբեկի մոտ, ինչ գործ ունես մեր էս չարքաշ գյուղում: Մի սրանց ցորենագույն սիրուն դեմքերին նայիր. բոլորը իրենց բնական գույնով են, մեր դաշտերի ծաղիկների ու խոտերի հոտով, իսկ դու էդ ի՞նչ կատվի կեղտ ես քսել քո աչք-ունքին: էդ ի՞նչ կարմիր ու կանաչ ներկ ես շպարել երեսիդ: էդ զզվելի ներկը որտեղի՞ց բերեցիր մեր աշխարհը: Հոգով անմաքուր, տեսքով սատանա, բայց տանդ սուրբ գիրք ես պահում, որ կարծեն, թե սուրբ ես: Պատասխան տուր էս ժողովրդին: Ու՞ր ուղարկենք քեզ, ինչպե՞ս ազատվենք քեզանից:

— Քշե՛լ, Զրոյին քշել գյուղից: Չընք ուզի, չընք ուզի, — բարձրագոչ թնդացին մեծ ու փոքր:

Այդ միջոցին դիմացի ճանճիկ սարի քարքարոտ կողերից փրթելով գյուղ իջավ աղքատիկ հագուստով մի կին:

Չքավոր կին էր Ֆիդոն, ամուսինը վաղուց մեռած ու տունը՝ դատարկ: Վառելիք էլ չուներ: Կերակուրը եփում էր հարևանների թոնիրների վրա: Օր էր լինում, որ երկու թոնիր էր փոխում, մինչև կերակուրը եփվի: Գլխավորապես բանջար քաղելով էր պահում իր երեխաներին:

Եկավ Ֆիդոն կարմիր գոգնոցը բանջարով լիքը, շղբիկը թևի տակ և տեսնելով, որ իրենց գյուղի բոլոր կանայք ռեսի քյոշկի առաջ հավաքված բղավում են «չընք ուզի, չընք ուզի», ինքն էլ իր ձայնը հեռվից խառնեց ընդհանուրի կանչին ու բոռաց.

— Չընք ուզի, չընք ուզի:

Գյուղապետը հարցրեց.

— Մորքուր Ֆիդո, էս բոլոր մարդիկ մի դարդ ունեն, որ կբոռան «չընք ուզի, չընք ուզի»: Դու՞ ինչու կբոռաս «չընք ուզի»:

— Որ ըմմեն կըսին «չընք ուզի», ես լէ կըսիմ չընք ուզի: Չըմ գինա ինչ դավի է, մենակ էնքան գինամ, որ ժողովուրդ զուր տեղ չբոռա «չընք ուզի»: Ուր ընդհանուր ժողովուրդ՝ էնտեղ լէ Ֆիդո:

— Խոսքը Զմոյի մասին է, — բացատրեց գյուղապետը: — Ժողովուրդը պահանջում է նրան քշել գյուղից: Դու ի՞նչ գանգատ ունես նրա վրա:

— Հորի դու չըս գինա, ռես, որ Զմոն լիրբ է: էդ կնկա երեսին մեռոն չկա: Երկու երեխա ունի, երկուսն էլ խելոտուկ: Առջի օրը քիչ մնաց էս շղբիկով դրա աչքերը հանեի կոճղեզի տեղ: Ինձի կըսե. Ֆիդո, դու հորի շուտ-շուտ սար կերթաս: Զգույշ էղիր, ծառերի տակ ֆիդայիներ կան: Որ մի երեխա էլ էղնի, ո՞վ կկնքի նրան: Վա՜յ, ես հողեմ դրա լիրբ գլուխը: էս Տատրակի մեջ մեր երկուսից մեկը պիտի մնա, ռես, կամ ես, կամ Զմոն: Աշխարհի մեռնել կա, Զմո, քո յոթ պորտի մեղք իմ վիզ էղնի, թե ես ֆիդայիների մեծավոր Սերոբ Փաշին գանգատ չանեմ քեզ վրա:

— Սերոբ Փաշեն մեռած է:

— Գնորգ Չաուշին կասեմ: Ռես, բան ասի քեզ. էս գյուղի մեջ կամ ես, կամ Զմոն:

— Քո գնալուց վնաս չկա» թորթեկ ու գոզիկ ուտող մի աղքատ կնիկ կպակսի մեր գյուղից, — ասաց Ձմոն:

— Լավ է լինեմ քյասիբ, քան անթասիբ, — պատասխանեց Ֆիդոն, հեռվից թքեց Ձմոյի երեսին ու շուռ գալով հեռացավ:

— Էս էլ քեզ Ֆիդոյի թուքը: Կերա՞ր: Դե, հիմա խոսիր, — ասաց գյուղապետը:

— Ի՞նչ խոսեմ, ռես: Դու սրանց բոլորին ճամփու դիր, որ խոսեմ, — ասաց Ձմոն երեսը սրբելով:

— Գնացեք, հարսներ, բոլորդ տուն գնացեք, տեսնենք Ձմոն ինչ է ասում:

Կանայք, հարսներ, բոլորը գնացին, ցրվեցին իրենց տները:

— Տո, ռես, հողեր քո գլխին, ռես, — ասաց Ձմոն, երբ ամենքը հեռացել էին: — Ես կարծում էի, թե դու խելոք մարդ ես: Ինքդ էլ գիտես, որ ես աշխարհիքի անառակն եմ: Որ վեճի կամ կռվի ժամանակ ես դրանց գող ու ավազակ չասեմ, լիրբ ու օռոսպի չասեմ, ու իմ տան մեջ սուրբ գիրք չպահեմ, իմ անառակությունը ինչպե՞ս մաքրեմ:

— Ինչպե՞ս է ընկել այդ գիրքը քո ձեռքը:

— Մի ծանոթ քուրդ էր գտել Կարմիր ալուջների կիրճի մեջ: Գիշերով եկավ իմ տուն և նվեր տվեց ինձ:

— Քանի՞ տարի առաջ:

— Յոթ տարի:

— Քո այդ շիտակ խոստովանության համար ես քեզ գյուղից չեմ վտարի, բայց գիրքը քո ձեռքից կառնեմ: Դա Կարմիր իրիցու տան «Կոճղեզ» ավետարանն է, որ Արաբոյի թամբից ընկնելով, կորել էր Բռնաշենի անտառում: Մագաղաթյա արծաթակազմ գիրք է յոթերորդ դարու:

— Այո, և թռչնագիր թաշկինակով փաթաթված: Վրան նկարված է մի արոր և մի տղամարդ՝ ձեռքը դրած մաճին:

— Շուտ գնա բեր և հանձնիր ինձ:

— Քո կամքն է, ռես:

— Տղա, Մխոո:

— Համմե, ռես:

— Գնա Ձմոյի ետևից և Կարմիր իրիցու տան տոհմական ավետարանը առ արի:

— Գնացի, ռես:

Ու գզիրը լընկլընկալեն հետևեց Ձմոյին:

Մխոոն բերեց ավետարանը և ես հրաժեշտ տալով Տատրակ գյուղին և նրա մեծապետին, Արաբոյի տան գիրքը թևատակիս, բռնեցի Մշո դաշտի ճանապարհը:

Էս էլ Ձմոն:

Ես նրան Տատրակ գյուղում տեսա:

Ձմոներ ամեն տեղ կան:

Աշխարհը չի կարող լինել առանց Ձմոների:

ԹԱՂՎՁՈՐԻ ԿՐԱԿԸ

Բայց ես պետք է Արաբոյի ավետարանը պղծությունից մաքրեմ, չէ՞ որ այդպես էր պատվիրել Հրեղեն ձին: Վերջում իսկապես մի հիշատակարան կար, որի առաջին թերթիկի վրա ճանապարհին կարդացի. «Եթե ինձ պիղծ մարդոց և անսրբության մեջ տեսնես՝ սրբիր Թաղվձորի կրակով»:

Հիշեցի, որ Թաղվձոր անունով մի գյուղ կար Խութի մեջ, ուստի թողեցի Դաշտի ճանապարհը և շարժվեցի դեպի Խութ:

Այդ գյուղը ձորի բերանին էր, առաջը բաց: Դիմացը Մարաթուկն էր, իսկ կողքով Բռնաշենի ջուրն էր անցնում: Բնակիչների կեսը հայեր էին և բոլորի տները հազարաշեն: Մյուս կեսը Շեկո քրդերն էին: Հողը շեկոների ձեռքին էր, բայց կիսովի:

Իմ ետևում մի ոտնաձայն լսվեց: Մի տղամարդ քայլերն ինձ հավասարեցնելով առաջ անցավ և շարունակեց ճանապարհը, ոչ մի ակնարկ չնետելով վրաս: Թևի տակ ճերմակ կտավի մի փաթեթ կար և մի գործիք: Շուրջը չէր նայում: Գնում էր փոքր-ինչ կռացած և աչքերը միշտ գետնին, կարծես մտովի իր քայլերն էր հաշվում:

Այն ակնթարթում, որ իմ աչքը դիպավ նրան, խղճի խայթից և հուսահատությունից ամենավտանգավոր միջոցին դիմելու մի արտահայտություն կարդացի նրա դեմքին: Կամ մարդ էր սպանել, կամ մարդ սպանելու էր գնում, որովհետև հայացքը խիստ վճռական էր:

Սպիտակ գլգըլի և գավարսի արտերի միջով նա հասավ գյուղի առաջին տնակին և դուռը բախեց.

Խութեցի մի կին բացեց դուռը:

Մարդը թևատակի կտավն ու գործիքը դրեց կնոջ առաջ, շեմքի վրա և ծունկի իջավ նրա դեմ:

— Ահա այն գործիքը, որով սպանեցի ձեր ամուսնուն և ահա այն կտավը, որով ես պետք է պատանքվեմ ու թաղվեմ: Ես կատարել եմ աններելի հանցանք և մեղքս քավելու համար իմ ոտքով ու պատանքով եկել եմ ձեր շեմքը: Իմ արյունը տալիս եմ ձեր հարազատի արյան դիմաց և իմ կյանքը հանձնում եմ ձեզ: Սպանել կամ ներել՝ իմ դատաստանը ձեր ձեռքին է:

— Իմ վիշտը մեծ է, բայց ինքս լեռնցի եմ և տմարդությամբ իմ շեմքը չեմ պղծի, — ասաց խութեցի կինը իր առջև ծունկի իջած տղամարդուն դիմելով: — Իմ ամուսնու արյան դիմաց նույնիսկ տասնյակ տարիներ հետո տասնյակ կյանքեր կպահանջեի, բայց քանի որ դու պատանքով ես եկել իմ տուն, իմ լեզուն փակվեց և իմ վրեժը մեղմացավ:

— Եթե ներված եմ, ուրեմն թույլ տուր ձեր թոնրի կրակի վրա մի խոստովանություն անել և մի խանձող տանել իմ հանգած կրակը վառելու համար:

— Այդ խոստովանքի տեղը Թաղվու տան կրակն է, — ասաց

խութեցի կինը: — Երթանք Հոնկա պապի տուն: Ես այս տարի իմ հին կրակը չկարողացա փոխել:

Տղամարդը վերցրեց իր կտավն ու գործիքը, և նրանք շարժվեցին դեպի գյուղի հյուսիսային կողմը:

Միանգամայն պարզ դարձավ, որ իմ որոնածը նույնպես այդ երևելի տան կրակն էր, ուստի վստահ քայլերով հետե" վեցի նրանց:

Հոնկա պապի հազարաշեն տունը թիկնած էր մի ապառաժոտ բլրի: Թիկունքին գյուղի անտառն էր հոշի ծառերով:

Թաղվձորի այդ գերդաստանը ծագում էր խութեցի Հովնանի հռչակավոր տոհմից: Այդ տան առաջ, ըստ ավանդության, թաղված էր գյուղի հիմնադիր ռանչպար Հովնանի խոփը և խութեցի շինականները գարնանը վարի գնալիս իրենց լծկանը անպայման քշում էին այդ տան մոտով, իբրև հարգանք երկրագործ Հովնանին:

Հոնկա պապի տան կրակի մասին հրաշքներ էին պատմում: Ասում էին, որ այդ նահապետական տան առաջին կր– րակը վառել է խութեցի Հովնանը իր կայծքարի արձակած կայծերով: Եվ այդ օրվանից այդ կրակը սրբություն է համարվել ոչ միայն Թաղվձորի, այլև հարևան գյուղերի հայ և քուրդ բնակիչների համար:

Տան ամենատարեց անդամը միշտ ներկա էր կրակի կողքին, հսկելով որ այդ հուրը անմար մնա: Հենց որ բարակել էր թե կմարի՝ նա մի շալակ ցախ կամ հսկա կոճղ անտառից բերելով, նետել էր կրակի մեջ: Այդպես, տաս տղամարդ կամ տաս կին իրար հաջորդելով, մինչև խոր ծերություն անտառի դանդաղ այրվող կոճղերով հազար տարի անընդհատ անշեջ էին պահել երկրագործ Հովնանի վառած հուրը: Այժմ Հոնկա պապի՝ տասնմեկերորդ սպիտակամորուս ծերունու հերթն էր:

Խութեցիները տարին մի անգամ պարտադիր կերպով փոխում էին իրենց օջախների կրակը: Այդ կատարվում էր ամեն տարի փետրվարի 14-ին: Այդ օրը ամեն ընտանիք, իր տան առաջ կամ տանիքին, վառում էր տոնական կրակ — տերնդեզ, և այդ կրակից իր օջախը տանելով՝ փոխում, նորոգում էր իր օջախի հին կրակը:

Հոնկա պապի տան տղամարդիկ առաջինն էին վառում տերընդեզի կրակը իրենց գյուղում: Այդ համարվում էր ազդանշան, որին հետևելով բոլոր տների կամ թաղերի տերնդեզները սկսում էին վառվել: Հոնկա պապի տերընդեզի վրայով նախ թռչում էր ինքը՝ պապը, հետո Հոնկա պապի որդի ջուլհակ Հակոբը, հետո պապի թոռներ Սիմոնը, Դավիթը և Մուշեղը: Իրիկնամուտին ամբողջ գյուղը լուսավորվում էր, տերընդեզների բոցերով: Երբ կրակները հանդարտվում էին, Հոնկա պապի որդիներն ու թոռները տերընդեզի հրավառ խանձողերը վերցնելով, շպրտում էին իրենց արտերին՝ բացականչելով. «բարաքեն վերին արտին՝ ցորենը շատ լինի», «բարաքեն սպիտակ զլգըլի արտին՝ հասկերը խոշոր լինեն», «կաթը ցուլան լինի», ասում էին ու խանձողերը տանիքից շպրտում ձյունածածկ գոմերի պատերին իրենց լծկանին զորություն և կովերին կաթի առատություն ցանկանալով:

Հոնկա պապի տան հարսանիքներից մեկում նվազել էր Բսանաց գավառի հռչակավոր փողփուչ Նատորա Արեն, որը դրանից մի տարի առաջ Մարաթուկի ուխտին քսանչորս ժամ անընդհատ փող փչելու պայմանով, տոսափից շինված յոթ սրինգ էր պայթեցրել գովընդ պարի մեջ: Մեկ օրվա մեջ յոթ սրինգ պայթեցրած կորովի փողփուչի անունը ավելի հռչակավոր էր դարձրել Թաղվձորի այդ նահապետական տունը:

Հոնկա պապի տան կրակը վառ էր, երբ մենք ներս մտանք: Կրակի կողքին աղվեսի մորթու վրա նստած էր սպիտակամորուս ծերունին: Տան առանձին մի անկյունում, ուր հավի թառն էր կախված, եռանդով իր մաքոքն էր աջ ու ձախ դարձնում ջուլհակ Հակոբը:

Պատանքով տղամարդուն և նրան ուղեկցող սևազգեստ կնոջը տեսնելով, հազարաշեն տան նահապետը ոտքի ելավ:

— Հոնկա պապին մեր գյուղի մուխսին է և այս կրակը՝ մեր բոլորիս սրբությունը: Քո խոստովանքը այս կրակի առաջ կատարիր, — ասաց խութեցի կինը, դիմելով պատանքով տղամարդուն:

— Մեծ մեղք եմ գործել, մուխսի պապի, և եկել եմ իմ սպանածի արյան դիմաց իմ արյունը վճարելու: Իմ տան կրակն էլ, ճրագն էլ հանգած է: Էս կրակը վկա, այդ սպանությունը կանխամտածված չի եղել: Ուզում եք սպանեք ինձ, իսկ եթե ներում եք, մի խանձող տվեք ձեր կրակից, որ իմ օջախի հանգած կրակը վառեմ, — ասաց լեռնցին, ճերմակ կտավը և գործիքը ծերողնու առաջ դնելով:

Սպիտակամորուս ծերունին, որ տեղյակ էր այդ սպանությանը, կռացավ և իր թվեքի բոցկլտուն կրակից մի խանձող հանելով, երկարեց նրան.

— Գնա, վառիր քո օջախը:

Տղամարդը վերցրեց պատանքն ու գործիքը և սևազգեստ կնոջ հետ դուրս եկավ Հոնկա պապի տանից, իր հետ տանելով Թաղվձորի կրակը:

Հերթը հասավ ինձ:

Ես էլ այդ կրակի համար էի այդ Գյուղը եկել: Ականատես չլինի այդ տեսարանին, միգուցե թերհավատ մնայի, թե աշխարհում կգտնվի մի կրակ, որ կարող է վատահամբավ կնոջ ձեռքի պղծությունը մաքրել:

Ուրեմն ճիշտ էր ասել Պայթող Աղբյուրի հրեղեն ձին:

Ես լռությամբ «Կոճղեզ» ավետարանը իմ թևատակից հանելով, մեկնեցի Հոնկա պապին:

— Քանի՞ տարվա պղծություն կա վրան, — հարցրեց ծերունին իմ միտքը կռահելով:

— Յոթ տարվա:

— Պղծողը կի՞ն է, թե՞ տղամարդ:

— Զմո անունով մի անառակ կին է Տատրակ գյուղից:

Հոնկա ծերունին Արաբոյի գիրքը դրեց մի սակառի մեջ և կախեց իր երդիկի տակ:

Յոթ օր Թաղվձորի կրակի կապույտ ծուխը անցավ նրա վրայով:

Վերջին անգամ նա սակառը առաստաղից իջեցնելով տարավ դրեց այն քարի վրա, որի տակ խութեցի Հովնանի խոփն էր թաղված: Լուսադեմին կանչեց իր որդի ջուլհակ Հակոբին և իր թոռներին՝ Սիմոնին, Դավթին ու Մուշեղին, և «Կոճղեզ» ավետարանը սակառից հանելով, դրեց ամեն մեկի կրծքի վրա առանձին-առանձին, ապա առավ դրեց իր կրծքին և ինքը առաջն ընկած, որդին ու երեք թոռները ետնից, յոթ անգամ գնացին մինչև անտառի խորքը և վերադարձան:

Ապա քաղեց յոթ տարբեր ծաղիկ և յոթ տարբեր տերև և հավասար հեռավորությամբ դրեց գրքի թերթիկների մեջ: Երբ երկինքը թխպեց, նա «Կոճղեզը» յոթ անգամ պահեց Մարաթուկի կայծակի փայլատակումների դեմ և յոթ տարբեր բացականչություն արեց, որ միայն իրեն էր հասկանալի: Ամենավերջին անգամ մտավ տուն և ծաղիկներն ու տերևները թափեց իր կրակի մեջ:

Երբ պղծությունը խպառ մաքրվեց, ես Կարմիր իրիցու «Կոճղեզ» ավետարանը թևատակիս՝ դիմեցի դեպի Առաքելոց վանք:

ՎԱՆՔԻ ԿՌԻՎԸ

Խեղդ աշուն էր:

Լուր առա, որ իմ ամենասիրած երկու հերոսները իրենց զինվորներով պաշարված են Առաքելոց վանքում: Բաղեշի Ալի փաշան երեք հազար զորքով շրջապատել էր վանքը, կամենալով բռնել հայդուկներին: Եվ արդեն մի քանի ծանր մարտեր էին մղվել ներսից դիմադրող մի խումբ հայդուկների և դրսից հարձակվող հազարավոր զորքերի միջև:

Լսեցի, որ Մուշից բանագնացներ են մեկնելու վանք, և սրանց մեջ լինելու է նաև Հեսոս վարդապետը: Նրանք գնալու էին սուլթանի կողմից բանակցություններ վարելու Անդրանիկի և Գևորգ Չաուշի հետ: Ընդամենը երեք հոգի էին. երկու բարձրաստիճան թուրք պաշտոնյա և մի երևելի հայ վանական:

Այս շորերով վանք մտնել կարելի չէր, ուստի փոխեցի իմ տարազը, հագա երիտասարդ վարդապետի զգեստ և կարմիր իրիցու ավետարանը թևիս տակ կանգնեցի այն ճանապարհին, որտեղից պետք է անցներ Հեսու վարդապետը:

Վերջապես բանագնացները երևացին: Երեքն էլ ձիերի վրա էին: Առջևից ընթանում էր Բաղեշի զաղտնի ոստիկանության պետ Մոլխոի էֆենդին՝ ճերմակ դրոշակը պարզած, ետնից Մեհմեդ էֆենդին էր գալիս կարմիր երեսին մի բոլորակ սպի, սպիտակ սավանը փաթաթած վզի շուրջ: Երրորդը Հեսու վարդապետն էր աշխետ ձի հեծած: Ամրակազմ ծերունի էր, լայն կրծքի վրա տարածված փառահեղ սպիտակ մորուքով:

— Հայր սուրբ, — ասացի,— ես Առաքելոց վանքի երիտասարդ վարդապետներից եմ. ուղարկված էի Տատրակ Արաբոյի տան կորած ավետարանը գտնելու: Ուզում եմ ներս մտնել, բայց վանքը պաշարված է:

— Եկ, որդիս, ընկերացիր ինձ, — ասաց Հեսուն, ավետարանը իմ ձեռքից առնելով: Ես լռությամբ միացա բանագնացների խմբին:

Ավա՜ղ, ես շատ փոխված գտա իմ հին ու ծանոթ մենաստանը: Մի օր առաջ եղանակը ավելի ցրտել էր, և ձյունը բարձր լեռներից իջնելով հասել էր վանքի դռներին: Վանքից դեպի հարավ մի մեծ կալ կար, որտեղ մանուկ օրերից աղավնիներ էի թռցնում դեպի զանգակատուն: Այդ ամբողջ կալը և կողքի տարածությունները պատած էին ձիավոր զորքով: Տեսնելով, որ դիմադրությունը երկարում է, Մուհամեդ Ալի փաշան և իր հարյուրապետները Մուշից հայ վարպետներ էին բերել և պարիսպներից երկու հարյուր քայլ հեռավորության վրա շինել էին գետնափոր տներ: Կառուցել էին նաև քարե պատնեշներ վանքը ռմբակոծելու համար:

Մատուռի մոտ բանագնացները ձիերից իջան: Սուրիանդակ մի կին ձեռքերը օդի մեջ բարձրացրած գնաց-եկավ՝ բերելով Անդրանիկի պատասխանը թե՝ «կարող եք գալ»: Ձիերը մատուռի մոտ թողնելով, երեք բանագնացները ոտքով առաջացան դեպի վանք:

Առջևից դարձյալ Մուխտի Էֆենդին էր քայլում սպիտակ դրոշակը պարզած, ետևից Մեհմեդ Էֆենդին և Հեսու վարդապետը: Վերջինի կողքից ես էի ընթանում երիտասարդ աբեղայի զգեստը հագիս:

Վանքի պարսպից լսվեց համազարկ, և մի քանի տասնյակ ֆեսեր թափվեցին ձյուների վրա: Մի ասկյար, որ ծառ էր բարձրացել, ուղիղ իմ ոտքերի մոտ ընկավ: նախ ֆեսը ընկավ, հետո ինքը:

Առաքելոցը երկու դուռ ուներ. մեկը փոքր, իսկ մյուսը՝ երկփեղկանի և կամարաձև: Երկփեղկանի դուռը ետևից ամրացած էր: Փոքր դռան առջև շատ արհեստական պատնեշներ և դիրքեր էին փորված՝ ամեն զինվորի համար երեք դիրք՛ Ինը հայ մարտիկներ ամուր կանգնած էին այդ դիրքերի մեջ: Առաջին դիրքից կրակելով արագ անցնում էին դեպի մյուս երկուսը, մեծաքանակ ուժի երկյուղ ներշնչելով թշնամուն: Նրանց կողքին երկու հայ կին և մի զինված քահանա եռանդուն նոր դիրքեր էին փորում:

Բայց իրապես վանքի հիմնական պաշտպանները երեսուն հոգի էին. իրենց ձեռքին ունենալով ընդամենը երեսունյոթ զենք, որից երկուսը՝ լախմախլի: Հազարավոր հրացաններից արձակված գնդակները ահավոր ձայներով գալիս զարկվում էին վանքի պարիսպներին, իբրև պատասխան ընդունելով միայն այդ մի քանի հրացանների համրված փամփուշտները:

Ոստիկանապետ Մուխտու ձեռքին սպիտակ դրոշակ տեսնելով

սուլթանի զորքը դադարի շեփոր հնչեցրեց, և մենք ասկյարների դիրքերն անցնելով հաղթական մոտեցանք մուտքին:

Մուխտին ֆեսը վայր առնելով երեք անգամ խոնարհվեց վանքին և, բարձրանալով, դրոշակի կոթով զարկեց փոքր դուռը:

— Մուտքը արգելված է, — հնչեց սպառնական մի ձայն ներսից:

— Մենք սուլթանի բանագնացներն ենք, և սպիտակի միջոցով փաշան մեզ արտոնել է վանք մտնել, — խոսեց ոստիկանապետը:

Դուռը բացվեց:

Մուտքի աջ ու ձախ կողմերում չորս թիկնեղ պահակ էր կանգնած: Ամեն մեկը մի վառված գերան բռնած իր ծխամորճն էր վառում: Բեղի ծայրերից կախված սառցե լուլաները տաքությունից հալչելով թշշում էին կրակի վրա: Այնպիսի մի տեսարան էր, որ Մուխտի էֆենդին սարսափից ետ-ետ գնաց:

— Ինչու՞ կուշանան, չէ որ հրաման եղած է, — լսվեց Անդրանիկի ձայնը վերևից:

— Հրաման եղած է, բայց վախենում են մտնել, — զեկուցեց պահակներից մեկը՝ վառված գերանը ձեռքին դեպի սանդուղքը առաջանալով:

— Վախենալու հարկ չկա: Կամ ներս թող գան և կամ հեռանան: Եթե մենք նրանց զարնել ուզեինք, Աստվածածնի մատուռի մեջ կզարնեինք: Հայդուկը խաբելով մարդ չի սպանի: Դուռը բացեք և սուլթանի մարդկանց առաջնորդեք ներս:

Հսկաներն իրենց հրավառ գերանները մի կողմ տարան, և մենք ապահով ներս մտանք: Դուռը գոցելու ժամանակ Մեհմեդ էֆենդոլ ոտքը անզգուշաբար դռան արանքը մնաց:

— Կեցի՛ր, ոտքս կոտրեցիր, — գոչեց ոստիկանապետի օգնականը ոտնաթաթը դռան արանքից դժվարությամբ հանելով և վզնոցի սպիտակ ծայքերը ուղղելով:

Ներսի տեսարանը պակաս ահաբեկիչ չէր: Մուտքից մինչև առաջնորդարանի սրահը զինված հսկիչներ էին շարված, որոնցից երեքը՝ դեպի վեր տանող քարե սանդուղքների վրա: Առաջինի կրծքին գրված էր «Որոտ», երկրորդին՝ «Կայծակ», երրորդին՝ «Ամպրոպ»: Ամպրոպ կոչվողը չորրորդ պահակի ձեռքից բոցավառ գերանը վերցնելով մեզ նրա լույսով ուղեկցեց մինչև առաջնորդարանի գուռը: Դռանը հսկում էին երկու բարձրահասակ տղամարդ՝ զինվորական կեցվածքով: Աջակողմյան զինվորը հրացանի կոթով դուռը բացեց, և մենք ներս մտանք:

Առաջնորդարանի սրահը մաքուր հավաքված էր, և բուխարիկը՝ վառ: Դիմացի պատի երկայնքով իրար վրա դարսված էին մի քանի տասնյակ սնդուկներ: Վրայի սնդուկներից մի քանիսը բաց էին վանքի պաշտպաններին փամփուշտ հասցնելու համար: Արկղների մոտ հատակին ցիրուցան թափված էին փամփուշտ լցնող գործիքներ, վառոդով լի տոպրակներ, դատարկ պարկուճներ:

Անդրանիկը նստած էր վառոդով և կապարով լի պարկերի կողքին, մեջքով դեպի արկղերը, ձախ ձեռքը զենքին, աջով հեռադիտակը բռնած: Դեմքի մկանները ձգված էին, ճակատը բարձր էր, խրոխտ, հայացքը վճռական, բայց հանգիստ: Հինգից ավելի զինվորներ սրահի մեկ կողմը կեցած հսկում էին զինարանին:: Նրանց մեջ մեկին ճանաչեցի, Մառնկա Պողեն էր:

Սուլթանի գլխավոր բանագնաց Մուխտի էֆենդու դողը բռնեց իրար վրա ահեղորեն դարսված փամփուշտի սնդուկները, վառոդով լի պարկերը և զինված հսկաների կապարյա դեմքերը տեսնելով: նրա լեզուն մի պահ կապ ընկավ, և դրոշակը քիչ մնաց ձեռքից վայր ընկներ:

— Կատարյալ կերպով դուք ձեզ ապահով զգացեք, — ասաց Անդրանիկը:

Բաշքոմիսերը հավաքեց իրեն և առաջանալով գլուխ տվեց հայդուկապետին: Նա և Մեհմեդ էֆենդին բարևեցին թուրքերեն, իսկ մենք՝ հայերեն:

— Համբուրե, համբուրե, — ասաց Հեսոլ վարդապետը իր աջը պարզելով նրան:

— Մտածելիք ունեմ, պե՞տք է համբուրեմ, թե ոչ. իսկ այս երիտասարդ աբեղան ո՞վ է:

— Սա Հովհաննես վարդապետի սաներից է և վանքից նվեր է բերել «Կոճղեզ» ավետարանը: Եթե իմ աջը չես ուզի համբուրել, գոնե այս մատյանը համբուրե, որդիս, — ասաց Հեսուն, կարմիր իրիցու ավետարանը նրա շուրթերին մոտեցնելով:

— Ես քո աջը կհամբուրեմ, որ դիպել է այս ավետարանին, — ասաց հայդուկը և առավ Հեսու վարդապետի աջը: Ապա նայելով ինձ ժպտաց, կամենալով հասկացնել, որ Մոսե Իմոյի աղբյուրի մոտ իր և Գևորգ Չաուշի ինձ տված հանձնարարականը լրիվ կատարված է:

— Այժմ նստեցեք, — պատվիրակներին դիմելով առաջարկեց Անդրանիկը:

Բաշքոմիսերը ճերմակ դրոշակը հաստատեց կանաչ սփռոցով ծածկված սեղանին՝ գրավելով առաջին տեղը հայդուկապետի դիմաց: Երկրորդ աթոռը զբաղեցրեց Մեհմեդ էֆենդին: Սրա կողքին նստեց Հեսոլ վարդապետը, մինչև գոտկատեղը հասնող մորուքը հավաքելով կրծքի վրա:

— Ծխել կարելի՞ է, — հարցրեց Մուխտի էֆենդին:

— Զգուշությամբ միայն, որովհետև կողքը մեր զինարանն է:

Զինվորներից մեկը վազեց դեպի բուխարիկը և ձեռքը կոխեց կրակի մեջ:

— Ամա՜ն, մաշիգով վերցրու, մաշիգո՜վ, — բացականչեց ոստիկանապետը նստած տեղից: Զինվորը մի մեծ կրակ ձեռքի մեջ պահած ետ եկավ և հերթով վառեց բոլորի գլանակները: Այդ տեսարանից սարսափած՝ ստսկալի դողը նորից բռնեց Մուխտի էֆենդուն:

— Պարոնայք, վանքի պաշտպանների զինվորական խորհուրդը

ինձ է լիազորել բանակցելու ձեզ հետ, — ասաց Անդրանիկը: — Իսկ սուլթանի կողմից ո՞վ է լիազորված բանակցություն վարելու ինձ հետ:

Գլխավոր ոստիկանապետը ձեռքով ցույց տվեց Մեհմեդ էֆենդուն:

Մեհմեդը զգաց, որ բաշքոմիսերը վախենում է. ուստի, տեղից վեր կենալով և դեմքին ամենադաժան արտահայտություն տալով, հետևյալ ճառով դիմեց Անդրանիկին:

— Պարոն փաշա, մենք այստեղ եկել ենք սուլթանի հրամանով: Ձեր գլուխը թանկ է հյուքմեթի համար, բայց նա այժմ մեր ձեռքի մեջ է և, եթե կռիվը շարունակվի, ես պարտավոր եմ այդ գլուխը կտրել և նվիրել փադիշահին, որի ծառան եմ ես:

— Քո գլուխը իմ գլխին կհետևի, լեզուդ ծոծրակիցդ դուրս քաշած, — կարճեց Անդրանիկը ձեռքը իր արի բռնակոթին դնելով:

Մեհմեդ էֆենդին անխափան շարունակեց:

— Սուլթանի, Ալի և Ֆերիք փաշաների և կուսակալի կողմից իբրև պատվիրակ ներկայանալով այստեղ, ուզում ենք իմանալ, թե դուք և Գևորգ Չաուշը ձեր զինվորներով ինչու՞ եք մտել այս վանքը և դուրս չեք գալիս այստեղից:

— Պարոն պատվիրակ, — խոսեց Անդրանիկը, — մեր նախահայրերը այս վանքը շինել են մեր հավատքի համար, և մենք Սասնո լեռներից ուխտավորի մտքով եկանք այստեղ, բայց ձեր զորքը Մուհամեդ Ալի փաշայի գլխավորությամբ պաշարվեց մեզ, և մենք ստիպված եղանք դիմել ինքնապաշտպանության:

— Ձեզ պետք է հայտնի լինի, — ասաց Մեհմեդ էֆենդին, — որ դուք սուլթանի անբարեհույս մարդիկն եք և ուր էլ լինեք, ձեզ սպասում է հալածանք և հետապնդում: Եթե ուզում եք, որ ձեր գլուխը ձեզ պատկանի, եկեք անձնատուր եղեք, և մեր գթառատ սուլթանը բոլորին ներում շնորհելով ազատ կարձակի ձեր տները:

Անդրանիկը պատասխանեց, որ սուլթանի երկրում իրենց օջախների ծուխը

վաղուց մարած է, և իրենք տուն չունեն վերադարձի համար: Որ իրենք զենքը վայր կդնեն միայն այն ժամանակ, երբ արդարացի գոհացում տրվի իրենց պահանջներին:

Մեհմեդ Խալըթը ցանկացավ իմանալ, թե որոնք են այդ պահանջներըը:

— Այո, ի՞նչ է նպատակդ և ի՞նչ կուզես, — իր օգնականի համարձակ կեցվածքից քաջալերված հարցրեց Մուխտի էֆենդին և դողդոջուն ձեռքով թուղթ ու մատիտ առավ, որ նոթագրի:

Անդրանիկը այդ պահանջները շատ հակիրճ կերպով այսպես ձևակերպեց. թու՛րք և քրիստոնյա բոլոր ազգությունների կատարյալ հավասարություն օսմանյան կայսրության մեջ և հայ պետականության վերականգնում Ռուսաստանի և եվրոպական մեծ տերությունների հովանավորության տակ:

— Դուք դարձյա՞լ ձեր հույսը կապել եք Եվրոպայի հետ: Չխրատվեցի՞ք: Մենք, սուլթանի մարդիկս, փորձառություն ունենք, որ Եվրոպան քրիստոնյաների համար խոսել գիտե միայն, բայց երբեք գործել: Եթե մենք բոլոր հայերին ոչնչացնենք, Եվրոպայի հոգը չպիտի լինի: Դուք վերջերս նույնիսկ ձեր սուտ կրոնի անհավատ թագավորների օգնությանը դիմեցիք՝ պատվիրակ ուղարկելով Եվրոպա և նա այնտեղից վերադարձավ բերելով միայն մի ոսկեգույն օրորոց:

— Ստրուկի և հպատակի օրինական ձգտումն է ձեռք բերել ազատություն: Ի կատար ածեք մեր պահանջները, և մենք պատրաստ ենք դուրս գալու վանքից, — վճռաբար հայտարարեց հայդուկապետը, — իսկ եթե մերժվենք, մենք զենքը վայր չենք դնի և կշարունակենք կռիվը բռնակալ կարգերի դեմ:

— Եվ դուք ձեր մի բուռ մարդկանցով այդքան անընդունելի պահանջնե՞ր եք անում:

— Մեր պահանջը մեր ամբողջ ազգի և ձեր տերության քրիստոնյա և ոչ քրիստոնյա բոլոր ճնշված ազգությունների պահանջն է:

— Իսկ ես կարծում եմ, ձեզ համար լավագույնը այն է, որ հաշտության եզր գտնեք սուլթանի հետ, չէ որ այդպես պաշարված մնալով ամենքդ էլ կմահանաք:

Անդրանիկը պատի երկայնքով շարված սնդուկները ցույց տալով՝ ասաց. — Մենք մահը աչքի տակ առնելով ենք զինվել բռնակալության դեմ: Այն օրից, երբ զենք վերցրինք՝ որոշեցինք մեռնել: Այս սնդուկների մեջ որքան փամփուշտ կա կվառենք, ապա կմեռնենք: Մենք՝ պահանջողներս և նահատակվողներս նման ենք սունկի: Ընկածի տեղ հազարավորները կբուսնեն:

— Պարոն փաշա, որքան մեզ հայտնի է, դուք հյուսնի զավակ եք և ինքներդ էլ հյուսն եք: Ինչու՞ եք թողել ձեր Շապին սարը և Սասուն գալով այդպես բուռն կերպով աշխատում եք, որ բարեգութ սուլթանի գահը կործանվի:

— Ճշմարիտ է, իմ հայրը հյուսն էր, բայց մի երեկո գլուխը արյունլվա եկավ տուն: Ովքե ր էին այդ ոճիրն արել սուլթանի մարդիկ: Ինչու՞. որովհետև նա քրիստոնյա էր: Այլևս ինչպե՞ս կարող էր այդպիսի դժբախտ հյուսնի որդին հանգիստ սրտով հյուսնություն անել: Լավ կյանքից չէ, որ մենք զինվելով բարձրացել ենք լեռներ: Ո՞վ կործանեց Շենիքի հերոս իշխան Գրքոյին: Ո՞վ պատճառ դարձավ, որ հերոսուհի Շաքեն իրեն զահավեժ նետի ժայռերից: Ո՞վ քարուքանդ արեց իշխան Մակարի և Գալեի հայրենի գյուղը՝ Սպաղանքը: Ո՞վ կախաղան բարձրացրեց Մարգար վարդապետին: Ո՞վ Միհրան Տամադյանին ջախջախված ոտքով բանտ առաջնորդեց: Ո՞վ առևանգեց Ղարսա Միրոյի գեղջուկ աղջկան: Ո՞վ ռանչպար Օհանին բուխարիկի մեջ վառեց: Ո՞վ սպանեց ս. Աղբերիկի վարդապետներին և վանահորը: Ո՞վ կտրեց

Սողորդի հերոս Սերոբ Աղբյուրի գլուխը: Եվ դեռ հարցնում եք՝ ի՞նչ է իմ նպատակը և ի՞նչ եմ ուզում:

Անդրանիկը խոսում էր տաքացած, մեջքով դեպի սնդուկները, ոտքը սեղմած գետնին, ձեռքը սրի կոթին դրած:

— Իսկ Խալիլ աղային ո՞վ սպանեց:

— Խալիլ աղան կտրեց մի հերոսական գլուխ և վրան տվեց իր պիղծ գլուխը: Դուք մեզ՝ ֆիդայիներիս, ավազակներ եք կոչում: Ավազակներին պետք է կառավարությունը ինքը իր մեջ փնտրի: Մենք խաղաղ ժողովրդին ոչ մի օր չարիք չենք պատճառել: Խալիլը ոճրագործ էր, և ես այս ձեռքերովս նրա վիզը կտրեցի: Այդպես կլինի բոլոր ոճրագործների հետ: Վաղ թե ուշ բոլոր բռնակալների գահերը պիտի տապալվեն: Եվ մենք մեր լեռներին ու բերդերին ապավինած ջանում ենք, որ այդ անարգ գահերից մեկը շուտ տապալվի — սուլթան Համիդի արյունոտ գահը:

— Իսկ ես, պարոն փաշա, այդ գահին բազմած սուլթանի անունից հրավիրում եմ ձեզ, որ այսօր ևեթ ձեր զենքերը հանձնեք Ալի փաշային և դուրս գաք վանքից: Մեր թագավորի ձեռքի վրա մի մեծ ուռուցք է գոյացել: Այդ ուռուցքը Սասունի մեջ գործող հայդուկներն են Անդրանիկը և Գևորգ Չաուշը: Դուք ձեր բոլոր ուժերով պիտի գաք և հանձնվեք առանց արյունահեղության, հակառակ պարագային սուլթանը մեծ ուժ և կարողություն ունի այդ ուռուցքը շուտով առողջացնելու վիրահատության միջոցով:

— Կերևի թե մենք իրար չենք հասկանում, — ասաց Անդրանիկը: — Մենք հարյուրավոր մղոններ կտրած այստեղ ենք

եկել մեր պատանքները մեր տոպրակների մեջ դրած: Մենք Ալի փաշային անձնատուր չենք լինի և մեր զենքը վայր չենք դնի: Եթե այս վանքը ցուրտ է ձեզ համար, մենք կարող ենք դյուրացնել ձեր ելքը:

— Ա՞յդ է ձեր վերջնական վճիռը և կարելի չէ՞, որ սուլթանի հանդեպ ավելի զիջող դիրք բռնեք:

— Ես մեր պահանջը ասացի և ավելին խոսելու տրամադրություն չունեմ, — կտրուկ եզրափակեց հայդուկապետը և տեղից վեր կենալով մոտեցավ դիտանցքին:

Ներքևում հայդուկ քահանան և մշեցի հայ կանայք շարունակում էին դիրքեր փորել: Քահանան թևանոցով սրբեց քրտինքը և քլունգը վերջին անգամ բարձրացնելով թափով իջեցրեց խրամատի մեջ:

Ներս մտավ մեծաբեղ մի զինվոր և հայտնեց, թե Ալի փաշայի ասկյարները ֆեսերը հրացանների ծայրերին անցկացրած խաղացնում են դիրքերի ետևից, որ հատուկների փամփուշտները սպառեն: Արդյոք զարկե՞ն, թե ոչ:

— Եթե ֆես է՝ մի զարկեք, իսկ եթե գլուխ է՝ զարկեք, — կարգադրեց Անդրանիկը հեռադիտակը արագորեն բարձրացնելով աչքերին:

Մի քանի նոր գլուխներ և կարմիր ֆեսեր թափվեցին ձյուների վրա:

Մուխտի էֆենդին, որ ամբողջ բանակցության ընթացքին լուռ նոթագրում էր՝ մատիտը ձեռքի մեջ խաղացնելով, բոլորովին սփրթնեց և իրեն խիստ անհանգիստ էր զգում:

— Միգուցե Մուխտի էֆենդին ուզում է պետքարա՞ն գնալ, — հարցում արավ Մեհմեդ Խալըթը՝ նկատելով բաշքոմիսերի անհանգիստ վիճակը: նա այդ խոսքը այնպես արտասանեց, կարծես հաստատ համոզված էր, որ պատասխանը մերժողական է լինելու և գիտեր, թե դրանից հետո ինքը ինչ պետք է անի:

— Ոչ, ես պետքարանի կարիք չունեմ, — ասաց Մուխտի էֆենդին:

— Ուրեմն դու այստեղ կեցիր և զրուցիր Հեսու վարդապետի հետ, մինչև ես պետքարան երթամ և վերադառնամ: Գնանք, տղաս, ինձ ցույց տուր տեղը, — ասաց Մեհմեդը և ինձ հետը առնելով ելավ առաջնորդարանից:

Ես նրան ուղեկցեցի այն սենյակը, ուր գտնվում էին Գեվորգ Չաուշը և զինվորական խորհրդի երեք ուրիշ անդամները: Մեկի գլխին փափախ կար և, որքան նկատեցի, մի մատը կտրված էր: Ես կանգնեցի շեմքին, իսկ Մեհմեդը ներս մտավ, և տեսա, թե ինչպես ինքը և Գևորգ Չաուշը գրկախառնվեցին:

— Աֆերի՛մ, այդպես ամուր կացեք, միայն զենքով կա հայոց փրկություն, — քաջալերեց Մեհմեդ էֆենդին նրա ուսերը ծեծելով: — Չաուշ, — շարունակեց նա, — դուք վանքի մեջ երկա՞ր եք մնալու:

— Որքան որ մեր պաշարը բավարարի:

— Միայն թե խորհեք շուտ հեռանալ վանքից, որովհետև Ալի փաշան որոշել է վանքը թնդանոթի բռնել, իսկ ինչու պատճառ դառնալ, որ այս հոյակապ շինվածքը կործանվի:

Ես դռան ճեղքից լսում էի, թե ինչպես Մեհմեդ էֆենդին աճապարանքով էր խոսում՝ շարունակ դեպի դուռը նայելով, մտահոգվելով, թե բաշքոմիսերը կարող է կասկածել իր ուշացման համար: Եղավ մի պահ, որ նրանք լռությամբ նայեցին իրար, և ես Մեհմեդ էֆենդու դեմքի վրա կարդացի. «Ես էլ եմ ուզում սուլթանի բերդը քանդել, բայց ես այդ բերդի մեջ եմ, իսկ դուք բերդից դուրս: Ձեր ուժը անձրևի կաթիլ է բերդի պատերին ընկած, թեև դա էլ մեծ բան է: Թուրքն ասում է՝ «տամլա, տամլա սելավ օլուր» (կաթիլ-կաթիլ հեղեղ կեղնի): Բայց ես, որ այդ բերդի դուռը ներսից չբանամ, սելավն էլ անկարող կլինի քանդել այդ անիծյալ ուժը»:

— Քաջ կացեք, — ասաց Մեհմեդ էֆենդին: — Վզիս շուրջ փաթաթված այս սպիտակ սավանը թող ազդանշան լինի, թե դեպի ուր է իմ առագաստը լողում: Ես հավատափոխ դարձա տառապանքով, որ իմ տառապյալ ժողովրդին օգնեմ: Իմ ծիծաղն են հարուցում այն հայերը, որոնք ինձ դավաճան և հայությունից իսլամ դարձած են անվանում: Թող անիծեն և հայհոյեն ինձ: Թող ինձ «դարձուկ» համարեն: Հետո կիմանան, թե ով է եղել մանազկերտցի պարոն Ավետիսը: — Այս ասելով Մեհմեդ

Խալըթը վերստին համբուրվեց Գևորգ Չաուշի հետ և խնդրեց նրան իրենց գնալուց հետո պետքարան մտնել: — Այնտեղ մի բան կգտնես քեզ համար, — հուշեց նա:

Քոմիսերը շրջվեց դեպի պետքարանի դուռը: Նրա գնալուց հետո Գևորգը ինձ ներս կանչեց:

— Լավ է, որ սարկավագի շորերով ես ծպտված, — ասաց նա: — Մենք այս գիշեր կամ ամենաուշը մի օր հետո ստիպված ենք հեռանալ վանքից:

— Բայց զինված քահանան և հայ կանայք եռանդով նոր դիրք են փորում, — նկատեցի ես:

— Հենց նոր կարգադրություն արվեց, որ աշխատանքը դադարեցվի: Մեր փամփուշտը և հացի պաշարը վերջացած է:

— Ինչպե՞ս թե վերջացած է: Պատի ամբողջ երկայնքով փամփուշտով լի արկղեր են շարված:

— Բոլորը դատարկ են, բացի վրայի մի քանի արկղերից: — Վանքի մեջ մոմի դատարկ սնդուկներ կային: Անդրանիկը կարգադրեց դրանք առաջնորդարանի մեջ իրար վրա շարել, որ կարծվի, թե մենք կարող ենք երկար դիմադրել: Բայց իրապես ամեն բան վերջացած է: Սասնո ճանապարհը փակ է, և մեր սասունցի տղաները չկարողացան օգնության հասնել: Այսօր մորթեցինք վերջին երինջը: Նույնիսկ վառելափայտ չունենք, սկսել ենք վանքի գերաններն ու փայտյա մահճակալները վառել: Վախենալով, որ վանքի ջուրը կկտրեն, Անդրանիկը կարդադրել էր վանքի բոլոր գինու կարասները և մատուռի կաթսաները ջրով լցնել: Այդ ջուրն էլ վաղուց սպառվել է: Ստիպված ձյուն ենք հալեցնում, Իսկ երեկ առավոտյան Արաբոյի հայրը մեռավ:

— Արաբոյի հա՞յրը: Մի՞թե նա այստեղ էր:

— Վանքի գոմում էր ապրում: 95 տարեկան ճերմակ մորուքավոր մի ծերունի էր: Իմ այն հարցին, թե որտեղացի է՝ բռնաշենցի եմ, պատասխանեց, Արաբոյի հայրն եմ, Կարմիր իրիցու տներից: Վաղուց հիվանդ պառկած էր գոմում: Գերեզմանը մեր

նախրապահը փորեց: Թաղված է զանգակատան դռան մոտ մեր զինվորներից մեկի կողքին:

Մեր վիճակը ծանր է, — շարունակեց Գևորգ Չաուշը: — Վանքի առաջնորդ Հովհաննես վարդապետը և իր մարդիկ այժմ զբաղված են մեզ համար սպիտակ շապիկներ կարելով: Մի մարտական առաջադրանք ունեմ քեզ: Ներքնահարկի մութ խցիկներից մեկում կապված է Անդրանիկի ձին: Թամբը պահված է ջրհորի մեջ սալաքարի տակ: Քիչ հետո զգուշությամբ ցած իջիր և վանքի նախրապահի հետ կարգադրիր, թե ինչ միջոցով հնարավոր է ձին շրջապատումից հանել, երբ վերջին զինվորը դուրս գա վանքից: Իսկ այժմ շտապիր Հեսու վարդապետի մոտ, որ կասկածի առիթ չտաս սուլթանի բանագնացներին:

Մեհմեդ էֆենդու տեսակցությունը Գևորգ Չաուշի հետ

«պետքարան» գնալու պատրվակով հաջողությամբ ավարտվեց: Երբ ես ետ եկա, Մեհմեդ էֆենդին Բաշ-քոմիսերի մոտ կանգնած իր գոտին էր ամրացնում:

— Վա՜հ, սպասեցեք, ես իմ մաուզերը մոռացա պետքարանում, — բացականչեց Մեհմեդ Խալըքը և արագ ետ դարձավ, որ գնա:

— Չերթա՛ս, քեզ կսպանեն, շուտ դուրս զանք այս վանքից, — ասաց Մուխտի էֆենդին նրա թևից քաշելով: Մուխտին դողդողալով վերցրեց սպիտակ դրոշակը սեղանի վրայից և Անդրանիկի ու նրա զինվորների հայացքի տակ իր պատվիրակներով հեռացավ սրահից:

Տեսա, թե ինչպես նրանք արագ իջան բակը, վանքի փոքրիկ հացերից մի հաց առան կերան և դրոշակը պարզած դիմեցին դեպի Աստվածածնի մատուռը: Այստեղ նրանք հեծան ձիերը և շտապեցին դեպի Մուշ:

Ես իջա վանքի ներքնահարկը: Գտա այն խուցը, ուր Ասլանն էր կապված: Նախրապահը քնած էր մսուրի մեջ:

Մութ, ամպամած գիշեր էր:

Կանգնեցի Ասլանի կողքին և սկսեցի մի բարակ ճեղքից դուրս նայել: Շունչս պահած աշխատում էի մի բան որսալ մթության մեջ: Սառած ձյուների վրա պառկած էին Ալի փաշայի ասկյարները, ոմանք քնով տարված, ոմանք՝ հավիտյան քնած:

Վանքի բակի մեջ երևաց Անդրանիկը իր զինվորներով: Նա ինչ-որ թելադրություններ արեց նրանց, պատվերներ տրվեց, ցույց տվեց վանքից ապահով դուրս գալու ձևերը: «Տղայք, հասկացա՞ք ձեր կատարելիք պարտականությունը», — հարցրեց: «Այո, փաշա, հասկացանք և պատրաստ ենք», — ասացին նրանք:

Ապա բակ կանչեց վանքի ուսուցիչներին և որբերին: Երբ նրանք եկան, լսեցի, թե ինչպես նա նրանց պարզեց իր նպատակը: Դաստիարակներին ասաց, որ ձևականության համար ինքը նրանց պիտի ծեծի որբերի առաջ և պիտի բանտարկի, որպեսզի նրանց ազատի որևէ պատասխանատվությունից վանքից դուրս գալուց հետո: «Ես ձեզ վրա պիտի գոռամ և ասեմ՝ եթե դուք հավատարիմ բարեկամ էիք կառավարությանը, ինչու՞ զանգակը չքաշեցիք և ձայն չտվիք մեզ, որ վանքի մեջ ֆիդայիներ մտան: Ձեզ վրա դուռը պիտի փակեմ և բանալիների տեղը միայն տնտես մայրիկին պիտի հայտնեմ», — ասաց նա:

Այդպես էլ արեց: Բանտարկեց բոլոր որբերին և դաստիարակներին: Տնտես մայրիկը եկավ, մեկը այն կանանցից, որ դիրք էր փորում վանքի պատի տակ:

— Մայրիկ, ահա բանալիները նետված են ցեխ ու ձյունի մեջ, — ասաց նա, — երբ մենք դուրս ելնենք, դուռը կփակես և երկաթը կքաշես վրան: Դուռը չես բանա, մինչև ոև Ֆերիք փաշան, վանահայր Հովհաննեսը և Առաջնորդը չգան: Եթե թուրք զինվորները սպառնան՝ մի վախենա: Եթե սանդուղքներ դնեն և պարսպից ներս գան, դարձյալ դուռը մի բանա, որ ասկյարները վանքը չկողոպտեն: Գևորգ, Մեյդո, Կոտո Հակոբ, Կայծակ, Որոտ, հագեք ձեր ճերմակ շապիկները:

Եղավ կեսգիշեր:

Վանքի փոքրիկ դռնից իրար ետևից ինչ-որ զինված մարդիկ դուրս եկան: Բոլորն էլ հագած էին ճերմակ շապիկներ, գլուխները ճերմակ փաթաթած:

Գևորգ Չաուշի և Անդրանիկի մարտիկներն էին:

Նրանք առաջանում էին զույգ-զույգ, առաջապահ, հետնապահ և կարգապահ խմբերի բաժանված: Հերթով համբուրում էին վանքի էբենոսյա կամարակապ դուռը, շատ կարճ աղոթք մրմնջալով և անձայն, անշշուկ ընթանում էին իրար ետևից ուսապարկերը շալակած, ոմանք կռացած, իսկ ոմանք ուղղակի սահելով ձյուների վրայով և ճեղքելով վանքը պաշար ած զորքի շղթան: Կատաղի քամին նրանց երեսներին և ճերմակ շապիկներին զարկվելով, ասկյարների վառած կրակների վրայով որոտաձայն իջնում էր դեպի Ալվառինջի սարերը: Ահա անցան Ալվառինջու Մեյդոն, Ցրոնաց Մուշեղը, Մ առն կա Պողեն, Կայծակ Անդրեասը և Հաջի Գևոն: Հայդուկ քահանան էլ անցավ՝ կարմիր իրիցու ավետարանը թեվատակին: Առջևից Անդրանիկն է գնում: Այդ մեկը կարծեմ Գևորգ Չաուշն է: Թիկունքից Կոտո Հակոբն է քայլում: Իսկ նա Գոմսա Իսոն է:

Պատնեշների ետև մշուշի մեջ աղոտ պլպլում էին թշնամու վառած կրակների հատուկենտ լույսերը: Ինձ այնպես թվաց, որ զորքի պահակները արթուն հսկում էին, բայց չէին կրակում, վախենալով իրենց կյանքը վտանգի տալ: Միայն վերջին պահին մի քանի կրակոց լսվեց:

— Ցահուդի Բարսեղը սպանվեց, — հնչեց վերջին անցնողներից մեկի ձայնը:

Առավոտ կանուխ դռները բացվեցին, և ծերունազարդ Հովհաննես վանահայրը մի որբ տղայի ուղարկելով Ալի փաշայի մոտ, նրան իմաց տվեց, թե Գևորգ Չաուշն ու Անդրանիկը իրենց հայդուկներով մեկնել են վանքից:

Ալի փաշան և իր զորքը բոռի փչելով քնաթաթախ խուժեցին վանք, ոմանք ոտավոր, ոմանք էլ զրաստներ հեծած:

Ես փոքր հասակից արկածախնդիր էի և հանդուգն: Խուցի մեջ թուրք զինվորի հագուստ կար: Վանքի նախրապահը հագուստներից մեկը ինձ տվեց: Իսկույն փոխեցի իմ շորերը և սալաքարը մի կողմ հրելով ջրհորից դուրս բերեցի թամբը: Երբ տեսա, որ դռանը քիչ մարդ կա, ձին թամբեցի և արագ մոտենալով վանքի շեմքին, մի ակնթարթում ինձ նետեցի թամբին և կիսախավարի միջով դուրս սլացա դեպի Արաբոյի քարը՝ բացականչելով.

— Այդ գյավուրները ո՞ր կողմը փախան:

— Ո՞վ է, — բարձրաձայն հարցրին ճանապարհին հսկող ասկյարները:

— Մեր երեսունհինգերորդ գնդի գիշերապահ շրջիկներից է, —

թուրքերենով արագ պատասխանեց Շապինանդը՝ հեռվից ճանաչելով իր ձիու խրխինջը և սմբակների ձայնը:

— Աչալուրջ եղեք: Մեզ լուր է հասել, որ Անդրանիկ փաշան և Գևորգ Չաուշը իրենց ֆիդայիներով այս գիշեր պետք է դուրս գան վանքից: Ում որ տեսնեք ճանապարհին՝ հրացանազարկ արեք, — պատվիրեցին Ալի փաշայի գիշերապահները:

— Մենք էլ նրանց ենք հետապնդում, — տեսնողին հրացանազարկ կանենք, — փոխադարձեց Անդրանիկը ինձ ձեռքով անելով, որ իր կողմը գնամ:

Մի կցկտուր ձայն հանկարծ գոչեց.

— Դուք ո՞վ եք:

Ֆիդայիները հրացանները ուղղեցին նրա կրծքին:

— Չե՞ս ճանաչում ինձ: Ես հարյուրապետ Մեհմեդ էֆենդին եմ: Ժամ է, որ

այստեղ խուզարկում եմ, իսկ դուք քնած եք: Այդպե՞ս պիտի հսկեք ջան ֆիդայիներին՝ արգելելու նրանց փախուստը:

Անդրանիկը խոսքը Գևորգ Չաուշին ուղղելով ասաց. «Մեհմեդ Չաուշ, այս մեկը քնած էր, այնպես չէ՞»:

— Այո, էֆենդի, քնած էր, — պատասխանեց Գևորգը:

— Աստվա՜ծ, աստվա՜ծ, չեմ գիտեր, թե դուք ինչ տեսակ մարդիկ եք:

— Ձայնդ կտրի, թե ոչ՝ շան պես պիտի սատկես: — Ասկյարը վախից սկսեց գոռալ.

— Ջան ֆիդայիները փախա՞ն, ֆիդայիները փախա՜ն... Թշնամու բոլոր դիրքերից սոսկալի հրացանաձգություն սկսեց: Գնդակների սուլոցը, միախառնված ձյունաբքի աղաղակին, գալիս-անցնում էր մեր գլուխների վրայով, բայց մենք անձայն, մեզ ու մշուշի միջով դիմում էինք դեպի Արաբոյի քարը, դեպի Հավատորիկի ամենաբարձր լեռը Ծիրնկատարի վրա: Որքան վեր էինք ելնում, այնքան քամին սաստկանում էր: Վերջապես հասանք Արծվի քարին: Արևը ծագեց և մենք այդտեղ էլ իրարից բաժանվեցինք:

— Գևո՛րգ, այս տղային քեզ եմ հանձնում, — արևով լուսավորված ձմեռային Տարոնը ցույց տալով խոսեց Շապինանդը:

— նա իմ առաջադրանքը հերոսաբար կատարեց ասորի ցեղապետի մտրուկը դուրս բերելով թշնամական շրջապատումից, — ասաց Գևորգ Չաուշը:

Ես սանձը դրեցի Անդրանիկի ձեռքը:

Նա կռացավ, համբուրեց իմ ճակատը, ապա գրկախառնվեց Գևորգ Չաուշի հետ, և Ասլանին հեծնելով ձյուների վրայով անցան լեռանետև:

Թե ուր գնաց՝ չիմացա:

Շատ հետո լուր ստացվեց, որ նա Կովկասի վրայով գնացել է Բուլղարիա:

ԵՐԴՈՒՄ ԵՎ ՊԱՏԻԺ

Վանքի կռվից հետո Գևորգ Չաուշը ինձ տարավ Մոկունք գյուղը Իգնատիոս անունով մի շինականի տուն։ Դեռ ներս չմտած, Չաուշն ասաց. «Ինչ-որ տեսնես ու լսես, այնքան գաղտնի պիտի պահես, որ շապիկդ անգամ չիմանա։ Դու պիտի մոռանաս այն դեմքը, որ տեսար, այն խոսքը, որ լսեցիր և այն շեմքը, ուր ոտք կոխեցիր»։

— Մոռացա, — գոչեցի ես։

Հացատան ամբարների մոտով մենք մտանք մշեցու օդան։ Բուխարիկի մոտ կանգնած էր մի երիտասարդ քահանա առաջը սեղան, վրան՝ ծածկված մի գիրք։

— Ծանոթացի՛ր, սա այն զինված քահանան է, որ մշեցի հայ կանանց հետ դիրք էր փորում վանքի պաշտպանության համար։ Խասգյուղացի է և անունը Տեր Քերոբ։ Մարտական անունը՝ Տեր-Փոթորիկ։

Իսկապես նա էր այն զինված մորուքավոր մարտիկը, որին տեսել էի վանքի փոքր դռան առջև քլունգով խրամատ փորելիս։

Օդային կից էր գոմը։ Գոմի մթության մեջ շեմքի մոտ կանգնած էին երեք տղամարդ մազոտ աբաներով։ Մեծի դեմքը ես չէի տեսնում։ նա լուռ ծխում էր, մեջքով դեպի մեր կողմը դարձած։

— Ո՞րն է քո սիրեցյալը, — շարունակեց Գևորգ Չաուշը մոտենալով և հենվելով գոմի պատին։

— Կինն է, — հարեց կիսամթում կանգնածներից մեկը։

— Ոչ, որդին է, — հեգնեց Տեր-Փոթորիկը։

— Հայրենիքն է, — գոչեցի ես։

— Ապրես, որդիս, — ասաց Գևորգ Չաուշը քաջալերված իմ պատասխանից։ — Դրա համար էլ դու չպետք է ուրիշ սիրեցյալ ունենաս, որ միշտ նրան սիրես, նրան նվիրվես, նրան պաշտես։ Քո սիրուհին Հայաստանն է, — շարունակեց Չաուշը։ — Նա շղթաների մեջ է։ Դու պետք է փշրես այդ շղթաները և նրան ազատ արձակես։ Հայաստանը մի առասպելական նժույգ է, որին չարքերը դարերով կաշկանդել են մութ զնդանում։ Դու պետք է նրան այդ զնդանից հանես այն նժույգի նման, որ փակված էր Առաքելոց վանքի ներքնահարկում։ Այն ամենը, որ դու մինչև այժմ տեսար ու տոկացիր, միայն մի փոքրիկ վարժանք էր այդ ազատագրության ճանապարհին։ Մեկ անգամից, — ասաց նա, — հնարավոր չէ փրկել մի ժողովրդի, որ վեցհարյուր տարի տանջվում է օտարի լծի տակ։ Հարկավոր է աստիճանաբար գնալ դեպի նպատակի իրագործում։ Հարկավոր է զգուշությամբ իջնել այն ստորերկրյա նկուղը, ուր այդ ազնիվ նժույգն է կաշկանդված, գտնել նրա սանձերը, որոնել, սալաքարի տակից դուրս բերել նրա թամբը։ Դու չպետք է ունենաս քո սեփականը, որ այդ մեծ ընդհանրականի բաղձանքը ունենաս։ Դու պետք է լինես քո ծառան և քո ընկերոջ ծառան։

— Ես եկել եմ մատղվելու: Եթե չկարողանամ նահատակ դառնալ, թող դառնամ գոնե մի պարզ զոհաբերում հայրենիքի համար, — ավելացրի ես:

Դրանից հետո Չաուշն ինձ հրավիրեց, որ ես իր ներկայությամբ երդում տամ խաչի, ավետարանի և սրի վրա:

Տեր-Փոթորիկը ծածկոցը քաշեց:

Սեղանի վրա դրված էր Կարմիր իրիցու տան «Կոճղեզ» ավետարանը, որ ես Թաղվձորից բերելով հանձնել էի Առաքելոց վանքին:

— Հին հայերը այս գրքի վրա են երդվել: Նա կորած էր և դու գտար, — ասաց Տեր-Փոթորիկը և «Կոճղեզի» աջ ու ահյակ կողմերում մեկական մեղրամոմ վառեց և մեծ լանջախաչը հանելով դրեց նրա վրա: Չաուշն իր դաշույնը դրեց խաչի վրա: Սև աբավոր այրերից երկուսը գոմից ելնելով տեղ գրավեցին սեղանի շուրջ, իսկ երրորդը, որ ծխում էր՝ հենված մնաց գոմի պատին, կիսամութի մեջ: Ես սեղանին պլպլացող կանթեղների առաջ ծունկի գալով՝ երդվեցի.

— Երդվում եմ իմ պատվի և ազգության վրա, — ասացի ես, — իմ բոլոր ուժով, եթե հարկ լինի նաև իմ արյունով, ծառայել Հայաստանի ազատագրության դատին ընդդեմ սուլթանի բռնակալության: Այսուհետև իմ բարձը Հայաստանի լեռները կլինեն և իմ ամենամեծ բաղձանքը՝ Հայրենիքի համար մեռնելը: Բարով արժանանամ հրեղեն գնդակի համբույրին:

— Երդումդ ի կատար, — հնչեց Տեր Փոթորիկի ձայնը: Եվ նա խաչը սեղանից վերցնելով, արձանի պես պահեց օդում: ու ես ոտքի ելնելով ու սեղանին կռանալով, համբուրեցի նախ սուրը, ապա «Կոճղեզ» ավետարանը և վերջում՝ օդի մեջ պարզած խաչը:

— Անու՞նդ:

— Կնքանունս Մամիկոն է, բայց տատս ինձ Սմբատ էր կոչում:

— Մոռացիր այդ երկուսն էլ: Այսուհետև քո զինական անունը կլինի Մախլուտո: Կրկնիր նոր անունդ, — կարգադրեց Տեր Փոթորիկը:

— Մախլուտո՛:

Առաջին գործը, որ հանձնարարվեց ինձ՝ շալակատարի պաշտոնն էր: Այդ պաշտոնը կատարողը պետք է ֆիզիկապես ուժեղ լիներ, իսկ ես թիկնեղ էի, ամուր կազմվածքով և մեջքով տոկուն:

— Դու հրաշալի շալակատար կլինես, — ասաց Գևորգ Չաուշը, — այսինքն՝ հեղափոխության բեռնակիր:

— Ի՞նչ պետք է շալակեմ, — հարցրի ես:

— Կարևորը շալակելը չէ, — ասաց նա, — այլ շալակածը զգուշությամբ տեղ հասցնելը: Շալակատարի աշխատանքը ամեն մարդու չի կարելի վստահել: Հավատարիմ մարդիկ են պետք, որոնց թիվը տակավին քիչ է մեզ մոտ:

Այս խոսքերը ինձ մխիթարեցին: Ուրեմն ես գտնվում էի հավատարիմների ցանկի մեջ: Եվ առաջին բեռը, որ կրեցի իբրև շալակատար, մի ծանր արկղ էր, որ նույն գիշերը Մշո տակի այգիներից տեղափոխեցի Մոկունք:

Բեռը իջեցնելուց հետո, թոթվեցի հոգնած ուսերս և ինձ զգացի անսահման հպարտ: Շատ բեռներ էի կրել մեջքով, իսկ այս մեկը ուրիշ էր: Այդ իմ առաջին ծառայությունն էր հայրենիքին ֆիդայական երդումից հետո և իմ առաջին սրբազան պարտքը Սերոբ Աղբյուրի թարմ հիշատակի հանդեպ:

Հաջորդ օրը նոր կարգադրություն եղավ, որ ես այդ արկղը Մոկունքից տեղափոխեմ Սուլուխ: «Չէ, ասացի, սրանք ուզում են ինձ վարժեցնել երկար ճանապարհի բեռնակրության»:

— Սուլուխ չհասած, քեզ դիմավորելու կգա Ջնդո անունով մի երիտասարդ Արտոնք գյուղից, — զգուշացրեց Գևորգ Չաուշը:

— Քու՞րդ է, — հարցրի:

— Հայ է, բայց քոլոզ կա գլխին:

Վերցրի իմ բեռը և ճանապարհ ընկա:

Մոկունքից բավական հեռացել էի, երբ ականջիս կանացի մի ձայն դիպավ.

— Մախլուտո՛, դու՞ էլ եկար ֆիդայի դարձար:

Հազիվ էի նայել շուրջս տեսնելու, թե ո՞վ էր այդ կինը, երբ կարճ մորուքով մի վտիտ տղամարդ գյուղացու հագուստով և մի տիկ շալակին, ետևից գալով ձեռքի գավազանով ամուր հարվածեց մեջքիս:

— Շան տղա, դու շալակատա՞ր ես, թե սովորական անցորդ:

Այնքան սպառնական էր նրա հայացքը, որ ես շփոթվեցի: Ես ծնրադիր երդում էի տվել հավատարմորեն ծառայելու ժողովրդի ազատագրության դատին: Դարձել էի հայդուկ, իսկ հայդուկին օրենքով բանադրված էր անծանոթ կնոջ հետ խոսելը: Հայդուկը իրավունք չուներ ամուսնանալ, քանի դեռ հայրենիքը ազատագրված չէր բռնակալության լծից:

Ո՞վ էր այդ կինը: Նույնիսկ չիմացա, թե որտեղից էր գալիս և դեպի ուր էր գնում: Դեմքն էլ կանոնավոր չտեսա: Միայն քայլվածքից կռահեցի, որ բարձրանում էր դեպի լեռներ: Գուցե կապ ուներ ֆիդայիների հետ: Բայց ինչպե՞ս իմացավ իմ անունը: Չլինի՞ թե Զմո էր: Ու մի սարսուռ եկավ վրաս: Իսկապես, որտեղից գիտեր, որ իմ անունը Մախլուտո է: Միևնույն է, ով էլ լիներ նա, ես կատարել էի ծանր հանցանք: Կարծում էի, թե այդ մի հարվածով ամեն ինչ վերջացավ: Ուզում էի արդարանալ, ասելով, թե այդ կնոջը չեմ ճանաչում, բայց դեռ բերանս չբացած, ձեռնափայտի երկրորդ հարվածը իջավ նույն տեղը: Երրորդն էլ իջավ, չորրորդն էլ: Աստված իմ, ինչպե՞ս էր ծեծում: որքան ուժ կար այդ պոքրիկ վտիտ մարմնի մեջ: Օ՜, ինչ դժվար բան է հայդուկությունը: Երդվել մի սրբացած գրքի վրա, որ մաքրված, լուսավորված էր ամպրոպների փայլով, և այդպիսի դաժան պատժի՞ ենթարկվել: Իզուր, ուրեմն, Թաղվձորի սպիտակամորուս ծերունին այդ ավետարանը յոթ անգամ պահեց Մարաթուկի կայծակների դեմ: Երևի դա այն գիրքը չէր, որի վրա ես երդվեցի և աստված ինձ պատժում էր այդ մեղքի համար: Ինչու՞ ես կույր չգնացի նեմրոյթի ավազներին, Փրե-Բաթմանի կամուրջից չնետվեցի Սասնա գետի մեջ: Երանի թե մեռած լինեի Բաղեշի բանտի ներքնահարկում, կամ Արծվի քարից գահավիժեի անդունդ և չտեսնեի այդ սև օրը:

Հարված հարվածի ետևից իջնում էր վրաս, իջնում էր անողորմ կերպով, սաստկորեն: Իջնում էր մերկ ոտքերիս, մեջքիս, գլխիս: Ստիպված իմ բեռը վայր դրեցի: Ուզում էի գոռալ, բայց զսպում էի ինձ, հպարտությունս թույլ չէր տալիս: Իսկ նա, իմ լռությունը անտարբերության վերագրելով, ավելի ուժգին էր հարվածում: Արյունս եռ էր գալիս, աչքերս մթնել էին, և այդ ամենը մի անիծյալ կնոջ պատճառով: Այո, Զմոներ ամեն տեղ կան: Փորձիր կատարել երդման կամ մաղթանքի որևէ սուրբ արարողություն և սատանան անտեսանելի կպած է ծնկներիդ: Ու ես չիմացա, թե ինչպես իմ բեռը շալակած դիմեցի դեպի Սուլուխ: Կարծեմ, այդ միևնույն տղամարդն էր օգնել ինձ բեռը մեջքիս բարձրացնելու, ինձ դաժանորեն պատժող վտիտ մարմնով, փոքրիկ մորուսով այդ տղամարդը: Իմ կոպերից արյուն էր ծորում: Փորձեցի աչքերս բանալ, բան չէի տեսնում: Կուրացա՞ միթե: Ու զարհուրելի երկյուղը պաշարեց ինձ:

Այդ դրության մեջ էի, երբ մի տղամարդ մեջքը դեմ տվեց իմ շալակին:

— Դու Զնդո՞ն ես, — հարցրի:

— Այո, Դաշտի Արտոնք գյուղից:

Ձեռքով շոշափեցի, գլխին քոլոզ կար:

— Զնդո, — կանչեցի ես, — գիշե՞ր է, թե ցերեկ:

— Ցերեկ է, — պատասխանեց Զնդոն:

— Թե ցերեկ է, ինչու՞ աչքերս չեն տեսնում:

— Երևի բեռը ծանր է եղել:

Զնդոն շալակեց բեռը և ինձ առաջնորդեց Սուլուխ:

Իջանք Մեսրոպ անունով մի գյուղացու տուն, որ Սուլուխի հայտնի տներից էր: Ինձ պառկեցրին այդտեղ և ծածկեցին վերմակով: Այդ միջոցին ներս մտավ նույն տղամարդը դերվիշի կերպարանքով և տեսնելով իմ վիճակը, կարգադրեց, որ մնամ այդտեղ, իսկ ինքը Անդոյին առնելով՝ անհայտացավ:

Մի ամբողջ օր աչքերս փակ մնացին: Ոտքերիս ու գլխիս ցավը տանջում էր ինձ: Ծեծված, ջարդված ընկած էի սուլուխցի Մեսրոպի տանը, աչքերս արյունոտ, գլուխս ուռած:

Ու հիշում էի:

Հիշում էի, թե ինչպես դուրս թռա դպրոցի լուսամուտից և հետևյալ օրը վաղ լուսաբացին հեռացա քաղաքից:

Հիշեցի Մելքոն վարդապետին, նրա արցունքոտ աչքերը, և հայոց պատմության ուսուցչին՝ պարոն Սենեքերիմին, որ եկել էր Փրե Կամուրջի կողմը՝ գետակի սառը ջրով լվացվելու:

Իմ քեռի Բդեին հիշեցի:

Կրակների մեջ վառվում էի: Ջերմությունս չէր անցնում: Որոշեցին լողացնել: Գոմի մեջ տաշտակով տաք ջուր դրեցին, լողացրին ինձ և անկողին տանելով, ծածկեցին մի քանի վերմակով: Աշխարհում ամեն տեղ բարի պառավներ կան: Չարերն էլ կան, բայց բարիներն ավելի շատ են: Յուղաբեր էր Մեսրոպի մոր անունը: Յուղաբերը կանչեց իր թոռներից մեկին և կարգադրեց, որ գիշերով ս. Ստեփանոսի պուրակը երթա և ուռենու դալար ճյուղերից մի խուրձ բերի՝ լուսաբացի շաղը վրան: Զգուշացրեց այնպես բերել, որ ցողը չթափվի տերևներից:

Շուտով Խուրշուդը (այդպես էր թոռան անունը) կանաչ ուռիների ցողապատ մի խուրձ գրկած եկավ: Քանդեցին այդ խուրձը, ինձ պառկեցրին մեջը և ծածկեցին վերմակով: Ուռենու տերևները սկսեցին տաքանալ և ջերմությունս ու գլխիս ցավը լուսադեմին անցավ:

Հաջորդ առավոտյան բոլորովին առողջ էի: Երբ աչքերս բացի, իմ առաջ կանգնած էր Գևորգ Չաուշը և քահ-քահ ծիծաղում էր.

— Քեզ ծեծողը ո՞վ էր, — հարցրեց:

— Մի դերվիշ էր գյուղացու հագուստով և տիկը շալակին:

— Այդ դերվիշը Արմենակն էր, որ ներկա էր քո ուխտին:

— Ո՞ր Արմենակը:

— Մոկնաց գոմի կիսամութի մեջ կանգնած տղամարդը, որ լուռ ծխում էր պատին հենված:

— Հրայր-Դժո՞խքը:

Գևորգ Չաուշը մատը դրեց բերանին, որ նշանակում էր թե՝ լռիր:

Կարո՞ղ էի հակաճառել աչն մարդուն, որ իմ ներկայությամբ գնդակի մի հարվածով գետին էր տապալել իր աժդահա հորեղբորը:

Իհարկե ոչ:

Եվ ես լռեցի:

ՔԱՐԱՅՐԸ

Մոկունք գյուղի կիսամութի մեջ լռությամբ ծխող խորհրդավոր մարդը, որ ներկա էր իմ ուխտին, հայտնի էր Քարայր անունով: Նա Տարոն աշխարհի սուլթանի բռնակալության դեմ մարտնչող հայդուկային խմբերի առաջնորդն էր: Նա էր մտցրել սրի և խաչի վրա երդվելու արարողությունը: Նա էր պահանջել Անդրանիկից և Գևորգ Չաուշից գտնելու Արաբոյի տան նշանավոր ավետարանը, որպես հզոր նախապայման հայդուկի երդման համար:

Քարայրը հայդուկից պահանջում էր լինել գաղտնապահ և անձնազոհ: Հայ ֆիդային իր բարոյական նկարագրով բարձրագույն կետն էր մարդկային առաքինության, — քարոզում էր նա: — Ոչ փառք, ոչ հանգիստ, ոչ հաշիվ: Հայդուկության մեջ մտնողը պետք է իր ետևում թողնի անձնասիրությունը և քանի դեպի ներս առաջանա, այնքան պիտի մերկանա իր եսից ու անձնականությունից: Հայ ֆիդային ունի միայն մի իդեալ. տառապելով ծառայել հայոց ազատությանը: Նա պետք է մեռնի գնդակով, կախաղանի վրա կամ բանտի մեջ, եթե հավատարիմ է իր ուխտին: Ինչին է պետք եսական սերը, երբ կա մի ավելի մեծ սեր — հայրենիքի սերը: Ֆիդայու անձնական սերը լոկ արգելք է ազատորեն գործելու և հանգիստ մեռնելու ճանապարհին: Քարայրն ասում էր, որ տոկալն ու համբերելը ֆիդայու համար նույնքան անհրաժեշտ է, որքան պատերազմի դաշտում զենքը ձեռքին կռվելը: Որովհետև, եթե մեկը ֆիդայի դառնալով մոռանում է սեփական անձը, նրա համար այլևս ի՞նչ արժեք ունի տառապանքն ու նեղությունը: Քարայրը խիստ էր ինչպես իր սեփական անձի, այնպես էլ ուրիշների հանդեպ: Հայդուկային ժուժկալությունը և պարկեշտությունը գերագույն սրբություն էին նրա համար. կարգապահության խախտումը՝ մեծագույն հանցագործություն: Նա քարոզում էր, որ պետք է արթնացնել հայ գյուղացուն, հասկացնել նրան, որ ինքը ճորտ է, ամրացնել նրա հավատը ապագայի հույսերով և Սասունի ու Տարոնի բովանդակ հայությանը հոգեբանորեն վերափոխելով դարձնել հայդուկ: Քարայրը դեմ էր ցուցական կռիվներին, այս կամ այն վայրի վրա հանկարծական հարձակումներ գործելուն և կոչ էր միասնական, համածավալ ժողովրդական զրոհին:

Հայություն չեն կազմում նրանք, ասում էր Քարայրը, որոնք շարունակ տերտեր են կոչում, այլ նրանք, որ հավատք ունեն: Մեզ մոտ է հավատավոր մարդկանց մի ուժեղ սերունդ, որի կոչումն է ծառայել Հայաստանի ազատագրության արդար դատին և ոչ թե այս կամ այն խմբակցության եսական շահերին:

Այսպես էր Քարայրը:

Այս մոլեռանդ քարոզիչը գյուղական շորեր հագած դերվիշի նման թափառում էր գյուղից-գյուղ, ատելություն սերմանելով դեպի այն ամենը, ինչ վատ էր ու կործանարար, և անձնվեր սեր արծարծելով դեպի այն ամենը, ինչ վեհ էր ու օգտակար հայրենիքի և ընդհանրականի համար:

Քարայրն ուներ կողմնակիցներ, որոնք իր նման տանջվել էին սուլթանի բանտերում: Նրանցից մեկը մշեցի Կոտո Հակոբն էր, որ նստել էր Սինոպի և Ակրայի բերդերում, իսկ մյուսը՝ Կառնենա Մկրտիչն էր: Քարայրի և Կառնենա Մկրտիչի թելադրությամբ էր, որ սասունցիները իրենց և Անդրանիկի միջև ծագած վեճը լուծել էին Անդրանիկին զինաթափ անելով:

Քարայրը ֆիդայիների հետ չէր շրջում, այլ միշտ միայնակ, գյուղական աղքատիկ հագուստով և անզեն, իբրև մի խեղճ շինական:

Սովորաբար շրջում էր մութին: Մի տիկ շալակին և ցուպը ձեռքին, նա գիշերային խավարի միջով անցնում էր գավառից-գավառ, ավանից-ավան, ամենուրեք քարոզելով և կազմակերպելով հայ ժողովրդին զանգվածային մեծ ապստամբության համար:

Սուլթանի բռնակալությունը նա համարում էր աշխարհի մեծագույն չարիքներից մեկը: Սակայն նա իր դառը փորձով եկել էր այն համոզման, որ եվրոպական պետությունների դռներ բախելը և նրանցից օգնություն հայցելը միամիտ հավատ է, մանավանդ «երկաթե շերեփի» հայտնի իրողությունից և Մոսե Իմոյի դեպի Անգլիա կատարած ուղևորությունից հետո: Սուլթանի դեմ կռվող հայդուկները, ասում էր Քարայրը, իրենց հույսը պետք է դնեն իրենց և իրենց ժողովրդի սեփական ուժերի վրա, կապվելով Ռոմանովների կայսրությունը սասանող և օրեցօր հզորացող ռուսական հեղափոխական առողջ ուժերի հետ:

Միամտաբար հավատում էինք, թե Անգլիան և ապա Ֆրանսիան մեզ պիտի օգնեն, բայց երկուսն էլ մեզ խաբեցին, երկուսի երեսն էլ սև է: Հայ ժողովուրդ, ես քեզ ասում եմ՝ անգութ է Եվրոպան, քարոզում էր Քարայրը: Չհավատաս նրան երբեք:

Տարոնի ժողովուրդը սիրում էր համեստ արտաքինով այդ խորհրդավոր մարդուն, որ կարծես մեր անցյալի մշուշներից ելած մի ուրվական լիներ:

Երբևիցե կռացած նայե՞լ եք մութ քարայրից ներս: Կարողացե՞լ եք անմիջապես կռահել, թե նա ինչպիսի խորհրդավոր անցքեր ու ոլորաններ ունի: Այդպես էր շեկ մազ ու մորուսով, նիհար, ոսկրոտ այդ մարդը: Նրա զինական անունը Հրայր էր, ոմանք նրան Դժոխք էին ասում, բայց ժողովուրդը նրան կնքել էր Քարայր: Եվ այդ անունը որքա՜ն հարմար էր նրան:

Իսկապես քարայր էր նա, խորհրդավոր ու մութ: Հազիվ ծագած՝ իսկույն անհետանում էր: Ցերեկները նրա տեղը հայ շինականի գոմի կամ մարագի մի մութ անկյունն էր տրեխը հագին, արախչին գլխին, իր շուրջը ժողոված մարդկանց հրեղեն խոսքերով քարոզ կարդալիս, իսկ գիշերները ճամփորդում էր դերվիշի կերպարանքով՝ գավազանը ձեռքին և տիկը շալակին:

Շատ մեծ եղավ իմ զարմանքը, երբ իմացա, որ ինձ ծեծող ոսկրոտ դիմագծերով և փոքրիկ մորուսով այդ մարդը այն միևնույն շինական Արմենակն էր, որից ես մի տուփ ծխախոտ էի վերցրել դրանից մի քանի տարի առաջ Կարմիր Ծառ գնալիս: Նրա փույթը չէր բնավ, որ ես բանտ էի նստել կամ կյանքս վտանգի տալով Անդրանիկի ձին փախցրել էի վանքի շրջապատումից:

Իմ անզգույշ շարժումով ես արժազանքել էի անծանոթ կնոջ կանչին, երբ նոր էի երդվել սրի, ավետարանի և խաչի վրա, որի համար էլ նա ինձ ենթարկել էր անողորմ պատժի:

Եվ նա ինձ պատժել էր այն միևնույն գավազանով, որ իմ

ներկայությամբ պոկել էր իրենց անտառի կարմրածառից, որի ամուր փայտից մեր նախնիները հին ժամանակներում նետեր էին շինել ինքնապաշտպանության համար:

ԳԵՎՈՐԳՆ ՈՒ ՈՍԿԻՆԵՐԸ

Երդում տալը և խստությունների ենթարկվելը քիչ էր: Հայդուկ դառնալու համար ես պարտավոր էի զենք ունենալ: Հիշում էի, մանավանդ, Աղբյուր Սերոբի մի խոսքը հայ գյուղացիներին. «Սուլթանի երկրում առանց հացի մնացեք, առանց զենքի մի մնացեք»:

Բայց ինչպե՞ս զենք ճարել:

Մի հրացան ձեռք բերելու համար Գևորգ Չաուշը մինչև Հալեպ էր գնացել: Իսկ ես ու՞ր գնայի և ի՞նչ միջոցով:

Մտածում էի գնալ Մուշ և իմ Հովհաննես պապից կամ քեռի Բդեից փող վերցնել և մի հրացան առնել ինձ համար:

Այդ մտքերի մեջ էի, երբ Գևորգ Չաուշը սաստեց ինձ՝ ասելով.

— Քո Մուշ գնալու ժամանակը դեռ չի հասել: — Եվ ինձ իր հետ առնելով, մի խավար գիշեր ելավ Սուլուխից:

Այդ սասունցին Դաշտի ամեն ծակ ու ծուկին ծանոթ էր: Ճանապարհները գիտեր աչքը փակած:

Իր հորեղբոր սպանությունը, ռես Ավեի և Խալիլ աղայի սպանությունը, մանավանդ, Առաքելոց վանքի կռիվը այնպես էին հռչակել նրան, որ Սուլթանի անիրավ պաշտոնյաները նրա անունը լսելիս զողում էին:

Սիմ լեռան հյուսիսային լանջին Փեթար անունով մի փոքրիկ գյուղ կար, որ նայում էր դեպի Մշո դաշտ: Մուշ քաղաքից Յուսուֆ կոչվող մի բեկ, շինծու մի թուղթ ձեռքին, հայտարարել էր, թե այդ գյուղը եղել է իր պապական կալվածքը: Նա Մուշից գնացել էր Փեթար և այնտեղ երկհարկանի մի քյոծկ շինելով, հայ գյուղացիներից տասնյակ տարիների աղայական տուրք էր պահանջել: Գևորգ Չաուշը Յուսուֆ աղային զգուշացրել էր՝ նեղություն չտալ հողի աշխատավորներին: Յուսուֆը հետևյալ առավոտ ձերբակալել էր բողոքող գյուղացիներից մի քանիսին և ոստիկանների ու զորքի օգնությամբ Փեթար մտնելով, կողոպտել էր ամբողջ գյուղը և մի քանի հարյուր հավելյալ տուրք գանձելով՝ վերադարձել էր Մուշ:

Գևորգ Չաուշը իր մի քանի հայդուկներով մտել էր Յուսուֆ բեկի

ապարանքը և հարստահարիչին խողխողելով, նրա հափշտակած ոսկիները վերադարձրել էր Փեթարի հողագործներին, նախապես մի թուղթ դնելով սպանվածի ծոցը. «Ես քեզ մեռցրի զուլումիդ համար»:

Գևորգը մեծ աշխատանք էր տանում վերականգնելու Հայ և քուրդ բարեկամությունը, որ խախտվել էր Սուլթան Համիդի տարիներին: Այդ բանը նա անում էր, երբեմն, ահաբեկման միջոցով: Իր սարսափի հետ միաժամանակ այնպիսի հմայք էր ստեղծել իր շուրջը, որ նույնիսկ շեյխերը նրա անունով երդվում էին:

Գևորգը հաճախ միայնակ էր շրջում: Այնքան գնացել-եկել էր բեկերի քյոշկերի մոտով, որ նրանց շները այլևս դադարել էին նրա վրա հաչելուց: Պատահում էր, որ հայ գյուղերին մոտենալիս զանգակները խփում էին և մարդիկ իրար աչքալույս էին տալիս, թե՝ «Գևորգ Չաուշը եկավ»:

Երբեմն, ուշ գիշերով, նա անսպասելիորեն մտնում էր քրդական որևէ բնակավայր և նրա մեծավորի դուռը ծեծելով, ասում. «Ի՞նչ եք մեռածի պես քնել, աղա: Գևորգ Չաուշին այս մութ գիշերին հերիք չէ՞ սպասեցնեք քյոշկի առաջ: Դուռը շուտ բացե՛ք՝ դոնաղ եմ եկել»: Եվ ահաբեկված աշիրեթապետը կամ աղան դուռը բանալով, խոնարհաբար դիմավորում էին հարկու Գևորգին, համբուրելով նրա ձիու ասպանդակը:

Գևորգը երկար չէր մնում այդտեղ: Հասկացնում էր, որ ինքը պարզապես այդ գյուղի մոտով անցնելիս ուզեցել է մի կարճ պահով հանդիպել իր ծանոթ քիրվային, նրա քեֆը հարցնել և շարունակել ճամփան:

Բայց այս գիշերային այցը մի քիչ տարբեր էր: Ֆաթիմ անունով մի դաժան հարկահավաք տուրքեր գանձելիս անասելի նեղություն էր պատճառում հայ և ասորի գյուղացիներին:

Գևորգը ինձ ոլորապտույտ ճանապարհներով տարավ և կեսգիշերին կանգնեցրեց այդ հարկահավաքի քյոշկի առաջ: Դուռը զարկեց.

— Ֆաթի՛մ էֆենդի՛, Ֆաթի՛մ էֆենդի՛:

Ոչ մի ձայն:

Ֆաթիմը մի հայ ծառա ուներ, անունը Համտի:

Համտին դռան ետևից հարցրեց.

— Ո՞վ եք:

Ես ցածր ձայնով հուշեցի.

— Եկողը Գևորգ Չաուշն է, դուռը բաց:

Գևորգը հարցրեց.

— Ֆաթիմ էֆենդին տա՞նն է, իրեն տեսնել կուզեմ:

— Տանն է, բայց քնած է, — ծանուցեց Համտին դռան արանքից:

— Գնա՛ իրեն քնից հանիր և ասա, որ շեմքին կանգնածը Գևորգ Չաուշն է: Մուշից է եկած և հատկապես կուզի իրեն տեսնել:

Համտին գնաց եկավ՝ թե աղան խոր քնած է:

— Քեզ ասում եմ՝ գնա աղայիդ արթնացրու և հայտնիր իրեն, թե եկողը Գևորգ Չաուշն է:

Համտին նորից գնաց և մենք լսեցինք, թե ինչպես նա բավական անվախորեն արթնացնում էր իր աղային.

— Ֆաթի՛մ էֆենդի:

Արձագանք չկար:

— Ֆաթի՛մ էֆենդի, — նորից հնչեց Համտին:

— Ի՞նչ կա:

— Գևորգ Չաուշն է եկել և հատկապես կուզի քեզի տեսներ

— Գևորգ Չաու՞շը: — Ու մենք զգացինք, թե ինչպես աղայի ձայնը դողաց:

— Փեթար աղային սպանո ղ Գևորգ Չաուշը, — կմկմաց Ֆաթիմ էֆենդին ու լեզուն փաթ ընկավ:

— Ուրիշ չաուշ չկա, — պատասխանեց ծառան:

— Հիմա ո՞րտեղ է:

— Կանգնած է շեմքին:

— Հարցրու, թե ինչ կուզի:

Համտին վերադարձավ.

— Ֆաթիմ էֆենդին կհարցնի, թե Գևորգ Չաուշը ի՞նչ կուզի:

— Գնա իրեն ասա, որ Գևորգ Չաուշը կուզի չորս հարյուր ոսկի:

Համտին ետ գնաց.

— Գևորգ Չաուշը կուզի չորս հարյուր ոսկի, — ասաց նա: Ապա իր կողմից ավելացրեց, — որպես տուգանք ժողովրդի տուրքերը հավաքելիս նրանց պատճառած չարչարանքների և առած կաշառքի դիմաց:

— Ինչու՞ այդքան շատ կուզի:

— Չգիտեմ, աղա, իր ուզածը չորս հարյուր ոսկի է:

— Աղեկ: Ես իր ուզած ոսկին կտամ, բայց իրենից խոսք առ, որ այդ գաղտնիքը մեր մեջ կմնա:

Ես ճեղքից տեսա, թե ինչպես Ֆաթիմ էֆենդին շապկանց ելավ անկողնից, խալաթը վրան առավ, ճրագը ձեռքին մտավ ինչ-որ տեղ և քիչ անց մի տոպրակ բերելով, դողդողալով հանձնեց ծառային:

— Ուղիղ չորս հարյուր հատ է: Իմ ասածը չմոռանաս:

— Գևորգ էֆենդի, — տոպրակով ոսկին մեզ տալով ասաց ծառան, — Ֆաթիմ էֆենդին խնդրեց, որ Գևորգ Չաուշը իր խոստումը կատարի՝ առանց գաղտնիքը մեջտեղ հանելու:

— Հարկավ կկատարեմ, — ասաց սասունցին և Համտիին գիշեր բարի մաղթելով, հարկահավաքի դուռը ծածկեց:

Ես ոսկին շալակեցի ու գնացինք:

Գևորգ Չաուշը գիտեր, թե սուլթանի այդ անխիղճ պաշտոնյան ո՛ր թշվառ գյուղացիներից էր կորզել այդ գանձը:

— Քեռի Հուլիանոս, քնա՞ծ ես: Էս քանն ոսկին առ ու վաղը գնա լծկան գնիր քեզ համար: Ասորի Սահակ, տեսնում եմ երեխաներդ քաղցից շուռումուռ են գալիս վերմակի տակ: Էս տասնհինգ ոսկին առ ու մի քիչ հաց ու թացան առ մանուկներիդ: Խնամ Մարտիրոս, վերցրու էս տաս ոսկին ու մարագիդ՛ գերանները նորոգիր:

Այսպես գյուղից-գյուղ անցնելով և շինականների տանիքները բարձրանալով, Գևորգ Չաուշը ամեն մեկի երդիկից ցած էր գլորում մի բուռ ոսկի:

Մոտեցանք վերջին գյուղին:

Այստեղ մենավոր մի տուն կար: Չաուշն ինձ տարավ կանգնեցրեց այդ տան պատի տակ: Մազե պարանին, որի մի ծայրը կապված էր բարդի ծառից, սպիտակին էր տալիս մի անդրավարտիք, կողքին մի զույգ գուլպա: Տան տերը մի տարի առաջ լքել էր տունը և գնացել: Կինը ամեն շաբաթ լվանում էր բացակա ամուսնու շորերը և լվացքը փռում պարանին, որ անցնող-դարձողը իմանար, թե տանը տղամարդ կա: Երբեմն էլ, պատի տակ կամ տանիքին նստած, մի շապիկ կամ անդրավարտիք ծնկանը դրած, կոճակ էր կարում կամ օղակ լցնում՝ դարձյալ այդ նպատակով:

Երբ հարցնում էին.

— Սալվի, ու՞ր է Մկրոն:

— Քաղից նոր եկավ՝ քրտնած պառկած է, — պատասխանում էր Սալվին, շարունակելով իր կարը: Մի ուրիշ անգամ ասում էր. «Մկրոն սար է գնացել», կամ թե՝ «ջուր եմ դրել, որ Մկրոն լողանա»: Եվ այսպես, տղամարդու մի շապիկ կամ շալվար դրսում կախելով, կամ կոճակներ շարելով ու օղակներ լցնելով, Սալվին շաբաթներով, ամիսներով ամոթխածությամբ թաքցնում էր ամուսնու բացակայությունը, հույս ունենալով, որ մի օր Մկրոն տուն կգա, մինչդեռ ամուսինը անվերադարձ հեռացել էր տնից, իրեն մենակ ձգելով: Պատկից հարևանները գլխի էին ընկել, որ ամուսինը տանը լի, բայց չէին ուզում Սալվիին զրկել իր երջանիկ խաբկանքից: Նրանցից մեկ-երկուսը նկատել էին, թե ինչպես ուշ գիշերին, երբ գյուղը քնած էր, Սալվին ճրագի տակ նստած հեկեկում էր մենակությունից: Երբեմն շեմքը դուրս գալով, երկար նայում էր պարանից կախված անդրավարտիքին և բրդյա հաստ գուլպաներին, մոտենալով ուղղում էր լվացքը և դանդաղ մտնում էր ներս, լուսնի շողերի տակ չորացնելով իր կարոտի արցունքները:

Մենք էլ տեսանք կիսամթնում պարանի վրա օրորվող այդ «սուտ լվացքը»: Գևորգը անաղմուկ մոտեցավ և տասնհինգ ոսկի փաթաթեց անդրավարտիքի փողնոցի մեջ, դաշտեցի այդ լքված մենավոր կնոջ համար:

Լուսադեմին մեզ մոտ մնաց ընդամենը տաս ոսկի:

— Էս տաս ոսկին էլ քեզ, դու էլ ինձ հետ ամբողջ գիշերը չարչարվեցիր: Գնա քեզ համար զենք առ, — ասաց Գևորգը, վերջին ոսկիները իմ բուռը դնելով:

Երկու օր հետո ես մի հրացան ձեռքիս ներկայացա Գևորգ Չաուշին:

ՖԻԴԱՅԻՆԵՐԸ

Ուրախացավ Գևորգ Չաուշը իմ ձեռքին զենք տեսնելով:

Այդ նույն օրն էլ նա ինձ առաջնորդեց Բերդակի սարը:

Աղբյուր Սերոբը Նեմրութի վրա էր շրջում, իսկ Գևորգ Չաուշի և իր հայդուկների ապաստանը Ալվառինջի, Մառնիկի և Բերդակի սարերն էին:

Կեռումեռ կածանով մտանք մի թավ անտառ:

Այդտեղ էին ապրում հայ ֆիդայիները:

Վայրը մի բացատ էր՝ կաղնիներով շրջապատված:

Գևորգը ինձ տարավ կանգնեցրեց ստվերախիտ մի կաղնու տակ:

Հայդուկները նստած էին կոճղերի ու ժայռերի վրա, ոմանք թիկնած էին ծառերի բներին:

Շատերին ճանաչեցի:

Սպաղանաց Մակարի կողքին նստած էր Գալեն, Շմլակի կիրճում Անդրանիկի տված հրացանը գրկած: Ապա հերթով շարված էին Պայթող Աղբյուրի մյուս լեռնականները — Փեթարա Մանուկը, Փեթարա Ախոն և Փեթարա Իսրոն: Մորուք Կարապետը և Արծիվ Պետոն առանձին էին նստած: Չոլոն թիկնել էր Շենիքցի Մանուկի կողքին: Սրանց առջևում կիսաթեք մեկնված էր Լաճկանցի Արթինը՝ վազրաղեմ մի հայդուկ, աչքերը հառած Շենիքցի Մանուկի զենքին: Այս երկու սասունցիների մեջ վեճ կար: Արթինը բարձրաձայն գանգատվում էր, որ իր ատրճանակը հին տեսակի է, բավական ծանր, և միջոց էր որոնում փոխանակելու Մանուկի տասնոցի հետ: Վազրաղեմ հայդուկի և Շենիքցի Մանուկի վեճին ներկա էին Մառնկա Պողեն և Դաշտեցի մի տղա, որին կոչում էին Ալիզռնանցի Մուքո: Երկու ուրիշ հայդուկ մի ծառի տակ նըս– տած տամա էին խաղում: Մեկը իմ ծանոթ Արտոնքա Զնդոն էր, իսկ մյուսը խասգյուղացի էր՝ Բամբկու Մելո անունով: Նրանց գլխավերևում մի երիտասարդ զինված հայդուկ էր կանգնած Ալվառինջ գյուղից — Սեյդո Պողոսն էր, վանքի կռվի հերոսներից մեկը: Սա աչքով թեև խաղին էր հետևում, բայց ուշադրությունը, որքան նկատեցի, ամբողջապես Լաճկանցի Արթինի և Շենիքցի Մանուկի կողմն էր, տեսնելու, թե ինչով կվերջանա այդ երկու լեռնականների վեճը: Իսկ այդ վեճը արդեն ծավալվել էր:

— Ձեր տունը հարուստ է, դու ինչու՞ ես զենք առել և դարձել հայդուկ, — ասում էր Լաճկանցի Արթինը: Շենիքցի Մանուկն առարկում էր, ասելով, թե Մարութա վանք կամ ս. Կարապետ ուխտի գնացողները չեն ընտրում քոսոտ այծեր, այլ իբրև մատաղացու զերադասում են զեր ու պարարտ այծերին: Հետևապես Հայաստանի ազատագրության զոհասեղանին մատաղվելու արժանի են նախ և առաջ ունևոր հայերը:

Այդ խոսքի վրա, բոլորովին աննկատելի, իմ կողքին հայտնվեց մի գեղադեմ հայդուկ՝ երկար թարթիչներով: Գրեթե իմ հասակին էր, բեղերը փոքր-ինչ թավ և հոնքերի կամարը շեշտված: Մշո գյուղերից էր և անունը

Տիգրան: Դա այն զինվորն էր, որ Վանքի կռվին ձեռքը կրակ բռնած վառել էր սուլթանի բանագնացների գլանակները, սարսափ ազդելով գլխավոր բանագնաց Մուխտի էֆենդուն: Տիգրանը մի ձեռքով իմ վիզը գրկեց, մյուսով ետևից տնտղեց իմ մեջքը, կարծես կամենալով ստուգել, թե արդյոք ես լա վ մատաղացու եմ, թե ոչ: Ապա սև ընչանցքները կարմիր այտերի վրա ոլորելով, գնաց դեպի վիճաքանողների կողմը:

Ֆիդայիներից մեկը մի կոճղի առաջ չոքած հրացանի փականակն էր բարկությամբ չխկացնում: Դա գյուղեքի սերտն ու փուչը որոշող սասունցի Կարկուտ Թաղեն էր, որին ես տեսել էի Աղբյուր Սերոբի խմբում: Սա միշտ առաջինն էր պայթեցնում գնդակը: Թաղեն մասնակցել էր շատ կռիվների: Չդիմանալով հայդուկային զենքի կարգապահությանը, դեռևս Խլաթում եղած ժամանակ Թաղեն առել էր իր չախմախլին և ընկել սարերը: Վերջում մենակությունից ձանձրանալով, եկել միացել էր Գևորգ Չաուշի խմբին:

Սերոբ Աղբյուրի խմբից մի ուրիշ հայդուկ էլ կար այդտեղ. դա մանազկերտցի Հաջի Գևոն էր, այն յոթ զինվորներից մեկը, որ Շենիքից Սեմալ էր փախել Անդրանիկի հետ:

Հասանո անունով քոյողավոր մի քուրդ Հաջի Գևոյի կողքից անցնելով, եկավ կանգնեց Գևորգ Չաուշի թիկունքին և ձեռքը կրծքին դնելով, խոնարհ բարև տվեց ինձ: Հասանոն փոխանակված էր մի հայ զինվորով և համարվում էր Գևորգ Չաուշի հավատարիմ թիկնապահներից մեկը: Երբ հարկ էր լինում որևէ պատգամավոր ուղարկել Խութա մեծավոր Ղասմբեկի մոտ, Հասանոն միշտ առջևից էր գնում, որ իրենց վրա հարձակում չլիներ բրդերի կողմից:

Բացատի վերջավորությանը մի պատանի հայդուկ զբաղված էր ծառերի չոր ճյուղերը կեղևելով: Խնուսի Հարամիկ գյուղից էր: Սրա պաշտոնն էր չոր փայտերից անծուխ կրակ վառել: Մեկ առ մեկ վերցնում էր ճյուղերը, զննում ոստոտ տեղերը և կեղևը երկարությամբ մաշկում: Երկար տարիներ նա պետք է կեղևեր ծառերի ճյուղերը, մինչև որ որևէ կռվի մեջ քաջություն ցույց տար և նրան արտոնություն տրվեր հրացան կրելու՝ ավելի մեծ ճակատամարտերի մասնակցելու համար: Մինչև այդ շատ կռիվներ էին եղել, բայց նա դեռ ոչ մի կռվի մասնակցած չկար: Վրան ոչ մի վերք ու սպի չուներ: Ֆիդայիները նրա անունը ծաղրանքով կնքել էին «Բրինդար»՝ այսինքն վիրավոր:

«Բրինդարի» մոտ մի հին թամբի կռթնած նստած էր մի ուրիշ հայդուկ, անունը Բարսեղ: Միջահասակ էր, շեկլիկ բեղերով: Աչքերը մի քիչ շիլ էին: Բարսեղը Գևորգի ձիապանն էր: Միաժամանակ հսկում էր, որ ֆիդայիները ճանապարհին ծխախոտ չվառեն կամ վառելիս կրակը բռնեն ձեռնափայտի մեջ և մնացորդները գետին չգցեն: Իրենց գյուղում ծխախոտի մշակությամբ էր զբաղվել և միշտ մոտը, տոպրակի մի անկյունում կամ գոտու տակ, մանր թութուն ուներ պահած: Երբեմն ինքն էր գլանակ փաթաթում և հրամցնում այս կամ այն զինվորին:

Սև բեղավոր մի հայդուկ գլուխը Հաջի Գևոյի թիկունքին դրած

ակնապիշ ինձ է նայում: Դեմքը ծանոթ է: Մտածում եմ, թե որտեղ եմ տեսել նրան: Աստված իմ, մի՞թե Ֆրանկ — Մոսոն է: Այո, այդ նա է, նորշեն գյուղի այն երիտասարդ շինականը, որի կինը պարտվել էր սամիրով ճաշի կռվում, իրենց գյուղի հողային սահմանը որոշելու ժամանակ: Հիշում եմ, բերդակցու կնոջ եփած սամիրով ճաշը ինձ բաժին ընկավ: Ի՜նչ սահման, ի՜նչ օրենք: Տեղական այդ բոլոր գժտությունները հետևանք են մի համատարած անիրավության, ասել էր վշտացած գյուղացին: Ֆրանկ-Մոսոն թողել էր միջգյուղյան փոքրիկ վեճը, պարանի կապոցը և ցցափայտերը իմ ձեռքից առնելով բարկությամբ շպրտել էր սահմանագլխին և անութի տակ մի հրացան սեղմած՝ շտապել էր Բերդակի սարը՝ իր ազգի համաշխարհային վեճը լուծելու:

Այդ վեճը լուծելու համար դեռևս Խաթավինի կռվի օրերից զենքի տակ էր մտել նաև Առղա Զորիկը:

Ուրիշներ էլ կային՝ Աղջնա Վահանը, Կուրավա Շմոն և Ծուռխաչ Հազարիկը: Այս վերջինի մոտ ամեն ինչ ծուռ էր. խաչը երեսին ծուռ էր հանում, գդակը ծուռ էր դնում, գոտին ծուռ էր կապում: Կարկուտ Թադեին հակառակ, սա միշտ ուշացումով էր կրակում և երկուսից մեկը անպայման ծուռ: Հազարիկը տեղից տեղ գնալիս ֆիդայիների ավելորդ բեռներն էր շալակում և հսկում, որ հայդուկները լուսնյակ գիշերներին հրացանները ուսերին չդնեն, փայտե կոթերը միշտ պահեն լուսնի կողմը, որ չփայլեն:

Իսկ դեղնած ականջներով Շմո՞ն: «Ա՜խ, ե՞րբ կլինի, որ արդարությունը աքաղաղի պես ելնի տանիք ու գոռա թե՝ վեր կացեք, ես եկա», — այս խոսքն էր միշտ սրա բերանին: Շմոն գտնում էր, որ աշխարհը չափազանց անկատար է շինված: Աստծո վեց օրում շինած աշխարհը ի նչ պետք է լինի, — գանգատվում էր Շմոն, և դեռ հացրել է մարդ ստեղծել — ըստ նրա աստծո ամենաանկատար արարածը:

Լեռնային քարուտներից մեկում Կուրավա Շմոն պատահմամբ գտել էր ուրարտական ցորենի մի հազվագյուտ տեսակ, ընդհամենը մի քանի հասկ՝ անսովոր խոշոր հատիկներով: Նա զարմացել էր աստծո խելքի վրա, որ այդ փոքրիկ վայրում այդքան շատ քար էր կուտակել, իսկ Մշո դաշտում մի հատիկ քար չէր թողել, որ մաճկալը հերկում էր խիլիս իր ծուռ գնացող եզան կողին խփի: Շմոն փորձի համար ցանել էր այդ ցորենի սերմը և ստացվել էր ապշեցուցիչ բերք: Ձապել էր իր ուրախությունը և այնպես արել, որ ոչ ոք չիմանա այդ մասին, որ հանկարծ չընկնի սուլթանի ձեռքը: Ջրաղաց էլ չէր տարել, որ տեղը չգտնեն, սերմացուն չգողանան: Որոշել էր, որ երբ Հայաստանը ազատագրվի, այդ սերմը շաղ տա ազատագրված Հայաստանի հողի մեջ, առաջին հերթին, իհարկե, Մշո դաշտում:

Եվ անհամբեր սպասում էր արդարության աքաղաղի կանչին:

Աբդելոն էլ այնտեղ էր, ասորի ցեղապետի որդին: Նրան կոչում էին Ցոթ Գդալի Աբդելո, որովհետև բերված էր Ցոթ Գդալի դաշտից:

Աբդելոյի աջ ու ձախ կողմերում թիկնած էին երկու երիտասարդ հայդուկներ՝ Ցրոնաց Մշիկը և Ավրանա Արամը:

Հին զինվորներից էր նաև սասունցի Կամե Գասպարը: Գասպարը քիչ էր լինում Բերդակի սարում: Նրա անելիքը ամբողջապես դրսի հետ էր: Այդ տալվորիկցի հայդուկը հարուստ հայերի անասունները փախցնում-ծախում էր քրդերին, քրդերից փախցնում ծախում էր հայերին և դրանով գումարներ հայթայթում ազատագրական շարժման համար:

Սրանք էին կազմում Գևորգ Չաուշի ֆիդայական խմբի կորիզը Սերոբ Աղբյուրի մահից հետո: Բոլորը հավաքվել էին Բերդակի անտառում, որ իրենց ազգի վեճը լուծեն: Սրանք էին այդ օրվանից իմ ընկերները և սրանց հետ էր անցնելու իմ հայդուկային

կյանքը: Իմ առաջին փորձնական շրջանն անցել էր և չկար այլևս առաջվա անհոգ, անմիտ պատանին:

Իմ շուրջը նստած հայդուկները քաջակազմ մարդիկ էին, տապից ու պաղից թրծված երեսներով: Ոմանք ալեհեր էին, ինչպես Սպաղանաց Մակարը, որ մեծացել էր բազում կռիվների մեջ: Հագած էին լայն տաբատներ և գույնզգույն բաճկոններ՝ կարմիր ու դեղին նախշերով: Գոտիներին ամրացած էին կաշվյա քառակապ փամփշտակալներ՝ պպղուն փամփուշտներով: Փամփշտակալները քողարկելու համար բոլորն էլ անխտիր հագած էին անթև աբաներ: Կողքերին կապած էին տասնոց մաուզեր և դամասկոսյան կեռ դաշույններ: Գլուխները ծածկած էին արախչի կամ գդակ՝ մուգ կարմրավուն փոլշիներով ոլորած: Յուրաքանչյուրը մի պայուսակ ուներ մեջքին կապած և մի ճոկան՝ ժայռերը մագլցելու համար:

Գևորգ Չաուշը ինձ ներկայացրեց խմբին և ասաց, որ ես վերջին կռվին վանքի նկուղից քաջաբար դուրս եմ բերել Անդրանիկի ձին, ճեղքելով թշնամու շղթան, իսկ մինչ այդ մեծ դժվարությամբ Տատրակ գյուղը Հասնելով, գտել-բերել եմ Արաբոյի տան «Կոճղեզ» ավետարանը, որ Հայդուկները երդվեն նրա վրա և ես առաջիններից մեկն եմ, որ երդվել եմ այդ ավետարանի վրա: Իբրև արժանիք նշեց նաև, որ Սասանի բովանդակ պատմության մեջ ինձ է բախտ վիճակվել կարդալու Մոսե Իմոյի բերած թագավորական թուղթը: Որ ես իբրև մշեցի դիտակից երիտասարդ, այդտեղ գալով ուխտել եմ մատղվել Հայաստանի ազատագրության Համար: Ապա կարգադրեց, որ ինձ փամփշտակալներ բերեն:

Ինձ անմիջապես տվեցին մի զույգ փամփշտակալ, որ ես ձգեցի իմ ուսերի վրայով: Վրան Հագա մազոտ աբա: Աբայի վրա կապեցի պայուսակ, որի մեշ կար մի խզակոթ, երկու ասպանդակ, մի սանձ, մի վիմադարձ, երկու զույգ գուլպա և տրեխ և մի ոսկրե սանր: Պայուսակին ամրացած էր մի փոքրիկ տոպրակ՝ մեջը մի քանի բուռ բոված կորեկալյուր և մի կտոր չորթան իբրև նեղ օրվա պարեն:

Երբ արտաքնապես փոխվեցի և չափլին հրացանը թևիս տակ առա, թվաց, թե ամբողջ աշխարհը ինձ տվեցին:

Բայց դրանով չվերջացավ իմ կերպարանափոխությունը:

Մշեցի Տիգրանը, որ քիչ առաջ տնտղել էր իմ մեջքը իմանալու, թե ես լավ մատաղացու եմ թե ոչ, Հանկարծ Հեռվից սուր աչքով չափեց իմ Հասակը և ձիապան Բարսեղից երեք արշին ճերմակ կտավ առնելով, արագ մոտեցավ ինձ: — Սա էլ քո պատանքն է, — ասաց նա և բոլորի ներկայությամբ կտավը երեք տակ ծալելով կոխեց պայուսակիս մեջ:

Խմբի մեջ միայն մի քանիսը պատանք ունեին, և ինչպես քիչ Հետո իմացա, դրանցից մեկը Մառնկա Պողեն էր, մյուսը՝ Ծուռխաչ Հազարիկը, իսկ երրորդը՝ անտառում անծուխ կրակ վառող խնուսցի պատանին:

Ինձ էլ պատանք տվին և երևի դարձյալ այն պատճառով, որ իբրև նորեկ Հենց սկզբից ընտելանամ իմ ճակատագրին:

Պատա՛նք: Ի՜նչ սարսափելի բառ է:

Այդ պահին բոլորը շեշտակի նայեցին ինձ, տեսնելու, թե ինչ տպավորություն կգործի այդ երեք արշինանոց կտավը ինձ վրա:

Ու այդպես, ես դարձա ֆիդայի:

Գևորգ Չաուշը ինձ ցույց տվեց մի կոճղ Կարկուտ Թադեի և Հաջի Գևոյի կողքին և ես մոտենալով բազմեցի վրան:

Երբ ամեն ինչ պատրաստ էր, Չաուշը իր մոտ կանչեց կաթի պես սպիտակ երեսով մի զինվորի, որ Հեռավոր մի գերանի նստած իր ուսապարկն էր կարում:

— Եկ էստեղ, Միսակ, — ասաց Գևորգ Չաուշը, — մի խաղ ասա լսենք:

Միսակը Գևորգ Չաուշի երգասացն էր և նրա թիկնապահ ներից մեկը: Ծնվել էր Մշո դաշտի Ալաղին գյուղում:

Գրեթե բոլոր Հայդուկները երգել գիտեին: Փեթարա Մանուկը Հայտնի «Բերիվանի» երգող էր: Հաջի Գևոն անՀման լոլո շվշվացնող էր: Լավ ձայն ուներ նաև Մորուք Կարոն, բայց ուրիշ էր, երբ Ալաղին Միսակն էր երգում: Այնքան Հայտնի խաղասաց էր, որ Գևորգը Նրան երբեմն ուղարկում էր մինչև Արաղայի դաշտ՝ իր երգով քրդական բեկերին նվաճելու:

Միսակը մոտեցավ և նստեց Գևորգ Չաուշի կողքին, գերանի վրա ու ձեռքը դրեց ականջին: հախ նա երգեց ֆիդայիների երգը:

Աշխարհում ֆիդային ոչ մի Հարստություն չունի: Նա օթևան չունի: Յոթ օրից ավելի ֆիդային իրավունք չունի մնալու նույն տեղում: Նա անվերջ շարժման մեջ է: Երբ բոլորը քնած են, ֆիդային ելնում է ոտքի: Նա զրկված է լուսաբացի քաղցր քնից: Ոչ ոք չպիտի իմանա, թե ֆիդային ինչ ուղղությամբ անհայտացավ խավարի մեջ, ո՞ր ձորից ելավ և ո՞ր սարի լանջերով գնաց: Գյուղ մտնելիս ֆիդայու իջևանը Հայ լեռնականի գոմի կամ մարագի մութ անկյունն է: Երբ ձմեռ է, նա պետք է գտնի որևէ քարայր և մտնի մեջը մինչև գարունը բացվի, կամ սառած ձյունը փորի և ծածկվի ձյունի տակ՝ մի աննշան ճեղք թողնելով լույսի և օդի համար:

Ֆիդայիի գերեզման չունի: Նրա ամենամեծ բաղձանքը կռվի մեջ մեռնելն է՝ ազատության երգը շուրթերին և գրնդակը ճակատին:

Այս էր այդ երգի բովանդակությունը:

Գևորգ Չաուշը կարծես արեց այդ երգի միջոցով ինձ հոգեբանորեն նախապատրաստել այն մեծ առօրյային, որ այնուհետև կազմելու էր իմ կյանքի իմաստը:

Ապա Սպաղանաց Մակարի պատվերով Ալադին Միսակը երգեց Արաբոյի երգը:

«Արաբո՛, Արաբո՛, ֆիդայությունը կրակե շապիկ է: Հազար ընտրյալից մեկին է վիճակված այդ շապիկը հագնել, և դու առաջին ընտրյալն էիր Մշո դաշտում, որ այդ շապիկը հագար:

Արաբոն սպանվել է Գյալարաշի ձորում՝ իր նպատակին չհասած, բայց ժողովուրդը չի հավատում, թե նա մեռած է: Կարծում է, թե նա ողջ է, և գործում է Սասնո լեռների մեջ: Տիլիբոզ է Արաբոյի ձիու անունը: Մառնիկա սարից դեպի Շմլակի կիրճը տանող ճանապարհին, Մ ուշից դեպի հարավ-արևելք կանգնած է առեղծվածային մի գագաթ — Սմբատասարը: Այդ սարի վրա մի հին բերդ կա: Է՜յ, երանելի անցորդ, եթե բարձրանալու լինես դեպի այդ բերդը,. իմացիր, որ այնտեղ Արաբոն է ապրել և այդ սարի քերծերին է դիպել նրա նժույգի սմբակը: Այդ սարի վրա էր, որ լուսահոգի Արաբոն, երբ առաջին անգամ Մշո դաշտը տեսավ, ասաց. «Ես որ Մշո դաշտը տեսա, էլ ընձի մահ չկա»: Սմբատասարի հյուսիս և արևմտյան կողերը ժայռոտ են իրենց տակ բացվող անդունդով: Այդ անդունդի միջով անցնող ջուրը գալիս է Մառնիկի վրա, անցնում է Հավատորիկի ձորով և Պստիկ բերդի տակով դնում թափվում է Մեղրագետ: Է՜յ» խելագար անցորդ, ինչու՞ ես մոլորվել Պնտխներ և Մառնիկ գյուղերի մեջտեղ: Այնտեղ է հավերժորեն կանգնած Սմբատասարը: Այդ լեռն ի վեր ելնելիս նժույգի մի հեռավոր ու խուլ խրխինջ կհասնի ականջիդ: Մի՛ փորձիր իմանալ, թե որտեղից է գալիս այդ ձայնը՝ գետնի տակից, անդունդի միջից, թե երկնքից: Մառնիկ գյուղի երիտասարդները, որ մոմիկներ վառելով ու հարդ թափելով են գտնում դեպի բերդի ներսը տանող ճամփան, չեն իմացել այդ գաղտնիքը, դու էլ չե՛ս իմանա: Որքան դեպի վեր ելնես, այնքան խրխինջը կհզորանա: Ժողովուրդը հավատացած է, որ դա Արաբոյի ձիու խրխինջն է: Եվ քաջ ֆիդայիները տարին երկու անգամ դեպի Սմբատաբերդն են մագլցում Տիլիբոզի խրխինջը լսելու համար: Արաբո՛, Արաբո՛, դու առաջին ընտրյալն էիր, որ ֆիդայության կրակե շապիկը հագար Մշո դաշտում»:

Արաբոյի երգը տակնուվրա արավ իմ հոգին: Մի՞թե ես եղել էի այդ առասպելական հեծյալի հետ: Մի՞թե նա ինձ նստեցրել էր իր հեքիաթային նժույգի թամբին:

Գևորգ Չաուշը նույնպես խստորեն հուզվեց: Ծերունի Մակարը գլուխը Գալեի թիկունքին դրած, հուզմունքից խածեց իր բեղի ծայրը.

— Թոնքի,— գոչեց հայդուկապետը, կոճղի վրայից ելնելով:

Մեր ուսապարկերը հանեցինք, զենքերը հենեցինք ծառերին, ու պարն սկսվեց:

Ո՞վ է տեսել աշխարհում այդպիսի պար: Նախ կանգնեցին որպես պարիսպ, ապա ցնցեցին ուսերը, թափ առան և խոյացան առաջ: Տե՛ս ինչպես է պարում Փեթարա Խրոն— Գևորգ Չաուշի կապարճակիրը: Ուսերի վրայով իրար են հյուսվել Արտոնքա Ջնդոյի, Մշեցի Տիգրանի և Բամբկու Մելոյի թևերը: Ոտքերի խրոխտ դոփյունով նետվում են առաջ և մոլեգին արագությամբ քաշվում ետ: Գևորգ Չաուշը, քուրդ Հասանոն և Մառնկա Պողեն միասին են պարում: Ինձ էլ քաշեցին շղթայի մեջ: Իմ մեջքին ոլորվեցին Ալիզոնանցի Մուքոյի և Ծուռխաչ Հազարիկի ձեռքերը: Հազարիկի մեջքին ծալվեց Հաջի Գևոյի բազուկը: Զիապան Բարսեղը, Ալադին Միսակը և Մեյրո Պողոսը միացան շղթային:

Ֆրանկ–Մոսոն էլ:

Ցրոնաց Մ ուշիկն ու Ավրանա Արամն էլ եկան: «Բրինդարը» բորբոքեց անծուխ կրակ և Առղա Զորիկի և Աղջնա Վահանի հետ նետվեց պարի մեջ: Պարի մեջ նետվեցին նաև դեղնած ականջներով Շմոն և ասորի Աբդելոն: Սկսվեց «Ծափպարը»:

Այստեղ գլխավոր պարողները սասունցիները եղան: Այդ ոչ թե պար էր, այլ հողմի շառաչ: Զույգերով կանգնեցին ճակատ–ճակատի: Ծունկի են իջնում, բարձրանում, օրորվում և պտույտներ գործելով ձեռքերը թափով բախում են իրար: Նորից են չոքում, կռանում, կանգնում և նորից շառաչելով բախվում են միմյանց: Միայն մի անգամ վրիպեց Արծիվ Պետոն: Մորուքը ուշացավ: Պետոն երեք անգամ պտույտ գործելով և ծաՓ զարկելով, Սպաղանաց Մակարին և Կարկուտ Թադեին՝ շրջանցելով, ձեռքի թաթերը թափով իջեցրեց դիմացի զույգ կեչիներին:

Ու այսպես պարելով էլ նրանք հոգնած թափվեցին ծառերի տակ, իրենց զենքերի և ուսապարկերի վրա, իրենց պատանքների վրա:

ԱՌԱՋԻՆ ԳԻՇԵՐԸ

Այդ Գիշերը Գևորգ Չաուշը ինձ պահակ կարգեց անտառում:

Ահա գետնին երկարած կամ ծառերի բներին թիկն տված պառկած են հայդուկները: Պառկած են ամեն մեկը իր զենքը գրկած: Ոմանք հարմար քարեր են դրել իրենց գլխատակին՝ վրան ուսապարկը իբրև բարձ: Մեջքի վրա աժդահայի պես տարածվել է Սպաղանաց

Մակարը: Հոգնեց ծափպարից: Խարույկի մոտ պպզելով կրակից հանեց կիսեփ խորոված ի մի շաքան, վրայից թափ տվեց աժուխի կտորները և մոխրախառն կերավ: Մի հարված տվեց Գալեի մեջքին, մի թեթև հարված Փեթարա Մանուկի թիկունքին և Լաճկանցի Արթինի կողքից անցնելով, հոգնած շուռ եկավ նրանց մեջտեղ: Պառկած է հանգիստ, գլուխը իր իբացանի խզակոթին դրած: Հին է այդ հրացանը: Նրա կոթը երկու անգամ նորոգել է Անդրանիկը՝ Տաղվրնիկի կիսամութ գոմում նըստած:

Չոլոն մեկնվել է Սպաղանաց Մակարի ոտքերի տակ, Արտոնքա Ջնդոյի կողքին: Իսկ իր ծնկներին հանգչում է Ալադին Միսակի գլուխը: Մորուք Կարոն և Արծիվ Պետոն հենց նոր քուն մտան մազոտ արաները իրենց վրա քաշելով: Փեթարա Ախոն այնպես է պառկել, կարծես ինչոր բան է փըսփըսում Մառնկա Պողեի ականջին, բայց իրապես փսփսաւ ցողները Լաճկանցի Արթինը և Շենիքցի Մանուկն են: Մանուկն ամուր գրկել է իր տասնոցը, իսկ Արթինը՝ Սմիթ ատրճանակը:

— Ա՜խ, թե քո տասնոցը կունենայի, — վերջին անգամ բավական լսելի ձայնով ասաց Լաճկանցի Արթինը և խոռ՛վածի պես շուռ գալով, բազուկները ամուր ոլորեց ճակատի տակ: Ծոծրակին երևում է մի մանգաղաձև վերք, որ արդեն սկսել է սպիանալ:

Սպիներ կան Ալիզոնանցի Մուքոյի և Մշեցի Տիգրանի թիկունքին: Իսկ ո՞վ է հաշվել Սպաղանաց Գալեի, Փեթարա — Մանուկի և Փեթարա Ախոյի վերքերը: Օ՜, եթե բաց անեք քեռի Մակարի թիկունքը: Այնտեղ կան նոր սպիներ և կան հին սպիներ, որ մնացել են դեռևս հռչակավոր «Յոթ Գդալի» ժամանակներից:

Իսկ Շենիքցի Մանու՞կը: Իսկ Չոլոն և Մորուք Կարապե՞տը: Ապա վեր կաց կանգնիր, Փեթարա Իսրո, որ քո վերքերը հաշվեմ: Իսրոն Գևորգ Չաուշի կապարճակիրն է: Այն օրը, որ Գևորգ Չաուշը նրա հայրենի Փեթար գյուղը ազատեց բըռնակալ Յուսուֆից, Իսրոն զինվոր դարձավ նրան և իր մարմինը օծեց հերոսական վերքերով:

Մառնկա Պողեն ականջը հեռացրեց կապուտաչյա Ախոյից, շուռ գալով դեպի ձախակողմ, կարծես կամենալով նրան ասեի իսկ ես իմ կռուփով օգնեցի բալաքցի ավազակապետի ոչնչացմանը, նրա շքախումբը առաջնորդելով Շըմլակա կիրճի ամենանեղ տեղը և հանձնելով վրիժառու հայդուկների կատաղի գրոհին: Քաջությամբ ինչո՞վ եմ քեզանից պակաս:

Ջնդոն էլ վերքեր ունի և Ալվառինջու Սեյդոն էլ: Ասորի Աբդելոն, որ բոլորովին վերջերս զինվորագրվեց, արդեն մի քանի թարմ դրոշմներ ունի իր մեջքին: Բամբկու Մելոն էլ զերծ չէ վերքերից, ոչ էլ ձիապան Բարսեղը, կամ ՖրանկՄոսոն: Կարկուտ Թադեի անրակը առաջին անգամ կարմիր ներկվեց Նեմրութի լանջին, երբ Աերոբ Աղբյուրից գաղտնի անգգույշ կրակում էր մի ժայռի չոքած: Քուրդ Հասանոն կյանքը վտանգի տալով երկու անգամ մահից փրկել է Գևորգ Չաուշին:

Իսկ կարծում եք Ավրանա Արամ՞ը վերքեր չունի, կամ թեկուզ Ծուռխաչ Հազարիկը: Այս հայդուկը դաշույնի մի ծուռ հարված ունի իր գոտկատեղում և ոսպաձև մի սպի փորի վրա: Պատանքը տոպրակ է շինել և մտել մեջը: Այդպես էլ քնած է: Այդպես էլ գուցե մեռնի մոտակա կռիվներից մեկում, որովհետև կարճ է հայդուկի կյանքը. նա այսօր կա, վաղը՝ չկա:

Լուսնի շողքը մոլորվել է Մշեցի Տիգրանի մազոտ բլթակի վրա և փայլում է ինչպես մացառներում կորած հուլունք: Նրա մի կողքին Ալվառինջու Սեյդոն է պառկած, մյուս կողքին՝ Ալիզռնանցի Մուքոն: Սեյդոն ժպտում է քնի մեջ: Երնի վանքի կռիվն է հիշում: Մուքոյի զենքը չախմախլի էր: Մի տարի առաջ նա գնաց Ալիզռնան, վաճառեց իր լծկանը և զինվեց մոսինով:

Արծիվ Պետոն էլ նոր զենք ունի և պառկել է հրացանը կրծքին սեղմած, ուսապարկը շալակին: Նա հեռու է պառկած Մորուք Կարապետից և կարծես հեռվից ասում է նրան, «Է՜, Մորուք, Մորուք, դեռ ինչե՜ր պիտի անցնեն ու դառնան իմ ու քո գլխով»:

Առղա Զորիկն ու Ցրոնաց Մուշիկը քնել են մեջք-մեջքի տված: Զորիկն իր աջ թևը դրել է գլխի տակ, ծածկելով Խաթավինի կռվում ստացած հին վերքի սպին: Մուշիկի ձախ դաստակը Աղջնա վահանի ճակատին է հանգչում: վահանի կողքին Բամբկու Մելոն է պառկել, գլուխը մի մեծ կրիայի կոտին դրած:

Լո-լո-լո՜. Հաջի Գևոյի հոգին Մանազկերտի սարերումն է: Ահա նա պոկվեց Փրխուս գյուղից և գնաց միացավ Սերոբ Աղբյուրի խմբին: Երազի պես հիշում է Մանազկերտի սարերը և լոլո է կանչում: Հայդուկներից ոմանք նրան հենց այդպես էլ կոչում են — Լոլո Հաջի:

Կեցգիշերից առաջ եկավ Կամե Գասպարը: Նա էլ իր «լոլոն» ունի: Հիշում է, թե ինչպես կարմիրգլուխ ասկյարները բռնեցին իրեն Խոզվանքի ճանապարհին և հինգ փթանոց յուղով լի կճուճը պարանոցից կապած, քշեցին սարեսար, ստիպելով հայտնել ֆիդայիների թաքստոցը: Ասկյարները Գիշերը սարի վրա կրակ վառեցին և նրա վրա մի զինված ասկյար պահակ դնելով, հոգնած քուն մտան: Սասունցին մազե պարանը կամցուկ հանեց թևերից, ձեռքը գցեց ասկյարի վզին, խլեց նրա հրացանը և փախավ: Այդ զենքն է այժմ նրա մոտ և դաշույնի մի դաժան հարված թիկունքի վրա:

Այդ հայդուկներից ամեն մեկը վերքերի և հին ու նոր սպիների մի թանգարան է: Նույնիսկ Ալադին Միսակը, որ Գևորգ Չաուշի երգիչն է, մի քանի հիշատակներ ունի ֆիդայական կռիվների. ձախ ականջի կեսը չկա: Կարճաթև աբայով ծածկել է թիկունքը, գլուխը Չոլոյի ծնկներին դրած:

Բոլորից հեռու Ծուղրուղու Շմոն է տարածվել: Սրա ականջները թեև կռիվներից անվնաս են, բայց երկուսն էլ դեղնած: Պառկել է երկու կոճղերի մեջտեղ: Գլուխը չի երևում, իսկ մի ականջը կարծես կոճղին կպած փչակ լինի: Շմոն զայրացած է աշխարհի դեմ և մի ականջը գետնին սեղմած, մյուսը տնկած դեպի երկինք, սպասում է, որ արդարությունը մի առավոտ կարմիր աքաղաղի պես երևա աշխարհի տանիքին՝ բարձրագոչ շեփորելով, թե «Ռանչպար Շմո, ինչու ես պառկել Մառնիկի պաղ անտառում, ես եկա : վեր կաց, գնա քո պահած սերմը ցանիր քո երազած Հայաստանի դաշտերում»:

«Բրինդարը» պառկել է իր անծուխ խարույկի առաջ: Միակ զինվորն է, որ ոչ մի սպի չունի: Պառկել է մեջքով դեպի կրակը, կարծես ամաչելով իր ընկերներից: Դիմացը անտառն է և լուսնի ցոլքը ծառերի բներին: Նույնիսկ ծառերը վերք ունեն, իսկ ինքը չունի:

Կապարճակիր Իսրոյից և Հասանոյից ոչ հեռու, տերևախիտ կաղնու ոստոտ բթամատի վրա կիսաթեք հանգչում է Գևորգ Չաուշը: Նրա հագուստը նույնիսկ ավելի անշուք է, քան իր զինվորներինը: Կրծքին ունի խաչկապ փամփշտակալներ, երեք կարգ էլ մեջքի կողմից: Մի թևը դրել է հեռադիտակին, իսկ մյուսը՝ «Արաբոյի» վրա: «Արաբոն» իր զենքն է: Այդպես է կոչել իր հրացանը, ի հիշատակ Արաբոյի, որի զինվորն է եղել: Հայդուկապետի պայուսակը երեք աչք ունի. մի աչքում կորեկալյուր է պահում, երկրորդում՝ գլգըլ, իսկ երրորդի մեջ՝ չորթան, որ նեղ ընկած միջոցին բաժանի իր զինվորներին: Այդ պայուսակը սովորաբար Մառնըկա Պողեն է շալակում, որ թե հասակով և թե դիմագծերով շատ նման է իրեն:

Ֆիդայու ամեն մի վերքը, ամեն մի սպին դրոշմ է բռնակալության դեմ մղած անթիվ կռիվների: Իսկ Գևորգ Չաուշի կռիվները շատ են: Կռիվներ Սպաղանքի, Խոծոծի և Տատրակի մոտ: Կռիվներ Իշխան-ձորում և ս. Աղբերիկի վրա: Կըռիվներ Շմլակի Կարմիր ալուչների ձորում: Ընդամենը մի ամիս առաջ էր, որ նա հիմնահատակ բնաջնջեց Գեղաշենի ռես Ավեի գերդաստանը, մի կաղլիկ մանուկ թողնելով իբրև նմուշ նրա բովանդակ տոհմից:

Ուղիղ երեսուն և վեց հոգի են Գևորգ Չաուշի հայդուկները, ամեն մեկը մի տարբեր դիրքով և կերպարանքով պառկած: Ընչանցքների ինչպիսի բազմազանություն. և ցից բեղը կա, և կախ ընկածը, և ոլորածը:

Սրանք են իմ սիրած դասերը: Սա է այն այբուբենը, որ ես եկել եմ սովորելու: Ոմանք քնած են, իսկ ոմանք նոր նիրհեցին:

Բայց մի՞թե քուն կա հայդուկի աչքին:

Տեսե՜ք, քեռի Մակարը արթնացավ: Իմ կողքով ծանրաքայլ անցնելով, գնաց դեպի աղբյուրը: Խմեց և թաց բեղերը քամելով, նորից պպզեց կաղնեփայտի հանգած կրակի մոտ: Խառնեց տաք մոխիրը: Մի քանի պատառ փայծախ էր մնացել կրակի տակ: Փչեց վրայի աճուխները և կերավ: Ապա ուղղեց մեջքի փամփշտակալները, ստուգեց զենքը և նայեց երկնքին:

Բույլքը ելել էր:

Շուտով կարթնանան կապուտաչյա Ախոն և Փեթարա Մանուկը: Կելնեն Ալիզռնանցի Մուքոն և Աբդելոն Ասորի: Մորուք Կարոն էլ ոտքի կելնի, Արծիվ Պետոն էլ: Կբարձրանան քուրդ Հասանոն և Սեյդո Պողոսը: Ջնդոն էլ շարժվեց: Նստել է ծունկը ծնկին, գլխին թաշկինակ ծայրը աջ ականջին կախ, չորստակ փամփշտակալները կրծքին, հրացանը կողքին պահած:

Ժամն է, որ արթնանան Մշեցի Տիգրանը, Բամբկու Մելոն և Մառնկա Պողեն: Առղա Զորիկը գլուխը բարձրացրեց, նայեց Արտոնքա Ջնդոյին, մի հայացք նետեց Ավրանա Արամի և Ցրոնաց Մուշիկի կողմը և աչքը հայդուկապետի վրայով սահեցնելով կանգ առավ իր կողքին պառկած Աղջնա Վահանի վրա:

Շուտով նրանք էլ կարթնանան: Կարթնանան Ֆրանկ Մոսոն, Լաճկանցի Արթինը և Գալեն: Իսկ երբ Չոլոն շարժվեց՝ Ալադին Միսակը ոտքի վրա է: Ոտքի կելնեն Փեթարա Իսրոն, Կարպուտ Թադեն և Շենիքցի Մանուկը:

Եվ Ծուռխաչ Հազարիկը:

Եվ «Քրինդարը»:

Եվ Լոլո Հաջին:

Իսկ Կամե Գասպարը վաղուց չկա: Աղամամութն էր, երբ նա մեկնեց՝ ճանապարհին իր ծխամորճը թափ տալով Կուրավա Շմոյի ականջի մեջ, կարծելով, թե ծառի փչակ է:

Քիչ այն կողմը ինչ–որ փռշտոց է լսվում: Դրանք Գնորգ Չաուշի և իր մի քանի հայդուկների ձիերն են: Թամբած են և խուրջինները կապած: Ամեն րոպե նրանք կարող են ցատկել դրանց թամբերին և սլանալ խավարի կամ կիսամութի միջով:

ՀՐԱՇԱԳՈՐԾ ՄԱՂԸ

Պահակության հաջորդ շաբաթը Գնորգ Չաուշը ինձ պատվիրեց գնալ Դաշտի գյուղերը ալյուրի մաղ բերելու: Շատ զարմացա այդ պատվերի համար: Նրա խնդրածը այնքան հա սարակ բան էր, որ ես նույնիսկ անհարմար զգա, որ Չաուշը ինձ պես երիտասարդին այդպիսի հանձնարարություն է տալիս: Վիրավորվեցի իբրև տղամարդ:

Ես դեռ քիչ բան գիտեի ֆիդայիների առօրյայի մասին: Մտածում էի, թե միգուցե ալյուր ունեն պահած որևէ տեղ, պետք է շտապ հաց թխվի և մաղ է հարկավոր: Լսել էի մանավանդ, որ կռիվներից առաջ ֆիդայիները մեծ քանակությամբ հաց են թխում և թաքցնում այն տեղամասի տարբեր մասերում, ուր պետք է տեղի ունենար գալիք ճակատամարտը: Բայց ճանապարհին տոսկալի մտքեր պաշարեցին ինձ: Արդյոք Չաուշը մի չար դիտավորություն չունե՞ր նորից առիթ ստեղծելու, որ ես հանդիպեմ կանանց և ենթարկվեմ աղէ տաբեր փորձությունների: Միթե նա չգիտի, որ մաղը սովորաբար կանայք են օգտագործում: Ինչու նա ինձ կապեց տղամարդուն ոչ վայել այդպիսի մի գործի հետ: Եթե նա ինձ հանձնարարեր բեռներով այլուր տեղափոխել հայդուկների համար, ես սիրով հանձն կառնեի այդ ամբողջ պաշարը մեջքով փոխադրել իր ուզած տեղը, ուզած հեռավորությունից: Իսկ մաղն ի՞նչ է> որ տղամարդը իրեն հպարտ զգա մաղ բերելու համար: Այն էլ ինձ պես հայդուկը, որի պատանքը արդեն չափված–դրված է իր պայուսակի մեջ: Բայց ինչ արած, կյանքում լինում են պահեր, որ մարդ ստիպված է գնալ նաև մաղի ետևից:

Շատ մարդիկ անցան, բայց ոչ մեկը մաղ չէր ծախում:

Սկսեցի վերհիշել, թե որ գյուղերում բարեկամներ կամ ազգականներ ունեմ: Նրանցից որևէ մեկի մաղը կվերցնեմ և շտապ կտանեմ Գևորգ Չաուշին: Հիշեցի, որ Տերգևանք գյուղում մորաքույր ունեմ: Հայտնի հաց թխող է: Կմտնեմ մորաքրոջս տուն, նրա ալյուրի մաղը կվերցնեմ և կվերադառ՛նամ Մառնիկի անտառը: Եթե այդ էլ չեղավ, կգնամ Բերդակ և կփնտրեմ այն բերդակցու տան մաղը, որի սամիրով ճաշը կերել էի հողաչափի ժամանակ:

Տերգևանքը հայտնի ֆիդայի Մխո Շահենի գյուղն էր: Իմ որոնած տունը գյուղի ծայրին էր, և դուռը՝ բաց: Մշեցիք աշխատանքի գնալիս դռները չեն փակում:

Ներս մտա: Ուղիղ իմ դիմաց պատից կախված էր իմ մորաքույր Ռեհանի բավական խոշոր մաղը: Տանը ոչ ոք չկար: Մաղը պատից ցած առա և հանգիստ քայլերով ելա շեմքից, դուռը բաց թողնելով այնպես, ինչպես որ կար:

Հպարտ քայլում եմ ճանապարհով, շտապելով Բերդակի մոտով հասնել Մառնիկի սարը և ներկայանալ Գևորգ Չաուշին: Սակայն Բերդակին չհասած հրաձգության ձայն լսեցի: Տեսնեմ՝ անթիվ–անհամար քրդեր և օսմանլըլ զորք Բերդակի մոտ կռվի են բռնվել մի քանի ֆիդայիների հետ: Երկուսին ճանաչեցի» մեկը Գևորգ Չաուշն էր, իսկ մյուսը՝ Գալեն: Անհավասար կռիվ էր, և Գևորգն ու Գալեն շատ նեղն էին ընկած: Երբ ավելի մոտեցա, տեսա մի երկրորդ քարաժայռի ետև դիրք մտած կրակում են Մառնկա Պողեն, Ալվառինջու Սեյդոն և Մշեցի Տիգրանը: Բամբկու Մելոն էլ այնտեղ էր: Նա և Ջնդոն փոխնեփոխ կրակում էին մի հրացանով:

Ընդամենը մի քանի ժամ չկար, որ բաժանվել էի և հանկարծ վերադարձիս ճանապարհին դեմ եմ առնում մի կատարյալ ճակատամարտի: Ես անմիջապես խլեցի սպանված զինվորներից մեկի հրացանը և շտապեցի միանալ ֆիդայիներին՝ առանց իմ մաղից բաժանվելու: Հենց որ մոտեցա Գևորգ Չաուշին և Գալեին՝ որոտաց ուժգին համազարկ: Ուշադրություն գրավելու համար, թե խորամանկությամբ, ես մաղը վեր բարձրացրի, որոտաց երկրորդ համազարկը: Մաղը տարա դեպի աջ և դեպի ձախ համապատասխանորեն թեքելով իմ գլուխը: Մաղի ամեն մի շարժումին հետևում էր մի համազարկ: Ու հանկարծ թանձր մշուշ իջավ լեռան վրա: Ես մաղը մի քանի անգամ մշուշի միջով աջ ու ձախ տարա և բարձրացրի վեր: Եվ ի՛նչ, թշնամին խուճապահար ետ դարձավ: Երկու հազարից ավելի թուրքեր և քրդեր աղաղակելով սկսեցին փախչել: Ու բերնեբերան տարածվեց սուլթանի զորքի մեջ և ամբողջ Մշո դաշտում, թե Գևորգ Չաուշի կողքին երևացել է մի մարդ՝ ձեռքին վահանի նմանությամբ մի նորահնար զենք, որ անխոցելի է գնդակների դեմ: Որ եթե այդ մարդը խաղում է այդ գործիքի հետ կամ մատներով դիպչում նրան, երկնքից կրակ է թափվում: Որ ֆիդայիները սուլթանի զորքի դեմ պաշտպանվում են մաղի ձևով շինված մի կլոր զենքով: Պատմում էին, որ նույնիսկ աստվածն է պաշտպան կանգնում հայ ֆիդայիներին՝ վերևից մշուշ իջեցնելով լեռ՝ների, որի միջից միայն այդ մազանման գործիքն է երևում և Գևորգ Չաուշի գլուխը, կողքին՝ զենքը բռնած այդ հսկա մարդու կերպարանքը...

Որ ոչ միայն Գևորգ Չաուշի, այլև նրա բոլոր հայդուկների պարանոցից զորավոր հմայիլ է կախված:

Եվ երգեր հորինեցին Գևորգ Չաուշի վրա, նրան դարձնելով առասպելական հերոս, թե նա այնքան քաջ է, որ թըշնամու գնդակները մաղով է ժողովում:

Ու տերգևանքցի իմ խեղճ մորաքրոջ մաղի հետ կապված Բերդակի կռվի այդ զարմանալի պատմությունը գնաց հասավ սուլթան Համիդի ականջը, օսմանյան կայսրության բոլոր ծայրամասերը թնդացնելով հայ ֆիդայիների անօրինակ խիզախության համբավով:

Մառախուղը գնալով այնպես թանձրացավ մեր շուրջը, որ մենք ապահով կարող էինք հեռանալ Բերդակի սարից: Իմ մաղը մի անգամ էլ հաղթական բարձրացավ օդի մեջ, փայլեց արևի տակ և անհետացավ մշուշում,

Գնալու ժամանակ նկատեցինք, որ Գալեն ծանր վիրավորված էր թևից: Մառնկա Պողեն և Արտոնքա Ջնդոն նրան Խութա սարերով տարան դեպի Սասնո կողմերը:

Ալվառինջու Սեյդոն իմ հրաշագործ մաղը ձեռքին Բամբկու Մելոյի հետ բարձրացավ դեպի իր քերծը, իսկ ես և Գևորգ Չաուշը բռնեցինք Ֆարխինի ճամփան:

Ֆարխինում Գևորգը ծանոթ լրաբերներ ուներ, որոնք տեղեկացրին իրեն, թե ռումի թուրքերը շատ մտահոգված են հայերի նորահնար զենքով և այդ կապակցությամբ նույն օրը Ֆարխինի մեջ օսման սպաների գաղտնի ժողով կա:

Հայդուկապետը ծպտվեց թուրք սպայի հագուստով, ինձ էլ ասկյարի շոր հագցրեց և երեկոյան մտավ սպաների ժողովասրահը:

Բոլորը ոտքի ելան, բարևեցին և խնդրեցին, որ ինքն էլ մասնակցի ժողովին:

Հարցրին իրեն.

— Որտեղի՞ց կուգաս:

— Վանից կուգամ և Պոլիս կերթամ, — ասաց Գևորգը:

— Երևի լսած կաք Բերդակի կռվի և Գևորգ Չաուշի նորահնար զենքի մասին:

— Լսած կամ»

— Վանքի կռվից հետո դա ամենաահեղ ղենքն է, որ հնարել են հայերը Գևորգ Չաուշի ղեկավարությամբ:

— Այո, այդ առթիվ սուլթանը շատ մտահոգ է:

— Եվ, երևի, այդ գործով էլ Պոլիս եք կանչված:

— Այդ արդեն իմ և սուլթանի գիտենալիք գործն է, — կարճ կապեց Գևորգը:

— Դե, նստիր, նստիր, քո ներկայությունը մեր ժողովին շատ կարևոր է և սլատվավոր:

— Սեղանի վրա միայն մե՛կ օրակարգ կա, — ասաց նախագահը:— Գևորգ Չաուշի գլուխը բերողին հազար կարմիր ոսկի կա. այդպես է խոստացել սուլթան Համիդը: Ձեզ ո՞վ պիտի բերե Գևորգ Չաուշի գլուխը, — հարցրեց ժողովի նախագահը սպաներին:

Բոլոր սպաները ապշած իրար երես նայեցին: Որևէ մեկը չհամաձայնեց: Լռեցին ամենքն էլ:

— Ո՞վ պիտի բերե, — նորից հնչեց նախագահի ձայնը:

Քիչ հետո Գևորգը մատ բարձրացրեց.

— Ես պիտի բերեմ Գևորգ Չաուշի գլուխը, պարոն նախագահ, — ասաց Գևորգ Չաուշը:

— Դու՞ք... չեմ կարծում.

— Չե՞ս կարծում... Ա՛ռ, սա Գևորգ Չաուշի գլուխն է, — ասաց հայդուկապետը դեպի նախագահը երկարելով իր գլուխը, — այդ Հազար ոսկին էլ տար դիր քո կնկա վարտիքի մեջ:

Սարսափ տիրեց բոլոր սպաներին:

Գևորգ Չաուշն ասաց իր խոսքն ու քայլեց, ես էլ ետևից դուրս եկա:

Ֆարխինից վերադարձին իմացանք, որ Մառնկա Պողեն և Արտոնքա Ջնդոն վիրավոր Գալեին ճանապարհին իջեցրել էին Ղասմբեկի քյոշկը և ապավինել նրա կնոջը՝ Ջեմիլի խնամքին, որը հանձն էր առել բուժել վիրավոր Գալեի թևը:

ԻՄ ՊԱՇՏՈՆՍ Է ՓՈՒՔՍ ՓՉԵԼ

Մաղի պատմությունը այնպես էր ոգևորել Գևորգ Չաուշին, որ կարծում էր, թե ես ամեն գործի ընդունակ եմ։ Մի օր կանչեց թե՝ մի շատ հեռու տեղ պիտի երթաս։

— Ո՞րտեղ, — հարցրի։

— Բերդաքաղաք, գուցե և ավելի հեռու։ Բերդաքաղաք նա Կարս քաղաքին էր ասում։ Ասաց, որ պետք է գնամ փամփուշտ բերելու։ Բացատրեց, թե այնտեղ հասնելիս ո՛ր փողոցի ո՛ր անկյունում ո՛վ պիտի դիմավորի ինձ։ Տվեց նաև մի քանի օգտակար խորհուրդներ ճանապարհի համար, որոնցից մեկը «էշն ընկել է գլգըլ պայմանական խոսքն էր, որ նշանակում էր թե՝ զգու՛յշ, այստեղ համիդիե կա։

Կարգադրության դեմ առարկել չէի կարող։ Այդ արդեն տղամարդուն վայել գործ էր և ես պարտավորվեցի մեկնել։

Ինձ հետ դրեց նաև Մշեցի Տիգրանին, այն երիտասարդ հայդուկին, որ առաջին օրը համարձակ տնտղել էր իմ մեջքը իմանալու, թե ես լա՞վ մատաղացու եմ, թե ոչ և հեռվից իմ Հասակը չափելով, երեք արշին կտավ էր տվել ինձ պատանքի Համար։ Տիգրանը դաշտեցի քաջ տղամարդ էր Վարդենիս գյուղից։ Հմուտ լեռնագնաց էր և շալակը ծանր բեռների վարժված։ Միաժամանակ լավ քրդախոս էր և ավելի քաջատեղյակ երկրի պատմությանը և սովորույթներին, քան ես։ Մի թերություն ուներ. երբեմն արագ բռնկվում էր՝ նետվելով վտանգավոր արկածների մեջ։ Տիգրանն ասում էր, որ իրենք Սասունից են տեղափոխվել Դաշտ և իր մեջ միահյուսված են սասունցու աներկյուղ նկարագիրը և մշեցու տաքարյուն բնավորությունը։ Մի բանից էր խստորեն դժգոհում. Հոնքերը և այտերի կարմրությունը կանացիական էին և նա իր թավ բեղերը հաճախ դեպի վեր ոլորելով, աշխատում էր մեղմացնել այդ քնքշությունը։

Փոխեցինք մեր ֆիզայական հագուստը, հագանք հայ գեղջկական շորեր և ճամփա ելանք։ Ես՝ առանց զենքի, իսկ Տիգրանը փորի վրա իր տասնոց ատրճանակը կապած։

Մենք ընտրեցինք մի դժվար ուղի, որ ոչ մի հայդուկ մինչև այդ անցած չկար։ Ռզմի, Մոկսի և Շատախի սարերով պիտի թափանցեինք Բերկրի, այնտեղից՝ Բերդաքաղաք։

Այդ տաժանելի ճանապարհը թեթևացնելու և, մասամբ էլ, երևի, ինձ իր գիտությամբ զարմացնելու համար, Տիգրանը ասում էր, որ այդ ճանապարհով մոտ երեք հազար տարի առաջ հելեն զորավար Քսենոֆոնն է իր զորքը Բիթլիս քաղաքի լեռնանցքով իջեցրել Մշո դաշտ, հասնելով մինչև իրենց գյուղի սահմանները։

Մշեցի Տիգրանը կարճկանցի մի ծանոթ ուներ։ Նա մեզ զգուշացրեց, որ թեև այդ ուղղությունը նախընտրելի է, բայց զուրկ չէ վտանգներից։ Կարճկանցին կլայեկագործ էր և փուքս փչող ու պղինձ մաքրող էր որոնում, որ իր հետ գնան այդ կողմերը, ամաններ կլայեկելու: Ես փուքս փչող դարձա, իսկ Մշեցի Տիգրանը համաձայնեց դառնալ պղինձ

մաքրող: Հետևյալ առավոտ ընկերս շալակեց պղինձը, կարճկանցին վերցրեց կլայեկն ու հացի կապոցը, իսկ ես՝ փուքսահանը, և բռնեցինք Ոզմի ճամփան:

Ոզմը հայկական մեծ գյուղ էր քարքարոտ մի բլուր ի վրա, ձորի մեջ: Շրջապատված էր Բարվարի քրդերով: Այդ ամբողջ գյուղը ծագել ու ճյուղավորվել էր հին ու հերոսական մի տոհմից: Սրանք իրենց գյուղը դրսից աղջիկ չէին բերում, որ իրենց տոհմական արյունը չխաթարվի:

Ոզմեցիք արհեստով թաղիքագործ էին: Դեռևս 1Տրդ դարից Ոզմը եղել էր հայ ռազմիկների արծվաբույնը: Սակայն Բարվարի քրդերը կապալ էին դրել ոզմեցոց վրա: Ոզմեցի քաջակորով Լաթոն իր հայրենակիցներին կազմակերպելով կռվի էր ելել քրդական իշխանավորների դեմ և Ոզմը ազատագրել ճնշումից ու հարկերից: Պարտված աղաները թուղթ էին ուղարկել ոզմեցի Լա թոյին, Ոզմը ճանաչելով իբրև հայկական անկախ ազնվապետություն:

Կարճկանցին մեզ տարավ ոզմեցի Լաթոյի տունը: Սրանք ամբողջ ընտանիքով գզրար էին: Տանուտեր Լաթոն և տան բոլոր տղամարդիկ հագած էին բրդոտ աբաներ առանց թևերի, լայն շալվարներ առանց գրպանների և մինչև ծնկները քաշած մազե գուլպաներ:

Թոնիրը երկրորդ հարկումն էր և կախովի: Տակը անասունների գոմն էր: Մեզ հյուրասիրեցին ձավարի փլավով: Ուտելու ժամանակ գզրար Լաթոն ասաց. «Կանթ, խասքաշի վրեն պսպղուն չկա»: Տանտիկինը պատասխանեց. «Դիք, պսպղուն վանք ի»: Կարճկանցին ասաց, որ դա ոզմեցիների ծածկալեզուն է. նշանակում է՝ «Կնիկ, փլավի վրա յուղ չկա», իսկ կինը թե՝ «էրիկ, յուղի սակավություն է»:

Ոչ միայն յուղի սակավություն էր, այլև այգ գավառի մեջ անկողին գործածելու սովորություն չկար: Բոլորը պառկում էին թոնրի շրթին, իրենց վրա քաշելով հաստ թաղիքներ: Մենք էլ այդպես գիշերեցինք, մեզ վրա առնելով մեկական թաղիք, որ գզրար Լաթոն էր պատրաստել՝ հետը խառնելով նաև արջի բուրդ: Գլխներիս տակ դրեցինք խոտով լցված գնդաձև բարձեր, այնքան կոշտ ու ծանր, որ դժվարությամբ էին շարժվում:

Աքլորականչին Տիգրանը պղնձե մեծ ամանի մեջ ավազ լցրեց, վրան փռեց մի թաց շոր և բոբիկ ոտներով մեջը մըտավ, սկսեց եռանդով աշխատել: Ես փուքսահանը գործի դնելով թեժացրի կրակը, կարճկանցի վարպետին հրավիրելով կլայեկ զարկել:

Մինչ նա առաջին ամանը կավարտեր, մշեցին արդեն մտել էր չորրորդ պղնձի մեջ: Շատ ոզմեցիք հավաքվեցին գզրար Լաթոյի տուն և մենք մինչև կեսօր բոլորի պղինձները կլայեկեցինք:

Կարճկանցի վարպետն ասաց. «էսօր ծերունին տուն չէ», որ

իրենց ծածկալեզվով նշանակում էր. «Էսօր մեր գործը հաչող է», և մենք այդ հաջողությամբ էլ Ողմից դուրս դալով՝ բռնեցինք Մոկսի կածանները:

Բույլ–բույլ երփներանգ ծաղիկներ ներկել էին քար ու քարափ: Մի խումբ մոկաց բանջարքաղ աղջիկներ, ոտքերը ժայռից կախած, հաց էին ուտում ճանապարհին, մեկը մյուսից գեղեցիկ և բոլորը կարմիր սոլերով:

— Ախպեր ջան, ի՞նչ կլինի մեր ոտքերը իրարից բաժանես, խառնվել են իրար, — կլայեկագործին դիմելով ասաց մի չարաճճի աղջիկ:

— Կարմիր սոլեր ենք հագել ու մեր ոտքերը խառնվել են, օգնի՛ր, որ մեր ոտքերը գտնենք, — ավելացրեց մեկ ուրիշ չարաճճի:

— Մենք երեք ենք, մեզանից որի՞ն եք ուզում, որ ձեր ոտքերը իրարից բաժանի:

— Փուքս փչողը:

— Ոչ, կլայեկ զարկողը, — պոռթկաց կողքի կարմրաթուշ ընկերուհին:

— Պղինձ մաքրողը, — այս ու այն կողմից բացականչեցին գեղջուկ աղջիկները, իրենց ոտքերը ավելի խճճելով իրար:

Կարճկանցին մոտեցավ և ձեռքի վարոցով թեթև հարվածեց նրանց սրունքներին:

— Վա՜յ, ախպեր ջան, դու որ չլինեիր, մեր ոտքերը կըխառնվեին իրար, — հրհռացին մոկաց հարսները, ոտքերը արագությամբ փախցնելով ժայռից:

Մոկսը ձորի մեջ էր, գետի ափին:

Անցանք Մոկսը և Առնոսի լեռնանցքով շարժվեցինք դեպի Շատախ: Մոկսի և Շատախի մարդիկ սասունցիների պես էին հագնված: Կեսգիշերով հասանք Ճնուկ և օթևանեցինք գյուղապետի տանը, որի ամաններին թիվ ու համրանք չկար: Մոտ հարյուր տարեկան էր ռես Կարապետը և այնքան հարուստ, որ կարող էր միանգամից հյուրընկալել հարյուր ձիավոր: Երկու օրում հազիվ կարողացանք նրա բոլոր պղինձները կլայեկեր Իմ փուքսահանը փչացավ և ես ստիպված եղա բերանով փչել գործի դնելով իմ այտերի ու թոքերի ամբողջ զորությունը: Ռես Կարապետը շատ գոհ մնաց մեր ծառայությունից և մեզ թմբուկներով ճանապարհ դրեց դեպի հաջորդ բնակավայրը, Բրդոտ արաներ և շալե վարտիքներ հագած երեք թմբկահար հաղթական զնում էին մեր առջևից, որոնց թմբուկների կաշին արջի մորթուց էր շինված և շատ ուժեղ ձայն էր արձակում: Մեկի կաշին լրիվ մշակված չէր և արջի պոչը վեր ու վար էր անում թմբուկի տակից: Մեր առաջնորդը ռես Կարապետի հարևանն էր՝ Գիլո անունով, որ ձեռքով մի քանի արջ ու գայլ էր խեղդել Շատախի անտառում:

Արշավի ընթացքում Գիլոն հանկարծ դադարեցրեց թըմբկահարությունը և մեզ ցույց տվեց Մեղնքար կոչվող մի քարայր, որտեղ ժամանակին պատսպարվել էր Խանասարի կռվի հերոս Սեքարեցի Սաքոն՝ շատախցի մի խումբ հայդուկների հետ:

— Ո՞վ էր Սաքոն, — հարցրի:

— Ռուսաց Հայաստանի Սև Քար գյուղից էր:

— Այդքան հեռվից մեր երկի՞րն էր եկել և ապրում էր քարայրու՞մ:

— Սաքոն իր ազգի և աշխարհի բոլոր հալածվածների համար գլուխը դրած մի խենթ էր, դարդիման մի դերվիշ, որ կռվի դաշտում զենք էր բանեցնում, իսկ բանտի մեջ՝ սազ: Մեր կողմերում երգ կա նրա մասին. «Որտեղ տեսա Սևքարեցի, քո պատճառով շատ սիրեցի»:

— Իսկ մենք մի՞թե խենթ չենք, — նկատեց Մշեցի Տիգրանը և ընչացքները կարմիր այտերին ոլորելով, հրամայեց թմբուկները զարկել:

Գիլոն ուժգին թմբկահարությամբ մեզ հասցրեց Թաղ, որ Շատախի կենտրոնն էր: Թաղում մնացինք երեք օր, շատ ամաններ կլայեկելով: Ապա անցանք Ծաղկավանք և հոչակավոր Փեսան–Դաշտով շարժվեցինք առաջ: Այնքան լավ էինք աշխատել, որ մեր համբավը հասել էր լեռնական քրդերին: Նրանք եկան և մեզ տարան իրենց սարերը: Ես առաջվա պես եռանդով փուքս էի փչում, Տիգրանը մաքրում էր պղինձները, իսկ կարճկանցի վարպետը կլայեկ էր զարկում: Մեր մասին իմացավ Մոկաց գավառի մեծանուն իշխան Մուռթլա Բեկը, որ ոզմեցի Լաթոյի հետ աշխատում էր հիմնել քուրդիայկական մի անկախ պետություն: Բեկի խանումները հերթով բերում էին իրենց կաթի և մածնի ամանները, ամեն տեսակի ու չափի, և մենք բոլորին գոհ էինք ձգում: Խանումներից մեկը, Չալխի անունով, նունիսկ սիրահարվեց Մշեցի Տիգրանին.

— Մյուս տարի դարձյալ եկեք, — ասաց Չալխին բաժանվելիս:

— Մեր գործը կլայեկ զարկելն է, խանում, իհարկե կըգանք, — ասաց Տիգրանը: Նա հառաչելով վերցրեց իր պղինձը, կարճկանցին իր կլայեկն ու հացի շալակը, իսկ ես փուքս փչելու գործիքը, և նորից ընկանք ճանապարհ:

Մի նեղ ձորի մեջ մեզ բռնեցին..

— Ու՞ր կերթաք, — հարցրին:

— Չե՞ք տեսնում, որ կլայեկ զարկող ենք և պղինձներ մաքրելու կերթանք, —

նեղացած խոսեց կարճկանցին: — Սա իմ փուքս փչողն է, իսկ սա՝ իմ պղինձ մաքրողը: Ռես Գենջոյի խանումն է մեզ կանչել:

— Ո՞ր սարից եք գալիս:

— Մուռթլա Բեկի:

Կարճկանցի վարպետի համարձակ խոսքը համիդիե ձիավորների ուշադրությունը ցրեց: Նրանք քառատրոփ հեռացան, ոչ մի կարևորություն չտալով մեզ:

Ճանապարհին ինքս ինձ մտածում էի. փուքս փչող էլ դարձա: Մտքումս խնդում էի Մշեցի Տիգրանի վրա, որ պղնձամանը մեջքին կապած կռացած գնում էր կարճկանցի կլայեկագործի ետևից: Ֆիդային ինչե՞ր ասես պատրաստ չի կատարելու ի սեր նպատակի:

Ռես Գենջոյի խանումը մեզ շատ սիրալիր ընդունեց և մի շաբաթ պահեց իր օթայում: Նա նույնպես սիրահարվեց՝ բայց կարճկանցի վարպետին:

Այսպես հաջող անցավ ամեն ինչ, թե չէ կարող էին մեզ բռնել և առաջնորդել Բաղեշի բանտը, այս անգամ անշուշտ հարյուր և մեկ տարվա բերդարգելության սպառնալիքով կամ կախաղանի: Առհասարակ ամեն արհեստ պիտանի է կյանքում, նույնիսկ փուքս փչելը:

Մենք Վան չմտանք: Քաղաքն իր այգեստանով մնաց արևմուտք:

Կարճկանցի կլայեկագործը մեզ Հայոց ձորով ապահով հասցրեց Արջակի տակ և վերադարձավ Կարճկան, իր հետ տանելով պղինձն ու փուքսահանը:

ՓՈՒՔՍ ՓՉԵԼՈՒ ՓՈՐՁԱՆՔԸ

Ես և Մշեցի Տիգրանը Այյուր գյուղի մոտով շարժվեցինք դեպի Պստիկ Գեղ: Էս Տիգրանը մոտակայքում մի բրուտանոց տեսավ, թե՝

— Եկ, մտնենք մի բղբղիկ առնենք ճանապարհի համար:— Ու սկսեց մի գլուխ գովել վանեցի բրուտներին, նրանց շինած ամանները համարելով ամենալավը աշխարհում:

Բղթղիկ կամ պղջուր ասածդ ջրի փոքրիկ կուժ է, որ խըմելու ժամանակ բղբղալով ձայներ է հանում: Ես առարկեցի՝ ասելով, թե բրուտանոցում աման չեն վաճառում, դրա համար հարկավոր կլինի շուկա գնալ:

— Քո ի՞նչ գործն է, ես բղբղիկը հենց էս բրուտի արհեստանոցից կառնեմ, — համառեց իմ ուղեկիցը: Ինչպես եղավ՝ համաձայնեցի, որովհետև երկար ճանապարհ էինք անցնելու և մեզ իսկապես կավե մի փոքրիկ ջրաման էր պետք:

Երանի չմտնեինք այդ բրուտանոցը: Այդտեղ էր, որ փուքս փչելը փորձանք դարձավ իմ գլխին:

Տիգրանի տեսած բրուտանոցը կլոր տանիքով մի տնակ էր՝ խլուրդի բույն հիշեցնող: Պատի տակ ներսի կողմից շարված էին ամեն չափսի ու ձևի կավե խեցիներ, խոշոր կարասներից սկսած մինչև ջնարակված ծափկիկն ու խլուշիկը: Կային բոլորովին նոր թրծված շատ գեղեցիկ բղբղիկներ և կճուճներ՝ ոլորուն կանթերով, բոլորն էլ շինված շիկավուն կավջինից:

Եվ կային փարչեր տեսակ-տեսակ նախշերով զարդարված:

Բրուտը, որ կարճ ոտքերով և ծանր ականջներով մի տղամարդ էր, չգիտեմ ինչից ենթադրեց, թե մեզ թթվի կամ դաուրմայի աման է հարկավոր, և պատի տակ շարված կարասներից մեկը գրկելով բերեց դրեց մեր առաջ:

Տիգրանը ինձ աչքով արեց, կամենալով հասկացնել, թե գործը գլուխ է գալիս առանց շուկա գնալու. որ այդ բրուտանոցից ոչ միայն ջրաման, այլև մի ամբողջ կարաս կարելի է առնել:

— Էսոր միջի թթուն անմահակթան ի, իսկ դաուրման՝ առավել: Տարողությունն է մեկ երինջ և երկու ոչխարի դմակ:

— Մեզ բղբղիկ է հարկավոր, քեռի,— կարճ կապեց Մշեցի Տիգրանը:

— Ի՞նչ ասացիր,— ձեռքով ձախ ականջի մազոտ բլթակը խոսակցի բերանին մոտեցնելով հարցրեց ծերունին:

— Ասում եմ՝ մեզ բղբղիկ է հարկավոր:

— Բղի՞կ: Էսա բղիկ ի, մեծ կարաս:

Տեսնելով, որ ծանր է լսում, մեր ձայնը բարձրացրինք:

— Ոչ թե բղիկ, այլ բղբղիկ,— ուղղեց Տիգրանը:

— Մարդավարի խոսեք՝ բան հասկանանք: Ձեր ուզածն

Ի՞նչ է:

— Մեր ուզածը կուժ է:

— Ջրի՞ կուժ:

— Հա, ջուր խմելու փարչ,— ավելացրի ես, համարյա գոռալով նրա ականջի մեջ:

— Դե, էդպես ասեք, մարդ աստծո, էլ ու՞ր եք գործը կարասներից բռնել: Դուք կերևի դաուրման ու թթուն կերել եք, հիմա էլ կուզեք վրան պաղ ջուր խմել: Հասկացա,— հեգնախառն՝ վրա բերեց բրուտը և կարասը գրկելով տարավ դրեց տեղը ու մի փոքրիկ ջրաման առնելով՝ ետ եկավ:

— Էսա փարչ հարմա՞ր ի:

— Հարմար է,— ասացի: — Իսկ և իսկ մեր ուզած բղբղիկն է:

Տիգրանն էլ հավանեց և ասաց, որ շատ հարմար է ճանապարհի հարմար:

— Բայց մի պայմանով քո կուժը կառնենք,— ավելացրի ես:

— Ի՞նչ պայման,— զարմացավ բրուտը աչքերը մանր կըկոցելով և այս անգամ մյուս ականջի բլթակը բարկացած դեմ անելով մեզ:

— Որ կժի մեջ փչեմ՝ չպայթի, էն կուժը կառնեմ:

— Քո քեֆն է,— ասաց ծերունին,— ես իմ շինածի տերն եմ: Նա, ով գիտի, որ կխաբի, խոստում ու գովեստ բեռով կթափի, իսկ վասպուրականցու ձեռքի գործը էն գլխից գովական ի, ավելորդ գովեստի պետք չունի:

— Որ պայթեց՝ չեմ առնի,— զգուշացրի ես,— վնասը քո հաշվին կգնա:

— Համաձայն եմ,— հարեց վանեցի արհեստավորը և կուժը համ արձակ երկարեց ինձ:

— Անունդ կարելի՞ է իմանալ,— հարցրի:

— Անունս Ճուռոյի Նազար ի: Իսկ կարելի՞ է իմանալ, թե դուք որ կողմից եք:

— Մշո կողմից:

— Ես էդպես էլ դիտեի:

— Ուրեմն մեր պայմանը անխախտ է, քեռի Նազար,— ասացի ես, նորից կռանալով նրա ականջին:

— Անխախտ ի,— հաստատեց ծերունին:

Ես բղբղիկը շուռումուռ տվեցի: Իսկապես շատ սիրուն խեցի էր: Մոտեցրի

բերանիս և ինքնաբերաբար փչեցի մեջը: Կտորները ցրիվ եկան, իսկ կանթը մնաց ձեռքիս մեջ:

Ճուռո Նազարը շատ զարմացավ պատահածի վրա և խայտառակությունը ծածկելու համար, արագությամբ ինձ տվեց երկրորդ, անհամեմատ լավ թրծված կուժը:

Դարձյալ փչեցի ու դարձյալ կուժը պայթեց:

— Դու փուքս փչո՞ղ ես:

— Հա,— ասացի,— փուքս փչող եմ:— Ճուռո Նազարը տվեց ինձ երրորդ կուժը: Երրորդն էլ պայթեց: Չորրորդն էլ ես վերցրի: Սա էլ չդիմացավ:

Տեսնելով, որ իր բրուտանոցում կուժ չի մնալու, Նազարը բարկացած առաջարկեց մեզ դուրս գալ իր արհեստանոցից: Բայց Մշեցի Տիգրանը համառեց և ուզում էր անպայ~ ման մի փարչ վերցնել ճանապարհի համար:

— Հարկավոր չի, շուտ դուրս եկեք իմ բրուտանոցից,— գոռաց կավագործ վանեցին, հավանաբար վախենալով, որ գյուղացիները կիմանան և այլևս իր ամանեղենը գնորդ չի ունենա շուկայում:

— Դուք եկել եք կու՞ժ առնելու, թե իմ կճուճները կոտրելու:

— Մենք ինչո՞վ ենք մեղավոր, որ քո ամանները ընտիր կավից չեն շինված,— ասաց Տիգրանը և կռանալով ու հինգերորդ կուժը վերցնելով նույկալից ինձ:

— Ցած դիր իմ կուժը: Վասպուրականցի հայը առաջինն էր աշխարհում, որ կաղջին կավից խեցի շինեց և ձեզ պես վայրենիներին սովորեցրեց ամանով ջուր խմել և ոչ թե գլխարկով:

— Ո՞վ է գլխարկով ջուր խմում:

— Դուք: Բոլոր մշեցիներդ էլ գլխարկով եք ջուր խմում: Աչքովս եմ տեսել:

— Մշեցին երբ կավից պուտուկ էր շինում, դուք դեռ տառեխ եփել չգիտեիք,— տաքացավ Տիգրանը:— Քսենոֆոնի զորքը առաջին քաղցրահամ գինիները Մշո կարասներից է խմել: Մինչև հիմա էլ, երբ մարդիկ ուզում են կավից շինված մի ընտիր բան առնել՝ իջնում են Մշո դաշտ: Ավզուտ գյուղի անունը լսա՞ծ կաս:

— Չեմ լսել, չեմ էլ ուզի լսել: Իմ աշխարհը Վասպուրականն ի՝ փառաց օթևան ու մեր Պստիկ Գեղը:

— Ինչու՞ ես նեղանում: Մենք քեզ ասացինք, որը դիմացկուն է, էն էլ կվերցնենք: Պայմանը խախտված չէ,— բացատրեցի ես:— Մենք ճամփորդ մարդ ենք և մեզ ընտիր կավից շինված մի խեցի է հարկավոր:

— Ճամփորդ մարդու կուժը պետք է շատ ամուր լինի,— վրա բերեց Տիգրանը:

— Ես ձեզ համար ծախու կուժ չունեմ, հեռացեք էստեղից,— նորից զայրալից գոռաց Ճուռոյի Նազարը և կավե ամանը բարձրացրեց, որ շպրտի մեզ վրա:

Բրուտի գոռոցից, թե իմ փչելու ձայնից, լուրը հասել էր Պստիկ Գեղ. թե՝ երկու անծանոթ փահլևան Մշո կողմից գալով, մտել են իրենց համագյուղացու բրուտանոցը և բոլոր կժերը փչելով՝ պայթեցրել:

— Տիգրան,— ասացի, — եկ շուտ մեր գլխի ճարը տեսնենք, թե չէ մի բղբղիկի համար կարող են մեզ բռնել և մեր ամբողջ առաքելությունը կխափանվի:

Ու դուրս գալով բրուտանոցից, սկսեցինք արագ քայլեր Ծերունի բրուտը դռանը կանգնած բարձրաձայն հայհոյում էր մեզ և անիծում մեր եկած ճամփան.

— Մի էս գլխարկով ջուր խմող կոռներին տեսեք: Փոխարեն խելքին զոռ տալու, զոռ են տվել թոքերին: Ափսոս չի", որ մեր ուրարտական ու օրինյալ խեցին ձեր վայրենի շրթունքներին դիպչի:

Մշեցի Տիգրանը չհամբերեց, ետ դարձավ, որ գնա և լռեցնի մեզ անպատվող բրուտագործին: Ճուռոյի Նազարը Տիգրանի կատաղած դեմքը տեսնելով, վախից մտավ իր արհեստանոցը և դուռը ետնից պինդ փակեց:

Դռան ետնից դեռ շատ երկար լսվում էր նրա գոռգոռոցը:

Մեկ էլ էն տեսանք, որ մեզ հետապնդում են: — էշն ընկել է գւզըլ,— ասացի ես ու Մշեցի Տիգրանի թևից քաշելով՝ հեռացանք:

ՏԱՐՐԵՐ ՈՐՈՆՈՂՆԵՐ

Բերկրին իր առաջ մի մեծ կիրճ ունի: Մենք վաղուց անցել էինք այդ կիրճը և ծաղկավետ մի դաշտով գնում էինք դեպի հյուսիս:

Դաշտի մեջ, հավասար հեռավորությամբ՝ մի քանի բլրաչափ ժայռեր կային, որոնք մեծ ստվերներ էին արձակել մեր ճանապարհին:

Հարթության վերջում երևում էր մի ավելի մեծ բլուր, որի գագաթի մոտ իրար վրա սանդղաձև շարված էին չորս խոշոր ժայռեր:

Գևորգ Չաուշը ինձ ասել էր, որ եթե գարնանը բաց դաշտում որևէ կասկածելի մարդ պատահի և հետաքրքրվի, թե ինչ եմ անում այդ կողմերում, ես աջ ու ձախ նայելով պատասխանեմ, թե բրաբիոն ծաղիկ եմ որոնում: Հարցնողը անկասկած կկարծի, թե ես գիժ եմ և ձեռք կքաշի ինձանից: Բրաբիոն ծաղկի մասին մանկությունից էի լսել: Ողորմածիկ տատս պատմել էր, թե իր աղջիկ ժամանակ Կարմիր իրիցու տանը, Կուրթեր գյուղում ինքը տեսել է մի շատ հին ավետարան, որի մեջ գրված է.

«Բինգյոլի լեռների մեջ կա մի գագաթ, որի այսինչ կողմից այս քան քայլ անելուց հետո երեք օր ծոմ պահող և աղոթող և ոտաբոբիկ մոտեցող անձը կգտնի բրաբիոն ծաղիկը, որը տալիս է երջանիկ կյանք: Գտնողը եթե այդ ծաղիկը իր աչքերին քսի անուշ ձայներ կլսի, եթե դիպցնի իր ոտքերին՝ արագաքայլ և աշխույժ կդառնա, բերանին մոտեցնի՝ ամենահամեղ բաները կճաշակի, իսկ եթե դրա թերթիկը դիպցրնի իր քիմքին՝ ամեն զվարճություն կվայելի»:

Կյանքում ո՞վ չի երազել գտնել այդ ծաղիկը: Մանկության օրերին տղաներով քանի" քանի՛ անգամ հավաքվել էինք, որ գնանք Բինգյոլի կողվերը այդ հազվագյուտ ծաղիկը գտնելու: Ու մեզանից առաջ քանիսն էին գնացել ճաշակելու նրա անմահությունը:

Տատս նույնիսկ պատմել էր, որ Մշեցի երկու ծերունի իրենց ձեռնափայտերին հենված գնացել են Բինգյոլ, որ գտնեն այդ ծաղիկը և նրա թերթիկը իրենց քիմքերին դիպցրնելով՝ ամեն զվարճություն վայելեն: Գնացել են ու չեն վերա դարձել այլևս:

Շատերը այդ ծաղիկը որոնում էին Ծծմակա Քթի ժայռերի մեջ, Ծիրնկատարի լանջերին, որոնում էին օրերով, ամիսներով, տարիներով և չէին գտնում:

Այդ ծաղկի ետևից գնացողը համարվում էր խենթ, ցրնորքով տարված մարդ, որովհետև այդպիսի ծաղիկ անկարելի է գտնել: Այդպիսի ծաղիկ չկա աշխարհում:

Մշեցի Տիգրանը ետ մնաց: Նա կարծում էր, թե մեզ իսկապես հետապնդում են և ուզում էր իմանալ, թե ովքեր են, իսկ ես հասնելով առաջին ժայռին՝ կանգ առա նրա ստվերում: Մի տղամարդ, ձեռքին մի ձողափայտ և բրիչ, ժայռի ստվերին կռացած ինչ–որ բան էր չափում:

Ինձ տեսնելով բղավեց.

— Հեռու՛, մի խանգարիր, ստվե՛րը, ստվե՛րը«. »

— Ինչ ստվեր:

— Այդ ժայռի ստվերը ինձ պետք է: «Գիժ է», մտածեցի ես:

— Շու՛տ հեռացիր: Չե՞ս տեսնում. առաջին ժայռը ստվեր է գցել երկրորդի վրա, երկրորդը՝ երրորդի վրա, իսկ երրորդի ստվերը ընկել է չորրորդի անկյունաքարին:— Այս ասելով նա վազեց և ձողափայտը խրեց ուղիղ իմ ոտքերի մոտ, պահելով այդ ձողափայտի արձակած բարակ ստվերի և հեռվում երևացող սանդղաձև ժայռերի խորհրդավոր ստվերների դասավորությանը: Ապա նա ձողաչափի ստվերի ծայրից ոտքով չափեց ութը քայլ և ձողը արագությամբ տեղափոխելով^ խրեց այնտեղ: Պառկեց դետնին և նայեց հեռվում երևացող ժայռերին: Վեր կացավ և աչքը դրեց ձողափայտին: Նորից պառկեց և նորից նայեց: Ուզում էր բոլոր ստվերները բերել մի ուղիղ գծի վրա: Ըստ երևույթին ինչ-որ բան էր որոնում: Ես հետաքրքրությունից գնացի և անզգուշորեն կանգնեցի ձողաչափի արձակած ստվերի դիմաց:

— Քեզ հետ եմ, հեռացի՛ր, — զայրացած բղավեց և վեր կենալով վազեց իմ ետևից: Ես արդեն հասել էի երկրորդ ժայռի տակ:

Շատ տարօրինակ և կասկածելի երևաց այդ մարդը ինձ իր ձողաչափով և իր բրիչով, և մանավանդ ինքնամոռացության հասնող եռանդով ու թափած ճիգերով: Ինձ թվաց, թե նա մեզ է հետապնդում և այդ բոլորը սատանայական մի խաղ է:

— Ի՞նչ ես փնտրում, այ մարդ, — հարցրեց բարկացած:

— Բրաբիոն ծաղիկ, — պատասխանեցի ես:— Երեք օր ծոմ եմ պահել և աղոթելով հասել մինչև այստեղ, որ այդ ծաղիկը գտնեմ:

— Ինչի՞ համար:

— Որ երջանիկ դառնամ:

— Վայ, խեղճ ողորմելի, չլինի՞ թե մշեցի ես:

— Մշեցի եմ, — ասացի:

Այդ ժամանակ երևաց Տիգրանը՝ խուրջինը ուսին և տըրեխները թիկունքից կախ:

— Քո ընկե՞րն էլ մշեցի է:

— Մշեցի եմ, ի՞նչ կա, — ասաց Տիգրանը մոտենալով:

— Երկուսդ էլ խենթ եք: Մուշից ծոմ պահելով և աղոթելով հասել եք Բերկրի և բրաբիոն ծաղիկը Վասպուրականի հողի՞ մեջ կփնտրեք: Գնացե՛ք, գնացե՛ք Բինգյոլ, էդ ծաղկի տեղը Բինգյոլն է: — Փոքր-ինչ լռելուց հետո ավելացրեց. — Թե էդքան հեշտ լիներ բրաբիոն ծաղիկ գտնելը և մի ծաղկով երջանկանալը, ես ինչ գործ ունեի թափառելու ստվերների ետևից:

— Իսկ դու ի՞նչ ես փնտրում,— հարցրեց Մշեցի Տիգրանը:

— Գա՛նձ:

— Գա՞նձ:

— Այո, գանձ,— գրեթե գոռալով պատասխանեց տար. օրինակ մարդը, շեշտակի նայելով աչքերիս մեջ:

— Վանեցի՞ ես:

— Վանեցի եմ և նմանապես Այլուր գյուղից: Վանեցին գանձ կփնտրի, իսկ մշեցին՝ երազ, ցնորական ծաղիկ: Տեսա՞ք, խոսքով ընկա ձեզ հետ և իմ ստվերը փախավ,— ասաց նա և ձողափայտը հանելով արագությամբ տեղափոխեց մի ուրիշ տեղ և մի աչքը կկոցելով ու մյուս աչքը նրա գագաթին դրած՝ վերստին ուշադրությամբ զննեց հեռվում երևացող լորս սանդղաձև ժայռերի և իր ձողափայտի ստվերների ուղղությունը՝ անկյունները հավասարեցնելով: Ժայռերից մեկը բոլորակ անցք ուներ: Ստուգեց նաև այդ քարանցքի միջով թափանցող ճառագայթի անկման աստիճանը գետնի վրա: Հանկարծ խենթի պես ինչ-որ ծղրտոց արձակեց ու վազեց, կանգնեց, շուռ եկավ և նորից ուշադրությամբ նայեց դեպի բոլորակ անցքով ժայռը: Վերա դարձավ, ձողափայտը մի փոքր տեղափոխեց դեպի աջ, ոտքով լափեց ուղիղ յոթ քայլ և հասնելով ձողափայտի բարակ ստվերի եզրագծին, վերջին քայլը կես կրնկալափ թեքելով դեպի ձախ ու չոքելով, սկսեց բրիչով գետինը փորել: Փորում էր եռանդով, առանց մեզ վրա ուշադրություն դարձնելու: Փորում էր և հողը հանելով լցնում էր իր առջև:

Լսել էի, որ ալյուրցիները զվարթ ժողովուրդ են, ունեն ճկուն խելք և առատ գինի: Որ առաքյալներից մեկը առաջին անգամ այդտեղ հասնելով և այդ վայրի գինին խմելով՝ բացականչել է. «Այլ ու՞ր երթանք, եղբայր, սրանի՞ց էլ լավ տեղ», և այդ օրվանից այդ գյուղի անունը մնացել է Այլուր, որն հետո աղավաղվելով դարձել է Ալուր կամ Ալյուր: Այդ գյուղի բնակիչներից ոմանք խիստ հաշվենկատ էին: Լետաւ քրքրվում էին, թե հին գրքերում ինչ կա գրված և հետամուտ էին գործնական քայլերի:

Այդ մեկը դրանցից էր:

Մշեցի Տիգրանը, որ չէր մոռացել բրուտանոցի հետ կապված արկածը, բաժանվելուց առաջ մոտենալով՝ նկատեց,

— Վանեցի եղբայր, դու երևի որոշել ես մեզ համար մի կուժ գտնել:

Նա վախեցած մի հայացք նետեց մեզ վրա, կարծելով թե եկել ենք իր գտնելիք գանձը հափշտակելու և ամբողջ մարմնով փռվեց իր բացած փոսին, ծղրտալով,

— Ձեր տեղը Բինգյո՛լն է, Բինգյո՛լը:

— Բայց մինչև Բինգյոլ հասնելը մեզ ջրի կուժ է հարկավոր:

— Էստեղ կուժ չկա: Էստեղ գանձ է թաղված, գա՛նձ: Վասպուրականի ամբողջ հողը գանձ է: Էսքան տարի ապրեցի աշխարհում՝ մի խելոք մշեցու չհանդիպեցի:

Ասաց և առանց մարմնի դիրքը փոխելու, շարունակեց տակից եռանդով փորել հողը: Հանկարծ նրա դեմքը պայծառացավ: Հավանորեն ձեռքը հասել էր արդեն խորքում թաղված գանձով լի կճուճին: Ցնցվեց մարմնով, նորից վախեցած մի հայացք նետեց մեզ վրա և ամուր սեղմվեց իր փոսին:

— Ձեր տեղը Բինգյոլն է, Բինգյոլը: Բինգյոլի ջուրը անմահական է, բայց խիստ մարսողական: Հազար վայ Բինգյոլի ջուրը խմող հարուստներին,— բացականչեց ստվերների օգնությամբ գանձ որոնող վանեցին ու անսպասելի քրքջաց, ալքերը խաղացնելով մեզ վրա:

Մենք, որ սկզբում կարծում էինք, թե այդ մարդը մեզ հետապնդող կասկածելի անձ է, նրա ալքերի արտահայտությունից, ամայի դաշտում ժայռերի ստվերների ետևից վազելուց և տարօրինակ շարժումներից հաստատապես համոզվեցինք, որ նա տղամարդու տարազով ծպտված մի դև է: Մշեցի Տիգրանը շտապ առաջարկեց նրա մարմնի մեջ մախաթ կամ ասեղ խրել՝ նրանից չզարնվելու համար: Բայց մեզ մոտ ոչ մախաթ կար, ոչ ասեղ, ոչ էլ մենք ժամանակ ունեինք այդ սատանայական արհեստով զբաղվելու:

Որոշեցինք շարունակել մեր ճանապարհը, վասպուրականցուն թողնելով պառկած իր փոսի վրա, ձեռքը փորի տակ: Կապեցինք մեր տրեխները և ելանք: Նրանից ազատվելու միակ միջոցը այդ էր:

ԹԱՄՐԱԳՈՐԾԻ ԱՐՀԵՍՏԱՆՈՑՈՒՄ

Բերդաքաղաքի մասին ես շատ էի լսել: Այդ անունը առնչված էր քաջ Արաբոյի անվան հետ, որ քար էր ջարդել այդ քաղաքի մայր խճուղին շինելու համար:

Բերդաքաղաքը շինված էր սարահարթի վրա, շրջապատված բնական ամրություններով: Քաղաքին իշխողը հսկայական բերդն էր: Բերդաքաղաքից եկողները Մուշում պատմում էին, որ այդ բերդի գլխին սատանաները խոշոր կարասների մեջ գիշեր ու ցերեկ կուպր են եփում:

Տները սև քարից էին, թիթեղյա կարմիր ու կանաչ տանիքներով: Մեջտեղով անցնում էր Սինամ գետը: Կամուրջներից հայտնի էին երկուսը՝ Քարե կամուրջը և Չուգունե կամուրջը: Վերջինս տանում էր դեպի Սարիղամիշ:

Մենք անցանք Քարե կամուրջը և շարժվեցինք դեպի Լոռիս Մելիքովի փողոցը: Այդտեղ, բերդ տանող ճանապարհի վրա, կանգնած էր մի ռուս զինվորի բրոնզյա արձան: Երկգլխանի արծիվը զայրացած ծվատում էր զինվորի ոտքի տակ տարածված կանաչ պաստառը կարմիր մահիկով:

Բրոնզյա այդ հուշարձանի մոտ մեզ դիմավորեց Լոռեցի Սրապ անունով մի տղամարդ՝ Գեորգիևյան խաչը կրծքին: Սրապը Լոռվա Վարդաբլուր գյուղից էր: 1877-ին մասնակցել էր Ալաջայի բարձունքներում մղվող պատերազմին և Լոռիս Մելիքովի հաղթական զորքի հետ մտել Բերդաքաղաք: Սևահոն, բաց կապույտ աչքերով մի զինվորական էր: Կռվից հետո հաստատվել էր Բերդաքաղաքում և զբաղված էր հայդուկային խմբերին զենք մատակարարելու գործով:

— Տասնութ տարեկան էի, երբ Լոռիս Մելիքովի առջևից Մուխթար փաշան փախավ: Մեր թնդանոթների որոտը մինչև Լոռվա սարերն էր հասնում, — ասաց Լոռեցի Սրապը և մեզ քաղաքային այգու միջով առաջնորդեց դեպի մի փոքրիկ արհեստանոց: Արհեստանոցի ցուցանակին նկարված էր փայտյա մի թամբ և ձիու գլուխ. թամբը՝ կարմիր գույնի, ձիու գլուխը՝ սև:

Այդտեղ նա մեզ ներկայացրեց երկու օտարական հայերի:

— Երկրեն կուգան, — ասաց Լոռեցի Մրապը շշուկով և ինքը արագ դուրս եկավ:

Հայերից մեկը էրզրումցի էր, իսկ մյուսը՝ իգդիրցի: էրզրումցու անունը Արշակ էր, բայց Քեռի էին ասում: Քեռին արհեստավորի գոգնոցը կապած, զբաղված էր մի հին թամբի նորոգությամբ: Միջահասակից քիչ բարձր էր, շալվարը սապոգների մեջ դրած, փոքր ինչ ալեխառն բեղով և աչքերը խաժ: Լռակյաց էր, գլուխը կախ: Քթի տակ ինչ-որ բան էր մտմտում: Գործասեղանին, որի վրա նա կռացած աշխատում էր, անկարգորեն թափված էին փայտե և երկաթե ասպանդակներ, տապճակներ, գամեր, պայտեր, իսկ մեջքի ետևը՝ պատից կախված էին երասանակներ, սանձեր, համետներ ամեն տեսակի ու չափսի, և ձիու ու ավանակի երեք խրտվիլակ:

Իգդիրցու անունը Դրո էր: Միջահասակ, թխադեմ, փոքրիկ բեղ ու մորուսով մի երիտասարդ էր Դրոն: Սա անկյունում քաշված ծխում էր և տաքացած վիճում ֆրենչ հագած ալեքսանդրոպոլցի մի պատանի սպայի հետ, որի փայլուն սև մազերը ալիքներով դուրս էին ցցված սպայական գլխարկի տակից: Որքան կարողացա հասկանալ, վեճը գընում էր արևմտյան և արևելյան Հայաստանի ազատագրության շուրջը: Մեկ–երկու անգամ ականջիս հնչեցին «Անդրանիկ» և «Գևորգ Չաուշ» անունները:

Ալեքսանդրոպոլցին չէր առարկում նրան: Իշխողը Դրոն էր, ռուս բանակի ավագ սպան:

Արշակը լուռ էր, ամբողջապես կլանված իր գործով: Նա գրեթե չէր լսում, թե ինչ է խոսում իգդիրցին: Երբեմն–երբեմըն մի խաղաղ ժպիտ էր ցոլանում նրա ծաղկատար դեմքին: Հիշեցնում էր մեկին, որի նժույգը անհանգիստ դոփում է պատշգամբի տակ, և ինքը շտապում է թամբն ու ասպանդակները կարգի բերել, որ իսկույն ճանապարհ ընկնի: Ու՞ր: Գուցե դեպի Կարին, կամ դեպի Սասուն:

— Քանի որ դու համամիտ ես ինձ գաղափարական տեսակետից, եկ խմենք

ուրեմն ապագա ազատագրության կենացը, — առաջարկեց Դրոն, դիմելով ֆրենչ հագած երիտասարդ սպային:— Թող Արշակն էլ այդ կենացին մասնակից դառնա:

— Ապագա աշխատավորական Հայաստանը կոփվում է Սասնո լեռներում, ուստի ես առաջարկում եմ խմել նախ և առաջ Գևորգ Չաուշի և նրա ֆիդայիների կենացը, որոնցից երկուսը այստեղ են, — միջամտեց Արշակը և ձիու թամբը մի կողմ դնելով, մեզ իր հետ առած առաջացավ դեպի խորքում նստածները:

— Խմենք, — գոչեց ռուս բանակի սպան՝ երիտասարդ ալեքսանդրոպոլցու հետ ոտքի կանգնելով:

Գավաթները լցվեցին:

— Անդրանիկի և Գևորգ Չաուշի կենացը, — թնդաց իգդիրցին գավաթը բարձրացնելով:— Խմենք այդ երկու տաքգլուխ՛ների և իրենց հայդուկների կենացը:

— Մեծագույն տաքգլուխը դու ես, — նկատեց Արշակը: — Հայդուկների կենացը խմելուց առաջ սովորիր նախ հայդու՛կի պատիվը պահել:

— Իսկ ես հայդուկ չեմ, ի՞նչ եմ: Եվ ո՞վ է վերջապես այդ շապինգարահիսարցին, — տաքացավ Դրոն:— Գևորգ Չաուշի և մի քանի սասունցի իշխանների օգնությամբ անտառում սպա՛նել է մի ցեղապետի և կարծում է, թե հայրենիքն արդեն փրկված է: Իսկ ես մենակս քսան տարեկան հասակում վրիժառու ձեռքիս մի հարվածով դժոխք ուղարկեցի ցարական նահանգապետին: Պայթյու՛ն: Եվ իշխանական կառքը Նազաշիձեի հետ երկինք բարձրացավ օրը ցերեկով: Եվ այն էլ ոչ թե մի խուլ անտառի մեջ, այլ մարդաշատ քաղաքի կենտրոնում: Այժմ ասացեք, ո՞վ է ավելի մեծ հայդուկ— ե՞ս, թե Գևորգ Չաուշը կամ Անդրանիկը...

— Թեպետ արդյունքը գովելի է, բայց ազատագրական պայքարի այդ ճանապարհը երբեք քաջալերիչ չէ, — նկատեց երիտասարդ ալեքսանդրոպոլցին:

— Անդրանիկը նույնպես այդ ճանապարհին է կանգնած:

— Բայց նրա Վանքի կռիվը կազմակերպված պայքար էր, — հիշեցրեց Քեռին: Երեսուն հայդուկներ կռվել են երեք հազար զորքի դեմ, և նրանց ձեռքին եղել է ընդամենը երե՛սունյոթ բերդանկի:

Այդ հարցը նորից գրգռեց իգդիրցուն, և նա սկսեց երիտասարդ սպայի հետ ռուսերեն խոսել: Քեռին դժգոհ մնաց այդ խոսակցությունից և, գավաթն իջեցնելով սեղանին, ըշտապեց զբաղվել իր թամբով:

Այն առաքելությունը, հանուն ինչի մենք Բերդակի անտառից տաժանելի ճամփորդությամբ հասել էինք Բերդաքաղաք և ինչի համար ինքս պատասխանատու էի, ստիպում էր ինձ կշռադատ լինել, իսկ Մշեցի Տիգրանը, որ բարկությունից ընչացքներն էր ոլորում, չկարողացավ զսպել իրեն, և ձեռքը աննկատելի տարավ դեպի արայի տակ ծածկված տասնոցը: Մանավանդ սաստիկ վիրավորվեց, երբ նրանք մեր ներկայության սկսեցին մեզ համար անհասկանալի լեզվով խոսել: Երևի դարձյալ հայհոյում էին Գևորգ Չաուշին և Անդ՛րանիկին: Իգդիրցին նկատեց Տիգրանի ձեռքի անզգույշ շարժումը և արագությամբ ատրճանակը պատյանից հանելով բարձրացրեց վեր:

Գործը կարող էր մեծ բարդությամբ վերջանալ, եթե այդ միջոցին Լոռեցի Սրապի առաջնորդությամբ ներս չմտնեին ցարական բանակի հինգ հայազգի զնդապետ՝ սրերը գա լիփտների և ճտքավոր փայլուն կոշիկների վրայով մինչև կրունկները երկարող, և ռուսահայ մի քանի երիտասարդ սպաներ՝ հպարտ գլուխները սպիտակ կանթավոր, սև գըլխարկներով ծածկած։ Սպաներից մեկի անունը հիշում եմ — Սամարցով, Դոնի Ռոստովից։ Գնդապետներից երեք անուն ուժեղ տպավորվեց ականջիս մեջ՝ Թոմասբեկով, Սիլիկով, Բեկ Փիրումով։

Դրոն նրանց տեսնելով իջեցրեց ատրճանակը, Մշեցի Տիգրանն՝ իր տասնոցը, ես՝ իմ աթոռը, իսկ Քեռին՝ իր թամբը։

Իմանալով, որ մենք Մշո կողմերից ենք գալիս, ռուսահայ գնդապետներն ու երիտասարդ սպաները գրկախառնըվեցին մեզ հետ և, բոլորս միասին ոտքի կանգնած, խմեցինք Հայաստանի ազատագրության կենացը։

Օ, ի՜նչ խանդավառ օր էր, ի՜նչ հրաշալի վայրկյան։ Այդ ավագ և երիտասարդ զինվորականներին նայելով, ես նըկատում էի, որ ռուսաց Հայաստանում էլ կա մի հերոսական սերունդ, և բոլորի խորհուրդը նույնը՝ Հայաստանի ազատագրությունը։

Բերդից թնդանոթ արձակեցին։ Դրոն և Լոռեցի Սրապը իրենց ծոցի խոշոր ժամացույցները հանելով՝ սլաքները ետ ու առաջ տարան։ Թամբագործ Արշակն էլ ժամացույց ուներ. նա էլ իր ժամը ճշտեց։ Իրենց ժամանակը ճշտեցին նաև ալեքսանդրոպոլցի երիտասարդ սպան և ցարական բանակի հինգ գնդապետները։ Մեզ բացատրեցին, որ օրական երեք անգամ թնդանոթը համազարկ է տալիս, և բերդաքաղաքի բնակիչները նրա հարվածների տակ ուղղում են իրենց ժամացույցները։ Վերջին թնդյունը լսվելու էր գիշերվա կեսին։

Այդ տեսակցությունից հետո Լոռեցի Սրապը ինձ և Մշեցի Տիգրանին թամբագործի արհեստանոցից հանելով, տարավ մի քարաշեն տուն, որ գտնվում էր բերդաձորի Սլլան կոչվող քարի մոտ։

Գիշերը այդտեղ լուսացրինք։

Առավոտյան Սրապն ասաց.

— Մենք այս ձորով պետք է Ալեքսանդրոպոլ գնանք։ — Եվ նա նույն օրը միջնաբերդի պղնձագույն ժայռերի տակով մեզ դուրս բերեց Բերդաքաղաքից։

ՈՒԽՏ ԼԵՌԱՆ ՍՏՈՐՈՏՈՒՄ

Ալեքսանդրոպոլը շինված էր հարթության վրա, Արագած լեռան դիմաց։ Յոթ եկեղեցի ուներ և մի նշանավոր շուկա։ Տեղացիները այդ քաղաքին Գյումրի էին ասում։ Հենց առաջին օրը այստեղ մի այնպիսի փորձանք եկավ մեր գլխին, որ մեր բիբլիկ առնելն էլ մոռացանք, մեր ջուր խմելն էլ, թամբագործ Արշակի աղմկալի արհեստանոցն էլ հետը։

Քաղաքի հյուսիս–արևմտյան մասում մի մեծ բերդ կար, տակը՝ «Չերքեզ» կոչվող մի ձոր։ Լոռեցի Սրապը Պողվալի Վաղո անունով մի գյումրեցու հետ գնաց այդ բերդի կողմերը փամփուշտ հայթայթելու, որ գիշերով ճանապարհ ընկնենք, իսկ ես և Մշեցի Տիգրանը սկսեցինք շրջել քաղաքում։

Ինչպես Բերդաքաղաքում, այստեղ նույնպես շատ հայազգի զինվորականներ կային, որոնց սրերի կոթերը երկարում էին մինչև կրունկները՝ զնգալով փայլուն խթանների վրա։ Ոգևորվեց Մշեցի Տիգրանը և տասնոցը գոտու տակից հանելով՝ կապեց կողքին և սկսեց հպարտորեն ման գալ փողոցներով, երևակայելով, թե գտնվում է ազատագրված Հայաստանում։ Մենք նախ եղանք քաղաքի զբոսայգում, ուր շատ գյումրեցիներ վար ու վեր էին անում ծառուղիներով։ Բոլորի ուշադրությունը մեզ վրա էր, մանավանդ Տիգրանի սև աբայի տակից երկարող մաուզերի փայտյա կոթին։

Մի տեղ հաց կերանք (կարծեմ Ալեքսանդրովսկի փողոցն էր՝ «Յոթ Վերքի» մոտ)

և դուրս գալով շարունակեցինք մեր պտույտը։ Ս. Փրկիչի մոտով իջանք մինչև Դարբինների թաղը և ետ դարձանք։

Բերդաքաղաքից հետո մենք առաջին անգամ էինք տեսնում այդպիսի բարեշեն քաղաք։ Իջավ իրիկուն, և ամեն տեղ լապտերներ վառվեցին՝ սյուների վրա, տների ճակատներին, խանութների ներսում։ Մեր ապրած երկրում այդպիսի լույսեր չկային։ Գեղեցիկ էին մանավանդ խանութների ցուցափեղկերի գույնզգույն լույսերը։ Մի ցուցափեղկի առաջ կանգ առանք։ Ներսի կողմից դրված էին շաքարի խոշոր գլխեր։ Սուլթանի երկրում շաքար էլ չկար։ Երբ մենք հետաքրքրությունից կռացած դիտում էինք շաքարի կապույտ գլխերը, գյումրեցիներից մեկը հետևից մոտենալով՝ ձեռքով կշռեց Տիգրանի մաուզերի կոթը՝ ասելով. «Աշես էսոր կրակողը հե՞տն է»։ Տիգրանն արագ ետ դարձավ և մաուզերը կողքից քաշելով՝ թըը՜խկ... կրակեց օդում։ Ապա հանգիստ փչեց փողի մեջ և զենքը տեղը դնելով, շարունակեց նայել դեպի խանութի ներսը։

— Վա՜յ, վա՜յ,— գոչեց հարբած գյումրեցին, վախից անզգայացած փռվելով մայթին։

— Հը՜բը, իշու ձագ, տեսա՞ր, որ կրակողը հետն է,— ասաց մի ուրիշ գյումրեցի, որ ետևից էր գալիս և նկատել էր, թե ինչպես իր հայրենակիցը ձեռքով ծանր ու թեթև էր արել օտարականի մաուզերի կոթը։

Մեզ կարող էին տուգանել փողոցում կրակելու համար, եթե չլինեին Լոռեցի Սրապը և Պողվալի Վաղոն, որոնք ժամանակին դեպքի վայրը հասնելով և մեզ կառք նստեցնելով՝ փախցրին դեպի «Կաղաչի պոստ» կոչվող զորանոցների կողմը։

Այդ շրջակայքում բանջարանոցներ կային: Մեկի մեջ կազմ ու պատրաստ մեզ էր սպասում ուստա Գրիգոր անունով մի երիտասարդ գյումրեցի՝ երեք բեռնված ավանակներով:

Չգիտեմ, թե կառապանը ինչ խոսեց ուստա Գրիգորի հետ, միայն էն լսեցի, որ ուստա Գրիգորը բարձրաձայն ասաց. «Դու գործիդ աշե, օղուլ, ես սատանեքին նալել եմ, իր ձագերուն ման կուգամ»:

Իմ մշեցի լինելը շատ իրավունք չէր տալիս ինձ Տիգրանին մեղադրելու իր կրակոցի համար: Հայդուկը միշտ զգույշ է: Բայց օտար տերության քաղաքում անկարգություն էր արվել: Հարկավոր էր շտապել:

Մեր բեռ ու բարձով ելանք ճանապարհի վրա: Հանկարծ խուլ դղրդոցի հետ մեր կողքին ուժեղ թշշոց լսվեց, և մեր ավանակները կորան սպիտակ գոլորշու ամպերի մեջ:

— Բուղ է: Մեր երկիր պառավողները բրով կշարժվեն,— զգուշացրեց Պողվալի Վաղոն, նայելով դեմից անցնող գնացքի ետևից:

— Ծո, ինչ կըսես, օղուլ, էդպես որ էղներ, Զիթողցենց բաղնիսները վաղուց Ամերիկա էին հասել,— ասաց ուստա Գրիգորը գրաստներին փախցնելով գոլորշու տակից:

Պողվալի Վաղոն և ուստա Գրիգորը իջան դեպի բանջարանոցները, իսկ մենք ավանակներին առած, Լոռեցի Սրապի հետ ուղղություն վերցրինք դեպի Կողբ: Կողբում շատ աղ կար: Մեր բեռները ծածկեցինք աղի բյուրեղներով և Իգդիրի միջով շարժվեցինք դեպի Օրգով:

Մասիսի լանջին երևաց ս. Հակոբի աղբյուրը: Հենց որ Տիգրանը իմացավ, որ մենք Մասիսի տակով ենք անցնում, նրա ծռությունը նորից բռնեց: Առաջարկեց Մասիսի գագաթը բարձրանալ: Այսպես էր դատում. մեկ էլ, ով գիտե, կյանքում առիթ կլինի՞, որ մենք Մասիսի լանջերով անցնենք՝ այդքան մոտ գտնվելով նրա գագաթին: Չէ որ Մասիսը Հայոց Բարձրավանդակի ամենաբարձր լեռն է, և նրա վրա կանգնողը կանգնած կլինի Հայաստանի բոլոր սարերի գլխին: Եվ Տիգրանը սկսեց համոզել Լոռեցի Սրապին, որ մի քանի ժամով ավանակներին հսկի, մինչև մենք կվերադառնանք:

Եղանակը աշնանային էր և խիստ նպաստավոր վերելքի համար: Ես էլ հմուտ լեռնագնաց էի և այդ առաջարկը իմ սրտին շատ մոտ էր, սակայն անմտություն էր այդ վիճակում մտածել Մասիս բարձրանալու մասին: Եվ արդյոք բարձրանալիս Մշեցի Տիգրանի կամ ինձ հետ մի նոր փորձանք չէ՞ր պատահի՝ բոլորովին անհաջողության մատնելով մեր վերադարձը: Հիշեցրի, որ մենք ուխտյալներ ենք, հատուկ առաքելությամբ դեպի Կարս եկած և կյանքով պատասխանատու մեզ վստահված գործի համար:

— Ա՛յ Տիգրան,— ասացի,— եկ ձեռք քաշիր Մասիս բարձրանալու մտքից:

Մեր առաջնորդը ավելացրեց, որ Մասիսը այնպիսի սար չի, որ էշը կապես ստորոտը, ելնես գագաթն ու իսկույն իջնես: Այդ լեռան քամին սաստիկ զորավոր է: Նույնիսկ ամռանը նրա վրա ահեղ փոթորիկներ են լինում և կայծակներ են ճայթում օդի մեջ: Հիշատակեց մի քանի տեղացի և օտարազգի ուղևորների, որոնք հատուկ գավազաններով ու հարմարանքներով զինված, խանդավառությամբ մագլցել էին դեպի այդ լեռան գագաթը և անհետ կործանվել նրա սառույցների ու փոթորիկների սահմանին հասնելով:

Ես և Լոռեցի Սրապը հազիվ կարողացանք համոզել Տիգրանին այդ վտանգավոր վերելքից հրաժարվելու: Երդվեցինք, սակայն, որ երբ Հայաստանը ազատագրվի, և մենք ողջ լինենք, երեքով գտնվենք այն քաջամարտիկների շարքում, որոնք Հայաստանի ազատագրության դրոշը պիտի հաստատեն այդ լեռան գագաթին:

— Նույնիսկ եթե մեզանից թեկուզ մեկը մնա կենդանի, նա պարտավոր է ի կատար ածել մեր երեքի ուխտը,— առաջարկեց Տիգրանը:

— Տվեք ձեր ձեռքերը,— գոչեց Լոռեցի Սրապը՝ առաջինն իր ձեռքը պարզելով: Մեր բազուկները միացան, և մենք լռությամբ ծունկի իջանք մեծ լեռան առաջ:

Հասել էինք մի կետի, որտեղից պարզ երևում էին այն կեռմանները, որով մենք անցել էինք Ալյուր գյուղից դեպի Կարս գնալիս: Վտանգավոր էր նույն ճանապարհով վերադառնալ: Լոռեցի Սրապը մեզ խորհուրդ տվեց գնալ ԽոյԱալմաստ ճանապարհով: Նա մեզ հետ եկավ մինչև Փոքր Մասիսի ստորոտը, Մակու քաղաքի մոտ: Մակուն նստած էր մի անդնդախոր նեղ ձորի մեջ: Քաղաքի երկու կողմից հսկայական ժայռեր էին բարձրանում և կամարաձև կռանալով՝ ձգտում էին միանալ:

— Տեսեք, մարդ են գլորում այգ ժայռից,— մատնացույց արեց Լոռեցի Սրապը, Եվ իսկապես, հեռվից տեսանք, թե ինչպես մի կալանավորված մարդու վար գլորեցին կամարաձև ժայռից:

— Երևի ֆիդայի կլինի, կամ ներքին հանցագործ: Այս երկրում այդպես են պատժում օրինազանցներին: Սարդարի հրամանով հանցապարտին հանում են ժայռի գագաթը, ձեռքերը ոտքերը կապում են և գլորում անդունդ: Այն գեղեցիկ քյոշկն էլ, որ երևում է դիմացի լեռնաշղթայի գագաթին, Սարդարի ամառանոցն է,— մատնացույց արեց մեր առաջնորդը:

— Սարդարը մեզ էլ գլորել կտար այդ ժայռերից, եթե իր երկրում ծնված լինեինք,— նկատեց Մշեցի Տիգրանը:

— Անպայման կգլորեին և առաջին հերթին քեզ: Որտեղ էլ բռնվես, քո տեղը անդունդն է,— ասացի ես:— Մանավանդ, որ դու երեկ հրացան պարպեցիր Գյումրի քաղաքում, իսկ այսօր էլ Մասիս բարձրանալով ուզում էիր վտանգել մեր ամբողջ գործը:

Երեքով ետ նայեցինք:

Մասիսը մեջքով կանգնած էր մեր հայացքի առաջ: Օ՜, այդ լեռը: Քանի Մասիսը կա, հայի երազանքին վախճան չկա:

Այստեղ Լոռեցի Սրապը վերջին անգամ հաց կերավ մեզ հետ, ստուգեց մեր բեռները և պատրաստվեց վերադառնալ Բերդաքաղաք:

Բաժանվելիս ասաց.

— Դուք սուլթանի թախտը ծակեք, ինչքան փամփուշտ հարկավոր լինի՝ կտանք: Եթե հարկ եղավ՝ մենք էլ կգանք:

Լսվեց մի հեռավոր խուլ որոտ: Կարսեցիները իրենց ժամացույցներն էին ուղղում վերնաբերդից թնդանոթի արձակած զարկով:

Մենք բռնեցինք Թադեի վանքի ճանապարհը:

ՈՎ ԷՐ ԵՐԳՈՒՄ ԼՈՒՍՆՅԱԿ ԳԻՇԵՐԻՆ

Եթե դուք Փոքր Մասիսի կողմից մոտենաք Մակու քաղաքին, ապա նրանից ոչ շատ հեռու, մի լեռնալանջի տափարակի վրա կտեսնեք երկգմբեթանի մենավոր մի վանք:

Այդ Ծործորի կամ ս. Թադեի վանքն է:

Իսկապես մենավորիկ է այդ վանքը, բազմած գեղանիստ լեռան լանջին, այն վայրում, ուր ըստ ավանդության, նահատակվել է Թադևոս առաքյալը:

Վանքի մոտ մի հին ժամատուն կա, իսկ հարավային պատին՝ արևային ժամացույց:

Դեռ սարի վրա էինք, երբ լսվեց վանքի իրիկնային զանգերի ղողանջը: Մշեցի Տիգրանը գդակը հանեց և մի բարակ խաչ քաշեց երեսին: Ապա ձորից մեզ հասավ լեռնական շների հաչը զանգերի հանդարտիկ կանչը խլացնելով:

Թադեում կար մի պառավ, որ վանքի տնտեսն էր, մի ջրաղացպան, մի հովիվ և հաստ կոպերով մի երիտասարդ վարդապետ:

Մենք վանք մտանք այն պահին, երբ Գինդ վարդապետը արևային ժամացույցին նայելով վերջին զանգակը քաշեց:

Ես և Տիգրանը ներկա եղանք ժամերգությանը՝ կանգնելով գմբեթավոր խաչկալի առաջ: Ժամերգությունից հետո վարդապետը հապճեպով ավլեց տաճարի հատակը և, երկաթյա դռներին մի ամուր կողպեք դնելով, մեզ առաջնորդեց իր խուցը:

Ավանակներին տեղավորեց գոմանոցում, իսկ մենք լուսացրինք իր մոտ: Այստեղ մենք դարձյալ փոխեցինք մեր հագուստը՝ ծածկելով քրդական թաղիքե քոլոզներ, նախապես խուզելով մեր գլուխների առջևի մասը աբաղացիների նմանությամբ:

Գինդի ակնարկով անմիջապես հայտնվեց աբաղացի մի հմուտ ուղեցույց.

— Երթաք խաղաղությամբ,— օրհնեց մեզ երիտասարդ վարդապետը, և մենք ավանակներին վանքում թողնելով, մեր բեռները շալակած ելանք ոտքի:

Անցանք վանքի ընդարձակ բակը, ուր մի քանի հին գերեզմաններ կային, և մեր քոլոզները ուղղելով, իջանք դեպի Ավարայրի դաշտ: Դաշտի կողին, փոքրիկ բլրի վրա երևաց մի հին մատուռ, շուրջը ծփացող անհամար կարմիր ծաղիկներով: Աբաղացին ասաց, որ դա Վարդան Մամիկոնյանի գերեզմանն է, և այդ ծաղիկները բուսնում են միայն այդ դաշտի մեջ: Վարդանաց ծաղիկներ են կոչվում, և ամեն ուխտավոր այդտեղով անցնելիս դրանցից հիշատակ է տանում իր հետ: Մենք նույնպես մեկական մոմ վառեցինք այդ մատուռի մեջ և, հիշատակի կարմիր ծաղիկներ քաղելով, վեր. ջին անգամ շուռ գալով նայեցինք Թադեի արևային ժամացույցին:

Գինդ վարդապետը այդ ժամացույցի արձակած ստվերին նայելով առավոտյան զանգերն էր քաշում:

Ճանապարհը մեր առաջ երկճղվում էր. մեկը դեպի Պարսկաստան էր գնում, իսկ մյուսը թեքվում էր դեպի արևմուտք: Աբաղացին կանգնեց վերջինի վրա: Նա փոքր ինչ շունչ առավ և գավազանը բարձրացնելով՝ գոչեց. — Ճանապարհը սա՛ է, գնացինք:

Թե՛ վանքը, և թե՛ այդ ճանապարհը շատ հին էին: Հազարավոր մարդիկ էին երազել գնալ այդ ճանապարհով: Այդտեղով էր երկիր անցել Աղբյուր Սերոբը իր զինվոր Անդրանիկի հետ: Այդտեղով էին անցել Արաթոն, Հրայր–Դժոխքը, Քեռին, Սեբաստացի Մուրադը: Մենք նույնպես որոշել էինք այդ ճանապարհով գնալ: Մեր գնացած վայրը Տարոնն էր, Սասնո առասպելական աշխարհը, որին «Գյադան Գյալմազ» անունն էին տալիս, այսինքն մի երկիր, ուր գնացողը հազիվ թե ետ գար: Բայց մենք այն երջանիկներից էինք, որ այդ երկրի մեջ էինք ծնված, եկել էինք այդ երկրից և դեպի այդ երկիրն էինք գնում և չէինք մտածում ետ գալու մասին:

Մի փոքր առաջանալով, վանքի ուղեցույցը հանկարծ շեղեց ճանապարհը և մեզ տարավ ապառաժների միջով: Ժայռից ժայռ մագլցելով հասանք ձյունաշատ մի գագաթ: Այդ գագաթը ուղիղ Պարսկաստանի և Տաճկաստանի սահմանագլխին էր:

Թադեի վանքը մնաց ձորի մեջ: Բարձրիկ բլրի վրա հեռվից երևում էր մենավոր մատուռը կարմիր ծաղիկներով: Մեր վառած մոմերը երևի արդեն հանգել էին:

Ամբողջ օրը մնացինք լեռան գագաթին, ձյուների ափից հոսող մի առվակի մոտ: Իրիկնամուտին սկսեցինք իջնել:

Լուսնյակ գիշերով մտանք Աբաղայի դաշտ: Եվ հանկարծ հեռուներից մի ծանոթ երգ լսվեց: Ինչ-որ մեկը Խաթավինի կռվի երգն էր երգում լուսնյակ գիշերին: Աղբյուր Սերոբի ֆիդայիների խումբը ճարտար

Հակոբի գլխավորությամբ 1896-ին դեպի Խլաթ անցնելու ժամանակ, Խաթավին լեռան վրա վաղ լուսաբացին կռվի էր բռնվել համիդական գնդերի հետ: Ֆիդայիները գրավելով Խաթավինի լանջերը, կրակի տակ էին առել համիդիե ձիավորներին, որոնք երիվարների սանձերը թողած կատաղորեն գրոհել էին սարնիվեր հայդուկների բարձունքը գրավելու համար: Հարյուրավոր ձիավորներ դիաթավալ ընկել էին հայդուկների գնդակներից, և շատ նժույգներ, խրխնջալով և ետնի սրունքներին բարձրանալով, վայր էին գլորել իրենց հեծյալներին: Կռիվը շարունակվել էր մինչև մայրամուտ բազմաթիվ զոհեր խլելով թշնամուց և նոսրացնելով Ճարտար Հակոբի փոքրաթիվ խումբը: Հայդուկներից երկուսը՝ Առաքել և Մուշեղ, վերջին րոպեին ապաստան էին գտել մի ավերակ ջրաղացի մեջ, Մանազկերտի մոտ:

Այդ կռվի մասին քրդերը երգ էին հյուսել: Այդ երգն էին երգում լուսնյակ գիշերով: Տների անվերջանալի շարանով երգիչը քրդի բերանով հայ ֆիդայիների գովքն էր անում, փառաբանելով ազատասեր հայդուկի գնդակը:

Ոչ մի բան այնպես ուժգնորեն չի ազդում քրդի վրա, որքան հերոսական կռվի երգը: Բայց ո՞վ էր այդ գիշերային երգիչը: Ո՞վ էր Խաթավինի այդ քաջաշունչ երգով կախարդել Աբաղայի լայնածավալ դաշտը: Լռել էր քամին, լռել էին ոտնաձայները, միայն լուսինն էր արթուն և դաշտի վրայով թռչող երգը:

Որքան մոտենում էինք, այնքան երգողի ձայնը դառնում էր հարազատ ու ծանոթ:

Ու հանկարծ Մշեցի Տիգրանը բացականչեց. կա չկա սա Միսակն է:

Եվ իսկապես, երգողը Ալաղին Միսակն էր: Քոլոզը գլխին նստել էր ճանապարհից հեռու մի ժայռի վրա և բարձրաձայն երգում էր քրդերեն:

Պայանո՛, պայանո՛, պայանո՛:

Գևորգ Չաուշը համոզված լինելով, որ մենք կարող ենք Թաղեի վանքի ճանապարհով վերադառնալ, իր երգչին շտապ ուղարկել էր Աբաղայի դաշտ՝ մեզ այդ վտանգավոր վայրի գիշերային հարձակումներից ապահով անցկացնելու համար:

Հնչում էր Միսակի երգը Աբաղայի դաշտում այդ հրաշալի լուսնյակ գիշերին, և

մենք քրդական տարազով ալ Միսակի հերոսական երգով պաշտպանված զենք էինք տեղափոխում երկիր:

Երկու գիշեր Ալաղին Միսակը երգել էր այդ դաշտում, այդ միևնույն քարին նստած անձկորեն սպասելով մեր վերադարձին: Մեզ տեսնելով նա շարունակեց մեջընդմեջ երգել առջևից գնալով, և մեր փոքրիկ քարավանը՝ աչքը նրա սպիտակ քոլոզին և ականջը նրա երգին պահած, անվտանգ անցավ Աբաղայի միջով:

Վերջում նա երգեց քրդական «Դումանը»: Ո՞վ էր Դումանը, ի՞նչ երգ էր դա:

Ղարաբաղի հաչեն գավառից էր հայդուկ Նիկոլը: Խաթա վինի կռվից մի տարի առաջ Նիկոլը իր խմբով դեպի Վան անցնելիս, Պարսկաստանի սահմանագլխին ապավինել էր մի մարագի: Լամիդիե ձիավորները խոտի խրձեր բերելով հրրդեհել էին մարագը, կամենալով ծխի մեջ խեղդել հայդուկներին: Նիկոլը հրամայում է ճեղքել պաշարման շղթան: Նա դուրս է ցատկում կրակի բոցերի վրայով և անընդհատ կրակելով սուրում է առաջ: Հակառակ իր վրա տեղացող գնդակների տարափին, քաջարի խաչենցին անվնաս հասնում է մերձակա սարի բարձունքները: Քրդերը մնում են ապշահար, տեսնելով, թե ինչպես իրենց առջևից փախչող հայդուկը գումանի, ծխի պես անհետանում է լեռան վրա: Շուտով իմանում են, որ նա ճանապարհին սպանել է երկու բռնակալ բեկերի: Քրդերը, սարսափահար, այդ առասպելկան հերոսի անունը կնքում են Դուման և այդ անունով երգ են հորինում նրա մասին:

Ալաղին Միսակը այսպես ավարտեց այդ երգի վերջին բառերը, «Այս առավոտ կանուխ, ֆիդայիների մեծը՝ Դումանը, որ աստծո կրակ է, մեզնից ձեռք չի քաշում»,..: Ցնդեց Խաչենի Դումանը: Լուսինը, որ ամբողջ գիշերը մեզ հետ լսում էր Ալաղին Միսակի երգը, Աբաղայի երկնքից սահելով, մտավ Բանտի–Մահող գետի քարե կամուրջի տակ:

Լուսաղեմին մեզ վրա հարձակում եղավ:

Մեզանից սպանվեց մեր ճամփացույցը:

Խեղճ աբաղացի: Նա չկարողացավ այլևս վերադառնալ վանք: Գնաց ու ետ չեկավ: Չհասցրեց նույնիսկ շալակը իջեցնել: Ազգությամբ քուրդ էր նա՝ իր կյանքը ուխտով դրած հայ և քուրդ ժողովուրդների ազատագրության դատին և հավատարմությամբ կապված Թաղեի վանքի և Գինդ վարդապետի հետ:

Մենք նրան թաղեցինք Բանտի–Մահող քարե կամուրջի մոտ, մի բարձրաբերձ քարաժայռի տակ, որ պահակի պես հսկում էր Աբաղայի մեծատարած դաշտի անցքերի վրա:

Ալաղին Միսակը շալակեց աբաղացու բեռը, և մենք Բերկրիի կիրճը անցնելով, մեր ճակատները ուղղեցինք դեպի Սիփան:

ՕՁԵՐԻ ԹԱԳԱՎՈՐՈՒԹՅՈՒՆԻՑ ՄԻՆՉԵՎ ԲԻՆԳՅՈԼ

Ալաղին Միսակն ասաց, որ շուտով մեզ կդիմավորի Խնուսից եկած մի փորձված ուղեցույց:

Եվ իսկապես, շուտով այդ մարդը երևաց: Նա մեզ հանդիպեց այն ժայռերի մեջ, որտեղ եռանդով զանձ էր որոնում մեր ծանոթ վանեցին:

Հին սուրհանդակ էր Շեկ Գավիթը: Նա քրդական տարազով շրջագայում էր իրենց գավառի մեջ, գիշերային ճամփորդությամբ երբեմն հասնելով մինչև Կովկաս:

Դավիթը ճամփորդում էր միշտ գիշերով: Անվախ էր, արագաշարժ և սրատես: Նրա աչքերը գայլի աչքերի պես վարժված էին խավարին և կարծես մթության մեջ ավելի լավ էին տեսնում: Այդ գյուղացին ճանապարհներին հատուկ նշաններ էր անում և նույնիսկ գիտեր, թե ո՛ր քարի տակ ի՛նչ է պահել իր նախորդ ուղևորության միջոցին: Գնում էր շա՛րունակ առշևից և գրեթե չէր խոսում ընթացքի ժամանակ: Մեկ էլ տեսար՝ արագ շուռ եկավ և քարավանը տարավ բոլորովին տարբեր ուղղությամբ: Շների հաչոցից, առուների և աղբյուրների կարկաչից և ծառերի սոսափյունից իմանում էր, թե ո՛ր բնակավայրին է մոտենում:

Հասանք Սիփան սարի ստորոտը: Այդտեղ էր գեղեցիկ Մավին հանդիպել ինձ իմ պատանեկան թափառումների ժամանակ:

Շեկ Գավիթը Մանազկերտի լեռների միջով մեզ առաջնորդեց դեպի Ջեռնակի լանջերը: Երկու տեղ միայն կանգ առավ. առաջին անգամ կասկածեց, թե սխալ ենք գնում, որովհետև շատ մութ էր: Մի ժայռի տակ ռուսական ձիու պայտ էր պահել. ստուգեց. պայտը իր տեղումն էր, ուրեմն ընթացքը ճիշտ էր: Իսկ երկրորդ կանգառին մութի մեջ կռացավ մի քարի, քարը շուռ տվեց և տակից հանեց մի զույգ տրեխ: Հա գավ, իսկ ունեցածը, որ ավելի հնամաշ էր, դրեց ժայռի տակ ու նորից շարունակեց ճամփան:

Մի երրորդ տեղ մի քարի թիկնելով կիսաձայն կարդաց,

«Ես կըսեի՝ թե ես եմ. Ան, որ կըսե թե ես եմ, Կըլլա՝ ինչպես որ ես եմ»:

— Մենք ինչով ենք զբաղված և ինչ է քարոզում այս տապանագիրը: Եթե դրա տակ պառկածը իսկական տղամարդ է, նա ինչու պետք է գերեզման ունենար: Ոչ, մենք չենք ուզում քեզ պես լինել,— խոսքը տապանաքարի տակ հանգ. Լողին ուղղելով ասաց Մշեցի Տիգրանը:— Մենք այն սերունդըն ենք, որ գերեզման չունի:

— Մոտենում ենք Կայենի ծառերին և Աբելի աղբյուրին,— գավազանը խավարի մեջ պարզելով ազդարարեց Շեկ Դավիթը:

Գիշերով հասանք Խաչմելիք գյուղի տակ:

— Մեր ձախ թևի վրա Ժաժան քարն է,— բացատրեց ճամփացույցը՝ ձեռքը դեպի ձախ ուղղելով:

Երեքս էլ մեր աչքերը լարեցինք. խավարի միջից մարդանման սև կերպարանքով մեզ էր նայում բարակ հողասյունին կանգնած մի վիթխարի ժայռ:

— Իսկ սա Հաջի Հայդարի սպանության վայրն է,— մեր աջակողմում ինչ-որ տեղանք ցույց տվեց Շեկ Գավիթը:

— Այժմ մոտենում ենք օձերի խազին աչին,— զգուշացրեց ճամփացույցը աղոթարանին նայելով:

Հարամիկ գյուղի շրջակայքում մեծ քարաբլուրներ երեվացին: Հենց որ արևը ծագեց, անթիվ–անհամար սև օձեր հայտնվեցին այդ արտասովոր տեսքով քարաբլուրների վրա, որոնցով մեր ճանապարհն էր անցնում: Շեկ Գավիթն ասաց, որ այդ օձերը չեն խայթում : Հայտնվում են արևածագին և գիշերից առաջ անհետանում են: Եվ այնուամենայնիվ դըրանք օձեր էին և այդ օձերը փակեցին մեր ճանապարհը: Նրանք գունդ–գունդ քարերին պառկած կամ գլուխները տնկած ամբողջ օրը մեզ էին նայում: Արևամուտին անհետացան, ինչպես հայտնվել էին, և ճանապարհը բացվեց:

Օձերի թագավորությունից անցնելով հասանք Հարամիկ: Մեր հայդուկ «Բրինդարը» այդ գյուղից էր: Շեկ Դավթի կարգադրությամբ նրանց տանը մեր քրդական տարազը փոխեցինք և շտապեցինք Արոս և Խաչալույս գյուղերի մոտով իջնել Մշո դաշտ: Ճանապարհին համիդիե ձիավորներ երևա ցին: Շեկ Դավթին, որ մեզնից առաջ էր գնում, բռնեցին, իսկ մենք թաքնվեցինք խոտերի մեջ: Նրանց մեծավորը հարցրեց.

— Ո՞վ եք, ինչու՞ ընկերներդ փախան և ուր կերթայիք:

— Կերթայինք Բերդ՝ մանգաղ առնելու,— ասաց Գավիթը:

— Գիշերով ինչու՞ կերթաք:

— Չեթեներից վախենալու համար գիշերով կերթանք: Երբ համիդիե ձիավորները հեռացան, Շեկը սուլելով հա-

վաքեց մեզ և վտանգ զգալով կտրուկ շրջադարձ կատարեց՝ մեր քարավանը տանելով դեպի Սև կամուրջ:

Շեկը գնաց այդ գյուղը, որ մեզ համար տեղ պատրաստի: Գնաց և երկար ժամանակ չերևաց: Գյուղի կողքին մի հին մարագ կար: Լուսաբացի մոտ ես և Մշեցի Տիգրանը մարագի դուռը բաց անելով մեր բեռները ներս տարանք: Տիգրանը և Ալադին Միսակը պառկեցին քնելու, իսկ ես պահակ կանգնեցի: Արևը բավական բարձրացել էր, երբ մի կին, կողովը շալակած, եկավ մարագի դռան առաշ: Բանալին մաքրեց, դուռը բացեց: Մեզ տեսնելով վախեցավ և ուզեց փախչել: Ես իմ թաքնված տեղից բռնեցի նրան՝ ասելով, մայրիկ, չվախենաս, մենք հայ ենք: Եկանք, լույսը բացվեց՝ մտանք ձեր մարագը: Հոգնած, նեղված ճամփորդ ենք: Կարելի է երթաս մի քիչ հաց բերես մեզ համար և իմանաս գյուղում զորք կամ համիդիե ձիավոր կա ,. թե ոչ:

Կինը կողովը հարդ լցրեց ու գնաց: Շատ չանցած եկավ կողովը շալակին: Կողովի չորս կողմը գրել էր կաղամբի թուփ, մեջտեղը՝ մի պուտուկ մածուն ու հաց և ծածկել կա՛ղամբի թփով:

— Կարո՞ղ ես մի կուժ էլ ջուր բերել,— ասացի:

Ազնիվ կին էր և անունն էլ՝ Ազնիվ: Գնաց ջուր էլ բերեց: Ասաց, որ քանիհինգ զինված ձիավոր կա գյուղում: Ապա կողովը լցրեց հարդով ու դուրս ելավ: Գնալուց առաշ ասաց. «Տղաներ, էս մածունն ու հացը թաքուն եմ բերել, մեր տանեցիքն էլ տեղյակ չեն»:

Զարմանալի մի լռություն էր համակել Ալադին Միսակին: Ոչ խոսում էր, ոչ երգում: Իսկ Մշեցի Տիգրանը շատ անհանգիստ էր, որ Շեկ Դավիթը գնաց ու ետ չեկավ:

Հանկարծ ինչ–որ աղմկալի ձայներ լսվեցին մարագի շրջակայքում: Աղմուկը ուղիղ դեպի մեզ էր գալիս: Գլուխս դռան արանքից դուրս հանեցի տեսնելու, թե ինչ բան է, չլինի թե Դավթին բռնել են ու մենք մատնված ենք: Իմ դուրս գալն ու գլխարկիս վայր ընկնելը մեկ եղավ: Մոռացել էի, որ գլխիս առաջամասը մեջտեղից խուզված էր: Կռացա գլխարկս վերցնելու: Մարագի մոտով լեռնական քրդեր էին անցնում, իրար հրմշտելով ու գոռալով: Նրանք իմ գլխի խուզված մասը նըկատելով կարծեցին, թե ես քուրդ եմ և ձեռքով արեցին, որ միանամ իրենց խմբին: Մի քանիսը նույնիսկ շարժվեցին դեպի իմ կողմը: Ես առանց շփոթվելու մարագի դուռը կամաց ծածկեցի և ինքս շտապեցի նրանց մոտ, որ խափանեմ մեր թաքստոցին մոտենալը: Նրանց կանչերից ու քայլվածքից իմացա, որ Բինգյոլ են գնում:

— Բինգյո՞լ եք գնում,— հարցրի քրդերեն:

— Բինգյո՛լ, Բինգյո՛լ,— խմբով պատասխանեցին:

— Ես էլ եմ գալիս,— ասացի:

— Դե՛, շուտ միացիր մեզ:

Ինչ արած, ուզեի չուզեի պետք է միանայի նրանց, թեկուզ մի որոշ հեռավորության վրա, մինչև մարագից հեռանային և այնուհետև մի ելք կգտնեի վերադարձի համար:

Սակայն այնպես եղավ, որ չկարողացա ետ գալ և մինչև Բինգյոլ գնացի այդ բազմության հետ: Այդ սարի արևելյան կողմը հայերի ամառանոցն էր, արևմտյանը՝ քրդերի: Նըրանց մեծ մասը ամառանոց էր գնում, մի քանիսն էլ գնում էին Բինգյոլից ձյուն բերելու իրենց աղաների համար:

Ես էլ ձյուն բերող դարձա, որ շուտ ետ գայի ընկերներիս մոտ:

Ձյունի և սառույցի վաճառքով զբաղվում էին գլխավորապես Մժնկերտ գյուղի բնակիչները: Ամառվա շոգերին նըրանք կամ Բինգյոլի սարերումն էին, կամ Խնուս բերդի շուկայում:

Սև օձերի թագավորությունից Բինգյոլ ընկնելը մեծ բախտավորություն էր ինձ համար: Որքա՜ն էի երազել գեթ մի անգամ լինել Բինգյոլում և գտնել բրաբիոն ծաղիկը: Գտնել և երջանկանալ: Իզուր չէ, որ դրան էր կոչում նաև ժայռերի ստվերների ետևից թափառող և իրական գանձ որոնող վանեցին: Ականջիս մեջ մեկ անգամ էլ ուժգնորեն հնչեց նրա ձայնը. «Գնացե՛ք, գնացե՛ք Բինգյոլ: Բրաբիոն ծաղկի տեղը Բինգյոլն է»:

Եվ ես Բինգյոլումն եմ: Ու՞ր է այն գազաթը, որի այսինչ կողմից այսքան քայլ անելուց հետո երեք օր ծոմ պահող և ոտաբոբիկ ապաշխարողը կգտնի այդ անմահական ծաղիկը:

Ինձ հետ եկած քրդերը ցրվեցին ամեն մեկը մի կողմ, նույնպիսի աղմկալի կանչերով ու գույնզգույն տարազներով, ինչպես հանդիպել էի

Սև կամուրջի մարագի մոտ: Ամեն մեկը գնաց մի գազաթի ու մի աղբյուրի ուղղությամբ:

Իսկ Բինգյոլի աղբյուրները այնքան շատ են իրար նման, որ մարդ կարող է հեշտությամբ մոլորվել և անսպասելիորեն վերադառնալ այն աղբյուրին, որից քիչ առաջ ջուր է խմել, կարծելով, թե նոր ակունք է: Իմ փնտրածը անմահական ծաղիկն էր: Բայց ինչպե՞ս գտնել այն:

Մի խոսք կար Մշո դաշտում. Սալնո ձորի նուռը ուտես, Բինգյոլի ջուրը խմես: Սալնո ձորի նուռը կերած չկայի, բայց Բինգյոլի ջուրը խմեցի: Իմ հաշվով երեք անգամ յոթ աղբյուրից ջուր առա, ամեն մեկից մի կում և վերջին աղբյուրի մոտ պառկելով՝ քնեցի մինչև առավոտ: Երբ արթնացա, իմ արախչին չկար, փոխարենը գլխիս մի քուլոզ էր դրված: Ով էր դրել՝ չիմացա:

«Երևի սա իմ բախտն է»,— ասացի: Այս քուլոզը կօգնի ինձ, որ շուտով Սև կամուրջ հասնեմ:

Շուռումուռ տվեցի, նայեցի, ծպտացի, դրեցի գլխիս ու վեր կացա:

Բարձունքին ձյուն կար: Հասա ամենաբարձր գագաթին ու կանգ առա: Ամբողջ Բինգյոլը աչքիս առաջ էր: Խոտավետ գեղեցիկ աշխարհ: Ոտքերիս տակ ձյուն էր ու ծաղիկ, վերևում՝ կապույտ երկինք և հավքերի երազային ալացք:

«Որ քուլոզը եղավ, երևի մի գրաստ էլ կլինի, որ Բինգյոլից ձյուն տանեմ»,— մտքումս ասացի: Ճիշտ այդ ժամանակ մի փոքրիկ քարավան սկսեց դանդաղ իջնել լեռան կողով: Ուղտերից մեկը համառորեն ծունկը զարկել էր գետնին ու վեր չէր կենում: «Կա չկա, սա է այն հեքիաթային գրաստը, որ ինձ Բինգյոլից ցած է տանելու»: Արագությամբ պոկեցի ձյունասառույցի մի հաստ շերտ, կողքից էլ մանուշականման մի ծաղիկ և վազեցի դեպի չոքած ուղտը: Սառույցը դրեցի ուղտի շալակը և մեջքը շոյեցի, որ վեր կենա: Հանկարծ նա պարանոցը երկարելով, ելավ տեղից, ու ես կպած մնացի նրա սապատին: Ու այդպես էլ ուղտի մեջքին նստած դանդաղ օրորվելով քարավանին հասա:

Ուղտապանը մժնկերտցի մի հայ էր, որ ձյուն ու սառույց էր տանում Խնուս-Բերդի բնակիչներին: Ուրախացավ, որ իր համառ գրաստին քարավանին հասցրի և նույնիսկ մի քիչ թեփ տվեց, որ իմ սառույցը ճանապարհին չհալչի:

Ու այդպես քուլոզը գլխիս, ուղտի վրա նստած, զանգակների կանչով ես Բինգյոլից ցած իջա:

Խնուս–Բերդում սաստիկ շոգ էր: Մժնկերտցու ձյունն ու սառույցը իսկույն սպառվեց:

— Ձյունը Բինգյոլի՞ց է,— հարցրեց մի ուշացած տղա՛ մարդ, հևիհև մոտենալով ինձ:

— Բինգյոլից է, բայց վերջացավ,— պատասխանեց քարավանի տերը:

— Տանը հիվանդ կա, Բինգյոլի ձյուն է ուզում: Գոնե մի կտոր սառույց ճարվեր հիվանդիս համար:

Ես իմ բերածը տվեցի նրան:
— Որտե՞ղ է ձեր հիվանդը,— հարցրի:
— Շապատին:
Մժնկերտցի ուղտապանը քարավանը առած շարժվեց դեպի սար, իսկ ես նրան շնորհակալություն հայտնելով իմ նոր ուղեկցի հետ բռնեցի Շապատինի ճանապարհը:
Անցանք Արոս և էլպիս գյուղերը: Հարամիկը իր քարաբլուրներով մնաց վերևում:
— Երեկ այստեղ հազարավոր սև օձեր կային, ի՞նչ եղան:
— Նրանք տարին մեկ անգամ են մեծ խմբերով երևում, ամեն Համբարձման արևածագին: Այժմ թաքնված են քարաբլուրների տակ,— պատասխանեց իմ ուղեկիցը:
— Իսկ ձեր գյուղում սև զորք կա՞,— հարցրի: Չկա,
— Նրա՞նք էլ տարին մեկ անգամ են երևում:
— Ոչ, ամենաքիչը ամիսը մեկ անգամ: Երեկ Սև կամուրջում քանիհինգ համիդիե ձիավոր կար: Այս գիշեր նրանք քաշվեցին Վարդովի լեռները:
Ուշ երեկոյան Շապատինը անցնելով հասա Սև կամուրջ: Մշեցի Տիգրանը և Ալադին Միսակը պառավի մարագում նստած ինձ էին սպասում: Շեկ Գավիթը քնած էր հարդի վրա: Իմ ոտնաձայնից իսկույն արթնացավ: Երեքն էլ սաստիկ զարմացան իմ գլխին մի տարօրինակ քոլոզ և ձեռքիս մի անծանոթ ծաղիկ տեսնելով:
— Ի՞նչ պատահեց քեզ, որտեղի՞ց ես գալիս,— հարցրեց Մշեցի Տիգրանը բարկացած:
— Բինգյոլից,— պատասխանեցի:
— Ինձ չթողեցիր Մասիս բարձրանամ, իսկ դու մինչև Բինգյո՞լ հասար,— գոռաց վրաս:
— Ստիպված էի:
— Այդ ի՞նչ ծաղիկ է ձեռքիդ: Բրաբիո՞ն:
— Հասա մինչև Բինգյոլի ամենաբարձր գագաթը, բայց այդպիսի ծաղիկ չգտա: Իմ բերածը լեռնային մանուշակ է:
Խնուս–Բերդից մի խճուղի էր դնում դեպի Մուշ: Շեկ Գավիթն ասաց, որ այդ ճանապարհով Մշո դաշտ իջնելը վտանգավոր է: Խավարը ճեղքելով նա մեզ նազիկ լճի տակով առաջնորդեց մինչև Գրգուռի ծծմբագույն ստորոտները և վերադարձավ Խնուս:
Հովիվներից իմացանք, որ մեծ զորք է պաշարել Շամիրամ գյուղը, և ճանապարհը փակ է: Գրգուռի ստորին լանջերին մի քարայր կար: Մեր բեռները թաքցրինք այդտեղ և հովիվներից հաց վերցնելով, մագլցեցինք Նեմրութն ի վեր: Երկու գիշեր մնացինք Նեմրութի գագաթին: Գտա Նեմրութի այն ժայռը, որի մոտ տեսել էի Աղբյուր Սերոբին: Այդ՛տեղ էր, որ ես առաջին անգամ սկսեցի ծխել: Հիշեցի Աղբյուր Սերոբին ու Արաբոյի տուփը հանելով՝ փաթաթեցի առաջին գլանակը իմ կյանքում:
Երրորդ օրվա լուսաբացին մեր բեռները թաքստոցից վերցնելով՝

Գրգուռի լանջերով շարժվեցինք դեպի Մշո դաշտ: Հեռվում երևում էին Ծիրնկատարն ու Ծծմակա Քիթը Մեղրի քարերով: Այդտեղ էր Բերդակի սարը: Այդտեղ էր Գևորգ Չաուշը իր հայդուկներով սպասում մեզ:

Հազիվ էինք պատրաստվում նետվելու Տավրոսի լանջերին, երբ սկսվեց ձյունախառն բուքը:

ՏԱՎՐՈՍԻ ԲՈՒՔԸ

Դուք գիտե՞ք, թե ինչ բան է բուքը Հայկական Տավրոսում:

Աստվա՜ծ իմ, ի՜նչ ուժգնորեն է փչում սառնաշունչ քա՜մին: Ամեն րոպե ձյունախառն մրրիկը կարող է քեզ անդունդ գլորել: Բայց իմ շալակին բեռ կա: Ես շալակատար եմ և պարտավոր եմ այդ բեռը տեղ հասցնել: Ես մենակ չեմ, ինձ հետ են Մշեցի Տիգրանը և Ալադին Միսակը: Երեքս էլ ուխտյալ զինվորներ ենք: Տիգրանը առջևից է գնում, նրա ետևից՝ Միսակը, իսկ Միսակի թիկունքից ես եմ քայլում: Գնում ենք ժայռերի միջով, ձեռնափայտերը հաստատորեն բարձրացնելով ու իջեցնելով, երբեմն իրար դիպչելով կամ բախվելով ժայռերին, մերթ կռանալով ու բարձրանալով և մերթ սահելով ներքև, շարունակ որոնելով հեշտ անցուղի և անվտանգ լեռնապտույտ:

Քայլում եմ ու մտածում՝ այս ծանր բեռը, որի մեջ վառոդ ու փամփուշտ կա, ես տանում եմ պարպելու բռնակալների Կրծքին, տանում եմ պաշտպանելու իմ թշվառ հայրենակիցներին բեկերի և հելուզակ ցեղերի հարձակումներից: Տանում եմ սուլթանի թախտը պայթեցնելու: Բոլորն են վառոդ կուտակում սուլթանի դեմ. Սալոնիկի թուրքը, մակեդոնացին, հույնը, հայը, արաբը, քուրդը, ասորին...

Ոռնում է Տավրոսը: Գետնին սառած ձյունը կածից կամ անդունդից բարձրացնելով՝ ուժգնորեն բերում-զարկում է դեմքիդ, թիկունքիդ, մեջքիդ: Այնպիսի բուք է, որ երկու քայլ հեռավորության վրա ոչ մի առարկա չես տեսնում: Վրաս ձյունի պաղ շերտ է գոյացել: Քամին օրորում է ինձ և աշխատում է իր հետ ներքև քաշել: Ես ճոկանը գետնին սեղմելով և կուրծքս բքին դեմ տալով, ճգնում եմ ոտքերիս վրա կանգնած մնալ: Արդեն երերում եմ:

Քիչ առաջ այնպես պարզ էր երևում Մշո Դաշտը Նեմրութի լանջերից, իսկ այժմ ամեն ինչ խառնվեց իրար: Ծծմակը բռնված է զարհուրելի բորանով: Ոչ Մառնիկի անտառն է երևում, ոչ Ծիրնկատարը, ոչ Կորեկ աղբյուրը:

Բայց ու՞ր է Ալադին Միսակը: Բուքը գալարվում է մի սև ու սուր առարկայի շուրջ և ճիգ է դնում տեղից շարժելու: Ալադին Միսակն է: Ոչ, դա Միսակը չէ: Մի ցից ապառաժ է, որ կատաղորեն դիմադրում է ձյունախառն քամու հարվածներին: Այդպես դիմադրել է դարեր ու բարակել: Իսկ ի՞նչ եղավ Միսակը: Չլինի՞ թե անդունդ գլորվեց: Ես հասա ցից ապառաժին և կռանալով նայեցի: Ահա նա գնում է սոսկալի հակը շալակին: Առջևից ընթանում է Մշեցի Տիգրանը՝ նույնպիսի մի հակ շալակած: Կայծակի մի հարվածով կարող է այդ ամբողջ բեռը բռնկվել և մի ակնթարթում ոչնչացնել մեզ: Բայց կայծակ չկա, միայն կատաղի քամին է հոնդում դիվային ձայներ արձակելով:

Պայանո՜, պայանո՜, պայանո՜...

Ոչ, այդ Ալադին Միսակը չէ, այդ Տավրոսի բուքն է երգում: Տավրոսի բո՜ւքը:

Աշխարհի ամենաչքնաղ լեռը այսքա՜ն մոլեգնած: Ոչ այդ լեռան սպիտակ մեջքն է երևում, ոչ կանաչ կողերը, ոչ էլ իր տակ ծալված բրդոտ սրունքները:

Գարնանը ինչպիսի եդեմական ծաղկունք ասես չի բացվում այդ սարի վրա: Իսկ այժմ՝ նայի՜ր ինչպես ահասարսուռ է նա ու փոթորկային: Մոլեգնած է Տավրոսը: Տարոնի ժողովուրդը իր բնավորությամբ որքան նման է այդ սարին: Տարոնցին էլ նրա պես եդեմական ծաղիկներ ունի իր հոգում, իսկ երբ մոլեգնեց՝ վայ հանդիպողին: Այդ պահին նա ավելի մոլեգին է, քան Ծծմակի վիհերից պայթող ամպրոպն ու մրրիկը:

Բայց ես տարվեցի Ալադին Միսակով և Տիգրանին մոռացա: Իսկապես, ի՞նչ եղավ Մշեցի Տիգրանը:

— Տիգրա՜ն:

Ոչ մի արձագանք:

— Տիգրա՜ն:

Ու զարհուրելի մտքեր պաշարեցին ինձ: Չլինի՞ թե իմ հայդուկ ընկերը անդունդ գլորվեց: Իսկ անդունդը ուղիղ իմ կողքին է, իմ ոտքերի տակ:

— Տիգրա՜ն,— մի վերջին անգամ գոռացի ես:

Իմ կանչը երևի հասավ Ալադին Միսակին: Նա էլ իր հերթին գոռաց: Բայց Տիգրանը չկար: Մի՞թե այդ սքանչելի հայդուկը այստեղ պետք է ավարտեր իր կյանքի ուղին՝ պղնձագույն Գրգուռի մրրիկների մեջ:

Փչի՜ր, կատաղորեն փչի՜ր, Տավրոսի բուք, Մախլուտոն քեզանից զորավոր է: Նա տոկուն հայդուկ է, իսկ հայդուկը ոչ փառք է որոնում, ոչ հանգիստ:

Եվ նա քեզ կհաղթի:

Ուժգին հոնդյունով քամու մի հոսանք անցավ, ասես պոկված լեռան գագաթից և իմ մեջքին զարկվելով, որոտաց դիմացի ժայռերի մեջ՝ իր հետ տանելով իմ քուլզը: Ես վայր գլորվեցի: Ալադին Միսակն էլ գլորվեց: Մի երկար պահ այդպես գետնին գամված մնացինք: Սպիտակ մի փայլակ լուսավորեց Գրգուռի ստորին լանջերը, որին հետևեց մի խլացնող ճայթյուն: Երբ ուշքի եկանք, Մշեցի Տիգրանը արդեն հասել էր լեռան ստորոտը և իմ քոլոզը ձեռքին բռնած ինձ էր սպասում:

Քամու բերանից էր թռցրել:

Վերջապես բուքը հանդարտվեց: Ձյունախառն մի անձրևով ավարտվեց մեր երկարաձիգ և դաժան ճամփորդությունը, և մենք սառած, գրեթե ուժասպառ, մեր բեռները հասցրինք Մառնիկի անտառը՝ ֆիդայիների բնակատեղին:

ԾԾՄԱԿԻ ՔԱՐԱՅՐՆԵՐԸ

Ալվառինջ լեռան կողերին մի քանի հին ծերպեր կային, որոնք կոչվում էին «Գևորգի քարայրներ»: Տեղը քարքարոտ էր և ոտնահետքերից ապահով:

Կարգադրություն եղավ, որ բերած փամփուշտները թաքցնենք այդ քարայրների մեջ:

Երբ մենք բեռներով մոտեցանք, ոչխարենու ահագին գդակով մի տղամարդ իր եղունգներն էր մաշեցնում առաջին քարայրի ժայռին քսելով:

— Կայծակ Անդրեասն է,— զգուշացրեց Մշեցի Տիգրանը: Մեր ոտնաձայնից Անդրեասը շուռ եկավ: Ճշմարիտն ասած, դող եկավ վրաս այդ մարդու կերպարանքին նայելիս: Անդրեասը հավատարիմ և քաջ զինվորն էր Սերոբ Աղբյուրի, որին ես տեսել էի Խլաթի սարերում: Նա միշտ իր դասակի առջևից էր գնում և ոչ միայն կտրել էր կարգապահությունը խախտող իր զինվորներից մեկի ականջը, այլև պահանջել էր Սոսեի հեռացումը հայդուկների միջավայրից, որ խմբի մարտունակությունը չթուլանա:

Անդրեասը եղել էր Անդրանիկի յոթ հոգիանոց խմբի հետ, որին զինաթափ էին արել ալիանցիք և շենիքցիները, ու նրանք Շենիքից փախչելով պատսպարվել էին Սեմալում:

Սերոբի մահից հետո Անդրեասը դարձել էր անճանաչելի: Անխնա էր թշնամու հանդեպ, բայց Սերոբի գլխի վրա երդվողին ազատում էր պատժից: Ձմեռ թե ամառ՝ նրա ձին միշտ թամբած էր, խուրջինը կապած և հրացանը գլխավերևում:

Տեսքը ահարկու էր: Ահռելի աչքեր ուներ այդ ֆիդային և դեպի ականջները նիզակների պես ցցված սուր երկար բեղեր: Եղունգներրը հաստ էին, ամուր, որ մաշեցնում էր ժայռերին քսելով:

Կայծակ Անդրեասին անծանոթ տեսնողը վախից փոխում էր

ճանապարհը, այնքան սարսափազդու էր նրա կերպարանքը: Ջուր խմելիս լրքում էր գետնին և բազուկները մի-մի ապառաժի դրած, քիթն ու ականջները կոխում էր աղբյուրի մեջ, երկայն բեղերը ծփփացնելով ջրի երեսին: Այնպես էր ջուրը կլթկլթացնելով ներս քաշում՝ բերանը հետզհետե մոտեցնելով ակունքին, ասես ուր որ է աղբյուրը կցամաքի: Ձին և ինքը միասին էին ջուր խմում: Պատահում էր, որ ձին ջրում արտացոլված նրա պատկերից խրտնելով սանձը ետ էր քաշում: Այդպես էին խմում բոլոր ֆիդայիները, բայց ուրիշ էր, երբ Կայծակ Անդրեասն էր չոքում աղբյուրին:

Արդեն մթնում էր, երբ Անդրեասի առաջնորդությամբ վերջին քարայրի դուռը հասանք, որ նայում էր «Արաբոյի քարի» վրա: Բնական էր, որ նախ Անդրեասը մտներ, ապա ես և Տիգրանը: Այդպես էլ եղավ: Անդրեասը պառկեց փորի վրա և օձի պես սողալով քարայրի անցքից ներս մտավ, այն էլ ոչ թե գլխի, այլ ոտքերի կողմից: Մենք էլ իրեն հետևելով այդպես սողալով ներս սահեցինք, ետևից զգուշորեն քարշ տալով մեր բեռները:

Քարայրի ներսը ընդարձակ էր և ուներ մի քանի խորշեր: Բեռները պահեցինք մի նեղ խորշի մեջ և մեզ համար մի հարմար տեղ գտնելով՝ նստեցինք: Հատակին մի թաղիք կար փռված, վրան չոր խոտ և մի մաշված արա:

— Սա Ալվառինջու Սեյդոյի խորշն է, — ասաց Կայծակ Անդրեասը:— Սեյդոն գնացել է գյուղ իր սնդուկը բերելու:

Թեպետ օդը ծանր էր, և ոտքերը երկարել հնարավոր չէր, որովհետև տեղը նեղ էր, մենք գիշերը այդտեղ մնացինք: Լուսադեմին եկավ Սեյդոն մի մեծ սնդուկ շալակած և չախմախլի հրացանը թևը զցած: Նա մի առանձին անցք ուներ, որով ելումուտ էր անում: Սնդուկը ներս բերեց, փամփուշտները խնամքով դասավորեց մեջը և մեզ հետ փորսող տալով ելավ անձավից:

Ոսկրոտ դիմագծերով, խոշոր գեղեցիկ աչքերով և թիկնավետ լանջով մի տղամարդ էր Սեյդոն, որ ինձ հետ մասնակցել էր Բերդակի առասպելական կռվին: Իշխանական ձևեր ու քայլվածք ուներ, թեպետ իրենց գյուղում նախ հոտաղ էր եղել, ապա մաճկալ: Նա մեզ հրաժեշտ տալով չախմախլին ձեռքին դիմեց դեպի Մեղրի քարերը: Արաբոյի ժայռի մոտով շարժվեց դեպի Ծծմակի ամենաբարձր կետը և նստեց թփուտով քողարկված մի քերծի, աջ ձեռքով հրացանի փողը բռնած, իսկ ձախով հենվելով նրան: Շատ վայրեր էր թափառել Սեյդոն, բայց իր սիրած տեղը Ծծմակի Քիթն էր: Գիշեր ու ցերեկ չախմախլին ձեռքին նստում էր այդտեղ, աչքը Ֆրանկ–Նորշենի և Ալվառինջի ճանապարհներին պահած: Երբեմն կարողանում էր անսխալ որոշել, թե այդ ճանապարհներով ով է անցնում. անցորդը խաղաղ շինակա՞ն է, թե՞ շինականին տանջող բռնակալ: Ամիսներով, տարիներով հսկում էր իր որսին և վերևից՝ թը՛ր խկ,..

Կայծակ Անդրեասը Գևորգի քարայրներին էր հսկում, իսկ Ալվառինջու Սեյդոն՝ Նորշենի ճանապարհներին:

Հայացքս Ծծմակի բարձր քերծին էր, երբ Անդրեասը աներևութացավ, Նայում եմ՝ քարայրը կա, իսկ Անդրեասը չքացավ:

— Տիգրան, ու՞ր է Անդրեասը:

— Չգիտեմ:

Ու շվարած ուսերն է թոթվում:

Երկուսով վազեցինք դեպի աջակողմյան դեղնած մացառուտը : Հասանք այն

պահին, երբ Անդրեասը մի քոլոզավոր տղամարդու ականջներից բռնած զայրալից նայում էր նրա աչքերի մեջ:

— Երդվիր Սերոբ Աղբյուրի գլխով, որ դու լրտեսության համար չես եկել:

— Սերոբ Աղբյուրի գլուխը վկա, ես լրտես չեմ: Ես Կողբի աղի համար եմ եկել:

— Իսկ Կողբը որտե՞ղ է:

— Կողբը հեռու տեղ է: Լսել եմ, որ Կոզբից աղ եք բերել: Անդրեասը կատաղորեն շարունակում էր նայել նրա աչքերի մեջ:

— Ո՞վ ես դու և գիտե՞ս, թե ինչ բան է փոթորիկը:

— Ես, ես... Սերոբ Աղբյուրի գլուխը վկա…— կմկմաց անծանոթը և դեռ խոսքը չավարտած սարսափից անշնչա՛ցավ այդ ահատեսիլ հայդուկի բազուկների մեջ:

ՄՈՒՐԸ ԽՈՆԱՐՀՎԵՑ ԽԱՉԻՆ

Կայծակ Անդրեասի ձեռքերի մեջ սարսափից շունչը փչած քուրդը Հաջի Ֆերոյի մարդկանցից էր:

Ո՞վ էր Հաջի Ֆերոն:

Պրտըրխե անունով մերկ ու քաղցած մի քուրդ իր նման մի քանի քրդերի հետ Բռնաշենից իջել էր Մշո դաշտ: Առաջին գյուղը, ուր ոտք էր դրել, Քոլոսիկն էր, որ հնում եղել էր «Կարմիր իրիցու» տների խաշների մակաղատեղին: Եկվորը նախ բնակություն էր հաստատել հայ շինականների գոմերի և ախոռների մեջ: Ապա Խասգյուղի բնակիչ Փարեղյան Տոնապետի մոտ ջրաղացպան էր դարձել, իսկ իր ընկերները նույն վայրում վարձվել էին իբրև հովիվ և նախրորդ: Անցել էր մի քանի տարի և ընդամենը մի այծի փոստով Մշո դաշտ եկած Պըտըրխեն Քոլոսիկում հիմնադրել էր բալաքցի աշիրեթի մեկ ճյուղը, դառնալով այդ ճյուղի առաջնորդը:

Հաջի Ֆարըզը կամ Ֆերոն որդին էր Պըտըրխեի: Հոր մահից հետո Հաջի Ֆերոն օսմանյան իշխանավորների պաշտպանությամբ արդեն տեր էր դարձել ամբողջ Քոլոսիկին և Խասգյուղի մեծ մասին, իր ազդեցությունը տարածելով նաև այդ շրջանի Ալվառինջ, Շմլակ, Էրիշտեր, Մկրագոմ և Քրդագոմ գյուղերի վրա: Խասգյուղի սահմանից հողեր գրավելով, նա «Սևակ» անունով աղբյուրի մոտ երկհարկանի սպիտակ քյոշկ էր շինել իր հարակից շինություններով, այդ վայրը վերածելով աշիրեթական թաղի:

Սեփականացնելով Քոլոսիկը, Հաջի Ֆերոն արգելել էր հայ գյուղացիներին իրենց խաշները այդ գյուղի արոտների և գոմերի մեջ պահել և անտառից ցախ բերել: Քոլոսիկ լեռան աղբյուրներից յոթ առու էր հոսում դեպի Խասգյուղի դաշտերը: Հաջի Ֆերոն բռնագրավել էր այդ առուները, բնակիչներին թույլ չտալով օգտվելու ջրից: Քոլոսիկի ձորի մեջ գյուղացիներն ունեին յոթ ջրաղաց: Բալաքցի աշիրեթապետը հրդեհել էր դրանք և կողքին սեփական ջրաղացներ էր շինել իր համար:

Հաջի Ֆերոն սուլթանի և նրա վարիչների գործակալն էր Մշո դաշտում: Մշո ոստիկանապետի և կառավարչի հրահանգով նա բալաքցի զինված քրդերին ուղարկում էր այս կամ այն հայ շինականի տունը, որոնք տանտիրոջ հացը ուտելուց հետո ոտքի կանգնելով հրացանազարկ էին անում նրան և վերադառնում իրենց գյուղերը: Այդ ցեղապետի անմիջական թելադրությամբ սպանվել էին ս. Աղբերիկի երկու վարդապետները (Ղազար և Պետրոս), Ալվառինջի երկու գյուղապետները (Վահան և Սմբատ) և Խասգյուղի, Շմլակի և Մկրագոմի մի քանի հայտնի շինականներ:

Բավական էր, որ Հաջի Ֆերոն սուլթանի մարդկանց հայտնի դարձներ, թե այսինչ գյուղում ֆիդայիներ կան և իսկույն Մուշից կամ Բաղեշից զորք ու թնդանոթ էր շարժվում այդ գյուղի վրա:

Ֆերոն մի եղբայր ուներ՝ Ալի և երկու որդի՝ Հասան և Մահմուդ: Իսկ ծառաները շատ էին և մեծ մասամբ դաժան: Նույնիսկ նրա նախրապահները հետապնդում էին հայ ֆիդայիներին:

Խասգյուղի և Քոլոսիկի երկրորդ հարստահարիչը և սուլթանական գործակալը Սլո Օնբաշին էր: Սա հասնանցի քուրդ էր: Մշո մեջ մի քանի տարի իշապանություն էր արել և առաջ էր քաշվել մեծ պաշտոնի: Խասգյուղի միջով անցնում էր պետական խճուղին: Գյուղում թղթակցական կայան կար (Գորդոն), ուր տասներկու ոստիկաններ էին աշխատում: Մուշից եկողները այդտեղ էին փոխում ձիերը և շարունակում ճանապարհը դեպի Բաղեշ: Սլեման Օնբաշին այդ կայանի գլխավորն էր և ամենքը նրան «Գորդոն» էին կոչում:

Այդ երկուսը՝ Հաջի Ֆերոն և Սլեման Օնբաշին իրենց ծառաների և ոստիկանների միջոցով լրտեսում էին ֆիդայիների երթևեկը: Առանձնապես այդ ուղղությամբ եռանդուն գործում էին Գորդոնի ոստիկան Պարտկա Ճաղոն, Համիդ Օնբաշին, բոստանչի Շաքիրը, նախրորդ Իպոն և Գորդոնի ծառա լալ Հասոն:

Մեր բերած փամփուշտը քարայրում թաքցնելու հաջորդ օրը Հաջի Ֆերոն եկավ Ալվառինջ սարը իմանալու, թե ինչ եղավ իր ուղարկած լրտեսը:

Մենք, որ այդքան հեռավորությունից վտանգի ու փորձությունների միջով մեր բեռները բերել–հասցրել էինք Մառնիկ և փորսող տալով թաքցրել քարայրի մեջ, կհանդուրժեի՞նք միթե, որ բալաքցի այդ ավազակը հանդգներ մոտենալ մեր զինարանին:

Ահա թե ինչու համարձակ վճիռ եղավ ոչնչացնել նրան:

— Ինչու՞ ես մեզ լրտեսում,— գոռաց Կայծակ Անդրեասը կատաղի մի ցատկով գետնից պոկելով Հաջի Ֆերոյին և օդում պահած ահռելի աչքերով նայեց նրան:

— Ես լրտես չեմ: Ես եկել եմ իմանալու, թե ինչ եղավ մեր ղոլամը, որին ուղարկել էի ձեզանից աղ վերցնելու:

— Աղի համար Մ ուշ են գնում և ոչ թե Մառնիկի անտառը: Քո ծառան շունչը փչեց իմ ձեռքերի մեջ:

— Ինչպե՞ս, սպանեցի՞ք:

— Ոչ, սարսափից մեռավ:

— Օ, ինչ զազանային տեսք ունես, ես վախենում եմ քո աչքերից:

— Դուք մեզ զազան դարձրիք:

Եվ այն միջոցին, երբ բալաքցի հարստահարիչը սարսափից գրեթե մարում էր Անդրեասի բազուկների մեջ, և ես ու Մշեցի Տիգրանը մեր դաշույնները մերկացնելով պատրաստվում էինք արագացնելու իրեշի մահը, Տեր Քերոբը խաչը ձեռքին հնիհն հայտնվեց մեր առաջ:

Նրա հետ եկել էին նաև գյուղապետ Մուքոն և Թարղու երեցը:

— Մի՛ անեք այդ բանը, ի սեր Քրիստոսի, աղաչում եմ ձեզ,— գոչեց Տեր Քերոբը ծունկի իջնելով մեր առաջ:

— Տեր Քերոբ, դու աստծո մարդ ես և մի խառնվիր մեր երկրային գործերին: Մեր վճիռն արդար է: Մեր գյուղացիները երկու անգամ ուզեցել են այս ճորտատերին սպանել և դու ընդդիմացել ես: Գոնե այս անգամ քո խաչը հեռու տար,— ասաց Մշեցի Տիգրանը:

— Մեր գյուղի կողմից խնդրում եմ ձեզ ազատ արձակել Հաջի Ֆերոյին: Նա բարի

քուրդ է և Քրիստոսն ուզում է, որ այդպիսիները ապրեն,— խոսեց գյուղապետ Մուքոն: Նույն խնդիրքով դիմեց Թարղու երեցը:

— Հանուն Քրիստոսի,— գոչեց Տեր Քերոբը և խաչը պահեց մեր զենքերի վրա, ու մենք նահանջեցինք:

Սուրը խոնարհվեց խաչին:

— Գնա, Հաջի Ֆերո, այս անգամ էլ կյանքդ խնայվեց: Գնա և քանի ապրում ես, հավիտյան պարտական մնա հայոց խաչին, նաև այս բարի քահանային ու բարի մարդկանց, որ քեզ կորզեցին մեր դաշույնների տակից,— ասաց Կայծակ Անդրեասը և նրան օդից գետնին իջեցնելով՝ հրաման տվեց հեռանալու:

ՌՎ ՓՉԵՑ ՃՐԱԳԸ

Ամեն հայդուկ գիտեր, որ դեպի արևելք շարժվելիս, գյուղից դուրս գալով նա նախ պիտի գնար արևմուտք և ապա միայն դառնար դեպի արևելք, որ գյուղացիները չիմանային, թե ո՛ր ուղղությամբ գնաց:

Կարկուտ Թաղեն թեև Խլաթի սարերը թողնելով եկել միացել էր Գևորգ Չաուշի խմբին, սակայն դարձյալ անհանգիստ կրակող էր: Տեղի-անտեղի բարկությամբ չխկացնում էր փականակը և գնդակը պայթեցնում: Գևորգը սրան մի օր գործով ուղարկել էր Սասնո կողմերը: Բայց Թաղեն ճանապարհը շփոթելով, փոխանակ դեպի հյուսիս գնալու, շարժվել էր դեպի հարավ: Մոտը զենք կար և որովհետև անզուսպ էր, կարող էր կռիվ բորբոքել Սասնո կողմերում, ուստի երեք հայդուկ ինձ հետ վերցնելով՝ շտապեցի նրա ետևից:

Ֆրանկ-Մոսոն հետնապահ էր: Հետնապահը միշտ ետևից էր քայլում՝ իր հետ քարշ տալով մի ծառաճյուղ, որ ֆիդայիների հետքերը կորցնի:

Երկար թափառումներից հետո գտանք Թաղեի հետքը: Մշեցի Տիգրանը և Չոլոն շտապեցին նրան բերելու, իսկ ես և Ֆրանկ–Մոսոն որոշեցինք մի քիչ հանգստանալ:

Գոմի առջև մի ծառ կար: Հրացանը գրկած նստեցի ծառի ճյուղին: Մոսոն պառկեց ոտքերիս տակ՝ գետնին: Նա պիտի քներ, իսկ ես՝ հսկեի: Եթե պատահեր, որ քունս տաներ՝ անպատճառ պիտի ընկնեի Մոսոյի վրա: Իմ ընկնելուց նա պիտի արթնանար: Այսպես փոխնեփոխ պիտի քնեինք ու հսկեինք: Հազիվ էին կոպերս իրար կպել և գլուխս ծանրացել կրծքիս, երբ Մոսոն վեր թռավ քնից: Ինչ–որ մեկը թափով ընկել էր նրա վրա և արագ բարձրանալով՝ սարսափահար ետ քաշվել: Ֆրանկ-Մոսոն սկզբում կարծել էր, թե ընկնողը ես եմ:

— Մախլուտո՛:

Այդ կանչի վրա ես ճյուղից վայր թռա: Ձեռքս շարժվեց դեպի իմ զենքը, իսկ Մոսոն մերկացրեց դաշույնը: Մեզանից ոչ հեռու մի մարդ կիսաստվերում կանգնած ծանրագին շընչում էր:

Երկուսով մոտեցանք:

Երիտասարդ մի քուրդ էր՝ քոլոզը գլխին:

— Ձեր բախտն եմ ընկել, աղա, ինձ մի սպանեք: Ջահել քուրդ եմ և օգնության համար եմ եկել:

— Ի՞նչ օգնություն:

— Օգնություն, աղա: Մեր գյուղից մինչև էստեղ վազելով եմ եկել:

— Ինչո՞ւ ես վազել:

— Որ իմ պատիվը փրկեմ:

— Որ սա պատվից է խոսում, ուրեմն ազնիվ մարդ է, — ասաց Ֆրանկ-Մոսոն, ձեռքը բարեկամորեն նրա ուսին դընելով:

— Անու՞նդ:

— Ամինո:

— Հանդամիջյան կռի՞վ է, հողային հա՞րց:

— Ի՜նչ հողային հարց, ի՜նչ հանդամիջյան կռիվ: Ավելի մեծ գործ է. իմ պատվի սինորն են ուզում քանդել:

— Դե, պատմիր, պատմիր:

— Մեր կողմերը սովորություն է, աղա, ազապ աղջիկները թաշկինակներ են կապում մաքիների վզից: Որ տղան որ թաշկինակը արձակեց, նույն օրն էլ նշանդրեք է լինում:

Մի շաբաթ առաջ, երբ ոչխարը գյուղ եկավ, ես մեկի վզից արձակեցի մի կարմիր թաշկինակ:

— Նշանդրեքն եղա՞վ:

— Նույն օրը:

— Է՜, հետո՞:

— Վաղը իմ հարսանիքն է:

— Է՜, գնա քո հարսանիքն արա, ո՞վ է խանգարում:

— Բայց, աղա, մենք մի անիրավ բեկ ունենք, երեկ ինձ կանչեց ասաց, որ հարսանիքից հետո հարսին պետք է առաջին գիշերը իր տուն տանի: Իմ բաբոն ասաց, թե գնա հայ ֆիդայիներին կանչիր:

Ամեն ինչ պարզ էր:

Ոչ մի բան այնքան մոտ չէ ֆիդայու սրտին, որքան հասարակ ժողովրդի իրավունքին ու պատվին պաշտպան կանգնելը:

Տղաները եկան ու ես այդ գործը վերցրի մեզ վրա:

— Հարսնացուն թու՞խ է, — հարցրի:

— Մի քիչ շեկլիկ է:

— Հասա՞կը:

— Ճիշտ իմ բոյի չափ:

— Չոլոյին վերցրու, — խորհուրդ տվեց Մշեցի Տիգրանը:

Ես էլ գտա, որ ամենահարմարը Չոլոն է: — Քոլոզ ունե՞ք, — հարցրի:

— Քոլո՞զ, — զարմացավ քուրդը, — մեր երկիրը լիքը քոլոզ է:

— Ճրա՞գ:

— Ճրագ էլ կճարվի:

Չոլոն անմիջապես մեջտեղ նետվեց դաշույնն ու տասնոցը արայի տակ կապած, իսկ Կարկուտ Թաղեն Փակաղակը չըխկացնելով նետվեց մի քարի տակ, իբրև թե նշան է բռնում անիրավ բեկին:

Ամինոն մեզ նկարագրեց բեկի տան դիրքը, որից հետո բաժանեցինք գերերը. թե ով պետք է հսկեր տանիքին և ով պետք է գրոհեր բեկի վրա: Չոլոն կատարելու էր հարսի և սիաբեկիչի դերը: Պատասխանատու դերերից մեկը հանձնեցինք Կարկուտ Թաղեին: Նրան նշանակեցինք ճրագ փչող:

Ես և Տիգրանը քաշելու էինք պարանը, իսկ Ֆրանկ–Մոսոն ներկայանալու էր իբրև քավոր և խաչեղբայր:

Որոշեցինք մեր հանդիպման վայրը և Ամինոյի հետ ընկանք

ճամփա, որպես թե գնում ենք հարսանիք: Նախավերջին գյուղի մոտով անցնելիս, Ամինոն մեզ համար հինգ սպիտակ քոլոզ բերեց և մի կծիկ պարան: Ես Ֆրանկ–Մոսոյին և Կարկուտ Թադեին Ամինոյի հետ ուղարկեցի բեկի գյուղը, առաջինին որպես քավոր, իսկ երկրորդին՝ ճրագ փչող: Բացատրեցինք, թե ճրագ փչելիս Թադեն որտեղ պիտի կանգնած լինի և ինչ դիրքով ճրագը պահած:

Երբ ես, Մշեցի Տիգրանը և Չոլոն տեղ հասանք, հարսանիքն արդեն սկսել էր:

Ալիբեկ աղան բեղը սրած նստել էր փեսայի կողքին՝ աչքը շարունակ հարսի վրա պահելով, որի երեսը քողի տակ էր: Հարսի ձախ կողմում հպարտ նստել էր Ֆրանկ–Մոսոն՝ սպիտակ քոլոզը գլխին: Հետևում իբրև թիկնապահ Կարկուտ Թադեն էր հսկում, նույնպես սպիտակ քոլոզով, ձեռքին մի մեծ ճրագ: Ես, Տիգրանը և Չոլոն կանգնեցինք հարսանքատան շեմքին, ձեռքներս աբաների տակով մեր զենքերին դրած: Չոլոն իր քոլոզը թեքել էր ականջին:

Երբ հարսանիքը վերջացավ, մենք շեմքից կամացուկ ետ քաշվեցինք:

Ալիբեկի անկողինը խնամքով պատրաստված էր և հարսը քիչ հետո պիտի գնար նրանց տուն: Աղան առաջինը դուրս եկավ, իսկ ետևից շարժվում էր հարսը թափորով: Ֆրանկ Մոսոն գնում էր փեսայի կողքից, իսկ Կարկուտ Թադեն թիկունքից՝ ճրագը ձեռքին բարձր պահած, ինչպես պայմանավորվել էինք:

Բեկի տան շեմքին Թադեն որսաց հարմար ժամանակ և ճրագը փչեց: Չոլոն մութի մեջ իր քոլոզը տվեց փեսային և հարսնեթագը քողով արագությամբ հարսի վրայից վերցնելով դրեց իր գլխին ու իբրև հարս ընթացավ բեկի ետևից:

— Բարի վայելու՛մ, Ալի բեկ, շատ չտանջես հարսին, էս մի Գիշերը քոնն է, մնացյալ բոլոր գիշերներն իմն են, — ասաց Ամինոն և Չոլոյի քոլոզը հարսի գլխին դնելով, նրան իրենց տուն տարավ: Ես ու Տիգրանը բարձրացանք տանիք: Երդիկից կռացած նայեցինք: Աղան արդեն պառկել էր և հրճվանքից բեղերն էր շփում: Չոլոն եկավ և շորերով մտավ անկո՛ղին: Բեկը թևերը պարզեց, որ հարսին գրկի, Չոլոն տասնոցը արայի տակից հանելով՝ դեմ տվեց նրա կզակին:

— Օգնեցե՛ք, ինձ սպանում են: Հարսի քողի տակ ջանֆիդան է թաքնված, — սարսափահար գոչեց Ալիբեկը:

— Չեմ սպանի, բայց սրանից հետո չհամարձակվես երիտասարդ ընտանիքի պատիվը արատավորել, — սպառնաց հայ ֆիդային:

Ալիբեկի աղաղակի վրա մարդիկ հավաքվեցին շեմքին: Ոմանք ներս մտան, բայց պարանն արդեն կախվել էր, և Չոլոն պլուլվելով, հարսնեթագը գլխին, մի ակնթարթում բարձրացավ տանիք, իսկ Կարկուտ Թադեն արագությամբ դուրս նետվելով անհետացավ մութի մեջ:

— Ճրագը ո՞վ փչեց, — լսվում էին զարմացական կանչեր այս ու այն կողմից:

Մինչ հարսանքավորները ուշքի կգային, թե ինչ կատարվեց, մենք արդեն հեռացել էինք գյուղից, հարսնեթագը և քողը բեկի տանիքին թողնելով: Թադեն, որ հաջողությամբ փչել էր ճրագը, Ֆրանկ–Մոսոյի հետ մեզ էր սպասում պայմանավորված վայրում:

Հաշվեցինք քոլոզները: Ֆրանկ–Մոսոյի քոլոզը չկար: Մութի միջով վազելիս ընկել էր գլխից: Չոլոյի քոլոզն էլ չկար: Տիգրանը գովեց Չոլոյի քաջությունը, իսկ Կարկուտ Թադեն հանդիմանեց, որ ճրագը փչելիս փոքր–ինչ շտապել էր:

— Ճիշտ է, դու մի քիչ շուտ փչեցիր ճրագը, — հաստատեց Չոլոն:

Ֆրանկ–Մոսոն էլ նույն բանը պնդեց՝ իր գլխանոցի կորուստը վերագրելով ճրագ փչողի հապճեպությանը: Ըստ նրա, Թադեն պետք է ճրագը փչեր փեսայի բեկին ուղղած խոսքից առաջ:

Իսկ ես պնդեցի, որ Կարկուտ Թադեն, հակառակ իր անհամբեր բնավորությանը, ճիշտ ժամանակին է հանգցրել ճըրագը, և մենք այդ գործի հաջողության վերջաբանը փաստորեն նրան ենք պարտական:

Մնացյալ երեք քոլոզները պարանի հետ փաթաթելով դրեցինք Ֆրանկ–Մոսոյի ուսապարկը և ուղղություն վերցրինք դեպի Սև սար:

Այս շշմեցնող ահաբեկումը, որ աներևակայելի հմտու՛թյամբ կատարվեց, կայծակի արագությամբ տարածվեց լեռնական քրդերի մեջ:

Նույն գիշերը հայտնի դարձավ, որ Ալիբեկը սարսափից մեռել էր, իսկ երիտասարդ Ամինոն իր նորահարսի հետ փախել էր Ֆարխինի կողմերը, խոստանալով այնտեղից կապար և ծծումբ ուղարկել Գևորգ Չաուշին՝ սուլթանի և նրա անխիղճ բեկերի դեմ կռվելու համար:

ՍԵՎ ՍԱՐԻ ԲԺԻՇԿՆԵՐԸ

Լույսը խավարին էր խառնվել, երբ հասանք Բռնաշենի լեռներին: Ծառերն այդտեղ բարձր էին, քարափից–քարափ ելնող և կիրճից–կիրճ իջնող: Մեկը մյուսի կատարից ցոլք առավ և անտառը լուսավորվեց:

Առաջինը ոսկեվորվեց կաղամախիների պուրակը՝ տերևներից լույսի շիթեր թափելով սպիտակ սունկերով ծածկված իր ծնկներին: Մի ճախրասլաց հսկա կաղամախու գագաթին սևին էր տալիս ինչ–որ բան, լուսաբացի կապույտ զեփյուռից օրորվելով:

Երեքով վերև նայեցինք:

Չոլոն պնդեց թե արծիվ է, Մշեցի Տիգրանը՝ թե հաբան է:

— Հաբանը ի՞նչ գործ ունի ծառի վրա, — զարմացած նըկատեց Ֆրանկ–Մոսոն:

— Արինոքցի հովիվներն են կախել: Մեջը խորոված կա: Եվ իսկապես. կաղամախիների պուրակի ամենաբարձրիկ ծառագագաթին ճոճվում էր մի կաշեպարկ: Այնպես հով էր այնտեղ, տերևների այնպիսի սոսափ կար, որ թվում էր, թե հիմա վայր կընկնի, մինչդեռ այծեպարկը անաղմուկ ճոճվում էր ետ ու առաջ, ասես անտառի վրայով մի հսկա արծիվ էր պատրաստվում թռիչքի:

Թը՛րմփ:

Վերևից մի ծանր բան ընկավ: Կարծեցինք, թե հաբանն է, բայց շուտով մի խոր տնքոց լսվեց և հայհոյախառն մի բարձրագոչ անեծք՝ Հաջի Ֆերոյի հասցեին:

Վազեցինք: Ծառերի տակ մեր առջև փռված էր քեռի Երանոսը՝ իմ ծանոթ ջրեպանը: Խեղձի որովայնը պատռվել էր և աղիքները դուրս թափվել: Երկու ձեռքով բռնել էր փորը և գոռում էր ցավից:

Թշվառ մարդ: Տարիներ առաջ ես բուժել էի նրա մեջքի մկանների կծկումը, բայց այս մեկին օգնելը իմ ուժերից վեր էր: Ոչ էլ Ֆրանկ–Մոսոն կամ Մշեցի Տիգրանը կարող էին օգնել:

Զոլոն առաջարկեց նրան շտապ հասցնել Բռնաշենի հովիվների մոտ:

Բայց ինչպե՞ս:

Կարկուտ Թաղեն հանձն առավ հիվանդին շալակել: Հը. մուտ էր Թաղեն այդ գործում: Պատահել էին շատ դեպքեր, երբ նա վիրավոր կամ հոգնած հայդուկին, զենքն էլ հետը, շալակելով սարից–սար էր տարել:

Մենք զգուշությամբ բարձրացրինք ջրեպան Երանոսին: Թաղեն իսկույն մտավ տակը, հիմնական ծանրությունը առնելով իր վրա: Աջ ոտքը ես բռնեցի, ձախ ոտքը՝ Մշեցի Տիգրանը, և գնացինք: Զոլոն կողքից էր հսկում, որ աղիքները չթափվեն կամ հավքերը չկտցահարեն վերևից, իսկ ՖրանկՄոսոն որպես հետնապահ, դարձյալ իր գործին էր: Մեր ոտնահետքերն էր անհետացնում կամ առաջ վազելով, բարձրացնում էր այս կամ այն կախված ծառաճյուղը, որ անխափան անցնենք:

Ճանապարհին քեռի Երանոսը հատուկենտ խոսքեր շըշընջաց, որից պարզ դարձավ նրա պատմությունը:

Ոստիկանապետ Հյուսնի Էֆենդին տեսնելով, ոլ նա ջրեպանություն է անում Բաղեշի ճանապարհներին դեպի Սա. սուն փոխադրելով կասկածելի մարդկանց և կասկածելի բեռներ, արգելել էր նրան այդ ճանապարհներին երևալ: Վերջին անգամ նրան նկատել էին Մանազկերտի գյուղերում, ուր նա Խութա սարերից ընկույզ էր տանում, մի բեռ ընկույզը փոխանակելով մի բեռ ցորենի հետ: Այդ բանը կատարվել էր Մոսե Իմոյի հայտնի ուղևորությունից հետո:

Երանոսը ստիպված ծառայության էր մտել Հովհաննես վարդապետի մոտ: Անտառից փայտ էր կտրում և ջրիին բարձած բերում էր վանք: Սակայն այստեղ էլ նրա դեմ ցցվել էր բալաքցի Հաջի Ֆերոն, արգելելով նրան մերձակա անտառներից փայտ կտրել: Երանոսը հարկադրված թափան. ցել էր Բռնաշենի անտառների խորքը: Այդտեղ էլ նա փայտ կտրելիս գլորվել էր ծառից, և փորը մի սրածայր կաղնէ ոստի դեմ առնելով՝ պատռվել էր վերևից վար:

Մակաղատեղին մոտ էր:

Մեր աջ թևի վրա մի թիկնավետ հովիվ իր խաշներին նայելով մտազբաղ ետ ու առաջ էր քաշում համրիչի հատիկները:

— Խողեղանն է, — ասաց Չոլոն, հեռվից ճանաչելով նրան: Չոլոն հայտնեց, որ այդ հովվի կինը Բայազ անունով դաշտեցի մի աղջիկ էր, որի հարսանիքի զուռնի ձայնը Արինոքից մինչև Մարութա սարն է հասել:

Խութեցի հովիվները իրենց հաշիվը պահում էին տերողորմիայի հատիկների կամ իրենց մատների վրա, յուրաքանչյուր միավորի համար ծալելով մեկ մատ կամ համրիչից մեկ ուլունք քաշելով:

Մեր ոտնաձայնից, թե տերևների ուժեղացող սոսափից, նրա հաշիվը խառնվեց և նա նորից սկսեց իր համրանքը՝ այս անգամ համրիչի հատիկները զույգ–զույգ քաշելով և բարձրաձայն հաշվելով. երկու քսան, երեք քսան, չորս քսան, հինգ քսան: Վերջին թիվը եղավ տաս սաքսան, այսինքն ութ հարյուր:

Հաշիվը չէր ստացվում: Մի թփի տակ երեք թաքնված այծեր նկատեց. քոլեն մեկ, քոռն մեկ, բաղեն մեկ — քթի տակ հաշվեց նա իրար կողքի երեք մատ ծալելով: Այդ էլ չօգնեց: Մեծ թվով այծեր էին պակասում:

Մակաղատեղում մի ավելի երիտասարդ հովիվ, Տոնե անունով, կրակի մոտ նստած իր տրեխն էր կարում այծի սև մազից ոլորած թելով: Մեզ տեսնելով նա բոլորովին չկորցրեց իրեն: Տրեխը ցած դրեց, հանգիստ վեր կացավ տեղից, ձեռքերը լվաց, ջրեպան Երանոսին մեջքից վար առնելով պառկեցրեց կրակի կողքին, թաղիքի վրա, աղիքները խնամքով լցրեց փորը, դասավորեց, ինչ–որ անծանոթ բույսերով թմրեցրեց ճղվածքի եզրերը, թելը ոլորեց և երկար մախաթը տաքացնելով՝ մեր ներկայությամբ սկսեց հիվանդի փորը կարել :

Շատ բան էի տեսել, բայց մախաթով մարդու փորի կար և այն էլ այծի սև մազից ոլորած թելով առաջին անգամ էի տեսնում:

— Կմեռնի, — հաստատապես պնդեց Ֆրանկ–Մոսոն:

— Չի մեռնի, — ասաց Չոլոն:

Ես էլ այն կարծիքին էի, որ ողջ չի պրծնի: Հովիվը մախաթի քիթը նորից դաղեց կրակով:

— Հը՛շ կացեք, — մեր տագնապը նկատելով հուսադրեց բռնաշենցի Տոնեն — առաջին անգամ չէ, որ փոր եմ կարում: Մարդու փորն էլ էծի փորի նման է: — Եվ նա մախաթը կրա՛կից վերցնելով, կարը ավարտեց ջրեպանի պորտի մոտ: Հանգուցեց, կռացավ ատամներով կտրեց թելը և դանակը վերցնելով մի բարակ գիծ քաշեց իր ձեռնափայտին, այն գծերի տակ, որոնք ցույց էին տալիս իր մորթած այծերի հաշիվը: Այդ հովիվն էլ այդ ձևով էր իր հաշիվը պահում:

Ըմբոստ այծերը շատ էին չարչարում Սև սարի հովիվներին:

Ամենօրյա կռիվը գայլերի հետ այնքան նեղություն չէր պատճառում նրանց, որքան խաշների հանգիստը վրդովող այդ անհնազանդ այծերը: Գիշերով հանկարծ անջատվում էին հոտից և, իրար ետևից թռչկոտելով նետվում էին սար ու ձոր՝ վտանգավոր ապառաժներից ու քերծերից կախվելով:

Անտառի խորքից հայտնվեցին խութեցի երկու ուրիշ հովիվ, բերելով այդ գիշերը հոտից փախած անհնազանդ այ ծերին: Հովիվներից մեկը եղջյուրներից քարշ տալով կրակի մոտ շպրտեց մի մորուքավոր ամեհի այծի, որի ծնկները ջախջախված էին, իսկ մի եղջյուրը փշրված:

Կեռ եղջյուրներով այդ մոլեգին քոշը մի ամբողջ տարի տանջել էր հովիվներին՝ այծերի մի ստվար բազմություն շարունակ տրոհելով հոտից: Սև մորուքավոր այդ այծի ետևից գնում էին հատկապես սպիտակ այծերը, կարծես կախարդված, մերթ անաղմուկ ու մերթ աղմկալի, իրար հրելով քարափներից գլորվող ջրվեժի ալիքների պես: Այդ գիշերը նա նրանց խաբելով տարել էր մինչև Կարմիր ալուջների ձորը, պատճառ դառնալով ոմանց կորստյան, իսկ ինքն էլ սրունքները և մի եղջյուրը ապառաժներին զարկելով՝ ջախջախվել էր:

Նույնիսկ հովվական գելխեղդ շները այդ Հոգնությունից այնքան էին զազզած, որ ըմբոստ այծերի խումբը ալուջների կարմիր ձորից հանելով և քարափի հոտին միացնելուց հետո, կատաղած եկան շրջապատեցին վիրավոր քոշին և շարունակեցին չարությամբ հաչել վրան: Կարծես բնազդորեն զգում էին, որ խաշների և իրենց ամենամեծ թշնամին սև մորուքով այդ անհնազանդ ըմբոստ այծն էր:

Հիվանդը ծանր տնքաց: Շները այծին թողնելով հարձակվեցին նրա վրա:

Եկավ Խողեղանը, որի հաշիվը երրորդ անգամ խառնվել էր ստամբակ այծերի պատճառով: Նա շներին զսպեց և վշտահար Երանոսի դժբախտությանը իրազեկ դառնալով, լրջօրեն ստուգեց հիվանդի փորը և գտավ, որ կարվածքը հաջող էր: Ցավերը մեղմացնելու համար կարգադրեց դաղձով տաք ջուր տալ նրան:

— Տվել եմ, — ասաց Տոնեն:

— Էլի տուր: Մեր անտառի դաղձը փրկություն է փորացավի դեմ:

Վիրավոր քոշի վիճակը ավելի լուրջ էր: Հովվապետը մի ցավալի հայացք նետեց խռովարար այծի խանձված ծնկներին:

Ապա նայեց մեզ:

Մենք թույլ չտվեցինք այդ ըմբոստ այծին մորթել:

Հովիվ Տոնեն վազեց դեպի կաղամախիների պուրակը: Նա մեզ հյուրասիրեց իր հայտնի անուշահամ խորովածով, որ մի օր առաջ կախել էր անտառի ամենաբարձր ծառից:

Այնպես զով էր սարի վրա, այնպիսի սոսափ կար Բռնաշենի հեքիաթային լեռներում:

Ջորեպան Երանոսը չմեռավ: Հինգ օր հետո հովիվները նրա կարը քանդեցին և նա ողջ–առողջ վերադարձավ վանք, իսկ մենք Խաչնուկ սարից Կարմիր ալուչների ձորը իջնելով, դիմեցինք դեպի Բերդակի անտառները:

Հովվական շներից մեկը մեզ հետ իջավ մինչև ալուչների կիրճը: Այդ այն շունն էր, որ այդ կիրճում արյուն էր լիզել:

Դարձանք ետ նայեցինք:

Բարձր–բարձր կաղամախու կատարին դարձյալ ճոճվում էր խուլթեցի հովվի այծեպարկը:

Տեղ հասնելով Ֆրանկ–Մոսոյի առաջին գործը եղավ քոլոզները հանձնել Կայծակ Անդրեասին՝ քարայրում պահելու համար:

ՀԵՍՈՒ ՎԱՐԴԱՊԵՏԻ ՄՈՏ

Այդ տարի այնքան ձյուն էր եկել, որ ինչպես կասեր սասունցի Ֆադեն «ճնճուղ որ պառկեր վըր մեջքին ու զոտվնին տնկեր վերև կհասներ աստված»:

Մենք ս. Աղբերիկի սարի վրա, ձյուների տակ մի ընդարձակ այր շինեցինք և մտանք մեջը: Երբ ցրտերը սաստկացան, ես Գալեին, Փեթարա Մանուկին, Չոլոյին և Ախոյին ձյուների տակից հանելով ուղարկեցի Սասուն, Սպաղանաց Մակարի մոտ, իսկ ինքս քայլ առա դեպի ս. Կարապետի վանքը, որոշելով այնտեղ անցկացնել այդ դաժան ձմեռվա մնացյալ մեկ–երկու ամիսը:

Ես գիտեի, որ վանքում զինյալ պահակներ կան, բայց իմ վճիռը անխախտ էր, որովհետև այնտեղ էր գտնվում Գևորգ Չաուշը, որից լուր չունեի երկար ժամանակ: Գևորգը այդ վանքն էր մտել բքոտ մի գիշեր և թաքնվել նրա խուցերից մեկում:

Շատ գեղեցիկ ճանապարհներ ունի ս. Կարապետի վանքը, բարձր ու ոլորիկ անցուղիներ: Առատ ձյունը խոր շերտով նստել էր այդ բլրի վրա: Ձյունով էին ծածկված վանքի բոլոր սարերը իրենց դրախտային անտառներով: Լուսին չկար: Ոչ Գլակա լեռն էր երևում, ոչ Հավատամքը: Ձյունի սպիտակությունը մութի մեջ ցոլանալով աղոտ լուսավորում էր ձորի կողերով ձգվող իմ ճանապարհը, և ես ընթանում էի առաջ մեն–մենակ՝ տասնոցը աբայիս տակ կապած:

Անցա ս. Հովհաննու վանքը և Խոզմո սարի տակով դիմեցի դեպի Ձիարեթ: Հետևյալ օրը իրիկնամուտին նշմարեցի վանքի զմբեթները և զանգակատունը, որ վեր էին խոյանում ձյունածածկ պարիսպների միջից: Իմ բախտից սոսկալի բուք էր, իսկ դա օգնում էր ինձ համարձակ մուտք գործելու այնտեղ: Բնության արհավիրքն երբեմն միջոց է դառնում մարդկային ոխերիմությունից պաշտպանվելու:

Տանիքին շրջող զինված ոստիկանը մաքառում էր բուքի դեմ, գլուխը անվերջ թաքցնելով թևերի տակ: Ես վանքին մո՛տեցա Հավատամք սարին նայող դարպասի կողմից շրջանցելով վանքի փականները և յոթ խոտաճարակների նահատակության վայրը: Մի ծանոթ նախրապահ կար այդտեղ, որի հորթերից մեկը ես և Չոլոն մի առիթով մորթել էինք ֆիդայիների համար: Այժմ, երբ հոգնած ու ցրտահար կանգնած էի դրսում, իմ միակ փափագն էր ինձ նետել գոնե նախրապահ Սահակի տաք ախոռներից մեկը:

Վանահոր խցիկում ճրագ վառվեց, իսկ բուքն այնպես էր ոռնում, որ հսկող ասկյարը քիչ էր մնում գլորվի տանիքից: Անմիջապես որսացի մի հարմար միջոց և ինձ արագությամբ նետեցի վանքի պարսպի տակ: Սեղմվեցի պատին և սկսեցի նայել, թե ինչպես բուքը ձյունը ավլելով անհետացնում էր իմ ոտնահետքերը: Փոքր–ինչ շունչ առա և մի ձյունագնդակ պատրաստելով զարկեցի ճրագի լույսը ցոլացնող բարձր պատուհանին:

Գևորգը պայմանավորվել էր Հեսու վարդապետի հետ, որ իր պատուհանին ձյունագնդակ խփողը կարող է ինքը լինել կամ իր մեծավոր ֆիդայիներից որևէ մեկը: Նետեցի երկրորդ գնդակը: Ուղիղ փեղկին դիպավ: Պատուհանը անաղմուկ բացվեց, և մի հաստ պարան դանդաղորեն սահեց ներքև: Ես պարանը կապեցի մեջքիս և սկսեցի արագությամբ վեր բարձրանալ: Երկու տղամարդ վերևից քաշում էին պարանը: Մեկը Հեսու վարդապետն էր, հագին ֆարաջա և գլխին գդակ, իսկ մյուսը՝ վարդապետ Ստեփանոսը:

Ձյունախառն քամին վերջին անգամ իմ սառած մեջքին հարվածելով անհետացավ մթության մեջ, զարկվելով վանքի պարիսպներին: Շուտով վանահայրը ինձ առավ իր կորովի բազուկների մեջ՝ իմ մրսած կուրծքը ծածկելով իր տաք, փարթամ մորուքով: Նույն ամրակազմ ծերունին էր, հայրական ժպիտով ու գուրգուրանքով, ինչպես տեսել էի Առաքելոց վանքի օրերին:

Գևորգ Չաուշը այդ վանքում էր սովորել, իսկ ես այդտեղ եղել էի երկու անգամ, որից առաջինը Գևորգի հետ դեպի Ծար խին գնալու ճանապարհին: Ծանոթ էի միայն նրա ընդարձակ բակին, ուր ամեն տարի Վարդավառին և Պայծառակերտության տոնին մեծ բազմություններ էին հավաքվում՝ դիտելու փահլևանների խաղը: Չգիտեի նույնիսկ, թե որտեղ է ապրում վանահայրը և հանկարծ այդ տարաժամ պահին վեր մագլցելով մտել էի վանահոր մենավորիկ խուցը:

Ներսը տաք էր: Կաղնեփայտե կրակը ճթճթալով վառվում էր բուխարիկի մեջ: Խցի պատերից և առաստաղից կախված էին վայրի տանձի ու խնձորի և հասած արջմասուրի չորացած շարաններ: Անկյունում դրված էր մի կճուճ մա նանա, խորոված սունկ և կորեկհաց:

Այդ սակավապետ մարդը չափազանց շռայլ էր, սակայն, երբ խոսքը վերաբերվեր իր ժողովրդի փրկության դատին: «Դեղին ոսկին ավելի զորեղ է, քան թոփն ու թվանքը, — ասում էր Հեսուն: — Տվեք ինձ խալվարներով ոսկի և ես առանց կովի հայոց թագավոր հաստատեմ գահի վրա։ — Եվ մեծաքանակ ոսկի տալով, Հեսուն ժամանակին իրեն է ենթարկել սուլթանի շատ ազդեցիկ պաշտոնյաների և քուրդ աղաների։— Ավելի լավ է հայ գյուղացու ամբարը մի քիչ դատարկ լինի ժամանակավորապես, քան ինքը զոհված՝ լիքը ամբարի կողքին վերջնականապես։ Այն ապերախտը կամ դավաճանը, որ չի խոնարհվում ոսկու առաջ, նրան պետք է վերացնել մեջտեղից զենքով կամ կախաղանով», — քարոզում էր Հեսու վարդապետը։ Եվ նրան հաջողվել էր մի քանի վտանգավոր մեծավորների այդ ձևով վերացնել ասպարեզից։

Այդպես էր սասունցի այդ զարմանալի կրոնավորը, որին ժողովուրդը, հայ թե քուրդ, պաշտում էր՝ համարելով նրան մի երկրորդ Գևորգ Չաուշ հոգևորականի զգեստով։

Ստեփանոս վարդապետը բորբոքեց պատվառի կրակը, որ տաքանամ, և մի պնակ ապուր լցնելով դրեց սեղանին։

Բայց ես Գևորգ Չաուշի համար էի վանք մտել, իսկ Չաուշը չէր երևում։

— Որտե՞ղ է, — հարցրի։

Երիտասարդ Ստեփանոսը կռահեց, որ իմ աչքերը Գևորգին են որոնում և ձեռքը փորձեց դնել բերանիս, որ լռեմ, սակայն վանահոր հայացքը նկատելով՝ արագությամբ ետ քաշեց։

— Խոսքը ու՞մ մասին է, — հարցրեց Հեսուն։

— Նախրապահ Սահակի, — անմիջապես պատասխանեցի ես, գլխի ընկնելով, որ այստեղ մի մեծ գաղտնիք կա, որից վանահայրը տեղյակ չէ։

— Սահակը հիմա քնած կլինի, — հանգստացրեց սրբազանը։— Թեև վանքի վրա այժմ խիստ հսկողություն կա, բայց դու իմ մոտ կապրես, երբեմն հյուր լինելով Սահակի ախոռներին։

— Քիչ առաջ, երբ դրսումն էի, իմ միակ փափագն էր ինձ նետել վանքի տաք գոմերից մեկը և հանգիստ քնել Սահակի կողքին, — ասացի ես։

Ու հանկարծ Ստեփանոս վարդապետը իմ ներկայությամբ ծնկի իջավ ծերունի վանահոր առաջ.

— Ների՛ր ինձ, սրբազան։ Ես մեղավոր եմ։ Նե՛րիր մեղավորիս։ Այժմ այնպիսի վիճակ է, որ ես չեմ կարող չթաքնել մի գաղտնիք։ Մեկ ամբողջ ամիս է, որ Գևորգ Չաուշը թաքնված է իմ խուցի մեջ։

— Իսկ ինչու՞ ես այդ բանը գաղտնի պահել։

— Որ անվրդով մնայիք և գիշերները չտանջվեիք, սրբազան։ Գիտեմ, որ դուք սիրում եք Գևորգ Չաուշին։ Եթե իմանայիք, որ նա այստեղ է, պիտի մտահոգվեիք չարաչար։ Իսկ մտահոգությունը մտքի անդորրն է քանդում։ Չէ որ, ինչպես ասացիք, վանքի վրա հսկողություն կա։ Ես նրան թաքցրի, որ գիշերները հանգիստ քնեք։

— Նա ինչպե՞ս մտավ այստեղ։

— Սուլթանի զորքը ձյուն ու բքին գյուղերն ընկած Գևորգին էր

փնտրում: Սպաղանաց Գալեի ականջներն ու քիթը սառել, իսկ Փեթարա Մանուկի ոտքերի մատները ցրտահարվել էին: Գնորգը նախրապահ Սահակի միջոցով լուր էր տվել ինձ, որ ինքը գտնվում է Գլակա սարի վրա, հիվանդ է և ուզում է թաքնվել վանքում: Ես նրան ուղարկեցի տաք հանդերձանք և խորհուրդ տվեցի զգուշությամբ մերձենալ վանքին: Պայմանավորված ժամին իմ խցիկի լուսամուտին մի ձյունագնդակ դիպավ և ես ու մեր նախրապահը նրան պարանով վեր քաշեցինք: Ուղիղ մեկ ամիս է, որ Գնորգ Չաուշը իմ խցի մեջ է և բոլորովին կազդուրված:

— Վե՛ր կաց և բեր Գնորգին այստեղ, — ասաց ծերունի վանահայրը: Ստեփանոսը ոտքի ելավ և քիչ անց վերադարձավ Գնորգ Չաուշի հետ:

Նախ մենք գրկախառնվեցինք, ապա Գնորգ Չաուշը և Հեսու վարդապետը: Վանահայրը այդ հեքիաթային հանդիպման առթիվ բացեց պահարանը և գինով լի մի դդում հանելով՝ առաջարկեց խմել Գնորգ Չաուշի և իմ կենացը:

— Դու ներված ես, Ստեփանոս, — ասաց վանահայրը: — Երիտասարդները ավելի համարձակ են և կորովի: Ապագան երիտասարդի ճակատին է և ծերի թիկունքին: Այս ֆիդայիների պատճառով գուցե մենք և մեր վանքը կործանվենք մի օր, բայց երբ սուրբը պիտի կործանվի, վանքը ինչու համար է: Եկ խմենք Գնորգ Չաուշի և իր հավատարիմ հայդուկի կենացը: — Նա ձախ ձեռքով պահեց մորուքը և աջով դատարկեց գավաթը, վրայից կուլ տալով մի կտոր չորացած մասուր:

Գինին երբ խմեցինք, Գնորգը դարձավ և մանկան պես ուրախ բացականչեց,

— Անուշ գինի էր:

— Իրավ, որ անուշ գինի էր, — հաստատեցի:

Գնորգի հետ ես վանքում ապրեցի մոտ երկու ամիս, վայելելով վանահոր հյուրընկալությունը և նրա անուշ գինիները: Գնորգը Ստեփանոսի հյուրն էր, իսկ ես՝ Հեսու վարդապետի: Ապրում էինք պահարանների մեջ՝ ամեն րոպե մեր գլխին զգալով ահեղ վտանգ:

Երբ ձնհալն ընկավ և ս. Կարապետի լեռները սկսեցին կանաչել, պատրաստվեցինք դուրս գալ վանքից: Նախ պետք է գնար Գնորգ Չաուշը:

Այդ օրը գյուղերից տուրք հավաքող զինվորներ էին եկել վանք: Հեսուն գնացել էր նրանց կերակրելու:

Գնորգն ասաց, «Երբ վանահայրը գա, դու խոսք բաց արա և վանքի գինին գովի: Ես էլ քո ասածը կհաստատեմ: Տեսնենք կարո՞ղ ենք մի դդում գինի ևս ձեռք գցել»:

Քիչ վերջը վանահայրը եկավ:

— Գնացին, — ասաց նա: — Կերակրեցի և ճամփու դրեցի:

— Հայր սուրբ, — ասացի, — Գնորգին էլ պետք է ճամփու դնել: Երեկվա գինին շատ համեղ էր:

— Իրավ, որ պատվական գինի էր, — իմ խոսքը ընդհատելով ասաց Գևորգը:

Վանահայրը ծիծաղը դեմքին աչքերի ծայրով Գևորգին նայեց և իր խուզարկու հայացքը մեզ վրա դարձնելով ասաց.

— Մինչև իրիկուն էլ գովեք, էլ գինի չկա: Այգ անաստվածները իմ բոլոր դդումները քամեցին:

Գևորգից մի շաբաթ հետո հեռացա ես: Այն միևնույն պարանով, որով մագլցել էի դեպի վանահոր խուցը, կանուխ մի առավոտ ես վերևից զգուշությամբ սահեցի վանքի պատի տակ: Պարանը վեր քաշելու ժամանակ Հեսու վարդապետի կապտավուն գնդակը ընկավ ներքև: Սուլթանի պահակը, որ հսկում էր տանիքին, կարող էր նկատել, ուստի արագու՛թյամբ թասակը գետնից վերցնելով թաքցրի իմ ծոցի մեջ: Նայեցի վերև. Հեսու վարդապետը ժպտում էր և ձեռքի ու գլխի կտրուկ շարժումով հասկացնում, որ խելացի վարվեցի իր գլխանոցը իմ ծոցում անհետացնելով:

Բավական հեռացել էի վանքից, երբ ետ դառնալով նկա՛տեցի, թե ինչպես նախրապահ Սահակը վանքի հորթերը գոմից հանելով, անհետացնում էր իմ ոտնահետքերը վերջին ձյուների վրա:

Հայդուկների փոքրիկ խմբերը իրենց թաքստոցներից ելնելով շարժվեցին դեպի Տավրոսի կանաչ լանջեր՛ը: Նորից փայ՛լեցին զենքերը և նժույգները վրնջացին: Սասանի կողմից եկավ Սպաղանաց Մակարը՝ իր հետ բերելով իր լեռնցի քաջերին: Ծիծեռնակների ձորից բարձրացան Լաճկանցի Արթինը և քուրդ Հասանոն: Ամբատաբերդի լանջերով դեպի Բերդակի անձավները շտապեցին Մառնկա Պողեն, Բամբկու Մելոն և Ալիզռնանցի Մուքոն: Մութ գոմերից արևերես ելան ասորի Աբդելոն, Մշեցի Տիգրանը և Հաջի Գևոն:

Ալադին Միսակը և Կարկուտ Թաթեն էլ եկան՝ ամեն մեկը մի ծերպից:

Բրինդարն էլ եկավ:

Եկան Աղջնա Վահանը, ձիապան Բարսեղը և Ֆրանկ–Մոսոն:

Ջնդոն էլ շարժվեց դեպի Սև սար: Ալվառինջու Սեյդոն հրացանը գրկած թառեց Ծծմակա Քթին:

Կայծակ Անդրեասի ձին խրտնած ծառս եղավ սարի վրա՝ իր տիրոջ զարհուրելի արտացոլքը տեսնելով աղբյուրի մեջ:

ԳԵՎՈՐԳ ՉԱՈՒՇԻ ՆՎԵՐԸ

Գարնան մի առավոտ Գևորգ Չաուշը ինձ կանչեց և մի հրացան հանձնելով՝ ասաց.

— Այս զենքը կտանես Խութ և իմ կողմից կնվիրես նոր Մելիքին, նոր Մելիքը Խութա լեռների քրդական աշիրեթապետն էր Ղասմբեկ անունով: Նա ուղղակի շառավիղն էր Տարոնի երբեմնի ցեղապետ Միրզա բեկի, որի տունը կոչվում էր նաև Յոթ Թամբեր:

Ղասմբեկը 1905 թվից ի վեր Գևորգ Չաուշի և Հեսու վարդապետի ջանքերով գաղտնի համակիր էր դարձել հայ ֆիդայիներին և ստանալով «Նոր Մելիք» անունը, սկսել էր օգնել հայ-քրդական հարաբերությունների ամրապնդմանը: Գևորգը և Ղասմբեկը ծառաների փոխանակություն էին կատարել: Մի հավատարիմ քրդի Ղասմբեկը ուղարկել էր Գևորգ Չաուշի մոտ, իսկ Գևորգը իր զինվորներից մեկին ուղարկել էր Խութա Բեկի մոտ որպես թիկնապահ և բաշ–ղուլամ: Ղասըմբեկի ուղարկածը քուրդ Հասանոն էր, իսկ Գևորգի ուղարկածը՝ Սև Ղուկասը: Ղասմբեկը բարեկամներ ուներ Խութի և Չխուրի հայկական գյուղերում, նույնպիսի բարեկամներ ուներ Գևորգ Չաուշը քրդական գյուղերի մեջ: Փոխայցելություններ կատարելիս բաշ–ղուլամները իրենց տերերի առջևից էին գնում, որ ճանապարհներին իրենց վրա հարձակում չլինի:

Ղասմբեկը քուրդ աշիրեթների մեջ թշնամիներ ուներ, որոնց գլխավորը Հասնանցի աշիրեթն էր: Մերձենալով և համակիր դառնալով հայ ֆիդայիներին, նա ուզում էր ոչ միայն զորացնել հայ և քուրդ ժողովուրդների բարեկամությունը, այլև ֆիդայիների անունով սարսափի մեջ պահել իր հակառակորդ Հասնանցի քրդերին:

Գևորգ Չաուշը հաճախ էր լինում այս բեկի տանը և նրան հրացան ուղարկելով նպատակ ուներ ավելի ամրապնդել հայդուկների կապը այդ ազդեցիկ քրդի հետ:

Թեպետ ինքս կասկածով էի վերաբերվում նոր Մելիքի անկեղծությանը, բայց և այնպես սիրով հանձն առա այդ պաշտոնը, քանի որ ես էլ կողմնակից էի հայ և քուրդ ժողովուրդների բարեկամությանը՝ սուլթանական բռնակալության դեմ միասնաբար գործելու համար: Բացի այդ, դրա մեջ ես տեսնում էի Չաուշի նոր կեցվածքը իմ հանդեպ: Ձիապանից ես դարձել էի սուրհանդակ, հասարակ շալակատարից հասել էի Գևորգ Չաուշի ամենավստահված անձի աստիճանին:

Ոչ մի բան այնքան բաղձալի չէ հայդուկի համար, որքան զենքը: Միայն քաջ մարդը կիմանա, թե ինչ է նշանակում քաջի զենքը նվեր տանել քաջին:

Հասկանալի է, որ ես միայնակ չէի գնալու, այլ իմ շքախմբով, որոնցից մեկը Շենիքցի Մանուկն էր, իսկ մյուսը՝ Չոլոն:

Ես ճանապարհ ընկա Գևորգ Չաուշի ձին հեծած և հրացանը ձեռքիս, որի փողը փաթաթված էր ճերմակ կտավով:

Առջևից բաշ–ղոլամ Հասանոն էր ընթանում, իսկ թիկունքից՝ Մանուկն ու Չոլոն:

Հասանոն քաշ գիտեր ճանապարհները և նրա մեղ հետ լինելը նշան էր, որ Խութա քրդերի մեծավորը մեր բարեկամըն է: Մենք գնում էինք սարերի կատարներով, թանձր անտառների ու ժայռերի միջով:

Այդ վայրերով էր Մուսան փախցրել Գյուլիզարին:

Զանգաղբյուրի սարով հասանք Տախտակներ: Ծաղկաշատ սարատափի վրա մի գեղեցիկ պուրակ բացվեց մեր առաջ: Հասանոն ասաց, որ այդ պուրակում Նոր Մելիքը ամեն գարնան մետաքսե կարմիր վրան է զարկում իր կնոջ համար:

Մեր ոտքերի տակ երևաց Խվներ փոքրիկ գյուղը՝ Ղասըմբեկի սպիտակ քյոշկով: Ոլոր լեռնուղին սարատափից իջնելով մեզ ուղիղ տանում էր դեպի բեկի ապարանքը:

Լսվեց շների հաչոց: Հասանոն սաստեց նրանց և մենք հանդիսավոր երթով մոտեցանք սպիտակ քյոշկին:

Խութա բեկը որսի էր գնացել և ես իմ շքախմբով հարկադրված էի սպասել նրա վերադարձին:

Ինձ շատ էին պատմել Ղասմբեկի կնոջ՝ Ջեմիլեի գեղեցկության և խելքի մասին: Եվ ահա ամուսնու փոխարեն մեզ դիմավորելու եկավ նրա գեղանի տիկինը: Հասանոն, որ եղել էր այդ ապարանքի բաշ–ղոլամը, հեռվից խոնարհ գլուխ տվեց իր տիրուհուն:

Իմ վիճակը ծանր էր: Ֆիդայի դառնալուց հետո երկրորդ դեպքն էր, որ ես ստիպված էի լինում կնոջ հետ խոսել: Բայց այս անգամ ինձ չէին պատժի կնոջ հետ հանդիպելու համար, քանզի ես հատուկ առաքելությամբ էի եկել և հարկադրված էի ինձ պահել չափի և պարտականության սահմանների մեջ: Ջեմիլեն եկավ ղոլամների հետ, դեղին ճիզմեներ հագած, մեջքին արծաթյա գոտի, պարանոցին մարգարտյա մանյակ և զարդարված սաստիկ: Զարմանքով նայեց ինձ և իմ համարձակ կեցվածքին ձիու վրա:

— Բարով, տիկին, — ասացի:— Ես Գևորգ Չաուշի սուրհանդակն եմ, և սրանք իմ խմբի մարդիկն են: Հավատարիմ Հասանոն մեզ հաջող բերեց այստեղ:— Ապա ավելացրի. — Մի նայիր մեզ վրա այդպես զարմացած, թեև մեր տեսքը շատ է սոսկալի, անակնկալ հյուր ենք, սակայն ցանկալի:

— Այդ խոսքն ասողը ո՞վ է:

— Մի հասարակ դաշաղ, քարափներն ընկած անտիրական մի թռչուն: Եվ արժե՞ր միթե, որ դու այդպես զուգված–զարդարված ընդառաջ ելնեիր մի կորած հավքի:

— Ով էլ լինես դու, բարով ես եկել մեր քյոշկը, — ասաց Ջեմիլեն ձիու գլուխը բռնելով և ուռած կուրծքը դեմ տալով իմ հոգնած երիվարին:— Մենք սիրում ենք երկնքի ղշերին և մեր բախտը ֆիդայու ձեռքին է:

Նա մի պահ լռեց, մի քայլ ետ գնաց և ապա շարունակեց. —

Ինչու՞ ես դու քեզ դաշաղ անվանում, կամ կորած հավք: Ես լավ գիտեմ, որ դունյան (աշխարհը) մի անիվ է և մենք՝ նրա մատները: Մի օր վեր ենք ելնում իբրև բեկ, մյուս օրը տակն ենք իջնում իբրև դաշաղ: Բայց ամենից թանկը անիվի սռնակն է, որի շուրջը վեր ու վար է անում անիվն իր ճաղերով:

— Խանու՛մ, — ասացի, հիացած նրա խելացի պատասխանով, — ճիշտ է, որ մենք նման ենք երկնքի հավքերին, բայց ես մի դժբախտ հավք եմ՝ վերևից վար գլորված:

— Դու մի քաջ ֆիդայի ես և ինձ ծանոթ է կյանքիդ պատմությունը: Այս տան մեջ ես շաբաթներով բուժել եմ Սպաղանաց Գալեի թևը և խնամել ու պահել եմ շատ ֆիդայիների: Իսկ Գևորգ Չաուշը՝ այս տան մշտական այցելուն է և գնահատելի բարեկամը:

— Ես էլ այդ բարեկամության համար եմ այստեղ եկել, խանու՛մ, — անմիջապես վրա բերեցի ես:

Այդ խոսքի վրա տիկինը մոտեցավ և ինձ նվիրեց արծաթյա կոճակներով մի ելեկ:

— Ա՛ռ այս նվերը Ջեմիլեի կողմից, — ասաց նա, — որ նրա ձեռքով է կարված, իսկ այժմ վայր իջիր ձիուց, — և հրամայեց ղուլամներին, որ ձիու սանձը և ասպանդակները պահեն:

— Ների՛ր, խանում, — ասացի, — որ պահելով այս թանկագին հիշատակը ինձ վրա, չպիտի կարողանամ սակայն ձեր ապարանքը մտնել, մինչև որ համապատասխան փոխհատուցում չբերեմ քեզ և միայն այն ժամանակ իրավունք ունենամ բազմել ձեր կողքին: Իսկ այժմ վերցրու այս հրացանը, որ Գևորգ Չաուշի նվերն է նոր Մելիքին իբրև բարեկամության նշան: Բայց կինը նույնպես ռազմիկ է, և ես իմ քաջ հայդուկապետի զենքը վստահում եմ քաշի ձեռքին՝ իր քաջին հանձնելու:

— Նե՛րս մտեք, — ասաց Ջեմիլեն խոնարհաբար իրենց շեմքը ցույց տալով:— Սա Գևորգ Չաուշի եղբոր տունն է, իսկ ես Գևորգի քույրն եմ: Խութի և Մոտկանի քրդի և հայի մեջ տարբերություն չկա: Նույնիսկ քրդերը լեզվով հայախոս են: Մեր մեջ մեկը անունով հայ է, մյուսը՝ անունով քուրդ, մեկը՝ խաչապաշտ, մյուսը՝ իսլամ, բայց բոլորն էլ մեկ են— և Բռնաշենի վանքը, և Մարութա ս. Աստվածածինը՝ մեր բոլորի ուխտատեղին: Նե՛րս մտեք: Իմ բարի Հասանո, պատվիրակներին առաջնորդիր Ղասմբեկի դիվանխանեն:

Ես կռացա, որ զենքը հանձնեմ, բայց այդ միջոցին երկնքով մի հավք անցավ:

Խանումը վերև նայեց:

— Ջա՛րկ, — ասաց Շենիքցի Մանուկը, — քաջությունդ ցույց տուր: Տես, հոպընկուլը բարձրից դեպի դիմացի ժայռն է թռչում:

Մինչև փորձառու Շենիքցին իր խոսքը կավարտեր, Չոլոն շտապով մի փամփուշտ տվեց ինձ և ես մի դիպուկ հարվածով թռչունը վայր բերեցի երկնքից: Ընկավ ուղիղ Ջեմիլեի ոտքերի առաջ, մի քանի քայլաչափ հեռու: Չոլոն վազեց և որսը բերելով տվեց ինձ:

— Սա էլ իմ կողմից նվեր ձեզ, — ասացի ես և զարկված հավքը հրացանի հետ հանձնեցի քյոշկի տիրուհուն:

Այդ միջոցին մի կարճատև փող հնչեց և Խութա բեկը սարից իջնելով, շտապով առաջացավ դեպի իր ապարանքը: Առջևից ընթանում էր բաշ–ղոլամ Սև Ղոլկասը, Հասանոյի հետ փոխանակված մեր ֆիդային, իսկ ետևից և կողքերից գալիս էին տասնյակի չափ ղոլամներ սպիտակ քոլոզներով և որսով ծանրաբեռ:

Խանումը մոտեցավ և Գևորգ Չաուշի հրացանը հանդիսավորությամբ հանձնեց իր տիրոջը: Նոր Մելիքը համբուրեց զինափողը՝ գլուխը խոնարհելով զենքը բերողի և հանձնողի առաջ:

— Գևորգ Չաուշին շատ բարև արա: Նա իմ դեմ շատ կռիվներ է մղել, բայց դա առաջ էր: Մենք այժմ բարեկամներ ենք և նա իմ եղբայրն է, — խոսեց բեկը:— Մեր ընդհանուր թշնամին սուլթանն է: Սուլթանից բացի ես ունեմ նաև երկու գլխավոր թշնամի. մեկը հասնանցի աշիրեթն է, որ նստած է Սասնո լեռների վրա, իսկ մյուսը հայդարանցի քրդերն են, որ տիրում են Քոսուրա սարերին: Թող այս զենքը ավելի ամրապնդի դաշինքը իմ և հայ ֆիդայիների միջև ընդդեմ մեր ընդհանուր թշնամու և իմ ոխերիմ աշիրեթների: Ջեմիլեն սպանված հավքը ձեռքին լռությամբ ընթացավ դեպի շեմքը:

— Որսից եմ գալիս, բայց հաջողակ որսը այստեղ է կա՛տարված, — զսպված խորամանկությամբ նկատեց նոր Մելիքը՝ մի կտրուկ հայացք նետելով վրաս և երկար նայելով խանումի ետևից:

— Բարեկամի տուն է, մտե՛ք, — գոչեց Խութա լեռների տերը՝ ձեռնացույց անելով իր ապարանքի բացված դուռը:

— Ուշ է, Խութա բեկ, իմ առաքելությունը ավարտված է և ես պետք է վերադառնամ, — բացատրեցի ես և հրաժեշտ առնելով նոր Մելիքից և նրա ղոլամներից յուրաքանչյուրին մի քանի մանրադրամ պարգև տալով, իմ շքախմբով անհետացա Խութա լեռների մեջ:

Բաշ-ղոլամ Սև Ղուկասը բրդյա շալով վիզն ու ականջը փաթաթած, մինչև Բռնաշենի սահմանը ուղեկցեց մեզ և Հասանոյի հետ համբուրվելով՝ վերադարձավ Խվներ:

Հասանոն դարձյալ առջևից էր գնում:

Ճանապարհին Չոլոն հարցրեց.

— Դու հավքի՞ն զարկեցիր, թե՞ խանումին:

— Երկուսին էլ, — վրա բերեց Շենիքցի Մանուկը:

— Եվ որովհետև ես այդ հաջող որսը քո տված զնդակով արեցի, Չոլո, ուրեմն քեզ է պատկանում խանումի արծաթե կոճակներով ելեկը:

Ու ես Չոլոյին հանձնեցի Ջեմիլեի ինձ տված թանկագին պարգևը:

ԳԱՂՏՆԻ ՊՍԱԿ

Շուտով մեծ կռիվ եղավ Ալվառինջ գյուղում և այդ կռվում սպանվեց Մառնկա Պողեն: Ութ վերք էր ստացել: Նրա վրա գտան Գևորգ Չաուշի պայուսակը և կարծեցին, թե սպանվողը Գևորգն է:

Վանքի զինին անուշ էր, բայց առավել թունդ էր Ալվառինջի գինին և ֆիդայիներին խստորեն զգուշացված էր հեռու մնալ այդ գյուղի կարասներից:

Գևորգ Չաուշը ութ զինվորով սարից իջել էր Ալվառինջ: Գյուղապետը հարգել-պատվել էր նրանց և ճամփա դրել: Բայց գինուց ավելի թունդ էր գեղեցիկ հանեն: Գևորգը ճանապարհից ետ էր դարձել և մութով մտել Խանիկի տուն: Խանիկը ութ զինվորին էլ հարբեցրել էր և մեկտեղվել Գևորգի հետ: Լուսաղեմին պարտվել էր գյուղը: Մառնկա Պողեն և յոթ հարբած–քնած զինվորները սպանվել էին, իսկ Գևորգին մի խութեցի հրաշքով ազատել էր, թաքցնելով ցանի ամրոցի մեջ:

Այդպես եղավ այդ կռիվը:

Ալվառինջի կռվից հետո Գևորգը դարձավ լուռ ու մտածկոտ: Գալեն և Փեթարա Մանուկը հայդուկապետի վիշտը փարատելու համար նրան տարան դեպի ս. Կարապետի անտառները:

Ինչպես բոլոր ֆիդայիներին, այնպես էլ Գևորգ Չաուշին արգելված էր ամուսնանալ: Սակայն Գևորգին տարիներ առաջ սիրահարված էր Եղսո (Հեղինե) անունով սասունցի մի աղջիկ, որին բռնի ամուսնացրել էին Պճուկ անունով մի երիտասարդի հետ:

Եվ ահա այն օրերին, երբ Գևորգը ս. Կարապետի անտառումն էր, Հեղինեն Սասունից փախչելով եկել էր ս. Հովհաննու վանքը՝ իր քեռի Մկրտիչ վարդապետի մոտ:

Ես այդ ժամանակ գտնվում էի վանքում: Եկել էի վանքի հովիվների հետ պայմանավորվելու, որ մեզ ուտելիք բերեն: Գլխավոր հովիվը Գոմեր գյուղացի էր, Սարդիս անունով: Դռանը կանգնած ես Սարգսին ցույց էի տալիս, թե ինչպես պետք է այգ ուտելիքը գաղտնորեն դուրս բերվի իբրև շների առջև թափվող կեր և հասցվի ֆիդայիներին, երբ տեսա, թե ինչպես շտապ քայլերով մի կին մոտեցավ վանքին:

— Եղսո՛ն է, — հուշեց Սարդիսը:

Ես իմ երեսը շուռ տվի, որ առիթ չունենամ անծանոթ կնոջ հետ խոսելու: Ինձ ձևացրի ուխտավոր:

— Իմ քեռին նե՞րսն է, — հարցրեց Հեղին են հովվին դիմելով:

— Վանքումն է, — հայտնեց Սարգիսը: Նկատեցի, թե ինչպես երիտասարդ կինը մի հայացք նետեց ինձ վրա և արագ կոխեց շեմքը:

— Ուխտի՞ է եկել, հարցրի ես, երբ կինը արդեն ներս էր մտել:

— Սիրո ուխտի, — ավելացրեց գոմերցին՝ տագնապալի նայելով նրա ետևից:

— Դու՛րս վանքից, — լսվեց հանկարծ Մկրտիչ վարդապետի

զայրալից ձայնը: Եվ մենք տեսանք, թե ինչպես վարդապետը այդ կնոջը դուրս էր հրում վանքից:

— Քեռի՛, ես ս. Հովհաննու վանքն եմ եկել, որ դու ինձ արժանի դարձնես Գնորգի սիրուն և ոչ թե վռնդես վանքից, — ասաց Հեղինեն լալահառաչ չոքելով շեմքի վրա, Մկրտիչ վարդապետի առաջ:

— Ես քո մազերը կկտրեմ, անամո՛թ:

— Ես Գնորգին եմ սիրում, քեռի: Մեր ուխտը վաղուց է կապված:

— Իսկ Պճու՞կը. չէ որ զոլ ամուսնացած ես:

— Իմ սերը Գնորգն է:

— Գնորգի հարսնացուն իր հրացանն է:

— Թող բոլոր ֆիդայիներից մեկը հրացանի փոխարեն ինձ սեղմի իր կրծքին, քեռի:

— Անպատկա՛ռ:

— Ես անպատկառ չեմ: Սիրելը մի՞թե մեղք է: Ես եկել եմ վանքից միություն խնդրելու իմ և Գնորգի սիրո համար: Որտե՞ղ ես պահել նրան, քեռի: Բե՛ր Գնորգին ինձ մոտ: Ուզում եմ մի խոսք ասել նրան ու հանգիստ սրտով մեռնել:

— Դու հանգիստ սրտով չես մեռնի: Ես քո ծամերը կտրել կտամ: Քո լեշը կեր կդարձնեմ շներաց ու ագռավաց: Շուտ վերադարձիր Պճուկի մոտ:

— Ինձ Պճուկի մոտ վերադարձ չկա, քեռի: Ես Գնորգին սիրել եմ դեռ այն օրվանից, երբ նա Հալեպից Սասուն եկավ: Նա այս վանքումն է թաքնված. բե՛ր Գնորգին ինձ մոտ:

Այլևս պարզ դարձավ, որ այս ամբողջ պատմությունը կապված էր Գնորգ Չաուշի հետ, այն մարդու, որ ֆիդայական կարգապահության և ուխտի խստագույն պահակն էր, մեր բոլորի հիացմունքի առարկան. մեկը, որ դաժանորեն պատժել էր իր հորեղբորը և նույնիսկ մի անծանոթ կնոջ հետ պատահաբար խոսելուս համար չարաչար ծեծի էր ենթարկել ինձ խորհրդավոր Հրայրի գավազանով: Մի՞՞թե այդպիսի ֆիդային կարող է այդքան գաղտնիքներ թաքցնել իր սրտում: Չէ որ ծերունի Մակարը նրան ս. Հովհաննու սռսիների պուրակն է բերել, որ հեռացնի Մշո դաշտի չարաշուք վայրերից, ուր տեղի էր ունեցել Ալվառինջի կռիվը: Արդյոք Գնորգ Չաուշը չի չարաշահել Մակարի ազնվությունը և Սիմ լեռան կողերը մագլցելով նպատակ չի՞ ունեցել Հեղինեի հետ հանդիպելու:

Իմ գլխով նաև ուրիշ մտքեր էին անցնում. — գուցե թշնամին կնոջ միջոցով ուզում էր կործանե՞լ Գնորգ Չաուշին: Շեմքին կառչածը մի չարաղետ նետ էր, որ կնոջ կերպարանք առած եկել էր Գնորգի սիրտը շանթելու, անդունդ գլորելով քաջարի հայդուկապետին:

Հեղին են վերջին անգամ չոքեց Մկրտիչ վարդապետի առաջ:

— Քո ոտքը պագեմ, քեռի, մի՛ կործանիր իմ և Գնորգի սերը: Թող ս. Հովհաննու վանքը ինձ և Գնորգին իրար շաղկապի և թող այս տաճարը սիրո և ուխտի տուն դառնա մեր սրտերի համար:

Այնքան թախանձագին էր խնդում Հեղինեն, որ վանահայրը հետևյալ երկտողը գրեց Գևորգ Չաուշին. «Եղսոն խայտառակեց քո անունը: Ընկել է վանքի ոտքը և քո սերն է խնդրում: Ի՞նչպե՞ս վարվեմ այս անպատկառի հետ»:

Նամակը տարավ Գոմերի Սարգիսը և նույն օրը բերեց Գևորգի պատասխանը, «Վարվեք ինչպես կուզեք, ես պսակված եմ հրացանիս հետ»:

Բաները հազիվ էր նամակը վարդապետին հանձնել, երբ երկու քրտնած ձիավոր կանգ առան վանքի առաջ:

Մեկը Գալեն էր, մյուսը՝ Փեթարա Մանուկը:

— Հայր սուրբ, — թամբերից վայր թռնելով ասացին նըրանք, — Գևորգը քիչ առաջ մեզ ծառերի տակ քաշելով, Ստեփանոս վարդապետի ներկայությամբ ասաց, «Եղսոն թող մեռնի ս. Հովհաննու վանքի մեջ իր քեռու ձեռքով, իսկ ինձ թաղեցեք ս. Կարապետի մեջ՝ ձեր ձեռքով»:

— Տարե՛ք, ձեզ եմ հանձնում դժբախտ Եղսոյին, — ասաց Մկրտիչ վարդապետը, հաստատապես համոզված, որ այդ երկուսը եկել էին Հեղինեին սպանելու:

Ու չոքեց Հեղինեն Գալեի ու Փեթարա Մանուկի առաջ.

— Գիտեմ, դուք իմ հոգեառն եք ու եկել եք ինձ սպանելու, բայց սպանելուց առաջ իմ միակ փափագն է տեսնել Գևորգին:

— Ես քո ախպերն եմ, և քո փափագը կկատարվի, — ասաց Փեթարա Մանուկը և

Հեղինեին իր երիվարին նստեցնելով՝ Գալեի հետ շտապեց դեպի ս. Կարապետի կողմերը:

Հեղինեին տանում էին անտառի մեջ սպանելու որպես անառակ կնոջ, որ համարձակվել էր արատավորելու թե՛ վանքը և թե՛ մեր հայդուկապետի ու բոլոր ֆիդայիների պատիվը: Վանահայր Մկրտիչը պատվիրեց Գոմերու Սարգսին հետևելու, թե որտեղ են սպանելու իր քրոջ աղջկան և մի գերեզման պատրաստելու նրա համար վանքի մոտակայքում: Ես էլ այն կարծիքին էի, որ այդ կինը ողջ չէր պրծնելու Գալեի ու Փեթարա Մանուկի ձեռքից: Նա ինձ երևում էր իսկապես գեղեցիկ կնոջ երևույթ առած մի շեյթան, որ եկել էր սուլթանի հրամանը կատարելու՝ հարվածի առաջին թիրախը դարձնելով ֆիդայիների գլխավորին: Ուստի արդար էի գտնում, որ նա դաժանորեն պատժվի: Սակայն մեծ եղավ իմ զարմանքը, երբ Սարգսի հետ ս. Կարապետի անտառին հասնելով, ես ականատես եղա հետևյալ տեսարանին, գիշերվա մթության մեջ, լուսնի ազոտ լույսի տակ, գլուխ–գլխի կանգնած էին Գևորգ Չաուշը և Հեղինեն: Հեղինեի հասակը մի քիչ կարճ էր և ոտքի տակ մի կոճղ էր դրված: Նրանց առաջ կանգնած էր Ստեփանոս վարդապետը՝ գիրքը ձեռքին: Ետևից բարձրացած էր մի փոքրիկ խաչ, իսկ խաչի վերևից՝ մի մերկացած սուր: Խաչ բռնողը Գալեն էր, սուր պահողը՝ Փեթարա Մանուկը: Մեկը կնքահայր էր, իսկ մյուսը՝ հարսնեղբայր:

— Անմեղ արյան մեջ չմտնենք, դու սրանց պսակիր, հայր սուրբ, ես պատասխանատու եմ ազգի առաջ, — հնչեց Գալեի ձայնը:

— Ես նույնպես, — ավելացրեց Փեթարա Մանուկը:— Շտապիր, հայր սուրբ:

Ստեփանոս վարդապետը, որ լուռ էր, զգաստացավ կարծես և կատարեց պսակի ծեսը կամաց երգելով «Առեալ զձեռն Եւայի և տուեալ ի ձեռն Ադամայ»: Այդ երգից հետո վարդապետի հրամանով, քավոր Գալեն խաչը ետ քաշեց: Փեթարա Մանուկը սիրով բաժանեց Գևորգ Չաուշի և Հեղինեի գլուխները և ապա, ձեռքերը իրարից անջատելով, սուրը նրանց արանքով դանդաղ իջեցրեց մինչև գետին:

Մի ուրիշ մարդ էլ ներկա էր անտառում այդ անսովոր ծեսին: Նա հեռավոր մի ծառի տակ առանձին կանգնած՝ հուզված ծխում էր և ծուխը օղակ-օղակ փչում դեպի լուսին:

Այդ մարդը ծերունի Մակարն էր:

Ես և Գոմերի Սարգիսը անաղմուկ մոտենալով կանգնեցինք նրա կողքին:

ՎՏԱՆԳԱՎՈՐ ՀԱՅԴՈՒԿԸ

Մակարը Վանքի կռվից հետո սկսել էր լռելյայն, իսկ երբեմն էլ բացահայտ ըմբոստանալ Գևորգ Չաուշի դեմ: Մակարը դժգոհում էր, որ Գևորգը անզգույշ է, հաճախ ձիով է շրջում, մինչդեռ ֆիդային պետք է ոտքով շրջի անվտանգ մնալու համար: Տրտնջում էր, որ նա շատ է վստահում քուրդ բեկերին, գիշերները համարձակ մտնում է նրանց քյոշկերը, երգիչներ է ուղարկում նրանց երգով հեղաշրջելու և նույնիսկ նվերներ է բաժանում ոմանց: Եվ այդ բոլորը անում է հակառակ քրդական բեկերի բազմաթիվ դրժումների: «Օձի ձվից եզնիկ չի ծնվի»— քարոզում էր Մակարը:

Խիստ հանդուգն, դատապարտելի քայլ էր համարում նաև Գևորգի անզգույշ մուտքը Ֆարխինի օսման սպաների զաղտնի ժողովին:

Ալվառինջի ձախորդ կռիվը և Գևորգ Չաուշի անսպասելի ամուսնությունը ս. Կարապետի անտառում բոլորովին խախտել էին Մակարի հավատքը իրենց մեծավորի հանդեպ: Հայդուկները ժամանակին դատապարտել էին Սերոբ Աղբյուրին Սոսեի համար: Գևորգը գնդակահարել էր իր ֆիզայի հորեղբորը կին փախցնելու մեղադրանքով և այժմ այդ նույն Գևորգը, խախտելով ֆիդայական ուխտը՝ շտապեց ամուսնանալ, երբ Հայաստանը դեռ ազատագրված չէր: Ինչը որ մեղք և մարտական տկարություն էր նկատվել Նեմրութի հայդուկապետի համար՝ թույլատրելի՞ էր միթե Գևորգ Չաուշին:

Քաջարի հայդուկն իր օրերը գլխավորապես անց էր կացնում Գոմերի, Կարմիր Ծառի և ս. Հովհաննու անտառների մեջ: Իր ֆիդայիներից մեկ-երկուսը նկատել էին, թե ինչպես իրենց հայդուկապետը սարից իջնելով դարձյալ գաղտնի այլ ցելում էր Ալվառինջ՝ կարասների թունդ գինով և գեղեցկուհի Խանիկով արբենալու:

Մի կնոջ անուն էլ հիշատակվեց՝ Կաքավ: Մի ուրիշ լուրջ մեղադրանք էլ կար: Սպաղանաց Մակարը Տալվորիկի հին տոհմից սերված լինելով, Սասունը համարում էր հայ ազգի հոգին, իսկ Տալվորիկը՝ Սասնա հոգին: Նա այն ֆիդայիներից էր, որ հույսը դնում էր սեփական բազկի վրա և կողմնակից էր, որ հայոց փրկության զենքը շինվի Սասունում հայ դարբինների ձեռքով, և ոչ թե բերվի Դամասկոսից կամ մեկ ուրիշ երկրից: Մակարը Մարալկաների երկիր էր անվանում արևելյան Հայաստանը՝ Կարսը, Գյումրին, Երևանը, բացառությամբ Ղարաբաղի և Զանգեզուրի:

Սասնո տոհմիկ իշխանը կամենում էր իր ձեռքը վերցնել ֆիդայիների ղեկավարությունը և ինքը իշխել նրանք վրա: Եվ նա ուներ կողմնակիցներ թե ժողովրդի և թե ֆիդայիների մեջ: Սասնո բոլոր ազդեցիկ իշխանները նրա կողմն էին: Նըրան համակիր ֆիդայիները թեև փաքրաթիվ էին, բայց բո. լորն էլ ընտիր: Այդ խմբի մեղ էին Գալեն, Փեթարա Մանուկը, Փեթարա Ախոն, Լաճկանցի Արթինը, Չոլոն, Մորուք Կարապետը և Շենիքցի Մանուկը:

Այդ ֆիդայիները Մակարի ղեկավարությամբ այլևս չէին ենթարկվում Չաուշի հրամաններին: Շշուկներ էին տարածվել, որ Գալեն և Փեթարա Մանուկը փոխանակ Հեղինեին սպանելու, դիտմամբ շտապեցրել էին նրա և Գևորգ Չաուշի ամուս՛նությունը, կամենալով վերջնականապես ջախջախել իրենց հայդուկապետին և ղեկավարությունը իշխան Մակարին հանձ՛նել:

Դրությունը լուրջ էր: Լուրջ էր նաև իմ վիճակը: Չէ որ ես էի Նեմրութի Փոթորիկների միջով զենք բերել «Մարալկաների երկրից», Մշեցի Տիգրանի հետ հասնելով մինչև Կարս և Ալեքսանդրապոլ: Եվ այդ ամենը եղել էր Գևորգ Չաուշի հրամանով: Մակարի կշտամբանքը մասամբ իմ դեմ էր ուղղված, թեև նա ինձ սիրում էր, որովհետև բոլորովին պատանի ես նետվել էի ֆիդայական շարժման մեջ՝ անկեղծորեն կամենալով ծառայել Հայաստանի ազատագրության դատին:

Եվ ահա մի օր, երբ բոլորս հավաքված էինք անտառում՝ երևաց Քարայրը, ամբողջապես կերպարանափոխված: Ոչ տիկ կար շալակին, ոչ էլ աղքատիկ դերվիշի երևույթ ուներ:

Հագած էր ֆիդայական գորշագույն զգեստ և ձեռքին զենք կար:

Արաբոյի հին զինվորներից մեկի՝ հայդուկապետ Գևորգ Չաուշի

դեմ խռովություն էր կազմակերպված: Նա եկել էր պատմելու պառակտիչներին և վերականգնելու խախտված միությունը:

Իսկ ո՞վ էր պառակտիչների գլխավորը — Սպաղանաց իշխանը: Բոլոր ֆիդայիները գլուխկախ լուռ կանգնած էին կաղնիների տակ: Միայն Չոլոն էր բացակա: Ու բոլորիս հա մար անհավատալի էր, թե կգտնվի մեկը, որ կհամարձակվի Մակարի դեմ վճիռ արձակելու:

Եվ Քարայրը որոշեց զինաթափ անել Սպաղանաց իշխանին:

— Թե դու Մակարն ես Սպաղանաց, որ քսան տարուց ավելի զենք է շալակած, եթե դու նախանձախնդիր ես ֆիդայու պատվին ու կարգապահությանը, ապա, իբրև օրինակ, քո իսկ ձեռքով պիտի պատժվես, ուստի քանդիր զենքերդ և նետիր ցած, — ասաց Քարայրը սպառնական դիմելով Սասնո իշխանին:

Մակարը ապառաժի պես կանգնած էր Գալեի կողքին, ալեհեր խոշոր գլխով, աչքերը արյուն լցված, շրթունքները դեղնած, բեղերը խառնված իրար: Նա լուռ էր, շփոթված:

— Դու, Սպաղանաց տեր, — շարունակեց Քարայրը, — վրտանգավոր հայդուկ ես այժմ մեզ համար: Քո թիկունքին կանգնած են տալվորիկցի մի քանի իշխաններ, իսկ Գևորգ Չաուշի կողքին՝ ամբողջ Տարոնը և բովանդակ Հայաստանը: Ի՞նչ Մարալկաների երկրի մասին է խոսքը: Չկա Մարալկաների երկիր: Կա մեկ Հայաստան և մեկ ժողովուրդ: Բոլորս պետք է մեր կալի մեջ կչկչանք և բունկալի մեջ հավկիթ ածենք: Ես էլ, Գևորգ Չաուշն էլ և մեր ֆիդայիներից ոմանք մի քանի անգամ եղել ենք քո ասած Մարալկաների երկրում, բայց մեր հիմնական բունկալը Հայաստան աշխարհն է և երբեք մեր ձուն օտար բնի մեջ չի ընկել: Իհարկե, ամեն գյուղիմեջ էլ լինում են անպիտան հավեր, որոնք իրենց ձուն երբեմն հարևանի կամ օտար բունկալի մեջ են դնում, բայց այդպիսի հավերին տանտիկինները շուտ են փետրաթափ անում և իջեցնում թոնիր: Ինքդ գյուղացի ես և գիտես, թե այդ ինչպես է լինում: Հայտնում եմ քեզ, որ մենք ոչ մի բարեկամ ժողովրդի թշնամի չենք և պետք է միասնաբար ձըգտենք մեր երկիրը ազատագրելու սուլթանական բռնակալությունից և մեր արժանի տեղը գրավելու ազգերի ապագա աշխատավորական ընտանիքում: Դու քո տեղայնական վըտանգավոր քարոզով ջլատում ես մեր պայքարը այդ վեհ նպատակի իրագործման ճանապարհին: Մի դարբին Համզե չի կարող մեզ ապահովել զենքով: Ուստի ուզենք թե չուզենք՝ մենք պետք է դիմենք Դամասկոսին կամ Մարալկաների երկրին: Ինչ վերաբերում է Գևորգի ամուսնությանը, ապա այդ մեղքը մի մեծ սև բիծ դնելով նրա վրա, երբեք պատճառ չէ, որ դու ազատվես պատասխանատվությունից: Նորից եմ կրկնում. քանդիր զենքերդ, եթե ֆիդայական երդումը սուրբ է քեզ համար:

Մակարը անձայն ձեռքերը տարավ դեպի կողքը, քանդեց իր ատրճանակը, սպիտակաբուռ խանչալը, մոսին հրացանը, խաչկապ փամփշտակալները, որ տասնյակ տարիներ պատվով կրել էր իր վրա և հանդիմանական խոժոռ նայվածքով անջատվելով խմբից, համբուրեց ու թափեց Գևորգ Չաուշի և Քարայրի առաջ։

Զինաթափվելը ամենածանր պատիժն է ֆիդայու համար։ Եվ մենք զսպված կարեկցությամբ նայեցինք մեր ավազագույն ընկերոջը, որ մերկացած էր զենքերից։ Նայում էինք լայն ուսերով և խոշոր բեղերով Սպաղանցի այդ քաջ զինվորին, որ գլուխը կախ և անզեն կանգնած էր մեր առաջ։

Քարայրը հրամայեց զինաթափ անել նաև Մակարի կողմնակիցներ Լաճկանցի Արթինին, Գալեին և Շենիքցի Մանուկին։ Առաջին երկուսը իրենք իրենց զինաթափ եղան, իսկ Շենիքցի Մանուկը դիմադրեց՝ վագրի պես ամուր գրկելով հրացանը. «Զենքս չըմ իտա։ Գնդակ մը տուր իտա ճակտին, դու իմ պատվի հետ հորի կխաղաս», — աղերսեց նա դիմելով Քարայրին։

Սպաղանաց Մակարը լուռ նայեց Մանուկին, ծանր քայլերով մոտեցավ սասունցուն, խլեց նրա հրացանը, խզակոթով մի հարված իջեցրեց ընկերոջ թիկունքին և բարկությամբ շպրտեց իր թափած զենքերի վրա։

Քարայրը կարգադրեց ինձ և Արտոնքա Զնդոյին գիշերով գնալ Շենիք գյուղը և զինաթափ անել նաև Չոլոյին, որ վիրավոր պառկած էր այնտեղ։

Մի ոտնաձայն լսվեց և խոշոր տրեխներով մի հսկա տըղամարդ Գևորգ Չաուշի

մոտով անցնելով, շարժվեց դեպի անտառ։ Մոտեցավ իր պես մի հսկա կաղնու, կիսաթեք հենվեց նրան՝ ծերացած գլուխը դանդաղ իջեցնելով կրծքի վրա։

Սպաղանաց Մակարն էր։ Նա հոնգուր–հոնգուր արտասվում էր՝ տառապագին տանջվելով իր մերկության և մենության մեջ։ Ամենքս էլ հուզված էինք և վշտից մեր աչքերը հառել էինք վար։

Խռոված էր Գևորգ Չաուշի հոգին։ Նա մոտեցավ ծերունի Մակարին և նրա վզից կախվելով՝ չոքեց նրա առաջ.

— Զարկ ինձ, հանցատացիր, քեռի Մակար։ Ֆիդայու օրենք է։ Ես էլ մեղք եմ գործել և աստված ինձ չի ների։ Բայց զենքի մեղքը սիրո մեղքից ծանր է։

— Օ՜, ձգուկ, ձգուկ, Մարաթուկ քեզ հետ, — պոռթկաց տալվորիկցի ծերունին՝ Գևորգի գլուխը առնելով թևերի մեջ։

Սասունցի էին երկուսն էլ, և այդպես իրար պլլված, տղու պես լուռ արտասվեցին կաղնու տակ։

Ուղիղ մեկ ամիս Սպաղանաց Մակարը մնաց առանց զենքի։ Նա իր ընկերներով պատժվել էր ֆիդայական կարգապահությունը խախտելու և իրենց հայդուկապետի դեմ ըմբոստանալու համար։

ՍՈՒԼՈՒԽ

Սուլուխ գյուղի մոտ մի հին կամուրջ կա: Տասնմեկ կամար ունի և նրա տակով Արածանին է հոսում: Գետն այդտեղ բավական լայն է, իսկ գարնանը, երբ հորդում է, հնարավոր չէ լողալով անցնել:

1907 թվականի մայիսի 26-ին Գևորգ Չաուշը ինձ իր հետ վերցնելով եկավ Սուլուխ: Մի օր առաջ այդտեղ էին հասել Ալվառինջու Սեյդոն և մյուս ֆիդայիները: Մայիսի 27-ի առավոտյան նստած էինք իմ ծանոթ Սուլուխցի Մեսրոպի տանը: Այդ այն Մեսրոպն էր, որի մայրը ինձ բուժել էր ուռենու ցողոտ ճյուղերով:

Ֆիդայիներից մեկը գիշերը երազ էր տեսել և մեզ շուրջը հավաքած իր երազն էր պատմում: Երազում տեսել էր Գևորգ Չաուշին եպիսկոպոսական շուրջառի մեջ, մարգարտյա թագը գլխին. Գևորգն հանկարծ աներևութացել էր և մնացել էր միայն դատարկ շուրջառը:

— Վրադ բաց է մնացել, երազ ես տեսել, — ասաց Գևորգը ծիծաղելով: Շենիքցի Մանուկը և Ալիզռնանցի Մուքոն ջուր տաքացրին, իսկ ես և Մշեցի Տիգրանը երազատեսին գոմը կանչելով՝ նստեցրինք տաշտակի մեջ: Գևորգ Չաուշը հանկարծ մի կուժ պաղ ջուր առնելով լցրեց նրա վրա: Ֆիդային վեր թռավ տաշտից և ամանով տաք ջուրը իմ ձեռքից փախցնելով, չցրեց Գևորգի գլխին: Սպաղանաց Գալեն չէր մասնակցում այդ զվարճությանը: Նա օդայում հանգիստ նստած ծխում էր: Հանկարծ ներս մտավ Սուլուխցի Մեսրոպը՝ գույնը թռած: Նա հայտնեց, թե Մուշից զորք է գալիս և արագ մոտեցավ պատին, որ զենքերը կապի:

— Շա՞տ է, թե քիչ, — հարցրեց Գևորգը:

— Խոփերու դաշտը սևացած է:

Հայդուկապետը հեռադիտակը վերցնելով բարձրացավ տանիք, իսկ ես կարգադրեցի զենքերը կապել: Միայն Գալեն էր անշարժ նստած: Զարմանալի դանդաղաշարժ էր Գալեն: Կողքին թնդանոթ պայթեր, երբեք դեմքը չէր փոխի, ոչ էլ շարժումնը:

— Ա՛յ Գալե, վե՛ր կաց, — ասացի:

— Հը՛շ կացեք, — ասաց Գալեն ծխամորճի կրակը նորոգելով:

Տանիքից իջավ Գևորգ Չաուշը:

— Քոսա Բինբաշին է գալիս, — ազդարարեց նա սաստիկ մտազբաղ, հեռադիտակը ձեռքի մեջ պահած: Կարգադրեց անմիջապես ձի նստել և շտապ հեռանալ Սուլուխից, քանի որ անկարելի էր մի տասնյակ մարդով կռիվ մղել մի ամբողջ բանակի դեմ:

Բայց որտեղի՞ց ճարել այդքան ձի:

Ալվառինջու Սեյդոն վճռաբար հայտարարեց, որ ինքը գյուղը չի լքի: Նրան միացան նաև մյուս ֆիդայիները և քուրդ Հասանոն:

Գալեն անվրդով նստած շարունակում էր ծխել: Գևորգը տեսնելով, որ մենք շրջապատված ենք Մուրադգետով ու զորքով և ճակատամարտն անխուսափելի է, ուսը գցեց «Արաբոն»՝ իր հրացանը, և ոտքի վրա որոշեց դիրքերը:

Ինձ հանձնեց գյուղից դուրս մի ավերականոց: Ինքը վերցրեց Խոփերի դաշտին հսկող մի բարձունք, իսկ կամուրջի գլխի պաշտպանությունը տվեց քուրդ Հասանոյին և դաշտեցի մի քանի տղաների:

Դիրք դարձան նաև մեր ավերակից դեպի աջ ընկնող կիսաշեն եկեղեցու պատերը, որ նայում էին խճուղու վրա: Ես ինձ հետ վերցրի Ալվառինջու Սեյդոյին, Ալիզռնանցի Մուքոյին և Մշեցի Տիգրանին, նաև սուլուխցի մի քանի կռվողների, և մտա իմ ավերակի մեջ: Գևորգի հետ տանիք բարձրացան Սպաղանաց Գալեն, Սուլուխցի Մեսրոպը, սրա որդի Խուրշուդը և տեղական կտրիճներից մի տաս հոգի:

Եկեղեցու պատերի ետևում ամրացավ Շենիքցի Մանուկը մի քանի զինված գյուղացիների հետ: Հասանոն իր դաշտեցի տղաներով շտապեց դեպի կամուրջի գլուխը:

Քոսա Բինբաշին Կուբանի թաթարներից էր, ազգությամբ կաբարդին: 1878-ին մասնակցել էր ռուս–տաճկական պատերազմին իբրև կամավոր: Կռվել էր նաև Շիպկայի պատերի տակ: Եմենի և Մակեդոնիայի կռիվների մեջ բարձրացել էր հարյուրապետի աստիճանին: Վերջին տարիներին եկել էր Մուշ, և Սասնո մեծ ապստամբությունը ճնշելով, դարձել էր Բաղեշի նահանգի ամենահեղինակավոր զինվորականը: Քոսան սկզբունքով դեմ չէր ֆիդայիներին: Նա անձամբ սիրում էր Գևորգ Չաուշին և հաճախ իր սպաներին ասում էր. «Եթե ես հայ լինեի, կուզեի Գևորգ Չաուշ լինել»: Ամեն անդամ, երբ առիթ էր լինում զորք հանելու հայդուկների դեմ, Քոսան Մեհմեդ էֆենդու կամ իր մարդկանց միջոցով լուր էր ուղարկում Գևորգին, որ իրենց գտնված տեղից հեռանան:

Եվ ահա այդ ծեր ռազմիկը, որի երեսին բնությունը զլացել էր մի հատիկ մազ բուսցնել, Սուլթան Համիդի անունը կրող մի մեծ զորագնդի գլուխ անցած, Մուշից շարժվում էր դեպի Սուլուխ:

Առաջին անգամ էր նա այդպես դավադրաբար գալիս, առանց զգուշացնելու Գևորգ Չաուշին:

Շուրջը տափարակ դաշտ էր, և ես ավերակից տեսնում էի, թե ինչպես խճուղու վրայով վաշտ առ վաշտ գալիս էր սև զորքը քառաշար կազմած: Զորքի առջևից քայլում էր Քոսա Բինբաշին՝ հրացանը ուսը և սուրը քաշած: Կողքից մի ասկյար էր ընթանում՝ պղնձյա բոռիզանը բերանին: Զորքը մեր դիրքերին հասավ: Լսվում էր ասկյարների ծանր ոտնաձայնը: Խճուղուց բարձրացող փոշին գալիս էր մեզ վրա: Շուտով երևաց ձիավոր գունդը, որը սրարշավ ուղղվեց դեպի ս. Գեվորգ եկեղեցին:

Ու հանկարծ տանիքից պայթեց Գևորգ Չաուշի «Արաբոն», որին հետևեց մեր համազարկը: Տագնապի փող հնչեց և սուփ թանի զորքը հայդուկների «նորահնար զենքի» սարսափից ահաբեկ շփոթված ետ դարձավ: Մի մասը լցվեց խճուղու փո՛սերի մեջ, մյուսը պառկեց մեր դիրքերին շատ մոտիկ: Ոմանք սողեսող հասան մեր ավերականոցին և թաքնվեցին նրա պատերի տակ: Մի քանիսը մեռած ձևանալով, հանկարծ ոտքի էին կանգնում և կրակում: Ասկյարներից մեկ–երկուսը մագլցեցին պատերն ի վեր՝ զենքերը մեզ վրա կախելով: Մի ասկյար փորձեց բռնել Սեյդո Պողոսի հրացանի փողը:

— Թեսլի՛մ, — գոռած խռպոտ ձայնով:

Տասնոցի մի կրակոցով «թեսլիմ» գոռացողը գլորվեց ցած:

Երկրորդը փորձեց՝ նա էլ գլորվեց:

Քոսա Բինբաշին հանկարծ թավալգլոր շուռ եկավ զորքի առաջ և սուրը ձեռքից վայր ընկավ զնգոցով: Փորձեց բարձ՛րանալ, բայց կիսաթեք գլորվեց խճուղու աջակողմ յան խան՛դակի մեջ:

Քոսա Բինբաշու անկումը տեսնելով, սուլթանի զորքը խուճապահար փախուստի դիմեց՝ իր հազարապետի դիակը թողնելով Մուլուխի դաշտում, գլուխը խանդակի մեջ, ոտքերը՝ խճուղու վրա:

Այդպես տխուր վերջացավ Սուլթան Համիդի ամենաքաջ ռազմիկի կյանքը:

Բոռիզան փչող ասկյարը թռավ ձիերից մեկի թամբին և պղնձյա շեփորը բարձրացնելով՝ սկսեց փչել, որ զորքին ետ կանչի, բայց Ալիզռնանցի Մուքոյի գնդակը շեփորի միջից անցնելով ծոծրակից դուրս եկավ: Բոռիզան փչողը, թամբի վրա օրորվելով, իր գործիքի հետ տապալվեց Բինբաշու կողքին գլուխը խճուղու վրա, ոտքերը՝ խանդակի մեջ:

Հանկարծ նկատեցինք, որ Գևորգ Չաուշի տանիքը լուռ էր: Գալեն չկար, իսկ կռվողներից մեկը մեջքով դեպի մեզ չոքած ինչ– որ բան էր ուղղում տանիքին:

— Գևորգը զարկված է, — շշնջաց Սեյդոն:

Ես արագ վազեցի դեպի Գևորգի դիրքը: Գալեն երկու աչքից կուրացած մահամերձ պառկած էր գոմի ջրհորի մոտ, իսկ Գևորգ Չաուշը վիրավոր նստած էր կողքին: Հրացանի խճճված փոկը ուղղելու միջոցին ոսկի գնդակը խոցել էր հայդուկապետի ձախ ծունկը՝ աջ թիկունքից անցնելով:

Վերջալույսին մենք ստիպված եղանք թողնել Մուլուխը, որովհետև Մուշից նոր զորք էր եկել և թնդանոթների որոտը մեզ սեղմել էր գյուղի և Արածանու միջև:

Տանիքից իջնելով, ես վերջին անգամ մտա այն տունը, ուր Գևորգ Չաուշը և Գալեն էին պառկած: Շենիքցի Մանուկը սգավոր նստած էր երկուսի մեջտեղ: Սեյդոն չախմախլին ուսը հենված էր պատին: Նա ձեռքից վիրավոր էր: Մշեցի Տիգրանը և Ալիզռնանցի Մուքոն նստոտած էին ամեն մեկը մի դիրքով:

— Գալեն պրծել է, իսկ Գևորգը դեռ ողջ է, — ծանուցեց Շենիքցի Մանուկը:

Ես հրամայեցի շտապ թողնել Մուլուխը: Բոլորը ոտքի կանգնեցին, բացի Գալեից և Գևորգ Չաուշից:

— Գնորգին կապել ձիու մեջքին, իսկ Գալեին գետը նետել, — կարգադրեցի ես:

Ամենքս էլ զգում էինք, թե որքան ծանր էր այդ վճիռը, բայց ուրիշ ելք չկար: Շենիքցի Մանուկը բռնեց իր ամենաիին ընկերոջ թևերից, համբուրեց նրա արյունոտ երեսը, Ալիզռնանցի Մուքոն բռնեց Գալեի ոտքերից և նետեցին Արածանու մեջ: Միայն մի ակնթարթ նայեցինք, թե ինչպես Արածանին իր պղտոր հորձանքի մեջ առավ մեր հերոսական ընկերոջը: Երբեք Գալեն այդքան արագաշարժ չէր եղել, ինչպես այդ հորդացած ջրերի մեջ: Ու՞ր գնաց նա, ու՞ր քշեցին նրան ալիքները՝ չիմացանք:

Սուլուխցի Մեսրոպը մեզ մի ձի բերեց: Գնորգին կապեցինք ձիու մեջքին:

Շենիքցի Մանուկը դարձավ առաջապահ: Ետևից ես էի գընում մի քանի հայդուկներով: Եմ ետևից գալիս էր Ալվառինջու Սեյդոն՝ վիրավոր ձեռքով ձիու սանձը

բռնած: Ձիու աջ կողմով գնում էր Մշեցի Տիգրանը, ձախով՝ Ալիզռնանցի Մուքոն: Սրանց ետևից գյուղի բնակչությունն էր շարժվում Սուլուխցի Մեսրոպի գլխավորությամբ:

Մութ էր և ասկյարները կարծեցին, թե մենք իրենց զորքից ենք: Վերջում գլխի ընկան և կրակեցին մեզ վրա: Գնորգի ձին խփվեց: Ես Գնորգին ձիու մեջքից արագությամբ իմ շալակն առա: Ձին գլորվեց Արածանու մեջ:

Քուրդ Հասանոն, որ իր մի քանի դաշտեցի տղաներով հսկում էր կամուրջին, ուժգին կրակով ապահովեց մեր ելքը զորքի շրջապատումից և մենք Գնորգ Չաուշին փոխնեփոխ շալակելով հասցրինք Խաշխալտախ գյուղի դիմաց: Վերջին շալակողը Սեյդոն եղավ:

Ես մոտեցա Գնորգ Չաուշի վիճակն իմանալու:

— Վերքդ թեթև է, Գնորգ, — հուսադրեցի ես Սեյդոյի շալակից նրան եղեգների վրա իջեցնելով:

— Իմը վերջացած է և աստծո պատիժը կատարվեց, — նըվաղած ձայնով շշնջաց հայդուկապետը:— Մի ջանդակի հա՛մար չարժի խումբը վտանգի մատնել: Ինձ թողեք էստեղ, իսկ դուք անցեք գնացեք: Եղսոն ու Վարդգեսը ձեզ ամանաթ:

Խաշխալտախի մոտ Մեղրագետը Արածանուն միանալով կազմում է եռանկյունի. մի կողմը Սուլուխն է, մյուս կողմը՝ երկու գետ: Որոշեցինք Գնորգին թողնել եղեգնուտում, մոտը պահապան կարգելով Սուլուխցի Մեսրոպին: Տարանք մի քիչ ավելի խորքը, հենեցինք մի խուրձ եղեգի և ծածկեցինք թարմ կանաչով: Վերջին պահին Գնորգը ցույց տվեց հե՛ռադիտակը և զենքը: Ես հեռադիտակը վերցրի, իսկ զենքը թողեցի վրան:

Երկու լողորդ չափեցին գետի խորությունը: Ջուրը խփում էր

մինչև թևատակ, իսկ տեղ–տեղ՝ գլուխներից բարձր։ Լո՛ղորդները նախ անցկացրին Շենիքցի Մանուկին, ապա ինձ և մյուս հայդուկներին։

Մեր ճանապարհին Սնձնուտ անունով մի գյուղ էր ընկած։ Լույսը չբացված այդ գյուղի ժամկոչը մեզ գտավ իրենց գերեզմանատան մատուռի մեջ։ Սաստիկ զարմացավ և հայտնեց, որ իրենց գյուղում զորք կա և խորհուրդ տվեց մատուռից դուրս չգալ։ Ժամկոչը բարձրացրեց խորանի սալա՛քարը և մենք վեր ելնելով թաքնվեցինք այնտեղ, իրար վրա նստելով։ Շենիքցի Մանուկը փորձված մարդ էր, զգաց, որ ժամկոչը վախկոտ է և կարող է վախից մեր տեղը հայտնել, ուստի նրան ներս քաշելով նստեցրեց իր ծնկներին՝ սալաքարը դանդաղ իջեցնելով մեզ վրա։

Ժամկոչը կարծում էր, թե մենք փախստականներ ենք, և իբրև նորություն հայտնեց, թե այդ օրը Սուլուխի դաշտում մեծ ճակատամարտ է եղել հայ ֆիդայիների և սուլթանի զորքի միջև և այդ կռվում սպանվել է Քոսա Բինբաշին։

— Ու՞մ գնդակից, — հարցրեց Շենիքցի Մանուկը։

— Գևորգ Չաուշի։

Մեր զարմանքի վրա ժամկոչը ոգևորված ավելացրեց, թե այդ կռվում քանի հազարապետ, հարյուրապետ և հեծյալ ու հետևակ է սպանվել Քոսա Բինբաշու զորքից։ — Սուլուխի ամբողջ դաշտը դիակներով է ծածկված, — ասաց նա, — և Սուլթանի ձիավորները գյուղերն ու քարափները ընկած Գեվորգ Չաուշին են փնտրում, նրա կնոջը և երեխային։

Ֆիդայիները հոգնած քնել էին, իսկ ժամկոչը դեռ շա՛րունակում էր պատմել Շենիքցի Մանուկի ծնկներին նստած։ Իրիկնադեմին մենք թողեցինք մատուռը։ Դուրս գալուց առաջ ժամկոչին կապելով դրեցինք մատուռի դռանը, որ չիմանա, թե մենք որ ուղղությամբ գնացինք։ Իմ ուղղությունը պարզ էր։

Ես ֆիդայիներին հանձնեցի Շենիքցի Մանուկին, որ նրանց տանի դեպի Կարմիր Ծառի սոսիների պուրակը։ Ալվառինջու Սեյդոյին կարգեցի խմբի հետնապահ, իսկ Հաաանոյին՝ առաջապահ։ Նրանց հանձնեցի նաև Գևորգ Չաուշի հեռադիտակը, իմ պայուսակը, իմ հագուստն ու զենքերը, և մի թուրք սայ՛լապանի տարազ հագնելով՝ դիմեցի դեպի Սուլուխ։ Լողալով անցա Արածանին և ծանոթ եղեգնուտը հասա այն պահին, երբ մի քանի ասկյարներ եղեգների միջից վերցնում էին Գևորգ Չաուշի դիակը՝ Մ ուշ տանելու համար։

Սուլուխցի Մեսրոպը չկար։

Գևորգ Չաուշը մեռել էր մայիսի 28ի արևածագին, բռի մեջ սեղմած հոգևարքի ժամին պոկած կանաչները։

Ասկյարները ինձ ուղարկեցին մի սայլ բերելու։ Գնացի և գյուղի առաջին պատահած հայ տնից եզասայլ վերցնելով՝ վերադարձա եղեգնուտ։ Չաուշի դիակը գրկեցի դրեցի սայլին և եզներին դանդաղ քշելով, Խոփերի դաշտով շարժվեցի դեպի Մուշ։

Հասա Ջարդու քարեր, Մշո կողք: Ես Մ ուշ չմտա:

Մեհմեդ էֆենդին նվագախմբով եկել էր քաղաքից դուրս դիմավորելու Գևորգի դիակը: Նա ինձ տեսավ սայլին նստած, բարկացած մի հիշոց նետեց ֆիդայիների հասցեին, բայց գլխարկը հանելով լուռ կանգնեց, կարծես պատվո պահակ լիներ:

Դարձյալ նույն երևույթի մեջ էր, ոստիկանական համա՛զգեստով, սպիտակ թաշկինակը վզի շուրջ: Քոսա Բինբաշուն թաղել էին դրանից մի օր առաջ, հանդիսավորությամբ ու նըվագախմբով: Այդ միևնույն զինվորական նվագախմբով Գևորգ Չաուշի դիակը տարվեց դեպի Կողու թաղի գերեզմանատուն՝ Սաչքի դուրանի վրա: Այդտեղ էին թաղվում այն ֆիդայիները, որոնց դիակները ընկնում էին սուլթանի զինվորականների ձեռքը: Իմ աչքի առաջ Գևորգին իջեցրին գերեզման, և Տարոնի արևը մայր մտավ:

Մեհմեդ էֆենդին սայլին հենված կանգնած էր իմ կողքին, աչալուրջ հսկելով, որ ըմբոստություններ չլինեն:

— Գնա՛, տղաս, — ասաց Մեհմեդ էֆենդին, երբ մենք մի պահ առանձին մնացինք:— Դու մի օր վարդապետ ես, մի օր էլ՝ սայլապետ: Սուլուխի կռիվը ցնցեց Մշո դաշտը: Ամբողջ գիշերը մենակ ողբացել եմ Գևորգի համար: Բայց պիտի բարկանամ ձեզ վրա և ով ձեռքս ընկավ անխնա պիտի պատժեմ: Սուլթանից հրաման կա, որ հայտնաբերենք և ոչնչացնենք բոլոր ֆիդայիներին, իսկ Գևորգ Չաուշի կնոջը և երեխային բռնենք և հանձնենք սուլթանի ձեռքը: Այդ գործի համար ջանբեզարների ոստիկանապետ է նշանակված Մհե չաուշը: Վերադարձիր ֆիդայիների մոտ և միասին մի միջոց մտածեք Գևորգի կնոջ և երեխայի փրկության համար: Թեկուզ ջրտուքվար Ֆադեի մոտ տարեք: Նա ձյուների և ամպերի վրա է ապրում, թող էնտեղ պահի, ուրիշ ճար չկա: Ես ու Մհե չաուշը պարտավոր ենք երկուսին էլ գտնել և հանձնել սուլթանին իբրև պատանդ: Այդպես է մեծն փադիշահի կամքը:

Ես սայլը լծած տխուր իջա Կողու թաղով և նույն ճանապարհով վերադարձա Սուլուխ: Կամուրջի գլխից նայեցի ներքև: Արածանու ալիքները սև գոմեշների պես իրար հրելով շարժվում էին առաջ: Սայլը եզներով թողեցի այդտեղ և «Ֆալա՛գ, քո տունը ավրի, ֆլանդ», ասացի ու ինձ նետեցի խենթացած ալիքների վրա: Մեկից մյուսին հեծնելով, ես ճեղքեցի Արածանին և նորից հասա Մնձնուտ գյուղի ծանոթ մատուռը:

Մեր կապած ժամկոչը չկար:

Նույն գիշերը ես սարերով մեկնեցի Կարմիր Ծառ:

ՄԱԿԱՐ ԵՎ ՄԱՆՈՒԿ

Գևորդ Չաուշի մահից հետո հայդուկների խումբը մնաց իմ հույսին: Քիչ էին նրանք, բայց բոլորն էլ կոփված տասնյակ կռիվների մեջ և հավատարիմ իմ կարգադրություններին: Հասնելով Կարմիր Ծառի սոսիների պուրակը, իմ առաջին կարգադրությունը եղավ Գևորգ Չաուշի կնոջը և որդուն թաքցնել ս. Կարապետի վանքում: Բայց շուտով ստացվեց Բաղեշի կուսակալի և Մշո կառավարչի հրամանը, որով պահանջվում էր ամբողջ երկրում որոնումներ սկսել: Հրամանում ասված էր, որ եթե որևէ գյուղ կամ վանք համարձակվի թաքցնել նրանց՝ հիմնահատակ կկործանվի:

Այդ հրամանից երկու օր հետո ներկայացավ Հեսու վարդապետը գրեթե լալահառաչ: Նա խնդրեց Գևորգի ընտանիքը շտապ հեռացնել ս. Կարապետի վանքից՝ «Մի կնոջ և երեխայի համար արժե", որ մի վանք կամ գյուղ կործանվի», ասաց ծերունի վարդապետը:

Ի՞նչ անել: Մեզ մնում էր Հեղինեին և Վարդգեսին որևէ միջոցով փրկել, առանց վնաս պատճառելու վանքին: Բոլորս հավաքված էինք անտառում և մտածում էինք մի ելք գտնել դրությունից դուրս գալու:

Արտոնքա Ջնդոն առաջարկեց նրանց Հասանոյի և Ալադին Միսակի ուղեկցությամբ Խութ ուղարկել՝ հանձնելով Ղասըմբեկի և նրա կնոջ խնամքին: Չէ՛ որ Գևորգը Խութա բեկի եղբայրն էր, իսկ Ջեմիլեն՝ ֆիդայիների քույրը:

Փեթարա Ախոն և Կարկուտ Թաղեն առաջարկ արին Հեղինեին իր քեռի Մկրտիչ Վարդապետին հանձնել: Ֆիդայիներից մեկն էլ ասաց, ով կատարել է այդ ստորին պսակը՝ թող նա էլ պատասխանատու լինի նրանց կյանքի համար: Նա առաջարկեց Հեղինեի և իր զավակի պաշտպանությունը ապավինել խաչեղբայր Փեթարա Մանուկին և Ստեփանոս վարդապետին:

Սպաղանաց Մակարը գլուխը կախ զցած իր համրիչն էր քաշում: Կողքին նստած էին Շենիկցի Մանուկը, Մորուք Կարապետը և Չոլոն:

Ես քեռի Մակարի դեմքի վրա կարդացի, «Ճիշտ է, ես Հակառակ եմ եղել Գևորգի ամուսնությանը և նրա գործելակերպին, ըմբոստացել եմ նրա դեմ և պատժվել եմ դրա համար, բայց Եղսոն իմ աղջիկն է, իմ աչքի լույսը: Գևորգը իմ հոգու կեսն էր: Այժմ, երբ նա չկա, նրա նամուսը իմ նամուսն է, նրա ժառանգը՝ իմ ժառանգը: Եթե Մակարը չգնա Հեղինեին ազատելու, արար աշխարհ պիտի կարծե, թե քեռի Մակարը աննամուս մարդ է»:

Ու կաղնու տակից վեր կացավ սպաղանաց հսկան: Կապեց զենքերը և ծանր ձեռքը իմ ուսին դնելով՝ ասաց.

— Ե՛ս կերթամ Հեղինեին և մանուկ Վարդգեսին փրկելու: Ես նրանց կտանեմ Սասուն: Թե որ ողջ եկա ազգության պատիվը փրկած կլինեմ, թե մեռա՝ մի մեծ բան կորցրած չեք լինի: Քեռի Մակարը հալիվոր է արդեն: Միայն մի խնդրանք ունի, իր ջանդակը կթաղեք Գնորգ Չաուշի կողքին:

Ծերունի Մակարի հետ վեր կացավ Շենիքցի Մանուկը.

— Ես Մակարին մենակ չեմ թողնի: Ես էլ կերթամ Հեղինեի հետևից:

Փեթարա Ախոն և Գելի Պետոն էլ ելան ոտքի: Դաշտեցիներից ցանկություն հայտնեց գնալ Մշեցի Տիգրանը: Ախոն վերն նայեց երկինքը ստուգելու: Վատ բան էր գուշակում:

Մեկ–մեկ համբուրվեցինք գնացողների հետ: Քեռի Մակարը այնպես էր համբուրվում, կարծես այլևս չպիտի տեսնըվենք: Փեթարա Մանուկի կուրծքը լիքն էր: Նա սկսեց իր «Բերի վանին»:

Մակարն իր խմբով բարձրացավ լեռան կածանով, իսկ մենք կանգնած նայում էինք նրանց ետևից: Հանկարծ Շենիքցի Մանուկը ետ դարձավ և բացականչեց.

— Չոլո՛, Չոլո՛, իմ Սերին եթիմ չթողնես:

Չոլոն չդիմացավ, փղձկաց և երեխայի պես լաց եղավ: Մի օր հետո Ախոն և Գելի Պետոն վերադարձան:

Եվ Պետոն պատմեց.

«Սպաղանաց Մակարը Շենիքցի Մանուկին ուղարկեց ս. Կարապետի վանքը Գնորգ Չաուշի կնոջը և երեխային բերելու, որ տանի Սասուն, իսկ ինքը իր փոքրիկ խմբով կտրեց Կուրտիկ լեռը, մտավ Ամրեի Գյալեն և լուսաբացի դեմ դուրս եկավ Փեթարի գլխին: Մեկ էլ են տեսնենք, Շենիքցի Մանուկը, որ մեզանից բաժանվելով գնացել էր ս. Կարապետի վանքը, դեպի Փեթար է բարձրանում՝ հետը առած Հեղինեին և Վարդգեսին: Քեռի Մակարը ուրախացավ և կարգադրեց ցերեկը հանգստանալ Փեթարում, իսկ գիշերը ուղևորվել Սասուն: Այդ խոսքի վրա էինք, երբ Ախոն ասաց. «Էս ի՞նչ սև շերտ է լեռան լանջին, ոչխա՞ր է, թե՞ տավար»: Բայց ոչխարը կամ տավարը ի՞նչ գործ ուներ սարի վրա վաղ լուսադեմին: Մի գյուղացու ուղարկեցինք, որ մոտիկից իմանա, թե գա ինչ բան է: Մեր ուղարկած մարդը ետ եկավ և ասաց. «Ոչ ոչխար է, ոչ տավար. օսմանցու զորք է, սարերն ընկած Գնորգ Չաուշի կնոջը և երեխային են փնտրում և նրանց փախցնող ֆիդայիներին»:

Ծերունի Մակարը, որ պատրաստվում էր ցերեկը Փեթարում հանգստանալ, տրեխները ամրացնելով ելավ ոտքի: Նա ինձ հրամայեց երեք հոգով բռնել լեռան գլուխը՝ Ամրեի Գյալու Յից քարը: Ինքը վերցրեց մեջտեղի գիծը իսկ Շենիքցի Մանուկին կարգադրեց իր ետևից շարժվել: Մենք պետք է առանց կրակելու վեր բարձրանալով անցնեինք զորքի միջով:

— Իսկ Հեղինեին ի՞նչ անենք, ինչպե՞ս փախցնենք Սասուն, — հարցրեց Շենիքցի Մանուկը:

— Ձգուկ, ասկյարը շատ է, իսկ իմ բախտը՝ սև, — ասաց քեռի Մակարը:— Մենք նրանց մեզ հետ տանել չենք կարող: Վարդգեսին տուր առաջին պատահած հայ կնոջը, ճիժ է, գուցե կփրկվի, իսկ Հեղին են նամուս է, թող թշնամու ձեռքը չանցնի, զարկ ու եկ մեզ հասիր:

Ես և Փեթարա Ախոն արդեն Ամրեի Ցից քարին էինք հասել, երբ տեսա, թե ինչպես թշնամին անտանելի կրակ բացեց՝ պաշարման մեջ առնելով Մակարի և Շենիքցի Մանուկի խմբերը: Մենք վերևից, պաշարված ֆիդայիները ներքևից կատաղի կրակեցինք: Աջակողմյան զորքը մաքրվեց և քեռի Մակարն ու Մանուկը ապահով հասան Ցից քարին: Թշնամին մնաց ձորի մեջ, իսկ մենք՝ Ամրեի գագաթին:

Բայց ճիշտ կռահեց իշխան Մակարը, որ իր բախտը սև է: Ս. Հովհաննու վանքի կողմից նոր զորք էր եկել և գաղտնի բռնել Ամրեի երկու թևերը: Ստիպված նահանջեցինք՝ թողնելով լեռան գագաթը:

Շատ արագ էինք նահանջում, իսկ Մակարը ծեր էր և ոտքերին ուժ չկար: Քրդական մի բարեկամ օբայի հասանք: Օբայից հաց առնելով շարունակեցինք մեր նահանջը: Մակարն ուղղակի ուժասպառ էր եղել և ծնկները ծալվում էին: Մի էշ բռնեցինք, ծերունի Մակարին նստեցրինք վրան: Մի շատ դժվար վերելք կար մեր առաջ: Այդ Ճանճկու սարն էր: Եթե այդ լեռը հաղթեինք, կանգնած կլինեինք Շենիքի գլխին:

Մակարն այլևս անկարող էր շարժվել— ոչ ոտքով, ոչ էլ ավանակին նստած: Ու խնդրեց քեռի Մակարը, որ իրեն սպանենք, իսկ մենք մտածենք միայն մեր փրկության մա՛սին: Բայց ու՞մ ձեռքը կբարձրանար քեռի Մակարի վրա: Առանք զենքերը, քանդեցինք փամփուշտները և սիրտ տվե՛ցինք, որ քայլի: Սակայն իզուր: Շենիքցի Մանուկը, ես և

Փեթարա Ախոն շատ զբաղվեցինք Մակարին տեղից շարժե՛լու գործով: Ուզում էինք մեզ հետ տանել կամ նորից մի կերպ նստեցնել ավանակին և լեռը բարձրանալ:

Թշնամին արագ մոտենում էր. գտնվում էր մի քանի տասնյակ քայլի վրա: Մակարի ցանկությունը կատարվեց: Մի գնդակ գալով խոցեց Սպաղանաց իշխանին: Մակարը զգաց, որ թշնամու գնդակ է: Վերքից ուժ առած տնքալով շարժվեց առաջ և մեր պաշտպանությամբ հասավ Շենիքի գլուխը— Դուքանի բերան:

Մեր ոտքերի տակ Գդալների դաշտն էր, իսկ ավելի հեռվում՝ Մրկեմոզանի ընդարձակ մարգագետինը:

Խոշկանցի ցեղապետ Ռզզո աղայի աշիրեթը զոզան էր ելած: Ռզզոն Սպաղանաց Մակարի հին ծանոթներից էր: Մակարը խնդրեց, որ իրեն թողնենք Ռզզոյի ամառանոցում, իսկ մենք ազատվենք, քանի դեռ զորքը այդտեղ չի հասել:

Շենիքցի Մանուկը համաձայն չեղավ քեռի Մակարին վիրավոր վիճակում մենակ թողնել այդտեղ:

— Ես ուխտ եմ արել քեզ հետ մեռնել, քեռի, — ասաց Մանուկը և մեզնից բաժանվելով մնաց ծերունի Մակարի հետ: Հեռվից տեսա, թե ինչպես նա առաջացավ դեպի ցեղապետի օբան, որ կարգադրություն անի Մակարի համար։ Այդ միջոցին Խալիլ աղայի կատաղի քրդերից մեկը, որ այդտեղ էր, մի կացին քաշելով թափով իջեցրեց Շենիքցի Մանուկի գլխին։ Մանուկն իրեն չկորցրեց։ Քաշեց տասնոցը և երեք չորսին սպանելով և մի քանիսին էլ վիրավորելով, ինքն էլ թևից զարկված, փորձեց փախչել դեպի իր հայրենի գյուղը՝ Շենիք։ Մակարը մենակ մնաց Ճանճիկ սարում։ Խալիլի քրդերը թափվեցին վիրավոր և անզեն ծերունու վրա և կացիններով ու խանչալներով սպանեցին նրան։

Մանուկը ռառիթափով հասավ Շենիքի վերևի քարերը։ Կրակեց, որ շենիքցիները օգնության գան, բայց Սեմալից եկած զորքը պաշարել էր գյուղը, և նրանք տանիքներին կանգնած անզոր դիտում էին նրա մենավոր պայքարը։ Ֆիդային զայրույթից իր հրացանը և ատրճանակը քարերին զարկելով ջարդեց և թռչելով մի քարաժայռի, որի տակ Ճանճիկ սարի մեծ վիհն էր բացվում, մի գնդակ առավ իր հպարտ ճակատին և արծվի նման ճախրելով գլորվեց անդունդ։

Այդպես մատաղվեց քաջարի սասունցին։

Մի թուրք սպա, տեսնելով այդ հերոսական ու գեղեցիկ մահը, բարձրաձայն գոչեց. «Ափսո՜ս, էրմենի իգիթ, որ քեզ հայ է ծնել»։

Մենք կռիվ տալով Դուքանի բերանից դժվարությամբ հասանք Ծիծեռնու ձորը, Սեմալ գյուղի մոտ, բայց արդեն զրկված քեռի Մակարից և Շենիքցի Մանուկից»։

Երբ Գելի Պետոն ավարտեց իր պատմությունը, թվաց, թե այդ ամբողջը հեքիաթ էր մի առասպելական կռվի հսկաների մասին։

— Իսկ ի՞նչ եղան Հեղին են և ծծկեր երեխան։ Չէ որ Մակարն ուզում էր նրանց տանել Սասուն, — հարցրի ես։

— Շենիքցի Մանուկը Գևորգ Չաուշի կնոջը և երեխային վանքից բերեց, որ Մակարը տանի Սասուն։ Բայց Սասուն գնալ չհաջողվեց։ Երեխային Շենիքցի Մանուկը մահից առաջ հանձնել էր փեթարցի մի պառավ կնոջ, որ պահի, իսկ Եղսոյին Մշեցի Տիգրանը կնոջ շորեր հագնելով՝ առաջնորդեց դեպի Մշո դաշտ։

ԱՐՋԻ ՈՐՋՈՒՄ

Քարայրներում թաքնվելը դարձավ վտանգավոր։ Անտառի խորքում մի թաքստոց տեսա։ Արջի բույն էր։ Երեք ամիս բնավ ածիլված չէի։ Իմ գլխի և երեսի մազերը խառնըվել էին իրար։ Իմ երևույթով ես նման էի արջի, ավելի ահարկու, քան արջը։

Կռացած նայեցի։ Մի մեծամարմին գորշ գազան, գլուխը

թաթերին գրած պառկել էր հանգիստ: Ինձ տեսնելով հար՛ձակվեց վրաս: Ու ուժեղ գոտեմարտ եղավ իմ և այդ գազանի միջև: Ես արջին սպանեցի և դուրս բերելով կախեցի ծառից: Տերև ու խոտ հավաքեցի և արջի մորթին չորացնելով՝ փռեցի վրան:

Պառկել եմ իմ նոր կացարանում փափուկ ներքնակի վրա և շարունակ մտածում եմ, թե ինչ եղան Հեզին են և Վարդգեսը՝ Գևորգ Չաուշի կինը և երեխան, որոնց կյանքի համար այլևս ես էի պատասխանատու՝ Սպաղանաց Մակարի և Շենիքցի Մանուկի անկումից հետո:

Անցավ մեկ շաբաթ, երկու շաբաթ, Մշեցի Տիգրանը չէր երևում: Հազար տեսակ մտքեր էին պաշարել ինձ: Երևի հայտնաբերել են նրանց և սպանել, կամ հետապնդելով ձերբակալել են և տարել Բաղեշ, որ ուղարկեն սուլթանին: Մտածում էի նաև, թե միգուցե Տիգրանը սպանել է Հեղինեին և այլևս անհարմար է գտնում երևալ մեզ:

Մի օր, երբ արջի վերջին պատառներն էի ներս տանում, իմ կացարանի առաջ հայտնվեց կնոջ շորեր հագած մի տղամարդ՝ հետը բերելով Գևորգ Չաուշի կնոջը և երեխային:

Մշեցի Տիգրանն էր: Գլխին լաչակ կար՝ ծայրը հանգուցված ծնոտի տակ և դնչկալը մինչև քիթը վեր քաշած: Այնքան նման էր մշեցի կնոջ, որ անկարելի էր նրան շփոթել տղամարդու հետ: Մեծ եղավ իմ զարմանքը, երբ Տիգրանին տեսա այդ հագուստի մեջ՝ երեխան գրկին, Հեղինեն ետևից: Փոքր-ինչ կռացած էր քայլում և հոգնած տեսք ուներ:

Ես գիտեի, որ Տիգրանը ընդունակ է խիզախ արկածների, բայց արկածի այդ տեսակը վեր էր իմ պատկերացումից:

Թեթև կրակ վառեցի, միասին հաց կերանք և մշեցին պատմեց. «Քեռի Մակարի հրամանի համաձայն, Շենիքցի Մանուկը ծծկեր Վարդգեսին հանձնեց փեթարցի մի պառավ կնոջ, որ պահի: Հեղինեն նստել էր այդ կնոջ կողքին, և չէր ուզում երեխայից բաժանվել: Ես Հեղինեի ձեռքից բռնելով՝ ասացի. ե՛կ երթանք իրար հետ: Բայց փեթարցի կինն ասաց. Հեղինե, մի՛ գնա, քեզի կսպանեն: Հեղինեն չոքեց իմ առաջ և ասաց, «Տիգրան, կամ դու պիտի մեռնես Գևորգի համար, կամ պիտի ազատես Գևորգի կնոջը և երեխային: Եթե ինձ զարկես, ամբողջ ազգությունը մինչև յոթ պորտ քեզ մայրասպան պիտի ասի»:

Անտանելի վիճակ ստեղծվեց ինձ համար: Ես գիտեի, որ ռոմի զորքը բռնել է բոլոր ճանապարհները, և փրկության ոչ մի հնար չկա: Ուստի հարկադրված հագա կնոջ շոր, դնչկալով ծածկեցի իմ բեղը և Հեղինեին ու Վարդգեսին վերցնելով, իջա դեպի դաշտ: Այդ զգեստը մասամբ էլ նրա համար հագա, որ որևէ ֆիդայի ինձ անծանոթ կնոջ հետ տեսնելով անզգուշությամբ չսպաներ հեռվից:

Երեխային գրկած Հեղինեի հետ անցա սուլթանի զորքի միջով: Հանկարծ զգացի, որ իմ բեղի ծայրը դուրս է եկել և դնչկալը արագությամբ քաշեցի վրան: Մի ասկյար ուզեց բռնել իմ թևից, բայց, որտեղից–որտեղ, իմ բախտից մեր դեմ ելավ Մեհմեդ էֆենդին: Նա գոռաց ասկյարի վրա, «չե՞ս տեսնում, անցնողը կին է՝ երեխան գրկին»: Ասկյարը ձեռքը ետ քաշեց և մենք անվտանգ ելանք շրջապատումից»:

Հեղինեն երեխային գրկած հազիվ էր պառկել արջի փոստին, որ մի քիչ

հանգստանա, երբ մեր թաքստոցի առաջ ոտնաձայն լսվեց: Ես ձեռքս արագ տարա դեպի իմ զենքը:

— Քիմսա՞ն, — հարցրի ես արջանոցից դուրս գալով:

— Այստեղ մի կին չմտա՞վ երեխան գրկին:

— Ոչ, այստեղ արջեր են ապրում: Այդ խոսողը ո՞վ է:

— Մեհմեդ էֆենդին է, ձեր հոգեառը, իսկ աջ քովինս Մհե չաուշն է, — հնչեց պատասխանը: — Վերջապես ձեզ գտանք: Այնքան նեղն եք ընկել, որ մաղարաներից փախչելով մտել եք արջերի բները: Ուր ուզում եք մտեք, թեկուզ գետնի տակ, մեր վճիռն է մի հատիկ ֆիդայի չթողնել սուլթանի երկրում:

— Գիտեմ, որ դու ֆիդայիների Հոգեառն ես, հայությունից իսլամ դարձած Մեհմեդ էֆենդին:

— Այո, և քովինս դաժան և արյունարբու Մհեն է, Մհեն, — ընդհատելով նորից հատուկ շեշտադրությամբ այդ անունը ընդգծեց Մեհմեդ էֆենդին, իբրև թե այդ անունով ուզում էր սարսափ ազդել, բայց իրապես կամենալով հասկացնել, թե զարկեք Մհե չաուշին, ես նրան այդ նպատակով եմ այստեղ բերել:

Մհե չաուշը Սասունի Խիանք գավառի քրդերից էր, Մշո բանտի դահճապետը, որը դառնալով ջանբեզարների գլխավոր, սկսել էր համառորեն որսալ ֆիդայիներին և սարերն ընկած Գևորգ Չաուշի կնոջն ու երեխային էր փնտրում սուլթանին պատանդ ուղարկելու համար: Ոստիկանապետ Մեհմեդ էֆենդին նրան բերել կանգնեցրել էր վրիժառու հայդուկի գնդակի հանդեպ: Ո՞ր առաքինի մարդը չէր ուրախանա այդ հրեշի մահով: Մի գնդակ՝ և Մհե չաուշը փռվեց մեր թաքստոցի առաջ: Այդպիսի հրեշներին ոչնչացնելը պատգամ և պարտավորություն է բոլո՛ր ժամանակների բոլո՛ր սերունդների համար:

Իմ կրակոցի վրա Մեհմեդ էֆենդին և Մհե չաուշի երեք զինյալ ջանբեզարները զենքերը բացած նետվեցին դեպի իմ որջը:

— Մհե չաուշ, ես քո վրեժը տասնապատիկ կառնեմ, — ցասումնալից գոռաց զաղտնի ոստիկանապետը և ջանբեզարներին հրամայելով հեռանալ այդ վտանգավոր վայրից, ինքը զենքը ձեռքին միայնակ ներս խուժեց:

Երկրով մեկ տարածված էր Մեհմեդ էֆենդու սարսափը: Պատմում էին, որ նա համարձակորեն մտնում էր ֆիդայիների թաքստոցները և ձեռքն ընկածին տանջամահ անելով սպանում էր: Միայնակ կատարում էր մի ամբողջ զորաջոկատի գործ:

Ջանբեզարները իսկույն հեռացան այդտեղից, իրենց հետ փախցնելով Մհե չաուշի դիակը, երբեք չկասկածելով, թե իրենց ոստիկանապետը, ով կա ներսում, բոլորին անխտիր կոտորելով, հաղթական դուրս կգա այնտեղից:

Մեհմեդ էֆենդին իրար ետևից կատաղորեն կրակեց բաց օդի մեջ, ամեն կրակոցին տարբեր ձայնով տնքոցի կամ ցավի մի բացականչություն արտաբերելով, իբրև թե սպանվողների կողմից: Ապա բռնելով Մշեցի Տիգրանին սկսեց բարձրագոչ հայհոյել ու ծեծել, բայց տակից հայերենով կամացուկ ասել նրան, «Տո՛, աննամուս, լավ՞ծ բան է, որ ֆիդային կնոջ շոր հագնի, դնչկալ կապի բեղի վրա: Հագիր տղամարդու հագուստ և Հեղինեին փախցրու այստեղից: Վարդգեսի մասին կարգադրություն արել եմ և նա կփրկվի: Ես նրան կուղարկեմ Վան: Մենք երկուսս էլ ծառայում ենք մի նպատակի — դու հարկադրաբար քեզ կին ձևացնելով և բեղերիդ վրա դնչկալ քաշելով, որ ոչ մի մշեցի տղամարդ չէր հոժարի անել, իսկ ես իմ հավատքը փոխելով, որ ամենամեծ մեղքն է աշխարհում: Բայց մենք հերոսներ ենք և ազգը, կարծում եմ, ապագայում չի թքի մեր ճակատին»:

Մեհմեդ էֆենդին նորից սկսեց կատաղորեն հայհոյել ու կրակել և դուրս գալով,

կեռ սուրը մի քանի անգամ բարկությամբ քսեց խոտերին, իբրև թե մաքրելով արյունից: Ապա սուրը դրեց պատյանը և դաժանորեն շարժվեց առաջ:

Ջանբեզարները նրան սպասում էին քարափի տակ:

— էֆենդի, դուք շատ անգթորեն եք վարվում ֆիդայիների հետ: Այդքան մարդ կոտրել չի լինի, — նկատեց նրանցից մեկը: — Ամբողջ աշխարհը խոսում է ձեր խստության մասին:

— Իսկ իրենք խիստ չե՞ն: Ձեր աչքի առաջ սպանեցին Միհե չաուշին: Ու՞ր է մեր Քոսա Բինբաշին, — պոռթկաց ոստիկանապետը: — Այս գյավուրները մի կողմից, Սալոնիկի թուրքերը մյուս կողմից, Յըլդըզ քյոշկն են ուզում պայթեցնել: Սալոնիկ. կում, այստեղ, ամեն տեղ ռումբեր են կուտակում: Եվ ու՞մ դեմ, մեր անմեղ սուլթանի դեմ, իմ ու քո դեմ: Վալին ու Մյութասերիֆը մեզանից հայդուկապետի կնոջը և երեխային են պահանջում, իսկ այս անհավատները զենք են քաշում մեզ վրա, և աստված գիտի, թե ուր են թաքցրել նրանց:

— Բայց...

— Ի՞նչ բայց. որ ես խիստ եմ, դաժան եմ, հա՞: Ուզու՞մ ես, որ քո դիակն էլ գումարեմ այն երեքի վրա, — սպառնաց Մեհմեդ էֆենդին հայացքը ուղղելով դեպի քարայրը և սպիտակ թաշկինակի արձակված ծայրը փաթաթելով վզի շուրջ:

— Իսկ ինչպե՞ս վարվենք Միհե չաուշի հետ, տանե՞նք, թե թողնենք, — ընդմիջեց երկրորդ վախեցած ջանբեզարը:

— Դե, լավ, գցեք փոսը, նա ճակատամարտի մեջ ընկավ: Իսկ մենք սարից ցած չենք իջնի, մինչև չգտնենք հայդուկապետի կնոջը և երեխային:

Եվ նրանք Միե չաուշի դիակը մի խանդակի մեջ գլորելով և հողով ծածկելով, հետևեցին իրենց ոստիկանապետին:

ԱՐՏՈՆՔ

Ավա՜ղ, Գևորգ Չաուշ, դու էս ինչ անել վիճակի մեջ դըրեցիր ինձ: Ինչու՞ խմեցիր Ալվառինջու թունդ գինին ու մեղք գործեցիր Սասնա լեռների վրա: Այժմ ինչպե՞ս վարվեմ: Ալա՜դին՝ Միսակին ուղարկեմ Մշեցի Տիգրանին օգնության Հեղինեին երգո՞վ փախցնելու դեպի Վան, թե նրան առաքեմ Արտոնք:

Արտոնքը կես ժամու ճամփա է Վարդենիսից: Գեղեցիկ գյուղ է Արտոնքը, Գևորգ, և դու, երևի, շատ անգամ էիր լինում այնտեղ: Ալվառինջու Մեյդոն Ջնդոյի հետ այդ գյուղը պիտի երթան:

Ոչ, եկ ես Ալադին Միսակին նրանց ետևից Արտոնք ուղարկեմ, Գևորգ:

Չխուրի մեջ է Արտոնքը, և այնտեղ շամբեր շատ կան: Հպարտ են այդ գյուղի բնակիչները, այնքան հպարտ, որ արան ծածկելիս մի թևը չեն հագնում, թողնելով, որ շարժվի ետ ու առաջ:

Ու ճամփա ելան Ալվառինջու Մեյդոն և Արտոնքա Ջնդոն դեպի Չխուր, և Ջնդոյի արայի աջ թևանոցը հպարտ ճոճվում էր թիկունքից կախ: Ու նրանց ետևից դեպի Արտոնք գնաց իմ խաղասաց Ալադին Միսակը:

1907 թվականի աշունն էր: Կովկասից Մուշ էր եկել Զավեն անունով մի երիտասարդ գործիչ: Եկել էր Նոր Մելիքի հետ հայ–քյոյրդ համերաշխության դաշինք կնքելու: Բանակցության վայրը Արտոնքն էր ընտրված: Ու նույն օրը Արտոնք ներկայացավ Խութա բեկը հետը առած իր մի քանի ղոլամներին ու բաշ-ղոլամին, որ մեր ներկայացուցիչն էր բեկի մոտ Գևորգի ժամանակներից:

Ու թարգման դարձան Ալվառինջու Մեյդոն և Արտոնքա Ջնդոն Զավենի ու Խութա բեկի միջև:

Նոր Մելիքը համաձայնություն հայտնեց Զավենի հայտնած բոլոր գաղափարներին: Նա հանձն առավ տաս հազար քրդերի գլուխ անցած ֆիդայիների աջակցությամբ տապալել սուլթանի կառավարությունը Մ ուշում և քրդերին ու հայերին տեր դարձնել կացության: Ու դաշինք կնքվեց:

Դաշնագրից հետո երկու կողմերը ոգելից ըմպելիքներով ողջագուրեցին իրար և մաղթանքներ արին իրենց համերաշխության և ծրագրի հաջողության համար:

Ու երբ բալաքա քուրդը զգաց, որ Զավենն ու Զնդոն լավ գինովցած էին, թույլ տվեց, որ անկողին երթան:

Ուրախությունից ու գինուց հարբած անկողին մտավ նաև Ալվառինջու Մեյդոն: Երբ նրանք հարբած քնած էին, Նոր Մելիքը կանչեց իր ղոլամներին, որ երեքին էլ քնած տեղը սպանեն:

Պատի տակ երկար սպասեց Ալադին Միսակը: Տագնապով ու կարոտով սպասեց, որ ընկերները դուրս կգան քյոշկից: Կեսգիշերին բաշ–ղոլամը զաղտագողի մոտեցավ երգչին և արտասուքը սրբելով լռությամբ անցավ նրա կողքով:

Ու զգաց երգիչը, որ Արտոնքա Զնդոն ու Զավենը և Ալվառինջու Մեյդոն սպանված են: Ու պատին հենված ողբաց Ալադին Միսակը: Ողբաց ու երգեց մինչև լուսադեմ:

«Օ, միամիտ ֆիդայիներ, դուք ինչպե՞ս վստահեցիք բալաքա բեկին: Քամին թիկունքից փչելիս դուք սաստկացնում էիք ձիերի վազքը, կողքից փչելիս՝ սանձերը ամուր ձգում էիք, որ թույլ չտաք ճամփան շեղեն, իսկ դեմից փչելիս՝ դառնում էիք հետնակ և ձիերը խոնարհ գալիս էին ձեր ետևից: Ինչպե՞ս եղավ, որ չիմացաք, թե Խութա քամին ո՛ր կողմից է փչում: Վաղու՜ց փոխված էր այն ջուրը, որ Սուլուխա կամուրջի տակով անցավ: Ո՞ր ձին է իր ոտքը դրել առաջվա կճղակի տեղը: Այն օրերը ուրիշ էին, երբ Նոր Մելիքը կապված էր ֆիդայիների հետ և գեղեցիկ Ջեմիլեն իր ապարանքի մեջ բուժում էր վիրավոր Գալեի թևը: Այդ տարիներին Խութա բեկը եղբայրն էր Գևորգ Չաուշի, իսկ Ջեմիլեն՝ նրա քույրը: Գևորգի անունը այդ օրերին սարսափ էր ձգել բեկի հակառակորդ աշիրեթների վրա, ուստի և ամուր էր այդ բարեկամությունը: Գևորգի մահով այդ հմայքն անցավ, ինչպես ամեն հմայք ու զորություն աշխարհում, երբ նախկին տերը չկա:

Խութա բեկն ասաց, որ ինքը այդ սպանդը կատարեց իբրև փոխվրեժ Սուլուխում մահաբեր գնդակով սպանված իր եղբայր Գևորգի, բայց Գևորգի և ձեր հիշատակի առաջ նա ստեց չարաչար:

Ավա՜ղ, կործանված էր այն կամուրջը, որ դուք եկաք նորոգելու: Նրա մի ծայրը հենված էր Միրզաբեկի տան խարդախ կրծքին, իսկ մյուսը՝ հայոց Սասնա տան ազնիվ սրտի վրա:

Միրզաբեկի տունը մի ճյուղն էր Ալադին փաշայի համբա՛վավոր տոհմի: Նենգ էին այդ տան մարդիկ և Ալադինի կողմից վաղուց անիծված իբրև խարդախ ազգական:

Չխուրի բեկը այդ խարդախ տան գլխավորն էր և թոռը Միրզաբեկի: Նրա նախնիները Բաղեշի ճանապարհին դարան մտած սպանել էին Ալադին փաշայի մի ազգականի և չորս եղբայրներով եկել Մուշ: Միրզաբեկի տան մարդիկ նույնիսկ իրար հանդեպ խարդախ ընթացք ունեին: Ու տեսեք, թե ինչ է պատմում հին երգը նրանց մասին: Մի անգամ նրանք յոթ եղբայրներով հասան մի գյուղ և ուզեցին իրենց ձիերը ախոռ մտցնել: Առաջին եղբայրը քաշեց իր ձին, որ ներս տանի, բայց ախոռի դուռը ցածրիկ լինելով, կտրեց իր ձիու թամբը և մյուս վեցին չզգուշացրեց: Երկրորդ եղբայրը քաշեց իր ձին, որ ներս տանի, սա նույնպես թամբը կոտրեց: Երրորդ եղբայրը հետևեց սրան, սա էլ իր թամբը կոտրեց: Ու այսպես յոթ եղբայրները իրար ետևից ներս մտնելով և իրար չզգուշացնելով կոտրեցին իրենց ձիերի թամբերը: Ու դրանց անու՛նը այդ օրվանից մնաց «մալայիաֆգ»— խարդախ Յոթ թամբերի տուն:

Ավա՜ղ, Ալվառինջու Սեյդո և Ջնդո Արտոնաց, ասենք թե «Մարալկաների երկրից» եկած մեծավորը նոր էր իջնում Մշո դաշտ և դեռ անփորձ էր, բայց դուք, որ փորձված էիք և այդքան զգաստ, ինչպե՞ս պատահեց, որ անզգուշորեն ընկաք Յոթ թամբերու տան ծուղակի մեջ:

Եվ մանավանդ դու, Ալվառինջու Սեյդո, որ գիշեր–ցերեկ չախմախլի հրացանը ձեռքիդ Ծծմակի Քիթը բռնած զգաստ հսկում էիր Ֆրանկ–Նորշենի ճանապարհներին: Գոլ, որ մա՛ս նակցեցիր Բերդակի վանքի և Շամիրամի մեծ կռիվներին, նաև Դաշտի բոլոր կռիվներին իբրև տասնապետ, դու, որ միշտ ասում էիր. «Հլա դաշնակ, ինչակ չկար մեր երկիր, մենք հեղափոխական էինք», և դու, լուսամիտ շինականդ, մի անարգ դավով գո՞հ գնաս Յոթ թամբերի տան խարդավանքին:

Ողբացեք Արտոնքի վիշտը, ողբացեք Չխուրի Վարդենիս, Ազաղբյուր և Արագիլի բույն գյուղեր:

Ողբացեք Ալվառինջու Աեյդոյի, Ջնդոյի և Զավենի մահը»:

Ու այդպես երգելով Արտոնքից դեպի Խվներ շարժվեց Ալադին Միսակը: Նա հասավ Խութա անտառի զովասուն պուրակին, որտեղ ամեն ամռան իր կարմիր վրանն էր զարդ կում գեղեցիկ Ջեմիլեն:

Երգեց Ալադին Միսակը ու բացվեց օրը այդ պուրակի ու աշխարհի վրա: Բայց Յոթ թամբերի քյոշկից այլևս դուրս չեկավ ֆիդայի քրդուհին, ոչ էլ բաշ–ղոլամը երևաց շեմքին:

Արտոնքից վերադարձավ նոր Մելիքը և այն միևնույն զենքով, որ նրան նվեր էր ուղարկել Գևորգ Չաուշը, լուսաբացից առաջ սպանեց իր բաշ–ղոլամ Ջմնթլիկ Սոհակին և իր կնոջը՝ Ջեմիլեին:

Ավա՜ղ, Գևորգ Չաուշ, գոլ ինչու՞ խմեցիր Ալվառինջու կարասների թունդ գինին և մեղք գործեցիր Սասնա լեռների վրա:

ՍԱՍՈՒՆԸ ԷՐՄԵՆԻՍՏԱՆ

Մենք դեռ արջի որջումն էինք, երբ լուր ստացվեց, որ Սալոնիկի բանակը մտել է Պոլիս, և սահմանադրություն է հռչակվել: Հատուկ կոչ էր ուղղված հայ ֆիդայիներին՝ սարերից վերադառնալ իրենց գյուղերը, զենքերը հանձնել և լծվել խաղաղ աշխատանքի:

Մեհմեդ էֆենդու ցուցմունքով ես Հեղինեին Մշեցի Տիգրանի առաջնորդությամբ ուղարկեցի Վան և զենքերն ու հեռադիտակը վերցնելով, Ալադին Միսակի հետ քայլերս ուղղեցի դեպի Առաքելոց վանքի կողմերը:

Ես նման էի կիսավայրենու: Իմ երեսը մազակալվել էր և պնդացել հողմից ու սառնամանիքից: Ալադին Միսակը նույնպես վայրենու տեսք ուներ: Նա կրում էր իմ տոպրակը, որի մեջ կար մի քիչ ծխելիք՝ չոր տերևից, մի կտոր կորեկհաց և կես չորթան:

Մեր վերևով քրդեր անցան: Կանգնեցին, նայեցին մեզ, երևի ճանաչեցին, որ հայդուկներ ենք ու հանկարծ խմբով բացականչեցին. «Եկե՛ք, եկե՛ք, ազատություն է, եկե՛ք»: Նրանցից մեկը ուղղակի մոտեցավ մեզ և առանց ուշադրություն դարձնելու մեր զենքերին ու ահարկու տեսքին, բղավեց. «Ֆիդայիները քանդեցին Սուլթան Համիդի թախտը: Սասունը էրմենիստան է լինելու: Հայերը, քրդերը և թուրքերը եղբայրներ են»:

Մերձակա գյուղերի ճանապարհներին լսվում էին հրաձգության ձայներ: Որքան մոտենում էինք Առաքելոցին, այնքան ուրախագին աղաղակները շատանում էին: Մի թե սա այն վայրն էր, ուր ահեղ կռիվներ էին մղվել մի բուռ հայդուկների և սուլթանի զորքերի միջև դրանից ընդամենը մի քանի տարի առաջ: Աստվածածնի մատուռի մոտով սև զորքերը սվինների վրա սպիտակ ժապավեններ ամրացրած, նվագախմբով շարժվում էին դեպի Մուշ: Նրանց ետևից Ճանճիկ սարի կողերով և Ծիրնկատարի լանջերով սասունցիների խմբեր էին անցնում:

Նրանք էլ շտապում էին Մուշ հասնել:

Շուտով ամբողջ վանքը և նրա շրջապատը դատարկվեց: Թարգմանչաց գերեզմանատանը մեն մի ծերունի մնաց ձեռնափայտով: Դավիթ Անհաղթի դամբարանի մոտ կանգնած նա լուռ նայում էր մի ահռելի փոսի: Վանքի միաբանության ավագ Հովհաննես վարդապետն էր: Փոսը ինքն էր փորել: Նրա եզրին դրված էր մի տապանաքար հետևյալ արձանագրությամբ. «Սա է տապանն ի տեր հանգուցյալ Հովհաննես վարդապետի յա մեն... » մահվան թվականը բաց էր թողնված:

— Հայր սուրբ, — ասացի, — մի թե այս ուրախությունը արձագանք չունի ձեր սրտի մեջ: Մոռացեք այդ փոսը, չէ որ Հայաստանի վրա արշալույս է ծագել:

— Իմ արշալույսը այս փոսի մեջ է, — առանց գլուխը բարձրացնելու շշնջաց ծերունի վանահայրը ձախ ձեռքը կոխելով իր կուրծքը վերմակի պես ծածկող սպիտակ մորուքի տակ:

Վանահորը թողնելով իր փոսի վրա, ես և Ալադին Միսակը շտապեցինք ֆիդայիների մոտ: Մենք նրանց գտանք ս. Կարապետի անտառի ծառերի տակ: Ամեն մեկը մի սարից ու ձերպից էր եկել և կոճղերի ու քարերի վրա ցաքուցրիվ նստած ինձ էին սպասում:

Միայն Լաճկանցի Արթինն էր բացակա:

Ես նրանց հայտնեցի, որ Սուլթան Համիդը գահընկեց է՝ արված,

վաղը Մշո մեջ տոնահանդես է լինելու և մեզ հրավիրում են մասնակցելու այդ հանդեսին և վայր դնելու զենքերը:

Նկատեցի, որ իմ խոսքի ժամանակ բոլորը գլուխները կախ գցեցին, ամեն մեկը կարծես մտասևեռ նայելով իր առջև բացված աներևույթ մի փոսի:

— Դուք բոլորդ ճանաչում եք վանքի միաբանության ավագ Հովհաննես վարդապետին, — շարունակեցի ես դիմելով նրանց: — Այնքան բարի մարդ է այդ ծերունին, որ մեր ուխտավորները նրան հաճախ շփոթում են վանքի տաճարի հետ.. փոխանակ վանքին երկրպագելու, նրան են երկրպագում՝ անվանելով «Առաքելոց սուրբ»: Երեկ, երբ Ալադին Միսակի հետ անցնում էինք Թարգմանչաց հուշարձանների մոտով, մենք Հովհաննես վարդապետին տեսանք իր փոսի առաջ կանգնած: Երբ ես նրան հիշեցրի Հայաստանի վրա բացվող արշալույսի մասին, հայր սուրբը պնդեց, թե այդ փոսի մեջ է իր արշալույսը: Ձեր մտասևեռ հայացքներին նայելով, ես այդ ծերունի վարդապետին հիշեցի: Ինչու՞ եք գլխահակ վար նայում: Փոսե՞ր կան ձեր առաջ և այնտե՞ղ է միթե ձեր արշալույսը: Բոլորդ էլ ինձ նման վայրենի տեսք ունեք, իսկ վայրենին հանդուգն է լինում: Հարցը պարզ է դրված. մեզ հրավիրում են իջնել լեռն երից, զենքերը ցած դնել և լծվել խաղաղ աշխատանքի: Արհեստավորը պետք է իր արհեստին դառնա, ռանչպարը՝ իր մաճին:

— Ես իմ զենքը ցած չեմ դնի ու սարերից չեմ իջնի, — առաջինը խոսեց Փեթարա Ախոն: — Իմ առջև փոս չկա: Իմ արշալույսը հայ ժողովրդի ապագայի մեջ է:

— Մենք մեր նպատակին հասած կլինենք, երբ հայ իշխանություն լինի, հայ զենք լինի ու մենք գերի չլինենք բեկերին ու աղաներին, — վրա բերեց Ֆրանկ–Մոսոն:

— Սահմանադրություն արին, որ ֆիդայիները թասլիմ լինեն և իրենք իրենց ուզածն անեն մեր ժողովրդի գլխին, — ծգոհեց Մորուք Կարապետը և սասունցիներին կոչ արեց զենքերը չհանձնել:

— Մլեմ Հուռիաթ, — կարճ կապեց Չոլոն: — Առանց Սեյդոյի էլ ի՞նչ Հուռիաթ:

— Դու Սալոնիկի մեծերին ասա, որ ֆիդային միայն այն ժամանակ իր զենքը կհանձնի, երբ չված կլինի աշխարհից: Քանի ողջ է, նա իր զենքը ցած չի դնի: — Խոսողը Հաջի Գևոն էր:

— Ա՜խ, երբ կգա էն օրը, որ արդարության աքաղաղը կանչի, և ես իմ գտած ցորենը շաղ տամ ազատ Հայաստանի դաշտերում, — հառաչեց Կուրավա Շմոն:

— Էդ օրը երբեք չի գա առանց զենքի, — շպրտեց Կարոն:

— Էսօր ֆիդային կա, վաղը նրա ջանդակը անծեղին ու մուկլեզին պիտի բաժին դառնա: Եկեք վերջ դնենք էս թափառական կյանքին, հանձնենք մեր զենքերը և դառնանք տուն, — առաջարկեց Ալիզոնանցի Մուքոն:

— Քառասուն տարի ֆիդայիին թասլիմ չի եղած: Մենք ուխտ ենք արել զենքով մեռնելու, դու ի՞նչ խղճով քո զեն՛քը համաձայն ես օսմանցուն տալ, — Ալիզռնանցի Մուքոյի առաջ ցցվելով տաքացած խոսեց Կայծակ Անդրեասը:

— Ես տուն դարձող չեմ: Նորից տուն ու տե՞ղ՝ դժվար բան է: Էլի կառնեմ իմ զենքը ու կընկնեմ սարեր: Չեղավ-չեղավ, Սեբաստացի Մուրադի կամ Քեռու մոտ կերթամ, — հարեց Կարկուտ Թաղեն և իր չախմախլին առնելով հեռացավ:

Փեթարա Մանուկին հարցրի, թե ինչ է մտադիր անելու: Մանուկն ասաց. — Անհավատալի բան է, որ ռոմի թուրքը Սասունը և Մուշը իր կամքով Էրմենիստան շինի: Մի բան ասեմ, լսեք. դուշմանը, որ քո ուզածը չտված կհիրե քեզ՝ վախեցիր, և այդ կեղծ սիրո ժամանակ կացինը գլխին իջեցրու: Դուշմանը, որ քո ուզածը չտված ատամներ ցույց կտա քեզ նրանից զգուշացիր: Դուշմանը, որ քո ուզածը կտա, նրան հավատա և հետը բարեկամացիր:

— Ուրեմն դու Հուռիաթից սպասելիք չունե՞ս, — հարցրի: Մանուկը կրկնեց Չոլոյի կարճ խոսքը սև մազոտ աբան ուսերին քաշելով:

— Իսկ եթե պահանջեի զենքերը հանձնել և տուն դառնա՞լ:

— Ես տուն դարձող չեմ: Ես էս երկրում այլևս ապրող չեմ: Կերթամ Ռուսիա, մարալների երկիր: Ինձ էնտեղ ճանաչող չկա, — ասաց փեթարացին:

— Իսկ դու, Իսրո՞:

— Ես լե մլեմ Հուռիաթ:

— Չոլո, դու՞:

— Ես կերթամ մեր սարերը չոբան կլինեմ:

Ֆրանկ–Մոսոն ասաց. — Եթե պահանջվի զենքերը հանձնել, ես կվերադառնամ Նորշեն իմ Կաքավի մոտ: Հէչ որ չեղավ, մեր գյուղում գրագիր կամ զզիր կլինեմ, մինչև որ ճրագով էլի մեր ետև ընկնեն:

— Իսկ ես կերթամ Ամերիկա, — ասաց Բամբկու Մելոն: — Աշխարհը հո չկործանվե՞ց: Ֆիդայու օրերը նորից պիտի գան: Երբ ժողովուրդը նեղն ընկնի, նորից մեր հրացանը մենք պիտի բռնենք:

— Ամերիկա՞: Ի՞նչ պակաս տեղ է Խասգյուղը, որ կուզես Ամերիկա երթալ: Մի բան պատմեմ դրա մասին: Մի զիլանցի քուրդ, որ առաջին անգամ էր ջրաղաց տեսնում, պըտըտվող ջրաղացքարին նայելով զարմացած հարցնում է. էս ի՞նչ բան է:

— Սուրբ է, — ասում են նրան: Զիլանցին չոքում և համբուրում է քարը:

— Էս սրբին հեռվից պիտի պաշտել, — ասում է քուրդը ցավից գոռալով և արյունոտ շուրթերը հազիվ պոկելով պըտըտվող քարից: — Ամերիկա ասածդ էդպիսի տեղ է, — ասացի ես:

Մի պահ բոլոր հայդուկները լռեցին: Բամբկու Մելոն Ֆրանկ–Մոսոյի գլխի վրայով հայացքը հառել էր դիմացի կաղամախու կատարին, ուր մի քարանձեղ էր թառած: Կարծես այնտեղ էր Ամերիկան:

Կայծակ Անդրեասը սուր, երկար բեղերը նիզակների պես դեպի ականջները ցցած, մտքով սլացել էր դեպի Խլաթի սարերը, իսկ Հաջի Գևոն Հանգած ծխամորճը ձեռքին, իր լոլոն էր շվացնում Արծիվ Պետոյի ականջի տակ։ Չոլոն կարգի էր բերում իր ուսապարկը։ Մորուք Կարոն և Ախոն խրատում էին Փեթարա Իսրոյին զենքը չհանձնել։ Փեթարա Մանուկը Ալադին Միսակի կողքին նստած շարունակում էր մտասևեռ նայել իր աներևույթ փոսին։ Ասորի Աբդելոն մի չախմախլի գրկած սպասում էր իմ կարգադրությանը։

Մտածմունքի մեջ էր նաև ձիապան Բարսեղը, աչքի տակ կով հսկելով, որ ֆիդայիները վառված ծխախոտները ձեռնափերի մեջ պահեն գոնե վերջին անգամ։ Նրա կողքին կնճիռները կախած իր հրացանն էր շոկում Աղջնա Վահանը։

Բոլորը դժգոհ էին «Հուռիաթից»։

Ամենից ծանրը, սակայն, «Բրինդարի» վիճակն էր։ Որքա՜ն չորացած ճյուղեր էր կեղևել, որ անծուխ կրակ շինի ֆիդայիների համար, որքան ավելորդ բեռներ էր շալակել ու տեղից աեզ տարել, որ իրեն մի հրացան արտոնվի որևէ ճակատամարտում իր քաջությունը ցուցաբերելու։ Եվ, ի՜նչ, «Հուռիաթ» էր հայտարարված և ֆիդայիներին կոչ էր արված զինաթափ լինել։ Ի՞նչ պիտի անի, ու՞ր պիտի գնա։ Եվ գնալիս ինչո՞վ պիտի պարծենա հայրենակիցներին։ Ասի, որ տարիներով կրակ է վառել Մառնկա անտառում, ոչ մի գնդակ չարձակելով, ոչ մի սպի չունենալով իր վրա։ Եվ անունն էլ որքա՜ն հեգնական է — «Բրինդար»՝ այսինքն վիրավոր, երբ ոչ մի վերք ստացած չկար կյանքում։

Եվ նա որոշեց գնալ Խնուս, իր հայրենի գյուղը՝ Հարամիկ։ Ականջիս ասաց, որ երևի կգնա Պոլիս որևէ դպրանոցում ուսանելու, իսկ թե դրանից հետո ինչպես կդասավորվի իր կյանքը՝ հայտնի չէ։

Իմ վիճակը ծանր էր։ Ֆիդայիներին արձակելով ես ինքս դառնում էի անուժ և միանգամայն անպետք մարտական կյանքի համար, թեև վերքերով հարուստ։

Բաժանվեցինք երեք խմբի.

Ալիզռնանցի Մուքոն, Ֆրանկ–Մոսոն և Աղջնա Վահանը որոշեցին զենքերը ցած դնել և վերադառնալ տուն։ Բամբկու Մելոն որոշեց մեկնել Խասգյոդ, որ պատրաստվի Ամերիկա գնալու։ Անդրեասը բռնեց Խլաթի ճամփան։

Հաչի Գևոն գնաց Մառնկա սարերը, իր լոլոն շվշվացնելու։

Մտմտուքների մեջ էր նաև Կուրավա Շմոն։ Նա էլ գնաց դեպի այն քարուտները, որ իր գտ՛ած հնագույն ցորենը ծածուկ մշակի, մինչև կգա իր երազած բաղձա լի օրը և ինքը այդ ցորենը շաղ կտա ազատագրված Հայաստանի դաշտերում։

Փեթարա Ախոն, Չոլոն, Մորուք Կարապետը և Արծիվ Պետոն Փեթարա Մանուկի գլխավորությամբ դիմեցին Սասուն։

Իսրոն էլ մեկնեց։

Ամեն մեկը գնաց իր ուզած ձևով արշալույս որոնելու։ Իսկ ես

Ալադին Միսակի և մյուս հայդուկների հետ (մեզ հետ էին նաև քուրդ Հասանոն և ասորի Աբդելոն), փոխանակ Մուշ գնալու, բռնեցինք Տատրակ գյուղի կածանները:

ՇԱՂԳԱՄԻ ԾԻԼԸ

Զմոյի մոտ, որ նայում էր ճանճիկ սարի լերկ կողերին, Մշո կողմից եկող մի տղամարդ երևաց՝ թիակը ուսին:

Ֆաղեն էր:

Մասնակցել էր Սահմանադրության տոնահանդեսին և զըվարթ տրամադրությամբ վերադառնում էր Սասուն:

— Սուլթանն ընկավ թախտից, — աղաղակեց նա, — Տալվորիկը Էրմենիստան է լինելու: Հենց այս գիշեր Սասունում շինված բոլոր զորանոցները պայթեցնելու են, — ասաց Ֆաղեն: Էլ աշխարհում թոփ ու թվանք չի լինելու և ինքը վաղվանից Խտանա կածից իջնելու է իր պապական հողերի վրա:

Ֆաղեն դարձյալ գդակը թեք էր դրած և ոտքերը քշտած էին:

— Տոնահանդեսը որտե՞ղ եղավ, — հարցրի:

— Մշո Ալան-Ղափլան խանի մոտ, կառավարչատան առաջ:

— Ովքե՞ր կային ամբիոնի վրա:

— Բոլորն էլ ամբիոնի վրա էին — Սալեհ փաշան, Սերվեթ բեյը, Մեհմեդ էֆենդին, բալաքցի Ֆերոն, Սլո Օնբաշին, Ռասոզ էֆենդին:

— Իսկ ո՞վ ճառ ասաց:

— Սալեհ փաշան:

— Ի՞նչ ասաց փաշան:

— Փաշան ասաց, որ Սահմանադրության արևը բոլորիս համար է ծագել և բոլորիս հավասար է տաքացնելու:

— Եթե սուլթանի թախտը իսկապես փուլ է եկել, — նկատեցի ես, — ուրեմն քո թված այդ բոլոր մարդիկ պետք է նրա փլատակների տակ լինեին և ոչ թե ամբիոնի վրա, ուր միայն հերոսներն իրավունք ունեն կանգնելու: Ուրիշ ի՞նչ ասաց փաշան:

— Սալեհ փաշան խմեց հայ ֆիդայիների կենացը և ճառը վերջացրեց այսպես. — «Յաշասըն էրմենի ֆիդայլար: Յաշասըն հուռիեթ»: Այդ խոսքի վրա բոլորը ուռա գոռացին, ամեն մեկը իր լեզվով և իր թոքերի կարողության չափով:

— Ջնդոյին սպանող Ղասմբե՞կն էլ ամբիոնի վրա էր:

— Ամենից բարձր գոռացողը նա էր:

— Հետո ի՞նչ եղավ:

— Էն եղավ, որ իմ աչքի առաջ Հեսու վարդապետն ու Սալեհ փաշան համբուրվեցին:

— Ուրեմն Հետու՞ն էլ այնտեղ էր:
— Նա ուշ եկավ և կանգնած էր Մեհմեդ էֆենդու և Ղասըմբեկի կողքին: Երբ Սալեհ փաշան ասաց՝ «Այլևս խտրություն չպիտի լինի թուրքի և հայի միջև, բոլորս էլ հավասար ենք օրենքի առջև և իրարու եղբայր»՝ գրկեցին իրար ու համբուրվեցին:
— Ֆադե, — ասացի, — դու իմաստուն մարդ ես, վերջը ինչպե՞ս է լինելու էս աշխարհի բանը:
— Աշխարհի բանը վերջանալու է թիակով: Թիակն է տիրելու աշխարհին: Վարդապետ, քավոր, թագավոր, թոփ ու թնդանոթ— բոլորը էս թիակի շեղբին են նստած: Ջրի խշշոց և թիակի զնգոց— է՛ս է աշխարհը, — ասաց Ֆադեն:
Նա մեջքով կանգնած էր դեպի իմ կողմը և ճակատը բարձր պահած նայում էր հայրենի լեռն երին: Հեռվում Խտանա լեռան արևոտ լանջին ծփում էր մի փայլուն լճակ — այգ իր զարու արտն էր: Կախված ժայռերի ու քարափների կողերով իրար պոզահարող սպիտակ այծերի պես աղմկալի վազում էին կոհակները այն առուների, որ ինքը շատ անգամ նորոգել էր, երբ քանդվել էին հեղեղից: Ստվերի մեջ ընկնելով նրանք մերթ նմանվում էին ձորերն ի վար սլացող մորուքավոր սև այծերի և մերթ շիկակարմիր ուլերի՝ ծաղիկներից ու լույսից կարմրելով:
Հայացքը շքեղ տեսարանից սահելով դեմ առավ մի գորշ զորանոցի, որ բռնությամբ շինված էր իր շաղգամի արտի մեջ:
— Վաղը դու Տալվորիկում այդ շինությունը չես տեսնի, — ասաց Ֆադեն:
— Իսկ դու հավատու՞մ ես, որ զորանոցները պիտի քանդվեն:
— Հենց էս գիշերը սուլթանի զորքը քաշվելու է Սասունից:
— Որ Տալվորիկի զորանոցը քանդվի, տեղը ի՞նչ պիտի ցանես:
— Շաղգամ: Խտանա կածի և բոլոր առուների ջրերը պիտի կապեմ վրան, որ վառոդի հոտը կտրվի աշխարհից և տեղը շաղգամ պիտի ցանեմ:
— Բանտե՞րն էլ են քանդելու:
— Սուլթանի երկրում այսուհետև ոչ բանտ է լինելու, ոչ զորք ու զորանոց: Բերդարգելված բոլոր ֆիդայիները ազատ արձակվեցին:
— Եվ դու տեսա՞ր նրանց:
— Մշո բանտին կից հրապարակի մեջ թուրք դատախազը քաղաքական բանտարկյալների անունները մեկիկ-մեկիկ կարդալով, բանտի նեղ դռնով նրանց դուրս հանեց:
— Իսկ դու ու՞մ ճանաչեցիր: Առաջինը ո՞վ դուրս եկավ:
— Առաջինը ելնողը Տեր Փոթորիկն էր:
— Հետո՞:
— Երկրորդը Կառնենու Սողոմոնն էր՝ բոլորովին ճերմակ մազերով, երրորդը՝ Սեմալցի Քյաթիպ Մանուկը:
— Ուրի՞շ:
— Հետո բանտից ելան Ավրանա Արամը, Ցրոնաց Մուշեղը, Բդե

Միսակը և Առղա Մամիկոնյան Զորիկը, որ հարյուրմեկ տարով էր նստած: Զորիկը նախշուն Հուլունքից մի սիրուն ֆես էր գործել բանտապետի տղայի համար մեջիթն ու մինարեն գագաթին՝ մոլլեն վրեն ալլահ կանչելիս: Շեմքի վրա տվեց բանտապետին ասելով՝ «Առղա Զորիկից հիշատակ սուլթանի բանտից»:

— Բայց դու ի՞նչ գործ ունեիր բանտի հրապարակում:

— Վա՜հ, էս գործիքն ունեցողի՞ն էլ կասեն՝ դու ինչ գործ ունեիր: Կանչեցին, որ հրապարակի աղբը մաքրեմ:

Ու թիակը հպարտորեն ուսին շտկելով դեպի Տալվորիկ ընթացավ ջրտուքվար Ֆադեն: Գնաց քանդելու սուլթանի զինվորանոցը, որ տեղը շաղգամ ցանի…

Հետևյալ առավոտ բանտերից ազատ արձակվածները տուն վերադարձան: Վերադարձան նաև հայդուկային շարժումներին օժանդակելու մեղադրանքով դատապարտված շատ ռանչպար գյուղացիներ:

Այդ նույն օրը ռումի օրդաները վաշտ առ վաշտ քաշվեցին Սասունից: Երբ նրանք հեռացան, գելեցի շինականները մի գիշերվա մեջ իրենց զորանոցը քարուքանդ արին: Ավերակների կույտերի վերածվեցին նաև Սեմալում և Իշխանձորում շինված զորանոցները: Ջրտուքվար Ֆադեն հողմի պես իջավ սարից և տալվորիկցիներին միացած կործանեց Վերին գյու՛ղի զինվորանոցը: Մինչև վերջին քարն ու կիրը մեջքով կրեց թափեց ձորը և լեռնային առուների հորդ ջրերը կապեց վրան:

Լվաց, մաքրեց կարծրացած գետինը, բահով շուռ տվեց զորանոցի հիմքից ազատված հողը, մի քանի անգամ հերկեց, ցաքնեց, ակոսներ քաշեց նորաբաց արտի մեջ, իսկ երկու–երեք օրից հետո այդ հողի ծոցից, ինչպես հավերժական գարնան՝ ավետաբեր, երևաց շաղգամի կանաչ ծիլը:

Ես իմ ֆիդայիներին առած մոտեցա Տատրակ գյուղին:

ԼԱՃԿԱՆՑԻ ԱՐԹԻՆԻ ՄԱՀԸ

Տատրակից վերև, ձորի մեջ մի ուրիշ գյուղ կար: Նստած էր կանաչ քարափի տակ՝ ճակատին կարմիր կորեկի ու սիսեռի արտեր:

Այդ գյուղի ծայրին մի ծերունի մոտեցավ ինձ:

— Տանը հիվանդ ֆիդայի կա, — ասաց ծերունին:

— Ո՞վ է, — հարցրի:

— Չգիտեմ, բայց վիճակը ծանր է: Խնդրեց, որ հրացան բերեմ:

Ալադին Միսակը զգուշության համար պահակ կանգնեց դրսում,

իսկ ես ներս մտա: Նա պառկած էր գոմի մեջ, գլուխը բարձին: Տակը մի մաշված ներքնակ կար խսիրին փռած, իսկ վրան անշուք մի վերմակ, որի տակից երևում էր հիվանդի աջ ոտնաթաթի բթամատը ծակ գուլպայով: Մոտը դրված էր իր ուսապարկը չոր տրեխները վրան:

Ճանաչեցի: Լաճկանցի Արթինն էր:

Ինձ տեսնելով գլուխը շուռ տվեց, կարծես ամաչելով, որ խախտել էր ֆիդայական ուխտը:

Ֆիդայի և անկողին — լավ՞ծ բան էր:

Հայդուկներին պատանք էր տրվում, բայց սասունցի հայդուկը մերժում էր պատանք վերցնել: Նա մեռնում էր պատերազմի դաշտում և ամենաբարեբախտ դեպքում թաղվում լեռների մեջ առանց պատանքի, առանց քահանայի նույնիսկ:

Իսկ ա՞յժմ…

Ես կարող էի տեղնուտեղը այդ հայդուկի դատաստանը տեսնել, մի կրակոցով վերջ տալով նրա կյանքին, սրբելով այդ անպատվությունը իր տոհմի վրայից: Բայց ինչպե՞ս կրակեի: Նա իմ ընկերն էր, իմ քանամյա զենքի մարտական ընկերը:

Արթինը հին զինվոր էր, սասունցի քաջ լեռնական: Մասնակցել էր Գոմերի, Կուրավոյի, Շենիք-Սեմալի և Լաճկանի կռիվներին, Վագրի դեմք ուներ և կռվում էր վագրի կատաղությամբ, մանավանդ այն օրվանից, երբ զինվել էր Շենիքցի Մանուկի մաուզերով: Այդ վեճը ամիսներ տևեց, մինչև որ հաջողվեց կատարել զենքերի փոխանակություն՝ Շենիքցի Մանուկին տալով իր «սմիթ» տեսակի ատրճանակը և տեր դառնալով նրա հրաշալի տասնոցին: Սուլթանի դեմ կռվելու համար այդ գյուղացին միշտ եղավ զենքի հետ, բացառությամբ մի կարճ միջոցի, երբ Սպաղանաց Մակարի կողմնակիցներին հարելով զինաթափվել էր Գևորգ Չաուշի դեմ խլռովություն կազմակերպելու մեղադրանքով:

Արթինի վերջին մեծ ճիգը եղավ իր հայդուկ ընկերներով ազատության դրոշ պարզել Անդոկի գլխին: Լեռան կողերով բարձրացավ մինչև Մխտոր քարը, բայց գագաթին չհասավ:

Եվ այն մարդը, որ երբեք գլուխը բարձին դրած չկար, որի ամբողջ կյանքը անցել էր ազատագրական անհամար կռիվ- ների մեջ, այժմ պառկած էր գյուղական անշուք մի ծածկի տակ, կիսամութ մի գոմում, որտեղից ոչ մի տեսարան չէր բացվում դեպի Մշո դաշտ և չէին երևում Սասնո սարերը:

— Հիվանդ եմ, Մախլուտո, ու իմ հրացանը մոտս չէ. մարդ եմ ուղարկել, որ բերի: Մի՞թե ես արժանի էի էս վիճակին: Ո՞ր մեղքիս համար: Կրակիր, որ մեռնեմ: Ես պետք է թվնկի տնկոցի տակ մեռնեմ: Բարձր կրակիր, սուտ կըռիվ սարքիր, որ հանգիստ մեռնեմ: — Հանկարծ պայծառացավ: Ինչ–որ բան հիշեց: Գլուխը բարձրացրեց և կիսաթեք նստեց անկողնում:

— Հիշու՞մ ես, Մախլուտո: — Ի՞նչը:

— էն երգը, որ երգում էինք:

— Հա, հիշում եմ, — ասացի մի բան ասած լինելու համար:

— Դե, երգիր ինձ հետ:

Ու Լաճկանցի Արթինը սկսեց կիսաձայն մրմնջալ ֆիդայական մի հին երգ, ամեն վանկի վրա աջ ձեռքի բթամատը բարձրացնելով և հերթով հարվածելով հաջորդ մատների ծայրերին:

— Կար-կուտ տե-ղաց... Եվ ապա՝

— Կար-կուտ տե-ղաց... Կա–նանց եր-բեք ձեռք տա–լու չէ Վը-բեժ–խըն-դիր քաջ ֆի–դան:

Մնացյալ տողերը դժվարացավ վանկարկել և երգը շարունակեց շուրթերի լռիկ շարժումներով, պահպանելով մատների համաչափ հարվածները:

Միասին էինք երգում, իրար նայելով, նա իր շուրթերի և մա տների վրա ճիգ դնելով, իսկ ես լսելի ձայնով: Այդպես նա անկողնում կիսաթեք նստած շարունակեց երգել, մինչև նրա բթամատի տակից միջամատն ու մատնեմատը փախան, որովհետև նա օդի մեջ էր հարվածում արդեն և ճկույթին այլևս հերթ չհասավ:

Բռնեց իմ ձեռքը և ուղիղ նստեց անկողնում: Նոր բան ընկավ միտքը. — Հիշու՞մ ես, որ մի օր Փշփուշի սարով բարձրանալիս ջանբեզարների հանդիպեցինք: Կռիվ եղավ: Կռվի միջոցին քո մոսինի հրացանը գլորվեց ձորը: Փոխանակ դու քո զենքի ետևից երթալու և պատիվդ փրկելու, Կարկուտ Թաղեն իջավ ձորը և մոսինի հրացանը բերելով հայդուկիդ պատիվը փրկեց:

Այդ դեպքը, որ բոլորովին ինձ հետ չէր կապված, այլ մեկ ուրիշի, առիթ տվեց նրան վերհիշելու նորանոր դեպքեր, մեծ մասամբ սասունցի հայդուկների և շինականների հետ պատահած, և միշտ հարցի ձևով, մի քիչ ցրված ու անկապ:

— Քյաթիպ Մանուկին հիշու՞մ ես: Հիշում ես, գիշերը պահեղ փոթորիկի ժամանակ, համիդիեները մեր գնդակների սուլոցները քամու հետ շփոթելով մեզ վրա հարձակման անցան ու կոտորվեցին: Հիշու՞մ ես, թե ինչպես գետը զարկեցինք մյուս ափ անցանք՝ ձիերի քրտինքը սրբելով Մեղրագետի ջրով: Ամրեի Գյալեն և Ցից քարը հիշու՞մ ես:

Հանկարծ ծիծաղեց:

— Իսկ Վերին թաղի ռես Թաթարին հիշու՞մ ես, որ օձի ձագ դրեց Խիանքի աշիրեթապետ Քոռ Սլոյի գրպանը:

Սուլ-թան կու–զե ջըն-ջել մըզի,

Զար-թիր, լաո, մըռ–նիմ քը-զի:

Վանկարկելով մրմնջաց մի քանի տող հանրածանոթ երգից և դարձյալ դժվարանալով սկսեց սուլել, ճիգ անելով մատները իրար զարկել նորից:

Սուլեց երկար–երկար՝ սպասելով ծերունու վերադարձին:

— Էլ մեզ ջնջել չկա, հուռիաթ է, — ասացի ես: Վե՛ր կաց: Աշխուժացավ նորից:

— Մլեմ հուռիաթ: Տղաներին ասա՝ զենքերը չհանձնեն: Սնքարեցի Սաքոյին հիշու՞մ ես, որ ձիավորների գլուխ անցած Սալսաստից բարձրացավ Արաուլ լեռը և իջավ Քանասարի հովիտ... Նախանցյալ ձմռանը ես, Չոլոն ու Գալեն Խութա սարերի վրա չէի՞նք Ղասմբեկի հետ: Գալեն մեռած է: Մախլուտո, դու խոսիր, դու էլ մեզ հետ էիր:

— Հիշելու ժամանակ չէ, վայելքի օրերն են եկել, — նրկատեցի ես:

— Սասանում զորանոց կա՞:

— Չկա, — ասացի: — Սուլթանի բոլոր զորանոցները քանդ՛ված են: Ֆաղեի շաղգամը նորից ծիլ է տվել:

— Անդոկի գլխին դրոշակ կա՞:

— Չկա, բայց կլինի, վե՛ր կաց, — հուսադրեցի ես:

— Էս բուք ու բորանին էդ խեղճ իշխնձորցիք ինչու՞ են ընկել ճամփա: Էն Սեբաստացի Մուրադը չէ՞ Սխտոր քարին նստած:

Արդեն զառանցում էր:

Ես դուրս եկա: Շատ չանցած մի ուժեղ կրակոց լսվեց ներքևից, որին հետևեց մի կարճ համազարկ: Ծերունին բերել էր հրացանը և Լաճկանցի Արթինը մի քանի անգամ գոմի մեջ բարձրաձայն կրակելով շունչը փչել էր հրաձգության որոտի տակ, իբրև թե մեռնում է պատերազմի դաշտում:

Մեկական գնդակ էլ ես և Ալադին Միսակը արձակեցինք, մեր համազարկը միացնելով նրա վերջին գնդակի որոտին:

Այսպես մեռավ հերոս ֆիդային, Գևորգ Չաուշի հնագույն զինվորներից մեկը, իմ դասակի վգրադեմ սասունցին:

ԱԼԻԶՌՆԱՆՑԻ ՄՈՒՔՈՆ

«Հյուռիաթից» հետո Ֆրանկ–Մոսոն իր զենքը ցած դրեց և վերադարձավ գյուղ, ինչպես որոշել էր: Նա գրագիր դարձավ իրենց գյուղում, դարձավ մեծատուն: Գյուղում նրան աղա Մոսո էին ասում: Բայց երեք տարի չանցած վառեց իր տունը և նորից զենք առնելով ելավ սար: Բամբկու Մելոն Խասգյուղում շատ կարճ ապրեց: Վաճառեց իր զենքը և մեկնեց Ամերիկա:

Ալիզռանցի Մուքոն նույնպես զինաթափվեց և վերադարձավ գյուղ՝ Ալիզռնան:

Քուրդ քրդերը իմացան, որ Մուքոն առանց զենքի չի կարող ապրել: Նրան առաջարկեցին զենք և ձի: Մուքոն ընդունեց նրանց առաջարկը և զինված ղոլամ դարձավ հասնանցի քրդերին:

Եվ որովհետև Հուռիաթ էր, սուլթանի դեմ կռված քաջ հայդուկների գովքը սկսեց ազատորեն թնդալ գյուղերում ու քաղաքներում: Սուլուխի հերոսական կռվի պատմությունը բերնեբերան անցավ, և վիպերգության մեծ ճյուղերից մեկը բաժին ընկավ Ալիզռնանցի Մուքոյին:

Եվ նրա ճյուղը Ծաղիկ Համբարձումի բերանով այսպես հյուսվեց.

«Մշեցի քաջերի պատմությունը ասելու համար պիտի յոթ օրվա ուտելիք, խմելիք, ծխելիք առնենք, նստենք օդա, դուռ ու երդիկ փակենք, ես պատմեմ, դուք լսեք:

Սուլուխա կռվին լուսահոգի Գևորգ Չաուշն ու Ալիզռնանցի Մուքոն միասին կեղեին, մի դիրքի մեջ: Մութասարիֆն ասաց Քոսա Բինբաշուն. «Քոսա, մեր հարկահավաք ժանդարմներ լուր բերին, որ Գևորգ Չաուշն իր ֆիդայիներով Սուլուխ է հասել: Քո զորք քաշիր Խոփերու դաշտ»:

Բինբաշին ասաց, «Մութասարիֆ, ես էս գիշեր երազ տեսա, իմ ջանդակ փռված էր Խոփերու դաշտ: Արի ինձ մի ուղարկիր Գևորգի դեմ:

— Բայց դու հազար ես, Գևորգը մենակ տաս–տասնհինգ հոգով:

— Միևնույն է, եթե ես գնամ, մեր երկսից մեկը պիտի սպանվի:

— Սպանվողը Գևորգն է, քաշիր քու զորք Խոփերու դաշտ: Ու Քոսա Բինբաշին իր զորքը քաշեց Խոփերու դաշտ: Քոսա Բինբաշին ու Գևորգն իրար հետ ախպոր պես կեղնին ու իրար հետ գաղտնի բարեկամության ուխտ կապած: Գևորգը դուրբինը դրեց աչքին տեսավ Քոսա Բինբաշին գալիս է ձին հեծած, ու մինչև Սուլուխ դաշտը սևացել է սուլթանի զորքից:

— Նամ՛րդ, դու ամեն անգամ ինձ լուր կտայիր, որ ֆիդայիներին հեռացնեմ մեր գտնված տեղից, էսօր ի՞նչ պատահեց քեզ, — ասաց Գևորգն ու աչքը լցվեց:

Գևորգը նշան կբռնի Քոսա Բինբաշուն, բայց գնդակը փուստ կանցնի:

Ալիզռնանցի Մուքոն կասե. — Պարոն Գևորգ, թույլ տուր ես զարկեմ:

— Ազատ ես, զա՛րկ:

Մուքոն կզարկի, Քոսան կպատի ձիուց:

Քոսի օգնական թուր կվերու, կելնի Քոսի ձիու վրա ու կբոռա հուռա, հուշում կիտա:

Սուլթանի զորք գլուխը շուռ կիտա, լեղապատառ կփախչի: Բոռի փչողը փող կգնի բերանին, որ զորքին կանչի, բայց Ալիզռնանցի Մուքոյի երրորդ գնդակը բոռիզանի միջով կանցնի պուպուճակից դուրս կիգա: Նա էլ կշրջվի: էդ ժամանակ Գևորգ կբոռա. — Միքայե՛լ, ես զարկվա: — Մուքոն կզրկի Գևորգին կտանի ցած, ետ կիգա կմտնի դիրք ու մենակ կկռվի մինչև իրիկուն: Իր ունեցած մի ատրճանակ էր ու մի չափլի: Մութին Ալիզռնանցի Մուքոն և իր ընկերտանք կվերուն Գևորգ Չաուշին կբերեն Խոփերու դաշտ, կդնեն մի խորոմ խոտի տակ, կամբարվեն, հետը մնաս բարով կասեն ու կերթան:

— Հիմա որտե՞ղ է Ալիզոնանցի Մուքոն:

— Ղոլամ է քրդերին:

— Էդ քաջ մարդը ղոլա՞մ է դարձել, — զարմացան մարդիկ ու սկսեցին նրան փնտրել:

Մութասարիֆն էլ լսեց Ալիզոնանցի Մուքոյի պատմությունը և մարդիկ ուղարկեց, որ նրան գտնեն բերեն իր մոտ:

Գտան նրան Քոսուրա քրդերի մեջ ղոլամի մի հասարակ զգեստ հագին ու առան բերեցին Մուշ: Մութասարիֆն ասաց. «Աշխարհ քո քաջության զովքը կենե, դու գնացել ղոլա՞մ ես դարձել քրդերին»:

— Ինչ էնեմ, էֆենդի, ամեն մարդ իր ճակատագրով կապրի, — պատասխանեց Մուքոն: — Ջիվանշահին ասին. «Քո օսկոր կանաչ մնա, բայց քոլ տանջանք շատ էղնի»: Իմ բախտն էդ խոսքի համեմատ եղավ:

— Դու քաջ մարդ ես, իսկ քաջին իր քաջությանը արժանի ծառայություն է վայել: Արի քեզ դարձնեմ ոստիկան, մարդամեջ մտիր, կարգին ապրիր, — ասաց Մութասարիֆը: — Զենք կուզես՝ զենք կտամ, ձի կուզես՝ ձի կտամ:

Ու թողեց Ալիզոնանցի Մուքոն ղոլամությունը, փոխեց շորերը, պետական զենք ու ձի առավ ու դարձավ ոստիկան: Միքանի ամիս աշխատեց, տեսավ, որ իր գործը արդար չէ հրաժարվեց, ասելով.

— Էլ չեմ ուզի աշխատել:

— Ինչի՞, — զարմացավ Մութասարիֆը:

— Չեմ կարող, էֆենդի, էս երկրի մեջ էդ տեսակ գործ անողի հացն հարամ է: Լավ է գնամ էլի մշակություն անեմ իմ հասարակ մարդկանց հետ:

Ու թողեց Մուքոն ոստիկանի պաշտոնը, իր ձին ու զենքը հանձնեց ոստիկանապետին ու գնաց իր հայրենի գյուղը, դարձավ հասարակ հողագործ:

Աշնան մի օր ձեռքին մի ճիպոտ, առաջը մի գոմեշ, Ալիզընանից ելավ գնաց Խասգյուղ: Եկավ ճամփու կես, տեսավ Խասգյուղի կողմեն դեպի Ալվառինջ մի խութեցի կգա: Խյութեցին ձեռքին մի լավ ճիպոտ ուներ:

— Ախպեր ջան, — ասաց Ալիզոնանցի Մուքոն, — արի մեր ճիպոտները փոխենք: Ժամանակ կեղնի կհանդիպենք, ես քեզի պետք կիգամ:

— Ես Խութ, դու՝ Մուշ, ինչի՞ պիտի իրար հանդիպենք:

— Է՛, աստված ողորմած է, տեսար հանդիպեցինք: Խութեցին ասաց. «ճիպոտի եղածն ինչ է, արի փոխենք»:

Ճիպոտներ կփոխեն: Ալիզոնանցի Մուքոն կերթա Խասգյուղ, խութեցին կերթա Ալվառինջ:

Ալվառինջու ռեսը խութեցու հորաքրոջ տղան կեղնի: Խութեցին

կասե ռեսին. ճանապարհին մի մարդ հանդիպեց ինձ. ասաց՝ արի մեր ձիպոտներ փոխենք, ժամանակ կեղնի ես քեզի պետք կիգամ:

Ռեսը կասե. «Աստված վկա, քեռի ջան, քեզ հետ ձիպոտ փոխողը կա–չկա Ալիզռնանցի Մուքոն է էղե»:

Կբարկանա Մութասարիֆ ու կկարգադրե, որ Ալիզռնանցի Մուքոյից տերության հարկ գանձեն: Հարկահավաք Խաչատուր էֆենդին իր զաբթիաներով կիգա Ալիզռնան:

— Ո՞ւր է Մուքոն, — կհարցու:

— Էստեղ եմ, էֆենդի, ի՞նչ կա:

— Դու պետությանը պարտ ես երեք ոսկի, քեզ երեք օր ժամանակ՝ բերես հանձնես:

— Երեք տարի էլ ժամանակ տաս, դարձյալ չեմ կարող, — կասե Մուքոն:

Խաչատուր էֆենդին կհրամայե զաբթիաներից մեկին, որ մտրակի տակ առնեն անհնազանդ գյուղացուն:

Զաբթիան կիրաժարվի մտրակ բարձրացնել Մուքոյի վրա:

Խաչատուր էֆենդին ինքը մտրակը կառնե ու մի հարված կքաշե Մուքոյին: Ռես Գասպար ձեռքը դեմ կտա կասե. «Մուքոն էն մարդն չէ, որ դու զարկես»:

Ալիզռնանցի Մուքոյին կթալեն թավլեն ու դուռ կկողպեն:

Թավլի մեջ մի գոմեշ կեղնի ու իր պես մի քանի բան՛տարկված գյուղացի:

— Տղերք, ինչու՞ եք խեղճ ու կրակ կանգնել, գոմեշին քաշեք երդիկի տակ, — կասե Մուքոն:

Գոմեշին բերին կանգնեցրին երդիկի տակ: Ալիզռնանցի Մուքոն թռավ գոմեշի վրա, գոմեշի վրայից ձեռքը գցեց վերի գերաններին ու երդիկից թռավ-ելավ տանիք: Ելավ գնաց իրենց տուն, չափլին առավ եկավ կանգնեց օդայի տանիքին:

Տեսավ Խաչատուր էֆենդին օըմկել է պատին, թեզբին առել է ձեռքն ու հանգիստ կզցե, զաբթիաներն էլ թավլի դռան կանգնած կհսկեն:

Վերևից գոռաց.

— Դու՞ ես Խաչատուր էֆենդին:

— Հա՛, ես եմ,

— Դու ի՞նչ օրենքով էդքան նեղություն կտաս ժողովրդին:

— Պետական օրենքով:

— Որ էդպես է, ես էլ պետական օրենքով քո հոգին կառնեմ, — ասաց ու չափլին քաշեց: Զարկեց սրտին՝ պառեկից տվեց դուրս:

— Վա՛խ, իմ հոգին կորավ, — գոռաց Խաչատուր էֆենդին:

— Ես էլ քո հոգին առնելու համար եկա, — ասաց Մուքոն և չափլին ձեռքին տանիքից իջավ մտավ օդեն: Տեսավ Խաչատուր էֆենդու զաբթիաները բոլորն էլ վախից իրենց տակ մունդռել են:

— Մի վախեցեք, ես ձեզի ձեռք չեմ տա, — ասաց Մուքոն—

ինչպես տեսաք, էդպես էլ գացեք պատմեք Մութասարիֆին: Եթե հարցնի, թե որտե՞ղ է Ալիզոնանցի Մուքոն, ասեք, որ ես գացի Ցրոնք:

Ասաց ու ելավ գնաց Ցրոնք: Հինգ օր մնաց Ցրոնք՝ ռեսի տուն: Երբ տեսավ, որ իր ետևից մարդ չի գալիս, հինգերորդ օրվա գիշերը ցրոնաց ռեսին ասաց,

— Ռես, ես գացի Մուշ:

Ասելն ու քելելը մեկ եղավ: Ճանապարհին տաս ոստիկան մեկեն ելան իր դեմ:

Տասնապետն ասաց, — Տղաներ, եկեք սրան ճամփա տանք: Զինվորներից մեկն ասաց, — Ինքը մենակ, մենք տաս հոգի: Տասը մեկին ինչու՞ ճամփա տա:

— Մարդ կա, որ հազարի դեմ կկռվի, — ասաց տասնապետը: — Կա չկա սա Ալիզոնանցի Մուքոն է, որ Խաչատուր էֆենդուն սպանեց: Ատրճանակը վրեն է, չափիլին էլ թևից կախ:

Տաս մարդը մեկից մի կողմ քաշվեցին: Մուքոն տասնապետին ասաց,

— Դուք ինչու՞ ինձ ճամփա տվիք:

— Որովհետև դու Ալիզոնանցի Մուքոն ես: Մե՛նք պետք է քեզ ճամփա տանք:

— Բայց կառավարություն ձեզ հետ է և օրենքը ձերն է, դուք ինչու՞ ինձնից վախեցաք:

— Մենք քեզնից չենք վախենա, մենք քո գնդակից կըվախենանք, — ասաց ոստիկանապետը:

Մուքոն Մութասարիֆի դուռը հասավ էն ժամանակ, երբ սա շորերը հանած ճրագը կփչեր, որ պառկի: Փուռը ամուր ծեծեց,

— Ո՞վ է, — հարցրեց Մութասարիֆը ներսից:

— Ես եմ, էֆենդի, — ասաց Մուքոն:

Մութասարիֆը դուռը բացեց: Մուքոն ներս մտավ:

— Որտեղի՞ց ես ուշ ժամին:

— Ցրոնքից:

— Խաչատուր էֆենդուն ինչու՞ սպանեցիր:

— Ես մեղք չունեմ, էֆենդի: Մենք սարերից իջանք տուն, որ վար ու ցանք անենք, հանգիստ ապրենք, բայց երեք ոսկու համար նորից բանտ են կոխում:

— Դու ճիշտ խոսեցիր: Ես հենց էսօր որոշեցի Խաչատուր էֆենդու փոխարեն քեզ դնել հարկահավաք, — ասաց Մութասարիֆը: — Վաղը կգնաս գյուղերը և նրա բանտարկած բոլոր մարդկանց ազատ կարձակես: Չէ որ Հուռիաթ է և մեր երկրում պետք է առանց վախի ապրեն:

Ուրախացավ Ալիզոնանցի Մուքոն և համաձայնություն տվեց դառնալ հարկահավաք: Վերցրեց ինը զաբթիա ու անցավ գործի:

Աշխատեց մինչև աշուն: Ով չքավոր էր՝ բանտից ազատեց, ով հարուստ էր դրեց բանտ:

Մեկ օր ձիով դեպ Խասգյուղ գնալիս տեսավ վեց զինված քուրդ բռնել են Դաշտադեմից Քրդագոմ եկող մի խութեցու, որ շորերն առնեն: Գյուղացին նեղ տեղն էր ընկած:

Բոռաց հեռվից.

— Չվախենաս, Պողոս, ես եկա: Տեսա՞ր, որ հանդիպեցինք: Ես էն մարդն եմ, որ ասացի՝ ժամանակին քեզ պետք կգամ:

Մուքոն իր հետ ճիպոտ փոխող խութեցուն փորձանքից ազատելով ուղարկեց Քրդագոմ, իսկ քրդերի զենքերն առնելով վեցին էլ իր ձիու առաջ արած տարավ Խասգյուղ և հանձնեց կառավարության:

Սակայն Մութասարիֆը գաղտնի որոշել էր սպանել Սուլուխի հերոսին: Զաբթիաներից մեկը իմացավ էդ մասին և Մուքոյի ականջին շշնջաց.

— Էս գիշեր չմնաս մեզ մոտ. Մութասարիֆը որոշել է քեզ սպանել:

Ալիզոնանցի Մուքոն գրպանից մի ոսկի հանեց տվեց զաբթիային, և երբ եկան Մուշ, ու ձիերից իջան, մտավ կառավարչատուն Մութասարիֆի մոտ:

— Էֆենդի, մի տեղ պիտի էրթամ ու գամ:

— Գնա, բայց շուտ արի, — ասաց Մութասարիֆը: Մուքոյի ատրճանակն էլ վրեն էր, չափլին էլ: Կառավարչատնից ելավ և ուղիղ գնաց Մութասարիֆի տուն:

— Խանում, — ասաց, — Մութասարիֆի չափլին ու ատըրճանակ տուր, ես ու ինք միասին մի տեղ պիտի էրթանք: — Կապեց Մութասարիֆի զենք և Ալվառինջի սարով բարձրացավ Քանասար: Էն գնալն էր, որ գնաց:

ՄՈՐՈՒՔ ԵՎ ՄԱՐԹԱ

Իսկ ի՞նչ եղան մյուս հայդուկները:

Չոլոն հովիվ դարձավ իրենց սարերի վրա: Կարկուտ Թաթեն գրկեց իր զենքն ու փախավ. թե ո՛ր ուղղությամբ՝ հայտնի չէ: Ոմանք նրան տեսել էին Բաղեշի կողմերում: Կայծակ Անդրեասը անցավ Խլաթա կամուրջը և ապավինեց Նեմրութի լանջերին՝ ավելի լավ օրերի սպասելով: Ախոն, Մանուկը և Իսրոն դարձան փախստական, որոշելով զենքերը չհանձնել մինչև Սասունը չազատագրվի:

Փախստական դարձան նաև Մորուք Կարապետը և Արծիվ Պետոն:

Թիկնեց Մորուք Կարոն մի կաղնի ծառի ու ընկավ մտքերի մեջ: Մոտ տասնհինգ տարի նա ուխտյալ հայդուկ է եղել: Իբրև զինատար մի քանի անգամ գնացել–եկել էր Մուշից Կովկաս, Կովկասից Մուշ: Մասնակցել էր բազմաթիվ կռիվների: Մեռած էին իր հին և նոր մարտական ընկերները՝ Մակարը, Գալեն, Շենիքցի Մանուկը, Մեյդո Պողոսը, Արտոնքա Ջնդոն: Չկար հայդուկապետ Գևորգ Չաուշը: Լաճկանցի Արթինն էլ մեկ տարի առաջ իր կյանքը ավարտեց «Թըվնկի տնկոցի» մեջ:

Հին ֆիդայիներից հատուկենտ մարդիկ էին մնացել, նրանք էլ այս «ու այն կողմ ցրված, ոմանք զենքերը հանձնած և վերադարձած տուն, ոմանք էլ փախստական դարձած ու ապավինած լեռներին:

Կասկածներով լի անորոշ վիճակ էր, իսկ տարիներն անցնում էին: Ինչի՞ մեջ որոնել արշալույսը:

Եվ Մորուք Կարոն որոշեց ամուսնանալ: Չէ որ Հուռիաթ էր և հարկավոր էր, որ իսկապես Սասունը Էրմենիստան դառնա:

Ամուսնանալ, բայց ու մ հետ:

Իշխանձորցի մի աղջիկ կար, անունը Մարթա: Տեր Քաջի Ադամի մորաքրոջ աղջիկն էր: Վաղուց էր Մորուքը սիրահարված Մարթային: Մտքում դրել էր, որ երբ հրացանը զըրկից հանի, Մարթային գրկի հրացանի փոխարեն:

Ի՜նչ հարսանիք, ի՜նչ ճոխ պսակ: Հայդուկին որտեղի՞ց միջոց և ժամանակ, որ յոթ սրինգ պայթեցնի հարսանիքի մեջ:

Եվ կաղնու տակից Մորուքն իր քայլերն ուղղեց դեպի Գելի: Կանչեց Տեր-Քաջի Ադամին և ասաց.

— Դու մի մորաքրոջ սիրուն աղջիկ ունես, Ադամ: — Ունեմ, — ասաց Ադամը:

— Հիմա որտե՞ղ է:

— Սար է գնացել, Մորուք, հղեր:

— Դու ինձնից փոքր ես, Ադամ, գնա Խզեր և տես թե Մարթան ո՞րտեղ է պառկած:

— Բայց Մարթան նշանված է:

— Օրորոցի վրա խազ եղե՞լ է:

— Չէ:

— Խոսկապ եղե՞լ է:

— Չէ:

— Դե ուրեմն գնա Խզեր և իմ խնդրանքը կատարիր: Ադամը գնաց-եկավ՝ ասաց»

— Պառկած է իր մոր ծոց:

Տեր-Քաջի Ադամը խոստացավ օգնել Մորուքին Մարթային փախցնելու: Պայմանավորվեցին, որ Ադամը առավոտյան գնար և գիշերը հյուր լիներ իր մորաքրոջ քողտիկում:

— Ինչպե՞ս իմանամ, որ դու տանն ես:

— Եթե դռանը ավել տեսնես հենված պռչը ներքև՝ իմացիր, որ

տանն եմ և համարձակ ներս մտիր: Իսկ երբ պառկած տեղը մի անգամ հազամ՝ դու Մարթային փախցրու:

Հետևյալ երեկո Կարոն ոտքը թալեց զանգուն ու ձին քըշեց:

Միայն մի տեղ կանգ առավ:

Մի հսկա էր կանգնած ճամփին, մի աժդահա: Կարոն նայեց նրան՝ սարսուռ զգաց:

— Սրան չարքերն են հանել իմ դեմ, որ իմ վազքը դանդաղեցնի, ես ուշանամ:

— Է՜յ, աժդահա, շուտ ճամփա տուր, որ ես անցնեմ, — ձեռքով արեց Կարոն հեռվից:

Հսկան խնդաց:

— Ո՞վ ես դու, մարդ, ի՞նչ ուժի տեր:

— Ես Կարոն եմ, Մորուք Կարոն: Ընկերներս անսեր մեռան ազատության, սիրո կարոտ: Ի՞նձ էլ կուզես անսեր թողնել:

Հսկան լուռ էր, ամուր կանգնած:

— Մեռնիմ քըզի յոթն անվան տեր սուրբ Կարապետ, — բոռաց Կարոն, ձիուց իջավ, բռնեց սրան, ծալեց, կապեց, մի խուրձ արեց, տարավ դրեց ճամփի եզրին, նստեց վրան:

Հսկան տակից գոռաց անզոր»

— Իմ կապերը քանդիր, մեռա: Խնդաց Կարոն, մի կապ քանդեց:

— էլի քանդիր, — խնդրեց հսկան: Կարոն քանդեց էլի մի կապ:.

— Դու աստված ես, — ասաց հսկան:

— էլ չեմ քանդի, — ասաց Կարոն ու էգ հսկա ազրաիլին էդպես կապված, կիսաքանդված ճանապարհի եզրին թողեց ու ձին քշեց:

Լուսաստղը չելած հասավ Իշխանձորի ամառանոցը Խըղերի վրա: Ձին քրտնել էր: Փորակապը թուլացրեց, շփեց աչքերը, քաշից քաշեց և մի քանի պտույտ ման ածեց, որ քըրտինքը պաղի:

Մոտեցավ:

Տեսավ մի մեծ ծաղկավել հենված էր քողտիկի դռանը և դուռն էլ կիսաբաց էր:

Մարթան պառկած էր մոր գրկում, մի թևը բարձի տակ, մյուսը՝ մոր կրծքին դրած: Սասնա սարի հովն ու լուսնի շողքը խաղում էին նրա ծամթելած վարսերի հետ:

Մայրը ոտնաձայն առավ, նայեց.

— Ո՞վ է:

— Մորուքն եմ, նանե, — շեմքից կռանալով ասաց Կարոն:

— Գիշերով հոս ի՞նչ գործ ունես:

— Մարթայի համար եմ եկել:

— Լուսանալուն չէ՞ր կարող սպասել:

— Չկարողացա, նանե, մի հանգով եկա: Ձին պաղում է լուսնի տակ:

— Իմ աղջիկը նշանվում է ռեսի տղային: Իզուր ես եկել, գելեցի:

— Աշխարհի բոլոր ռեսերը, իրենց թագավորներն էլ հետը, որ

հավաքվեն, չեն կարող Մարթային ինձնից խլել: Իմ ուզածը մի աղջիկ է աշխարհից:

— Ինչո՞վ պիտի պահես իմ աղջկան:

— Իմ տաք շնչով:

— Տաք շնչով աղջիկ չի պահվի: Ռեսը հարստություն ունի, իսկ դու չունես:

— Ես հիմա բոլոր ռեսերից հարուստ եմ, նանե, որովհետև բռնակալ սուլթանը ընկել է թախտից: Ես ու Մարթան Սասունը մեր տաք սիրով ու սերնդով կլցնենք:

— Դու հենց էս գիշերը պիտի գայի՞ր, այ ծուռ գելեցի: Իմ քրոջ տղա Աղամը էսօր հյուր է մեզ մոտ: Քնած է ղամեն գլխի տակ, որ ելավ՝ քեզ փրկություն չկա:

Լսեց տղամարդու հազ:

— Աղամի հազն է, շուտ հեռացիր: Մենք ֆիդայու համար աղջիկ չունենք: Ռեսի տանը շուտով յոթ շվի պիտի պայթի Մարթայիս հարսանիքին, ու ես պիտի պարեմ:

— Թե պարելու ես, հիմա պարիր, նանե, ես Մարթային տարա, — ասաց Կարոն և ակնթարթում գրկելով դրեց ձիու թամբին:

— Ես ոչ ժամանակ ունեմ, ոչ միջոց՝ յոթ սրինգ պայթեցնելու հարսանիքի մեջ:

— Աղամ, լաո, Մարթային տարան, ղամեղ քաշիր: Հա՜յ, հո՜, հավար է, տարա՜ն, տարա՜ն: Է՜յ, կովի մակարդ տալ. վորիկցիք, փրկեք Մարթայիս: Իմ աղջկա պատիվը մի գդալի չափ է՞լ չկա, որ քնով եք ընկել, — ճչաց իշխանձորցի կինը անկողնից վեր թռչելով:

Ու հավար ընկավ Խղերի ամառանոցում, որ ֆիդայի Կարոն գիշերով փախցրել է ռեսի հարսին:

— Ո՞ր կողմով փախավ, — հարցրեց Տեր Քաջի Աղամը ղամեն ձեռքին դեպի շեմքը նետվելով:

— Ա՜յ, էս կողմը, Կեպինի փեշերով դեպի Մրկեմոզան:

— Ձիավո՞ր էր, թե՞ ոտավոր:

— Ձիավոր էր: Աղջկան շապկանց դրեց թամբին ու տարավ: Իշխանձորցիք զինված ելան գելեցոց դեմ: Հանդուգն ու քաջ էին իշխանձորցիք և անասելի թարս:

Նրանց մասին մի հայտնի խոսք կար, «Էն օրը, որ բուք ու բորան կեղեի, կնշանակի իշխնձորցին ելել է ճամփա»:

Ու Մարթայի համար կռիվ ընկավ Սասուն, քարեր գլորվեցին ու սար ու ձոր դղրդաց:

Վախեցավ Մարթան, ուզեց ետ գնալ, բայց զգույշ էր Կարոն: Նա Մարթային կապեց մեջքին, որ չփախչի և մեն-մենակ մի ժայռի ետև մտած կռիվ տվեց իշխանձորցոց դեմ:

Մարթայի հայրը ճարահատյալ դիմեց Պոլիս՝ Հայոց պատրիարքարան: Այնտեղ նրան ասացին. «Բռնեք Մորուքին և աղջկան ազատեք»: Բայց ո՞վ կարող էր Մորուքին բռնել: Նա մերթ Սխտոր քարումն էր, մերթ Անդոկի լանջերին, մերթ Ճանճիկի սարում և մերթ Բրիմոյի ցից ժայռերի վրա: Միշտ զենքը ձեռքին և Մարթային մեջքին կապած:

Կառավարությունը պաշտպան կանգնեց ռեսին, և շատ մարդիկ բանտարկվեցին Գելի գյուղից:

Գործը հանձնվեց լուծելու Մշո առաջնորդարանին:

— Փրկեք իմ աղջկան, — ասաց մայրը լալահառաչ չոքելով Հեսու վարդապետի առաջ:

— Աղջկադ որտեղի՞ց փախցրին, — հարցրեց սրբազանը:

— Իմ ծոցից:

— Բա մի տղամարդ չկա՞ր տանը:

— Տեր Քաջի Աղամը քնած էր անկյունում: Մինչև նա զալ մեն քաշեց, ֆիդային թռավ սար:

— Ես աղջկադ կանչել եմ խոստովանության: Եթե աղջիկն ասի, «Այո, ես իմ կամքով եմ նրա հետ փախել»՝ ես անզոր եմ օրենքի և աստծո առաջ, իսկ եթե ասի. «Մորուքը ինձ բռնի է փա՛խցրել», ես աղջկան կվերադարձնեմ իր ծնողներին, — ասաց Հեսու վարդապետը՝ իշխանձորցի կնոջը տուն ուղարկելով:

Տալվորիկում մի գյուղ կար, անունը Մազրա: Վախենալով, որ Մարթան կասի, թե իրեն բռնի են փախցրել, Մորուքը նրան տարավ Մազրա, ծեծեց մի ծանոթ դուռ և ասաց,

— Իմ նշանածիս պահեք ձեզ մոտ, իսկ ձեր աղջկան մեկ օրով տվեք ինձ:

Կարոն Մարթային տվեց պահելու և տանտիրոջ աղջկան առնելով՝ ելավ դուրս:

Ետ դարձավ, բացեց դուռը և ասաց.

— Լավ կպահեք Մարթայիս, թե չէ ձեր աղջկան կփախցընեմ:

Ու դուռը ծածկեց:

Ճանապարհին մազրեցի աղջկան սովորեցրեց, որ երբ իր կամքը հարցնեն, ինքը Մարթայի փոխարեն պատասխանի, որ իր հոժար կամքով է Մորուքին առել: Հայրն ու մայրը բողո՛քավոր չեն:

— Հիմա գնանք Մուշ, — ասաց Կարոն:

— Հիմա ուշ է, մնա առավոտ լույսով երթանք, — աղջիկն ասաց:

— Չէ, գիշերով երթանք:

— Ինչու՞ գիշերով, չէ որ Հուռիաթ է:

— Հուռիաթ է, բայց ես իմ զենքերը չեմ հանձնել, փախըստական եմ:

Ու գիշերով եկան Մուշ, Հեսու վարդապետի մոտ:

— Ես իմ հոժար կամքով եմ Մորուքին առել, իմ հայրն ու մայրը բողոքավոր չեն, հայր սուրբ, — ասաց մազրեցի աղջի՛կը առաջնորդարան մտնելով:

— Աղջի, քեզ համար մի ամբողջ պատերազմ եղավ ու քիչ մնաց Սասունը ավերվեր, անունդ ի՞նչ է, — հարցրեց Հեսու վարդապետը:

— Մարթա:

— Մորուքը քեզ որտեղի՞ց փախցրեց:

— Իմ մոր ծոցից:

— Բռնությա՞մբ:

— Ինչի՞ բռնությամբ: Բա էն ավելն ո՞վ էր դրել դրսի դռան շեմքին:

— Իսկ ռեսի տղան ո՞վ է:

— Իմ սիրածը Մորուքն է: Ես ռեսի տղին ե՞րբ եմ սիրել: Երբ աշխարհում քաջ հայդուկ կա, ռեսն ի՞նչ բան է:

— Ապրես, զավակս: Ձեռքդ դիր էս թղթի տակ: Աղջիկը բթամատով թուղթը կնքեց:

— Իսկ համերաշխ ապրելու կարգը գիտե՞ք:

— Ինչու չէ: Դուրան ճամփի վրա իրար կողք-կողքի կերթանք: Նեղ կածան հանդիպեց՝ կերթանք իրար ետևից. Մորուքն առջևից, ես՝ ետևից: Իրար չենք հրի:

— Բարին ընդ ձեզ և օրհնյալ լինի ձեր սերը: Հիմա ազատ ես, գնա: Շատ ֆիդայիներ մեռան առանց ընտանեկան հարկի: Էդ մեկ ֆիդային թող քեզ հետ բախտավորվի կյանքում:

— Բարի գիշեր, հայր սուրբ, — ասաց աղջիկը և Մորուքի հետ առաջնորդարանից դուրս եկավ:

Կարոն մազրեցի աղջկան տարավ հանձնեք իր ծնողներին և Մարթային առնելով բարձրացավ սար:

Առատ ցողը ադամանդներ էր թափել լեռնային ճոխ բուսականության վրա: Մի տեղ նրանք սպիտակ շուշանները կոխելով անցան, մի ուրիշ տեղ կարմիր գինարբուքն ու աղբրանց արյունը: Մի երրորդ տեղ քայլեցին կապույտ ու դե՛ղին ծաղիկների գորգերի վրայով: Մերթ կողք-կողքի ու մերթ իրար գրկած գնացին, ու մերթ իրար ետևից՝ նեղ ժայռերի միջով:

Հասան, նստեցին մի բարձր ժայռի:

Մարթան հաշտվել էր իր բախտի հետ և այլևս փորձ չէր անում ետ գնալու:

Այսպես ամուսնացան Մորուք Կարոն և Մարթան: Բայց նրանք սարերից ցած չիջան: Ճրագ վառեցին Սասնո լեռների վրա և ապրեցին այնտեղ մինչև 1915 թվականը:

ԵՐԿՐՈՐԴ ՄԱՍ

ԴԵՊԻ ԲԱՂԵՇ

Սկսվել էր առաջին համաշխարհային պատերազմը: Իմ ողջ մնացած բոլոր հայդուկները զինվելով մտել էին կամավորական գնդերի մեջ:

Կամավորական առաջին գնդի հրամանատարը Անդրանիկըն էր, չորրորդ գնդինը՝ Քեռին:

Անդրանիկն ինձ կարգեց առաջին օգնական իր հեծյալ գնդում: Նա ինձ տվեց մի ձի, իսկ ձիապան դարձավ իմ հին հայդուկ Բարսեղը:

Բարսեղը առաջվա պես դարձյալ պատրաստակամ էր իմ հանդեպ: Երբ մտքերի հետ ընկած գնում էի առջևից, նա ձիու սանձը բռնած դանդաղ գալիս էր իմ ետևից և հանկարծ, մի գլանակ շինելով երկարում էր ինձ՝ — քաշիր, թող վշտերդ թեթևնան:

Ալադին Միսակն էլ իմ հեծյալ գնդումն էր և իմ վշտերի մի մասը նա էր փարատում իր կորովի երգերով:

Մեր գնդում կային Ամերիկայից եկած կամավորներ, որոնցից երկուսը հին ֆիդայիներից — մեկը Ցրոնաց Մուշեղն էր, իսկ մյուսը՝ Բամբկու Մելոն, որ Սահմանադրությունից հետո իրենց զենքերը վաճառելով գնացել էին նոր աշխարհ:

Մենք պետք է շարժվեինք Բաղեշի վրա: Բաղեշից առաջ Անդրանիկը փայլել էր Դիլմանի ճակատամարտում և պարգևատրված էր Գեորգիևյան երեք խաչերով:

Ես էլ մասնակցել էի այդ ճակատամարտին և զորավարական կոչում ունեի:

Դիլմանի կիրճում փայլել էր նաև հին հայդուկ Հաջի Գևոն, որ միշտ Անդրանիկի կողքին էր, գորշ շինելը հագին, կեռ թուրն ու մաուզերը կողքին, կրծքի վրա Գեորգիևյան երկու խաչ, բռի մեջ վառված ծխամորճ:

Իսկ Անդրեա՞սը: Ոչխարենու փափախով, ցից բեղերով և ահռելի կերպարանքով այս հին հայդուկը Դիլմանի և Ախլաթի կռիվներից հետո դարձել էր Անդրանիկի ամենահավատարիմ թիկնապահներից մեկը և նրա ամենավստահելի սուր՛հանդակը: Միշտ զենքը ձեռքին կանգնած էր Շապինանդի թիկունքում՝ նրա հրամանին պատրաստ:

Երեք խնուսցի հերոսներ էլ կային՝ հայդուկապետ Փիլոս, վաշտապետ Շապուհ և վաշտապետի օգնական Պուճուր Աբրո:

Կովի ասպարեզ էր իջել նաև մր բոլորովին նոր սերունդ: Նրանցից մեկը մեր հեծյալ գնդի հարյուրապետ Սմբուլ Արշակն էր: Սա մարտական իր առաջին մկրտությունը ստացել էր Դիլմանի կիրճում, իր քաջությամբ և նվիրվածությամբ դառնալով Շապինանդի, նաև իմ և Հաջի Գևոյի սիրելին: Սըմբուլ Արշակը շարքային զինվորից շատ արագ բարձրացել էր հիսնապետի և ապա հարյուրապետի աստիճանին: Բարձրահասակ, շիկահեր երիտասարդ էր, Մշո դաշտի Արագիլ գյուղից:

Դատվանից դեպի արևելք տարածված էր Ռահվե-Դուրանը՝ երեք կողմից լեռներով շրջապատված մի հարթություն: Ծովածավալ մի դաշտ էր, ուր ամռանը հուրթի ծփում էր առատ խոտը՝ լեռների կարոտից փոթորկված, իսկ ձմռանը մոլեգնում էր սոսկալի ձնաբուք:

Վա՛յ այդ բքի ժամանակ Ռահվե-Դուրանով գնացողներին:

Զարմանալի մի թռչուն կար այդ դաշտի մեջ: Ամպրոպ գիշերներին, երբ ոչ աստղ էր երևում, ոչ լուսին, ուղևորները այդ թռչնի ձայնով էին կողմն որոշվում: Հենց որ նա կանչում էր, սկսում էին ուղտերը բառնալ և քարավանը ելնում էր ճամփա: Սակայն հաճախ չարաչար մոլորվելով մատնվում էին փոթորկի և կործանվում անհետ: Ու երգ կար հորինված Ռահվե–Դուրանի այդ հավքի մասին.

«Ճվիկե սատանի, Ճվիկե տոնի, Քո տունը քանդեցիր, Իմն էլ գրիր վրան»:

Վերջին տարիներին այդ դաշտի մեջ մի պանդոկ էր շինվել ճամփորդների համար:

Այդ պանդոկը կոչվում էր Ալամեք խան:

Բաբշենը մեր ձեռքին էր, իսկ թշնամին բռնել էր Մուշից Բաղեշ երկարող խճուղին և Ռահվե-Դուրանի պանդոկը:

Մեզ հետ կար կազակական մի գունդ, իսկ զորքի ընդհանուր հրամանատարը ցարական մի գեներալ էր Աբաացև ազգանունով: Մեր զինվորները նրան Աբասով էին ասում:

Դաժան է Բաբշենի ձմեռը: Այդ տարի ձյունը արշիններով դիզված էր Ռահվե–Դուրանում: Մենք գրոհը սկսեցինք Բաբշենի կողմից: Առաջին իսկ հարվածից Ալի փաշայի առաջին զորասյունը ջախջախվեց: Բայց շուտով կազակների գնդապետը զեկուցեց Անդրանիկին, որ գեներալ Աբասովը զորքը նստեցրել է Դատվանից հարավ և հրաման չի տալիս, որ թընդանոթները կրակեն:

Հեծավ Անդրանիկն իր ձին և Ռահվե–Դուրանով քշեց դեպի Ալամեք խան: Տեսավ պանդոկի շեմքին կանգնել է թնդանոթների հրամանատարը, իսկ ներսում գեներալ Աբասովը նստած զրուցում է Ալի փաշայի զորապետի հետ:

Շապինանդը կարգադրեց թնդանոթները քաշել առաջ: Հրամանատարն ասաց. — Փաշա, մենք գեներալ Աբասովից հրաման չունենք առաջ շարժվելու:

— Пушки вперед! — հրամայեց Անդրանիկը և թուրքերեն

հայհոյեց: Երբ Անդրանիկը բարկացած էր, հրամայում էր ռուսերեն և հայհոյում թուրքերեն:

Հրամանատարը թնդանոթները քաշեց առաջ: Անդրանիկը կանգնեց նրա կողքին և սկսեց ցույց տալ թե ո՛ր ուղղությամբ կրակել: Մի գործնական հրահանգ տվեց. — Թշնամու թնդանոթի փողից ծուխ բարձրանալիս հաշվիր մինչև ձայն լսվելը: Եթե մինչև տաս հաշվելը ձայնը լսվեց, ուրեմն թշնամին գտնվում է հազար քայլի վրա:

Շուտով թշնամու երկրորդ զորասյունն էլ ջախջախվեց: Ալի փաշան շարժեց առաջ իր վերջին զորասյունը: Սրանք տեսնելով իրենց առաջին և երկրորդ թևերի ջախջախումը, սարսափահար փախուստի դիմեցին: Դոնի կազակները պատրաստ՛վեցին սվինամարտի, սակայն Շապինանդը նրանց գնդապե՛տին կարգադրեց կազակներին դիրքերից չհանել, որովհետև սոսկալի սառնամանիք էր և լեռներից ցուրտ քամի էր փչում դաշտի վրա:

Հայ կամավորների առաջին գնդի քաջագործությունը տեսնելով, Դոնի կազակները իրենց դիրքերից մի քանի անգամ միահամուռ որոտացին. «Կեցցե Անդրանիկ փաշան, կեցցեն հայ կամավորները»:

Անդրանիկը սակայն տխուր էր, որովհետև քաղաքը դեռ չգրաված մեր հեծյալ գունդը և Դոնի կազակները մեծ զո՛հեր էին տվել Ռահվե–Դուրանում: Եվ այդ զոհերի պատճառը Աբասովն էր: Այդ զոհերը պատրվակ բռնելով Աբասովը հրամայեց զինաթափել Անդրանիկին: Վերջինս ցատկեց տեղից և շառաչուն մի ապտակ տվեց վաճառված գեներալին:

Դոնի կազակների գնդապետը Աբասովի դավաճանության մասին նույն օրը հեռագրով հայտնի դարձրեց Կովկասի փոխարքային, որը ռուս թագավորի հորեղբայրն էր և Կովկասյան ռազմաճակատի գերագույն հրամանատարը: Իրիկնադեմին ստացվեց փոխարքայի հրամանը, որով Անդրանիկը նշանակվում էր զորքերի հրամանատար և նրան էր հանձնարարվում Բաղեշը վերցնել:

Ձյուների վրա կրակ էինք արել և նստած տաքանում էինք խարույկի շուրջ, երբ հեռագիրն եկավ:

— Թող գեներալ Աբասովը գնա և Բաղեշը վերցնի, — գոչեց Անդրանիկը հրամանը շպրտելով ձյուներին:

— Ի՞նչ ես անում, փաշա, փոխարքայի հրամանը քեզ վրա է: Քաղաքը պետք է վերցնել, — ասացի ես:

— Ո՛չ, թող այդ դավաճան գեներալը վերցնի, որ Ալամեք խանում գաղտնի գործարքի մեջ էր մտել Ալի փաշայի գնդապետի հետ, — համառեց Շապինանդը ձեռքը կրակի վրա տաքացնելով:

— Բայց դու թագավորի ձեռքից չես պրծնի, ոչ էլ ես, եթե այդ հրամանը չկատարվի: — Կայծակ Անդրեասը, որ զգաստ կանգնած էր մեր կողքին, մոտեցավ և փոխարքայի թուղթը ձյուների վրայից վերցնելով, հանդիսավորությամբ դրեց իր գդակի ծալքի մեջ:

Գիշերվա կեսին փաշան հրամայեց զորքին սպիտակ շապիկներ հագնել:

Աղոթարանը նոր էր բացվել, երբ Անդրանիկը սուրը մերկացնելով առաջինը հարձակման անցավ՝ գոչելով. — Մշեցիներ և սասունցիներ, հայրենիքը այս անգամ ձեզ դեպի Բիթլիս է կանչում, իսկ ես Բիթլիս կերթամ, առա՛ջ, իմ ետևից:

Ձին վրնջաց, և բաշը սառնաշունչ քամուն պարզած, մի քանի անգամ պտույտ եկավ ինքն իր շուրջը, ապա գլուխը գետնին հորիզոնական՝ նետի պես սլացավ սպիտակ դաշտով: Արևից առաջ ձյունը նախ պաղ կապույտ էր, հետո վառվեց կարմիր, ապա դեղնեց մի քիչ, գունատվեց հանկարծ ու սկսեց շողալ շլացուցիչ փայլով: Ու թռավ Ասլանը ժայռերի ու կածանների վրայով, մերթ սմբակներով ձյունամրրիկ ցանելով չորս դին ու մերթ մակույկի պես ճեղքելով ձյունը:

Ու գնաց զորքը սպիտակ ձիավորի ետևից: Աջակողմից ես էի շարժվում իմ հեծյալ գնդով, ձախակողմից՝ Դոնի կազակն ու Նիկոլի զորքը:

Ռահվե-Դուրանի վրայով դեպի Բաղեշ սուրացին Ցրոնաց Մուշեղը, Սմբուլ Արշակը, Հաջի Գևոն, Խնուսցի Պուճուր Աբրոն, Շապուհն ու Փիլոսը: Հողմի պես սլացան Կայծակ Անդրեասը, Բամբկու Մելոն, Ալադին Միսակը և իմ ձիապան Բարսեղը:

Հրանոթների որոտով ու հրդեհված դարպասների բոցերի միջով մեր զորքը մտավ քաղաք: Դեռ լույսը չբացված Բաղեշը մեր ձեռքին էր: Մենք Բաղեշ մտանք Թաղի ձորով նրա կարմրած ձյուների վրա թողնելով Բամբկու Մելոյի դիակը: Մեր գնդից սպանվեցին շատ հայ կամավորներ և առաջինը նրանցից Բամբկու Մելոն էր: Քաղաքի նախամուտքին ընդհատվեց Գևորգ Չաուշի հնագույն ֆիդայիներից և Անդրանիկի քաջարի զինվորներից մեկի կյանքը, որ նոր էր վերադարձել Ամերիկայից՝ կռվելու Հայաստանի ազատագրության համար:

ԱՊԱՐԱՆՔԻ ԳԵՂԵՑԿՈՒՀԻՆ

Բաղե՛շ:

Այդ այն քաղաքն էր, որով Քսենոֆոնից հետո Ալեքսանդր Մակեդոնացին էր անցել և Մեհմեդ էֆենդին էր հավատափոխ եղել վճռական շրջադարձով:

Ահա և Կարմրակ վանքը, որի ծերացած թթենու տակ ես ուշագնաց ողբացել էի մի ամրողջ գիշեր:

Մեր առաջին գործը եղավ գրոհել քաղաքի կենտրոնական

բանտը: Բայց ու՞ր է Ռասիմ էֆենդին, որ ինձ տանջել էր այդ բանտի մռայլ ներքնահարկում:

Միջնադարյան հինավուրց ամրոցի կողքին երևաց Խաչմանուկյանների ճաղավոր պատշգամբով ապարանքը: Տներից մեկ-երկուսի ճակատին դարձյալ կարդացի «Շեկ Մելիքի տուն», «Արմեն Մարոյանի տուն»: Առաջինը ձորի մեջ էր, իսկ երկրորդը՝ Ավելի մեյդան. թաղում, բարձունքի վրա:

Իմ հայացքը սակայն գամված էր ապարանքի խորհրդավոր պատշգամբին: Ոլորապտույտ սանդուղքներով շտապեցի վեր: Իմ առջևից Սմբուլ Արշակն էր գնում՝ մեր հեծյալ գնդի հարյուրապետը. ետևից՝ իմ ձիապան Բարսեղը և Ալադին Միսակը:

Ռուս հյուպատոսի աշխատակից մշեցի Խաչման ոսկյան ի ապարանքն էր դա: Քաղաքի թուրք ոստիկանապետը կոտորելով Խալմանուկյանի ամբողջ ընտանիքը, տեր էր դարձել նրա շքեղ ապարանքին: Դուրսը սարսափելի ցուրտ էր, իսկ ոստիկանապետը դեպքերին անտեղյակ հարբած պառկել էր տաքուկ անկողնում ապարանքի գեղեցկուհուն գրկած:

Աղախինը, որ արթուն էր, կարծելով, թե շեմքին կանգնածները քաղցած զինվորներ են, հայտնեց իր տիրոջը, թե դարձյալ ասկյարներ են եկել և հաց են ուզում: Ոստիկանապետը վերմակի տակից բարձրաձայն հայհոյեց մեզ, ասելով թե երբ ամբողջ զորքը Ալի փաշայի առաջնորդությամբ զնացել է գյավուր Անդրանիկի և Դոնի կազակների դեմ կռվելու, այդ ասկյարները ինչու՞ են մնացել քաղաքում և առավոտ կանուխ տներն ընկած հաց են մուրում:

Լռեց թե չէ մենք ներս մտանք: Մեր ոտնաձայնից տիրուհին կիսաթեք նստեց անկողնում, շփոթված հայացքը մեզ հառած:

Ես ամբողջ Մշո դաշտը և Սասունը ոտքի էի տվել, բայց այդպիսի հրաշագեղ կին տեսած չկայի:

— Այդ աներես ասկյարներին դուրս արա և դուռը պինդ փակիր, — հրամայեց ոստիկանապետը վերմակի տակ քաշելով գեղեցկուհուն: — Ասա, թող գնան Ռահվե–Դուրան գյավուրների դեմ կռիվ: Շուտ այդ ոջլոտներին դուրս վռնդիր:

Աղախինը մոտեցավ, որ մեզ դուրս հրավիրի, իսկ ապարանքի տիրուհին շարունակում էր համառորեն մեր կողմը նայել:

— Անո՞ւնդ, — հարցրեց Սմբուլ Արշակը՝ աղախնուն մի կողմ հրելով և մոտենալով նրան:

— Շուշան:

Նա էր, այն գեղանի նորահարսը, որի ճաղավոր պատըշգամբին ես երկար նայել էի իմ բանտի նեղլիկ պատուհանից: Աշխարհի ամենագեղեցիկ կինն էր Շուշանը: Նա տեսավ, որ եկողները թուրքի նման չեն հագնված:

— Սրանք ասկյարներ չեն, Անդրանիկի զինվորներն են, վեր կաց, հրեշ, — ուրախաձայն գոչեց Շուշանը և վերմակը ետ քաշելով բռունցքի մի ուժգին հարված իջեցրեց ոստիկանապետի քունքին: Դահիճը քնաթաթախ վեր թռավ: Նա մի անզոր շարժում գործեց դեպի գլխավերևում կախված զենքը, բայց ուշացավ:

— Թողեք ես սպանեմ մեր քաղաքը ավերողին և իմ տունը կործանողին, — գոչեց Շուշանը և դաշույնը արագությամբ պատից առնելով անկողնում խողխողեց ոստիկանապետին:

Այստեղ ես գտա նրան:

Իմ առաջ պառկած էր Ռասիմ էֆենդին, այն առնետանըման դահիճը, որ հազարավոր ինձ նմաններին քշել էր դեպի բանտ ու կախաղան: Այդ չարագործությունների համար նրան բանտի ներքնահարկից հանելով կարգել էին քաղաքի ոստիկանապետ:

Սմբուլ Արշակը և ձիապան Բարսեղը ճիվաղի դիակը փաթաթեցին վերմակի մեջ և պատուհանից շպրտեցին ներքև:

Ներս մտավ Շապինանդը Կայծակ Անդրեասի և Հաջի Գևոյի հետ: Շուշանը մերկանդամ կանգնած էր սենյակում, արյունոտ դաշույնը ձեռքին:

— Այս ի՞նչ կին է, — զարմացած գոչեց զորավարը հոնքը խոժոռելով:

— Հայ կին է և այս ապարանքի տիրուհին, — պատասխանեց Սմբուլ Արշակը:

— Բայց լա՞վ բան է, որ հայուհին մերկանդամ կանգնի տղամարդկանց առաջ:

— Նա սպանեց իր տունը և պատիվը կործանողին, — ավելացրի ես, հրամայելով Շուշանին շորերը հագնել:

Շուշանը հագավ իր շրջազգեստը ու հանկարծ պոռթկաց արցունքով և սկսեց բարձրաձայն հեկեկալ: Ամոթի՞ց արդյոք, իր կատարած սպանության սարսափից, թե՞ կամավորներին տեսնելու ուրախությունից՝ չիմացանք: Երբ հանդարտվեց, բացեց պահարանում փակված մի խոշոր սնդուկ, որ լիքն էր ոսկով ու հակինթով: Մի նախշուն ծանր արկղ էլ քաշեց գորգածածկ թախտի տակից:

— Մախլուտո, էս զեղեցկուհին միայն քեզ է հարմար և օժիտն էլ կա, — կատակեց Շապինանդը, ոսկով լի սնդուկ՛ները ցույց տալով: — Շուշանին մենք կուղարկենք Երևան: Երբ պատերազմը վերջանա, ձեր հարսանիքը կանենք: Քավորն էլ ես կլինեմ:

Հետևյալ օրը Շուշանին և այդ ամբողջ հարստությունը ուղտերին բարձած Կայծակ Անդրեասի հսկողությամբ ուղարկեցինք Երևան, իսկ Շուշանի ապարանքը դարձրինք մեր սպայակույտի կենտրոնատեղին:

Նոր էինք տեղավորվել այդ շինության մեջ, երբ գեներալ Աբասովը Կովկասյան բանակի գերագույն հրամանատարին զեկուցագիր ուղարկեց, որ իբրև թե հայ կամավորները սպանել են քաղաքի ոստիկանապետին և նրա դիակը շպրտել անդունդ, և պահանջում էր, որ հայ կամավորական առաջին գունդը Բաղեշից հեռանա:

Անդրանիկը պատասխանեց, որ ինքը քաղաքը չի թողնի,

որ պետք է հետաձգել առաջին կամավորական գնդի մեկնումը Բաղեշից:

Բաղեշը վերցնելու գրեթե նույն օրերին ռուս զորքը հայ կամավորական երկրորդ և երրորդ գնդերի օգնությամբ գրավել էր Կարինը և Մուշը: Փոխարքան այդ առթիվ հրաման էր արձակել կովկասյան բոլոր զորքերին ու քաղաքներին մեծ զորահանդեսներ կազմակերպել: Ամենուրեք խրախճանք էր և ուրախություն: Տխուր էր միայն գեներալ Աբասովը: Նա կանչվեց Թիֆլիս: Սմբուլ Արշակը և կազակ գնդապետը նրան առաջնորդեցին դեպի Խլաթի ծովահայաց սարերը և վերադարձան: Ո՞ր դավաճանն էր ազատվել մեր ձեռքից, որ ռուսական զենքի թշնամին ազատվեր:

Աբասովի գործով փոխարքան Անդրանիկին կանչեց իր նստավայրը դատի: Զորավարը կամավորական գնդի հրամանատարությունը ինձ հանձնելով պատրաստվեց մեկնել Թիֆլիս:

Ձիու սանձը բռնած մռայլ կանգնած էր ձյուների վրա: Գնա՞լ, թե չգնալ: Այդ մտքերի մեջ էր, երբ սառած ձյունը Հարգվեց և նրան մոտեցավ մեր վաշտապետներից մեկը: Հայկ Բժշկյանն էր, թավրիզեցի: Բանվոր Հայկ էին ասում: Պատերազմի սկզբից այդ նախկին նավթաքաշ բանվորը մի խումբ հայ կամավորների գլուխ անցնելով Հաշտարխանից մեկնել էր Բասենի դաշտ՝ կռվելու Կովկասյան ճակատում. երեք անգամ վիրավորվել էր և վերադարձել շարք:

Գլուխը վիրակապված էր, ձեռքը վիրակապով վզից կախ:

— Ի՞նչ կա, Հայկ:

— Ների՛ր, մեծ հայդուկ, որ հուզված եմ խոսում: Մեր կամավորական առաջին գունդը փառավոր հաղթությամբ Բաղեշը վերցրեց,

— Այո: Սակայն մեզ այժմ առաջարկում են քաղաքը թողնել:

— Եվ կարծեմ փոխարքան ձեզ կանչել է դատի:

— Կանչված եմ, այո:

— Խաբված ենք, մեծ հայդուկ, դաժանորեն, անխղճորեն խաբված ենք: Բոլորս միասին ազգորեն խաբված ենք, — ասաց երիտասարդ վաշտապետը:

Ուրիշ բան չասաց, միայն այդքանը և պատվի առնելով դանդաղ հեռացավ:

Հետևյալ առավոտ Դոնի կազակները սրերը քաշած աղմուկով ներս մտան Խաչմանուկյանի ապարանքը:

— Ու՞ր է Անդրանիկ Փաշան:

— Նրան թագավորը տվել է դատի:

— Ո՞ր թագավորը:

— Կովկասի փոխարքան, Նիկոլայ Նիկոլաևիչը:

— Ի՞նչ գործով: — Աբասովի:

— Աբասովը դավաճան է, և նա արժանի էր այդ պատժին, — միաձայն գոչեցին կազակները: — Մենք պահանջում ենք մեր

Անդրանիկին: Նա իսկական հերոս է և ոչ մի թագավոր իրավունք չունի նրան դատելու:

Ու նրանք Շուշանի ապարանքից դուրս գալով հետևյալ հեռագիրը ուղղեցին փոխարքային. «Եթե զորավար Անդրանիկը մի քանի օրից չվերադառնա Բաղեշ, մենք կլքենք ճակատը և ետ կգանք: Իսկ եթե ետ եկանք, այլևս ոչ մի թագավոր չենք թողնի թախտին»:

Անդրանիկը երբ պալատ է մտնում, նույն պահին փոխարքային է հասնում կազակների հեռագիրը:

Դատը չեղյալ համարվեց և շուտով Շապինանդը իր ձին հեծած Երևանի վրայով վերադարձավ Բաղեշ: Ճանապարհին նրան էր միացել Կայծակ Անդրեասը, որ ապարանքի զեղեցկուհուն առաջնորդել էր դեպի Արարատյան դաշտ: Ամբողջ ռուս զորքը, հայ կամավորները և կազակների գունդը բարձրագոչ աղաղակներով դիմավորեցին իրենց գերագույն հրամանատարին:

Բաղեշից ես և հարյուրապետ Սմբուլ Արշակը մեկնեցինք Մուշ: Ինձ հետ Մուշ մեկնեցին նաև Ալաղին Միսակը և իմ ձիապան Բարսեղը:

ԲԴԵՒ ՀԻՇԱՏԱԿԱՐԱՆԸ

Բաղեշի գրավման լուրը և Անդրանիկի փառավոր հաղթանակը այդ ճակատի վրա ցնծությամբ էին համակել Մուշ քաղաքի հայ բնակիչներին: Նրանք շտապել էին Մոկունքի դաշտը մեզ դիմավորելու:

Մոկունքը այն գյուղն էր, ուր ես տեղափոխել էի առաջին ծանր արկղը ֆիդայական երդումից հետո:

Կամավորական երրորդ գունդը փետրվարի 5-ին մտել էր Մուշ: Նրա հետ Մուշ էր հասել նաև ռուսական բանակը: Այդ բանակի հրամանատարը ինձ այցելության եկավ իր գոհունակությունը հայտնելու Բաղեշի ազատագրման առթիվ:

Բայց ու՞ր էր իմ տեսած Մուշը: Եվ մի՞թե այդ այն օրն էր, որ ես պետք է ոտք դնեի այնտեղ քսանհինգ տարվա բացակայությունից հետո:

Այդ նույն օրը հուղարկավորների մի տխուր բազմություն անցավ ս. Մարինեի թաղով: Մշո մեջ մեռել էր բռնաշենցի մի հովիվ և Սև սարի մարդիկ նրան տանում էին թաղելու:

Եվ ննջեցյալն էր ծանոթ և նրա վրա դամբանական ասող հովվապետ Խողեղանը:

Իմ հարյուրապետ Սմբուլ Արշակը, որ մասնակցել էր այդ հուղարկավորությանը, վերադարձին ինձ մի «Հիշատակարան» հանձնեց, որ իմ ձիապան Բարսեղը գտել էր Զորաթաղի կործանված տներից մեկի ավերակներում՝ իմ ձին Մշո գետակը ջրի տանելիս:

Քեռի Բդեի հիշատակարանն էր, ավելի ճիշտ նրա հուշապատումի վերջին գլուխը, որ նա գրել էր բանտից դուրս գալուց հետո:

Առաջին գլխից միայն մի պարբերություն գտա. «Ես նրան օրհնեցի և նա գնաց իր պայուսակը նստարանին թողնելով, Մավի աղջկան՝ գերեզմանում, իսկ իր խաղընկերներին՝ Շահկա Արո, Պզտիկ Արամ և Ճիրո՝ հայրենի գետակի եզերքին...»: Մյուս մասերը այրված էին: Այրված էին նաև հիշատակարանի վերջին գլխի սկզբի մի քանի էջերը:

Ինչ որ կարողացա կարդալ՝ այս էր.

«... Ոտքերը քշտած մի սասունցի ուրախ-ուրախ հրապարակն էր մաքրում թիակով, երբ մեզ դուրս բերին բանտից: Մուշ քաղաքի բնակիչները նույնպես ուրախացել էին, որ Սասունը էրմենիստան է լինելու: Հայ ֆիդայիները դուրս եկան իրենց թաքստոցներից: Շատերը իրենց զենքերը վաճառեցին կամ հանձնեցին կառավարությանը և սկսեցին զբաղվել հողագործությամբ: Ոմանք ամուսնացան, ինչպես օրինակ Մորուք Կարոն:

Բայց մի զարմանալի բան պատահեց:

Մուշի մեջ բացվեց երիտասարդ թուրքերի ակումբ և մեր քաղաքի սուլթանի նախկին գրեթե բոլոր պաշտոնյաները դարձան իթթիհատի անդամ և այդ ակումբի մշտական հաճախորդ: Այդտեղ գաղտնի սկսեցին ելումուտ անել Խվների Ղասըմբեկը. Հաջի Ֆերոն և Սլեման Օնբաշին:

Ու մի օր հանկարծ լուր տարածվեց, թե զորահավաք է: Մեր բոլոր արական ուժը հավաքեցին տարան բանակ:

Իմ եղբայր Վաղարշակը նոր էր վերադարձել Ամերիկայից և ապրում էր Խասգյուղում: 1915 թվի հունիսի 20-ին, շաբաթ օրը, ես Մ ուշից Վաղարշակի մոտ ուղարկեցի իմ Գասպար որդուն, որ տասներեք տարեկան էր:

Մի քանի օր հետո Գասպարը վերադարձավ Մուշ և պատմեց հետևյալը,

«Հունիսի 25-ին Վարդավառի պահոց հինգշաբթի օրը, քուրդ ցեղապետները ժողովի կանչվեցին Խութի Մապուպնեք գյուղի մեջ: Այդ ժողովին ներկա են եղել նաև Հաջի Ֆերոն և Ճուռո կնիկը: Հետևյալ օրը Ֆերոն եկավ հաս գյուղ և գյուղացիներին հայտնեց. «Իմացեք, որ ձեզ պիտի կոտորեն»:

Շաբաթ օրը քսանի չափ երևելի անձեր, որոնց մեջ էին նաև Տեր Քերոբը, գնացին Քոլոսիկ հաջի Ֆերոյի մոտ, որ իրենց գյուղին պաշտպան կանգնի: Այդ նույն օրը հազար հինգ հարյուր զինված քրդեր լցվեցին Խասգյուղ:

Վաղարշակ հորեղբորս հետ ելանք գնացինք Քոլոսիկ: Հաջի Ֆերոն ասաց Վաղարշակին. «Գնա քյոշկը հանգիստ նըստիր»:

Կեսգիշերին Սլեման Օնբաշին Շաքիր անունով մի քրդի, որ մեր բոստանչին էր, պատվիրեց, որ Վաղարշակ հորեղբորս և ինձ տանի իր տուն պահի։ Մյուս օրը Գորդոնի ժանդարմաներից մեկը (Մեհմեդ) եկավ և Շաքիրին ասաց, «Սլեման Օնբաշին Վաղարշակին կանչում է»։ Հորեղբայրս մենակ գնաց։ Երբ տեսա, որ ուշանում է, ելա գնացի Գորդոնի դուռ։ Տխուր մտքերի մեջ էի, երբ տեսա Վաղարշակ հորեղբորս դուրս հանեցին Գորդոնից՝ մի չվան վիզը և թևերը մեջքի վրա իրար կապած։

Քիչ վերջը տեսա, որ Գորդոնի ոստիկան Պարտկա Ճաղոն Վաղարշակի հագուստները առած Գորդոն վերադարձավ, լըվաց, արյունը մաքրեց, հագավ նրա Ամերիկայից բերած բաճկոնը և խոսքը ընկերոջը ուղղելով՝ ասաց,

— Լավ նստեց վրաս, մեջքին մի թեթև ծակ ունի, բայց կարկատանով կգոցեմ, որովհետև ինը կրականց էր, և հագուստը վառել է...

Առավոտյան գյուղում հայտարարեցին, թե հայ կանայք ու աղջիկները երկու օրվա ուտելիքով պետք է գնան Բիթլիս. գերմանացու թագավորի աղջիկն եկել է և ուզում է նրանց տեսնել։ Մի քանի տղաների հետ ինձ էլ աղջկա շոր հագցրին և խառնեցին Բիթլիս գնացող կանանց խմբին։ Ճանապարհին մեր կապոցներն առան և մեզ փոքրիկ խմբերի բաժանելով քշեցին դեպի Էրիշտեր գյուղի գոմերն ու մարագները։ Դռները փակեցին, զինված հսկիչներ դրին և երդիկից քարյուղ լցնելով՝ կրակ տվին։ Ես գոմի մսուրում կանգնած բերանս սեղմել էի պատին։ Կրակն ու ծուխը տարածվեցին դեպի պատերը և ես մեջքի կողմից ուժեղ տաքություն զգացի։ Սաստիկ ճնշումից ետևի պատը փուլ եկավ և ես դուրս փախա կրակների միջից։

Հետևյալ առավոտ Սլեման Օնբաշին ինձ և Գորդոնի ծառա լալ Հասոյին կարգադրեց, որ գնանք հայերի ցրված նախիրը ժողովենք տուն բերենք։ Գնացինք մինչև Սկրագոմ գյուղի ձորը։ Հասոն գնաց դաշտի ուղղությամբ, իսկ ես իջա դեպի մեծ խանդակը։ Զարմանքով տեսա դիակների կույտեր խառնիխուռն իրար վրա լցված։ Նրանց մեջ ճանաչեցի Տեր Քերոբին, մեկ թևը կտրած, կրծքի վրա դաշույնի մի քանի հարված։

Ճանաչեցի նաև գյուղապետ Մուքոյի և Թարդու երեցի դիակները։

Մարագների մոտ ընկած էին մի քանի դիակներ։ Լալ Հասոն սկսեց քարերով դրանց գլուխները ջախջախել, իսկ ես զբաղվեցի Վաղարշակ հորեղբորս դիակը որոնելով։ Մի բլուրի տակ գտա այն մերկանդամ ու բաց ձգված։ Գորդոնի կողմը գնացի և հայերից թալանված մի հին կարպետ գտնելով, դիակը նրանով փաթաթեցի, հողի մի քանի կույտեր դրեցի վրան ու գյուղ վերադարձա։

Պարտկա Ճաղոն ասաց,

— Ես պիտի պահեմ քեզ և այսուհետև քո անունը Հասան պիտի լինի։ — Ապա հայտնեց, որ իր եղբայրը եկել է և ես իր հետ Պարտիկ պիտի երթամ: Սայլը շարժվեց: Հասանք Վաղարշակի ընկած տեղը և տեսա, որ քիչ առաջ վրան ձգված կարպետը առել տարել էին և դիակը թաց թողնված էր արևի տակ:

Ճաղոն Վաղարշակի նոր լվացած հագուստը փռել էր սայլի վրա, աչքերիս առաջ, որ չորանար, իսկ բաճկոնը հագին էր: Դիակը տեսնելով՝ հարցրեց.

— Սա քո հորեղբա՞յրն էր, որ սպանեցի:

— Այո, — ասացի, — և նա նոր էր եկած Ամերիկայեն:

Ճաղոյի եղբայրը իջավ սայլից, մտավ մի հայի տուն, ամբարից հինգ–վեց թեռ ցորեն հանեց և մի նորածին հորթ տեսնելով, հորթը սայլի վրա գրավ ու կովն էլ սայլին կապեց:

Պարտկա Ճաղոն երկու կին ուներ. մեկը՝ քրդուհի, մյուսը՝ թրքուհի: Թրքուհին իմ բախտից բարի էր: Քրդուհին ինձ հասակակից մի տղա ուներ, որին թելադրում էր ինձ սպանել: Հաջորդ օրը, երբ գնացինք իրենց անասունները արածացնելու, այդ տղան ուրիշ երեք լամուկների հետ վրաս հարձակվեցին, որ սպանեն: Ու ես Փախչելով շուտով ինձ գտա Խասգյուղի մեջ:

Գորդոն գնացի: Համիդ Օնբաշին հարցաքննեց ինձ և որոշեց հաջորդ օրը Մուշ տանել: Երկու բրիչ և երկու թիակ վերցրի և Գորդոնի մի հայ ծառայի հետ գնացինք Վազարշակի ընկած տեղը: Մկրագոմի ճամփու վրա, մարագների տակ մի փոս փորեցինք և մարմինը դրինք մեջը:

Որովհետև ուշ էր, Տեր Քերոբին չկարողացանք թաղել: Միայն լսեցի, որ հայ ծառան աչքերը սրբելով ասաց* «Ֆիդայու սուրը խոնարհվեց քո խաչի առաջ, որ Հաջի Ֆերոն փրկվի» բայց Հաջի Ֆերոյի սուրը ոչ քեզ խնայեց, ոչ քո խաչին»:

Ճանապարհին երկու հայ շինական Գորդոնի ձիերի համար խոտ էին հնձում:

— Դուք դեռ ո՞ղջ եք և խո՞տ կհնձեք, — բոռացին հեռվից դեպի Մկրագոմ գնացող մի քանի ժանդարմաներ և նրանց կըրոնքը հայհոյելով, սպանեցին երկուսին էլ: Գերանդիները հնձվորների կողքը ընկած մնացին: •

Մուշ հասնելուս հաջորդ օրը այլևս բացահայտ դարձավ, որ ռուսները գալիս են: Սոսկալի իրարանցում և շփոթ սկսվեց քաղաքի թուրքերի մեջ: Նրանք տեր էին դարձել հայերի շարժական և անշարժ անչափելի հարստությանը: Այդ բոլորը ինչպե՞ս և ինչո՞վ տեղափոխեին:

Ով կարող էր մի բան առնել, առավ ու ընկավ ճամփա: Շատերը հետիոտն, քչերը՝ ձիով կամ գրաստով: Քարավանի մի ծայրը հասած էր Արածանի, իսկ մյուս ծայրը քաղաքի մեջ էր դեռ:

Թուրք մեծամեծներից ոմանք դիմում կատարեցին կառավարիչ Սերվեթ Բեյին, որ իրենք որոշած են քաղաքից չըզգաղթել, առարկելով, թե այս ձյուն ու բքին ու՞ր երթան: «Վերջին պահին մենք լեզու կգտնենք ռուսների հետ, — ասել էին նրանք իրենց դիմումի մեջ: — Ռուսները ոճրագործներ չեն, նրանք ուր մտած են, ոչ ոքի չեն դիպած»:

Համիդ Օնբաշին առաջինը շարժվեց քաղաքից: Նրա կինը՝ Մարճանը լաց էր լինում ու ասում. «Այսքան առատաբուխ մի տուն ինչպե՞ս լքենք ու փախչենք»: Բայց թնդանոթի շատ մոտիկից լսվող երրորդ որոտը արագացրեց նրա քայլերը: Նրանք գնացին ու ինձ էլ իրենց հետ տարան»:

Այսքանը իմ Գասպար որդու «ոդիսականից», որ շատ երկար է: Եվ ես կընդհատեմ այն իմ հիշատակարանը շարունակելու համար, պատմելով այդ դեպքերին նախորդող և հաջորդող մի քանի անցքերի մասին, որոնց ականատես եղա և մասնակից, ես՝ Տարոն աշխարհի վերջին դժբախտ հուշագիրս:

«Նոյեմբերի վերջն էր, խիստ պայծառ ու սքանչելի մի օր: Մենք Մշո խանութների առաջ զբաղված էինք մեր գործով, երբ քաղաք մտան մի քանի քուրդ ցեղապետներ իրենց զորքով: Նրանք քայլեցին շուկայի երկայնքով և հավաքվեցին կառավարչական հրապարակի վրա: Նախ եկան Ղասմբեկը և իր երկու եղբայրները՝ Մուսաբեկ և Նիռբեկ, ամեն մեկը իր հեծյալ ու հետևակ հինգ հարյուր զինվորով: Հետո եկավ բալաքցի Ֆերոն իր որդիներով՝ Հասան և Մահմուդ, ամեն մեկը բերելով հինգ հարյուր մարդ: Բացառությամբ բեկերի և նրանց շքախմբերի, բոլորն էլ անզեն էին և իրենց ուսերին դրած էին. մեկական երկար փայտ:

Քրդական մեծ ձիարշավ եղավ հրապարակի վրա, Ասլան Ղափլան խանի առաջ: Ձիարշավից հետո մեր տուն հրավիրեցի բալաքցի Ֆերոյի անդրանիկ որդուն՝ Հասան աղային: Խոսակցության ժամանակ ես նրան հարցրի.

— Ի՞նչ է ձեր կարծիքը ներկա պատերազմի մասին: Ի՞նչ եք մտադիր անել:

— Մենք, իբրև ցեղապետ, շիտակ չէ, որ մեր խորհածն ու ծրագրածը ուրիշին հայտնենք, բայց քեզ իբրև վստահելի բարեկամի՝ կասեմ: Մենք՝ քրդերս, օրվա եղանակին կհետեվենք: Այսօր այսպես կանենք, վազն էլ, երբ որևէ փոփոխություն ստացավ երկիրը, անմիջապես շուռ կգանք դեպի այդ փոփոխությունը, այնպես, որ մեր այս սարքած խաղերը — հոս գալը և պատերազմի դաշտ երթալը— պարապ բաներ են: Մենք ռուս թագավորի դեմ ոչ կարող ենք, ոչ էլ ուզում ենք կռվել: Օսմանցին մեզ չի սիրում, և մենք նրա աչքը թոզ փչելու համար է, որ այս շարժումները կանենք:

— Վստա՞հ եք ռուսների գալուն, — հարցրի:

— Դուք այնքան վստահ չեք, որչափ մենք: Երբ ռուսի և մեր տերության զինվորական ուժերը համեմատության մեջ կդնենք՝ ինչպես լուն ուղտի քով: Էսօր մի մարդ էր եկել Հասան-Ղալայի կողմից. ասում էր՝ ռուս զինվորները թուրքերի պարենակիր ավանակների երկար շարանը տեսնելով իրար ծաղրանքով ասում են՝ օսմանցու երկաթուղին է գալիս, ըզգույշ, տակը չընկնես:

Երեք օր անց պաշտոնական հեռագիրը գուժեց Էնվեր փաշայի հարյուրքսան հազարանոց բանակի ջախջախման մասին Օլթիի և Սարիղամիշի տակ: Ինքը՝ Էնվերը հազիվ է կարողացել փրկվել: Ռուս թագավորի զորքը հասել է Հասան–Ղալա:

Ու սկսվեց նոր զորահավաք ռուսների արշավանքը կասեցնելու համար:

Ռուսների դեմ կռվելու համար օսմանցիք բերել էին նաև արաբ զորք: Այդ օրերին Մշո շուկայի և փողոցների անկյուններում կարելի էր տեսնել շատ հիվանդ արաբ զինվորների կանգնած կամ պառկած՝ վայրկյան առ վայրկյան մահվան սպասելիս: Մուշի հայ բնակիչներս մի քանի անգամ դիմում կատարեցինք քաղաքապետ արանին արաբներին օգնելու համար: Հայ վաճառականներից ձրի ճերմակ կտավ էինք վերցնում և մեռած արաբներին տանում թաղում էինք հայոց գերեզմանոցներում:

Հայերին և արաբներին ռուսական ճակատ ուղարկելու դեմ խստորեն բողոքողներից մեկը Գոմս գյուղի նշանավոր երկրագործ Կորյունն էր (Գոմսա Իսոն):

Մարտ ամսի սկզբին Աղջան գյուղի մյուդիրը քսան հեծյալ չեթեներով գալիս է Գոմս՝ նոր կռվողներ տանելու ռուսների դեմ: Կորյունը պատասխանում է, որ բոլոր տղամարդիկ արդեն մեկնած են ճակատ, գյուղում մնացել են միայն մի քանի հիվանդ շինականներ:

Չեթեն ոստիկանները խուզարկում են տները և կռվից վերադարձած մեկ-երկու հիվանդ արաբ զինվորի և հայ շալակավորների գտնելով, ստիպում են նորից ճակատ մեկնել: Կորյունին էլ բռնում են, որ քաղաք տանեն:

Իբրև բողոք այդ. բռնության դեմ Գոմսա Իսոն կրակի է տալիս իր տունը՝ մեջը ունենալով չեթեներին, նաև իր ախոռն ու անասունները և զենք վերցնելով՝ մեկնում է Սասուն:

Ապրիլին ձյունից ազատված էր դաշտը: Բայց Խնուսի և Քոսուրի լեռները դեռ տեղ–տեղ ծածկված էին ձյունով: Օսման բանակը շպրտվել էր մինչև Բլեջան սարի ստորոտը: Մյութասարիֆ Սերվեթ Բեյը որոշեց քաղաքի երկու թնդանոթները փոխադրել Ցրոնք գյուղի կոնակը, Քոսուրի լեռներից դիմադրություն կազմակերպելով ռուսական առաջացող բանակի դեմ:

Թնդանոթների փոխադրությունը հանձնարարվեց թուրք բանակի փորձված զինվորական Կոտո Հակոբին: Զենքը փոխադրելուց հետո Կոտո Հակոբը հայ մեծավորներին ժողովի հրավիրեց քաղաքի մոտակա հնձաններից մեկում: Ժողովին ներկա էին ինքը՝ Կոտո Հակոբը, Կառնենու Սողոմոնը, Շահկա Արոն, Սասուն ապաստանած Կորյունը և մի քանի լեռնցի ու դաշտեցի ղեկավար ընկերներ: Կանչված էի նաև ես:

Կոտոն ներկաներին պարզաբանեց Մ ուշին և Սասունին սպառնացող վտանգը: Ի նկատի ունենալով, որ ցարական բանակը շատ մոտ է Մշո դաշտին և օսման բանակն ու տեղական ուժերը զբաղված են նրա առաջխաղացքը կասեցնելու գործով, Կոտոն ասաց. «Մեր բոլոր ուժերը պետք է կենտրոնացնենք և գրավենք Մուշ քաղաքը, ձեռք ձգենք զինամթերքի պահեստը, իսկ մնացյալը դյուրին է»: Նա առաջարկեց Քոսուրա լեռների թիկունքից հարձակում գործել թշնամու վրա, իսկ քաղաքում զինարանը գրոհելով, զինել ժողովրդին և գրավել իշխանությունը:

— Աստծո սիրուն, այսօր մեր օրն է, — ասաց Կոտո Հակոբը, — պետք է օգտվենք այս հազվագյուտ պատեհությունից և գործադրենք մեր փրկարար ծրագիրը: — Կոտոն մի քանի անգամ գոչեց, «Օսման բանակը Բուլանուխի գծի վրա շատ թույլ է: Ճակատը հիմնականում պաշտպանվում է քրդերի կողմից, որոնք մի փոքր ճնշումից տեղի կտան և կցրվեն: Ճակատը ճեղքելով մենք անմիջապես կմիանանք ռուս զորքին և նրանց հետ վերադառնալով կգրավենք Մ ուշը, — Սասունն արդեն մեր ձեռքին է, — և կփրկենք մեր ժողովրդին»:

Այս առաջարկի դեմ առարկություն եղավ: Ընդդիմադիր հոսանքի կողմնակիցները անընդունելի և անիրագործելի համարեցին Կոտոյի բանաձևը և թելադրեցին քաղաքի և դաշտի բոլոր ուժերը փոխադրել Սասուն: Երբ Կոտոն տեսավ, որ իր առաջարկը մերժվեց, «վայ մեզ, — ասաց, — ամբողջ Տարոնը գնաց ձեռքից»:

Եվ իսկապես, շուտով նպաստավոր դրությունը փոխվեց: Ցարական բանակը կասեցրեց իր առաջխաղացքը և նրա առջևից խույս տվող թուրք և քուրդ փախստականները ողողեցին Մուշ քաղաքն ու դաշտի գյուղերը: Մուշի մեջ երևաց Ղասըմբեկը իր եղբայրներով, որոնք ետ էին կանչված Լիզ գյուղի ռազմաճակատից: Ետ էր կանչված նաև Բալաքցի Ֆերոն իր զինված որդիներով ու չեթեն զինվորներով: «Մեր և ձեր մարդկանց ներկայությունը խիստ կարևոր է Մուշի մեջ», — գաղտնի հեռագրել էր Մյութասարիֆը այդ ցեղապետներին: Եվ նրանք միանալով հասնանցի ու ճիպրանցի աշիրեթապետներին՝ ներքին Բուլանուխի հայ գյուղերը կոտորելով, մեծամեծ ավարով մտան Մուշ: Հասան աղան իր չեթեններով ուղիղ իմ խանութի մոտով մտավ հրապարակ:

Դիարբեքիրի և Բաղեշի կողմից Մուշ հասավ նաև երեքչորս հազար սև զորք, որոնց ներկայությունից սոսկաց հայ անզեն բնակչությունը: Այդ օրերին և դրանից էլ առաջ հազարավոր հայ ընտանիքներ Մանազկերտից, Բուլանուխից, Խնուսից, Վարդովի և Բաղեշի շրջաններից եկել լցվել էին Մուշ: Մուշ հասան նաև շատ սասունցի կանայք ու երեխաներ, այն հույսով, թե քաղաքի հայությունը զերծ պիտի մնա վտանգից:

Ես ընտրված էի Ջորի թաղի ատենապետ՝ գաղթականների տեղաբաշխման և պարենավորման գործով: Շատ տներ պարպել տվինք և հատկացրինք գաղթականների: Մի քանի հարուստ դասակարգի մարդիկ ոչ մի գաղթական ընտանիք չառան իրենց հարկի տակ: Մենք երկու տուն ունեինք: Մեկը, որ պարտեզի մեջ էր, ամբողջապես սասունցի ընտանիքների տրամադրեցինք՝ նրանց ապրուստն էլ մեր կողմից հայթայթելու պայմանով, քանի որ ներքին նախազգացումս ինձ թելադրում էր, թե երբ ազգային գոյությունը մեծ հարցականի տակ է, այդ պարագային այլևս ի՞նչ արժեք ունի հարստությունը կամ խնայողությունը: Հարուստներից ոմանք մեր առաջ դուռ չբացին: Իրենց վերին հարկի պատուհաններից մեկերկու չոր հաց էին նետում վար, հայտնելով, թե իրենց ունեցածը այդ է: Մենք էլ իրենց տված հացերը նետում էինք իրենց երեսին ու հեռանում: Այդ մշեցիներից մի քանիսը աղետի ժամանակ մեջտեղ հանեցին իրենց դեղին ոսկիները ու երբ տեսան, որ ոսկին էլ անզոր է իրենց կյանքը փրկելու, իրենք եղան առաջինը, որ իրենց տները հրդեհեցին և բոլորն էլ վառվեցին կրակների մեջ:

Հունիսի 27-ին հայոց առաջնորդ Հեսու վարդապետը պաշտոնական գրությամբ կանչվեց Սերվեթ Բեյի մոտ: Հեսուն կառավարչատուն գնաց մի քանի երևելի ազգայինների հետ: Ժողովուրդը խռնված էր առաջնորդարանի շուրջը, երբ Հեսու վարդապետը և իր ընկերները վերադարձան: Թալիաթի մրտերիմ բարեկամ Խոճա աղայի բերանով երեք ժամ միջոց էր տրված, որ քաղաքի ամբողջ արական հայ բնակչությունը տարագրվի ավելի ապահով վայրեր, մինչև պատերազմը վերջանար:

— Ըմբոստանալ, դիմադրել օգուտ չունի, — ասաց Հեսուն, դիմելով հայ բնակչությանը: — Վերջապես ամեն մարդ ազատ է. ուզողը թող մնա ու դիմագրի, չուզողը թող ինձ հետ գա:

Եվ շատ երևելի մշեցիներ գնացին Հեսու վարդապետի հետ: Բաղեշ տանելու պատրվակի տակ նրանց առաջնորդել էին մինչև մոտակա գյուղի ձորը և բոլորին կոտորել: Ծերունի վարդապետին, ճյուղեի մեջ փաթաթելով կոխել էին տոպրակը և վրան քարյուղ լցնելով՝՝ այրել:

Կոտո Հակոբը Հեսու վարդապետին հակառակ որոշեց մնալ քաղաքում և մարտական դիմադրություն կազմակերպելով՝ ապրել կամ մեռնել ժողովրդի հետ: Գրեթե մեկ շաբաթ քաղաքի քաջարի հայ կտրիճները Կոտո Հակոբի գլխավորությամբ կատաղի դիմադրություն ցույց տվին թշնամուն: Քաղաքը վերածվեց փլատակների և կռվողների մեծ մասը նահատակվեց: Նահատակվողների մեջ էր նաև պարոն Սենեքերիմը: Գոյամարտը ղեկավարած քաջերից աղատվեցին միայն Շահկա Արոն, վարժապետ Մելքոնը և Մշո վերջին ատենապետ Հակոբ Տեր-Զաքարյանը: Ճակատագիրը ինձ էլ դրեց նրանց շարքը, երևի նրա համար, որ իմ «Հիշատակարանը» ավարտեմ:

Գիշերով անցանք Մշո գետակը, հասանք Կողու թաղի գերեզմանոցը Սաչկի դուրանի վրա: Բոցերի փայլից տապանաքարերը լուսավորվել էին:

— Վեր կաց, Գևորգ Չաուշ, քո սիրած Մուշը վառվում է, — ասաց Շահկա Արոն փարվելով հայդուկապետի գերեզմանին: Այդտեղից ես և Շահկա Արոն, Մելքոն վարժապետի հետ Արաղ գյուղի վրայով բարձրացանք դեպի Հավատորիկ, որ մի բարձրը բլուրի գագաթին էր շինված:

Հետևյալ օրը մինչև կեսօր թնդանոթները գոռացին քաղաքի վրա: Երեկոյան երկու հարևան մշեցի տեսանք: Կոտո Հակոբի մասին տեղեկություն ուզեցինք. պատասխանեցին, «Ցավ ի սրտե իմացանք, որ Կոտո Հակոբը և իր ընկերները նահատակված են»: Ապա ավելացրին. «Ոստիկանները ձեր տան մոտով գնում–գալիս էին և իրար ասում. «Կոտո օղլու մեշհուր ֆիդայի վուրուլմըշ» (Կոտոյի տղա նշանավոր ֆիդային սպանված է): Գլխին ռուսական փափախ ուներ և միջնամատն էլ՝ կտրված:

Հավատորիկ գյուղը դեռ շեն էր: Բնակիչները բողոքական լինելով իրենց փրկության հույսը դրել էին Գերմանիայի վրա: Մենք սրանց անտառի մեջ ճյուղերից խցեր էինք շինել և պատըսպարվել դրանց մեջ:

Մեզանից կես ժամ հեռու գտնվում էր Առաքելոց վանքը իր ամբողջ շրջապատով, որ միշտ մեր հայացքի տակ էր:

Վանքը լցված էր ասկյարներով: Մեր գտնված վայրը բարձրադիր լինելով, նրանք մեզ տեսնել չէին կարող, տեսնելիս էլ կկարծեին, թե Հավատորիկի բնակիչներ ենք: Միշտ կասկածի մեջ էինք, չլինի՞ թե հարձակում գործեն մեզ վրա, ուստի լեռան գագաթին դիրքեր փորել տալով, հինգ-վեց կետերում պահակներ էինք դրել զինյալ երիտասարդներից:

Այդ դիրքերից մեկի ղեկավարը Շահկա Արոն էր:

Մի օր Շահկա Արոն իր դիրքից վազեց դեպի մեր կողմը աղաղակելով՝ «Քանդու՛մ են»:

Եվ իսկապես, հուլիս ամսվա կեսերին Առաքելոց վանքի մեջ գտնված ասկյարները սկսել էին քանդել վանքի գմբեթը, պարիսպներն ու սենյակները: Ամեն օր առավոտից մինչև երեկո հարյուրավոր չեթեններ բահ ու բրիչ առած քանդում էին հնադարյան սրբավայրը՝ մեր հերոս հայդուկների ամրոցապաստարանը: Իմ աչքի առաջ վանքի զանգակատունը վայր ընկավ: Հետո սկսեցին քանդել Թարգմանչաց Հուշարձանները — Դավիթ Անհաղթի և Մովսես Խորենացու գերեզմանները: Վանքի ծերունի վանահայր Հովհաննես վարդապետը արդեն նահատակված էր վանքի սեմի վրա և թաղված իր ձեռքով փորված փոսի մեջ:

Այդ փոսն էլ շուռումուռ տվին:

Հուլիսի 5-ին Հավատորիկի լեռներից անցանք Քանա լեռը, կորելով Արաղ գյուղի ձորը: Եղեռնից ազատված քանիինգ Հազարից ավելի փախստականներ եկել պատսպարվել էին այգ անտառների մեջ:

Քանասարի վրա այդ նույն գիշերը սպանված գտանք Սուլուխի կռվի հայտնի ֆիդայի Ալիզռնանցի Մուքոյին: Քնած տեղը, գիշերով, ինչ–որ անհայտ մարդիկ ջախջախել էին նրա գլուխը և հեռացել: Այդպես վերջացավ Հուռիաթից խաբված այդ հերոսական մարտիկի կյանքը:

Քանասարի վրա էինք, երբ Սասնա լեռներից լսվեց թնդանոթի

որոտ: Երեք օր վերջը որոտը լռեց: Շուտով նամակ եկավ Սասունից, որ Կորյունը (Գոմսա Իսոն) իր քաջերով նահատակվել է և հանգչում է Հրայրի կողքին, իսկ Ստեփանոս վարդապետը, որ Հուռիաթից հետո ստանձնել էր Ճկույթ (Գոմաց) վանքի վանահայրությունը և գլուխ կանգնել Բսանաց գավառի ինքնապաշտպանությանը, ծանրորեն վիրավորված ընկած էր Անդոկի ժայռերից մեկի տակ:

Սասնո վերջին գոյամարտին հերոսաբար կռվել էր նաև Մոսե Իմոն: Իմոն մերկերցի և ալիանցի մի խումբ երիտասարդներով ետ էր մղել քրդերի հարձակումները Անդոկի Սրբու կած կոչված վայրում: Դավաճանությամբ գերի տարվելով Սուլուխ, նա կազմակերպել էր գելեցի երեսուներկու երիտասարդների գիշերային Փախուստը դեպի Սասուն:

Մենք բաժանվեցինք երկու խմբի: Մեկը Շահկա Արոյի հետ իջավ դեպի Մառնիկ, իսկ ես վարժապետ Մելքոնի հետ մեկնեցի Ալվառինջի լեռը:

Մեղրի ժայռերի մոտ մի քարայր գտանք: Մի մարդ հազիվ կարող էր ներս մտնել: Նախ ես մտա, հետո՝ Մելքոն վարժապետը: Ներսը ավելի լայն մի տեղ գտա և տեղավորվեցի դյուրությամբ: Գլուխս թեև վերի քարերին չէր դիպչում, բայց պառկել, երկննալ անկարելի էր: Շարունակ մի կողմի վրա անշարժ նստած պիտի մնայինք:

Քարայրի մեջ մեր կողքին փայտե մի սնդուկ էր դրված; Բաց արինք և մեջը գտանք բրդե թել, գուլպա, ավանակի սանձ, փորքաշ, ոսկրե սանր, մի քանի արշին Ճերմակ կտավ, նաև մի հին արա և մի քանի մաշված քոլոզ: Քարայրի պատից կախված էր մի մեծ ալրաման, գրեթե քրքրված: Վարժապետ Մելքոնը շուռում ուռ տվեց և ասաց. «Տերգևանքցի Ռեհանի մաղն է, կորել էր Բերդակի կռվին»: Հայտնեց նաև, որ այդ սնդուկը պատկանել է ֆիդայի Սեյդոյին և սա էլ իր քարայրն է: Այդ նեղ անցքից է նա ներս ու դուրս արել և զենքին կռթնած հսկել Ծծմակի Ճանապարհներին:

Մեր վերևում ոտնաձայն լսվեց և մեր ականջին ծանոթ ձայներ հասան: Քարայրից դուրս փութացինք և ի՜նչ տեսանք: Մոտ ութսուն անձից կազմված մի խումբ դեպի դաշտ էր իջնում լեռներից: Մի քանիսը Մուշ քաղաքից էին, օրինակ՝ զինվոր Պստիկ Արամը և Ճիրոն: Մնացյալները ծանոթ գյուղացիներ՝ որոնցից մեկը հայտնի ֆիդայի Առոա Հորիկն էր, որի հետ բանտ էի նստած:

Պստիկ Արամ և Ճիրո: Խենթացա նրանց տեսնելով: Այդ երկուսն էլ մեզ հետ կողք–կողքի կռվել էին հայրենի քաղաքի պաշտպանության համար:

Ինչպես նրանց պատմածից հասկացա, Քանասարում սուր հարձակումներ էին եղել երկու պարագլուխների՝ Ռուբենի և Կոմսի դեմ, որոնք լքել էին դիրքերը և իրենց մարդկանցով փախել: Պստիկ Արամը նրանցից անջատվելով, մի առանձին խումբ կազմած իջել էր Ալվառինջի լեռը: Այդ խումբը Արամի և Ճիրոյի առաջնորդությամբ որոշել էր ռուսական բանակ երթալ։ Խմբի բոլոր մասնակիցները երիտասարդներ էին։

Վարժապետ Մելքոնը իսկույն միացավ նրանց։ Պստիկ Արամը ինձ էլ ընդունեց իր խմբի մեջ, բայց մի պայմանով, որտեղ չկարողանամ քայլել՝ պիտի գնդակահարվեմ, որ արգելք չլինեմ խմբի արագընթաց երթին։

Խմբի առաջնորդն ու ղեկավարը զինվոր Արամն էր, օգնականները՝ Ճիրոն և Առղա Զորիկը։ Ութսուն հոգուց երեսունհինգը զինյալ էին, իսկ քառասունհինգը՝ անզեն։ Զինյալների կեսը առջևից և կեսն էլ հետևից էր քայլում։ Այդ գիշերը, արշալույսը չբացված, մեր խումբը ամբողջ դաշտի լայնքը և Հացիկ գյուղի կիրճը կտրելով, հետևյալ արշալույսին պետք է հասներ Բլեջան լեռան տակ։

Օգոստոսի երկուսին Ալվառինջ գյուղի սարից իջանք դաշտ և Մեղրագետն անցնելով, ուղղվեցինք դեպի Քոսուրի լեռները։

Շատ մութ գիշեր էր։ բախտավոր էինք, որ լուսնյակը լուսադեմին պիտի դուրս գար։ Հացկա կիրճը բավական երկար էր և մենք արշալույսը չբացված այդ կիրճը կտրելով մտանք մի խիտ անտառ։

Երեկոյան մութին խումբը շարժվեց։ Արշալույսին հասանք Բլեջան լեռան տակ, ինչպես պայմանավորվել էինք։ Հայկը Բելին այդտեղ էր սպանել։ Բլեջան— այսինքն Բելի մարմնի ընկած տեղը։ Կեսօրին սկսվեց մեր վերելքը այդ լեռան ապառաժոտ կողերն ի վեր, ուր վայրի սալորի ծառեր կային։

Այդտեղ էր, որ վարժապետ Մելքոնը, որ արդեն շատ ծեր էր և ուժասպառ, մահացավ վերելքի ժամանակ։ Մենք նրան փաթաթեցինք իր հնամաշ վերարկուի մեջ և թաղեցինք Բլեջանի լանջին, մի ճյուղատարած մարենու տակ, կրծքի վրա դնելով Նարեկը, որ կյանքում միշտ իր կրծքի վրա էր, իսկ ծոցի մեջ «Ռանչպարների կանչը», որի հեղինակն էր նա և որի շնչով շատ երևելի մարդիկ էին կրթվել Մուշ քաղաքում։

Վերջապես, ամեն դժվարություն հաղթահարելով, իրիկնադեմին հասանք լեռան գագաթը։ Չորրորդ օրվա ցերեկը աչդ լեռան մյուս երեսին անցկացրինք։ Մ ութին հասանք Նազուկ լիճը, և նրա եզերքները քերելով շարժվեցինք առաջ։ Եղավ մի պահ, որ վազեցինք։ Ոտքերս արյունլվիկ դարձան և ես դժվարացա քայլել։ Մեջքիս գոտին քանդելով փաթաթեցի ոտքիս և մի հարմար ձեռնափայտ պատրաստելով, աշխատեցի խմբին հասնել։ Դեպի վեր մագլցած պահին ոտքս սահեց և ձեռնափայտիս գլուխը ուժով զարկվեց կրծքիս։ Ստիպվեցի նստել, որ շունչ առնեմ։

Պստիկ Արամը ինձ նստած տեսնելով, իմ մոտ փութաց.

— Եթե քովդ դրամ ունես, որևէ մտերիմ բարեկամի հանձնիր, — հրամայեց։ Ես ուժ հավաքելով վեր ելա և իր հետ վազելով հասա խմբին։

Չիերի մաշված պայտերից և մարդահասակ փորված խրամատներից պարզ դարձավ, որ Նիկոլ թագավորի զորքը եկել էր մինչև այդտեղ և նորից ետ նահանջել։ Հասանք Արածանու եզերքը և շարժվեցինք դեպի Խաթավին՝ Մանազկերտի ամենաբարձր լեռը։

Արշալույսը նոր բացված մշուշի միջից երևվաց Մանազկերտի բերդը: Պստիկ Արամը կարգադրեց, որ խմբի ամեն անդամ Խաթավինի անտառից մեկական ճյուղ կտրի:

Այդպես էլ Այրեցինք: Ծառերից մեկական ճյուղ կտրելով և մեր ուսերին դնելով, սկսեցինք Խաթավինից իջնել: Պզտիկ Արամը «Զեյթու՛ն, անկախ դու Հայաստան» բարձրաձայն երգելով գնում էր առջևից, իսկ մենք ետևից «հելէ, հելէ» գոռալով՝ հաղթական իջնում էինք սարից:

Այդ թնդյունի վրա մոտակա բնակավայրից մի մարդ ժայռերը մագլցելով մոտեցավ մեզ: Փափախից նկատեցինք, որ եկողը ռուս զինվոր է: Նա մեզ հայերեն լեզվով բարև տվեց և հայտնեց, որ Մանազկերտի բերդը ռուսական առաջապահների ձեռքին է, և մեզ առաջնորդեց կազակ հրամանատարի մոտ:

Կազակ հրամանատարը համբուրվեց Պզտիկ Արամի, Ճիրոյի և Առղա Զորիկի հետ՝ սաստիկ զարմացած մեր առասպելական երթի վրա:

Հանգստից հետո մեզ առաջնորդեցին Դութաղ, ուր հայ կամավորական մի գունդ էր կանգնած: Գնդի հրամանատարը Պանդուխտ անունով հնչակյան մի գործիչ էր Մշո դաշտի Հունան գյուղից: Պատերազմը սկսվելուն պես Պանդուխտը կամավորների մի խմբով Ամերիկայից եկել էր Կովկաս և Բերդաքաղաքի վրայով շարժվել դեպի Կարին:

Իմանալով, որ մենք մշեցիներ ենք, մեզ իսկույն մշեցի կամավորների վրանը տարան:

Բոլորիս հագուստները պատառոտված էին և ոտքերը վերքերով պատած: Պանդուխտի կարգադրությամբ բժշկական քննության ենթարկեցին մեզ և մեր վերքերը դարմանվեցին: Միայն մեկը մեզանից չփրկվեց. դա Գոնջոյան Փաաիկն էր Մուշ քաղաքից: Նրան տեղափոխեցին դաշտային հիվանդանոց, այնտեղից էլ Սարիղամիշի հիվանդանոց և նա այնտեղ էլ մեռավ»

Հետնյալ առավոտ ես և մեր բոլոր տղաները լողացանք Արածանու մեջ և հագանք կամավորական զգեստ»:

Այստեղ քեռուս հիշատակարանը ընդհատված էր, բայց վերջում մի այսպիսի հավելված կար, որից երևում էր, որ նա Դութաղից նորից Մուշ է գնացել և իբրև ճամփացույց եղել է դեպի Սասուն արշավող գնդապետ Սամարցյանի զորքի մեջ: «1916. փետրվարի 12-ին Մ ուշից դուրս գալով, մենք դիմեցինք դեպի Սասուն՝ փրկելու համար Մորուք Կարոյին և Չոլոյին իրենց քառասուն ընկերների հետ: Փետրվարի 15-ին մտանք Մառնիկ: Բարձունքը հաջորդում էր բարձունքին և մեր բեռնավորված գունդը շարան–շարան շարժվում էր դեպի վեր: Հետնյալ օրը Կարմիր ալուջների ձորով շուռ եկանք ս. Աղբերիկի վրա: Գնդապետ Սամարցյանը, որ Ռոստով-Դոնի հայ էր, առաջին անգամ Մարաթուկի սպիտակ գագաթը տեսնելով, իր գնդի հայ զինվորներին շուրջը ժողովելով, չոքեց Սև սարի վրա և աղոթեց.

— Ես կանգնած եմ Սասնո սահմանագլխին, — ասաց նա: —

Դոնի–Ռոստովից ես այստեղ եմ եկել հազարավոր այրված հայ կանանց և մանուկների կանչով: Երդվում եմ քո սուրբ գագաթներով, ով Մարութա սար, որ այսօր կամ վաղը ազատության դրոշը կծածանվի Սասունի գլխին:

Հայազգի գնդապետը ռուսերեն էր խոսում և հրամանները արձակում էր ռուսերենով: Զինվորները պահանջում էին, որ հայերեն խոսի: Նա պատասխանում էր. «Ես արժանի կլինեմ հայերեն խոսելու միայն այն ժամանակ, երբ իմ գունդը մտնի Սասուն:

Խութա հայտնի ցեղապետ Ղասմբեկը իր եղբայր Նիռբեկի հետ իրենց քրդական աշիրեթներով հարձակվեցին մեզ վրա, սակայն մի լավ շարդ կերան և քաշվեցին ետ: Նորից հարձակում եղավ և այս կռվում սպանվեց Ղասմբեկը: Եթե չեմ սխալվում, նա ընկավ գնդապետ Սամարցյանի գնդակից:

1914 թվականի պատերազմի առաջին օրերին մենք մի բաղձանք ունեինք— տեր դառնալ մեր երազած Հայաստանին: 1916-ի ձմռան և գարնան ամիսներին այդ բաղձանքը իրականացավ կարծես և մեր զորքը մտավ Սասուն: Եղեռնը ահավոր էր, մոտ երկու միլիոն ռանչպար և արհեստավոր հայեր կոտորվեցին, բայց զգում էինք, որ այլևս հաստատուն կերպով ամրացած ենք մեր հայրենիքի վրա ու կարելի պիտի լինի ավերակների տակից կանգնեցնել մի նոր Հայաստան:

Մոտկանի հայ ռանչպարները գալիս տեղավորվում էին Բաղեշում, տարածվելով մինչև Խլաթի գյուղերը: Վանեցիները դեպի Վան էին դիմում, մանազկերտցիները՝ դեպի Մանազկերտ: Խնուսցիները և Մշո դաշտի վերապրածները շտապում էին իրենց փլատակները շոշափել: Թեև ցանուցիր, սակայն Բասենից մինչև Կարին և Կարինից մինչև Չմշկածագ հայրենի երդիկներից սկսել էր նորից ծուխ բարձրանար

Ես էլ ս. Աղբերիկի ճակատամարտից լեռներով եկա տուն: Սասնա ետևը, Կուրտիկ լեռան մեջքից գահավիժող ձորի մեջ տեսա իմ հայրենի քաղաքը: Մշո գետակը դարձյալ գլորվում էր Չորաթաղի միջով: Մոտեցա իմ տան ավերակներին, ուզեցի շոշափել այն, նորից վառել իմ տան ծուխը և այլևս չիմացա, թե ինչ կատարվեց ինձ հետ»:

Այս վերջին տողերին էի հասել, երբ իմ ձիապան Բարսեղը մոտենալով հայտնեց, թե Անդրանիկը Մուշ է եկել:

Ես քեռի Բդեի ձեռագիրը դրեցի Ալադին Միսակի խուրջինը, և մենք երեքով շարժվեցինք զորավարին ընդառաջ:

ՄԵԿ ՀԱՅԸ՝ ՄԵԿ ՈՍԿԻ

Հուլիս ամիսն էր։

Սմբատասարը միրճված էր մուգ կապույտի մեջ։ Վրան էինք զարկել և Անդրանիկի հետ նստած զրուցում էինք այդ սարի վրա։

Ալաղին Միսակը և Հաջի Գնոն զգաստ կանգնած էին մեր թիկունքին։

Տխուր էր զորավարը։

Բաղեշի ճակատամարտից հետո կամավորական գնդերը լուծված էին։ Ստացվել էր առաջին հրամանը Ալաշկերտի, Դիադինի և Բայազետի հովիտներում սահմանամերձ կազակություն կազմելու մասին։ Բաղեշն ու Մ ուշը գրաված հին հայդուկներն ու կամավորները հավաքվել էին Մշո դաշտի մեջ մի պետական զինվորական հեղաշրջումի սպասելով։

Սմբատասարի քերծերից մեկի վրա, մեր վրանի առջև, կանգնել էր Փեթարա Իսրոն, մեր հին ֆիդային։

Իսրոն փոխել էր ֆիդայական հագուստը, հագել էր գյուղացու շորեր և մի նախշուն խուրջին ուսը գցած որբ երեխաներ էր հավաքում ավերակներից։

Մեկ հայը մեկ ոսկի էր։

Քրդերը այդ շահութաբեր գործից քաջալերված Խութբռնաշենի գավառակներից հայ մանուկներ էին բերում և հանձնում Իսրոյին։ Գնում-հասնում էին մինչև Մոտկան, Խիզան, Ալիվան և նույնիսկ Բշերիկ և այնտեղից որբեր էին հավաքում, որ ոսկի վաստակեն։ Իսրոն արդեն մի քանի տասնյակ մանուկներ էր ուղարկել Մշո, Խնուսի և Բասենի մանկատները։ Մի մանկան համար մի ոսկի էր տալիս և սայլին դրած ուղարկում էր մանկատուն։ Փեթարա Իսրոյի առաջին փրկած որբերից մեկը Բաղեշի ճակատամարտում զոհված Հայդուկ կամավորի որդին էր։

Հայ բեկորների հավաքման գործով եռանդուն աշխատանք էին ծավալել նաև սասունցի Մոսե Իմոն և Արծիվ Պետոն։ Մոսե Իմոն հասել էր մինչև Խիանք և քրդերի միջից հարյուրավոր հայ կանանց և մանուկների ազատելով բերել էր Մուշ։ Իսկ Արծիվ Պետոն սասունցի երկու հարյուր որբերի մի քարավան էր փոխադրել Ալեքսանդրոպոլ։

Շեկո տան քրդերը հարյուրավոր հայեր էին փրկել կոտորածից։ Կամավորության ընթացքին նրանք այդ բոլոր հայերին բերել էին Մուշ և Անդրանիկին հանձնել, արժանի նվերներ ստանալով զորավարից։

Մանուկներին նրանք սովորաբար Փեթարա Իսրոյին էին հանձնում։ Բայց այս անգամ Իսրոյի խուրջինը դատարկ էր։ Քերծի վրա կանգնած Իսրոն թունդ սակարկում էր մի քրդի հետ, որ նոր էր եկել Սասնո գյուղերից։ Քուրդը սրունքների մեջ պահել էր երկու–երեք տարեկան մի որբուկի, որի համար Իսրոն սակարկում էր, որովհետև մոտը ընդամենը կես ոսկի էր մնացել, իսկ քուրդը չէր համաձայնվում կես գնի:

— Տուր, կես ոսկով տուր, — ասաց Փեթարա Իսրոն խուրջինը ուսից իջեցնելով և լայն բանալով երեխայի առաջ: Մանկիկն ուրախացած վազեց, որ նետվի խուրջինի մեջ, բայց խնամակալը ետևից հասնելով նրան նորից սրունքների մեջ առավ, ծնկները ամուր սեղմելով վրան:

— Տուր, ասում եմ, էդ մեկին առանց ոսկու տուր, մեր գանձը պրծել է, — բացատրեց Իսրոն:

— Չեմ տա, — համառեց քուրդը և սկսեց օրինակներ բերել, թե ինչպես դրանից երկու օր առաջ իր ծանոթ քրդերը Խութի Թաղվձոր և Թաղավանք դյուղերից որբ երեխաներ էին բերել և ամեն մեկի համար ստացել մեկ լրիվ ոսկի: Ինքը ինչու՞ նրանցից պետք է պակաս ստանա:

Փեթարա Իսրոն նորից խնդրեց և մերժում ստանալով, զայրացած մեր վրանը մտավ:

— Ի՞նչ ես անում, Իսրո, ի՞նչ հալի ես, — հարցրեց զորավարը:

— Որբեր հավաքենք, փաշա, շիթիլ անենք Հայաստանի համար:

— Այդ շիթիլները որտե՞ղ ես փոխադրելու:

— Խնուս, օրիորդ Հռիփսիմեի ղեկավարած որբանոցները:

— Իսկ ինչու՞ ես բարկացած:

— Մի քուրդ ինձ բարկացրեց, փաշա: Որբ երեխա է բերել, ինչ անում եմ՝ չի տալիս: Իսկ մեզ համար ամեն շիթիլը թանկ է:

— Այդ քրդին ներս կանչիր:

— Փաշան քեզ կանչում է, — դեպի դուրս ձայնեց Իսրոն:

Քուրդը մանկան ձեռքից բռնած ներս մտավ: Քրդի համար ռազմիկի արտաքին երևույթը մեծ կարևորություն ունի: Քանի որ ես ավելի հաղթանդամ էի, քան Անդրանիկը, ուստի լեռնական քրդերը մեզ հաճախ էին շփոթում: Այս մեկն էլ վախով ներս մտավ և կարծելով, թե փաշան ես եմ, քոլոզը հանելով գլուխը իմ առաջ խոնարհեց: Ես ձեռքս զորավարի կողմը մեկնելով ասացի.

— Փաշան նա է:

Քուրդը սաստիկ զարմացած շուռ եկավ դեպի Շապինանդը և երևի սխալը ուղղելու համար, քոլոզը կրծքին սեղմած գլուխը երկու անգամ խոնարհ իջեցրեց զորավարի առաջ:

Անդրանիկը քրդերեն հարցրեց,.

— Որտե՞ղ գտար այդ երեխային:

— Մի ասկյարի ձեռքից առա: Ուզում էր մեջտեղից ճղվտել՝ չթողեցի: Վանքի ջրեպանի որդին է:

— Քո հոր անունը ի՞նչ է, տղաս, — հարցրի ես երեխայի թևից բռնելով:

— Երանոս:

— Ո՞ղջ է:

— Չէ, իմ հայրկան սպանեցին:

— Իսկ քո անունը ի՞նչ է:

— Զուլում:

— Շեկո տան քրդերը հարյուրավոր հայերի կյանք փրկեցին: Դու ի՞նչ նվեր ես ուզում այս երեխայի համար, — հարցրեց զորավարը:

— Ես Շեկո տան քուրդ չեմ և այս երեխային դժվար տեղից եմ փրկել, փաշա, — պարծեցավ քուրդը և Իսրոյին դառնալով ասաց. — Եթե մի ոսկի տաս՝ քեզ կտամ, չտաս՝ ետ կտանեմ:

ԾԱ ձեռքս ծոցս տարա, բայց դատարկ դուրս եկավ: Փաշայի ձեռքն էլ դատարկ դուրս եկավ: Իսկ երեխան մեզ էր նայում իր աղերսական աչքերով:

Մեզ համար հեշտ էր մի հարվածով վայր տապալել քրդին և երեխային վերցնել նրանից, բայց ստիպված էինք զսպել մեզ, չկամենալով ձախողել հայ բեկորների հավաքման գործը, որը վերջին օրերին լայն թափ էր ստացել, տարածվե՛լով մինչև ճղերու չոլերը:

— Հոս եկուր, տղաս, — ասաց Անդրանիկը, իր մոտ կանչելով Ալադին Միսակին:

Երգչին կանչելը նշան էր, որ Շապինանդի հոգին ալեկոծ է: Այդ պահերին երգը միակ սփոփանքն էր նրա խռովահույզ հոգու համար:

Ալադինը մոտեցավ և նստեց զորավարի կողքին:

— Քրդերեն մի խաղ ասա, տղաս:

— Բողոքի երգ ես ուղում, թե՞ սիրային:

— «Հայլե, հայլեն» գիտե՞ս:

— Գիտեմ, փաշա:

— Դե կանչիր:

Միսակը ձեռքը դրեց ականջին:

— Ոչ, «Խուլնկոն» երգիր, — ասացի ես:

— Համաձայն եմ, — ասաց փաշան, թավամազ փափախը կոտրելով մռայլ ճակատի վրա և սրածայր բեղերը ոլորելով:

— Խուլնկո, հեռավոր և խորունկ տեղերեն կուգաս… Բույնդ շինե ավերակ բերդի պատուհանի մոտ, — ոգևորությամբ երգեց Միսակը քրդական այդ հայտնի երգը, որից հետո Մշո դաշտին նայելով երգեց հայերեն.

Սիրտս լիքն է, ձեռքս փակ, Մուշը դարձավ ավերակ, Փլվեց Նորշեն ու Բերդակ, Աշխարհին էսպես ու՞ր կերթա:

Ամեն մեկս մի փաշա, Հիմա դարձել ենք բոշա, Նեղված ընկել ենք խոսքով, որբ ենք զնում կես ոսկով:

Լամուկ, ու՞ր է քո պարոն, Ու՞ր է մեր քաջ Արաբոն. Քաշի պատիվ տուր քաշին, Մեր որբուկին դիր խուրջին:

Քրդի աչքերի մեջ արցունք երևաց:

— Վերցրու, — ասաց քուրդը, — քո կես ոսկին էլ հարկավոր չէ: Քո երգը ոսկուց զորավոր էր…

Ես դրկեցի ջորեպան Երանոսի տղային և դրեցի Փեթարա Իսրոյի խուրջինի մեջ:

Եվ քանի որ այդ դեպքը պատահեց Սմբատասարի վրա և այն

օրերին, երբ հայ կամավորական գնդերը վերացվել էին, ուստի Անդրանիկի առաջարկությամբ մենք այդ որբի անունը կնքեցինք «վերջին կամավոր»:

ԵՏ ԴԱՐՁԵՔ

Այնպես ուզում եմ Ալադին Միսակին տեսնել, այնպես ուզում եմ, որ նա երգի: Հայդուկ զինվորների գրեթե մեծ մասը չկա: Վերջին սպանվածը Ջնդոն եղավ Սեյդո Պողոսի հետ, իսկ Լաճկանցի հին ֆիդային մեռավ տան մեջ հրացանի կրակոցով լուսավորելով իր վախճանը, իբրև թե մեռնում է պատերազմի դաշտում:

Բայց ի՞նչ եղավ իմ խաղասացը: Օ՜, ինչպես կուզեի նրան տեսնել: Ես նրան կնստեցնեի իմ կողքին, գլուխս կառնեի ափերիս մեջ և նա կիմանար, թե ինչ եմ ուզում:

Երգիր, Միսակ, երգիր: Երգիր էն երգ, որ այնպես սրտալի էիր երգում:

Ես հոգնած եմ, Միսակ: Սմբատաբերդը փուլ եկավ գլխիս, իմ Պայթող աղբյուրի նժույգները գնացին: Այնպես ուզում եմ քո երգը լսել, էն երգը, որ գնաց, էն երգը, որ էլ չի կրկնվի:

Ես սարերն ընկած բրաբիոն ծաղիկ էի փնտրում, բրաբիոն ծաղկի երգը երգիր:

Ձիապան Բարսեղը քնած էր մսուրում: Ես արթնացրի նրբան և մենք ձին առած միասին դուրս եկանք:

Ու՞ր ես գնում այդպես, նժույգիդ սանձը բռնած ու գլխահակ, դատարկ խուրջինը կապած թամբիդ և հրացանը թեղ զցած: Մտքերիդ հե՞տ ես և ծանրորեն ես քայլում: Առաջին անգամը չէ, որ քեզ տեսնում եմ այդքան մտազբաղ: Ին~ չո՞վ օգնեմ քեզ: Գուցե ես նկարագրեմ քո ճանապարհը:

Դու անցնում ես Մշո դաշտով: Ծծմակն է կանգնած քո ճամփին և վերևում մի ծանոթ քար կա: Արի քեզ տանեմ նըստեցնեմ այդ քարին: Դու Ծծմակով սկսեցիր քո ֆիդայական կյանքի ուղին և դրանով գուցե ավարտես այն:

Ի՞նչ ես բեղերդ սեղմում շուրթերիդ և երեսդ շուռ տալիս, որ ձիապանդ չտեսնի: Արաբոյի՞ն հիշեցիր: Աջ կողմդ Տերգևանքն է, և առաջվա պես բաց է այն դուռը, որի պատից ալյուրի մաղը վերցնելով նետվեցիր ֆիդայական առաջին առասպելական կռվի մեջ:

Կողքը Ալվառինջն է: Գնորգը հարբեց, բայց դու մի խմիր, մի խմիր այդ գյուղի գինին, այն սաստիկ թունդ է: Եթե Ալվառինջու սարերով վեր բարձրանաս, կհասնես Հավատորիկի ձորին: Այդտեղ սպանվեց Ավրանա Արամը, քո անվեհեր ֆիդային: Երկու վերք ուներ, մեկը ուսին և մյուսը՝ կրծքին: Դու քո հայդուկներով ծունկի իջար նահատակի առաջ: Նա երկար նայեց ձեզ իր բոսորագույն աչքերով և մրմնջաց. «Իմ բանս վերջացած է... սպանեցեք ձեր ձեռքերով»: Եվ դուք սարսափեցիք: Ո՞վ էր, որ ձեռք բարձրացնելու հանդգնություն պիտի ունենար այդ նվիրական կյանքին վերջ տալու: Այդ ժամանակ ձեզ մոտեցավ իր փեսա Վահանը, որ զինվոր էր եղած թուրքական բանակում և համարձակ ասաց, թե կարող է ազատել Արամին իր տանջանքներից: Վայրկյան չանցած դուք տեսաք, թե ինչպես նա անվարան մոտենալով Ավրանա Արամին՝ շշնջաց. «Քո կյանքը հալալ արա ինձ, իմ ազիզ ախպերս» և տասնոցի երեք հարվածով վերջացրեց նրան:

Հայացքդ վշտից առել ես թևերիդ տակ, բայց նայի՛ր դեպի ուր են ուղղված ձիապանիդ աչքերը: Ձիուդ սանձը բռնած նա կարոտով նայում է Մշո դաշտին:

Դե, վեր կաց, վեր կաց: Դու լուսաստղով պիտի բաժանվես Տարբանի դաշտից: Բարձրացրու գլուխդ և վերջին անգամ Ծիրնկատարի լուսեղեն բարձունքին նայիր: Նայիր Սըմբատաբերդին:

Իջիր, իջիր: Վերևում մնաց Սեյդոյի քարայրը: Ահա Բերդակը: Դու կանգնած ես Բերդակի և Նորշենի սահմանագլխին: Ֆրանկ Մոսոն այդտեղ չափեց ձեր գյուղերի հողային սահմանը: Սամիրով ճաշը այդտեղ կերար: Գեթ իմանայի, թե կանգուն է Ֆրանկ–Նորշենի տունը: Ես քեզ այնտեղ կըտանեի, կծեծեի նրանց դուռը և կասեի.

— Կաքավ քույրիկ, մի տեղ տվեք սրան և իր ձիապանին ձեր գոմի մութ անկյունում: Սա այն մարդն է, որ տակավին պատանի և Մուշից նոր փախած, օգնել է լուծելու ձեր երկու գյուղերի սահմանային վեճը:

Բայց, ավա՜ղ, ավեր է Ֆրանկ–Նորշենի տունը:

Քանդված է ամեն սահման ու սրբություն: Եվ չկա մի չըվան՝ չափելու անարդարությունը անչափելի:

Այս ի՜նչ մոլեգնած ոտնահետքեր են ձիերի: Այստեղով առավոտ վաղ Մորուք Կարոն և Չոլոն են անցել Սասնո լեռներից իջնելով:

Մորուք Կարո՜ն: Սասունը Էրմենիստան էր դառնում և Կարոն դեռևս յոթ տարի առաջ շտապեց ամուսնանալ, որ երկիրը լցվի: Այս գարնանը, մանավանդ, նա հաստատ հույսեր ուներ, որ ավերակների տակից հառնում է մի բաղձալի Հայաստան: Ամեն գյուղի մեջ վառվել էր հինգ-տաս ճրագ: Երզնկայից մինչև Կարին, Տիգրանակերտից մինչև Բաղեշ ու Վան հայրենի երդիկներից սկսել էր ծուխ բարձրանալ:

Չոլոն էլ ուզում էր իրենց գյուղում ճրագ վարել: Եվ սակայն, նա մեկն էր սասունցի այն հեծյալներից, որ այս առավոտ իջան Մշո դաշտ:

Կա՛նգ առ:

Դու ուզում էիր Ալաղին Միսակին տեսներ Խորոնք գյուղի մոտ

իր հայրենի գյուղն էր: Ահա նա իջնում է լեռներից, ավարտելով վերջին այցելությունը Ալադինի ավերակներին:

Ու՞ր ես ետ նայում: Այդ ո՞վ է կանչում՝ ես, դարձիր: Բերդակ սարի կաղնու՞տը, Սմբատաբե՞րդը, թե՞ Հանդակ սարի քամին: Տես, ինչպես Մշո գետակը գոռալով դեպի հյուսիս է շտապում, իր ընթացքի հետ քանդելով հայրենի քաղաքի կամուրջները:

Դու այդ ե՞րբ անցար Սուլուխի կամուրջը և հասար Խընուս:

Հիշու՞մ ես Բինգյոլի ձյունը: Դարձյալ ձյուն կա Դեղթափ սարին, բայց ո՛չ Բինգյոլից եկող կա, ո՛չ Խնուսում՝ շոգից տանջվող:

Թագավորին դուր չեկավ ձեր կամավորական գնդերի գոյությունը: Վանի ազատագրումից և Բաղեշի ճակատամարտից հետո այդ գնդերը ցրվեցին: Դրանց փոխարեն կազմվեցին հայկական հրաձգային գումարտակներ ցարական զորամասերի մեջ: Այդպես կամեցան ինքնակալ կայսրը և Կովկասի փոխարքան: Իսկ այժմ ցարական զորքը քաշվել է, ճակատի պաշտպանությունը թողնելով հայոց երկրապահ զորքերին: Թշնամին սաստկացրել է հարձակումը և արագ շարժվում է դեպի Մուշ: Կուրտիկ և Փեթար լեռների կողմից արդեն լըսվում է նրա հրանոթների որոտը: 1916-ի գարնանը ավերակված գյուղերի մեջ վառված ճրագները նորից սկսեցին մեկ առ մեկ հանգչել, և հազարավոր հայ գաղթականներ խռնվել են Զարբհորի լեռնանցքում:

Բաղձալի Հայաստանը ամայանում է նորից: Բայց այս ո՞վ է պառկել Խնուս–Բերդի փողոցում: Այդ ի՞նչ զորքեր են շարժվում նրա վրայով: Ա՛, գնդապետ Սամարցյանն է, Դոնի–Ռոստովի քաջամարտիկ զինվորականը: Այդ նա էր, որ 1916-ի գարնանը Սիլիկովի զորամասի հետ մագլցեց Սասուն, չոքեց ու աղոթեց Մարաթուկի դեմ: Երբ ցարական զորքը սկսեց քաշվել, նա մնաց հայկական հրաձըգային գնդի հետ հայրենի երկիրը պաշտպանելու: Այժմ պառկած է նա Բերդի փողոցի մեջտեղ և իր վրայով զորքեր են անցնում:

Բայց այս ի՞նչ է. այս ի՞նչ զորք է իր վրայով ետ նահանջում: Մի՞թե դրանք այն գնդերն են, որ գնացին Կարին: Ցարական զինվորների օրինակին հետևելով նրանք լքում են ճակատը և դառնում տուն: Հայրենասեր գնդապետը ցեխի մեջ պառկած փաթաթվում է նրանց ոտքերին, խնդրելով, որ իր վրայով չանցնեն–չգնան.

— Մի՛ դարձեք, մի՛ լքել ճակատը: Ո՞ւր եք գնում, հայ զինվորներ, ու՞ր եք գնում: Ես ինքս ռուստովցի հայ եմ, ռուս գնդապետ, բայց պարտք ունեմ հայրենիքի հանդեպ: Ետ դարձեք: — Բռնում–քաշում էր իր զինվորների ոտքերից, որ ետ դառնան: Անդրանիկը Բերդաքաղաքում ասաց, «Չկարծեք, թե Կարինը չպաշտպանելով, դուք պիտի կարողանաք Բերդաքաղաքը պաշտպանել երկար ժամանակ»: Իմ խոսքը ավելի դառն է. եթե դուք Խնուսի բերդը լքեք, մեր դիրքերը կլի՛նեն էջմիածնի պատերի տակ: Կացե՛ք, սա մեր հայրենիքն է, ու՞ր եք գնում, — բարձրաձայն գոչում էր նա, հրամայելով, որ ետ դառնան:

Ճանաչեցի՞ր:

Այո, այդ նա է, գնդապետ Սամարցյանը: Այդ նա է պառկած Խնուս–Բերդի ցեխոտ փողոցում: Այդ նա է հարվածում իր զինվորների ոտքերին, որ ճակատը չլքեն:

Ծեր է, փոքր–ինչ արծվաքիթ: Խնուս–Բերդի ընդհանուր հրամանատարն է, մեկը ռուսահայ այն հինգ երիտասարդ գնդապետներից, որոնց դու տեսել էիր Կարսի թամբագործի արհեստանոցում: Անակնկալի է եկել Կարինի անկման լուրը առնելով:

Բայց ի՜նչ փույթ: Հայ զինվորները ճամփան շեղելով շարժվում են դեպի Ալաշկերտի դաշտ, այնտեղից դեպի Կովկաս: Եվ նա միայն իր նահանջող զորքի ոտնաձայնն է լսում և իր հրամանը ե՜տ դարձեք:

Նայիր այդ քաջ գնդապետին և թող նրա հերոսական պատկերը ցոլանա աչքերիդ մեջ և գալիք սերունդների սրտերում:

— Ես Նոր–Նախիջևանի հայ եմ, սա իմ հայրենիքն է, ու՞ր եք գնում, — վերջին անգամ բղավեց Բերդի անօգնական գընդեպետը՝ շաղախվելով ցեխի մեջ:

Բայց զորքը, տես, գնում է, անվերջ գնում, աչքերը հառած Խաթավին լեռան ձյունոտ բարձունքին և միայն մի ազդու հոգեմաշ և հետզհետե խլացող դառնագին կանչ է լսվում, որ գնդակի պես գլորվելով ելնում-իջնում է նրանց ոտքերի տակ. — Ե՜տ դարձեք:

ԲԱՍԵՆՈՎ՝ ԱԼԵՔՍԱՆԴՐՈՊՈԼ

Անդրանիկը Կարին մեկնեց Բերդաքաղաքից, իր հետ ունենալով արևմտահայ կամավորներ, մեծ մասը ջարդի դիակների տակից ճողոպրած և Կովկաս ապաստանած օսման բանակի հայ զինվորներ: Ահա մի քանիսը դրանցից. կեսարացի Ճեպեճի Սարդիս՝ ձիավոր գնդի հարյուրապետ, դոկտոր Բոնապարտ, քարտուղար Եղիշե, հիսնապետ Թորգոմ՝ Ճեպեճի Սարգիսի ձիավոր հարյուրակում, որ նախապես Սեբաստացի Մուրադի մոտ ձիապան էր եղել, թարգման Ռուբեն և այլն:

Մշեցիներից իր հետ էին Կայծակ Անդրեասը՝ սուրհանդակ, հին հայդուկ Հաջի Գևոն, խնուսցի Փիլոսը և Շավարշ բասենցին:

Սեբաստացի Մուրադը Երզնկայի ճակատը ճեղքելով նոր էր հասել Կարին, երբ Անդրանիկն իր երկրապահ զորքով այնտեղ հասավ: Մուրադը նրան դիմավորեց իր սպիտակ ձիու վրա, սև յափնջին հագին, հարյուր հիսուն ձիավորներով:

Զորքեր կային նաև Բերդաքաղաքից և Ալեքսանդրոպոլից:

Բայց ահա վերջնագիր. «Անդրանիկ փաշին և Կարնո մեծերին, Բրեստ–Լիտովսկի դաշնագրով մեզ են թողնված Բաթումը, Կարսը,

Արդահանը, Օլթին, Արտվինը: Ուստի առաջարկում եմ ձեզ անմիջապես հեռանալ մեր սահմաններից, այլապես խստիվ պիտի պատժվեք. Վեհիբ փաշա» :

Հայդուկ էր, չդիմացավ. նստեց և գրեց. «Զենքն է, որ պիտի վճռե, թե այս հայրենիքը մե՞րն է, թե՞ ձերը: Ես քեզ պես փաշաներ շատ եմ տեսած: Քեզ հետ էլ կչափվենք»:

Այս պատասխանը Վեհիբին ուղարկելուց հետո, Անդրանիկը դարձավ իր զորքին. — Ես մի անհատ եմ: Անդրանիկը ձեզնով է Անդրանիկ: Կարգը եկած է և հաղթանակը ձեր սվինների ծայրին է, ով հայ զինվորներ: Չկարծեք, թե Կաբինը չպաշտպանելով պիտի կարենաք Կարսը պաշտպանել երկար ժամանակ:

Անդրանիկը հրամայեց սկսել հարձակումը: Ինքը կենտրոնից, իսկ Սեբաստացի Մուրադը և մյուսները՝ թևերից:

Պայթեցին ձայներ:

— Սա մեր հայրենիքը չէ, մենք մեր երկիրը պիտի երթանք:

Զորավարը հանկարծ ետ նայեց, տեսավ բոլորը փախել են: Բարկությունից ձիու վրայից սուրբ շպրտեց: Սուրը զնգալով ցոլաց սառած ձյուների վրայով: Հիսնապետ Թորգոմը վազեց բերելու:

— Տղաս, — ասաց Անդրանիկը, — դրա ուժը անցավ արդեն: — Կանչեց Սեբաստացի Մուրադին և Ճեպեճի Սարգսին և թելադրեց զորքի նահանջը դեպի Բասեն:

Ինքը վերջինը լքեց դատարկված Կաբինը: Մենակ է: Ետևից մի թարգման և մի քանի թիկնապահ են գնում— Երզընկացի հիսնապետ Թորգոմը, հայդուկներ Լոլո Հաջին և Կայծակ Անդրեասը:

Գնում է և մտածում: Ի՛նչ է սպասում իրեն և իր ժողովրդին: Իրեն Հայաստանի երկրապահ զորամասի հրամանատար նշանակելու համար սուր վեճեր էին ծագել հանրապետության խորհրդում: Ասել էին, որ նա բնածին ռազմական տաղանդ է, բայց այդ տաղանդը չունի գիտական մշակում. որ նա անիշխանական խառնվածք ունի և ըմբոստ է ամեն տեսակ իշխանության դեմ՝ հայրենի թե օտար: Ի վերջո, մերժել էին՝ ցարական կադրային զինվորական չլինելու և թուրքերին չզգուշելու պատճառաբանությամբ: Այդ նույն օրը նա ջղայնացած զենքը ուսը առավ և գնաց ռուս հրամանատարին հայտնելու, որ ինքը կմեկնի ճակատ իբրև շարքային զինվոր, որովհետև կարելի չէր ուշանալ:

Ինչպիսի բարձր տրամադրությամբ նա Թիֆլիսից Կարին մեկնեց, անընդհատ կատակներ անելով վագոնի մեջ: Իսկ ա՞յժմ:

Հասավ Բասենի դաշտ:

Առաջին անգամ Բերդաքաղաքից դեպի երկիր գնալիս անցել էր այդ դաշտով, զիշերելով գոմաձորցի մի հայ շինականի հարկի տակ: Այդ դաշտով 1903 թվականի ամռանը իր հեծյալ խմբով Կովկասից դեպի Մշո դաշտ էր անցել Սեբաստացի Մուրադը, օգնության փութալով Սասնո ապստամբներին:

Ահա և Բոցիկա սարը: Դիմացը ձյունի համատարած

սպիտակության մեջ մի քանի քարաբլուրներ երևացին: Բոցիկա հովը շնկշնկալով իջնում էր այդ բլուրների վրա: Մեկի առաջ կանգ առավ: Այդտեղ թաղված էին Լոռեցի Սրապը և Գյումրեցի Պոդվալի Վաղոն և դարձյալ մի հին հայդուկ «Մենակ» անունով:

Տասնհինգ-քսան տարի առաջ ռուսահայ երիտասարդի միակ ձգտումն էր, թե ե՞րբ պիտի անցնի սահմանը՝ իր հայ եղբայրներին ազատագրելու սուլթանի լծից: Ալեքսանդրոպոլցի Վաղոն և Լոռեցի Սրապը 1904 թ. ընկերներով ճեղքել էին սահմանը և անցել երկիր, միանալու Սասնո ապստամբներին, բայց ռուսաց թագավորի հրամանով սպանվել էին սահմանագլխին և ամփոփվել աչդ քարակույտի տակ: Բերդաքաղաքի շրջանի մի ձորի մեջ նույնանման մի քարակույտի տակ թաղված էին Սարդիս Կուկուն յանի արշավախմբի նահատակ ընկերները: 1903-ին Խանի խմբի հետ Բասեն մըտնելիս սուլթանի բանակին բախվելով և առյուծաբար կռվելով սպանվել էին սուլուխցի Առյուծ Սերոբը և իր երկու կորյունները — Հակոբ և Ավետիս:

Բասենի դաշտով ուրիշ շատ խմբեր էին անցել: Նրանց մեծ մասին անձամբ ճանաչում էր Շապինանդը: Հայդուկներ էին, որ մահով զինված բռնության դեմ մահի էին գնում:

Բայց բոլորն էլ գրեթե անխնա բնաջնջվեցին, ոմանք կիսաճամփին, շատերն էլ սահմանագլխի վրա, ճզմվելով բռնակալներից: Թշվառ, հավատավոր ուխտի զինվորներ, սուրբ վերքերով պառկած անհայտ, անանուն շիրիմների մեջ:

Անդրանիկը հրացանին կռթնած երկար նայ՜եց հայդուկների բլուրներին: Ճակատին հայկական հոգսն էր, հագին՝ ցարական գեներալ-մայորի համազգեստ, կրծքին՝ ս. Վլադիմիրի շքանշան և Գեորգիևյան խաչ: Զորավարական ուսադիրները ծանրորեն ճնշում էին իրեն: Հայդուկի հոգին ըմբոստանում էր այդ համազգեստի մեջ: Ոտքը դրեց մի կոշտի: Ձյունը փուլ եկավ: Թիթեղյա մի ժանգոտած ջրաման պսպղաց քարի տակից: Ո՞ր հայդուկինն էր եղել արդյոք: Ո՞վ էր ջուր խմել նրանով: Գուցե Պոդվալի Վաղոյի կամ Լոռեցի Սրապի տափաշիշն էր, միակ անհրաժեշտ պիտույքը զենքից հետո, որ երկիր գնացողը անպայման վերցնում էր իր հետ և սպանվելիս բարձի փոխարեն դրվում էր նրա գլխի տակ:

Տխուր մտածությունների մեջ Շապինանդը անցավ Բասենի դաշտը և հասավ Ռուսահայաստանի հին սահմանին: Ներքևում մնաց Ալաշկերտի դաշտը: Հայ շինականներին արգելված էր այդ դաշտում խոտ հնձել: Դոնից և Կուբանից բանվորական ջոկատներ էին շտապում Ալաշկերտ, Դիադինի և Հին Բայազետի հովիտների խոտը հնձելու կազակական գնդերի ձիերի համար: Այդ վայրերում մշտական բնակության համար արդեն դիմումներ էին ներկայացրել ցարական բազմաթիվ չինովնիկներ: Մի կալվածատիրուհի խնդրել էր, որ Դիադինի հովտում իրեն հողամաս հատկացվի դաստակերտ կառուցելու:

Այդ երկու տարի առաջ էր:

Այժմ Կաբինը գրավված էր։ Թշնամին արագ մոտենում էր Կաղզվանին։ Տարոնի ժողովուրդը Խնուսից, Մանազկերտից և Բուլանուխից շարժվում էր դեպի Ալաշկերտ։ Հայ երկրապահ զորքը ետ քաշվելով քայլ առ քայլ կռվում էր ներխուժող հորդաների դեմ, որոնք ուզում էին կտրել նահանջող ժողովրդի ճանապարհը։ Հայտնի էր դարձել, որ թշնամին արդեն գաղտնի հարաբերության մեջ էր մտել Թալինի բերդի հետ։ Ալեքսանդրոպոլի և Երևանի թիկունքում սպառնալիք էր ստեղծված։

Բերդաքաղաքին չհասած Բեռնա գյուղի մոտ Անդրանիկը հանդիպեց Սեբաստացի Մուրադին։ Նա դարձյալ իր սպիտակ ձիու վրա էր, սև յափնջին հագին։ Այդ հին հայդուկապետին հարկադրել էին հեռանալ Սարիղամիշից։ Եվ նա զայրացած իր զինվորներով լքել էր Սարիղամիշը և հեռացել։

Երկճղանի մորուքով մի մալական անցավ հեռվից։ Շապինանդը կարգադրեց իր մոտ բերել նրան։ Կանչեց թարգմանին.

— Հարցրու այս մալականին, թե ով է իրենց գյուղի տերը։

— Բոգ վիսոկի, ցար դոլյոկի, նա զեմլյե օդին Շապուհ, — պատասխանեց մալականը։

— Հարցրու իրեն, թե ինչ գիտի Թալինի բերդի հետ հակառակորդի ունեցած կապի մասին։

Մալականը հայտնեց, որ Բերդաքաղաքի նահանգապետը Մ ուշից բերված մի սիրուն հարճ է ուղարկել այդ ամրոցի թաթար խանին իբրև նվեր։

Բեռնայի մալականը գնաց։

Ի՞նչ անել։

Նորից գնալ Թիֆլիս և բողոքել։ Բայց ու՞մ։ Ազգային բյուրոյի՞ն։ Վրաց մենշևիկների՞ն։ Գուցե հարկավոր կլինի Խորհրդային Ռուսաստանի Կովկասյան արտակարգ կոմիսարին տեսնել։

Եվ գնաց։ Կոմիսարը անցել էր Բաքու։ Նա խոսք տվեց, որ Խորհրդային Ռուսաստանը ամեն կերպով կօգնի Թուրքահայաստանի անկախությանը։

Վերադարձավ Ալեքսանդրոպոլ։

Բերդաքաղաքը ընկել էր։ Թշնամին իր հարձակողական ուժերը երկու մասի բաժանած, մեկ մասով ուղղվում էր դեպի Ալեքսանդրոպոլ, իսկ մյուսով՝ Կողբի և Սարդարապատի վրայով՝ դեպի Երևան։ Ճակատից ետ քաշված բոլոր երկրապահ ուժերը հավաքվել էին Շիրակի դաշտ։ Բերդաքաղաքից այդտեղ էին հասել Սեբաստացի Մուրադը, Սարդիս Ճեպեճին, հիսնապետ Թորգոմը և բժիշկ Բոնապարտը։ Սուլուխի

կամուրջից Բասենի վրայով այնտեղ էին նահանջել բասենցի Շավարշը, խնուսցի Փիլոսը և Պուճուր Աբրոն։

Ապրիլի 10–ին Անդրանիկը Ալեքսանդրոպոլում շտապ նոր բանակ կազմեց, որ Ալեքսանդրոպոլը և Երևանը պաշտպանի թուրքական հարձակման դեմ: Այդ զորքի մոտ վեց հարյուր ձիավորը և հետիոտնը գարահիսարցի, երզնկացի և խոտորջուրցի տղաներ էին, հայդուկ զինվորներ և նախկին կամավորներ:

Հեծելազորի հրամանատար կարգեց Ճեպեճի Սարգսին, գումարտակի պետ՝ Հաջի Գևոյին: Նշանակեց նաև հրամանատարներ, որոնցից երկուսը մշեցիներ էին՝ Սմբուլ Արշակ և Շահկա Արո: Ջորամասի երրորդ գումարտակի հրամանատարը և գլխավոր բժիշկը Բոնապարտն էր: Թիկնապահ և քարտուղար՝ Եղիշե, թարգմանիչ՝ Ռուբեն:

Սուրհանդակը Կայծակ Անդրեասն էր:

Այդ բանակը կոչվեց «Հայկական առանձին հարվածող զորամաս»:

ԲԵՐԴԸ

1918 թվականի մայիս ամիսն էր:

Սասունցի ձիավոր հայդուկների մի խումբ Իգդիրի սարերով սրընթաց իջավ Արարատյան դաշտ: Նրանց մեջ կային նաև մի քանի մշեցի հեծյալներ, որոնցից մեկը Ալադին Միսակն էր, իսկ մյուսը՝ իմ ձիապան Բարսեղը: Երկու շաբաթ առաջ Խնուս-Բերդից դուրս գալով, նրանք կտրել էին Ալաշկերտի հովիտը և Մարգարայի կամուրջով մոտեցել Մեծամոր լճին:

Մեր դիմաց Արագած լեռն էր, թիկունքին՝ Մասիսները, իսկ ետևից՝ Բարթողյան բարձունքներից ձյան հուսինի պես դեպի Սուրմալու իջնող բազմահազար գաղթականություն: Իջնում էին գրաստներով և առանց գրաստների, մեկն իր թաղիքն ու կարպետը մեջքին կապած և բահը ուսին, մյուսն իր խնոցին շալակած, երրորդը՝ իր երկանքն ու գերանդին, չորրորդը իր դիոլը գրկած՝ տխուր ու մտածկոտ:

Ձիավորներից ոմանք առաջարկեցին այդ գաղթականներին Էջմիածնի վրայով տանել Աշտարակ ու Ապարան, ոմանք էլ հարմար դատեցին Երևանի վրայով նրանց առաջնորդել դեպի Նոր–Բայազետ: Մեր աչքերը սակայն հառած էին Արագած լեռան քարքարոտ բարձունքներին, որի թավշյա ստորոտներն աննկատելի կայծում էին մեր նժույգների սմբակների տակ:

Բարձր դարավանդի վրա կանգնած էր Թալինի հնադարյան բերդը: Այդ կրկնապարիսպ բերդի ներսում և նրա շրջակա ավաններում մեկ և կես դար առաջ հայ Կամսարական տոհմի շինականներին բռնությամբ տեղահանելով, ամրացել էին մի քանի թաթար և պարսիկ իշխանավորներ, կեղեքելով և սարսափի մեջ պահելով այդ շրջանի հայ աշխատավորներին:

Ամրոցի տերը մորուքավոր մի պարսիկ էր՝ Իբրահիմ խան անունով:

Այդ ամրոցը ոչ միայն իշխում էր Արագածի անցուղիներին, այլև մեծ վտանգ էր արևելյան Հայաստանի մայրաքաղաքի համար թշնամու հարձակման դեպքում:

— Այդ բերդը մեր բաժինն է, — ասաց Փեթարա Մանուկը և նրա ձին Մեծամորի երկայն եղեգները ճեղքելով կատաղորեն ծառս եղավ օդում՝ պատրաստ առաջ սլանալու:

— Պիտի վերցնենք և պիտի ապրենք այդ սարի վրա, — ավելացրեց Մորուք Կարոն, ձեռքը հաստատորեն իջեցնելով Չոլոյի ուսին:

Ծառս եղավ նաև Արծիվ Պետոյի ձին: Բոլոր հեծյալները գդակները հանելով թափ տվեցին դեպի Արագած լեռը:

Ուրիշ ոչ ոք, միայն այդ մի խումբ սասունցի հեծյալները պիտի գրոհի գնային բերդի վրա: Ահա թե ինչու մեր նժույգները Բարթողյան սարերից իջնելով կատաղի կանգնել էին Մեծամոր լճի եզերքին:

Վերջին անգամ մեր նժույգները երկայն եղեգները ճեղքելով, իրենց ռունգերը ագահորեն թաթախեցին Մեծամորի մթնած ջրերի մեջ:

Վճիռը այժմ Փեթարա Ախոյինն էր: Նա պիտի որոշեր վաղվա օրը: Եթե եղանակն աննպաստ լիներ, կարող էինք պարտվել չարաչար: Ու Պղնձյա Ախոն իր ձիով անջատվեց հեծյալների խմբից, որ բնության գաղտնիքը կարդար:

Ախոն գրեթե անսխալ մեկնաբանում էր ձիերի ականջների խաղը, գորտերի կռռոցը և ճպուռների տզզոցը: Գելիավքի երեվալը նշան էր գլխապտույտ անհաջողության: Եթե մայրամուտի պահին անծեղները դեպի անտառ թռչեին՝ անձրև էր սպասվում, երամ-երամ իրար սեղմվեին խժժալով՝ ահեղ փոթորիկ էր պայթելու: Ձիերի փռշտոցը հողմի նշան էր: Ուժգին որոտը կարկուտ էր բերում: Չկար բնության մի երևույթ, որ Փեթարա Ախոն չկարդար:

Անջատվելով խմբից նա ձիու գլուխը ուղղեց դեպի հարավկողմ և թամբից իջնելով զննեց իր ձիու ռունգերի ու ականջների խաղը: Ապա նայեց դեպի լեռները՝ որոշելու ամպերի շարժումները: Մի թեթև քամի անցավ լճի վրայով: Քամու հետ մի կուղբ երևաց ջրի մեջ և նրա մեջքի վրայով մի կաչաղակ թռավ, թևերը ուժգնորեն զարկելով իրար:

Տագնապեց Ախոն: Բայց շուտով մի ճպուռ երգեց եղեգների մեջ և մի գորտ կռռաց զարմանալի հանգիստ: Ականջը երկար պահեց նրանց ձայներին: Կռացավ և նորից լսեց: Տագնապն անցավ:

— Հրաշալի եղանակ ունենք վաղվա համար, — ազդարարեց հայդուկը և թռավ նժույգի թամբին:

Ես իմ հեծյալներին բաժանեցի երեք թևի. առաջին թևը հանձնեցի

Փեթարա Մանուկին, երկրորդը՝ Մորուք Կարոյին, իսկ երրորդ թևը ես և Ախոն վերցրինք։

Վերին Թալինից դեպի հարավ–արևմուտք կա մի լեռ, որ կոչվում է Մեծ Արտենի։ Հրաբխային լեռ է, չոր է, պղնձագույն։ Մանուկը պետք է ամրոցը հարվածի այդ սարի կողմից, Մորուք Կարոն՝ Կարմրաշեն կայարանի, իսկ մենք՝ Աշնակ գյուղի։

Մայիսի հինգի աղոթարանը խոստանում էր հրաշալի օր, ինչպես նախատեսել էր Փեթարա Ախոն։

Մենք ձիերը հեծանք գիշերով։

Մինչև Կարմրաշենի երկաթուղային կայարանը միասին գնացինք։

Ճանապարհին կանգնած էր մի հաստլիկ տղամարդ կապույտ գլխարկով, ձեռքին կանաչ լապտեր և երկու դրոշակ՝ կարմիր և դեղին։

Կայարանապետն էր։

Տեսավ ներքևից սասունցի ձիավորներ են գալիս՝ զարմացած հարցրեց.

— Ու՞ր կերթաք։

— Բերդի վրա, — պատասխանեց Փեթարա Մանուկը ձին կանգնեցնելով։

— Խե՜ղճ մարդիկ, — հառաչեց կայարանապետը ծոծրակը քորելով։ Ապա դարձավ Մանուկին.

— Ինչու՞ ես էս խեղճ ձիավորներին տանում կոտորելու։ Ու կարմրաշենցին բացատրեց, թե ինչպես Ալեքսանդրո-

պոլի կողմից հազար վեց հարյուր մարդ թնդանոթներով երկու անգամ փորձ են արել այդ բերդը գրավել, բայց չի հաջողվել։

— Հիմա դու՞ք կուզեք տաս–քսան ձիավորով Թալինի բերդը վերցնել, — արհամարհական հարեց կայարանապետը, մի ցավալի հայացք նետելով նրանց վրա։

— Մեր շորերը պատառոտված տեսար, կարծեցիր, թե ողորմությա՞ն կերթանք։ Ես մեր ամեն մի ձիավորին քո հազար վեց հարյուրի հետ չեմ փոխի, — պարծանքով փոխադարձեց Փեթարա Մանուկը։

— Գոնե մի քանի օր սպասեք, — խորհուրդ տվեց կարմրաշենցին։

— Էսօր որ չվերցնենք, էգուց քո պապն էլ, իմ պապն էլ որ դան՝ չենք կարող վերցնել։ Մենք ծովն անցել ենք, առու՞ն պիտի խեղդվենք, — պատասխանեց փեթարացին ու ձին քշեց։

Աղոթարանը չբացված Մանուկն իր ձիավորներով կանգնած էր Արտենասարի գագաթին։ Նրա խմբին միացել էին նաև մի քանի ձիավորներ գաղթականներից, որոնցից մեկը Սեմալցի Գալուստն էր։

Երբ արևը դիպավ Մասիսի ճակատին, Փեթարա Մանուկը, Սեմալցի Գալուստը և մյուս սասունցի հայդուկները բարձրագոչ ուռա գոռալով, ձիերը հեծած սարի գագաթից խուժեցին դեպի ներքին Թալին։

Ամենից բարձր գոռացողը Սեմալցի Գալուստն էր: Մենք էլ հարավից և Աշնակի սարահարթից մեր ձիերի գլուխները ուղղեցինք դեպի Բերդի պարիսպները:

Իբրահիմ խանը թաթար և պարսիկ պահակազորին և բնակիչներին ոտքի հանելով, սկսեց թնդանոթային ուժեղ դիմադրություն ցույց տալ ամրոցի խրամատներից: Սակայն ի՞նչ կարող էր դիմանալ հայրենիքը կորցրած լեռնականների ուժգին գրոհին: Մորուք Կարոյի և Փեթարա Ախոյի մարտիկները հողմային նժույգներով նետվեցին խրամատների մեջ, լռեցնելով Իբրահիմ խանի գնդացիրների որոտը: Երբ ես ամրոցի պարիսպներին հասա, Փեթարա Մանուկի հեծյալները արդեն խորտակել էին ամրոցի դռները և Բերդի մեծ դռնով խուժել ներս:

Թշնամին հյուսիսային դռնից փախուստի դիմեց: Ամրոցի տերը խուճապահար փախչում էր, իր ետևից քարշ տալով մի երիտասարդ թրքուհու: Այդ այն գեղեցկուհին էր, որ մի օր առաջ Կարսի նահանգապետը նվիրել էր իրեն:

— Գնանք Յաղիդամ, — ասաց խանը և կռանալով երկու բազուկներով գրկեց աղջկան, իր հինայած ցանցառ մորուքը քսելով նրա բաց կրծքին:

— Ով քաջդ էրմենի, ազատիր ինձ էս հրեշի ձեռքից, — բղավեց թրքուհին դիմելով իր ետևից եկող հեծյալի օգնությանը:

— Կանգնի՛ր, Իբրահիմ խան, քո դատաստանը իմ ձեռքին է, — գոռաց Փեթարա Ախոն և իրեն վայր նետելով, մաուզերը քաշած չոքեց խանի վրա:

— Աղջիկը ինձ, բերդը՝ քեզ, — պաղատագին աղաղակեց Իբրահիմ խանը:

— Եվ ամրոցն է մերը, և ամրոցի գեղեցկուհին, — զրնգաց Պղնձյա Ախոն:

Վրա հասավ Չոլոն, և մինչ ամրոցի տերը և հայդուկ Ախոն զբաղված էին սրամարտությամբ, նա գերի թրքուհուն իր թամբին վերցնելով Բերդից դուրս տարավ:

Իմ հեծյալները Իբրահիմ խանի բոլոր բերդապահներին և դիմադրող բնակիչներին դուրս շպրտեցին ամրոցից, ոչնչացրին կամ գերի վերցրին: Մեկ-երկուսին Արծիվ Պետոն և Փեթարա Ախոն ավինահար արին: Ոմանք Բերդի բաղաններից իրենց նետում էին ցած, որ փախչեն և օդի մեջ զարկվում էին իմ ռազմիկների գնդակներից:

Կեսօրին ներքին Թալինի բերդը գրավված էր և հակառակորդի դիմադրությունը փշրված: Թշնամին մեծ կորուստ ունեցավ, իսկ մենք տվինք վեց սպանված և տասներեք վիրավոր:

Իբրահիմ խանը փախավ:

Վերջին դուրս եկողը բերդի տիրուհին էր, որ իր աղջկա հետ թաքնված էր ամրոցի նկուղներից մեկում: Գեղեցիկ էր խանի աղջիկը և նրա համար բերդի դռանը կռիվ եղավ. մեր զինվորներից երկուսը քիչ մնաց իրար սպանեին: Չոլոն սուրը քաշելով նետվեց երկուսի մեջտեղ.

— Տղաները սպանվել են, իսկ դուք մի խանի աղջկա համա՞ր կկռվեք:

Ախոն, որ արյունը աչքն էր առել, մոլեգնած հարձակվեց Չոլոյի վրա: Դրությունը փրկելու համար ես կարգադրեցի Փեթարա Մանուկին, որ աղջկան շտապ հասցնի իր ծերունի հորը:

Մանուկը մեկնեց:

Ճիշտ այդ ժամանակ ես հրավեր ստացա Անդրանիկից, որով կոչ էր անում ինձ և տարոնցի բոլոր ուժերին Լոռի երթալ: Հրավեր բերողը Անդրեասն էր, մեր ֆիդայի կամավորը:

«Օսմանցին լցվավ Գյումրի»— ասաց սուրհանդակ Անդրեասը, և խնդրեց, որ շտապ մեկնեմ: Տեղեկացրեց նաև, որ Ալեքսանդրոպոլի ճանապարհին բռնվել է մի թաթար սուրհանդակ, որը Երևանի քաղաքային դումայի որոշումները Թալինի վրայով հասցրել է թուրք բանակի հրամանատար Շեվքի փաշային:

— Շտապ դեպի Լոռի, — գոռաց Անդրեասը և թռավ ձիու մեջքին:

Ես իմ ձիապանին կարգադրեցի նրան ճանապարհ դնել և որոշեցի մեկնել, ինձ հետ վերցնելով տարոնցիների և խնուցիների մի քանի հարյուրակ, ինչպես նաև Թալինի բերդը գրաված հեծյալներից մի քանիսին:

Մեկնելու ժամանակ հայտնի դարձավ, որ իմ ձիապան Բարսեղը չկար: Ի՞նչ եղավ՝ չիմացա: Եվ ժամանակ էլ չկար նրանով զբաղվելու: Վստահ էի սակայն, որ եթե ողջ է, կերևա անշուշտ, իսկ եթե ողջ չէ, ուրեմն հերոսաբար զոհվել է մի որևէ հարկադրական կռվում:

ԴԵՊԻ ՎԱՅՈՑ ՁՈՐ

Ես իմ ձիավորներին առած միացա Ջավախքից վերադարձած Անդրանիկի զորամասին և մենք Քարախաչի լեռնանցքով բարձրացանք դեպի Լոռի:

Առաջին գյուղը, որ մտանք՝ Վարանցովկան էր: Երկար գյուղ էր սա և բնակիչները երկար մորուքներով ու երկարաճիտ ոտնամաններով մալականներ: Գյուղի միջով անցնելիս նրանցից ոմանք իրենց ձեղուններից զաղտագողի կրակեցին մեզ վրա: Անդրանիկը ձիու գլուխը շուռ տալով՝ ասաց, «Էրկեն զեղ, թե մեկ էլ ետ դարձա դու իմ ձեռքից չես պրծնի»:

Վարանցովկայից եկանք Ջալալօղլի: Մեր մուտքից առաջ Ջալալօղլիում սուր վեճեր էին ծագել հայության տարբեր հոսանքների միջև: Անդրանիկը, դիմելով տեղի հայկական կայազորին և մեզ դիմավորելու եկած բազմությանը՝ ասաց. «Լսել եմ, որ երկու օր առաջ այստեղ ընդհարումներ են եղել մեծամասնականների, փոքրամասնականների և դաշնակների միջև: Նախ կռվենք մեր գոյությունը պաշտպանելու իբրև ազգություն»:

Ջալալօղլիում շատ հայ որբեր կային: Մայիսի 23-ին մենք նրանց ձիերի թամբերին առած իջեցրինք Քոլագերան և հանձնեցինք կայարանապետին, որ ուղարկի Թիֆլիս, իսկ մենք բարձրացանք Դսեղ: Զինվորական բարձր կենտրոնից Անդրանիկին հրաման եկավ, որ իր զորքով մնա այդտեղ և պաշտպանի երկաթուղու գիծը: Մի քանի օրից հետո Դսեղից իջանք: Հազիվ էինք հասել Մարցի գեղատեսիլ անտառին, երբ սկսվեց կարկտախառն անձրև, որ տևեց մինչև ուշ գիշեր: Ոբռաներից դղրդում էին հաստաբուն կաղնիներր և փայլակը զայրույթից պատառոտում էր իր կուրծքը՝ նրանց խիտ սաղարթներից բեկվելով:

Մայիսի 29-ին մտանք Դիլիջան: Գաղթականները խռնվել էին Դիլիջանի ձորում: Այդտեղ լուր եկավ, թե Արաքսի ափին տեղի է ունեցել մեծ ճակատամարտ և հայ ժողովուրդը թեև հաղթել է այդ ճակատամարտում, բայց ազգային խորհուրդը մայիսի 28–ին Հայաստանը հռչակել է անկախ հանրապետություն՝ Բաթումում հաշտություն կնքելով ռոմի թուրքերի հետ և նրանց իրավունք տալով Դիլիջանի վրայով շարժվել դեպի Բաքու:

Թշնամին պահանջել էր զինաթափ անել և ցրել նաև Անդրանիկի զորամասը, իսկ նրան գերի բռնել և հանձնել իրենց, եթե փորձ անի մտնելու Հայաստանի սահմաններից ներս:

«Երեսուն տարի կռվել եմ, ինձ չեն բռնել, հիմի՞ կուզեն գերի բռնել», — ասաց Անդրանիկը և մերժեց ճանաչել թուրքերի հետ կնքված դաշնագիրը: Նա հեռախոսով կապվեց Արարատյան հանրապետության նախագահ Արամի հետ. «Անդրանիկն է խոսողը: Դուք վճռել եք թշնամուն առանց կռվի թույլ տալ Դիլիջանի կիրճով անցնել դեպի Գանձակ և Բաքու: Աղիկա դավաճանություն է: Ալեքսանդրոպոլի կոմիտեի պահանջով դուք ինձ հեռացրիք սահմանից, ուղարկելով Ջավախք և Լոռի: Սարդարապատը ապացուցեց, սակայն, որ մեր ժողովուրդը ըն՛դունակ է հրաշքներ գործելու: Թույլ տվեք ինձ փշրել թուրքական բանակը Դիլիջանի կիրճում»:

Մերժողական պատասխան ստանալով, Անդրանիկը հայ՛տարարեց, որ իր համար ընդունելի չէ Բաթումի հաշտությունը: «Այդ հաշտության պայմանագրով դարերի ստրկության շղթան դուք ձեր ձեռքով ձեր վիզը և ձեր ոտքերը անցուցիք», — ասաց նա և իր չորս հազար զորքով ուղղվեց դեպի Պարսկաստան:

Հունիսի 5-ին նա ելավ Դիլիջանից և Սևանի ափերով անցավ Ելենովկա՝ արևի տակ չորացնելով իր զորքի հանդերձանքը: Անցանք Լճաշենը և ապա դարձյալ կայծակների ու ամպերի հզոր որոտմունքով, անձրևի ու հեղեղի միջով մտանք Նոր–Բայազետ:

«Թուրքերի ձեռքով ստեղծված Հայաստանում» զինաթափվելու և

ատիճանաբար ապարեզից վերացվելու վտանգ էր Ապառնում արևմտահայ գրեթե բոլոր զինյալ ուժերին և հին հայդուկներին: Ուստի Արարատյան հանրապետությունից դըժգոհ շատ հայ զինվորներ, որոնք հերոսաբար կռվել էին Սարդարապատի դաշտում և Բաշ–Ապարանում, փոքրիկ խմբերով եկան և միացան մեր զորամասին:

Առաջինը հայտնվեց Փեթարա Մանուկը, բերելով սասունցի շինականներից կազմված գունդը, որ կոչվում էր «Սասունցիների պոլկ»: Այդ գնդի մեջ էին Թալինի ամրոցը գրաված հայդուկ զինվորները: Նրանց հրամայված էր քաշվել դեպի Նոր–Բայազետ և Զանգեզուր՝ թուրք զինվորների գրգռությունից հեռու մնալու համար: Դիլիջանի կիրճից, Երևանի, Քանաքեռի և Եղվարդի բարձունքներից դեպի Նոր–Բայազետ էր շարժվում արևմտահայ գաղթականների քանիհինգ հազարանոց մի բազմություն:

— Որտեղ Անդրանիկ, էնտեղ լէ մենք, — ասում էին ու կրնկակոխ հետևում մեր զորամասին:

«Սասունցիների գունդը» առանձին էր շարժվում: Այդ դըն՛գի կամավորներից մի քանիսի կանայք զինվորի շոր էին հագեի որ զորքից անբաժան լինեն: Զինվորի հագուստ և զենք էին կրում Մարթան՝ Մորուք Կարապետի կինը, Յաղիզամը՝ Չոլոյի կինը, Աղջնա Վահանի կինը և շատ ուրիշներ: Գաղթականների մեջ էին Մոսե Իմոն իր կնոջ և աղջկա հետ, Մորուքի եղբայր Օհանը և Տալվորիկցի Ֆադեն՝ բահը ուսին և թաղիքն ու կարպետը մեջքին կապած: Սրանց առջևից գնում էին Հոնկա պապի թոռները, բռնաշենցի Ծաղիկ Համբարձումը և խնոցի ու գերանդի շալակած շատ գյուղացիներ, որ մի քանի շաբաթ առաք իջել էին Բարթողյան լեռներից: Դիոլ զըրկած շինականն էլ այնտեղ էր: Դրանց բոլորի մեծավորը Սոսե մայրիկն էր՝ ձին հեծած և մի պատանի զինվոր առջևից: Սոսեի սրտում համազգային վշտից բացի խլրտում էր մի անձնական ցավ: Նրա մեծ որդին կորած էր և նա երբեմն ձին կանգնեցնելով, դիմում էր երիտասարդ զինվորին՝ ասելով. «Ղարիբ, լաո, մի խաղ ասա Սոսե մայրիկի համար»:

Նոր–Բայազետ ում Անդրանիկը ապստամբության դրոշ պարզեց և վերսկսեց կռիվը ռոմի թուրքերի դեմ: Դիմեց Անդրանիկը իր զորքին և ասաց,

— Աշխարհում դեռ չի եղել մի երկիր, որի ժողովուրդը տեղահան եղած շարժվի իր բանակի հետ: Ես այդ դժբախտ բանակի հրամանատարն եմ: Մինչև այսօր ինձ Կովկասի զորաց հրամանատար կանվանեին, բայց հիմա ես ինձ դարձյալ Սասունի մեջ կռվող հայդուկ կկոչեմ: Այնքան ատեն, քանի դեռ մեր դաշնակից պետությունները չեն հաղթված և իրենց սուրը վար չեն դրած, ես պիտի շարունակեմ կռիվը ուժերիս ներածին չափով, կամ պիտի մեռնեմ, և կամ, եթե ողջ մնամ, Հայաստանը ազատագրված պիտի տեսնեմ: Ես զինվոր եմ, ճընշվածների և ստրկացածների բանակի զինվոր: Որտեղ պայքար կա ազատության համար, կռիվ կա տիրողների դեմ այնտեղ է իմ սուրը: Այս պահիս ես որևէ օգնող չունեմ: Ուր որ գտա մի պատառ հաց՝ հոն կուտեմ, չգտա անոթի կմնամ: Ով ի սրտե կփափագի ընկերանալ ինձ՝ կարող է մնալ իմ զորամասի մեջ, պայմանով, որ եթե ինձ նման անոթի մնա, տրտունջ չհայտնի: Իսկ չուզողը հիմիկվանե կարող է մեկնել: Դիմեց Անդրանիկը իր ետևից եկող գաղթականությանը և ասաց. «Գիտեմ, որ իմ զորամասը շատ նեղությունների պիտի հանդիպի այս ճանապարհին և դուք արգելք պիտի ըլլաք մեր բոլոր շարժումներին, և թերևս, բոլորդ էլ ջարդվեք, բայց քանի որ վճռել եք ընկերանալ կրնաք գալ»:

Ու վեց լեռնային թնդանոթով, սայլերին ու ուղտերին բարձած ռազմամթերքով ու պարենով մեր զորամասը Սելիմի լեռնանցքով սկսեց իջնել դեպի Վայոց ձոր:

Ժայռերն այդտեղ թուխ էին, արծաթագույն ու կարմիր: Եվ այդ բազմագույն ժայռերի միջով Քարագլխի քար ու քարափից հեղեղի պես իջնում էր գաղթականությունը: Շալակել են ով ինչ կարող է:

Այդտեղ էր, որ գաղթականների մեջ երևաց կեռ եղջյուրներով մի գոմեշ ամեն տեսակ տնային իրերով բեռնված — ճրագվառոցից մինչև հավթառ, ուրագից մինչև աստվածամոր պատկերը՝ երկար թարթիչներով: Խառնվել էր գաղթականների հոծ բազմությանը և արածելով բնազդորեն շարժվում էր առաջ: Այդ անսովոր բարձկանը գրավել էր ամենքի ուշադրությունը: Ոմանք նրա վրա խնամքով դարսված և ամուր կապված իրերից կռահում էին, որ այդ բարձկանը Խարբերդի կամ Բասենի կողմերից պետք է եկած լինի, ով էր տերը, ինչպես էր հասել մինչև Սելիմի լեռնանցքը՝ չիմացվեց և հարցնող էլ չկար:

Այդ բարձկանը այժմ ամենքինն էր և ոչ մեկինը: Վայոց ձորի կամ Դարալագյազի հովիտը, դեպի ուր մենք իջնում էինք, առիթ էր տվել զարմանալի զրույցների: Երկու գաղթական այդ հովիտը համեմատում էին Մշո դաշտի հետ և այդ կետից ակամա հեռանալով, վեճը կենտրոնացրել էին այն հարցի վրա, թե Բիթլիս քաղաքը քանի ժամ է հեռու ս. Կարապետի վան՛քից, արդյոք տասնչո՞րս, թե՞ տասնութ: Վերջում համաձայնեցին, թե հեռավորությունը՝ տասնութ ժամ է ոտքով: Իսկ մեկ ուրիշը իր գյուղն

էր հիշում, ասելով, թե Առնջվանքը այնքան մոտիկ էր Մուշ քաղաքին, որ Առնջվանքում վառած ծխախոտը մինչև պրծներ՝ կհասնեիր Մուշ:

Մ երթ բառաչելով և մերթ արածելով նրանց կողքից շարժվում էր բարձկան գոմեշը: Մի խնոցի դղրդոցով գլորվեց ձորը: Ապա աստվածամոր կողքից մի ուրագ ընկավ քարափին հավի թառը ցնցելով:

Ծաղիկ Լամ բարձումը ետ նայեց.

— Բան չկա, գաղթի ճամփա է, դրախտի ճամփա չէ: Ամեն բան լե կպատահի:

Իմ կողքից անբաժան են Շահկա Արոն, Ալաղին Միսակը և Մշեցի Ճիրոն: Սմբուլ Արշակն էլ մեզ հետ է: Ձիերը հեծած լեռնիվար իջնում են Խնուսցի Փիլոսը, Պուճուր Աբրոն և գումակի պետ հին հայդուկ Լոլո Գևոն: Առջևից Անդրանիկն է գնում, ետևից՝ հեծելազորի հրամանատար Սարդիս Ճեպեճին և երրորդ գումարտակի զորապետ բժիշկ Բոնապարտը, մի տասնյակի չափ զարահիսարցի և բայբուրդցի քաջահաղթ հեծյալների հետ:

Եմբի մեջ է նաև հիսնապետ Թորգոմը: Հեռվում երևում են Սյունաց սարերը ամպերի մեջ կորած: Սոսե մայրիկը գաղթականների առաջ ընկած ձիով իջնում է զորքի ետևից: Ամեհի բարձկանը կանգնել է մի կարմիր ժայռի և անդունդի վրայով զարհուրելի բառաչում է դեպի հեռվում երևացող Ջիվանշիրի սպիտակ գագաթները:

Հայոց Մոզ քաղաքի ավերակների մոտով մեր ձիերը ընթացք վերցրին դեպի Մարտիրոս գյուղը սարի լանջին: Հետնյալը Խաչիկն էր: Այդ գյուղի բնակիչները մեզ ասացին, որ հաջորդ՝ Պողոսքիլիսա գյուղի բնակիչները մեզ երևի թույլ չըտան իրենց գյուղի միջով անցնելու:

Անդրանիկը հասարակ շինելը քաշեց իր զինվորական զգեստի վրա և մի քանի գյուղացիների վերցնելով, գնաց այդ գյուղը՝ ճանապարհ պահանջելու:

Կանչեց գյուղապետին՝ ասաց.

— Անդրանիկ փաշան ուզում է ձեր գյուղի միջով դեպի Նախիջևան անցնել: Նրան չդիմադրեք:

— Իսկ ու՞ր է Անդրանիկ փաշան, — հարցրեց ադրբեջանցի գյուղապետը:

— Ա՛յ, էնտեղ է, իր զորքի հետ:

— Մեզ վնաս չե՞ն տա:

— Ձեր հավերին նույնիսկ քշա չեն ասի:

Զորքը իջավ կանգնեց այգիների մոտ, իսկ գաղթականությունը շարժվեց դեպի Նախիջևան: Վերջին անցնողը բարձկան գոմեշն էր: Հավի թառը կախ էր ընկել աստվածամոր կողքից և քիչ էր մնում վայր ընկնի: Անդրանիկը հավթառը բարձկանի վրայից վերցնելով՝ մեկնեց գյուղապետին:

— Ձեր հավերը շատ են: Այս հավթառը իմ կողմից նվեր ձեզ:

— Իսկ ձեզ պե՞տք չի:

— Մենք տուն ունե՞նք, որ հավ ունենանք: Ուղղակի իբրև հիշատակ:

Բարձկանը շարժվեց և նրա ետևից շարժվեց զորքը, ինչպես ասված էր:

— Բայց ու՞ր է Անդրանիկ փաշան, — հարցրեց գյուղապետը, դիմելով հայ զինվորին:

Շայպինանդը շինելը վրայից մի կողմ քաշեց՝ ասաց.

— Անդրանիկը ես եմ:

Հուզվեց ադրբեջանցի գյուղապետը Անդրանիկի այդ առա՛քինի վերաբերմունքից: Մեր ամբողջ զորամասը ետ կանչեց, մի ամբողջ օր պահեց իրենց գյուղում, կերակրեց, հյուրասիրեց ու դրեց ճանապարհ:

Հին հայդուկ Լոլո Հաջին ինչ-որ բան էր պատմում «մարալկանների» երկրի մասին, երբ մտանք Նախիջևան:

Անդրանիկը այդ քաղաքի ադրբեջանական թաղամասի բընակչությանը դիմելով՝ ասաց. «Սալամ, յոլդաշլար: Մենք հայերս հնուց ի վեր ջատագով ենք խաղաղ աշխատանքի: Թուրք աշխատավոր բնակչության հանդեպ ես ոչ մի ոխ չունեմ: Ես կռվում եմ միայն նրա բռնակալ սուլթանների, ապիկար բեկերի և աշխարհի անարդար կարգերի դեմ: Ես ճանաչում եմ միայն մի ազգություն — դա բոլոր ճնշվածների ազգությունն է»:

ՋՈՒԼՖԱՅԻ ԿԱՄՈՒՐՋՆ ԱՆՑՆԵԼԸ

Հունիսի 20-ին հասանք Ջուլֆա:

Այդտեղ լուր եկավ, որ Խալիլ փաշան հետապնդելով Վասպուրականից նահանջող հայ և ասորի գաղթականությանը, Ջուլֆայի գծով զորք է փոխադրում Պարսկաստան՝ դաշնակիցների դեմ: Տեսնելով, որ Անդրանիկը ոչ միայն զենքը վայր չի դրել, այլև որոշել է շարունակել կռիվը հասնելով մինչև Ջուլֆա, թուրք փաշան սպառնացել էր գրավել Երևանը, եթե Հայաստանի վարիչները անհապաղ զինաթափ չանեն նրան և չհանձնեն իրենց: Փաշային պատասխան էր տրվել, որ Անդրանիկը արտաքսված է Հայաստանի սահմանն երից իբրև խռովարար, որ նա ինքը ապստամբված է Հայաստանի հանրապետության դեմ, չի ճանաչում թուրք-հայ զինակցությունը և իրենց կարողությունից վեր է ձեռք զցել անհնազանդ զորավարին: «Եթե ցանկանում եք անպատճառ ձեռք զցել նրան, դուք մեզնից զորավոր եք, կարող եք երթալ և բռնել», — ասված էր պատասխանի մեջ:

Ջուլֆա հասնելով Շապինանդի առաջին գործը եղավ անցնել Արաքսի վրա շինված կամուրջը և Խոյի վրայով օգնության փութալ Վասպուրականի հետապնդվող գաղթականությանը:

Զորավարը հայկական Ջուլֆա մտավ մեր սպայակույտի ձիավոր հարյուրակով, զորամասի գլխավոր ուժերից կես ժամ առաջ: Հարյուրակի առջևից ընթանում էր քաջարի հայդուկապետը: Նրանից մի քանի քայլ ետ՝ դրոշակակիրը, զորամասի դրոշակը բարձր պահած, ապա ես, մի քանի հարյուրապետներ, և նվագախումբը: Փողային գործիքների պակասի պատճառով նվագախումբը համալրված էր ջութակ և սրինգ նվագող զինվորներով: Հասարակ շվի փչող էլ կար: Մի քանի տարբեր ձևի զալարափող, շեփոր, ծնծղա, թմբուկ, ջութակ և սրինգ: Աշխարհում ոչ մի զորք այդպիսի զարմանալի նըվագախումբ չէր ունեցել:

Անդրանիկը հեռվից ուշի–ուշով դիտեց կամուրջը, ապա գլուխը շուռ տալով նայեց իր հեծյալներին: Հարյուրապետ Ճեպեճի Սարգսի շնորհալի դեմքը, բեղն ու փափախը և զինվորական տարազը վայելչորեն իրար ներդաշնակած հաղթանդամ փաշայի երևույթ էին տալիս նրան: Ճեպեճին հասկացավ զորավարի միտքը և ձին քշեց առաջ, գրավելով առաջապահի դիրք:

Կամուրջը հսկող թուրք պահակապետը հարցրեց, թե մենք ովքեր ենք և ուր ենք գնում: Շապինանդը արագացրեց ձիու վազքը և համարձակ մոտենալով պատասխանեց, թե ինքը այսինչ հայ զինվորականն է, արդեն հաշտություն է կնքված Հայաստանի վարիչների և թուրքերի միջև, և ինքը պաշտոն ունի թուրքական ճակատի գերագույն հրամանատարի և նորաստեղծ Արարատյան հանրապետության կառավարության կողմից զաղթականությանը Ջուլֆայի գծով տանել իրենց երկիրը՝ Թուրքիա: Ավելացրեց նաև, որ ինքը սաստիկ զարմացած է, թե ինչպես մի այդպիսի կարևոր խնդրի մասին գերագույն հրամանատար Վեհիբ փաշան հեռագիր չի տվել Ջուլֆայի հրամանատարին:

— Տեսեք, փաշան զորքով գալիս է, — ասաց նա հեռվից Ճեպեճի Սարգսին մատնացույց անելով, և հրաման տվեց նրվագել օսմանյան ռազմական քայլերգը— «Շանլի վաթան Բինլեր յոլա»: Պահակապետը և իր ասկյարները զգաստանալով բարևի կեցան կամուրջի վրա և շտապեցին շարք կազմել նորեկ փաշային և նրա զորքին պատշաճորեն դիմավորելու:

Քանի մոտեցանք կամուրջին, այնքան մեր ընթացքը սաստկացավ հետզհետե վերածվելով խելահեղ վազքի: Մինչ թշնամին գլխի կընկներ, թե ինչ կատարվեց, Անդրանիկն իր ձիավորներով արդեն անցել էր կամուրջը և շրջապատել պահակախմբին: Նա բոլորին զինաթափ արեց և ուղարկեց ռուսական Ջուլֆա:

Այդտեղ զորք եկավ մեր դեմ: Հիսուն ռոմի ասկյար սպանվեց այգ կռվում, մնացյալները դիմեցին փախուստի: Փախչող ասկյարներից մեկի ձին վազեց դեպի մեր կողմը: Ասկյարը հրաման ստացավ ձին ետ դարձնելու: Վազեց ձիու ետևից: Անդրանիկի հրամանով բռնեցին ասկյարին և զինաթափելով բերեցին իր մոտ:

— Տղաս, մի՞թե դու չգիտես, թե ովքեր են հետապնդում քեզ: Չվախեցա՞ր, որ կարող ես սպանվել: Ինչու՞ ես մի ձիու համար կյանքդ վտանգի ենթարկում:

— Փաշան սաղ մնա, — գոչեց ասկյարը, — ես հայրենիքի և հրամանի գերի եմ: Համոզված եմ նաև, որ ձեզ պես քաջ հրամանատարը իմ կյանքը ինձ կբաշխի: — Անդրանիկը հրա~ մայեց վերադարձնել թուրք զինվորի ձին և որպես նվեր մի ատրճանակ տվեց նրան.

— Առ, որդիս, — ասաց Անդրանիկը, — սա էլ ինձնից հիշատակ քեզ: Նստիր քո ձին և հասիր զորամասիդ, դու արժանի ես ապրելու, աֆերիմ, զավակս:

Ասկյարը փութկոտությամբ հեծավ իր ձին և դարձավ զարմանքով.

— Բաբա՛մ, Անդրանիկ փաշան դո՞ւք եք:

— Ինչպե՞ս իմացար:

— Այդ հայրական ու հերոսական վարմունքը վայել է մենակ Անդրանիկ փաշային, որի մասին շատ էի լսել, բայց տեսած չկայի: Բախտավոր եմ, որ սեփական աչքով տեսա և հիմա մեր զինվորներին կպատմեմ, ձեր մասին: Իսկ այժմ ձեզ սաղություն:

Անդրանիկը Ջուլֆայի կամուրջը գրավելով, հետևյալ հեռագիրը ուղարկեց Պարսկաստանի շահին. «Ես եկել եմ, որ անցնեմ. ճանապարհ էլ տաս՝ կանցնեմ, չտաս էլ կանցնեմ»: Առավոտյան շահից պատասխան եկավ. «Ճանապարհը բաց է քո առաջ. կուզես Խոյով գնա, կուզես՝ Թավրիզով»:

Անդրանիկը բռնեց Խոյի ճանապարհը:

Մեկնելուց առաջ Ջուլֆայի մաքսատան պահեստներից զինվորներին չամիչ ու նուշ բաժանվեց:

Ալի Իհսան փաշան տասներկու հազար զորքով կանգնած էր Սալմաստում: Իմանալով մեր առաջխաղացման մասին, նա հինգ հարյուր զինվոր Սալմաստի ճակատում թողնելով իբրև թիկունքի պաշտպան, մնացյալ ամբողջ զորքով շարժվեց դեպի Խոյ մեր զորամասին դիմագրավելու: Արագ տեղ հասնելով, նա Խոյի դարպասները փակել էր մեր առաջ և ամրացել Սեյդավար գյուղում:

Չամիչ ուտելուց և Արաքսի պղտոր ջուրը խմելուց մեր հիվանդ զորքը դանդաղ էր շարժվում, և մեր նպատակը՝ Խոյը գրավելով շարժվել դեպի Ուրմիա, դաշնակիցների բանակին միանալու՝ գրեթե ձախողված էր:

Երկու օր հետո իրիկնապահին Սեյդավար գյուղի առաջ հանդիպեցինք Ալի Իհսան փաշայի առաջապահներին և կռվի բռնվեցինք նրանց հետ: Մենք ընդամենը վեց հարյուր ձիավոր էինք, իսկ մեր հիմնական զորքն ու հրետանին դեռ տեղ չէր հասել:

Թշնամու դիրքերը իշխում էին մեզ վրա և մենքստիպված մեր գլուխները քաշել էինք հողաթմբերի ետև:

Հուսահատ էինք ամենքս:

Հանկարծ երևաց Անդրանիկը ձին հեծած, շողշողուն սուրը ձեռքին, ետևից դրոշակակիրները զորամասի դրոշը բարձր պահած:

— Հե՛յ, հե՛յ, ի՞նչ եք նստել դիրքերում, մենք գնում ենք հաղթելու և միայն հաղթելու: — Наперед! — բուլղարերեն բացականչեց զորավարը և թշնամու գնդակների տարափի տակով սրարշավ նետվեց դեպի թշնամին: Մենք ակնթարթում թռանք մեր ձիերին և ուռա գոչելով նրա ետևից թափվեցինք հակառակորդի դիրքերի վրա:

Թշնամին ահաբեկված փախուստի դիմեց: Ասկյարները սարսափահար զցում էին հրացանները և ձեռքերը վեր բարձրացնելով, աղիողորմ գթություն հայցում:

— Խնայեցե՛ք, մեղք եմ:

Սեյդավարի կռվում ծանրորեն վիրավորվեց հիսնապետ

Թորգոմը: Նրա կողքին մի երիտասարդ ասկյար, որ նույնպես ծանր վիրավորված էր, տենդի մեջ շարունակ կանչում էր. «Արմալի՛, Արմալի»: Երևի սիրած կնոջն էր հիշում: Լուսադեմին նա մահացավ:

Վերցնելով Սեյդավարը և ջախջախելով Ալի փաշայի զորքերին, Անդրանիկը իր զորամասը շարժեց քաղաքի վրա:

Խոյը պարսպապատ էր:

Զորավարը հրամայեց պաշարել քաղաքը: Աջ թևի վրա ես էի կանգնած իմ հեծյալ գումարտակով, իսկ դեպի Սալմասա–Խոյ առաջացող գծի վրա՝ հարյուրապետ Շահկա Արոն:

Անդրանիկը երկու անգամ գրոհեց քաղաքի պարիսպները: Երրորդ գրոհին մեր թնդանոթները որոտացին և զորավարը քաղաքի հարավային պարիսպները քանդելով առաջինը մըտավ Խոյ: Նրա ետևից մտավ մի ձիավոր հարյուրակ և ապա ամբողջ զորքը:

Երեք օր կռիվ եղավ այդ քաղաքի համար: Խոյի տակ մի խիստ ամրացված կամուրջ կար: Շապինանդը ասաց, «Մախլուտո, ինձ մի քանի զինվոր տուր այդ կամուրջը գրավեմ»:

Քսան զինվոր վերցրեց ու գնաց: Մինչև կամուրջի կեսը գնաց՝ քսան զինվորն էլ սպանվեցին: Ինքը մենակ մնաց կամուրջի վրա:

— Էլի զինվոր տուր, — ասաց:

— Տարար տղաներին սպանեցիր, նորի՞ց զինվոր կուզես, — նեղացած գոչեցի ես: Այս անգամ տվեցի տասնհինգ զինվոր: Նրանք էլ սպանվեցին, ինքը մենակ մնաց կամուրջի վրա: Երրորդ անգամ ուզեց՝ տվեցի հինգ զինվոր:

— Անդրանի՛կն եմ, Անդրանի՛կն եմ, հիսուն հոգով հիսուն հազարի դեմ եմ կռվել Սասունում, — բոռաց զորավարը և այդ հինգ զինվորով կամուրջի մյուս կեսն էլ գրավեց:

Պարսիկ բնակիչները դադարեցրին կռիվը, իսկ թուրքերը շարունակեցին դիմադրել:

Անդրանիկը քաղաքի կեսը գրավել էր և թուրքերն էլ մտադիր էին անձնատուր լինել, երբ մի ահավոր իրարանցում և գոռում-գոչյում լսվեց քաղաքի պարիսպներից դուրս:

Ալի Իհսան փաշայի հեծյալ զորաբանակը Սալմաստի կողմից օգնության փութալով Խոյում դիմադրող թուրքերին, մերկացած սրերով հարձակվել էր հայ անզեն գաղթականության վրա:

Մեր զինվորները Խոյի ճակատը լքելով, գլուխները կորցրած շտապեցին իրենց ընտանիքները փրկել:

Անդրանիկը ստիպված նահանջի հրաման տվեց և գաղթականներին փրկելու համար ճակատամարտը փոխադրեց քաղաքի պարիսպներից դուրս:

ՏՂՄՈՒՏ

Խոյից դեպի արևելք մի բարձր լեռ կա: Գաղթականությունը տեղավորված էր Սեյդավարի և Խոյ քաղաքի միջև, ձգվելով մինչև այդ լեռան ստորոտը:

Բլուրներից մեկը, որ իշխում էր դեպի հյուսիս տարածվող դաշտին, Վարդանաց անունն էր կրում: Նրա վրա կանգնած էր մի անպաճույճ մատուռ և կողքից դանդաղ հոսում էր Տղմուտ գետը: Մեր հեծելազորը դաշտով գնաց և կարմիր մարգարտածաղիկների միջով դուրս եկավ այդ մատուռի տակ: Այդ այն նվիրական վայրն էր, որի վրա ես և Մշեցի Տիգրանը մոմեր էինք վառել տարիներ առաջ:

— Մենք գտնվում ենք Շավարշյան դաշտում, — զորքին դիմելով ասացի ես: — Ահա քաջն Վարդանի գերեզմանը և ահա այն կարմիր ծաղիկները, որ ամեն գարնան բացվում են մեր հերոսների նահատակության վայրում, նրանց կարմիր արյունով ներկված: Իմացեք, իմ քաջեր, հայրենիքին դուք կարող եք օգտակար լինել հերոսաբար կռվելով Տղմուտի ափին, ինչպես որ կռվեցիք Սեյդավարում և Խոյի պարիսպների տակ:

Խոսքս վերջացրի թե չէ, Անդրանիկը իմ ճակատը համբուրեց և այդ համբույրը զինվորից-զինվոր փոխանցվեց խոր լռության մեջ:

Ապա խոսեց զորավարը:

— Իմ առյուծ քաջեր, — ասաց նա, — չընկճվեք թշնամու գերակշիռ ուժերի առջև: Միշտ էլ մեր թշնամին շատ է եղել, իսկ մենք՝ քիչ: Մենք նպատակին ձգտում ենք ոգեկան ուժերի լարումով, իսկ մեր թշնամին՝ աճելով: Այդ թշնամին անչափելիորեն նենգ է և անհունորեն անգութ: Նա ձի չի նստում ասպետական սխրանք կատարելու խանդով, այլ իր մարմինը փոխադրելու պահանջից: Մի վայրկյանում նա ավելի է ստրկանում, քան սասունցի հայը տարիների, դարերի ընթացքում: Նա կարճահուշ է, ուստի և ապերախտ: Այս կռվում ձեզ հետ է Տարոնի առյուծ զորավար Մախլուտոն: Պատերազմներում տարած իմ հաղթանակների մեծ մասը ես պարտական եմ նրան: Ձեզ Հետ են Հեծելազորի հրամանատար Սարդիս Ճեպեճին և հին հայդուկ Գևոն: Ձեզ հետ են գումարտակի հրամանատար Բոնապարտը և Սեյդավարի հերոս հիսնապետ Թորգոմը: Ձեզ հետ են մեր անվեհեր հայրուրապետներ Սմբուլ Արշակը, Շահկա Արոն և հիսնապետ Ճիրոն: Ձեզ հետ է մեր բանակի աննման երգիչ Ալաղին Միսակը: Ձեզ հետ են խնուսցի Փիլոսը և Պուճուր Աբրոն: Եվ վերջապես, ձեզ հետ է Ավարայրի հերոսների անընկճելի կամքը և նրանց անմահ ոգին: Գիտցեք, որ թշնամին շինված է նույն նյութից, ինչ-որ մենք, բայց կռվում կհաղթի ավելի համարձակը, ավելի տոկունը և երկաթե կամք ունեցողը: Նա, որ երդվել է հաղթել, բայց ոչ երբեք խորհել պարտության մասին: Մենք հարկադրական նահանջներ արել ենք, բայց արդար կռվի մեջ թշնամին դեռ երբեք չի տեսել մեր թիկունքը: Երաշխավորեք ինձ ձեր պատվի փառքով, որ այսուհետև էլ նրան չի հաջողվի մեր թիկունքը տեսնել: Եթե վստահ չեք ձեր ուժերին, ապա կաղաչեմ, բարձրացրեք ինձ ձեր սվինների վրա և տարեք ա՛յ այնտեղ, ուր հավիտենական քնով հանգչում է Ավարայրի հերոսը և կենդանի թաղկ ինձ նրա կողքին, քան ճակատը լքելով անարգեք մեր քաջարի նախնիների սրբատեղին:

— Ոչ, փաշա, մեր զորամասում վախկոտներ չկան: Մենք պատրաստ ենք ձեզ հետ հաղթել կամ մեռնել Շավարշյան դաշտում, — գոչեցին մարտիկները միաբերան:

— Ուրեմն ձեր հայացքն ուղղեցեք դեպի այն բլուրը, որ մատնացույց արավ զորավար Մախլուտոն, և ծնկի գալով Մամիկոնյան մեծ նահատակի աճյունի առաջ, երգվեցեք, որ Ավարայրի այս երկրորդ ճակատամարտում պատերազմի դաշտ լքողը առաջինը մենք չենք լինի:

Եվ Շապինանդը սուրը պատյանից հանելով իր նժույգի առաջ ծունկի իջավ: Նրա ետևից մենք իջանք և մեր ամբողջ գունդը՝ ձիերի սանձերից բռնած:

Թշնամին, որ Խոյի պարիսպներից դուրս հարվածի տակ էր առել զաղթականների առաջին շարքերը, խուճապահար փախուստի դիմեց: Սակայն զգաստացած՝ մերկացած սրերով գլուխը շուռ տվեց դեպի մեր կողմը:

Ու Տղմուտ գետի առաջ, Վարդանաց բլուրի և դաշտի մեջտեղ, սկսվեց ամեհի սրամարտ: Հեծյալ ու հետևակ խառնվեցին իրար: Սրեր էին, որ ճայթում էին և կայծակների պես իրար բախվելով թնդացնում էին օդը, Կռիվը ծավալվեց Վարդանաց բլուրի կամուրջի շուրջ, որ իշխում էր դեպի Սալմաստ երկարող ճանապարհին:

Անսպասելի հայտնվելով կռվի մեջ էր նետվել սասունցի հայդուկների գունդը՝ Փեթարա Մանուկի գլխավորությամբ: Հայդուկուհի Սոսեի կոչով կռվի մեջ նետվեցին նաև գաղթական տղամարդիկ և զինվորի զգեստ հագած կանայք, ով ինչով կարող էր — Մոսե Իմոն, Տալվորիկցի Ֆադեն՝ բահը ձեռքին և թաղիքն ու կարպետը մեջքին կապած, բռնաշենցի Ծաղիկ Համբարձումը, Մորուքի եղբայր Օհանը, երկանք ու գերանդի շալակած գյուղացիները, դիող գրկած խութեցին, երկար թարթիչներով ասպավածամոր պատկերը մինչև Ավարայրի դաշտը բերած ալաշկերտցին, Մարթան, Աղջնա Վահանի կինը, Լոլան, Ցաղիգամը, ինքը Սոսե մայրիկը և բազում ուրիշներ:

Իմ գումարտակի և Փիլոսի ու Շավարշի ձիավորները կռիվը տեղափոխել էին հռչակավոր մատուռի շուրջը:

— Գլուխդ ձախ թեքիր, Փիլոս: Հարյուրապետ Արո, առաջըդ անդունդ է, զգու՛յշ: Աֆերիմ, Ճիրո, ա՛խ, ինչպես է շանթում ձիու բաշը մտած: Այդպե՛ս, այդպե՛ս, այդպե՛ս: Երկրորդ հարվածդ շեղ գնաց, Մորուք: Օհա՛ն, աչքդ ծածկիր, վըրադ սուր է գալիս: Ժայռին հենվիր, Ախո, բազուկդ հոգնեց: Շտապիր, Չոլո, Փեթարա Իսրոն նեղ տեղ է ընկած: Իսկ Պետոն ու՞ր է, Ուժգնորե՛ն, ուժգնորե՛ն, ուժգնորե՛ն:

Այսպիսի խոսքերով Շապինանդը քաջալերում էր կռվողներին, սուրը ձեռքին շանթելով և արծվի պես թռչելով ռազմադաշտի մի ժայռից մյուսը, մերթ Խոյի կիրճով գետափին Ի վեր վազելով, մերթ հայտնվելով ձախակողմյան բլուրի վրա, մերթ հարյուրապետներ Ճեպեճի Սարգսի, Սմբուլ Արշակի և Բոնապարտի թիկունքին կանգնելով:

Եվ կռվում էին զորք ու զորական՝ Ֆրանկ–Նորշենցին, և՛ հիսնապետ Ճիրոն, և՛ Ալադին Միսակը, և՛ Աղջնա Վահանը, և՛ Պուճուր Աբրոն:

Եվ Տեր Քաջի Աղամն էր կռվում: Եվ Հաջի Գևոն եվ Հիսնապետ Թորգոմը: Եվ Կուրավա Շմոն:

Տղմուտը նորից ծածկվեց թշնամու դիակներով: Մեզնից էլ շատ երևելի քաջեր ընկան և այդ քաշերից մեկն էր հարյուրապետ Շահկա Արոն:

Տղմուտի թրամարտից շատերը խելագարվեցին: Սրերի շաչ ու շառաչից և մարդկային գոռում-գոչումից դողում էր երկինքն ու երկիր: Շատ զինվորներ այդ ժխորից ցնորված սկսեցին պատառոտել իրենց հանդերձանքը, գլխի մազերը փետել, ծիծաղել, հռհռալ և խելակորույս վազել ռազմադաշտով:

Ու հանկարծ երկու կողմերն էլ բռնեցին նահանջի ուղին. թշնամին դեպի հարավ, հայերը՝ դեպի Արաքս:

Անդրանիկը զգալով, որ հակառակորդը ձգտում է Ջուլֆայի կամուրջը գրավել և խափան էլ զորքի ու ժողովրդի անցումը Արաքսից, մի քանի հարյուրակ առած շտապեց Ջուֆայի կամուրջը պաշտպանելու:

Ես միայնակ մնացի Խոյի մոտ իմ մի բուռ տարոնցի քաջերով: Իմ սուրը հոգնեց, փամփուշտը վերջացավ և ձիս խրփվեց: Այդ ժամանակ մոտ վազեց իմ քաջարի հեծյալներից մեկը և տեսնելով, որ ես շրջապատման մեջ եմ, վայր թռավ թամբից և իր ձին առաջարկելով ինձ՝ ասաց.

— Հեծիր իմ ձին և ազատիր քեզ: Եթե ես կորա, մի մարդ կկորի, իսկ եթե դու կորար՝ բանակը կկորի:

Նայեցի տեսնեմ՝ մշեցի Ճիրոն էր, մեր խիզախ հիսնապետը:

Մերժեցի վերցնել:

Ճիրոն տասնոցը քաշելով սպառնալի դեմ տվեց կրծքիս.

— Հեծիր և հասիր Անդրանիկին, այլապես ինքս կսպանեմ քեզ:

— Իսկ դու՞:

— Հոգ չէ, թե ես մնամ ու մեռնեմ, հեծիր իմ ձին և շտապիր զորավարի ետևից:

Ես հեծա Ճիրոյի ձին:

Ռազմադաշտը արագ դատարկվում էր և ամայանում կըրվողներից: Ավարայրը ծածկված էր դիակներով, ծանր տնքացող վիրավորներով և վրնջացող ձիերով: Տեղ–տեղ հատուկենտ հերոսներ դեռ շարունակում էին կռվել:

Հազիվ էի մի քանի քայլաչափ հեռացել, երբ երեք զինված

անկյար պաշարեցին ինձ, կամենալով գերի վերցնել: Նըրանք այնքան մոտեցան, որ ձեռք գցեցին նժույգիս սանձին, ստիպելով զենքը հանձնել և վայր իջնել թամբից:

Ես ակնթարթում ձեռքիս տասնոցը թափով նետեցի ձիուս ոտքերի առաջ: Երեքն էլ, ինչպես ենթադրում էի, իրար հրելով վազեցին տիրանալու զենքին: Ես արագությամբ իմ թուրը քաշելով, երեքին էլ սրախողխող արի:

Բայց ի՞նչ եղավ Ճիրոն: Մի սև աբավոր երիտասարդ կարմիր բլուրի մատուռի մոտ դիրք մտած մեն-մենակ կռվում էր թշնամու դեմ: Դիտակով նայեցի՝ Ճիրոն էր: Որքան աչքս կտրեց, ես տեսա նրան սև աբան հագին այդ դիրքում հերոսաբար կռվելիս: վերջին գնդակը նա ուղղեց իր ճակատին և ընկավ Վարդանի մատուռի տակ:

Վշտից փակեցի աչքերս, որ ետ դառնամ, բայց հանկարծ մի սրտակեղեք երգի ձայն դիպավ ականջիս: Ծանր վիրավորների մեջ Տղմուտի ափին ընկել էր նաև Ալադին Միսակը:

Երգողը նա էր:

Քիչ անց նրա երգը լռեց:

Այդպես երգելով էլ նա մեռավ: Տղմուտի ծանծաղներում վերջացան Ալադին Միսակի երգերը, այն հրաշալի երգերը, որոնց շնչի տակ կաղապարվել էր իմ հայդուկային մանուկ հոգին, իմ սերնդի հոգին:

ՆԱՀԱՆՋ ԵՎ ՀԱՃՏՈՒԹՅՈՒՆ

Մեր մնացյալ ամբողջ զորքն ու գաղթականությունը հավաքվեց Ջուլֆայի գլխին: Այդտեղ դաժան կռիվներ եղան և տիֆ ընկավ զորքի ու ժողովրդի մեջ:

Ջուլֆայից եկանք Աղա: Աղայում փաշան ասաց,

— Գնա Նախիջևանի սարը դիրք բռնիր: Նահանջ չտաս՝ ես հիմա կգամ: — Փոքրիկ մի զորք առա ու գնացի իր ցույց աղած սարը: Նախիջևանի գլուխը դիրք բռնած սպասում եմ: Տեսնեմ մի քանի բեկեր Շահթախտիի կողմից օսմանցու մեծ բանակ առած գալիս են ինձ վրա: Անդրանիկը ուշացավ: Տեսա, որ պաշարվում եմ, զորքը ետ քաշեցի դիմացի սարը:

Իմ գնալուց հետո փաշան գալիս է: Իմանալով, որ նահանջ եմ տվել, նեղանում է վրաս և մենակ կռվելով օսմանցու դեմ, մութին հարկադրված զորքը ետ է քաշում:

Եկանք Աբրակունիս:

Ընդարձակ այգիներով շրջապատված գյուղ էր: Զինվորներին տեղավորեց այգիների մեջ, իսկ հրամանատարներին տարավ վանք:

Այդտեղ Շապինանդն ասաց. «Ես էս ու՞ր չոլերն ընկած կերթամ: Ու՞մ մոտ կերթամ էսքան զորք ու ժողովուրդ ձիուս պոչին կապած: Անգլիացու՛ մոտ կերթամ»:

Ու էգ գիշեր Անդրանիկը վանքում նստած նամակ գրեց Բաքու Ստեփան Շահումյանին՝ Նախիջևանի գավառը հայտարարելով Սովետական Ռուսաստանի անբաժան մասը և իր զորամասը դնելով Սովետների կառավարության տրամադրության տակ:

Աբրակունիսից եկանք Ցղնա, որ Փարադաշտով գնանք Բեստ:

Ճանապարհին Անդրանիկի ձին կորավ:

Բարկացավ Հաջի Գևոյի վրա: Շատ ման եկավ, գտավ իր ձին և Փարադաշտից քշեց եկավ Բեստ: Բեստում բժիշկ Բոնապարտին ծեծեց, ինձ վրա գոռաց՝ թե ինչու նահանջ տըվիր:

Առավոտ ելանք տեսանք Շապինանդը չկար: Վերցրել էր մի քանի տասնյակ ուղտ ու ջորի ու բռնել Քաջարանի ճամփան: Ես էլ կազմեցի իմ զորագունդը և Կապուտջուղ լեռան ձյուն ու ծաղկի միջով իջա Քաջարան: Քաջարանում ես Անդրանիկին բարև տվի՝ բարևս չառավ: Նախիջևանի նահանջի պատճառով խռովել էր ինձ հետ: Ու էդպես իրարից խռով քաջերի երկրից ելանք գնացինք Ղղնձե քաղաք:

Էդ քաղաքի անունը Կապան էր:

Քաղաքը ձորի մեջ էր, Ողջի գետի ափին: Ձորի ամենանեղ տեղը շինված էր Դավիթ Բեկի բերդը: Բայց ոչ Ղղնձե քաղաքն էր աչքիս գալիս, ոչ էլ Դավիթ Բեկի բերդը: Իմ ամբողջ մտածմունքը Անդրանիկի հետ հաշտվելն էր: Մտածում եմ, թե ում գտնեմ, որ մեզ հաշտեցնի: Որոշեցի Ճեպեճի Սարգսին դիմել կամ Հաջի Գևոյին: Պատրաստ էի նույնիսկ մի հասարակ ձիապանի դիմել, միայն թե գործը գլուխ գար: Վերջում կանգ առա Աղբյուր Սոսեի վրա:

Գաղթականների մեջ շրջեցի, բայց Սոսեին չգտա: Գնացի դեպի այն ժամանակավոր կացարանը, ուր զորավարն էր տեղավորված:

Դուռը չբացած ականջիս հասավ կանացի մի բարկացած ձայն. «Տո, Անդրանիկ... »:

Մտածում էի, թե ո՞վ կլինի այդ կինը, որ համարձակվում էր զորավարին անունով կոչել և խստորեն հանդիմանել նըրան: Դուռը կամաց բաց արի: Ներսում շատ մարդ կար: Մի կերպ ներս մտա և աննկատ կանգնեցի: Զորավարը կուչ էր եկել թախտի վրա, իսկ նրա առաջ կանգնած էր մի ջլապինդ, բարձրահասակ նիհար կին և անվախորեն դատափետում էր Անդրանիկին, որ միջոցներ ձեռք չի առնում սոված գաղթականությանը կերակրելու համար:

Սոսեն էր:

Ոչ մի մեծավորի առաջ Անդրանիկը գլուխ չէր խոնարհում: Բայց հենց որ Աղբյուր Սոսեն էր խոսում, թեկուզ և հրամայաբար, նա խեղճացած գլուխը կախում էր՝ ի հարգանք հայդուկապետ Սեռոբի, որի զինվորն էր եղել ինքը:

Անհույս համարելով այլևս Մոսեի միջոցով Անդրանիկի հետ հաշտվելը, ես դուռը իմ ետևից ծածկելով, կամաց դուրս եկա:

Մի հայտնի մարդ կար Կապանի մեջ: Ղարաբաղցի էր, անունը՝ Սմբատ:

Սմբատ Բեկ էին ասում:

Այդ ղարաբաղցին մի շքեղ տուն էր շինել անտառի մեջ՝ Գավիթ Բեկի բերդի մոտ: Լսելով, որ զորավար Անդրանիկը Պղնձե քաղաք է եկել, Սմբատ Բեկը եկավ և նրան իր ապարանքը հյուր տարավ: Ուզում էր ինձ էլ տանել, բայց Շապինանդն ասաց՝ կամ ես, կամ նա:

Անդրանիկը չէր սիրում հարուստներին, բայց նրանց հրավերքին գնում էր և հանդիմանում նրանց: Երբեմն էլ խրճիթներում ապրող թշվառ ժողովրդի վիճակը հիշելով, զայրույթից շուռ էր տալիս նրանց ճոխ սեղանները: Կարծում էի, թե այդպես կլինի նաև Սմբատ Բեկի հետ: Բայց տեսնեմ՝ հանգիստ ապրում է և բոլորովին էլ չի հիշում ինձ:

«Քսան տարի մենք ախպոր պես լինենք ու հիմա էսպես իրարից խռո՞վ»— ասացի ինքս ինձ ու իմ զորք ու զորականից գաղտնի ելա գնացի Սմբատ Բեկի մոտ:

Սմբատ Բեկը ինձ Սմբատ փաշա էր ասում: Նա իր ապարանքը տվել էր Անդրանիկին, իսկ ինքը տեղավորվել էր փայտաշեն տանը, ծառերի տակ:

— Սմբատ Բեկ, — ասացի, — ես ու Անդրանիկ փաշան խռով ենք իրարից: Նախիջևանի կռվին ես հարկադրական նահանջ տվի ու հիմա ամաչում եմ նրա աչքին երևալ: Երեկ Քաջարանում ես նրան բարև տվի՝ բարևս չառավ: Հաշտեցրու, որ հաշտվենք:

Սմբատ Բեկը առավոտ վաղ ելավ. գնաց Անդրանիկի մոտ: Պառավ մայր ուներ նրան էլ իր հետ տարավ:

Փաշան սուրը կապած գնում-գալիս էր սրահի մեջ: Դուռը ծեծեց.

— Մտե՛ք, — ասաց փաշան:

Սմբատ Բեկն ու իր մայրը ներս մտան:

— Հա, — ասաց փաշան, — գոլ եկել ես, իսկ իմ քրոջն ինչու ես բերել:

Մայրն ասաց.

— Փաշա, ես եկել եմ խնդրելու, որ թույլ տաս Սմբատ փաշան գա քեզ մոտ:

— Քո ասածը կատարված է, դու ազատ ես, գնա, — ասաց Շապինանդը :

Սմբատ Բեկի մայրը դուրս գնաց:

Մնացին Սմբատ Բեկն ու Անդրանիկ փաշան:

— Գնամ բերե՞մ:

— Գնա՛, — ասաց փաշան:

Սմբատ Բեկն եկավ ինձ տարավ Անդրանիկ փաշայի մոտ։ Հեծա Ճիրոյի ձին ու գնացի։

Քսան քայլի վրա ձիուց իջա և մոտենալով համբուրեցի փաշի ձեռքը։ Նա էլ իմ ճակատն համբուրեց։

— Դու Նախիջևանի կռվին ինչու՞ նահանջ տվիր։ Չէ՞ որ ես քեզ հրամայեցի նահանջ չտաս։

— Փաշա, — ասացի, — քո մարմինը պողպատից է, իսկ իմը՝ մսից, ինչպե՞ս դիմանայի։

Հաշտվեցինք, մնաս բարով ասինք Սմբատ Բեկին ու Պըղնձե քաղաքից ճամփա ելանք դեպի Գորիս։

Կապան–Գորիս խճուղին փակ էր, ուստի գնացինք Առաջաձոր–Տաթև դժվարին ճանապարհով։ Կեռմաններով բարձրացանք լեռան գագաթ։ Իջանք մի ուրիշ ձոր ու նորից բարձրացանք։ Նորից իջանք։ Նորից վերելք։ Վերին Խոտանա դյուզը մնաց մեր թիկունքում։ Զորքի ետևից հազարավոր գաղթականներ են շարժվում, բոլորն էլ հոգնած, փոշոտված, անոթի, սևացած։ Շատ ձիեր մնացին ու բեռներ թափվեցին ճանապարհին։

Վերջապես մութով հասանք Տաթև։

Վանքը նստած էր վիթխարի ժայռերի կատարին։ Առաջը Որոտանի կիրճն էր, իսկ ետևը ձյունապատ լեռներ։ Վանքի բակում մի ճոճվող քարասյուն կար գլխին խաչքանդակ։ Շապինանդը ձեռքով հրեց այն։ Սյունը խորհրդավոր շարժվեց։ Վերջին փորձողը Թորգոմը եղավ՝ դարձյալ ճոճվեց։

— Մենք նման ենք այս քարե սյունին։ Թեև հպումից շարժվում ենք խորհրդավոր, բայց կանգուն ենք բոլոր փոթորիկների ու դարերի մեջ, — ասաց Անդրանիկը և կարգադրեց վաշտապետներին զորքին դադարի հրաման տալ։ Գիշերը Տաթև մնացինք։

Հետևյալ օրը օգոստոսի 3–ին, ելանք ճամփա։ Մեր առաջ անտակ ձոր է, սրունքին՝ Տաթևի մեծ անապատը, իսկ տակը՝ Սատանի կամուրջը։ Մեկիկ–մեկիկ իջնում ենք ձորի կողերով։ Զիավոր մի կին մեր աջակողմյան ժայռ ու մատուռի միջով վերևից շարժվում է դեպի մենաստան–անապատը։ Սոսե մայրիկն է իր զինվոր Ղարիբի հետ։ Ետևից մի խումբ գաղթականներ են գնում։ Նրանց մեջ է բռնաշենցի Ծաղիկ Համբարձումը, տալվորիկցի Ֆադեն իր թաղիքն ու բահը շալակին, և դիոլ գրկած շինականը, և մի չարքաշ բարձկան, որի տերը սպանվել էր Սեյդավարի կռվում։ Բարձկանը բնազդորեն գալիս էր գաղթականների հետ։ Բեռը թեթև էր այլևս։ Սելիմի լեռնանցքում ընկել էր ճրագվառոցը, ընկել էր ուրագը, հավի թառը չկար։ Մի փայտե շերեփ, դռան սողնակ և հարսանեկան բարձ թափվել էին դեպի Տաթև վերելքի ժամանակ։ Տալվորիկցի Ֆադեն մի քանդված առու էր շտկում դեպի մենաստան տանող ճանապարհին, երբ մի ծանր բան իր ոտքերին զարկվելով գլորվեց անդունդ։ Աստվածամոր նըկարն էր երկար թարթիչներով։ Հետո մի արծաթե բուրվառ ընկավ։

— Բան չկա, զաղթի ճամփա է, դրախտի ճամփա չէ, ամեն բան կպատահի, — հուսա դրեց Ծաղիկ Համբարձումը, առանց ընթացքը դադարեցնելու:

Կիրճի հատակին, Որոտանի մի ափից մյուսը, մի հսկա քարաժայռ էր ձգված: Սատանի կամուրջն էր: Անցանք վրայով և բռնեցինք դիմացի զառիթափը: Մեր աջ թևի վրա Հալի ձորն էր, գլխին՝ անդունդ: Զորքի մի մասը հասել էր Շինուհայր գյուղի «Յոթ աղբյուր» սարը, մյուս ծայրը չոքած էր Որոտնա գետին, իսկ գաղթականների բազմության վերջին շարանը դեռ գալարվում էր վանքի ճոճվող սյունի շուրջ:

Այնտեղ է նաև Մոսե Իմոն: Տաթևի քարափին կանգնած նայում է ձորն ի վար տեսնելու, թե մինչև ուր գլորվեց աստվածամայրը երկար թարթիչներով, կամ ուր հասավ Մոսե մայրիկի ձին:

Հաշտվել ենք ես ու Շապինանդը, գնում ենք կողք–կողքի: Մեր ետևից գաղթականությունն է գալիս, դրոշակի ետևից զորքը, զորքի ետևից՝ գումակը և հետնապահ զինվորներ:

Հոգնած է մեր զորքը: Քչերը կոշիկ ունեն: Շատերը ծակ տրեխներով են, առանց գուլպաների: Սպաներից մի քանիսը նույնպես տրեխ են հագել: Իսկ գլխարկները բազմաձև են, տարբեր: Մեկ–երկու զինվոր զենքի հետ ջութակ և սրինգ են կրում: Զենք, ջութակ և սրինգ կողք–կողքի. իսկապես, որքա՜ն տարօրինակ զորաբանակ է: Արևմտյան Հայաստանի հեռավոր լեռներից այդ զորքը հասել է մինչև Որոտանի կիրճը: կիրճով Որոտանն է հոսում, իսկ լեռների վրայով՝ ինքը: Մեկը ոռոգում է հայոց հողը, իսկ մյուսը՝ հայության ոգին:

Բազում կռիվներից ու դժվարին երթից խոցոտված, պատառոտված, մաշված է նաև զորամասի դրոշակը: Շինուհայրը մնաց Որոտանի կիրճում, իսկ ձախ թևի վրա՝

երեք մեծ բլուրներ: Գնալով եռաբլուրները հեռացան, թիկունքում մնաց նրանց կանաչ հարթությունը և հանկարծ մեր առաջ, խոր ձորի մեջ, երևաց մի սպիտակ քաղաք:

ՔԱՐԵ ՄՍՈՒՐ

Գորիսը ցնծությամբ դիմավորեց Անդրանիկին:

Զորքը տեղավորվեց մոտակա Վերիշեն, Տեղ և Խնձորեսկ գյուղերում, իսկ գաղթականությունը՝ քաղաքի այգիներում, տներում և գետափի կենդանակերպ քարաբուրգերի շուրջ, ժայռափոր այրերի մեջ:

Բայց Գորիսի շրջանը ցորենից սակավ էր։ Միսիանում զով էր և ցորենն ու խոտը առատ։ Ելանք Գորիսից և շարժվեցինք դեպի Անգեղակոթ։

Զորքի համար մի փոքրիկ հոտ է կազմված։ Ուր գնում ենք, այդ հոտը արածելով գալիս է մեր ետևից։ Հոտի մեջ է նաև անհայտ զաղթականի բարձկանը։

Հազիվ էր Անդրանիկը Անգեղակոթ մտել, երբ մի գյուղացի վրդովված ցցվեց նրա առաջ.

— Փաշա, գանգատ ունեմ։ Մի աչքդ զցիր իմ տանիքին։ — Էս գյուղում հազար տանիք կա, ես ո՞ր տանիքին նայեմ, — ասաց զորավարը։

— Էն, որ նոր քաղած առվույտ կա վրան և մի զինվոր առվույտս քանդելով թափում է ցած։ Ի՞նչ իրավունքով։

Անդրանիկը դուրբինը դրեց աչքին։ Նայեց տեսավ Ախոն էր։ Եղանը ձեռքին բարձր կանգնած քանդում էր գյուղացու կանաչ դեզը։

Քանդում ու թափում էր ցած։ Ամեն հարվածին եղանի պոչը ցնցվելով դիպչում էր ժամատան զանգակին՝ մի թեթև ծլնգոց արձակելով։

Սառը քրտինք եկավ վրան։ Նա երբեք Ախոյին այդպես չէր տեսել։ Մի՞թե Ախոն է։ Նորից նայեց։ Չէ՛, Ախոն էր։ Մինչև այդ դեռ ոչ մի զինվոր չէր արատավորել իր զորքի պատիվը այդքան գրգռիչ արարքով։

Սեյդավարի կռվից հետո Ախոն սասունցոց պոլկից անջատվելով հետնապահ էր դարձել մեր զորամասին և գումակի ետևից էր գալիս։ Գաղթականների հետ հնձում էր սիսիանցոց կղծած արտերը, օգնում բերքահավաքի աշխատանքներին։ Իսկ այսօր ի՞նչ է պատահել այդ տարօրինակ զինվորին։

Անդրանիկը եկավ կանգնեց անգեղակոթցու տան առաջ։ Ախոյի աչքը դիպավ զորավարի աչքին։

— Մեր ձիերի համար է, փաշա։

— Ո՞ր ձիերի։

— Սասունցոց պոլկի։ Սասունցուն ներքև կանչեց,

— Էս գյուղացին գանգատ ունի քո դեմ ու իր գանգատն արդար է, — խոսեց փաշան ու մի շառաչուն ապտակ տվեց Ախոյին։

Ախոյի կարճ, մոխրագույն փափախը գլորվեց վար։

— Փաշա, պատիվդ քեզ պահիր, — գոռաց Ախոն ու ձեռ՛քը մաուզերին զցեց։

Շապինգարահիսարցիները սրերը քաշեցին։ Փեթարա Մանուկն ասաց. «էդ ի՞նչ խոսք է, Ախո», — ու սասունցուն հրելով նետեց մի կողմ։

— Քո մարդը ճանաչիր, — գոչեց Ախոն վեր կենալով և փափախը ծածկելով վագրի կատաղությամբ նետվեց դեպի զորավարը։

Մանուկը թևը բռնեց։

— Դեռ քո ծռությունը չե՞ս թողել, — ասաց Անդրանիկը։ — Կամ

մոռացել ես, թե մեր այսքան տարիների պայքարն ու տանջանքը ինչի համար է:

Ախոն լռեց:

Սասունցին հավաքեց թափած առվույտը, իր ձեռքով դիզեց անգեղակոթցու տանիքին ու ցած իջավ: Տեսավ զորավարը նստել է գյուղացու շեմքին և հազիվ լսելի ձայնով ինչ-որ տխուր եղանակ է շվացնում:

— Պրծա՞ր, Ախո:

— Պրծա, փաշա:

— Դե, հիմա երթանք:

Գյուղի ծայրին մի ծերունի հաց էր կալսում: Ծերունուն իջեցրեց, ինքը թռավ կամին: Չորրորդ պտույտի վրա թիկնապահները կանգնեցրին մի գաղթական զինվորի: Լեռնցի էր, բեղերը թանձր ու ոլորուն:

— Անթուան փաշան ու՞ր է:

— Կամ է քշում:

— Ինձ փաշի մոտ տարեք:

— Փաշա, մազոտ արայով մի զինվոր է ուզում քեզ տեսնել, — զեկուցեց հիսնապետ Թորգոմը:

— Սասունցի Օհանն է, թողեք, թող քովս գա: Զորավարը իջավ կամից: Օհանը նրա առաջը կտրեց:

— Տխուր ես, Օհան, ի՞նչ կա:

— Փաշա, իմ ախպեր Մորուքը ծանր հիվանդ է: Մի ոչխար տուր տանեմ Մորուքի համար:

Անդրանիկը Սասունում երեք տարի ապրել էր Օհանի տանը: Հիշեց Մուրոյի տան աղ ու հացը և հովիվներից մեկին կանչելով՝ կարգադրեց զորամասի խաշներից մի ոչխար տալ Օհանին:

— Ոչ թե ձեր ընտրությամբ, այլ այս սասունցին ո՛ր ոչխարի վրա ձեռքը դրեց այն էլ կտաք:

Օհանն առավ ոչխարն ու գնաց:

Շուտով Մորուք Կարոն ոտքի ելավ և զորքը Անգեղակոթից շարժվեց դեպի Բռնակոթ: Այստեղ մերկ զինվորներին հագուստ տրվեց:

Բռնակոթից անցանք Որոտնավանք:

Գեղեցիկ է Շաքիի ջրվեժը:

Անդրանիկը թիկնեց մի ժայռի և փափախը ձախ ոտքին կոտրած՝ ընկավ մտքերի մեջ: Բոլորս կախարդված էինք հըրաշք տեսարանով: Ի՛նչ ամեհի գեղեցկություն է: Ինչպիսի՜ միասնական որոտալի ընթացք: Նրա թնդյունը ինձ հիշեցրեց Գուռգուռան, որի գոռոցը Խոզմո սարի տակից մինչև Սասուն էր հասնում:

— Ա՜, եթե մեր ժողովուրդը այդպիսի միասնական թափ ունենար:

Հետևյալ օրը մենք մտանք Որոտնագյուղ և սեպտեմբերի 10-ին վերադարձանք Գորիս: Այդտեղ էր հասել նաև սասունցիների գունդը:

Գորիսում նստեցինք երկար:

Անդրանիկը կանչեց տեղի ազգային խորհրդի մարդկանց և կարգադրեց զորամասի քառանիվ սայլերը նորոգել:

— Ե՞րբ պատրաստ կլինի, — հարցրեց:

— Մի շաբաթից, — պատասխանեցին խորհրդի անդամները:

— Ձեզ երկու շաբաթ ժամանակ:

Անցավ երկու շաբաթ, բայց սայլերը չնորոգվեցին:

Զայրացավ Անդրանիկը և զգաց, որ ազգային խորհուրդը իր դեմ հակառակ ընթացք է բռնել:

Եղանակը աշուն էր և արդեն ցուրտ էր իջնում ձորերը: Անդրանիկը կանչեց ինձ՝ ասաց.

— Ստիպված ենք էս ձմեռը Գորիսում մնալ: Քո կարծիքըն ի՞նչ է:

— Սա քարե մուր է, — ասացի: — Էս մուրը մեզ չի կարող պահել: Ձմռանը դժվար կլինի զորքի և ձիերի համար: Մարդիկ չեն ուզում նույնիսկ քո սայլերը նորոգեն:

Նա հա ասելով, ես՝ չէ, ելանք նորից եկանք Անգեղակոթ:

Անգեղակոթում պառակտում ընկավ մեր մեջ: Սարդիս Ճեպեճին և երրորդ գումարտակի հրամանատար Բոնապարտը իրենց երկու հարյուր ձիավորներին առած Ղընձե քաղաքի վրայով ինքնագլուխ մեկնեցին Մեղրի, որ Պարսկաստան անցնեն: Փեթարա Մանուկը սասունցիների գունդը քաշեց դեպի Դարալագյազ: Այդ գնդի հետ գնացին Մորուք Կարոն, Տեր Քաջի Աղամը, Չոլոն, Իսրոն Փեթարա և Արծիվ Պետոն:

Ախոն նույնպես մեկնեց:

Գաղթականներն էլ տրոհվեցին: Նրանց մի մասը տեղա՛վորվեց Սիսիանի գյուղերում, ուր հացը թեև ցամաք, սակայն առատ էր, իսկ մի զգալի մասը սասունցիների գնդի հետ մեկնեց Վայոց ձոր:

Անդրանիկը դարձավ ինձ:

— Ի՞նչ ես շվար կանգնել: Քո միտքը նույնպես ինձնից բաժանվելն էր:

— Բայց մենք Ղընձե քաղաքում հաշտվեցինք:

— Հաշտվողներն էլ կարող են բաժանվել: Ձեր նպատակն է հեռանալ Զանգեզուրի սահմաններից և զորամասը ցրել: Շաքիի ջրվեժը, որ մենք տեսանք, համարիր, որ չենք տեսել: Ափսո՛ս Հայկ Նահապետի ազգին:

Մեր զորքը ճեղքվեց:

Մշեցի և խնուսցի զինվորները, ինչպես նաև զորամասի հարյուրապետների մեծ մասը մնացին ինձ հետ, իսկ Անդրանիկի հետ մնաց միայն առանձին հարվածող զորամասի մնացյալ ամբողջ զորքը՝ թվով հազար երեք հարյուր զինվոր, գլխավորապես Շապինգարահիսարի, Կաբինի, Խարբերդի, Խուտորջուրի և Կամախի հեծյալն ու հետևակը:

Շապինանդը իր զորամասով մնաց Զանգեզուր, իսկ ես իմ

ձիավոր վաշտերն առած եկա Վայոց ձոր և Սելիմի լեռնանցքով բարձրացա դեպի Սևանի արևելյան ափերը:

ՎԱ՜Խ, ԻՄ ԱՍԼԱՆՍ ԿՈՐԱՎ

Մշեցի հին հայդուկներից Գորիսում շատ քիչ մարդ մնաց: Դրանցից մեկը գումակի պետ Հաջի Գևոն էր: Զորավարի բարկության, վշտի կամ ուրախության պահերին սպայակույտի միակ անդամը, որ համ արձակվում էր նրան մոտենալ Հաջին էր: Զվարթախոս, կենսախինդ մարդ էր Հաջին, բոլոր զինվորների ու սպաների սիրելին: Տարիքով ծեր էր, ոտքից էլ թեթև կաղում էր, բայց բնավորությամբ ու խառնվածքով երիտասարդ էր: Ելնում էր միշտ առավոտ շատ վաղ, երբ ամենքը քնած էին, և չերքեզկան հագին, թուրը կապած, երկաթակոթ ծխամորճը ձեռքին, շվշվացնելով անցնում էր Գորիսի փողոցներով: Սովորություն ուներ կանգնել Շապինանդի լուսամուտի տակ և բարձրաձայն սուլել իր հայդուկային հին երգը, որի ամեն երկու–երեք բառերից մեկը «լոլո» էր:

Այդ առաջին գիշերն էր, որ Անդրանիկը հոգնած քուն էր մտել քարե մսուրում, Մախլուտոյի և իր ձիավոր զորքի մեծ մասի բացակայությամբ:

Առավոտ կանուխ իր պատուհանի տակով անցավ Հաջի Գևոն, բարձրաձայն լոլո կանչելով: Շապինանդը բարկությամբ բաց արավ լուսամուտը և հրամայեց նրան ետ դառնալ:

Հաջին մոտեցավ:

— Լսի՛ր, դու քու՞րդ ես, թե՞ հայ:

— Հայ եմ, զորավար, և այն էլ մանազկերտցի:

— Դու երևի մանազկերտցի քրդերից ես: Ի՞նչ ես ամեն առավոտ լուսամուտիս տակ լոլո կանչում: Շարքային հասարակ զինվոր էիր. ես քեզ սպա դարձրի, հետո էլ կարգեցի զորամասի գումակի պետ, որ իմ և զորքի քու՞նը խանգարես քո լոլոներով:

— Հայդուկ եմ եղել, զորավար, և այդ երգը միշտ իմ շուրթերին է:

— Հայդուկ ես եղել: Իսկ մենք քո կարծիքով երկնքի՞ց ենք ընկեր Վարժվիր զինվորական կարգ ու կանոնի: Չերքեզկա և հանկարծ՝ լոլո: Հիմա լսիր իմ հրամանը: Մեր քառանիվ սայլերը արագ նորոգվում են. ազգային խորհրդի տղաներին զգուշացրու, որ վաղը վերջին օրն է: Սարգիս Ճեպեճին էր մեր ձիանքը պայտում: Նա հիմա չկա: Գորիսում կամ գաղթականների մեջ շտապ մեկ–երկու պայտառ գտիր, որ զորամասի ձիերը պայտեն: Աղբյուր Սոսեն երկու օր առաջ գանգատվեց, որ իր ձիու պայտերից մեկը մնացել է Որոտանի կիրճում: Հինապետ

Թորգոմ ի ձիու պայտն էլ ընկած է: Ստուգիր և երկուսի ձիերն էլ պայտել տուր: Մի խոսքով, քո լոլոները պակասեցրու և նալերը շատացրու: Կարգադրել էի, որ քաղաքում մնացած գաղթականներին պարեն բաժանեն: Իմացիր, բաժանեցի՞ն, թե ոչ: Ճրագվառոցին կգաս զեկուցելու:

— Լսում եմ, զորավար:

— Դե, հիմա գնա:

Հաջի Գևոն ամբողջ օրը զբաղվեց զորավարի հրամանը կատարելով: Երեկոյան, երբ շվշվացնելով վերադառնում էր սպայակույտի կենտրոնատեղին, արձանացած կանգ առավ մի տեսարանի առաջ:

Մի աշխույժ խութեցի գետափի կոտրած գերաններին գաղթականների մի խումբ շուրջը ժողոված, ոգևորությամբ հեքիաթ էր պատմում,

«Սեբաստացի Մուրադ Սարիղամիշեն անզեն կիասնի Թիֆլիս քաղաք: Գեներալ Նազարկեբով նրան կկանչե իր քով, կասե. «Մուրադ, մենք օսման թուրքի հետ խալ ու խարզ ենք հիմա: Մեր մեջ կռիվ վերջացած է: Դու կուզես, որ քո և Անդրանիկի պատճառով մեր մեջ նորից կռի՞վ էլնի: Շուտ առ քո սև յափնջին, առ քո սպիտակ ձին ու հեռացիր էստեղից»: Մուրադ կառնի իր սև յափնջին, կհեծնի իր սպիտակ ձին, ինքն էլ քաջ սիրուն տղամարդ կէլնի, կերթա Հյուսիսային Կովկաս: Իր ետնից նորից հեռագիր կգա, թե ավելի հեռու գնա: Մուրադ կերթա կիասնի Հաշտարխան:

Կլսե, որ էդ կողմերը մի կարմիր հրամանատար կա, անունը՝ Վորոշիլով: Ձին կքշե կերթա էդ հրամանատարի քով: Բարև կիտա, բարև կառնե ու կարմիր հրամանատարին կասե. «Դուք Լենին փաշի հետ զորք ու զենք եք վերցրե ազատ կյանքի համար: Մենք լե ռանչպար մարդիկ ենք ու մեր կռիվ աշխարհի բեկերի ու զոռբաների դեմ է, էլ կարելի՞ է տարակուսել, որ ձեզ հետ ենք»: Վորոշիլով կասե. «Որ էդքան քաջ մարդ ես ու մեր գործին համակիր, մեր ընկեր Ստեփա՛նոս Շահում յան Բաքվի մեջ նեղ տեղ է ընկած: Ել գնա Բաքվի ճակատ»:

— Զենք տուր էրթամ:

Վորոշիլով իրեն զենք կտա: Ու Մուրադ նույն օր, ձին տակ, հրացան թևին, կանցնի Բաքվի ճակատ ու կկանգնի Ստեփանոս Շահումյանի կողքին:

Էնի թող էնտեղ մնա, մենք ջուղաբ տանք Անդրանիկից:

Անդրանիկ, որ կիասնի Աբրակունիս, կնստե նամակ կըգրե Ստեփանոս Շահում յանին: Նամակի մեջ կգրե. «Ես, դարբնի տղա Շապինանդ, Գողթան գավառ և Նախիջևանի գավառ, և Մեղրի գավառ կարմիր դրոշակի տակ առա»: Գի՛շերով կերթա Կղնութ ու իր նամակ անթել հեռագրով կքաշե Բաքու:

Շահումյան Ստեփանոս կվերու Անդրանիկի անթել հեռագիր ու կքելե Լենինի քով. թե հալ ու հալբաթ էսպես բան, զորավար Անդրանիկ իր զորքով մեր կողմ անցավ:

Լենին կհարցու. — Անդրանիկ ու՞մ տղեն է:

— Դարբնի տղա է, — կպատասխանի Շահում յան Ստե՛փանոս:

— Բարև արա Անդրանիկ փաշին, — կասե Լենին: Ու շատ կուրախնա, որ դարբնի տղա Անդրանիկ Նախիջևանի վրա կարմիր դրոշակ է քաշել:

Շահում յան Ստեփանոս կնստի ու նամակ կգրե Անդրանիկ փաշին, թե քո ընկեր սեբաստացի Մուրադ արդեն Բաքու է հասե, դու ինչու՞ ես նստե Աբրակունիս, շուտ վեր կաց արի: Ու էն ժամանակ, որ Շապինանդ կկարդա Ստեփանոսի նամակ և Լենինի բարևներ և կուզե ձի նստել, որ իր զորքն առնի Բաքու էրթա, կտեսնի իր ձին չկա:

— Իմ ձին գողցան, — կգոռա փաշան:

Հարյուրապետ Ճեպեճի Սարդիս և հիսնապետ Թորգոմ բժիշկ Բոնապարտի հետ վազելով կիգան:

— Իմ ձին ու՞ր է, — կհարցու փաշան:

— Չգիտենք, քոլ ձիապանին հարցու: — Էստեղ փաշան կհերսոտի: Մի չափալախ կիտա Ճեպեճի Սարգսին, մի չափալախ կիտա հիսնապետ Թորգոմին, իսկ բժիշկ Բոնապարտը լեղապատառ կփախչի:

Կկանչե Հաջի Գևոյին:

— Իմ ձին ու՞ր է, — կհարցու փաշան:

Ագուլիսից վերև ձորի մեջ մի հին վանք կա: Հաջին կհիշե, որ Սեյղավարի կռվից հետո զորավարն Ասլանին ուղարկել էր էդ վանքին պահելու:

— Քու ձին տվել ես վանքին պահելու, — կպատասխանե Հաջին:

— Շուտ մարդ ուղարկե թող բերի: Ես էդ ձիով Բաքու՝ Ստեփանոս Շահումյանի հավարին պիտի էրթամ:

Հաջի Գևոն մարդ կուղարկե վանք, բայց դատարկ ետ կգա:

— Հեյ վա՜խ, — կասե փաշան, — մեր վանքերն էլ անսուրբ դարձան: — Ու մի չափալախ կիտա Հաջի Գևոյին: Հաջի Գևոն ցավից երկու ականջ կբռնե ու կգոռա: Էդ գոռոցի վրա ներս կմտնե Սմբատ փաշան:

— Իմ ձին ու՞ր է, — կհարցու փաշան ու մի չափալախ կիտա Սմբատ փաշին: Դեռ մինչև էդ օր Անդրանիկ փաշան Սմբատ փաշի վրա ձեռք բարձրացրած չկար, էնքան որ կրսիրեր էնոր:

Սմբատ փաշեն կասե. «Եկեք էրթանք էդ խելոտուկի ձին գտնենք, թե չէ մենք դրա ձեռքից պրծնող չենք»: Ճեպեճի Սարգսին ուղարկեց Գողթան գավառի Վերին Ագուլիս ու Ցղնա, հիսնապետ Թորգոմին՝ Սեյղավար: Հաջի Գևոն ականջը բռնած շվշվացնելով կերթա Նախիջևանի սարերը: Իսկ ինքը մի քանի սասունցի ծուռ հայդուկ իր հետ առած՝ Մոտուք Կարո, Չոլո և Արծիվ Պետո, մինչև Ջուլֆա կհասնի: Շատ ման կգան, չեն գտնի: Ճարահատյալ ետ կգան:

— Վախ, իմ Ասլանս կորավ, — կգոռա Անդրանիկ փաշան ու բարկությունից ամեն մեկին նորից մի չափալախ կտա: Ամենամեծ չափալախ էլի բաժին կընկնի Հաջի Գևոյի ականջակոթին:

— Ես լսել էի, որ գաղթականների մեջ բռնաշենցի մի հիանալի հեքիաթ պատմող կա, բայց տեսած չկայի, — ասաց Հաջի Գևոն գերանների վրա նստած մարդկանց մոտենալով: — Անունդ ի՞նչ է:

— Իմ անունը Ծաղիկ Համբարձում է: Էդ հեքիաթ պատմողը ես եմ:

— Քանի՞ տարի է, որ հեքիաթ ես պատմում:

— Հա՛ կպատմեմ: Վերջին ասացողի ձեռքից կառնեմ, մեկ երկու նախշ կդնեմ վրեն ու կտամ ինձնից հետո եկողին: Իմ հեքիաթին վերջ չկա:

— Հիանալի պատմություն է: Բայց մի բան ասեմ, Համբարձում եղբայր, դեռ մինչև էսօր Անդրանիկ փաշան ինձ ապտակ տված չկա:

— Ինչի դու ո՞վ ես:

— Ես Հաջի Գևոն եմ:

— Հեքիաթի մեջ կիտա, դու խաբար չես էղնի: Ուրեմն Հաջի Գևոն դու" ես: Ես քո լոլոն լսել եմ, բայց քեզ տեսած չկայի: Հեքիաթն էլ իմ լոլոն է, պարոն Հաջի: Դու քո լոլոն առավոտ կշվացնես, ես՝ իրիկվան, — ասաց բռնաշենցին բեղի ծայրը մատի վրա բարակ ոլորելով: — Ասում ես, փաշան քեզ ապտակ տված չկա: Ինչու Փեթարա Ախոն քեզնից պակա՞ս տղամարդ էր, որ նրան ապտակ տվեց: Էդ էլ հո հեքիաթ չէ: Ախոն ի՞նչ իրավունք ուներ խեղճ անգեղակոթցու առվույտը տանիքից ցած թափել: Կամ Սմբատ փաշա՞ն էր պակաս տղամարդ, որ նահանջ տալու համար արժանացավ Շապինանդի ապտակին: Էդ բոլորը փաշան արել է Հայաստանի պատվի համար, իմ ու քու պատվի համար: Քանի որ

խոսքը տեղն էկավ, մի կարճ բան պատմեմ, մինչև Անդրանիկի ձին գտնենք: — Խութեցի Սալիմ աղեն իր քոլոզը տարավ դրբեց ճամփի մեջտեղ: Շաքիր իշեց տեսավ ճամփի վրա իր դուշմանի քոլոզն է դրված: Կարծելով թե Սալիմն սպանվել է, նշան բռնեց նրա քոլոզին:

— Դու իմ քոլոզին զարկեցիր, ուրեմն ինձ զարկեցիր, — բոռաց Սալիմ աղեն ու զարկեց սպանեց իր քոլոզի վրա նշան բռնողին: Հիմա դու իմ հարցին պատասխան տուր, պարոն Հաջի, մեր ազգության պատիվ մի քոլոզի չա՞փ էլ չկա, որ Անդրանիկ փաշեն նրա վրա նշան բռնողին անպատիժ թողնի, կամ նրա տանիքի բարդոցը քանդողին մի ապտակ չտա: Հիմա ջուղաբ տանք Անդրանիկի ձիուց:

ԵՐԵՔ ԲԱՂԱՐՋ

Ծաղիկ Համբարձումը փաթաթեց մի գլանակ և շարունակեց.

— Լուսաղեմին Շապինանդ Մորուք Կարոյին, Չոլոյին և Սաֆար–Պետոյին ուղարկեց սասունցոց պոլկ, իսկ ինք հագավ ախոռապետի շոր ու մի փոքրիկ ձիակապ առնելով, մեն-մենակ ընկավ ճամփա։ Հազար ձի խրխնջար, Անդրանիկ իր ձիու խրխնջոց կջոկեր հազարի միջից։ Հազար ձի անցներ ճամփով՝ գիտեր թե իր ձիու կճղակի տեղ որն է։

Վեց օր, վեց գիշեր ման եկավ։ Յոթերորդ օրվա հրամկային տեսավ մի մարդ ելավ ցախուտից, ետնից մի սել անտառափայտ քաշ տալով։ Մոտեցավ, հարցրեց.

— Էդ փայտ ու՞ր կտանես։

— Վաճառելու։

— Անտառի մեջ ձի կամ ձիու հետք տեսա՞ր։

— Ոչ ձի տեսա, ոչ ձիու հետք, — պատասխանեց փայտավաճառ գյուղացին։

— Վա՛խ իմ Ասլանս, — ու գլխին զարկեց փաշան։ Խոսքը բերանին տեսավ կողքի չեչոտ սարով մի ծեր մարդ կերթա՝ ետևը համետած մի ձի, վրան քառսուն փութ աղուն բարձած։ Ձիու տեսք վագրի էր, ոտքեր բարձր ու բարակ։

Ասլանն էր։

Ճմլվեց Անդրանիկի սիրտ իր նժույգին էդ վիճակի մեջ տեսնելով։

Հեռվից ձեռքով արեց ու հիհիհ վազեց։ Գյուղի ճամփին բռնեց ծերունուն։

— Բարև, մեծ ախպեր։

— Բարին արևդ, փոքր ախպեր, ինչի՞ ձեռքով արիր։ — Ձի՛ն, ձի՛ն ափսոս է։ Ինչի՞ ես վրեն համետ դրել։

— Բա համետն ինչի՞ վրա դնեմ։

— Չէ որ դա Շապինանդի ձին է։

— Դու Շապինանդի ի՞նչն ես։

— Ես նրա ախոռապետն եմ։

— Շապինանդն ախո՞ռ ունի, որ ախոռապետ ունենա, — պատասխանեց զանգեզուրցին։ — Նրա բարձը մի ժեռ քար է ու ձիու սանձը միշտ բռի մեջ։ Մեր փաշան ոչ տուն ունի, ոչ ախոռ։

— Էդ մեկը դու ճիշտ խոսեցիր։ Բայց էդ պուտ-պուտ խալերով գրաստը նրա ձին է, ու քոլ փոքր ախպերն էս մի շաբաթ է սար ու ձոր ընկած դրա ետնից ման կգա։ Եկ էդ բեռն ու համետը վրայից ցած առ ու իմ հրեղեն ձին տուր տանեմ։

— Ի՛նչ ասացիր։ Հրեղե՛ն։ Էս քոսոտ ձի՞ն է հրեղեն, — զարմացավ ծերունին։ — Մի էս շրջանի գյուղերը ման արի — Ագուլիս, Ցղնա, Փարագա, տես թե մարդիկ ինչ հրաշք են տեսել։ Փաշեն նստել է ձին: Ձին խրխնջացել է ու առջևի ոտքերը բարձրացնելով էնպես է զարկել Խոյ քաղաքի պատերին, որ պատը մեջտեղից ճղվել է, ու ինքն ու իր ձին մտել են ներս: Ծուխն ու մուխը, ձիու խրխինջն ու թոփի ձենը խառնվել են իրար: Ա՜յ, դրան կասեն փաշա, դրան կասեն հրեղեն ձի: Իսկ դու եկել աչք ես տնկել էս քոսոտ գրաստին:

— Մեծ ախպեր, սա Շապինանդի ձին է, ես եմ կորցրել, ես էլ պետք է գտնեմ: Էս ձին մի ասորի ցեղապետ է նրան նվիրել Սասնա սարի վրա և անմահական է, որովհետև հրեղեն ձիու շունչ է դիպել նրան:

— Հիմա էլ անմահակա՞ն դարձավ:

— Հրեղեն է և անմահական:

— Քո փաշեն հիմա որտե՞ղ է:

— Քնած է վրանի տակ:

— Փոքր ախպեր, կամ դու ես գիժ, կամ ինձ ես գժի տեղ դրել, — նեղացավ սարեցին: — Շապինանդն հիմա Խոյ քաղաքի թագավորի թախտին նստած իր շորերն է թափ տալիս գնդակներից: Սմբատ փաշեն էլ թագավորի նալբանդին կանչել է, որ նրա ձիու մաշված պայտերը փոխի: Էս ինչ ժամանակ է, որ ազգի հերոսն հանգիստ քնի վրանի տակ:

— Դու էդ հեքիաթը սարքեցիր, որ տիրանաս փաշի ձիուն, — ասաց ախոռապետը: — Ճիշտ է, որ Շապինանդը կռվով հասել է մինչև Խոյ և Սեյդավար, բայց նա ամենևին փափագ չունի թագավորի թախտին նստելու: Նա թշնամի է թագավորներին և ինձ շտապ ուղարկել է իր ձին գտնելու, որ նստի Բաքու էրթա: Էդ փաշա ասածդ շատ հասարակ մարդ է: Օր է եղել, որ մենք միասին նույն մսուրի մեջ ենք քնել և տանտերը ինձ ավելի մեծ պատիվ է տվել, կարծելով թե Շապինանդը ես եմ:

— Սու՛տ է, որ դու նրա ախոռապետն ես: Սու՛տ է, որ մի ասորի ցեղապետ է էդ ձին տվել նրան: Եթե նա էլ քեզ պես մի հասարակ ծառա է, ուրեմն էլ ի՜նչ փաշա, — բարկացավ զանգեզուրցին ու ձին շարժեց առաջ:

— Կճղակների տեղերը տես, բոլորովին տարբեր է ուրիշ ձիերի ոտնատեղերից, — բռռաց ախոռապետը ետևից կռանալով և ցույց տալով ձիու մանրիկ թարմ հետքերը գետնի վրա:

— Հիմա էլ կճղակներին կպա՞ր: Ո՞վ է էդ ձևով ձիու տեր դարձել աշխարհի վրա, — հերստավ զանգեզուրցին ու սկսեց նոր երդումներով հավատացնել, որ ինքը էդ ձին առել է մեղրեցի մի շինականից, սա էլ իր հերթին առած է եղել նախիջևանցի մի ձիավաճառից:

Ախոռապետի և ծերունու վեճի վրա շատ մարդիկ հավաքվեցին գյուղաճամփին:

— Է, աղեկ, որ անհավատ ես, եկ էսքան մարդու առջև դու էլ կանչիր Ասլան ջան, ես էլ կանչեմ, տեսնենք որի կանչին ձին պատասխան կտա: Ում կանչի վրա խրխնջաց՝ ձին նրանն է, — առաջարկեց ախոռապետը:

Զանգեզուրցին համաձայնեց ու նրանք հերթով դիմեցին ձիուն: «Ասլանս, Ասլանս», — կանչեց սարեցին, բայց ձին նրա կանչին անտարբեր մնաց: Շապինանդը դիմեց նրան իր սովորական փաղաքշական ձայնով. «Ասլա՛ն, Ասլա՛ն»: Ջինականջները սրելով բոլորի առաջ բարձր խրխնջաց:

— Հիմա համոզվեցի՞ր, որ սա Շապինանդի ձին է, — հարցրեց ախոռապետը:

— Համոզվեցի, ախպեր, — բազմության առաջ երկու ձեռքը վեր բարձրացնելով իր պարտությունը խոստովանեց ծերունին:

— Բայց ես քեզ առանց գրաստի չեմ թողնի, — հուսադրեց ախոռապետը: — Գնանք մեր գումակը և ուզածդ ձին վերցրու: Մի քիչ էլ կանխիկ դրամ կտամ:

— Կանխիկ դրամը հիմա տուր:

— Ինձ մոտ դրամ չկա: Սասունից մինչև էստեղ գանձի փոխարեն իմ ձեռքի մեջ միայն էս ձիու դատարկ սանձն է եղել:

Զանգեզուրցին Ասլանի վրայից կվերցնի բեռն ու համետը: Ախոռապետը կհեծնի ձին:

— Ո՞վ է էդ մարդը, — կհարցնի անթացուպին հենված մի հայ զինվոր, ճեղքելով բազմության շարքը:

— Շապինանդի ախոռապետն է, — կպատասխանեն ներկաները:

— Ոչ, դա ինքը Անդրանիկ փաշան է: Նա ծպտված է ախոռապետի շորերով, — կբացականչի զինվորը և հիացմունքից ու զարմանքից առաջ կգա զինվորական գլխարկը նրա ետնից հանելով: — Ես նրա առանձին հարվածող զորքի մեջ էի: Իմ վերքը Խոյի ճակատամարտին ստացա:

Էդ խոսքի վրա բոլորը իրենց գլխարկներ կհանեն և շուռ կգան ձիավորի կողմը, որ մոտիկից տեսնեն նրան: Բայց Շապինանդն արդեն Ասլանի ականջը մտած կբարձրանար սարով:

Ճամփան ձորնիվեր զառիթափ ու ցից կերթար: Էդ ձորի փորի մեջ մի ուրիշ ձոր կեղնի: Էդ ձորի մեջ էլ մի պստիկ ձոր: Կքշե ձին ու էդ նեղ ու ցից ճամփով կելնի վեր: Էդ սարի վրա յոթ ճամփա կբացվի իր առաջ: Կմոլորվի ձին, չգիտի ո՛ր ճամփով էրթա: Ետ ու առաջ կերթա կգա ու կգլորվի կրնկնի առաջին մեծ ձորի փորի մեջ: Էստեղ Անդրանիկի ուշք կերթա, թամբից կպատի ցած: Երկու ալրոտ տղամարդ ձորի միջից վազելով կգան կբռնեն թևից: Կասեն՝ այ մարդ, ինչ պատահեց քեզ, ինչու պատար ցած: Կասե՝ հազար ձի խրրխնջա, ես իմ ձիու խրխինջ կջոկեմ հազարի միջից: Հազար ձի անցնի սարով, ես կերթամ կկանգնեմ իմ ձիու կճղակի վրա, բայց էս սարի կողեն յոթ ճամփա բացվեց իմ առաջ: Ես ու իմ ձին մոլորվեցինք, չգիտենք, թե ո՛ր ճամփով էրթանք: — Էդ մարդիկ ջաղացի առվից ջուր կբերեն կցանեն Իր վրեն. ուշքի կգա: Կասեն՝ դու ո՞վ ես: Կասե՝ ես Անդրանիկ փաշեն եմ, Բաքու՝ Շահումյանի հավարին կերթամ:

Տեր ջաղացպանը Շահում յան Ստեփանոսի Բաքվի ընկերներից կեղնի: Երեք բաղարջ կեփե կդնե Անդրանիկի խուրջինի մեջ, կասե՝ էդ յոթ ճամփից երեք ճամփեն աջ կողմի թող, երեք՝ ձախ կողմի, ու մեջտեղի ճամփով քելե: Բաքվի ճամփեն էդ է:

Անդրանիկ խուրջինը երեք տաք բաղարջով կկապե թամբին ու Ասլանին հեծնելով կիասնի Բեստ: Բեստի մոտ նամակ կգա Բաքվից, որ Շահումյան Ստեփանոս և իր քանիհնգ ընկերներ սպանված են: Շապինանդ էստեղ կընկնի թամբին ու կիլա–կիլա ու կբարձրանա սարով: Մեկ էլ էն կտեսնի, որ կանգնած է Փարագա գյուղի ձորի գլխին, անտառի մոտ: Ով, տեր աստված, կասե, ես, որ Սելիմից Վայոց ձոր իջա, արտ ու անտառ կանաչ էր, մըկա ցորենն լե հասավ՝ ես դեռ Քաջարանի ճամփին եմ: Փարաղաշտի կողմից մի սև ագռավ կգա ու կնստի էն ծառի վրա, որի տակ Անդրանիկի ձին էր կանգնած:

— Ցաման, անծեղ, աստծո հավրի՛կ, — կասե, — էդ ինչ սև թուղթ է սպիտակ կտուցիդ մեջ:

Խոսք բերանին՝ թուղթը կընկնի ձիու մեջքին, անծեղ կթռնի կերթա: Մեկ էլ էն կտեսնի Անդրանիկ, որ ընկած տեղը սնցավ:

Ձին իմաստուն էր, դարձավ ասաց, — Հեյ վա՛խ, Շապինանդ, քո ընկեր Սեբաստացի Մուրադ սպանված է, ու իր զորք էնոր տարե թաղել է Արմենիքենդ գերեզմանատուն:

Շապինանդն էնտեղ վշտից ձիու վրա շուռ կգա: Խուրջին կպոկվի թամբից, ու բաղարջներ վերնից կգլորվեն ձոր:

Ողորմի, հազար ողորմի բոլոր անմեղ սպանվածների հոգուն, աստված ձեր անդարձին դարձ ի տա, դուք էլ, որ անմեղ եք՝ հասնեք ձեր մուրազին:

Ճրագները հանգչում էին, երբ Հաջի Գևոն ներկայացավ Շապին անդին:

— Կարճ զեկուցիր:

— Քառանիվ սայլերը վերանորոգված են, փաշա, բոլոր ձիերը պայտված են: Հեծելազորը կազմ ու պատրաստ է վաղվա համար:

— Գաղթականների մոտ եղա՞ր:

— Եղա, փաշա: Նրանք գետափի գերաններին նստած հեքիաթ են պատմում ձեր մասին:

— Հեքիա՞թ: Մեր ժողովուրդը սիրում է խալիչա գործել: Երկնքից քանի՞ խնձոր ընկավ:

— Երկնքից ընկավ երեք բաղարջ: Մեկը Լենինի, մեկը Ստեփանոս Շահում յանի, իսկ մյուսը՝ մեզ բոլորիս համար:

— Քեզ բաժին չմնա՞ց:

— Իմ բաժինը մի ապտակ եղավ, որ տվել ես ինձ հեքիաթի մեջ:

— Հիմա դու իրավունք ունես լոլո կանչելու. դե կանչի՛ր:

— Լո լո, լո լո, լո՜...

ԳԻԲՈՆ

Գորիսի հրապարակի վրա շարված էր ձիավոր զորքը: Կանգնած էր հոգևոր դասը և ժողովուրդը:

Զանգեզուրի հայ կանայք կարմիր դրոշակ էին գործել Անդրանիկի զորքի համար: Ոսկեթել ծոպերով մետաքսե կտորի վրա ասեղնագործված էր «Հայկական առանձին հարվածող զորամաս»:

Անդրանիկը դրոշակը ընդունելով ամենատարեց կնոջ՝ գորգագործ Սուլթան բաջու ձեռքից՝ ասաց. «Մինչև հիմա շատ դրոշակներ են նվիրված, որոնք բոլորն էլ խորհրդանիշ եղած են ավերի, ջարդի և դժբախտության: Կուզեի, որ սա վերջին դրոշակը լիներ, որ հայ մայրը կուտա իր որդուն՝ նրան դեպի կռվի դաշտ քաջալերելով: Կմաղթեմ, որ սա նշանակ լինի հաջողության և խաղաղության: Ես այս փառապանծ դրոշակը վերցնում եմ խոր գիտակցությամբ և զգացումով, նախ և առաջ մեր պատմության, մեր ապագա սերունդների Հայաստանի առաջ, նաև համայն Սիսիանի և Գորիսի հայության առաջ: Հավատացած եմ, որ ապագային, երբ երկիրը խաղաղվի, նրանք պիտի օրհնեն ահա այս օրը և այս դրոշակը»:

Մեր հանդիսավոր արարողությունից հետո ձիավոր զորքը կարմիր դրոշակը բարձր ծածանելով սրընթաց առաջացավ քաղաքից դուրս: Մութը կոխած էր, երբ Խնձորեսկի վերևով հեծելազորը հասավ Տեղ՝ Գորիսի վերջին գյուղը:

Ցից անդունդ էր Զապ ձորը, ապառաժ ու լերկ:

Շապինանդը զորքը քաշել էր այդ ձորի մեջ և հեռադիտակը ձեռքին, թնդանոթի կողքին կանգնած հրամայում էր հերթական համազարկը տալ, երբ սպիտակ պաստառով մի ավտոկառք երևաց ձորի հինավուրց կամուրջի մոտ:

Երեք ձիավոր փութացին դիմավորելու:

Նրանցից մեկը շուտով ձին քշեց եկավ և հայտնեց, թե անգլիացի մի գնդապետ է եկել հաշտության բանակցության համար:

— Անու՞նը:

— Գիբոն:

Սպայակույտի անդամները առաջարկն ցին շտապ կարգի բերել վրանը: Շապինանդի վրանը հաստատված էր կրակի առաջին գծի վրա, մի հսկա ժայռի կողքին: Վրանի առաջ փողփողում էր Գորիսի հայ կանանց կարմիր դրոշակը:

Հաջի Գևոն և հիսնապետ Թորգոմը շտապով մի քանի գորգեր պարզեցին վրանի մեջ, բարձ դրին և իրեն խնդրեցին, որ շքեղ երևույթով երևա օտար զինվորականին, և նրբան ներս հրավիրի շեմքին կանգնած:

— Աղեկ, աղեկ, այդքան գիտենք, դուք ձեր գործին նայեցեք, — ասաց Անդրանիկը: Նա հագավ իր զինվորական համազգեստը, պատվանշանները կախեց, մազերը սանրեց դեպի ետ, ինչպես անում էր սովորաբար, բեղի ծայրերը ոլորեց և ելավ դուրս անգլիացի գնդապետին դիմավորելու վրանի առաջ:

Սպիտակ դրոշակը անցավ կամուրջը և հասավ ճանապարհի այն կետը, որ ամենամոտն էր վրանին: Այդտեղ երկու վաշտ հետևակ և ձիավոր էր շարված իբրև պատվո պահակ:

Գնդապետը իջավ կառքից: Շապինանդի թարգմանը նրան ընդունեց և խոնարհ կանգնած զինվորների առջևից անցկացնելով, ուղղվեց դեպի վրան:

Զապողի ձորը, որի երկինքը ամբողջ գիշերը կարմրած էր զորամասի խարույկների կրակներից, դեռևս հանդարտ ծխում էր: Ճանապարհի ամբողջ երկայնքով հայ զինվորները փոսերի մեջ և ժայռերի տակ ինչ-որ բան էին խանձում կրակների վրա:

— Այդ ի՞նչ են անում, — զարմացած հարցրեց գնդապետը:

— Ցորեն են խանձում հացի տեղ ուտելու համար:

— Ուրեմն այս տեսակ հաղթություն տանող հայ զինվորը այս ապրուստի՞ն է դատապարտված:

— Այո:

— Իսկ եթե մեր զինվորների ապրուստը ունենային, ինչե՞ր կարող էին անել:

Հայոց զորավարը իր վրանի առաջ բարի գալուստ մաղթեց գնդապետ Գիբոնին և հրավիրեց ներս մտնել, ուր, իհարկե, ոչ սեղան կար, ոչ աթոռ, բայց միայն գետնին պարզած գորգեր և մեկ-երկու բարձ՝ ծալապատիկ նստելու համար:

Միջահասակ, նիհար կազմվածքով և անշուք արտաքինով մի զինվորական էր հաշտության բանակցությունների համար եկողը: Շապինանդը նրա համեմատությամբ շքեղ երևույթի և տարազի մեջ էր: Հայ զորավարի հայացքը խստություն էր արտահայտում, բայց աչքերի մեջ զվարթասիրություն և բարեմտություն կար: Գիբոնը հասկանում էր, որ իր դեմ կանգնած է մի երևելի հայ զինվորական, որ վերջին պահին Նախիջևանի գավառը հայտարարել էր Ռուսաստանի հանրապետության անբաժանելի մասը, գործակցության մեջ մտնելով Կովկասի կարմիր կոմիսար Ստեփան Շահումյանի հետ և իր զորամասը դնելով Սովետների իշխանության տրամադրության տակ: Երկուսն էլ մի պահ շեշտ նայեցին իրար և պատրաստվեցին նստել:

Անդրանիկը նստեց ծալապատիկ, ոտքերը սապոգներով արագությամբ տակը ծալելով: Անգլիացին սովոր չէր արևելյան այդ վարժությանը և բավական չարչարվեց, մինչև որ իր երկար չոր սրունքները մի կերպ դասավորեց նույն դիրքով:

Երկուսի մեջտեղ նստեց թարգմանը:

Զորավար Գիբոնը սկսեց պարզել իր գալու նպատակը: Ասաց, որ ինքը գալիս է Բաքվից, դաշնակից զորքերի ընդհանուր հրամանատար Թոմսոնի կողմից: — Նամակ եմ բերել և եկել եմ հայտարարելու, — ասաց նա, — որ դաշնակիցները հաղթությունը շահած են և գերմանացին ու թուրքը պարտված են չարաչար: Զինադադար է, հետևաբար պիտի խնդրեի, որ դադարեցնեիք կրակը և զենքը վայր դնեիք առանց մի թիզ այլևս առաջ շարժվելու: — Թոմսոնը հայ զորավարից պահանջում էր կասեցնել առաջխաղացումը և կանգ առնել այնտեղ, որտեղ այդ հրամանը կհասնի տեղ: — Զինադադարի խախտումը ձեր կողմից թշնամական ակտ պիտի նկատվի դաշնակիցների դեմ և հետևաբար ձեր դեմ պիտի գտնի դաշնակիցն երի միացյալ դիմադրությունը:

Անդրանիկը համաձեպով կտրեց նրա խոսքը:

— Իսկ մեր հաշիվնե՞րը:

— Ձեր հաշիվները պիտի պարզվեն հաշտության սեղանին, խաղաղ և արդար կերպով, որին դուք արժանի եք ձեր անհուն զոհաբերությամբ:

Հայ զորավարը թարգմանչի թևը մշտելով՝ ասաց.

— Ըսե իրեն, որ ես դիվանագիտություն շատ չեմ հասկնար և շատ ալ վստահություն չունեմ, բայց սիրով կընդունեմ զինադադարը, պայմանով, որ խոստումները կատարվեն:

Քիչ վերջը զինադադարի փողեր հնչեցին երկու ճակատից: Պարտված թշնամին զոհ էր, հաղթանակած հայը՝ տխուր:

Սրակները մարեցին Զապողի ձորում և վրանը ծալվեց:

Իսկապես, այս ի՞նչ տարօրինակ շեփորներ են և ինչու են իր զինվորները այդքան հուսաբեկ կանգնած:

Անդրանիկը ձեռքի մեջ ամուր սեղմել էր ընդհանուր հրամանատարի նամակը: Աչքերի մեջ տագնապ և հուսահատություն կար: Դաշնակիցները, որոնց հաղթանակին այնքան նպաստել և սպասել էր ինքը, մի անգամ ևս պիտի ի դերև հանեին հայ ժողովրդի հույսերը:

Գնդապետ Գիբոնի հետ Զապողի ձորից Գորիս վերադառնալով, նա հյուրանոցի սրահի մեջ բաժակ բարձրացրեց ի պատիվ անգլիացի հասարակ զինվորների և նրանց ծնած մայրերի, սակայն բաժակաճառի վերջում չկարողանալով իրեն զսպել, ոտքի ցատկելով և ճակատի երակները ուռած, աչքերը բոցարձակ և ամբողջ մարմինը զայրույթից դողահար, իր ցասկոտ արհամարհանքը նետեց հարստահարիչների երեսին.

— Գնացեք և ասեք բրիտանացիներին, նաև ձեր թագավորին ու թագուհուն, թե այսօրեն սկսյալ ես իմ ձեռքերս ավանում եմ դաշնակիցների հետ ունեցած իմ բոլոր գործարքներից: Ինչ օժանդակություն որ ստացած եմ նրանցից, պիտի վերադարձնեմ իմ զորքի ձիերը Երևանի շուկայի մեջ աճուրդի հանելով: Դուք ինձ հրաման բերեցիք, որ դադարեցնեմ կռիվը և սպասեմ խաղաղության վեհաժողովի կարգադրություններին: Սակայն ի՞նչ երաշխիք: Այս պա՛տերազմում հայերը քաջաբար կռվեցին Թուրքիայում, Կովկասում, Պարսկաստանում և հեռավոր Սիրիայում, մեծ ծառայություններ մատուցելով դաշնակից բանակներին: Միայն ռուսահայերը տվեցին երեք հարյուր հազար զինվոր, իսկ Տաճկահայաստանը կոտորվեց, բնաջնջվեց, մեղադրվելով ձեր դաշնակիցը լինելու մեջ: Եվ այսօր, երբ դուք հաղթել եք, թույլ եք տալիս, որ երկրի երեսից անհետանա մի հինավուրց քրիստոնյա ժողովուրդ— ձեր փոքրիկ դաշնակիցը: Դուք փաստորեն շարունակում եք օսմանյան պետության սկսած հայաջնջման գործը: Դուք արգելեցիք մեզ կռվելու մեր երկրի և մեր կյանքի համար, սովամահության ամոթալի վախճանին դատապարտելով մեզ: Ձեր աչքով տեսաք իմ զինվորների ծանր վիճակը Զապոդի ձորում: Մարդակերի սառնասրտությամբ ամենուրեք ականատես եղաք, թե ինչպես իմ ժողովուրդը սովից լռելյայն մահանում է Տաթևի վանքի և Գորիսի պատերի տակ: Ես ցարդ հավատարիմ եմ մնացած դաշնակիցներին ու համբերությամբ սպասել եմ մեր փրկությանը, բայց այլևս անկարող եմ տոկալ մեր դատի հանդեպ ցույց տրված այսքան անարդարության: Զինադադարի շեփորները հնչեցին: Բայց ինչու՞ իմ զինվորը այսքան անհաղորդ է հաղթանակի շեփորին: Հաղթանակած զինվոր և այսքան տխու՞ր: Եթե դուք ինձ ըսեք, այո՛, եթե նույնիսկ աստվածն ալ ինձ ըսե, թե իմ ցեղիս հանդեպ արդարություն կա, ես պիտի ժխտեմ այդ իր ներկայության իր երեսին բոռալով:

Լի բաժակը խնջույքի սեղանին թողած, Շապինանդը վրդովված դուրս եկավ Գորիսի հյուրանոցից և հրապարակը կտրելով շարժվեց դեպի գետափ: Գնում էր բարկացած շա՛րունակելով իր մեղադրանքը. տո, ես ձեր կեղծ մարդասիրությունը, ձեր քրիստոնեությունը, ձեր դիպլոմատիան…

Գետափի մերկացած ծառերի տակ ծվարած էին գաղթական ընտանիքներ: Մեկը Մոսե Իմոն էր իր իշխանական կնոջ և աղջկա հետ: Մյուսը խութեցի Ծաղիկ Համբարձումն էր: Կարպետն ու ներքնակը շալակին, թիակը ձեռքի մեջ, մի քարի վրա տխուր նստած էր ջրտուքվար Ֆադեն:

Երևի դարձյալ հեքիաթ էին պատում: Նայեց նրանց, գլխով լուռ բարևեց և անցավ: Մոտեցավ դիմացի բարձր ժայռաբեկորներին, արմունկը դրեց մի քերծի և հիշեց երեք տարի առաջ Պյատիգորսկում արտասանած ճառը.

«Հայերն ի՞նչ են սպասում ապագայից: Սպասում են շատ բան: Միայն գալիքումն է նրանց կյանքը… Ամեն ինչ Ռուսաստանի վրա է դրված: Հայ ժողովուրդը նրան է վստահում իր ճակատագիրը: Մենք հայերս չենք ունեցել այլ ձգտումներ, քան այն, ինչին ձգտել է Ռուսաստանը: Վայ այն հային, ով փորձ կանի Ռուսիո դռները փակել մեր առաջ: Մեր միակ բարեկամը Ռուսաստանն է: Ամեն ինչ գալիքի մեջ է: Մեր ժողովրդի խնդիրն է այժմ, ինչպես և բոլորինը, ջախջախել ներկա պատերազմի հանցագործին: Միայն գերման իմպերիալիզմի դիակի վրա հնարավոր է կայուն խաղաղություն, որը որպես կենաց ջուր ավերակներից կվերակենդանացնի և Հայաստանը»:

Ահա և այդ գալիքը: Գերմանիան ջախջախված է: Իսկ ու՞ր է

Հայաստանը: Սասունցի Ֆադեն Խտանա կածից մինչև Գորիս է շտապել: Ա՞յդ էր իր երազած Հայաստանը:

Լո-լո–՛լո՛ — իր թիկունքում հնչեց ծանոթ եղանակը:

Հաջի Գնոն էր: Տեսնելով, որ Շապինանդը վրդովված դուրս եկավ հյուրանոցից, նա նույնպես լքել էր խնջույքի սեղանը և աչքը հեռվից զորավարի քայլերին պահած, աննկատելի եկել–թառել էր նրա թիկունքի քարաբուրգին:

Անդրանիկը ետ նայեց, ժպտաց և նրան իր մոտ կանչեց. — Աղբյուր Սոսեին ասա, որ ինքը գաղթականների հետ պետք է մնա Գորիս, մինչև ճանապարհները բացվեն, իսկ զորամասը պետք է շարժվի: Գումակը կարգի բեր և ձիերից մեկը պատրաստ պահիր զնդապետ Գիբոնի համար: Վաղը մեկնում ենք:

— Լսում եմ, զորավար, — պատվի առավ Հաջի Գնոն և «լոլոն» շարունակելով շտապեց զորքի մոտ:

ՁԻՆ ՏՎԵՔ՝ ԹՈՂ ՀԵԾՆԻ

1919 թվականի մեծ պահքի կեսերին Անդրանիկը Գորիսից ճամփա ելավ դեպի Վայոց ձոր:

Համատարած ձյունը ծածկել էր Զանգեզուրի բոլոր լեռնանցքները և չոր քամ ի էր փչում: Յոթ հոգի էր իր քարավանը, բոլորն էլ սպայակույտի անդամներ:

Առջևից ինքն էր գնում, ետևից՝ դատարկ թամբով մի երիվար և վեց ձիավոր: Եռաբլուրի մոտ ճանապարհը շեղվեց դեպի ձախ: Զորամասի մեծ մասը առաջացած էր մինչև Սիսիանի Անգեղակոթ Գյուղը:

Զանգեզուրի վերջին ամենաբարձր լեռնաշղթան կտրելիս սկսվեց մոլեգին ձնաբուք: Ձիանքը բնազդորեն էին առաջնորդում, որովհետև բքի սաստկությունից գետնին նայելու կարելիություն չկար:

Այդ միջոցին նկատելի դարձավ, որ քարավանի անդամներից մեկը խրվել է ձյուների մեջ և հետիոտն մաքառում է հեծյալներին հասնել: Նա մերթ երեսը ետ էր դարձնում քամու հարվածներից պաշտպանվելու, մերթ ձեռնափերով դեմքը ամուր փակած՝ գլուխը դեմ էր անում բքին և ոտքերը դժվարությամբ ձյունից հանելով, ճիգ էր անում վերջին հեծյալի հետքը չկորցնել:

Սպայակույտի անդամներից մեկը, որ Հաջի Գնոյի առջևից էր գնում՝ հարցրեց*

— Ո՞վ է այդ թշվառը:

— Զորավար Գիբոնը:
— Ինչու՞ է հետիոտն:
Անդրանիկը բարկացավ, ձին ձեռքից առավ, ստիպված ոտքով է մաքառում:
— Բայց պատճա՞ռը:
— Պատճառը Գորիսի հայ կանանց կարմիր դրոշակն է: Անգլիացին չէր ուզում այդպիսի մի դրոշակ տեսնել մեր զորամասի ձեռքին: Այդպես է, դեռևս Զապողի ձորում նա կասկածով էր նայել հայ զորավարի վրանի առաջ ծածանվող կարմիր պաստառին:
— Հասկանալի է փաշայի զայրույթը: Նա երեկվանից դեռ հանդարտված չէ: Հյուրանոցում իր բաժակաճառի ժամանակ նա այնքան վրդովված էր, որ ես սարսափով մտածում էի՝ չլինի՞ թե հանկարծ մի ապտակ իջեցնի դաշնակից զորավարի կուշտ ու կլորիկ դեմքին: Բարեբախտաբար այդ բանը տեղի չունեցավ: Սակայն մարդը տարիքոտ է, — հարեց սպայակույտի անդամը: — Դուք հին ընկերն եք փաշայի և հին ֆիդայի: Խնդրեք, որ նրա ձին վերադարձնի:
Հաջի Գևոն ձին քշեց և բուքը ճեղքելով զորավարին հասավ:
— Փաշա՛:
— Շա՛, — ռոնդաց քամին անդունդ գլորվելով:
— Փաշա, — նորից հնչեց Գևոն, այս անգամ ավելի բարձրագոչ և ձիու բաշին թեքվելով, որ փոթորկին հաղթի:
— Հոգնեցի՞ր, Գևո: Քո փոխարեն այժմ ձնաբուքն է լըլո երգում: Քիչ էլ տոկա: Հայաստանի ո՞ր սարի բուքը չի հարվածել հայդուկի կողերին: Տավրոսի՞ բուքը ծանոթ չէ մեզ, թե՞ Ռահվե–Դուրանի կամ Բաղեշի լեռնակիրճի բորանը: Սա Զանգեզուրի վերջին լեռնազագաթն է, շուտով կսկսի մեր էջքը դեպի Բազարչայ:
— Փաշա, անգլիացին հոգնել է և դժվարությամբ է քայլում:
— Ինչպե՞ս:
— Ասում եմ, անգլիացին հոգնել է և դժվար է քայլում, իսկ բուքը սաստիկ է:
— Ես նրան պատժել եմ: Նա ճանապարհին դարձյալ հակաճառեց ինձ և խորամանկ շեշտ կար նրա խոսքի մեջ մեր դատի հանդեպ: Մեր դրոշակի կարմիր գույնը իրեն դուր չի գալիս: Բացի այդ, ես տեսա, թե ինչպես նա ձիու հետ անխղճորեն էր վարվում: է, ինչ անենք, որ նրանց նավերը և ավտոկառքերը չեն կարող մեր լեռները բարձրանալ: Մենք նրան ձի տվեցինք, որ խեղճ գրաստին ծեծի՛*: Թող մի քիչ ոտքով քայլի, որ հասկանա, թե ինչ բան է ազատության համար մարտնչող հայ զինվորի տառապանքը:
— Բայց մեղք է, փաշա, կարող է խեղդվել բքի մեջ:
— Իսկ մենք մեղք չե՞նք, — նրա խոսքը ընդհատեց զորավարը: — Իսկ Սեբաստացի Մուրադը մե՞ղք չէր, իսկ կոմիսար Շահումյանը մեղք չէ՞ր: Իսկ Շամխորում սպանված հարյուրավոր անմեղ ռուս զինվորները մեղք չէի՞ն: Իսկ մեր ժողովուրդը, որ կոտորվեց ու ցրիվ եղավ աշխարհով

մեկ, մեղք չէ՞: Իսկ արաբը և Հնդիկը մեղք չե՞ն: Քեզ մի բան ասեմ, Գևո, այն օրից, երբ մեր պատվիրակ Մոսե Իմոն ձեռնաթափ վերադարձավ Լոնդոնից, իմ հավատքը իսպառ խախտվել է Անգլիո վարիչների և նրանց զինվորականների հանդեպ:

— Փաշա՛:

— Թող մի քիչ քայլի:

— Փաշա՛:

— Իմ համբերանքն ես ուզում փորձել: Բուք կա իմ հոգում, Հաջի, ավելի ահեղ, քան լեռնահայաստանի այս բորանը, որ կատաղորեն փչում է մեր դեմքին: Մեր ազգը կորել է փոթորիկի մեջ, իսկ դու ձի ես փնտրում ասեղ կտրող անգլիացու համար:

— Լո՛, լո՛, լո՛...

— Ոչ մի լոլո չի օգնի, իզուր է:

Սպիտակ ձիավորը գլուխը շուռ տվեց դեպի աջ: Զորավարի կոշտ դիմագծերը ավելի պրկված էին: Գուցե վերջին անգամ էր նա անցնում այդ լեռներով: Նրա հայացքը այդ պահին ամբողջապես ուղղված էր Հայաստանից դուրս: Դաշնակիցների հանդեպ ունեցած կասկածը գնալով աճել էր իր մեջ, իսկ Հանրապետական Հայաստանի վարիչների հետ խըստորեն պառակտված էր: Երևանը թշնամաբար էր դիտում իր զորամասի անջատ գործողությունները: Այդ էր պատճառը, որ Գորիսի ազգային խորհուրդը համառորեն ձգձգում էր քառանիվ սայլերի վերանորոգումը: Զանգեզուրում դրանից մի տարի առաջ երևացել էին երեք զինվորական գործիչներ, որոնք խոստովանել

էին, որ իրենք ուղարկված են «Անդրանիկին մեջտեղից վերացնելու»: Եվ արդեն լուրեր էին տարածվել, թե նա սպանված է:

Կաբինում դասալիք զինվորները իրեն «կռռ» անվանեցին, իսկ այստեղ՝ Անգեղակոթում, սասունցի հին հայդուկը զենք քաշեց իր վրա: Որքա՜ն էր սիրում նա Ախոյին: Երբ հավատարիմ սասունցին է զինվել իր դեմ՝ էլ ինչու մնալ: Պառակտում կար նաև իր և իր սպայակույտի որոշ անդամների միջև: Իրենից անդարձ բաժանվել էին սասունցիների գունդը, ձիավոր հարյուրակի հրամանատար Սարդիս Ճեպեճին, երրորդ գումարտակի պետ բժիշկ Բոնապարտը: Զորամասի հրամանատարների և զինվորների մեծ մասը զորավար Մախլուտոյի գլխավորությամբ լքեց Զանգեզուրը և Սևանի արևելյան ափերը բարձրանալով գնաց դեպի Երևան յան հանրապետություն: Նույնիսկ իր սուրհանդակ Անդրեասը Թալինից չվերադարձավ Լոռի: Թիկունքից՝ բուք, առջևից՝ բուք, աջից ու ձախից էլ բուք: Բնությունն անգամ մոլեգնած էր իր դեմ: Այո, ինչու մնալ: Եվ նա որոշեց գնալ Էջմիածին, զենքերը հանձնել կաթողիկոսին և հեռանալ Հայաստանից:

— Եղիշե՛, — գոչեց նա:

— Լսում եմ, զորավար:

— Այն անգլիացին հոգնել է և կարող է խեղդվել բքի մեջ: Ձին տվեք թող հեծնի:

Քիչ վերջը զորավար Գիբոնը հեզ գառնուկ դարձած առաջանում էր քարավանի հետ:

Գարնան զաղջ արևը տաքացրել էր Արտոնա կիրճը, որի միջով հետևակն էր ընթանում, իսկ իրենք գնում էին բարձրով:

Շուտով երևաց Սիսիանի վերջին գյուղը, և նրանց դիմաց ցցվեց գեղեցիկ իրանով մի սպիտակ լեռ: Բազարչայի հովիտն էր: Բայց մնում էր ամենադժվարին և ամայի անցուղին Բազարչայից մինչև Հերհեր: Այդ շրջանի ձյունը մարդու հասակից բարձր էր: Ձյունը փակել էր բոլոր ճանապարհները՝ դարափոսերը բլուրներին հավասարեցնելով:

Իրենք յոթ ձիավոր էին, մի անգլիացի գնդապետ և վեց սպայակույտի անդամներ: Առջևից դարձյալ ինքն էր գնում, ետևից՝ Հաջի Գևոն, քարտուղար Եղիշեն, անգլիացի գնդապետը և մյուսները:

Մերձակա մի գյուղ դիմավորելու ելավ աղուհացով:

— Հապա էս բու՞քը, — գոչեց Անդրանիկը բեղերի պաղլուլաները քանդելով, — մեր առաջ աղուհաց հանելու փոխարեն ճամփաները մաքրեիք: — Նա Բազարչայի մալականներին փող տվեց և նրանք խմբերով եկան մաքրեցին կուտակված ձյունը և զորքը անցավ: Հետևակը խճուղով գնաց, ձիավորները՝ սարով:

Կեչուտի ձորահովտում Հերհերի նոսր թփուտները իրենց միջից աղմուկով թափ էին տալիս ապրիլյան տաք ձյունը:

ԻՄ ՁԻԱՊԱՆԻ ՊԱՏՄԱԾԸ

Նոր–Բայազետում էի, երբ իմ ձիապան Բարսեղը հայտնըվեց: Ոտքից թեթև կաղում էր: Նա մի մեղավոր հայացք նետեց վրաս, վախենալով դատաստանից, բայց ես ավելի տրամադիր էի նրա քաջագործությունների մասին լսել, որովհետև վստահ էի, որ եթե նա ողջ է վերադարձել, ուրեմն իր խոսքը քաջության մասին է:

— Զորավար, — ասաց Բարսեղը դիմելով ինձ, — երբ Անդրանիկի սուրհանդակ Անդրեասը հրավեր բերեց, որ մենք գնանք Լոռի, և դու ինձ կարգադրեցիր նրան ճանապարհ դնել, ես նկատեցի, որ Անդրեասը մտադիր է հարձակվել Իբրահիմ քանի վրա: Եվ իսկապես, Դավթաշենի ձորում կռիվ եղավ նրա և Իբրահիմ խանի միջև և մեր սուրհանդակը նեղն ընկավ, Իր ձին խփվեց: Ես նրան վերցրի իմ թամբին և մենք՝ երկու հեծյալ մի թամբի վրա, հասանք Աշտարակ:

Աշտարակում Անդրեասն ասաց, «Բարսեղ, ես պիտի

Ապարանով բարձրանամ Լոռի: Եկ քո ձին ինձ տուր, իսկ դու վերադարձիր զորավարիդ մոտ և ձեր զորքով շտապեք Քարախաչ: — Խելքս մտավ և ձիս տվեցի նրան: Հազիվ էի ոտքս դրել ասպանդակին, երբ լսեցի, որ Բաշ–Ապարանում կռիվ է և Փեթարա Մանուկը Չոլոյի և Մորուքի հետ սասունցիներից մի խումբ կազմած շտապել է մասնակցելու Ապարանի ճակատամարտին:

Անդրեասը թե «Ես պետք է հասնեմ Անդրանիկ փաշի զորքին»: Ասաց, ու իմ ձին հեծնելով, գնաց դեպի Լոռի: Ես մնացի հետիոտն: Փեթարա Մանուկը ինձ մի ձի տվեց և մենք մի ամբողջ օր կռվեցինք Ալեքսանդրոպոլի կողմից Արագածի հյուսիս–արևելյան լանջով դեպի Երևան արշավող ռումի զորքի դեմ: Կռվով հասանք Եղվարդի տակ:

Այդտեղ Չոլոն ասաց, որ թշնամին բազմահազար զորքով հասել է Արաքսի ափը և Էջմիածնի վրայով սպառնում է Երևանին: Թողեցի Բաշ—Ապարանը և ինձ նետեցի Երևան:

Քաղաքի ծայրին մի ծերունի ժայռին փակված մի կոչ էր կարդում ուղղված Երևանի զորքերին և բնակիչներին, «Հայե՛ր, շտապեցեք հայրենիքն ազատելու... հասել է րոպեն, երբ յուրաքանչյուր հայ, մոռանալով յուր անձնականը, պետք է գործ դնի իր վերջնական ճիգը թշնամուն հարվածելու համար: Հարկավոր է մի ճիգ ևս, և թշնամին վռնդված կլինի մեր երկրի սահմաններից:

«Հայե՛ր, ժամանակը չէ դանդաղելու: Հանուն մեր բազմաչարչար ժողովրդի ֆիզիկական գոյության: Ոտքի կանգնեցեք: Դեպի սրբազան պատերազմ: Դեպի զենք բոլորդ: Դեպի Սարդարապատ»:

Ծերունին կարդալն ավարտեց և իր շուրջը հավաքվածներին կազմակերպելով, «ազատություն կամ մահ» գոռալով շարժվեց փողոցն ի վար: Գնալով այդ աշխարհազորը մեծացավ, խտացավ և փողոցը լցվեց հազարավոր մարդկանցով: Ես էլ ընկա այդ հեղեղի մեջ և շարժվեցի առաջ: Հասա քաղաքի կենտրոն և դեմ առա սև քարից շինված մի հսկա եկեղեցու: Գլխին հինգ սոխաձև գմբեթ կար ծուռ խաչերով: Ինձ ասացին, թե դա ռսի ժամ է: Էս ժամի զանգերը լուռ էին: Աշխարհազորը շարժվեց դեպի Զանգվի կամուրջը, իսկ ես իմ ձին կապեցի ժամի դռանը և բարձրացա զանգակատուն: Հաշվեցի զանգերը. ութսուն հատ էին: Ամենամեծ զանգի լեզվակը իմ ձիու գլխի չափ էր: Պարանը քաշեցի: Քաղաքը դղրդաց ու ձայնը մինչև Եղվարդ հասավ: Եկեղեցու դիմացը մի աղբյուր կար: Տեսնեմ՝ մարդիկ էս աղբյուրի մոտ շարք կազմած կժերով ջուր են տալիս իրար: Շարանն անցնում էր իմ ոտքերի տակով և ձգվում էր մինչև կայարան:

— Էս ի՞նչ բան է, — հսկայի պես կռանալով հարցրի ես վերևից:

Ներքևից պատասխանեցին, թե ջուր են ուղարկում կռվողներին: Կժերով հասցնում են կայարան և տակառների մեջ լցնելով գնացքով փոխադրում են Սարդարապատի դաշտ:

Ես զանգակատնից իջնելով արագությամբ շարք մտա և մի քանի կուժ ջուր փոխադրեցի հաջորդ ձեռքերին: Բայց իմ գործը ոչ ջուր փոխադրելն էր, ոչ էլ զանգեր հնչեցնելը: Ես ռազմիկ էի և պետք է նետվեի կռվի դաշտ:

Հեծա իմ ձին և շտապեցի դեպի Արաքսի ափը: Թիկունքից սայլերով,

ավանակներով, ձեռքերով ռազմամթերք էին հասցնում կռվողներին: Կես ճանապարհին մի թնդանոթ էր մնացել: Իմ ձին տվեցի, որ թնդանոթը շուտ տեղ հասցնեն:

Սկսեցի ոտքով քայլել:

Արաքսը վարարած էր: Դաշտի միջով դեպի Հայ–Զեյվա մի հեծյալ եպիսկոպոս էր գնում՝ պատկառելի վեղարը գլխին և սուրը ձեռքին բարձր պահած: Ղարաբաղցի էր, անունը Գարեգին: Վտիտ և անշուք դեմքով մի այր էր սրբազանը: Տարիքը կլիներ քառասուն: Կողքից երեք երիտասարդ վարդապետ էին գնում՝ Եզնիկ, Դանիել, Թադևոս, խաչերը ձեռքներին բարձր պահած, իսկ ետևից գալիս էր տարօրինակ կրռվողների մի բազմություն տարբեր զենքերով զինված, ոմանք շապիկ–վարտիքով, ոմանք՝ բոկոտն ու գլխաբաց:

Սրբազանը ձին կանգնեցրեց:

— Սիրելի ժողովուրդ, — դարձավ նա բազմությանը: — Արարատյան Հայաստանը հարվածի տակ է: Հայկական զորքերին հրամայված է դատարկել Սուրմալուն և նահանջել Կոտայքի բարձունքները: Շտապ առաջարկ է եղել Մայր աթոռը տեղափոխել Սևան: Կես ժամ առաջ վեհափառ հայրապետը հայտնեց, որ ինքը մերժում է կաթողիկոսարանը ս. էջմիածնից տեղափոխել: Եթե հայ զորքը հրաժարվի կամ անզոր գտնվի պաշտպան կանգնել այս սուրբ վայրին, — ասաց նա, — ապա ինքը մենակ սուր կվերցնի և կռվելով կընկնի մայր տաճարի գավթում, բայց չի հեռանա ս. էջմիածնից: — Մինչև հիմա դուք էիք իմ աջը համ բուրում, — ասաց վեհափառը զորքին և ժողովրդին դիմելով, — հիմա ես եմ համբուրում ձեր ոտքը: Բոլորս դեպի թշնամին»:

Ի պատիվ և ի ուրախություն մեզ, Արարատյան դաշտի ամբողջ զորքը և ժողովուրդը զինված ջոկատներով անհավասար մարտի մեջ է մտել ոսոխի դեմ: Սուր է վերցրել և ս. էջմիածինը: Ծառը արմատով է ծառ, տունը հիմամբ է տուն, — գոչեց Գարեգին եպիսկոպոսը և բազմությունը նրա ետևից աղաղակեց. «Դեպի նոր Ավարայր»:

Արաքսի ափին հենց առաջին օրը ես գլորվեցի մի ավազափոսի մեջ, որտեղ մի վիրավոր էր ընկած՝ ճակատով դեպի գետին, ձիու սանձը թևի տակ ամուր սեղմած: Կռացա իմանալու, թե ով է, ու հանկարծ ծծրակիս մի տաք բան զգացի: Շուռ եկա տեսնեմ՝ իմ ձին էր, որով ես գրոհել էի Թալինի բերդի վրա: Նա ետևից թեքված լիզում էր իմ վիզը, իսկ կողքի վիրավորը Անդրեասն էր: Անծանոթ տեսնողը նրա ահարկու կերպարանքից կարող էր տեղնուտեղը ուշագնաց լինել:

— Անդրեաս, — ասացի, — դու էստե՞ղ, Սարդարապատի

դաշտու՞մ: Չէ որ ես տեսա, թե դու ինչպես իմ ձին հեծնելով Եղվարդի վրայով գնացիր դեպի Լոռի:

— Ես չէի ուզում Բաշ–Ապարանում կռվել, բայց ճանապարհին իմացա, որ Սարդարապատում կռիվ է, — խոսեց Անդրեասը, նստելով ավազափոսի մեջ իմ կողքին: — Ու՞ր կերթաս, Անդրեաս, չէ՞ որ Արաքսի ափին կռիվ է՝ ասացի ինքս ինձ: Երևանի կողմից եկող զանգերի գոռոցն էլ որ ականջս քանդեց, ասացի՝ էստեղ մի լուրջ բան կա ու Հայաստանը շատ նեղ վիճակի մեջ է: Էլ դու ո՞ր օրվա համար ես, Անդրեա՛ս, ասացի ու ձիուս գլուխը շուռ տվեցի դեպի Սարդարապատ: Աջ թևի վրա կռնետ Վանոյի հեծյալների դասակն էր: Ձախ թևին շարված էին Վանի, Զեյթունի և Դալի Ղազարի ձիավոր դրնգերը: Միացա ալաշկերտցի Այվազի խմբին ու սլացա առաջ: Թե էս երկու օրվա մեջ ինչքան ասկյար եմ սպանել Շնքի փաշայի զորքից՝ հաշիվ չկա: Իմ պակաս թողածը քո ձին վերջացրեց իր սմբակներով: Էս Սարդարապատը չէր լինի, եթե ժամանակին լավ պաշտպան ած լինեինք Էրզրումի, Բիթլիսի և Կարսի դռները, — ավելացրեց Անդրեասը:

Անդրեաս մի ասա, մի կատարյալ արջ: Մեր խոսակցության ժամանակ չորս զինված ասկյար թփուտից դուրս նետվելով հարձակվեցին մեզ վրա: Նրանցից մեկը Անդրեասի ահռելի կերպարանքից տեղնուտեղը ուշաթափվեց, իսկ մյուս երեքին տասնոցը քաշելով գլորեց ավազների մեջ: Մեկ-երկուսին էլ ես ոչնչացրի գրոհելով եղեգների վրա, ուր նրանք խնամքով թաքնված էին դիակների տակ:

Ամբողջ օրը առավոտից երեկո թնդանոթները որոտում էին: Այդ նույն օրն էլ կռիվը վերջացավ մեր հաղթանակով: Արտաշատից մինչև Կարմրաշեն տասնյակ հազարավոր Շնքի դիակ էր դիզված:

Վերջին կռիվը եղավ մեծ Արտեն սարի վրա: Այնտեղ սպանվեց մահապարտների գնդի գումարտակի պետը: Ես անցա գումարտակի գլուխը և կազմակերպեցի նոր գրոհ: Մըշեցի Պանդուխտի ձիավոր գունդը Մաստարայի բարձունքից, իսկ մենք ներքևից հարձակվելով, այնպիսի մի ջարդ տվինք, որ Շնքի թուրքերը լեղապատառ փախան մինչև Անի: Վանեցի Ջհանգիր աղան էլ մեզ հետ էր իր եզիդական ձիավորներով, Առոա Մամիկոնյան Զորիկն էլ: Երկուսն էլ Պանդուխտի գումարտակի մեջ էին, 409 բարձունքում: Վերադարձա Արաքսի ափը: Հեռվից նկատեցի, որ սև ագռավներն ու անծեղները կռավելով եկնում իջնում էին այն փոսի վրա, ուր Անդրեասն էր պառկած: — Վա՜յ, ասացի, — Անդրեասը սպանված է և ագռավները նրա լեշն են ուտում: Մոտեցա տեսնեմ՝ Անդրեասը իր ավազափոսում նստած տնքում է և նայում է, թե ինչպես գիշատիչ հավքերը ծվատում են սպանված ասկյարներին: Կողքին էլ ամանով ջուր էր դրված:

— Անդրեաս, — ասացի, — դու վիրավոր ես, արի քեզ Երևան տանեմ:

— Չէ, — ասաց, — ես Անդրանիկ փաշի սուրհանդակն եմ և նրա

մոտ պիտի երթամ: Ինձ կապիր ձիու թամբից ու բաց թող: Ձին ինձ ուղիղ Լոռի կտանի:

— Անդրեաս, — ասացի, — դու իբրև սուրհանդակ մեզ մոտ եկար մայիսի յոթին, իսկ էսօր մայիսի վերջն է, Անդրանիկը վաղուց Լոռին անցած կլինի:

— Չէ, դու ինձ կապիր ձիու թամբին, փաշան ուր էլ լինի՝ ձին ինձ ուղիղ նրա մոտ կտանի, — պնդեց Անդրեասը:

Շատ որ զոռեց, խնդիրքը կատարեցի: Մի կերպ գրկեցի դրեցի թամբին և ամուր կապեցի, որ վայր չընկնի: — Դե, հիմա գնա հասիր Անդրանիկի զորքին, — ասացի ու սանձը տվեցի ձեռքը: Ձին մի քիչ տեղ գնաց, մեկ էլ ի՜նչ տեսնեմ. Անդրեասը վրա էի կապերը քանդել է և ետ դարձած բռունցքը թափ է տալիս վերևով անցնող ագռավների վրա: Երևանի կողմը չերթա՜ք, ձեր կտուցներից շան հոտ է գալիս: Էս էն դաշտըն է, ուր Նոյ Նահապետը տապանից իջնելով խաղողի թուփ է տնկել: Էդպես կջարդենք մեզ վրա եկողին:

Տեսա ընկնում է, վազեցի, որ կապեմ թամբին և բերդի հիվանդանոց տանեմ:

— Ես հիվանդ չեմ, — գոռաց վրաս: — Ես պիտի անպայման հասնեմ փաշի զորքին, — ու ինքն իրեն մի կերպ թամբին ուղղելով, գլուխը դարձրեց դեպի Եղվարդի կողմը: ուր տարավ նրան իմ ձին՝ չիմացա: Բայց որքան աչքս նշմարեց, ես նրան տեսա դեպի վերնի սարերը գնալիս:

Այդ նույն օրը ես վիրավորվեցի ոտքից և ինձ տեղավորեցին Երևանի բերդի զինվորական հիվանդանոցը: Բերդի մեջ մի բերդ էլ կար՝ անունը Շուշան: Շուշանն ինձ ճանաչեց:

— Ինչու՞, — ասաց, — զորավար Մախլուտոն ինձ Բիթլիսից ուղարկեց Երևան ու չեկավ իմ ետնից: — Շուշանը գթության քույր էր բերդի հիվանդանոցում: Նրա խնամքին հանձնըված էր նաև մանազկերտցի մի զինվոր, որ կռվել էր Սարդարապատի դաշտում և ծանր վիրավորված էր:

Շուտով ինձ ու մանազկերտցի զինվորին դուրս գրեցին: Մենք Քանաքեռի վրայով գնացինք Եղվարդ: Եղվարդում լըսեցինք, որ Փեթարա Մանուկը և իր զինվորները ապստամբվել են Արարատյան Հանրապետության կառավարության դեմ: Նրանց միացել էին նաև մշեցի Պանդուխտի զինվորները, որ նոր էին վերադարձել ռազմաճակատից: Հարցրինք պատճառը, Մանուկն ասաց, թե Հայաստանի վարիչները զինադադար են կնքել Վեհիփ փաշայի հետ, նրան զիջելով մեր հողերի մեծ մասը և զորավար Անդրանիկին արտաքսելով հանրապետության սահմաններից:

— Անդրանիկը արտաքսվա՞ծ: Ուրեմն մենք իզուր կռվեցինք Սարդարապատում և Բաշ–Ապարանում, — ասաց մանազ-

կերտցի զինվորը, և երկուսով բռնեցինք Նոր–Բայազետի ճամփան:

Լճաշեն գյուղում մանազկերտցի զինվորը մի գաղթական աղջիկ տեսավ, անունը Վարդանուշ էր: Ես երկու գեղեցկուհի եմ տեսել աշխարհում— մեկը Շուշանն էր, մյուսը՝Վարդանուշը: Մանազկերտցին զարկվեց Վարդանուշի սիրով ու մնաց Լճաշեն:

— Բայց աշխարհը խաղաղ չէ ու ամենից վրդովվածը Հայաստանն է: Մեր սիրելու ժամանակը դեռ չի եկել, — ասացի ես:

— Աշխարհը սիրելով կխաղաղվի, Հայաստանն էլ հետը, — պատասխանեց մանազկերտցին ու մենք բաժանվեցինք: Նա մնաց Լճաշեն գյուղում իր Վարդանուշի հետ, իսկ ես զենքերս կապած շտապեցի Նոր–Բայազետ»:

Իմ ձիապանը ավարտեց իր պատմությունը և բեղերը ոլորելով նայեց ինձ:

Ես նրան, իհարկե, ներեցի, որովհետև նա մասնակցել էր Սարդարապատի ճակատամարտին:

ԽՌՈՎԱԾ ՀԱՅԴՈՒԿԱՊԵՏԸ

1919 թվականի գարնանը Անդրանիկն իր զորքով Զանգեզուրի վերջին լեռնանցքի բուքը հաղթահարելով դիմեց դեպի Արարատյան դաշտ:

Դրոն Երևան յան նահանգի զորամասի հրամանատար էր նշանակված: Լուր հասավ Դրոյին, որ Անդրանիկի ձիավորներըն արդեն հասել են Արարատ կայարան, ուր հնդիկ և անգլիացի զինվորներ էին կանգնած: Դրոն հատուկ սալոն–վագոնով շտապեց Դավալու, որ նրան դիմավորի: Զորավարի պատվին Երևանում պատրաստված էր փառահեղ ընդունելություն և հաղթական մուտք: Երբ հասավ Դ՛ավալու, պարզվեց, որ Անդրանիկը այնտեղից արդեն մեկնել է: Հասավ Արտաշատ, բայց Անդրանիկը Արտաշատից արդեն դուրս էր եկել: Դրոն զգաց, որ Անդրանիկը խուսափում էր իրեն հանդիպել: Շարունակելով իր հետապնդումը, Երևանի զորամասի հրամանատարը նրան բռնեց Դալմայի այգիների շրջանում:

Դրոն բարձրից էր նայում Անդրանիկին, համարելով նրան ռազմական կրթությունից զուրկ մի սովորական հայդուկապետ, պարտիզանական կռիվների մի հմուտ ղեկավար, որ ոչ մի մասնակցություն հանդես չէր բերել Սարդարապատի, Բաշ–Ապարանի և Ղարաքիլիսայի վերջին ահեղ ճակատամարտերին:

Ներքևում, հինավուրց կամուրջի տակով մոլեգնած հոսում էր գարնանային Հրազդանը: Դիմացը Մասիսներն էին, իսկ ետևում՝

Երևանը։ Հանդիպումը եղավ զուսպ։ Դրոն Անդրանիկին հրավիրեց մտնել Երևան։

— Ես Երևան չեմ գար, ես դաշնակ կառավարությունը չեմ ճանչնար, — կտրուկ պատասխանեց Անդրանիկը։

Հարվածող զորամասի քրտնաթոր նժույգները իրենց դարչնագույն մեզը խառնելով Հրազդանի պղտոր կոհակներին, վրնջալով անցան բերդի հին կամուրջով։ Առջևից Անդրանիկն էր գնում, ետևից՝ զորքը։ Այգիների միջով դեպի Էջմիածին էր շարժվում մի անսովոր զորաբանակ։

Զորքը հոգնած էր։ Հոգնած էր այն ոլորապտույտ խճուղին, որով նրանք անցնում էին։ Հոգնած էր և այն փոշին, որ երիվարների սմբակների տակից բարձրանալով, անաղմուկ ոսկեղծում էր երկնասլաց բարդիների նորականաչ կատարները։

Դրոն վաղուց հասել էր Էջմիածին և կայազորին կարգադրություն արել պատշաճ ընդունելություն ցույց տալ Անդրանիկին, համոզված, որ այնուամենայնիվ նա իր զորքը կըտանի դեպի Երևան և կողջունի Հայաստանի հանրապետության ծնունդը։ Սակայն Էջմիածին հասնելով Անդրանիկն իր զորագունդը ուղղեց դեպի մայր տաճար։ Ու՞ր էր գնում հայդուկապետը։ Ինչու՞ էր նա դիմում դեպի հինավուրց վանքի դարպասները։ Այս անսպասելի քայլը իրարանցման մեջ դրեց Էջմիածնի հայոց կայազորին, իրեն՝ Դրոյին և տեղի ողջ բնակչությանը։

— Անդրանիկը դեպի Մայր տաճար է գնում։ Ինչու՞։ Ի՞նչ է պատահել, — շփոթված հարցնում էին մարդիկ իրար։ Հայոց կաթողիկոսը Գարեգին վարդապետի և մյուս եպիսկոպոս ների ու վարդապետների հետ Տրդատա դռնով դիմավորելու ելավ մեծահամբավ զորավարին։ Իրենք նույնպես արիաբար մասնակցել էին Սարդարապատի ճակատամարտին և իրավունք ունեին քաջին քաջորեն դիմավորելու։

Դարպասները բացվեցին, և զորքը ներս մտավ։ Մտավ կապույտ ռազմիկը կապույտ նժույգին նստած։ Մտավ անսովոր մի զորք, որի նմանը Էջմիածինը և Հայաստան աշխարհը մինչև այդ երբեք տեսած չկային, Այդպիսի զորք չէր եղել։ Այդպիսի զինվորներ չէին անցել այդ ճանապարհով։ Այդպիսի նժույգներ չէին դոփել Էջմիածնի սրբազան գետինը։

Բնակիչները, մեծ ու փոքր, վազում էին ճանապարհի երկայնքով և օդը կեցցեներով թնդացնում։

Ու ընկան դրոշները վանքի պատերի տակ Գնորգյան լճի ափին։ Իրար վրա դիզվեցին հայդուկային կռիվների և կամավորական մարտերի՝ Դիլմանի, Բաղեշի, Կաբինի և Խոյի փառապանծ դրոշները։ Փողփողալով վայր իջավ Զանգեզուրի հայ կանանց ծոպավոր կարմիր դրոշը։ Ընկավ զենքն ու հանդերձանքը։ Եվ զորքին դիմելով՝ Անդրանիկն ասաց. — Սիրելի զինվորներ, հասավ իմ և ձեր բաժանումի ժամը։ Մեր մարտական կռիվները ավարտված են: Մեր զենքն ու դրոշները հանձնված են կաթողիկոսին: Բայց ձեզմե չբաժանված կուզեմ երկու խոսք ասել: Ես մեծ կրթություն չունեմ, — շարունակեց զորավարը: — Ես էլ ձեզ նման հասարակ ժողովրդի զավակ եմ, ձեզ նման մարտիկ ու զինվոր: Միրուն ճառեր ասել չգիտեմ: Արդեն հիսունչորս տարեկան եմ, կարգված չեմ և ընտանիք էլ չունեմ: Կյանքի, գործի և պատվի ազատություն— այս եղավ իմ և ձեր կյանքի նպատակը: Ես հայր չեղա ընտանեկան հարկի տակ, իմ ընտանեկան հարկը Հայաստանի երկինքը եղավ: Իմ մարտական կյանքը ես սկսեցի հայդուկությունից: Գնացի Սասուն, մտա մի մութ գոմ և սկսեցի զենքերի փչացած մասեր նորոգել: Գելիեգուզան գյուղին մոտիկ Ալռճազ (Տաղվրնիկ) կոչված գոմի մեջ պառկած կտառապեի հողացավով: Հիվանդությունն այնքան սաստիկ էր, որ օրը տասն անգամ մահս կուզեի: Վեց ամիս ոչ հանգիստ ունեի, ոչ էլ քուն: Մեկ կողմեն ցավը, մյուս կողմեն հալածանքները կմտահոգեին զիս: Տեղական բժշկական ամեն միջոց գործադրեցինք, բայց օգուտ չտվավ: «Աստված, Գաբրիել հրեշտակը դրկե. հոգիս առ, ազատվեմ այս տանջանքեն», ցավեն հուսահատ ասացի ես մի օր:

Սպաղանաց Մակարը, որ ութսուննեն ավելի քաջառողջ մի ծերունի էր և քովս նստած չիբուխը կծխեր, աղերսանք լսելով դարձավ ինձ ու ըսավ.

«Անդրանիկ, լաո, Գաբոն ամեն անգամ, որ գլուխը դռնեն ներս կխոթե, որ հոգիդ առնե— պատեն կախված հրացանդ տեսնելով, վախեն ներս չի գար, կփախչե կերթա»:

Վախեն, թե իմ չար բախտեն Գաբոն ներս չմտավ իսկապես: Այն զենքը, որից Գաբոն վախեցավ, ահա երեսունհինգ տարի է, ինչ իմ ձեռքեն վայր չի իջել: Իմ բմբլե բարձը Սասունի լեռները եղան: Իմ և ձեր կյանքն անցավ հայդուկային կռիվների և ազատագրական պատերազմների մրրիկների մեջ: Այգ հրացանը թևիս, ձիով և ոտքով ես ամբողջ Հայաստանը ձեզ հետ անցա ծայրեծայր: Այդքան տարվա մեջ ես չտեսա ոչ մի զինվոր, որ իր բնական մահով մեռներ: Դուք ձեր քաջությամբ և հերոսական գործերով բարձր պահեցիք մեր ժողովրդի արժանապատվությունը: Ոչ մեկ արարքով չարատավորեցիք ձեր սուրը: Մեծ համբերությամբ կրեցիք ձեր չարչարանքը և հավատքով տոկացիք անթիվ զոհողության: Ես չլսեցի տրտունջի ոչ մեկ բառ, ցավի ոչ մի արտահայտություն: Մերկ ու անոթի մնացիք օրերով: Ձմռան ցուրտը, բուքըն ու քամին, ձյունն ու անձրևը կարկուտի հետ ծեծեցին ձեզ: Բայց դուք արհամարհեցիք թե՛ թշնամու գնդերը, և թե բնության արհավիրքը: Ձեր այդ կեցվածքը քաջալերեց զիս և մենք շահեցինք փառավոր հաղթանակներ: Ազատ ապրելու կամ հերոսաբար մեռնելու վճիռը նահանջի մատնեց ձեր մեջ ուրիշ ամեն իղձ: Անթիվ, անհամ ար են այն կռիվները, որ ես մղեցի ձեզ հետ օսման բռնակալության դեմ ի սեր Հայաստանի: Հրաժեշտ եմ տալիս ձեզ ձեր քաջության և եռանդի անկորնչելի հիշատակը պահելով իմ սրտում: Հոգ չէ, թե բարեկամները կամ թշնամիները ինչպիսի համարում կունենան ձեզ վրա: Սասունում մի սար կա— Անդոկ սարը: Այդ սարի տակից մի հորդ աղբյուր է բխում, որ կոչվում է Պայթող աղբյուր: Սասունցիք հավատում էին, որ այդ աղբյուրի մեջ հրեղեն ձիեր են ապրում: Նրանց համար երևի աստված այնքան հարգի չէր, որքան Պայթող աղբյուրը: Ասում են, որ այդ աղբյուրից է դուրս եկել Քուռկիկ Ջալալին: Ես ձեզ կարող եմ համեմատել միայն Պայթող աղբյուրի նժույգների հետ: Դուք սովորական մարդիկ չեք, այլ հրեղեն մի սերունդ, որ ժայթքեց Սասնո այդ առասպելական լեռան տակից: Այս խոսքերը ես ձեզ թողնում եմ իբրև սրտաձոն բոլոր ապրողներին և տապանագիր մեռած զինվորներիս համար:

Էլ ասելիք չունեմ:

Այժմ ես միայն իմ տերն եմ: Դուք ազատ եք: Ինչպես կուզեք, այնպես էլ շարժվեք: Հոս Հայաստան է, ժողովուրդը հայ է և հողը մերն է: Կարող եք դարձյալ ծառայել հայ ժողովրդին, ինչպես մինչև հիմա ծառայեցինք: Այն զինվորները, որոնք կուզեն տներ վերադառնալ, թող վերադառնան: Նրանք, որոնք կուզեն ինձ հետ մնալ, թող գան ինձ հետ: Ես մեկնում եմ՝ սրտիս մեկ կտորը ձեզ մոտ թողած, ակնկալելով մի օր գտնել այն: Ես ձեզ բոլորիդ հոգուս չափ սիրեցի, բայց իմ ամենասիրելին և փառապանծյալ քաջը եղավ զորավար Մախլուտոն, որն այժմ իմ քովս չէ: Այդ այն պատանին էր, որ առաջին անգամ Տաղվրնիկ եկավ Սերոբ Աղբյուրի հրացանի կոթը ինձ շինել տալու: Նայեցեք, որ այս ճակատը երբեք գետին չհասնի: Երեսուն տարի այդ ճակատը աստղերին էր դարձած, չլինի թե այսօր գետին հպի: Բարի ճանապարհ ձեզ և թոզ օրհնյալ լինի զոհված հերոսների հիշատակը:

Սիրելի զինվորներ, մնաք բարով:

Ապա Անդրանիկը մի երկտող գրեց Հայաստանի կառավարությանը, ընդամենը երեք փութ գարի խնդրելով իր ձիու համար... կանխիկ վճարով:

Սևադեմ մի երիտասարդ, որ հենված էր «Ղազարապատ» հյուրանոցի պատին, հանկարծ վճռական շարժում կատարեց դեպի զորավարը: Շապինանդը շեշտակի նայեց նրա աչքերի մեջ և հասկացավ, թե վտանգը որտեղից էր գալիս: Չարագործը նույնպիսի անսպասելիությամբ զենքը ցած գցեց և հաղթահարված ծունկի իջավ հայդուկապետի առաջ: Զինվորները ուզեցին նրա դատաստանը տեսնել, բայց Անդրանիկը սաստեց նրանց, և բարձրացնելով ընկածին ասաց,

— Դու՛ գնա գարու ետևից: Այս թուղթը կտաս Դրոյի կառավարությանը և երեք փութ գարի կխնդրես իմ ձիու համար կանխիկ վճարով:

Երիտասարդը թուղթը վերցրեց և հյուրանոցի պատին քսվելով դանդաղ հեռանում էր, երբ զորավարը ձայնեց.

— Հոս եկուր:

Սևադեմ մարդը ետ դարձավ:

— Իմ ոչ մի հայդուկը գերեզման չունի լուսնի տակ: Տալվորիկցի

մի հին հայդուկ ունեի, որ սպանել է Սելիմ բեկին Գոլի կռվում։ Անունը Կիրո Օսման է։ Վերջերս լուր ստացա, որ նա դավաճանությամբ սպանվել է Վերին Արթիկում և թաղված է մի անանուն փոսի մեջ։ Ես ուզում եմ, որ մի քար դրվի նրա վրա։ Այդ մի հատիկ սասունցի զինվորս թող գերեզման ունենա աշխարհում։ Այդ էլ հաղորդիր Դրոյին։ Երեք փութ գարի և մի շիրմաքար։ Չմոռանաս ասելիքը։ Ի՞նչ պիտի հաղորդես։

— Երեք փութ գարի և մի շիրմաքար Արթիկում զոհված հայդուկի համար, — կրկնեց սևադեմ մարդը։

— Աֆերիմ, տղաս, այժմ գնա գործիդ։

ՄԱՅՐԱՔԱՂԱՔԸ ՊԱՇԱՐՎԱԾ

Անդրանիկը դեռ չէր հեռացել էջմիածնից, երբ մութ գիշերով լուր բերեցին իրեն, թե Հրազդանի ափին «իր զինվորներից յոթ հոգի սպանված են, և հրաձգությունը դեռ կշարունակվի»։

Զորավարը իր արձակված զինվորներին արգելել էր առանց արտոնագրի Երևան մտնել։ Սակայն մեծ թվով զինվորներ առանց թույլտվության գործով մտել էին քաղաքի շուկան։ Զատկական տոնի առթիվ շուկան լիքն է եղել բազմությամբ։ Զինվորներից մեկը վաճառքի է հանել իր ձին, որ դրամ շահի վերադարձի համար։

Հրազդանի կամուրջը անցած միջոցին մի ոստիկան բռնել է սրան,

— Արտոնագիր ունե՞ս։ — Ոչ։

— Ատրճանա՞կ։ — Ոչ։

Ոստիկանը ատրճանակը որոնելու պատրվակով Հափշտակել է զինվորի քսակը և փախել։ Զինվորի մյուս ընկերը վազելով բռնել է գողին։

Վրա է հասել Հանրապետության սպաներից մեկը։ Սպան Փոխանակ քննելու խնդիրը և դրամը վերադարձնելու տիրոջը, փորձել է փախցնել գողին։ Անդրանիկի զինվորները բողոքել են։ Սպան ատրճանակ է բանեցրել սրանց դեմ։ Ուրիշ զինվորներ են Հասել դեպքի վայրը և կռիվ է սկսվել քարերով։

Երևանի զորամասի պետ Դրոյին անմիջապես զեկուցել են, որ Անդրանիկի զինվորներից մի քանի Հարյուր մարդ էջմիածնից Երևան գալով տակն ու վրա են արել զատկական շուկան, ոտքի տակ տվել գյուղերից բերված մթերքներով լի զամբյուղները, Զանգվի կամրջի վրա ծեծել են Հանրապետության ոստիկանին ու սպային, Հայաստանի կառավարության հասցեին լուտանքներ են թափում և իրենց կեցվածքից երևում է, որ կռիվ են փնտրում:

Դրոն կարգադրել էր մի հիսնյակ ուղարկել «խառնակիչներին» զսպելու։ Հիսնյակը, որ կազմված էր վանեցիներից, պատասխանել էր. «Մենք մեր եղբայրների վրա չենք կրակի»: Դրոն բերել է մի Հարյուրակ: Սրանք կրակ են բացել: Զինվորները քարերով Հարձակվել են Դրոյի ինքնաշարժի և նրա զորքի վրա, խլել են երեք Հրացան: Անդրանիկի զինվորներից մի քանիսը սպանվել են, կան վիրավորներ և բանտարկվածներ:

Այդ լուրն առնելով, Անդրանիկն անմիջապես զորք կազմեց և զինաթափ արեց Էջմիածնի պահակազորը: Կտրել տվեց Էջմիածինը Երևանի Հետ կապող բոլոր թելերը և իր զորամասը շտապ շարժեց Երևանի վրա: Խռոված հայդուկապետը Հրազդանի հին կամուրջի և Ծիծեռնակաբերդի կողմից պաշարեց դաշնակցության մայրաքաղաքը և թնդանոթների բերանները ուղղեց դեպի Հայոց պառլամենտի շենքը: Զորամասի ալ կարմիր դրոշակը, որ նվիրել էին Զանգեզուրի հայ կանայք, փողփողում էր Դալմայի կանաչ բլուրներին, Երեվանի բերդի դեմ–հանդիման: Անդրանիկը պահանջեց, որ իրեն հանձնվեն իր սպանված զինվորների դիակները և մեղավորները պատժվեն: «Մեկ ժամ միջոց կտամ զինվորներիս դիակները և բանտարկյալները ինձ վերադարձնելու, Հակառակ պարագային, — գրել էր Անդրանիկը, — ես պատասխանատու չեմ այն կռվի համար, որ պիտի մղվի քաղաքեն դուրս»:

Դաշնակ պարագլուխները այդ արշավանքի լուրը առնելով մի պահ իրենց գլուխը կորցրին: Մայրաքաղաքում սկսվեց իրարանցում. «Անդրանիկը շրջապատել է Երևանը: Դալմայի կանաչ բլուրներին կարմիր դրոշակ է փողփողում: Հայդուկներն ուզում են գրավել պառլամենտի շենքը»— լսվում էր այս ու այն կողմից: Դրոն փորձեց կապվել Էջմիածնի հետ: Էջմիածինը չպատասխանեց: Դաշտային հեռախոսով կապվեց Մարգարայի հետ: Մարգարան հաղորդեց. «Լսել ենք, որ Անդրանիկը սաղ թելերը փրթել ա ու գնում ա Երևանի վրա»: Հեռախոսով կապվեց Արտաշատի հետ. «Անդրանիկը գալիս է Երևանի վրա, ինչքան զորք կա լցրու վագոնները և շտապ փոխադրիր Հրազդանի կամուրջը» : Նույնպիսի կարգադրությամբ Դրոն կապվեց Աշտարակի հետ. «Անդրանիկը գալիս է Երևանի վրա: Ամբողջ զորքը փոխադրիր Դալմայի այգիների թիկունքը»:

Ապա Երևանի նահանգի զորամասի հրամանատարը կարգադրեց Երևանի կայազորից երեք հարյուրակ, երկուսը հետևակ և մեկը ձիավոր, դուրս բերել և դասավորել Հրազդանի ափին, Էջմիածին տանող կամուրջի ուղղությամբ: Այնուհետև նստեց և հետևյալ վերջնագիրը շարադրելով ուղարկեց Անդրանիկին.

«Անդրանիկ, մենք Սասունի քո հեղափոխական կռիվներով, քո հեղափոխական շնչով դաստիարակված սերունդ ենք: Այսօր մի քանի հարբածների ոչ ճիշտ, հերյուրածո լուրերը հիմք ընդունելով, դու գալիս ես Երևանի վրա: Ես խնդրում եմ իմ պաշտած հայդուկապետին, որ նա սև արատ չքերի իր հեղափոխական անցյալին և հրաժարվի Երևանի դեմ քայլ անելուց:

Միաժամանակ, իբրև Երևանի նահանգի հրամանատար, պարտք եմ համարում զգուշացնել քեզ, որ եթե չհրաժարվես քո մտադրությունից և թնդանոթները ետ չքաշես Ծիծեռնակա/բերդից, դու ինձ կստիպես դիմել զենքի և կարող եմ վստահեցնել քեզ, որ Երևան չես կարող մտնել: Այդ ուղղությամբ հարկ եղած հրամանները տրված են: Ավելորդ է փորձ անել, նպատակիդ չես հասնի»:

Կարդաց Անդրանիկը Դրոյի վերջնագիրը և մի մտրակ քաշելով ճաղատ սուրհանդակին և թուղթը պատռելով՝ ասաց.

«Ես Դրոյի մասսա՛ քը: Դրոն խենթ է: Ես նրա հետ գործ չունեմ: Իմ գործը Երևանի կառավարության հետ է»:

Եվ ճիշտ այն պահին, երբ ըմբոստ հայդուկապետը պատրաստվում էր ռմբակոծել Արարատյան հանրապետության պառլամենտի շենքը և արշավել Երևանի

վրա, ձի հեծած հնիհն տեղ հասավ Գարեգին եպիսկոպոսը մի վարդապետի հետ, որպես պատվիրակ կաթողիկոսի կողմից:

— Ի՞նչ ես անում, զորավար, — գոռաց Գարեգին եպիսկոպոսը իրեն վայր նետելով Անդրանիկի ոտքերի մոտ:: — Մի տարի առաջ մեր ամբողջ ժողովուրդը կոչնակներ զարկեց և մեկ մարդու պես ոտքի ելավ օսման զավթիչների դեմ և ի՞նքդ ես այժմ քայլում հայոց մայրաքաղաքի վրա: Հայտնի բան է, բերանն այրված մարդը թանը փչելով է խմում: Ես հասկանում եմ, ոչ միայն քո բերանն է այրված, այլև քո սիրտը: Բայց զգաստացիր, զորավար: Ի՞նչ պիտի պատմեն այս երկու փառահեղ գագաթները ապագա սերունդներին քո մասին: Երեք հազար տարի հայոց նվիրական ոստանը կանգնած է այդ գագաթների դեմ և դու՞ ես ուզում կործանել հինավուրց մայրենին: Քո պայծառ ճակատը, որ միշտ աստղերին էր դարձած, գետին մի հպիր անխոհեմ քայլով: Ամենայն հայոց կոնդակով և խաչը ձեռքիս շտապել եմ քո ոտքը, որ ետ կենաս եղբայրասպան պատերազմից:

Նույն միջոցին Երևանի կողմից դեպի Դալմայի այգիները շարժվեցին զինվորական ներկայացուցիչները՝ համոզելու Անդրանիկին ետ կենալու Երևանի վրա հարձակվելու վրտանգավոր քայլից: Խոստանում են անմիջապես բերել և իրեն հանձնել իր սպանված, վիրավոր և բանտարկյալ զինվորներին: Շուտով բերում են ծունկից վիրավոր մի զինվորի, որին Անդրանիկը փոխադրում է Էջմիածին:

Հայտնում են, որ միջադեպի պատճառը Դրոյի զինվորներն են եղել և խոստանում են պատժել հանցավորներին:

Այդ միջնորդությունից ազդված, հատկապես Գարեգին եպիսկոպոսի սրտառուչ խնդրանքին անսալով, Անդրանիկը կարգադրում է ծալել իր վրանը և զորքն ու թնդանոթները Ծիծեռնակաբերդից ու Դալմայի այգիներից քաշել դեպի Էջմիածին:

Դրոն նույն օրը երեք փութ գարի ուղարկելով վանք և շտապ կարգադրություն անելով սասունցի հին հայդուկի շիրմաքարի համար, վրեժխնդրությունից սարսափած փախել էր դեպի Դիլիջան:

Ապրիլի 27–ին առավոտյան հայդուկապետը իր հետ առնելով երկու հարյուր յոթանասուն զինվոր, հեռացավ Հայաստանից: Շահալի կայարանից նա հեռագիր տվեց Վրաստանի Արտաքին գործոց նախարարին. «Հալածված Արարատյան հանրապետության կառավարությունից, գալիս եմ ապաստանելու ձեր հյուրընկալ հողը: Խնդրում եմ թույլ տալ ինձ Թիֆլիս մտնել»:

Բայց նա Վրաստանում երկար չմնաց: Հեծավ իր ձին և զինվորներին վերցնելով Սև ծովին հասավ: Զինվորների մեծ մասին նա աշխատանքի տեղավորեց Բաթում քաղաքում, մի մասին ուղարկեց Բուլղարիա և Ռումինիա, իսկ ոմանք Հաջի Գևոյի հետ վերադարձան Հայաստան: Ինքը մի քանի ուխտյալ զինվորներ առած մտավ զրահանավ:

Իր հետ վերցրեց նաև իր նժույգը՝ Ասլանին: Այդ նավը նրան տարավ Եվրոպա, իսկ այնտեղից էլ՝ Ամերիկա:

ՄԻՏԴ ՊԱՀԻՐ ԻՄ ՀԱՍՑԵՆ

Շուտով ծնկից վիրավոր զինվորը դուրս գրվեց հիվանդանոցից և հետևյալը պատմեց այդ դեպքերի և Անդրանիկի վերջին հրաժեշտի մասին.

«Ապրիլի մեջ անցանք Բազարչայը և Հերիերի անտառներով իջանք Ղավալու: Ճանապարհի ամբողջ երկայնքով հայ ժողովուրդը քաղցի մատնված սրածում էր դաշտերի մեջ: Արարատյան Հայաստանը, հյուծված և արյունաքամ, իր շունչն էր փչում մեր աչքի առաջ:

Անդրանիկը այդ տեսարանից ազդված, սկսեց բարձրաձայն Հայհոյել դաշնակիցներին: Գնդապետ Գիբոնը ձիուց իջավ և զորավարին մոտենալով ցավակցություն հայտնեց իրենց փոքրիկ դաշնակցին այդ վիճակում տեսնելով:

Անդրանիկը կանչեց թարգմանչին.

— Էդ սրիկային ասեք, Լոնդոնը Հայաստանի օրին ընկներ՝ ես գայի ցավակցություն հայտնեի իրեն: Օ՜, սրիկաներ, ինչպես չարաչար խաբեցին իրենց հավատարիմ դաշնակցին:

Հետևյալ օրը գնացք եկավ:

— Ընկեր Անդրանիկ, ես քո զորքի համար հաց եմ բերել

Երևանից, — ասաց Դրոն վագոնից դուրս գալով: Բայց Անդ՛րանիկը չթողեց, որ նա շարունակի իր խոսքը, ձեռքը բարձրացրեց, որ լռի և արհամարհանքով ասաց*

— Դրո՛, ես ե՞րբ եմ քեզ հետ թալանի գնացել, որ դու ինձ ընկեր ես անվանում: — Զորավարը կանչեց Հաջի Գևոյին և հրամայեց բաց անել առաջին վագոնի դուռը:

— Հաց է, փաշա, — զեկուցեց Հաջի Գևոն: — Հացերից մեկը ինձ տուր:

Առավ, մեջտեղից կիսեց, տեսավ բրնձի և թեփի մանրուքից թխած հաց է:

— Ուրեմն Երևանում սով է, — ասաց Անդրանիկը: — Ետ տվեք թող տանի, — և կարգադրեց վագոնի դուռը փակել:

Գավալու գյուղի տերտերն եկավ, թե՝ եթե չեք ուզում, էդ հացը մեզ տվեք, փաշա, մեր գյուղում սով է:

— Տղաս, — ասաց փաշան, — վագոնի դուռը բաց և բերած հացը տուր տերտերին:

Տերտերը մարդիկ բերեց և հացը առավ տարավ:

Գնացքը զորավարը վերցրեց իր տրամադրության տակ:

— Մի քանի վագոն էլ կցիր: — հրամայեց զորավարը գնացքի պետին: — Ես իմ հետևակ զորքը և ռազմամթերքը պիտի բառնամ վրան: Չլինեմ, չիմանամ, որ Երևան տանես:

Գնացքը ուղիղ կքշես Էջմիածնի կայարան:

Շուտով գնացքը Անդրանիկի հետևակ զորքով և բեռներով շարժվեց առաջ:

Մնացինք հեծյալներս:

— Թամբերի վրա, — հնչեց հրամանը: Բոլորս թռանք թամբերին:

Դրոն ինքնաշարժ ուներ:

— Արի նստիր իմ մեքենան, երթանք, — ասաց Դրոն ինքնաշարժը մոտեցնելով:

— Ի՛նչ է, դու Անդրանիկին նո՞ր ես ճանոթ: Ես իմ զորքը թողնեմ, գամ քո կողքին նստեմ, լավ՞ծ բան է, — ասաց զորավարը և ոտքը դրեց ասպանդակին:

Եկանք Արտաշատ, տեսնենք Դրոն էնտեղ է:

— Արի նստիր իմ մեքենան, — նորից հրավիրեց Դրոն:

— Գնա՛, — ասաց Անդրանիկը, — ճամփադ շարունակիր: Հասանք Նորագավիթ: Տեսնենք՝ Դրոն Նորագավիթ է: նորից մոտեցավ:

— Արի նստիր, երթանք:

— Քշիր մեքենադ ու գնա, — սպառնաց փաշան: — Էլ ճամփիս չերևաս, թե չէ վերջը դու գիտես:

— Փաշա, — ասաց Դրոն, — զորքը կտանես զորանոցները, իսկ դու կգաս Երևան:

Երևանի բերդին չհասած, Անդրանիկը երկու զինվորի ուղարկեց

դեպի Հրազդանի կամուրջը: Շուտով մեր հեծելազորը Շուստովի գործարանի առջևով անցավ կամուրջը և ծաղկած այգիների միջով շարժվեց դեպի Էջմիածին: Առջևից Անդրանիկն էր գնում, ետևից՝ մենք, Լավեց ետևից քառատրոփ սուրացող ձիերի վազք և երկու գլխաբաց ձիավոր քափ-քրտինք մտած հասան մեր շարքերին: Մեկը Դրոն էր: Նրանք թափով անցան գնացին զորավարի մոտ:

— Փաշա, դու մեզ խաբեցիր, — ասաց Դրոն: — Դու խոստացար Երևան գալ:

— Իմ ձիավորը ի՞նչ գործ ունի Երևանում, երբ իմ հետևակը վաղուց Էջմիածին է հասել: Բացի այդ, ես իմ զորքը ինձ հետ արտասահման պիտի տանեմ:

— Իրական Հայաստանը թողած, անիրականի հետևի՞ց կըվազես: Հայաստանը այնտեղ է, ուր Մասիսներն են, — ասաց Դրոն և ավելացրեց. — Դու գնա, թող զորքը մնա:

— Շուտ ետ դարձիր և այլևս քո երեսը չտեսնեմ, — սպառնաց Անդրանիկը:

Դրոն ետ դարձավ գնաց, մյուս ձիավորներն էլ հետը:

Գիշերը լուսացրինք Փարաքար գյուղում: Առավոտ շուտ Անդրանիկն ասաց. «Տղերք, էսօր Ծառզարդար է, ինչու՞ ձիանքը չեք զարդարում»:

Ձիերի գլուխները զարդարեցինք ծաղիկներով ու ելանք թամբերին:

Հռիփսիմեին չհասած աղուհացով մեր դեմ ելան կաթողիկոսը և Գարեգին եպիսկոպոսը: Անդրանիկը ձիուց իջավ ու չոքեչոք մոտենալով համբուրեց վեհափառի աջը: Աղու-հացը վերցրեց, բերանը դրավ և իր ձին հեծյալներից մեկին հանձնելով, մտավ կառքը վեհափառի կողքին նստեց:

Փաշան Էջմիածնում մեր բոլոր զենքերը հավաքեց լցրեց պահեստը և բանալին կաթողիկոսին հանձնեց: Հանձնեց նաև Սասանից բերված մի դրոշակ, որ քառասուն տեղով ծակծըկված էր: Ապա ամեն մեկիս մի ազատական տվեց և հրաժեշտի ճառ ասաց, որ մեր տները երթանք:

Ես և Նրզնկացի մի քանի տղաներ գնացինք քաղաք մեր ձիերը ծախելու: Ձիանքը տվեցինք Դրոյին և բանակից փող ստանալով, եկանք շուկա գնումներ կատարելու: Երեք թելանի մի ոստիկան մեր ընկերներից մեկի փողը փախցրեց: Մեչիտի հայաթի մեջ բռնեցինք գողին: Խորենը՝ քեռուս տղան, որ իմ հարյուրակից էր, բռունցքով զարկեց՝ գետին զցեց գողին: Ոստիկանի բերանից արյուն հոսեց: Բերեցինք «Ղանթարի» աղբյուրի մոտ:

Հայտնվեց քաղաքի ոստիկանապետը ատրճանակը ձեռքին.

— Տղերք, էս ով արեց:

— Ես արեցի, — ասաց Խորենը, — ինչու՞ փախցրեց Ստեփանի ձիու փողը:

— Եթե գողություն է, լավ եք արել, — ասաց պետը և երկու

անգամ օդի մեջ կրակելով թողեց գնաց: Նորից մտանք «Ղանթարը» բանման առնելու, որ ճամփա ընկնենք: Մեկ էլ էն տեսանք, որ զորքը եկավ ու ռուսաց ժամի մոտ մեր տղաներին շրջապատեցին:

Դրոն էր:

Ղանթարի դիմաց մի սև շենք կար: Ես կանգնած էի էդ շենքի առաջ, իսկ Խորենը՝ պատշգամբում: Մի զինվոր ուզեց ինձ խփել: Մոտս սուր կար. քաշեցի: Հանկարծ մեկը հեռվից կրակեց: Իմ ծունկը ծալվեց ու ես վայր ընկա:

— Ամոթ քեզ, Դրո, — ասաց Խորենը և իրեն պատշգամբից ցած նետեց:

Անդրանիկը ձին կապել էր վանքի ախոռում և «Ղազարապատ» հյուրանոցի պատշգամբում նստած նարգիլե էր քաշում, որ հետևյալ օրը մեկնի Էջմիածնից, երբ երկու լրաբեր հևիհև կանգ առան պատշգամբի տակ:

— Փաշա, — ասացին, — Երևանում կռիվ է, Դրոյի զորքը կրակել է զինվորներիդ վրա, իսկ դու հանգիստ նստած նարգիլե կքաշես:

Էլ չխոսեց փաշան: Նարգիլեն ցած դրեց պատշգամբից իջավ մտավ Վեհարան:

— Վեհափառ, —– ասաց, — բանալին տուր: Բանալին առավ, վանքի պահեստի դուռը բացեց, էջմիածնում եղած բոլոր զինվորներին կանչեց իր մոտ, ամեն մեկին մեկ կամ երկու զենք տվեց, ձին հանեց ախոռից ու զորքը քաշեց Երևանի վրա:

Թնդանոթները կապեց Կողբ դյուզի գլխին, գնդացիրները՝ Ծիծեռնակաբերդի:

Հին կամուրջի գլխին Դրոն զինված պահակ էր դրել: Մոտեցավ պահակի ձեռքից զենքը առավ:

— Դու ո՞վ ես, — հարցրեց պահակը:

— Ես Անդրանիկ փաշան եմ: Գնա Դրոյին ասա, փաշան կամուրջի գլխին քեզ կսպասե:

— Զենքս տուր՝ գնամ:

— Գնա արի՝ զենքդ կտամ:

Պահակը ելավ գնաց Դրոյի մոտ: Տեսավ Դրոն սապոգները հանել է, որ պառկի:

— Անդրանիկ փաշան քեզ կանչում է: Ինձ ասաց՝ գնա Դրոյին ասա, որ շուտ ելնի գա:

— Որտե՞ղ է փաշան:

— Կամուրջի գլխին:

Դրոն սապոգները հագավ ու ելավ շտապ գնաց նախագահ Խատիսովի մոտ:

Խատիսովը սապոգները հանել էր, որ քնի:

— Անդրանիկը կամուրջը գրավել է և թնդանոթները կապել Երևանի վրա: Վեր կաց գնա դրան բան հասկացրու, — զեկուցեց Դրոն:

— Դու ես արել, ինքդ էլ գնա պատասխան տուր, — ասաց նախագահը:

Դրոն հրաժարվեց գնալ:

Խատիսովը ճարահատյալ ելավ մենակ գնաց Անդրանիկի մոտ:

— Դու ինչու ես եկել, Իմ կանչած մարդը Դրոն է, — ասաց փաշան:

Բայց Դրոն դիմեց անգլիական և ֆրանսիական դեսպաններին և զորավար Գիբոնին՝ միջնորդության համար: Դեսպանները Խատիսովի և Գիբոնի հետ եկան նստեցին կամուրջի հանդիպակած կողմը, քարե սանդուղքներին:

Անդրանիկը բանակցող կողմից պահանջեց իր սպանված զինվորների դիակները և համապատասխան գումար սպանվածներին թաղելու և վիրավորներին խնամելու համար: Պահանջեց նաև, որ վիրավորները անմիջապես փոխադրվեն էջմիածնի հիվանդանոց:

Խատիսովն ասաց, որ ինքը մինչև կես գիշեր շրջել է քաղաքում պարզելու, թե որքան սպանված և վիրավոր կա: — Ընդամենը մի զինվոր կա ծունկից վիրավոր, նա էլ տեղափոխված է հիվանդանոց:

Խատիսովը գնաց և հանրապետության բանկից մի մեծ գումար բերելով, հանձնեց զորավարին իր տուժած զինվորներին բաժանելու համար:

Ես քաղաքային հիվանդանոցում պառկած էի, երբ առավոտ վաղ Հայաստանի նախագահը եկավ:

— Առանձին հարվածող զորամասից ձեզ մոտ քանի՞ վիրավոր կա պառկած, — հարցրեց:

— Մեկ հոգի, — պատասխանեց հերթապահ բժիշկը;

— Անու՞նը:

— Հարություն:

— Ծննդյան վա՞յրը:

— Բազառինջ գյուղ, Արևմտյան Հայաստան: — Ազատական ունի՞:

— Այո, №119:

— Ծա՞նր է:

— Գնդակը առել է ծունկից ներքև:

— Որտե՞ղ է պառկած:

— Առաջին հարկում, — և ցույց տվեց իմ պատուհանը:

— Փոխադրեք մի ավելի լուսավոր պալատ, իսկ վաղը ես իմ կառքը կուղարկեմ, նրան ապահով կտեղափոխեք էջմիածին:

Հետևյալ օրը նախագահի կառքով ինձ էջմիածին տարան:

էջմիածնի հիվանդանոցը Մանթաշովի շինած շենքումն էր:

Նոր էին ինձ կառքից իջեցրել, տեսնեմ փաշան եկավ:

— Ու՞ր է իմ Հարություն զինվորս, — հարցրեց:

— Փաշա, ես հոս եմ, — ասացի:

— Վերքդ ինչպե՞ս է:

— Աղեկ է, փաշա, մի քանի օրեն ոտքի եմ:

— Քեզ վրա ո՞վ կրակեց, Հարություն:

— Չգիտեմ, փաշա, գնդակը հեռվեն եկավ: Թոփերը քաշեցի՞ր Ծիծեռնակաբերդից:

— Քաշեցի, տղաս, բայց ծունկիդ պատճառով քիչ մնաց Հայաստանի պառլամենտը մեջտեղից գնար:

Ինձ տարավ դրեց հիվանդանոց և ուզեց աչքով ստուգել վերքս:

Քանդեցի վիրակապը և ցույց տվի:

— Տղաս, այս ծունկդ հազիվ մեկ–երկու ամսեն լավանա, իսկ ես վաղը ճամփորդ եմ:

— Ինձ էլ հետդ տար, — ասացի:

— Չէ, տզաս, դու պառկիր և հոգ տար միայն քո առողջությանը: Իմ ցավերն ուրիշ են: Ամեն մեկիս մեջ մի խենթություն կա վերջին պահին, դրանից է, որ Հայաստանի ծունկը մինչև այժմ անբուժելի եղած է: Ես վաղը նորեն կուզամ:

Առավոտ փաշեն եկավ: Ինձ համար փող բերեց, վեց հազար ռուբլի մեկ տվեց, երեք հազար մեկ: — Տղաս, — ասաց, — իմ հասցեն գիտե՞ս:

— Չգիտեմ, — ասացի:

— Տղաս, — ասաց, — միտդ պահիր իմ հասցեն. Գեներալ–մայոր Անդրանիկ: Աշխարհի որ ծայրը գրես, քո նամակը կգա կհասնի ինձ:

Լռեց, հետո ասաց. — Եթե Տաթև ուխտի գնալու կլինես՝ հիշիր ինձ:

— Որ Տաթևը մտքովդ անցավ, անպայման կգնամ, զորավար:

— Այդ վանքի ճոճան սյունը շատ նման է մեր բախտին: Հավիտյան կճոճվենք, բայց չենք ընկնի: Դե, քեզ ամուր պահիր, իմ քաջ, իմ անգին հարյուրապետ, իմ լավ զինվոր: — Շոյեց մազերս, կռացավ համբուրեց իմ ճակատը և կեցիր բարով ասաց:

Էլ չտեսա նրան:

Էն գնալն էր՝ որ գնաց:

ԲԵՐԴԱՔԱՂԱՔԻ ԱՆԿՈՒՄԸ

Աշուն էր, հոկտեմբեր ամիսն էր, թաց ու տիղ էր գետինը:

Հանկարծ լուր եկավ, որ Սև Բեքիրի զորքը հարձակվել է Հայաստանի վրա: Ու ես տեսա, թե ինչպես Սարիղամիշի կողմից նրանք շարժվեցին դեպի Բերդաքաղաք: Նույն նենգ ու ասպատակող հորդան էր, որի դեմ կռվել էին հայ ֆիդայիները Առաքելոցի պատերի տակ, Սուլուխի կամուրջի վրա, Սարդարապատի դաշտում և Տղմուտի ափին:

Բայց դարձյալ գալիս էին, ու նրանց զորապետը ոչ թե Ալի փաշա էր կոչվում կամ Քոսա Բինբաշի, այլ Սև Բեքիր: Ֆեսի փոխարեն կրում էին բաշլըղ և բոլորի ձեռքին մոսին կար:

Բերդաքաղաքը տասներեք մեծ բերդեր ունի և դրանցից ամենամեծը կանգնած է քաղաքի կենտրոնում: Երեք հարյուր թնդանոթ կար այդ բերդերի վրա և մոտ երկու հարյուր գընդացիր: Ու այդ բոլոր բերդերի հրամանատարը զորավար Մելիք–Օսեփովն էր, թամբագործի արհեստանոցում իմ տեսած հինգ գնդապետներից մեկը:

Երբ մոտեցան Բերդաքաղաքին և տեսան, որ անհնարին է այն գրավել, Սև Բեքիրը մի ձորի մեջ կանգնեցրեց իր սև զորքին և բոլորը նրա հրամանով փոխեցին իրենց սև հագուստը:

... Ես նրան տեսել էի թամբագործ Արշակի արհեստանոցում իգդիրցի Սուրեն փաշայի հետ վիճելիս: Երկրորդ անգամ տեսա Բերդաքաղաքի մատույցներում Վազի կոչվող գյուղի մոտ: Այդ ալեքսանդրոպոլցի ֆրենչ հագած երիտասարդ սպան էր: Հայրենասեր գնդապետը մերկացրեց սուրը և հրամայեց գնդին հետևելու իրեն.

— Հայ զինվորներ, — ասաց գնդապետը, — Սև Բեքիրը վճռել է խաբեությամբ գրավել Բերդաքաղաքը: Հառա՜ջ, իմ ետևից:

Բայց զորքը մերժեց կատարել հրամանը: Երկրորդ անդամ հրամայեց գրոհի գնալ զավթիչների դեմ: Միայն մի քանի զինվորներ սրերը մերկացնելով կանգնեցին նրա թիկունքին: Ու երբ քաջարի գնդապետը տեսավ իր անօգնական վիճակը, դարձավ ու ասաց զորքին. «Հայե՛ր, փոխանակ թուրքերը գան և թքեն իմ ճակատին, որ առանց կրակոցի Բերդաքաղաքը հանձնեցինք, ավելի լավ է թքեն իմ դիակի վրա», և մաուզերը քաշելով ինքնասպան եղավ իր գնդի առաջ:

Ու չկար Անդրանիկը, որ այդ օրհասական պահին զորավիգ լիներ իր երկրին,

Եվ ես տեսա, թե ինչպես մտավ Սև Բեքիրի զորքը կանաչ դրոշակը պարզած:

Եվ հայոց հռչակավոր Բերդաքաղաքը, որ երբեք իր գլուխը հեշտությամբ չէր խոնարհել ոչ մի ոսոխի, առանց մի գնդակ արձակելու անձնատուր եղավ նենգ ոսոխին:

Եվ ամբողջ երեք օր քաղաքում համատարած կոտորած եղավ: Ոչ խաղաղ բնակչությանը խնայեցին, ոչ գերի զինվորներին: Բոլորին զորանոցների և տների մեջ լցնելով վառեցին անխնա, կամ քաշեցին դեպի երկրի խորքը տաժանակիր աշխատանքի:

Եվ ընկավ հայոց աննման բերդաքաղաքը: Տասներեք բերդ կար այդ քաղաքում և վեց կամուրջ: Եվ կամուրջներից մեկը «Վարդան Զորավար» էր կոչվում, իսկ մյուսը՝ «Չուգունե», և անցավ Սև Բեքիրի սև հորդան այդ կամուրջներով ու բերդերով: Անցավ Լոռիս Մելիքովի գետափնյա փողոցով ռուս հաղթական զինվորի բրոնզյա արձանը շուռ տալով միջնաբերդի առաջ: Շուռ տվեց, և քաղաքի ելքերը ամուր փակելով՝ շարժվեց դեպի Գյումրի: Նոյեմբերի յոթին Սև Բեքիրի զորքը մտավ Ալեքսանդրոպոլ:

Միայն մենք դիմադրեցինք թշնամուն Բերդաքաղաքից դեպի Օլթի տանող ճանապարհին: Իմ զորամասը Արդահանի կողմից շարժվելով ուժգնորեն գրոհեց Բեքիրի վրա ճլաուզ չեռան տակ և այն վայրում, ուր ալեքսանդրապոլցի հայրենասեր գնդապետը ինքնասպան եղավ իր զորքի առաջ:

Տաս օր սաստկագին կռիվ եղավ մեր և նրանց միջև: Ես էի՝ իմ խնուսցի և մշեցի զինվորներով և սասունցի հի՛ն հայդուկ կամավորները իրենց հեծյալ գնդերով: Դարձյալ ինձ հետ էին Ախոն, Մորուք Կարապետը, Արծիվ Պետոն, Տեր Քաջի Ադամը, Իսրոն Փեթարցի և Սարդարապատի ճակատամարտին մասնակցած իմ ձիապան Բարսեղը և Առղա Զորիկը:

Ֆրանկ–Նորշենցին էլ այնտեղ էր:

Մեր վերջին դիմադրությունը եղավ Շիրակի դաշտում, ուր Սև Բեքիրը սկսել էր անլուր կոտորած:

Իմ դաշտային հեռադիտակի վրա դեղնավուն մի տերև կաթեց, իմ վրայից սահելով ընկավ Առղա Զորիկի ծնկներին: Բայց դա տերև չէր, այլ մի կոչ՝ հայ զորքերին ուղղված:

— Հայ զինվորներ, — ասված էր այդ կոչում, — Հայաստանի խորհրդայնացումով խորհրդայնանալու է նաև Տաճկաստանը, որ Ռուսաստանի դաշնակիցն է: Սև Բեքիրի զորքերը գալիս են ոչ թե ձեզ կոտորելու, այլ թալանչի դաշնակ խմբապետներ Սուրեն փաշայի և Թոմաս Բեկովի ձեռքից Հայաստանը ազատագրելու: Հաստատ համոզված եղեք, որ Բերդաքաղաքում, Ալեքսանդրոպոլում և գրավված մյուս վայրերում նրանք ոչ թալան են և ոչ էլ կոտորել, այլ հաստատել են բանվորա–գյուղացիական կարգ ու կանոն:

Որտեղի՞ց քամին բերեց այդ տերևանման թերթիկը և զարկեց իմ ռազմիկի ծնկներին:

Առղա Զորիկը, որին իմ ձիապան Բարսեղը Սարդարապատի կռվից հետո «բոլշևիկ Զորիկ» էր ասում, այդ կոչը գրպանը դրած նույն գիշերը գաղտնի թափանցեց Ալեքսանդրոպոլ և շուտով մեզ տեղեկություն բերեց, որ Սև Բեքիրը Ալեքսանդրոպոլում նոյեմբերի 18-ին կազմել է «Հայաստանի Հեղկոմ» և հռչակել է Սովետական իշխանություն. որ այդ թռուցիկը հորինել է Սև Բեքիրը իր կազմած «հեղկոմի» անունից, կամենալով կոտրել հայ բանակի դիմադրությունը և նենգորեն նվաճել Հայաստանը, որ Հայաստանի կոմունիստները այդ գործ գայլի արշավանքի դիվային նպատակների մասին արդեն իրազեկ են դարձրել Սովետական Ռուսաստանի համայնավարներին, կոչ ուղղելով հայ զորքերին՝ կասեցնելու Սև Բեքիրի առաջխաղացումը:

Իմ զինվորները, որ տեսել էին Բերդաքաղաքի և Շիրակի դաշտի գյուղերի կոտորածը և ամրացումը, «բոլշևիկ Զորիկի» վերադարձից հետո ուժեղացրին դիմադրությունը, Սև Բեքիրի ասկյարների ճակատներից կատաղորեն պոկելով կարմիր աստղերը և քանդելով նրանց թևերի կարմիր երիզները, որոնցով նրանք ծպտվել էին Արևելյան Հայաստանը ջախջախելու համար:

Դեպի մեր երկրի խորքը առաջացող զավթիչների դեմ հերոսաբար կռվելով շատ քաջարի զինվորներ զոհվեցին իմ կամավորներից: Շատերն էլ ճանապարհներին բռնվելով չարաչար տանջվեցին բանտերում. դրանցից մեկը նորշենցի Ֆրանկ–Մոսոն էր, սամիրի ճաշով իրենց գյուղի սահմանային վեճը լուծող այդ անսահման նվիրյալ ֆիդային, որ Պզտիկ Արամի խմբի հետ անցել էր Կովկաս և մեր կամավորներին միացած կռվել էր Բաղեշի և Խոյի ճակատամարտերում:

Մեր դիմադրությունը ահեղ եղավ, բայց մենք վերջիվերջո պարտվեցինք, չդիմանալով ոչ արևմուտքի հողմին, ոչ էլ հարավի խորշակին:

Մենք արդար էինք, բայց քիչ էինք, նրանք նենգ էին ու բազում:

Եվ եկան նրանք՝ Սև Բեքիրի հրոսակ զորքերը և գրավեցին Ալեքսանդրոպոլն ու Շիրակի դաշտը: Կողբի լեռներով մտան Սուրմալու: Գրավեցին Անին և իրենց մահիկը բարձրացրին Անիի միջնաբերդի վրա:

Մեր երկրի վրայով թուրք անցավ…

Եվ եղավ ահեղ կոտորած ու կողոպուտ Արևելյան Հայաստանում:

Եվ քանդեցին:

նրանց կոչումն էր քանդել ու քանդեցին: Քանդել էին դարեր, եկան ու նորից քանդեցին:

Այլևս թնդանոթ չէր արձակվում Բերդաքաղաքի միջնաբերդից: Ժամանակը կանգ էր առել Հայաստանում և մարդիկ մի պահ շփոթված՝ մոռացել էին իրենց ժամացույցներն ու զլուխները ուղղել:

Բայց մի ժամացույց անխափան աշխատում էր ամբողջ աշխարհի բախտի համար:

Ու Լենինին լուր հասավ Հայաստանին սպառնացող աղետի մասին:

Եվ նա կարգադրեց իր կարմիր զորքին Սև Բեքիրի բանակը ետ շպրտել Ալեքսանդրոպոլից:

Եվ գնացին Սև Բեքիրի սև հորդաները իրենց ետևից պայթեցնելով Ալեքսանդրոպոլի զինաբերդը:

Պայթեցրին ու գնացին:

Բայց նրանց կիսալուսինը մնաց Անիի միջնաբերդի վրա:

Վայ ինձ, որ տեսա այդ օրերը:

ՉՈԼՈՅԻ ՃԱՌԸ ԱԽՈՅԻ ՎՐԱ

Այժմ ես ձեզ պիտի պատմեմ իմ ամենաքաջ զինվորներից մեկի վերջաբանը:

Այդ Ախոն էր, Փեթարա Ախոն, այն կապուտաչյա ֆիդային, որը, երբ Սասունը պարտվեց, առաջարկեց մի մեծ խարույկ վառել Անդոկի գագաթին և մեջը նետվելով վառվել թշնամու ձեռքը չընկնելու համար:

Գուցե ոմանք ձեզանից նրան չեն սիրում, քանզի վայրագ է, բայց նա իմ զինվորն է և իմ պարտքն է հիշատակի խոսք ասել:

Ախոն անցավ բազում կրակների և փոփոխական եղանակների միջով և իր ձիավոր գնդի հետ հասավ Սարիղամիշ: Ու հանկարծ լսեցինք, որ Ախոն զարկվեց: Նա զարկվեց Սարիղամիշի անտառի մեջ, Շաղան գյուղում: Չոլոն ճառ ասաց սպանված Ախոյի վրա և ես ուզում եմ նրա ճառը նույնությամբ փոխանցել բոլոր ապրողներին՝ ներկա և գալիք:

«Ախո, դու մեռա՞ր: Դու էդքան տաք ու պաղ օրեր տեսար ու եկար Սարիղամիշի անտառի՞ մեջ ընկար: էդ չեղավ, Ախո: Անդոկից ու Կեպինից հետո Սարիղամիշը սպանվելու՞ տեղ էր, որ դու սպանվեցիր: Դու, որ բոլորի բախտի գուշակն էիր, ինչպե՞ս եղավ, որ անգուշակ ընկար էս չամի անտառի մեջ: ՞ու ինձ մեծավոր, ես քեզ փոքրավոր, ինչու՞ սխալվեցիր, Ախո: Ե՛լ, ել երթանք Բրիմռքի ցից քարեր, երթանք Հարսընգոմեր և Քարձոր: Կհիշե՞ս, ինչպես Ամրեի գյալուց բուք ու բորանին մեր ճոկաններին հենված սահեցինք դեպի Փեթար: Ախ, Ախո, դու իմ թանկ պահած ու էժան ծախված հայրապետ: Ե՛լ, ե՛լ, Փեթարա առյուծ, ե՛լ: Ել, թվանքը կապեմ քո մեջքին ու երթանք էրկիր: Նայի՛ր, վերջալույսը կարմրին տվեց ու անծեղները կկչկան կտուցները քամուն, թևերը շուտ–շուտ իրար զարկելով: Երևի էս գիշեր փոթորիկ էղնի:

Քեզ հետ եմ, Ախո: Ինչպե՞ս: Պանդու՞խտը: Նա էլ Սարիղամիշի մեջ մեռավ, աչքը Մուշի ճանապարհին: Խնուսցի Պուճուր Աբրո՞ն: Նա անգուշակ սպանվեց Զանղիբասարի ճահիճների մեջ: Փեթարա Մանու՞կը: Նա Կողբի տակ սպանվեց, որ Հայաստանն իր հացը առանց աղի չուտի: Ավա՛ղ, մենք Քարվան–Կորուսը շփոթեցինք Լուսաստղի հետ և կորցրինք մեր ճամփան: Դեռ արևը չծագած, իմ ու քո աստղը ճապղեց, Ախո:

Նոր, նոր էր մեր երամը բարձրացել երկինք, երբ սեղմըվեցինք խժխժալով ու ահեղ փոթորիկ եղավ, եղավ բուռ ու բորան, ու մեր երամը կորավ բքնոցի մեջ:

Էլ ո՞վ պիտի գուշակի մեր ապագան, մեր գալիք ու անցնելիք ճամփան: Ո՞վ պիտի կարդա բնության գաղտնիքը, մեր լեռների ու երկնքի գույնը, արևի, լուսնի ու աստղերի փայլը, ամպերի ընթացքն ու խտությունը: Ո՞վ պիտի հասկանա մեր վերևով անցնող կռունկների կանչը, ագռավների կրկռոցն ու կաչաղակի լեզուն, գորտերի կոկռոցը մեր ոտքերի տակ ու ճպուռների տզզոցը մեր ականջների մեջ:

Ո՞վ պիտի մեր ձիերի փռշտոցից ու նրանց ռնգերի խաղից

ձնակերպի մեր կեսօրյա տեղատարափն ու իրիկվա բուքը: Ե՛լ, էլ գնանք Ծծմակա Քիթ, որ Խութա Բեկը անցնելիս Ալվառինջու Սեյդոյի վրեժը լուծենք:

Կարծում ես միայն Յոթ թամբերի տան Խութա բե՞կն էր նենգ: Դեռ երեկ էր, որ Մազե կամուրջի մոտ իշխան Շառոյի ծառան ձայն տվեց, որ իր տերը մոտենա վանքի ճեղքին, իրեն կարևոր ասելիք ունի: Շառոն մոտեցավ ու երբ սկսեց խոսել, իր հավատարիմ ծառան ճեղքից մի գնդակ զետեղեց նրա կրծքի մեջ ու առյուծասիրտ Շառոն ընկավ դավաճան գնդակից:

Էլ ու՞մ հավատանք: Ոչ ծառա մնաց վստահելի, ոչ բեկ ու աղա:

Մեր գլխի վրա զելիավք երևաց, Ախո: Մենք երկնքից ընկանք, հազար կտոր եղանք ու մեր կտորները դեռ կերթան:

Աշխարհի մակարդը փչացավ, Ախո: Մարդիկ հավասարվել են մկլեզներին: Դրանից է, որ դու վերջին տարիներին էդքան արյունարբու դարձար: Քո մեղքը մեր ամոթն է և մեր անմեղությունը քո ճակատին՝ մեռոն: Վա՛յ ինձ, վա՛յ ինձ. դու, որ գիտեիր աստղերը կորեկի պես հաշվել, մի էժան հուլունքի պես կորար էս անտառի դամիշների մեջ: Գոնե Մրկեմոզանի մարզագետնում ընկնեիր, որ Շենիքից դեպի Փեթար վազելիս քո ցոլքը հեռվից նկատեի խոտերի մեջ: Եվ եթե շփոթեի, միայն մեր ծաղիկների ցողի հետ շփոթեի քեզ: Եվ արժե՞, որ Չոլոն ապրի ծմուկների ու մկլեզների աշխարհում, երբ դու չկաս: Հինգ տարի ավելի ապրես — հինգ սոմար գարի ավելի պիտի ծամես, դուրբան:

Ախ՛, Ախո, Ախո, դու Մշո դաշտի քռիկ ցորեն՝ խզուզներից կերված:

Տղերք, հորի՞ կիլաք: Թե Փեթարա Մանուկի համար կիլաք, Մանուկն սպանվեց Կողբա աղի համար: Քանի կաք՝ Կողբա սարերին իշեք, Փեթարա Մանուկն էնտեղ զարկվավ: Մանուկի աստղն էլ սարի վրա ճապղեց: Թե Ախոյի համար կիլաք, Ախոյի արյուն թող իրեն համար մահ էղնի, իսկ մեղ վրեժի խնդիր:

Եթե աստված կամենար ու ինձ նորից կյանք տրվեր, Ախո, ես դարձյալ կուզեի քեզ հետ լինել, քո սերնդի հետ: Ու լինել էնպես, ինչպես եղա: Մեր սերունդը Ասլու ջնից էր, Ախո: Մեկ ու կես կոտրած ֆշանկով ելանք կանգնեցինք օսմանցու դեմ: Իսկ եթե զենք ու փամփուշտ ունենայինք՝ հազար սասունցի բավական էր, որ գերմանացու և ինգլիզի թագավորները չոքեին մեր առաջ ու մեկի թագը գլորվելով մյուսի թագին դիպչեր, սուլթան Համիդի թագն էլ հետը:

Վեր կաց, նստիր, վառիր քո ճղարան ու թող Փեթարա Մանուկը մեզ համար «Բերիվանի» երգի: Դու ինձ մեծավոր, ես պզտիկ զինվոր, ինչու՞ ես պառկել էդպես վիրավոր: Երևի կուզես, որ մի ապտակ էլ Չոլո՞ն քաշի քո երեսին: Երբ հայրենիքը անհանգիստ է, դու ի՞նչ իրավունք ունես էդպես հանգիստ պառկելու: Եվ էն էլ որտեղ — Սարիղամիշի անտառում:

Ել երթանք Մրկեմոզան ու Աղլեզ քարեր: Ել երթանք Ճանճկու սար:

էն ո՞վ է նստած Մխտոր քարին: Ես էլ կարծեցի, թե մեռել ես: Գնացինք, Ախո, վե՛ր կաց:

ԲԱԺԱՆՈՒՄ ԶԻԱՊԱՆԻՍ ՀԵՏ

Բերդաքաղաքի և Ալեքսանդրոպոլի անկումից հետո այլևս ի՞նչ էր մնում իմ երազներից: Գրեթե ոչինչ: Իմ քաջ զինվոր Ախոն էլ չկար:

Եվ ես որոշեցի հեռանալ Հայաստանից: Ծանր էր ինձ համար աչդ վճիռը, բայց ուրիշ ելք չունեի: Արաբոյից, Սերոբ Աղբյուրից և Գևորգ Չաուշից հետո իմ վերջին երեսուն տարվա փոթորկալի կյանքը անցել էր Անդրանիկի հետ: Իսկ Անդրանիկը չկար:

Ես նրա հետ էի եղել և պետք է գնայի նրա ետևից: Իմ բաժանումը հեծյալներիս հետ եղավ Նոր–Բայազետում՝ Ծովազարդի լեռների վրա: Կանչեցի իմ զինվորներին, առանձին–առանձին համբուրվեցի բոլորի հետ և ամենքին կոչ արեցի գնալ ով ուր կամենում է:

Ու գնացին իմ նախկին կամավորական գնդի հայդուկ զինվորները: Ինձնից բաժանվեցին Մորուք Կարապետը, Չոլոն, Փեթարա Իսրոն, Ջնգլիկ Պետոն, հիսնապետ Սմբուլ Արշակը, Աղջնա Վահանը և շատ զինվորներ Մանազկերտից, Խլաթից ու Մշո դաշտից: Ինձ հետ մնաց միայն իմ ձիապան Բարսեղը: Թաց էին աչքերը, երբ նա մոտեցավ ինձ: Գլուխը կախ սպասում էր իմ հրամանին:

Դու դարձյալ տխուր ես քայլում: Եվ քո ձիապանից ավելի գլխիկոր ես: Մի ձեռնափայտ կա ձեռքիդ և մի դատարկ ուսապարկ շալակիդ: Դու նույնիսկ ավելի տրտում ես, քան այն օրը, երբ նույն ձիապանի հետ մենակ անցնում էիր Տարոնի դաշտով: Դու կորցրիր երկու հայրենիք — քո չքնաղ Տարոնը և կապույտ Բերդաքաղաքը Սինամ գետով:

Ա՜խ, դու ուզում ես նստել Ծովազարդի այս թեք քարաժայռին ու անձնատուր լինել խոհերիդ: Նստիր, չեմ ուզում դիպչել քո արցունքներին և վրդովել քո և քո զինվորի մենությունը:

... Իմ ձիապանը ինձ հետ եկավ մինչև Թադեի վանքը Մակու– Սալմաստ տանող ճանապարհի վրա: Վանքի ծառա Գինդ վարդապետը մեռած էր: Այդ այն կորովի վանականն էր, որ երեսուն տարի առաջ հայդուկային խմբերին զինելով ուղարկում էր դեպի Արևմտյան Հայաստան: Այդ ճանապարհով անցել էինք նաև մենք, մեր բեռները Տավրոսի փոթորիկների միջով հասցնելով մինչև Մառնիկի ու Բերդակի սարերը:

Վանքի մոտով անցնելիս իմ նպատակն էր ստուգել նմանապես,

թե ինչ եղավ Մշեցի Տիգրանը, որին Գևորգ Չաուշի կնոջ և երեխայի հետ արջի ծմակից հանելով փախցրել էի դաշտի գյուղերը: Ասում էին, որ դեռևս պատերազմից առաջ Տիգրանը նրանց Մեհմեդ էֆենդու օգնությամբ տարել էր Վան: Այնուհետև դեպքերն այնպես էին դասավորվել, որ Տիգրանը Գևորգի կնոջը Վանից ուղարկել էր Կովկաս, իսկ ինքը Վարդգեսին առած Աբաղայի դաշտով մտել էր Թադեի վանքը և այնտեղից անցել Պարսկաստան:

Ես իմ ձիապանի հետ Թադեի վանք մտա իրիկնային զանգերի ղողանջով, ինչպես մտել էի առաջին անգամ Մշեցի Տիգրանի հետ լեռներից իջնելիս: Զարմանալի սրտազրավ մի դյութանք ունեն գյուղական զանգերի ղողանջները իրիկնային պահերին:

Իմ առաջին այցելության ժամանակ մի պառավ կար վանքում, որ վանքի տնտեսն էր, մի ջրաղացպան, մի հովիվ և մի վարդապետ: Նրանցից միայն պառավն էր մնացել, մի զառամյալ էակ, որ քայլում էր կուզեկուզ, գրեթե հողին կքած, մաշված գավազանը ափի մեջ, միջամատին Ավարայրի մատանին:

Արևի ժամացույցը կրկին իր տեղումն էր՝ վանքի ճակատին, ինչպես տեսել էի շատ տարիներ առաջ, բայց չկար հաստ կոպերով վարդապետ Գինդը, որ օրեկան երկու անգամ այդ քարակոփ ժամացույցի արձակած ստվերներին նայելով հանդիսավորությամբ քաշում էր վանքի զանգակները: Այդ պաշտոնը այժմ կատարում էր զառամյալ կինը: Ինքն էր քաշում և ինքն էր ժամերգում վանքի մեջ իր դողդոջ ձեռնափայտին կռթնած, որովհետև ուրիշ ուխտավոր և աղոթարար չկար: Մաղթանքից հետո ավելը վերցնելով մաքրում էր հատակը և դուրս գալով՝ հաստ կողպեքով երկյուղածությամբ փակում էր երկաթյա դռնակը:

Վանքի շրջափակի գերեզմանոցը, ուր առաջ հազիվ մի քանի հին շիրիմներ էին երևում, այժմ ավելի ընդարձակվել էր: Պառավը մեզ ցույց տվեց այդ հանգստարանի եզրին բարձրացած մի փոքրիկ շիրիմ: Այդ հողաթմբի տակ թաղված էր Գևորգ Չաուշի որդին: Պառավը պատմեց, որ Վանից դեպի Ավարայրի դաշտը անցնելու ճանապարհին Վարդգեսը մըրսում է և մեռնում Թադևոս առաքյալի վանքի մեջ: Մշեցի Տիգրանը նրան թաղում է այդտեղ, իսկ ինքը գնում է Պարսկաստան:

— Ես և Մշեցի Տիգրանը մեր ձեռքերով նրան հող ամփոփեցինք, — ասաց խեղճ կինը աչքերը սրբելով:

Վարդգեսը թաղված էր Գինդ վարդապետի տապանից երկու քայլաչափ դեպի արևելք, վանքի ջրաղացպանի կողքին: Հուշատախտակին գրված էր.

«Վերջին բարևս տարեք հայ ազգին, Վերջին համբույրս՝ որդիս Վարդգեսին»:

Ես ավելի պատճառ ունեի լալու, բայց իմ ձիապանը ավելի շուտ փլվեց: Առանց այդ էլ նա վշտացած էր, որ շուտով բաժանվելու էր ինձնից: Շարունակ դեպի ետ էր նայում և որքան հեռանում էր Հայաստանի սահմաններից, այնքան դանդաղեցնում էր ընթացքը: Ի՛նչ կախարդական բան է այս հայրենիք Ուսվածը, այս Հայաստանը: Երբ նա մեր ձեռքին է, մենք չենք զգում, թե որքան գրավիչ է այն և թե որքան շատ բանով ենք մենք պարտական նրան: Մենք կորցնում ենք նրա հետ վարվելու կերպը, նրան բոլորանվեր սիրելու եղանակը: Իսկ երբ նա կաշկանդված է կամ ստրկության մեջ է, սկսում ենք մորմոքել նրա կարոտից: Երբ նա ազատ է, անփույթ ենք դառնում նրա հանդեպ, երբ նա գերված է, սկըսում ենք ախ ու վախ անել ու տանջվել նրա համար, ուրի՛շներին էլ տանջելով մեզ հետ, և ճիգ ու ջանք թափել, որ ազատենք մեր ձեռքից անզգուշությամբ փախցրած դրախտահավը:

Գիշերը լուսացրինք Թադևոս Առաքյալի վանքում: Առավոտ շուտ մտանք վանքի ախոռը, ուր իմ ձին էր կապված, վերջին հայդուկ–կամավորի վերջին նժույգը; Ինձ տեսնելով սկսավ սանձը ծամել: Թիմարեցի մեջքը և թամբը դրեցի վրան: Մի պահ առանձին մնացի երիվարիս հետ: Այդտեղ էր, որ ես լաց եղա: Արտասվեցի մենության մեջ իմ և իմ նմանների կորած բախտի համար: Բայց դա կարճատև մի միջոց եղավ միայն: Ես ձին դուրս քաշեցի ախոռից: Չգլորե՞լ արդյոք մի ձորի մեջ: Ես առանց ձի պիտի մտնեմ պարսկական հող: Պարսիկ ժողովուրդը բարի է, իմաստուն: Նա գիտի, որ ես հայրենիք եմ կորցրել, և գուցե միաժամանակ ապաստան կտա ինձ:

Ձին սպիտակին էր տալիս վանքի արոտի մեջ, սմբակներով փորելով գետինը: Բարսեղը ձիու սանձը բռնելով ընկավ առաջ: Ես ձիով էի, իսկ նա ոտքով: Դանդաղ էր գնում, շատ դանդաղ և դարձյալ ետ էր նայում կարոտով:

Թադեի վանքը և Գևորգի որդու գերեզմանը կորան իմ աչքից: Ավարայրը Տղմուտով մնաց թիկունքում: Մենք իջանք մի ձոր, որից այն կողմը Թավրիզ տանող ճանապարհին էր: Ես սանձը Բարսեղի ձեռքից վերցնելով, մի պահ քայլեցի նժույգիս հետ կողք–կողքի: Ապա ֆիդայական պայուսակը իմ մեջքին առնելով, սանձը դրեցի ձիապանիս ձեռքը:

— Դու էլ իմ զինվորն ես եղել, Բարսեղ, իմ հայդուկ զինվորներից մեկը և իմ վստահելի ձիապանը: Մեր ճանապարհները այստեղ բաժանվում են: Ես իմ հավատարիմ ձին քեզ եմ ապավինում: Որոշել էի սպանել և գլորել մի խանդակի մեջ, կամ կամուրջից վայր նետել, բայց մի պայծառ միտք սթափեցնում է ինձ:

Վերադարձիր Հայաստան: Հայրենի հողը կանչում է քեզ: Գնա և հերկիր նոր Հայաստանի քարքարոտ դաշտերը: Իմ հոգին քո հոգու պես կապված է նրա ամեն քար ու կոշտին, Դա էլ մերն է, մեր հայրենիքի թանկագին բեկորը: Մինչև հիմա այս ձին եղել է հայդուկի նժույգ, իսկ այժմ թող լծվի նոր Հայաստանի շինարար վերելքին: Դեպի այդ երկիրը գնացին իմ զինվորներից շատերը: Դո՛ւ էլ գնա: Դու Սարդարապատի դաշտում կռվել ես այդ երկրի համար և ավելի իրավունք ունես նրա վրա: Գնա և նրա մեջ փնտրիր վերապրումի հույսը և նոր կյանքի իմաստը:

Այնտեղից Կողբա սարերն են երևում, ուր Փեթարա Մանուկը զարկվեց: Գնա դեպի Հայաստան: Իսկ իմ սիրտը Անդրանիկի մոտ է:

Նա լուռ նայեց աչքերիս մեջ և վերջին գլանակը փաթաթելով երկարեց ինձ:

Ես ոտքով բռնեցի Թավրիզի ճանապարհը, իսկ Բարսեղը իմ ձին հեծնելով, ճակատով շուռ եկավ դեպի Հայաստան:

ԵՐՐՈՐԴ ՄԱՍ

ՀԱՅԴՈՒԿԻ ՓԱԽՈՒՍՏԸ

Ամռան գիշեր էր։

Աիազչի գյուղի ծայրամասում գտնվող իր խաղաղ խրճիթի տանիքին քնած էր Մորուք Կարոն։

1921 թվականի փետրվարին Մորուք Կարոն եղել էր դեպի Էջմիածին և Աշտարակ արշավող զինված ուժերի շ՛արքերում, իսկ նույն տարվա ապրիլին Չոլոյի հետ Ջուլֆայի վրայով փախել էր Պարսկաստան։ Համ աղան քաղաքից Բաղդատի վրայով անցել էր Հալեպ, այնտեղից էլ՝ Հունաստան։

1924-ին Սովետական Հայաստանից փախած ֆիդայիներին ներում էր շնորհվել և այդ երկուսն էլ Հունաստանից Հայաստան վերադառնալով ձեռնամուխ էին եղել երկրագործական խաղաղ աշխատանքի։

Կարոն ընտրված էր գյուղսովետի անդամ և «փողի» նախագահ։

Գյուղում տիրական էին դարձել բատրակները։ Ստեղծվել էր չքավոր և միջակ գյուղացու դաշինք ընդդեմ ունևոր տնտեսությունների։

Անբարեհույս էին համարվում հին ֆիդայիները։

Վերադարձից երեք տարի անց Չոլոն ձերբակալվեց։ Մորուք Կարոն դարձավ անհանգիստ։

Մի օր մի միլիցիոներ եկավ Աիազչի և ուզեց իմանալ, թե որտեղ է Կարոն։ Կինը պատասխանեց, թե աղուն է տարել Ոսկեթաս։

Միլիցիոներս շտապեց Ոսկեթաս։ Ճանապարհին Հանդիպեց մի ալրոտ մարդու։ Կարոն էր։ Հարցրեց.

— Ջրաղացում շատ մարդ կա՞ր։

— Կար։

— Մորուսն էնտե՞ղ է։

— Հա, իր հերթին է սպասում, — խորհրդավոր պատասխանեց Մորուք Կարոն և տուն հասնելով ծեծեց կնոջը, թե ինչու է իր տեղը ուրիշներին հայտնում։

Թեև Կարոն գյուղսովետի անդամ էր և փողի նախագահ, բայց արդեն համոզվել էր, որ իրեն կասկածում են և սկսել էր մոտը զենք պահել: Ու այժմ էլ քնած էր տասնոցը գլխատակին: Ցերեկները նա այդ զենքը թաքցնում էր ամբարի կամ թոնրի ակի մեջ: Այդ հին ֆիդային վերին աստիճանի զգույշ էր և կասկածամիտ: Չէր վստահում ոչ մեկին, նույնիսկ կնոջը, մանավանդ, Չոլոյի ձերբակալությունից հետո: Քնում էր միշտ առանձին, ամառները տանիքին և զենքը միշտ վրան: Գլխի տակ բարձի փոխարեն նա երբեմն մի սուր քար էր դնում, որ խոր քնով չտարվի:

Զենքից բացի Կարոն ձեռք էր բերել մի հրաշալի զամբիկ: Անունը Սոսե էր: Այնպես էր վարժեցրել, որ ձին ցերեկը արածի մարգագետնում, իսկ գիշերները պատրաստ կանգնած լինի տան ետև: Ձին ոչ միայն դրան էր վարժվել, այլև տիրոջ միջամատի մի թեթև շարժումով քառատրոփ սուրալ ցանկացած ուղղությամբ:

Ռանչպար մարդուն ինչ է հարկավոր— հայրենի հող և մի խաղաղ անկյուն այդ հողի վրա:

Այդ խաղաղ անկյունը կար: Կարոն ուներ բարձր տանիքով մի տուն լեռնային գյուղում, դիմացը մի սար՝ Արտենի, և սարի ճակատին լուսին:

Հրաշալի հնձվոր էր Կարոն և դաշտ էր գնում միշտ արշալույսից առաջ: Միջահասակից քիչ ցածր էր, փոքր–ինչ շեկին տվող, ճակատը լայն, բեղերը խիտ ու ոլորուն: Արագաշարժ մարդ էր, ազդու շարժուձներով: Հանգիստ հաց կերած չկար կյանքում, այլ միշտ ոտքի վրա: Խնայել, խղճալ չգիտեր, երբ խոսքը վերաբերվեր ընդհանուրի ապահովությանը: Այս նոր վայրում Կարոն այնքան բարեկեցիկ էր դարձել, որ ակնարկներ կային, թե «Գյուղսովետի անդամ Մորուքը սեփականատիրական ձգտումներ ունի»:

Ընդամենը մի քանի տարի նա իրեն զգաց խաղաղ աշխատավոր այդ լեռնային գյուղում: Դարձյալ խափանվեց հանգիստը:

Ռանչպարն ու ըմբոստ ֆիդային կողք–կողքի ապրում էին այդ հին սասունցու մեջ: Ճնշվում էր առաջինը՝ պոռթկում էր ֆիդային, երկրորդն էր ճնշվում՝ զարթնում էր ռանչպարը:

Տեղական թերթերից և եկող–գնացողներից հայտնի էր դարձել, որ քրդական նոր շարժումներ են սկսվել Արարատի թիկունքում և Շեյխ Ջիլան անունով մի հայ ֆիդայի այդ շարժումների գլուխն անցնելով, դրանք վերածել է թուրք բռնակալության դեմ ուղղված մեծ ապստամբության: Նույնիսկ այդ ֆիդայու անունն էին տալիս— «Բրինդար»: Որ այդ կռիվների մեջ սպանվել են երկու հին հայդուկ— քուրդ Հասանոն և ասորի Աբդելոն: Եթե այդ լուրերը ճիշտ են, ինչու չգնալ և չմասնակցել այդ ապստամբությանը: Թեկուզ և սպանվի, ինչ կա որ: Չէ որ հայդուկի կոչումն է կռվել և մեռնել ազատության համար: Ինչո՞վ է ինքը ասորի Աբդելոյից կամ Հասանոյից պակաս:

Այսօր նա հնձից եկավ, գերանդին հանեց տանից, որ հեսանի, բայց հոգնած էր, շուտ քնեց: Գիշերը նոր էր ճեղքվել:

Կարոյին թվաց, որ իր ականջին ձայն դիպավ: Արթնացավ, նայեց

շուրջը: Ոչ ոք չկար: Արտենի սարը կախված էր իր վրա, իսկ տան առջևի ձորակով խշշալով գնում էր առուն: Տան ետևը քարե սանդուղքներ կային: Ստուգեց: Ձին կանգնած էր վերջին սանդուղի մոտ, պատի տակ: Մի բերան ծլխեց և տանիքին նստելով սկսեց գերանդին սրել: Լուսաբացին հնձի էր գնալու:

Քիչ անց խուլ ոտնաձայն լսվեց: Թվաց, թե ներքևում դուռը բախեցին:

— Ո՞վ է, — հնչեց Մորուքի ձայնը վերևից:

Տանիքի վրա կանգնել էր տանտերը նախշուն վերմակը շուրջը հավաքած, գերանդին ձեռքի մեջ: Նայեց: Լուսնյակն իր տեղումն էր: Արտենի սարը իր տեղումն էր, խրճիթներն իրենց տեղում էին: Այս մեկը իր եղբայր Օհանի տունն է: Մյուսը Մոսե Իմոյի տանիքն է: Տեր Քաջի դեզը ստվեր է նետել իր մարագի պատին:

Ահա և գյուղի Խոտնոցը՝ մեծ քարով:

Դռան վրա դարձյալ զարկ լսվեց:

— Ո՞վ է, — իր հարցը կրկնեց Մորուքը տանիքից ներքև կռանալով:

Դռանը մի կին էր կանգնած:

— Իշխնձորցի, դու ես:

— Ես եմ, Մորուք: Գործով ելա դուրս, դուռը իմ ետևից փակվեց:

— Ուժով հրիր:

Հրում եմ, լի բացվում: Սողնակը իջել է դռան վրա:

Մորուք Կարոն գերանդին ձեռքին տանիքից կռացած նայում էր կնոջը՝ Մարթային: Ի՞նչ էր մնացել այդ հրեղեն հարսից, որ դժվարանում էր նույնիսկ մի դուռ բանալ: Մի՞թե այդ այն լեռնական աղջիկն է, որին ինքը ձիու մեջքին դրած փախցրել էր Կեպին սարի ամառանոցից:

Սեփական դուռը փակվել էր իրենց դեմ:

Ո՞վ պետք է փակած լիներ, այն էլ այդ լուսնյակ գիշերին, այդ զմայլելի խաղաղության մեջ, երբ Մորուքը գերանդին էր հեսանում, որ շուտով հնձի գնա:

Ու ծանր մի տրտմություն իջավ երկուսի վրա, որ միգուցե այդ դուռը հավիտյան է փակվելու:

Մորուք Կարոն հագավ շորերը, իջավ բաց արեց դուռը և գերանդին ուսին դրած գնաց հնձի: Մինչև երեկո հնձեց: Հեսանեց ու նորից հնձեց: Հոգնած էր, դաշտից վերադարձավ, գերանդին կախեց պատից ու մտավ օդան: Վրայի շորերը հա՛նեց, որ շոգից չնեղվի: Կինը գնաց ճաշ բերելու, բայց փողանից դատարկ ետ դարձավ:

Դիմացի ձորակի մեջ ինչ-որ անծանոթ մարդիկ երևացին, Յոթ հոգի էին և դեպի իրենց կողմն էին գալիս:

— Կարո, էդ մարդիկ եկել են քեզ տանելու, — տագնապալի ազդարարեց Մարթան ցածր ձայնով: Մորուքը նայեց օդայի նեղլիկ լուսանցքից և արագ նետվեց հացատուն: Ինչ-որ բան էր ուզում վերցնել, բայց ետ դարձավ և փողանից ձիու կապը առնելով շտապեց դուրս: Շեմքին չհասած դեմը կտրեցին,

Մարթան ետևից ձայնեց. «Մորուք, դու գնա իրենց բարև տուր: Եթե քո բարևն առան ու քեզ ձեռք տվին, վնաս չկա, իսկ եթե քո բարևը չառան՝ ուրեմն հաստատ իմացիր, որ եկել են քեզ տանելու»:

Կարոն մոտեցավ, բարև տվեց, բայց ոչ մեկը նրա բարևը չառավ:

Ձին կանգնած էր պատի տակ: Մարթան մոտեցավ և գըլխի կամաց թափ տվեց ձիու երեսին: Ձին ընդոստնեց դեպի աղբյուրը:

Կարոն շարժվեց ձիու ետևից:

— Մենք քեզ հետ մի քիչ գործ ունենք, ու՞ր ես գնում, — զգուշացրեց նրանց պետը:

— Ձին աղբյուրն է, գնամ բերեմ, հետո գործի մասին կըխոսենք, — ասաց Կարոն:

Տեսան, որ անզեն է, շապիկ վարտիքով և ձեռքին ձիու սանձ կա, համաձայն եղան:

Մորուքը գնաց դեպի աղբյուրը: Ձին տիրոջ ոտնաձայնն առնելով ականջները խաղացրեց: Հազիվ էր կապը ձիու բերանը դրել, երբ անծանոթ մարդիկ մոտեցան աղբյուրին:

— Ինչպե՞ս, դուք իմ ետևից եք գալիս, — ասաց Կարոն և ձեռնաթաթով աննկատելի հարվածեց ձիու դնչին: Սոսեն խրտնեց ու փախավ:

— Քուռը, քուռը, — բղավեց սասունցին և շտապեց ձիու ետևից:

Ձին քառատրոփ վազքով բարձրացավ քարքարոտ բլուրը, որի վրա գյուղն էր շինված և սլացավ դեպի Խոտնոցի ձորը, մեծ քարի ուղղությամբ:

Այդ ձորը ուղիղ տանում էր դեպի Արագածի լանջերը: Կարոն հետքը կորցնելու համար ճանապարհին մտավ ինչ–որ տուն, և հակառակ կողմից դուրս գալով, սլացավ ձիու ետևից: Սոսեն Խոտնոցի մեծ քարի տակ կանգնած սպասում էր իրեն: Հասնելն ու հեծնելը մեկ եղավ: Մինչ մարդիկ ուշքի կգային, թե ինչ կատարվեց, Մորուք Կարոն արդեն մոտենում էր Ծխով աղբյուրին:

Շատ թամբահ ձիեր էր սանձել այդ անսանձ ֆիդային, բայց այս մեկը անթամբ էր և անսանձ, սակայն նույնքան հնազանդ իր կամքին, որքան մինչև այդ եղած բոլոր նժույգները: Այնպես էր մտել ձիու ականջը և այնպիսի հմտությամբ էր վարում, մերթ իջնելով ձիու փորատակ, մերթ հակառակ կողմից բարձրանալով մեջքին ու նորից դեպի վար թեքվելով կպչում մերթ այս կողին, մերթ այն կողին, որ տեսարանը թվում էր զարմանալի անիրական: Մարթան, հարևանները և շատ գյուղացիք, ոմանք տանիքներին կանգնած, ոմանք էլ հավաքված Խոտնոցի ձորում, զարմացած նայում էին այդ տեսլացած ձիավորի ետևից, որին բռնելու համար դեպի Լեռնաձորի աղբյուրն էին վազում յոթ զինված մարդ:

— Չմոտենաք ինձ և չգաք իմ ետևից, — լսվեց Մորուք Կարոյի

սպառնական կանչը հեռվից և ինքն ու իր ձին կորան արևի վերջին ճառագայթներից դատարկված ոլորապտույտ ձորի մեջ:

— Փախավ մեր ձեռքից, — ասաց պետը հուսահատորեն կանգ առնելով և արմունկը հենելով մի մթնած ժայռի:

— Գնաց միանալու կոլխոզից փախածներին, — ավելացրեց նրա թիկունքից վազողներից մեկը, զայրույթից կրակելով ձորնիվեր:

Կարոն, իհարկե, բանդիտներին չմիացավ: նա իրեն համարում էր նպատակի մարդ և գնաց իր նպատակի ետևից:

ՀԱՄԱԳՅՈՒՂԱՑԻՆԵՐԸ ՕԳՆԵՑԻՆ

Ու՞ր էր գնում այդ ծուռ սասունցին: Արևը մայր էր մըտնում, և ցուրտ էր սարերի վրա:

Գոնե մեկնումեկը իր շորերը բերեր:

Լեռան բարձրադիր լանջով աղմկալի գալարվում էր մի կապտաջուր վտակ: Մի բարակ առվակ նրանից անջատվելով խոխոջալով իջնում էր դեպի Խոտնոցի ձորը: Երևի որևէ գյուղացի իր արտն է ջրում սարի տակ: «Եթե ջուրը կտրեմ, ջրի տերը սար կգա և ես նրան կպատվիրեմ, որ շորերս բերի», — ինքն իր մեջ խոսեց Մորուք Կարոն և ձիուց իջնելով առուն կտրեց:

Շուտով երևաց մի ջղուտ տղամարդ, որ թիակը ուսին բարձրաձայն գոռալով գալիս էր ներքևից:

— Էդ ո՞վ կտրեց իմ առվի ջուր:

Ճանաչեց: Զրտուքվար Ֆադեն էր: Սա նույնպես նոր բընակավայր էր ընտրել Ահագչի գյուղը և իր սովորության համաձայն գիշերով էր ջրտուք անում: Խտանա կածից մինչև Գորիս և Գորիսից մինչև Արագած Ֆադեն եկել էր թիակը ուսին դրած: Աշխարհում շատ բան էր փոխվել, բայց երեք բան անփոփոխ էր մնացել այդ սասունցու վրա. սև աբան, քշտած ոտքերը և իր թիակը:

Իր բանն ու գործը դարձյալ ջրի ու ջրտուքի հետ էր: Դարձյալ քնում էր բացօթյա, իր հին կարպետը իբրև վերմակ և թաղիքն իբրև ներքնակ օգտագործելով: Միայն խոր աշնանը, երբ ձյունը խփում էր վերմակին, նա անկողինը պլուլելով մտնում էր տուն:

— Էդ ո՞ր զոռբան կտրեց իմ առվի ջուր, — նորից բղավեց Ֆադեն և բարկությամբ տեղ հասնելով թքեց իր ափի մեջ և բահը ամուր զարկեց մայր առվի կոկորդին:

— Ես կտրեցի, քեռի Ֆադե, մի հայհոյիր, — ասաց Մորուքը և

եղելությունը պատմելով, խնդրեց, որ գնա գյուղ ու իր հագուստն ու զենքը բերի:

Ու ցնցվեց ծերունի ջրվորը Մորուքին այդ վիճակի մեջ տեսնելով:

— Մաուզերը որտե՞ղ է, — հարցրեց Ֆաղեն:

— Իշխնձորցին տեղը գիտի, — ասաց Կարոն:

Ֆաղեն իր աբան համագյուղացու ուսին գցելով, թիակը ձեռքին շտապեց գյուղ:

Զենքը պահված էր թոնրի ակի մեջ: Առավ զենքն ու հագուստը և ետ եկավ:

Կարոն վերցրեց կապոցն ու ձին քշեց: Ճանապարհին հիշեց: Վարադարձավ, աբան տվեց ջրտուքվար Ֆաղեին:

— Աբան քոնն է, — ասաց ու ձին քշեց:

Ջրվորը ետ դարձավ իր առվի հետ, Կարոն մենակ մնաց սարի վրա:

Քշեց հայդուկն իր ձին ու կանգ առավ մի ժայռի տակ: Կապոցը բաց արավ, որ շորերը հագնի: Զենքն ու շապիկը կար, բայց շալվարը չկար: — Հեյ վա՜խ, — ասաց Կարոն, — դեռ գիշերը չեկած կինս շփոթվել է մտածմունքից:

Վերնաշապիկն հագավ ու կիսամերկ թռավ ձիու մեջքին:

Տեսավ վերի սարից երկու ուշացած ճամփորդ են իջնում մի տղամարդ և կին:

Տղամարդը Մոսե Իմոն էր, հռչակավոր սասունցին, իսկ կինը Վիկտորիան էր, Լոնդոնում ծնված աղջիկը:

Թշնամին Սասունը գրավելով հափշտակել էր նաև Մոսե Իմոյի առասպելական օրորոցը: Իմոն նախ զինվոր էր դարձել գնդապետ Սիլիկովի և Սամարցյանի գնդերում, կատարե՛լով բազմաթիվ մարտական առաջադրանքներ, ապա իր կրնոջ և երեխայի հետ, Անդրանիկի զորամասին կրնկակոխ հետևելով, հասել էր մինչև Գորիս և սովետական կարգերի հաղթանակից հետո հաստատվել Թալինի շրջանի Աիագչի գյուղում :

Ու թեպետ շատ տարիներ էին անցել այդ դեպքերի վրայով, բայց Մոսե Իմոն չէր մոռացել իր պատմական ուղևորությունը դեպի ինգլիզաց երկիր և այն օրորոցը, որ նվեր էր ստացել Ինգլիզի թագավորից: Աիագչի գյուղում ծնված մանուկներն անգամ լսել էին այդ օրորոցի մասին և երբ Իմոն անցնում էր գյուղամիջով, մատնացույց էին անում՝ ասելով* «Օրորոց քեռին եկավ»:

Մոսե Իմոն, սակայն, նշանավոր էր նրանով, որ տեսել էր Անդոկի ժայթքող աղբյուրի հրեղեն ձիերին: Թալինի գյուղերում պատմում էին, թե ինչպես Մոսե Իմոն ձեռքը դիպցրել է այդ աղբյուրից ելած հրեղեն ձիուն, ապա նույն ձեռքը դիպցրել է Շապինանդի ձիուն և դրանից Շապինանդի ձին դարձել է հրեղեն: Նա այլևս այն հողեղեն մտրուկը չէր, որ նվիրել էր ծերունի աարին Ցոթ Գդալի դաշտում, այլ անմահական մի նժույգ մանրիկ կճղակներով՝ պատրաստ ճախրելու դեպի երկինք:

Ու այսպես, Սովետական Հայաստանի գյուղերում առասպելական էին դարձել ոչ միայն ասորի ցեղապետի ձին և Անդոկի Պայթող աղբյուրը, այլև Շապինանդը և ինքը՝ Մոսե Իմոն:

Աիազչի գյուղում հրեղեն ձիեր չկային և Մոսե Իմոն իր մոգությունը փորձում էր օձերի աչքերի մեջ նայելով և նըրանց հմայելով; Նա գյուղի մանուկներին սովորեցնում էր, թե ինչպես պետք է օձերին կախարդել նրանց կոկորդից բռնելով:

Ազդեցիկ էր Մոսե Իմոն մանավանդ իր գյուղի մեջ:

Այդ լեռնային գյուղի վերաբնակները, ով որտեղից եկել էր, այնտեղից բերած տարազն էր հագնում: Մոսե Իմոյի հագուստը տարբերվում էր բոլորից: Առաջվա պես նա ծածկում էր սասունցու տոհմիկ գդակը, սև փուշին շուրջը ոլորած, մեջքին կրում էր շալե հյուսված թանձր գոտի՝ ծխամորճն ու քիսեն ծալքի մեջ, մազե երկար աբա և բրդյա լմած վերնավարտիք, նաև մի հավելյալ վերնավարտիք, որ չմրսի: Խոշոր քթով, պալթա բեղերով և ծանր բուռը ամուր սեղմած կեռգլուխ գավազանին: Այդ էր Մոսե Իմոն:

Այդ ձեռնափայտով և այդ տեսք ու տարազով էլ նա ներկայացել էր Անգլիայի թագավորին (իհարկե, ներս մըտնելիս նրա ձեռնափայտը քաղաքավարությամբ վերցրել և կախել էին թագավորական հանդերձարանում մինչև իր դուրս գալը):

Մոսե Իմոն միշտ այդ տոհմիկ տարազի մեջ էր, մանավանդ տոնական օրերին, կամ երբ հյուր էր գնում: Իսկ այդ օրը նա իր աղջկա հետ առավոտ վաղ հյուր էր գնացել Արագածի քրդական օբաները և այժմ վերադառնում էր գյուղ: Երկուսն էլ հանկարծ նկատեցին, որ իրենց մոտով մի տղամարդ է անցնում շապկանց: Սաստիկ զարմացան հայր ու աղջիկ գրեթե մ երկանդամ տեսնելով այդ տարօրինակ

— Քա վու՜յ, Մորուքն է, — բացականչեց Վիկտորիան աչքերը ամոթից փակելով և գլուխը շուռ տալով, որ չըտեսնի:

— Մորուքն է, — հաստատեց Մոսե Իմոն:

Կարոն սկզբում բոլորովին չճանաչեց իր համագյուղացիներին: Նույնիսկ կասկածեց, թե իրեն հետապնդում են, և ձիու գլուխը թեքեց, որ ձորը մտնի, աջ ձեռքում ատրճանակը պատրաստ պահած: Սակայն շուտով համոզվեց, որ սարից իջնողները իր համագյուղացիներն են և ձին կանգնեցրեց:

— Չեմ կարող մոտենալ, որովհետև շոր չունեմ վրաս, — ասաց Մորուքը: Մոսե Իմոն վազեց նրա մոտ: Կարոն պատմեց եղելությունը:

— Երանի ես Անդոկի տակ մեռած լինեի և քեզ չտեսնեի էս վիճակի մեջ, Մորուք, — պոռթկաց Մոսե Իմոն: Սասունցին նրան տվեց իր վերնավարտիքներից մեկը և իր նոր տրեխները, ասելով, որ ինքը գյուղ է գնում և մինչև տուն հասնելը ոտնաման կճարի:

Սակայն կար մի ավելի զարմանալի բան. ձին ոչ թամբ ուներ և ոչ կանոնավոր սանձ: Գիտեին, որ Մորուքը հմուտ ձիավոր է, բայց որքան կկարողանար նա իր ձին առանց թամբի և սանձի վազեցնել այդ քարքարոտ վտանգավոր լեռների մեջ, որ արդեն մթնել էին: Վիկտորիան նոր խուզված ոչխարի բուրդ էր բերում սարից: Մոսե Իմոն աղջկա բեռը ցած առավ, վրայի պարանը քանդեց ոլորեց և մի բավական հարմար սանձ պատրաստելով հանձնեց Կարոյին:

Կարոն առանց ձիուց իջնելու նրանց հետ հաց կերավ:

— Իմ հունձը կիսատ մնաց, Մոսե: Օհանին կասես՝ գնա վերջացնի: Գերանդին տանն եմ թողել, — հիշեցրեց փախստական սասունցին:

— Դե, ես գնացի, մենք իրար չենք տեսել, — պատվիրեց Մորուքը և համագյուղացիներից բաժանվելով ձիու գլուխը ուղղեց դեպի Արագածի ամայի բարձունքները:

ԽԵԼԱԳԱՐ ԱՆԴՐԵԱՍԸ

Մորուք Կարոն մի ամբողջ ամիս սարերում ապրեց: Եղավ Ամբերդի ավերակներում, գիշերեց Կաքավաձորի և Դիանի քարայրներում, ցորենի բարդոցների տակ թաքնվեց:

Մի օր էլ մի գերանդի գտավ սարում և ուսին գրած ձին քշեց դեպի Գեղամա լեռները: Ուզում էր ճշտել, թե ո՛ր ճանապարհով հեշտ կլիներ դեպի Մեղրի և Ջուլֆա գնալ:

Ապարանի վրայով իջավ Եղվարդ և Արզականի կիրճով բարձրացավ Թեղենիսի լանջերը: Բարձր սարերով էր գնում, որ իրեն չնկատեն: Մաքրավանք գյուղի թիկունքին թամբաձև մի սար կա: Կանգնեց այդ սարի վրա և հայացքը հառեց Գեղամա լեռներին:

Դեռ բավական ճանապարհ ուներ անցնելու:

— Ցած իջիր ձիուց, Անդրանիկ փաշա, — լսվեց մի հրամայական կանչ իր ետևում և մի տղամարդ ոչխարենու մաշված գդակով՝ տակից ականջները կարմիր թաշկինակով կապած՝ մանգաղը ձեռքին ցցվեց նրա դեմ:

Հեծ յալը ժպտաց.

— Ո՞վ է Անդրանիկ փաշան:

— Ես եմ Անդրանիկ փաշան: Դու էդպես մենակ ու՞ր կերթաս:

— Աղմաղանի սարերը հնձի կերթամ, — պատասխանեց Կարոն:

— Անդրանիկ փաշան բոլոր սարերը հնձել է: Ցած իջիր փաշի ձիուց:

— Դու երևի նրա ձիապանն ես եղել: Նրա ձիու անունը ի՞նչ էր:

— Հրեղեն: Քո գերանդին ինձ տուր, կամ ցած իջիր փաշի ձիուց:

— Գերանդի՞ն: Ինչու՞:

— Տանեմ Սերոբ փաշին տամ, իսկ դու գնա ոգնի բռնիր Նեմրութա սար:

— Նեմրութա սարը շատ է հեռու, իմ ճամփեն Աղմաղանն է:

— Հեռու չէ: Անդրանիկ փաշան տասս օր ժամանակ է տրվել օսմանցու զորքին: Դու Մորուք Կարոն չե՞ս:

— Մորուքն եմ, ի՞նչ կա:

— Անդրեաս փաշին չե՞ս ճանաչում:

Մորուք Կարոն վայր թռավ ձիուց: Առաջին իսկ հայացքից զգաց, որ իր առաջ կանգնած է մի խելագար:

— Անդրեա՛ս, — ասաց ու գրկեց խելագար հայդուկին:

— Տուր գերանդին, տուր գերանդին, որ վաղը հնձի երթանք:

— Դու տուն ունե՞ս, Անդրեաս:

— Անդրանիկ փաշեն իմ տուն նստած Սերոբ փաշի հետ զրույց կենե: Ուղիղ տասս օր ժամանակ է տվել, իսկ օսմանցին ասել է. «Ես տասս օրվա մեջ իմ վեշերը ինչպե՞ս կապեմ»: Երեկ ես փաշին ասացի, երկու օր էլ ավելացրու՝ թող վեշերը կապեն:

— Փաշեն ի՞նչ ասաց:

— Չէ, ասաց փաշեն, իմ ժամկետը տասս օր է: Կայծակ Անդրեասը կովի բռնվելով Իբրահիմ խանի հետ մասնակցել էր Սարդարապատի ճակատամարտին և իր պահանջով ձիու թամբին կապված ուղևորվել էր դեպի Լոռի: Ջին վիրավոր Անդրեասին Սարդարապատի դաշտից հասցրել էր մինչև Թեղենիսի լանջերը: Եվ այդ օրվանից Կայծակ Անդրեասը մնացել էր Ծաղկաձորում, չկարողանալով հասնել Անդրանիկի զորքին: Ուժեղ ապրումներից, որ ուշացել է, խախտելով հայդուկ կամավորի սրբազան ուխտը, Անդրեասը ցնորվել էր և ամենքը նրան խելագար Անդրեաս էին ասում: Այդ խելագարությունը արտահայտվում էր խիստ անհավասարակշիռ ձևերով. մեղմ ժպիտից մինչև հանկարծական քրքիջ, խելացի խոսքից թռիչք դեպի անհարակից, անկապ խոսքեր, շշուկից մինչև գոռոց և հայհոյախառն բացականչություններ, և այդ բոլորը զուգորդված իր վաղուց ապրած վայրերին ու սիրելի անուններին, անցյալի դեպքերին ու տպավորություններին: Կերպարանքը դարձյալ սարսափազդու էր, բայց ոչ առաջվա պես ահեղ: Անծանոթ ուղևորները երբեմն նրան շփոթում էին թաթերին բարձրացած արջի հետ: Ջուր խմելիս դարձյալ երեսը մինչև ականջները խորասուզում էր աղբյուրի մեջ, երկայն ցից բեղերը ծփացնելով ջրի երեսին: Ապա արևի տակ բեղերը ցամաքեցնելով և բարակ ոլորելով տաքանում էր մի ժայռի նստած:

Կայծակ Անդրեասը ամառները մանգաղով հնձում էր Թեղենիսի լանջերը, իսկ ազատ ժամերին Ծաղկաձորի դարիվեր փողոցները չափչփելով սրտակեղեք երգեր էր ասում իր քաջ զորավարի մասին: Բավական էր որևէ անցորդի բերանից լսեր «ուշացա» բառը: — Ես ի՞նչ մեղավոր եմ, որ ուշացա: Ինձ կապեցին ձիու թամբին ու ասացին՝ «Գնա հասիր Անդ՛րանիկ փաշի զորքին», — գոռում էր նա և երեք անգամ ուշացա, ուշացա, ուշացա՜ բացականչելով, բռունցքով հարվածում էր քունքերին ու քայլամոլոր շարունակում ճամփան:

Սովորաբար շրջում էր ոչխարենու հնամաշ գդակով, տակից կարմիր թաշկինակը ականջներին կապած, և ուստա զավզանը դրած ուսին: Վա՜յ նրան, ով իր ներկայությանը հանդգներ որևէ կծու խոսք ասել Անդրանիկի մասին: Ասողի բաժինը մի անողոք նայվածք էր կամ զավզանի հարված, իսկ իր բաժինը՝ դառնագին հեծկլտուք «Կեչառիս» խորտկարանի մի անկյունում օղու գավաթի առաջ նստած: Դառնանում ու հայհոյում էր՝ մինչև ուշ գիշեր իր երգն ու լացը, զայրույթնն ու թախիծը իրար խառնած: Ու գնում էր խելագար Անդրեասը ինքն իր հետ կամ անցորդների հետ բարձրաձայն վիճելով և իբրև օրվա կարևորագույն նորություն հավաստելով ու հաստատելով թե՝ «օսմանցին արդեն սկսել է իր վեշերը կապել»:

Ծաղկաձորում խորհրդավոր կերպով պատմում էին, որ Կայծակ Անդրեասը իր գդակի տակ պահում է Կովկասի փոխարքայի հրամանը Բաղեշը գրավելու մասին: Այդ այն հեռագիրն էր» որ Անդրանիկը բարկացած շպրտել էր ՌահվեԴուրանի ձյուների վրա իբրև բողոք թագավորի դեմ: Այդպիսի մի թուղթ իսկապես Անդրեասը գաղտնի պահում էր իր գդակի մեջ և առաջին տեսնողը եղել էր Ծաղկաձորի շրջանային գործադիր կոմիտեի նախագահը, որին վերջինս դիմել էր իրեն ծերության թոշակ նշանակելու հարցով:

— Սերոբ փաշեն ի՞նչ ասաց, — իր խոսքը շարունակեց Մորուք Կարոն»

— Սերոբ փաշեն ասաց՝ Անդրեաս, մի գերանդի գտիր, վաղը ինձի երթանք:

— Ո՞ր սարը:

— Տանձաղբյուրի:

— Ձեր գյուղում կոլխոզ կա՞, Անդրեաս:

— Կա: Անդրանիկ փաշեն կոլխոզի նախագահ է, իսկ Սերոբ փաշեն՝ գործկոմի: Գնա Բիթլիսու սար մի քիչ խոտ քաղիր նրանց ձիերի համար: Ռահվե–Դուրան գնա, Ռահվե–Դուրան: «Ճվիկե տոտանի, ճվիկե տոտանի, քո տունը քանդեցիր, իմն էլ դրիր վրան»:

— Իմ ճամփեն Աղմաղան է, Անդրեաս: Ես իմ ճամփից շատ ուշացա:

— Ուշացա, ուշացա՜, ուշացա՜, — գոռաց Անդրեասը քունքերին խփելով: — Ես ի՞նչ անեմ, որ ուշացա: Ինձ կապեցին ձիու մեջքին ու ձին ինձ բերեց Եղվարդ: եղվարդից բերեց Կեչառիս ու չկարողացա հասնել Լոռի: Տուր Անդրանիկ փաշի ձին, որ գնամ հասնեմ նրա զորքին:

— Տուն գնա, Անդրեաս, գնա հանգստացիր, — ասաց Մորուք Կարոն:

— Ինձ հանգիստ չկա, մինչև չհասնեմ փաշի զորքին: — Ասաց, նորից խփեց քունքին և մանգաղն ու մի կապ խոտ թևի տակ, շարժվեց առաջ:

Գնում էր ու երգում,

Բիթլիս քաղաք շատ լեռնային, նամակ չկար Անդրանիկին... »

— Անդրե՛աս, — բղավեց Կարոն խելագարի ետևից: Բայց նա արդեն հեռացել էր և հանգ–հանգ ծիծաղելով գնում էր դեպի Ծաղկաձոր:

Հանկարծ ետ դարձավ:

— Մորու՛ք, տղաներին շատ բարև կանես ու մանավանդ Սեյդո Պողոսին, որ նստած էր Ծծմակա Քթին:

Մի աղջիկ նրան տեսնելով ճչալով նետվեց դեպի իրենց բակը:

— Մայրի՛կ, խելառ Անդրեասը... Մայրը դուրս եկավ.

— Բարև, Անդրեաս քեռի:

— Բարին արևդ, Տիրուն:

— Անդրեաս քեռի, Անդրանիկ զորավարը ինչու՞ Հայաստանը թողեց գնաց ու քեզ էս օրին գցեց:

Վշտից գնաց, Տիրուն, վշտից: Անդրանիկ զորավարը երբ տեսավ, որ խաբված է

դրսից ու ներսից, բարկացած հեծավ իր Ասլան ձին, քշեց անցավ Գեկեչկորու տերության սահմանը և Սև ծովին հասնելով ասաց՝ Եվրոպա, դո՛ր ես, եկա:

— Հիմա որտե՞ղ է:

— Կոլխոզի գրասենյակ:

— Քա վու՜յ կանաչ մեռոն էս մարդը իսկական խելառ է:

— Ի՞նչ է, Անդրեաս:

— Մի քանի զաթա թխիր, վաղը Բջնի պիտի երթամ:

— Բջնի ի՞նչ գործ ունես:

— Մի որբևայրի կին կա, կուզեմ բերեմ իմ տուն:

— Հարսանիքը դու անես, զաթեն ե՞ս թխեմ: Երևանում աղջիկներ ունես, թող նրանք թխեն: Ի՞նչ տեսակ կին է:

— Քեզ պես սիրուն, կարմրաթուշ կին է: Կուրծքը ասես Ռահվե–Դուրան լինի հունիս ամսին, մեջքը՝ Խլաթա կամուրջ: Խածնեմ թշերդ, Տիրուն:

— Քա աղջի, դու ներս գնա տեսնեմ էս խելառն ինչ է խոսում, — ասաց ծաղկաձորցի կինը, դուռը աղջկա վրա կիսածածկ անելով:

— Ու՞մ թշերը խածնես:

— Քո թշերը, Տիրուն, քո կարմիր թշերը: Անդրանիկի ձին Ռահվե–Դուրանում մի օր իմ թևը պինդ խածեց: Երկու սանձ էի դրել բերանը, բայց խածեց: «Ճվիկե տոտանի, ճվիկե տոտանի, քո տունը քանդեցիր՝ իմն էլ դրիր վրան»:

Կարոն ինքն էլ չիմացավ, թե ինչպես հասավ Գեղամա լեռներին: Ամբողջ ժամանակ խելագար Անդրեասն էր իր աչքի առաջ:

Մեղրին և Ջուլֆան շատ հեռու թվացին իրեն: Աժդահակ սարի տակով ձին քշեց դեպի Մարտունու շրջանի Վերին Գետաշեն: Մշո Աղջան գյուղացի հազարապետ Վահանն էր այնտեղ թաղված: Սպանվել էր Ջղնի ձորում: Ինքը և Չոլոն դիակը կապել էին ձիու վրա և տարել ամփոփել այդ գյուղի եկեղեցու բակում:

Աղջնա Վահանի մահից հետո կինը՝ Խաթունը ամուսնացել էր նրա զինվորներից մեկի հետ: 1930-ին նոր ամուսինը՝ Պետրոսը երկու կով էր վաճառել և Թալինի Ցամաքաբերդ գյուղից գնացել էր Մարտունի՝ Վերին Գետաշեն ու իր կնոջ նախկին ամուսնու շիրմին հուշարձան կառուցել:

Մորուքը մտավ եկեղեցու բակը, գլխարկը հանեց տապանաքարի առաջ և լռությամբ հարգանք մատուցեց սասունցոց գնդի քաջարի զինվորի հիշատակին:

Հետևյալ օրը նրա ձին կանգնեց Արագածի վրա:

ՄԻԼՊԵՏԻ ԾՈՑՈՒՄ

Մութ էր:

Մորուք Կարոն իջավ ձիուց, կանգնեց ձիու կողքին ու մտածեց. ու՞ր գնալ: Նորի՞ց ապավինել լեռներին:

Մի հավք անցավ իր վերևով: Երկար նայեց ետք՛ից: Հավքը գնաց թառեց մի քերծի: Ապա թևերը ծալեց ու սուզվեց ժայռի մեջ: «Նա էլ մտավ իր բույնը, — մտածեց Կարոն, — իսկ ե՞ս»:

Հիշեց:

Սարդարապատի դաշտում մի ծանոթ գյուղ կար, անունը Ջանֆիդա: Նրանից աչն կողմը՝ հին Արմավիրի մոտ մի ուրիշ գյուղ Մեծ Շարիար: Այնտեղ նա տալվորիկցի մի բարեկամ ուներ, նախագահ էր գյուղում:

«Արի էս գիշերը Ռաշիդիս հյուրը լինեմ», — ինքն իր մեջ խոսեց Մորուք Կարոն:

Քշեց Կարոն իր ձին և գիշերով իջավ Մեծ Շարիար:

Ռաշիդը մենակ նստած գինի էր խմում:

Ուրախացավ Արարատյան դաշտի գյուղացին իր շեմքին պատվական հյուրին տեսնելով:

Շեմքի վրա գրկախառնվեցին:

— Նախ ձիուն գարի, հետո տիրոջը հաց, — պատվիրեց Կարոն գերանդին պատից կախելով:

Ռաշիդը ձին տարավ գոմ, իսկ Կարոյին՝ օդա: Ձիու առաջ գարի դրեց, հյուրի առաջ՝ հաց: Հանեց իր ամենաընտիր կա՛րասի գինին, որ երբեք բացած չկար:

— Հողե աման ունե՞ք, — հարցրեց Կարոն:

Ռաշիդն հասկացավ, որ Կարոն վիշտ ունի: Կինը մի խոր պնակ բերեց հյուրի համար:

— Մի պնակ էլ ինձ համար բեր, — ասաց Ռաշիդը գինու փոքրիկ գավաթը մի կողմ հրելով:

Կինը մի պնակ էլ բերեց:

Հավ մորթեցին, թթու հանեցին ու նստեցին սեղան: Պնակները զարկվում էին իրար ու դատարկվում: Պատրաստվում էին քնելու, երբ լուսամուտի դեմ մի գլուխ երևաց.

— Նախագահը տա՞նն է, — լսվեց դրսից:

— Տանն է, ներս համեցեք, — պատասխանեց Ռաշիդը և ճրագը ձեռքին մոտենալով դուռը բացեց:

Եկողը Էջմիածնի գավառամասի միլպետ սուրմալեցի Վաչագանն էր, առույգ, գեր ու կարճլիկ, թխադեմ մի տղամարդ: Նա հենց շեմքից նկատեց, որ շեկ բեղերով մի գյուղացի նախագահի տանը նստած կավե ամանով գինի է խմում: Առաջին անգամ էր տեսնում մեկին, որ գինին պնակով է խմում: Պետին դուր եկավ այդ գյուղացին: Եվ որովհետև ինքն էլ ի պաշտոնե այդ գավառամասի գրեթե բոլոր կարասների գինին փորձել էր, ուստի շատ ուրախացավ, որ այդ գիշերը դարձյալ առիթ ուներ շփվելու խմիչքի հետ:

— Էս ի՞նչ հալի եք, — ձեռքերը աշխուժորեն իրար տրո՛րելով հարցրեց միլպետ Վաչագանը:

— Նստած գինի ենք խմում, ընկեր պետ, — պատասխանեց Ռաշիդը նրան թախտի վրա տեղ առաջարկելով և ճըրագը դնելով պատուհանի գոգը:

— Գինին պնակնե՞րով: Առաջին անգամն եմ տեսնում:

— Մեր երկրում գինին պնակներով են խմում, — ավելացրեց Կարոն:

— Ձեր երկիրը ո՞րն է:

— Արաբս տան:

— Մեծ Շարիարի գինին հայտնի է մեր գավառամասում և արժե այդ գինին պնակներով խմել, — ասաց միլպետը: — Ո՞ր կարասից է քաշված:

— Իմ մառանի ամենաընտիր կարասից, ընկեր պետ: Քիչ առաջ բաց արի, — ասաց տանտերը:

Մորուք Կարոն գինով լի ամանը դեմ արեց Էջմիածնի միլպետին:

— Մի տես ի՛նչ գինի է:

— Ոչ, պնակով գինին շատ է: Ես պաշտոնյա մարդ եմ և գործով եմ եկել գյուղ:

— Հիմա գինու ժամն է, գործը հետո կանես, — նկատեց Կարոն:

— Դու երևի վաղուց գինի խմած չկաս, որ պնակով ես խմում: Եվ քո պնակը կրկնակի խոշոր է նախագահի ամանից:

— Պատահում է և այդպես, ընկեր պետ: Կարասին ասացին. ինչի՞ց ես վախենում. ասաց՝ փոքր ամաններից:

Երկուսն էին՝ դարձան երեք: Կինը նոր հավեր մորթեց և երեքով սեղան նստած խմեցին մինչև կեսգիշեր: Միլպետն ու նախագահը գավաթներով էին խմում, իսկ Կարոն՝ կավե ամանով: Խմեցին ու զրույց արին:

Ամեն մեկը սեղանի առաջ մի հետաքրքիր բան պատմեց: Հյուրն էլ պատմեց կորեկի և ցորենի վեճը:

— Կորեկը քառասուն օրից է բերք տալիս, — ասաց Մորուքը, — իսկ ցորենը ավելի ուշ: Մի տարի Մշո դաշտում սով էր: Գյուղացիք սկսեցին կորեկ ցանել, որ սովի առաջը փակեն: Կորեկը փքվելով ցորենին ասաց.

— Ցորեն ախպեր, ես ելել եմ բեմ:

— Ի՞նչ անեմ, տարին քո տարին է, — ասաց ցորենը:

— Կուզեմ երթամ Երուսաղեմ:

— Ձենդ կտրիր. մի էս պլպլան աչքով պարծենկոտին տես: Կուզես աշխարհը սո՞վ գցել, — գոռաց ցորենը և բարկացած դմբեց կորեկի գլխին:

Սարից եկած հյուրը իր պատմություններով և քաղցր բնավորությամբ գերեց սուրմալեցուն: Միլպետ Վաչագանի կենացի վրա Կարոն նրա պատվին երգեց «Սուրմալու» երգը, որ սովորել էր վերջին թափառումների ընթացքին Արագածի վրա:

Չկա զանգակի ձայն, չկա հայ բարբառ, Դառել ես բնավեր, պայլերի անտառ, Դպրոցներով հարուստ մարդասեր գավառ, Օձն է նստել բախտիդ վրա, Սուրմալու:

— Վա՜յ էս ինչ լավ մարդ ես, լավաշի մեջ փաթաթես ուտես:

Միլպետը հուզմունքից գրկեց համբուրեց հյուրին և նրան իր տուն հրավիրեց՝ էջմիածին: Այնքան դուր եկան մեկը մյուսին, որ գիշերը քնեցին իրար հետ, միևնույն թախտի վրա:

Առավոտ վաղ Մորուք Կարոն արթնացավ, հեծավ իր ձին, առավ զերանդին ու գնաց:

Դիանի և Կաքավաձորի անձավները վերևից աչք էին թարթում՝ մեզ. մոտ արի: Ամբերդի ավերակները հեռվից կանչում էին արի, մենք քեզ տուն կտանք:

Միլպետն արթնացավ, լվացվեց, հաց կերավ և նախագահին մի կողմ քաշելով՝ ասաց.

— Ռաշիդ, ախր ես կարևոր գործով եմ եկել Մեծ Շարիար:

— Ի՞նչ գործ է:

— Տեղեկություն է ստացված, որ Մորուք Կարոն գտնըվում է ձեր գյուղում: Գուցե և Ջանֆիդա գյուղումն է թաքնըված, կամ Արմավիրում: Եկել եմ քեզ մոտ, որ օգնես ինձ Մորուքին գտնելու: Դրան էլ բռնեմ հանձնեմ ու հոգիս ազատեմ էդ ցավից: Ուղիղ երկու օր է տղաներով գյուղերն ընկած նրան ենք փնտրում:

— Քո տունը շինվի, ընկեր պետ, Մորուք Կարոն էն էր, որ գիշերը քնուկ էր քո ծոց, — խնդալով պատասխանեց Ռաշիդը:

Միլպետը զարմանքից սփրթնեց։

— Ինչպե՞ս թե։ էն գյուղացին, որ պնակով գինի՞ էր խըմում։

— Հա՛, Մորուք Կարոն նա էր։

— Ու՞ր գնաց։

— Առավոտ շուտ արթնացավ, հեծավ իր ձին ու գնաց։

— Դու ճի՞շտ ես ասում։ Ուրեմն դա՞ է եղել Մորուք Կարոն։

— Հենց նա է, որ կա։

— Որ ցորենի ու պլպլան կորեկի պատմությունն արեց։

— Այո։

— էն գյուղացի՞ն։

— Հա, էն գյուղացին, որի հետ դու համբուրվեցիր և գիշերը միասին քնեցիք թախտի վրա, — հանգիստ պատասխանեց Ռաշիդը։

— Քնելը հիշում եմ, բայց համբուրվելը... մի՞թե համբուրվեցի։

— Այն էլ մի քանի անգամ։ Իմ կարասի գինին խմողը չի կարող չհամբուրվել։

Միլպետ Վաչագանը մոտեցավ սեղանին, վերցրեց այն պնակը, որով Մորուքը գինի էր խմել, զարմացած նայեց մեջը, հոտոտեց և դրեց տեղը։

— Ողղակի անհավատալի բան է. այն մարգը, որին դու փնտրում ես, մտնի քո ծոցը և քո ձեռքից փախչի՞։ Ախ՛պեր, եթե Մորուք Կարոն դա է, հալալ լինի նրան իր ծծած կաթն էլ, իր խմած գինին էլ։ էսքան ապրել եմ աշխարհում, ես դեռ էդպիսի խոսքաշեն անուշ մարդ տեսած չկամ, — ասաց սուրմալեցին։ — Բայց ի՞նչ արած, մեզանից պահանջում են։ Ուզենք թե չուզենք պիտի բռնենք և հանձնենք։ Ես չբռնեմ ուրիշը պիտի բռնի։ Օձն է նստել էդ մարդու բախտի վրա։ Երեկ Թալինից զանգահարեցին, թե նա կարող է մեր կողմերում լինել։ Տվեցին Զանֆիդայի և ձեր գյուղի անունը։ Հայտնեցին, որ նա վաղուց փախստական է դարձել և ապրում է սարերում։ Մերթ այս ձորի կամ քարայրի մեջ է, մերթ այն քարափի գլխին, մերթ մի ավերակ բերդի դռան, մերթ ծանոթ–բարեկամի գոմում։ Երբեմն էլ հավքերին թռցնում՝ մտնում է նրանց բույնը։ Մի քանի անգամ գիշերով եկել-թաքնվել է իրենց բուխարիկի մեջ և կինը բուխարիկի բերանը ծածկել է սալաքարով։ Իբրև թե այնքան երկար մորուք ունի, որ մի անգամ բուխարիկի բերանը ծածկելիս, մորուքի կեսը մնացել է սալաքարի տակ։ Եթե Մորուք Կարոն նա է, որ մենք երեկ տեսանք, ապա նա բոլորովին էլ մորուք չունի։ Չէ, ես նրա մեղքի տակ չեմ մտնի, Ռաշիդ, — վճռաբար հայտարարեց միլպետ Վաչագանը։Այդ գյուղացին ինձ դուր եկավ և իմ խղճին դեմ է նրան բռնելը։ Հա, մի բան հիշեցի. ձեռքին գերանդի կա՞ր։

— Կար։

— Հենց նա է, որ կա։ Մեզ հայտնեցին, — շարունակեց միլպետը, — որ Աշտարակի և Թալինի լեռնային մի քանի գյուղերում հնձվորները նկատել են մի տարօրինակ երևույթ. ինչ–որ մեկը գիշերով գալիս և իրենց կիսատ թողած գործը ավարտելով լուսադեմին հեռանում է։ Եթե խոտհարք է՝ խոտը քաղված, եթե արտ է՝ լրիվ հնձված, երբեմն էլ խրձերը կապած և թողած դաշտում։ Ենթադրում են, որ դա Մորուք Կարոն կարող է լինել։ Այդ ամբողջ ժամանակ միայն մի գերանդի է անհայտացել սարից։ Դե եկ, և այդպիսի մարդուն բռնիր. ի՞նչ իրավունքով։ Վերջերս ինչ–որ բան է նկատվում մեզ մոտ, Ռաշիդ, որ իմ սրտովը չէ և, իմ կարծիքով, հակառակ է ընկեր Լենինի պատգամներին։

— Նրան ներում էր շնորհվել։ Կառավարությունը անգամ թույլ էր տվել, որ վերադառնա գյուղ և զբաղվի իր վարուցանքով, — հաստատեց նախագահը։

— Տեսնու՞մ ես։ Իսկ որոշ մարդիկ կարգադրել են նրան բռնել։ Որ Մորուքին կբռնեն, դա անկասկած է, բայց թող մեր ձեռքով չլինի։ Նա գիշերով եկավ քեզ մոտ, այնպես չէ՞, — հարցրեց միլպետը։

— Այո, մութով եկավ և մութով գնաց։

— Ուրեմն՝ որոշեցինք. դու կասես, որ քո տանը այդպիսի մարդ չի եղել։ Ռուսերեն դրան ասում են «սուխոյ ատկազ»։ Կնոջդ էլ զգուշացրու, որ բերանը փակ պահի։ Ծանր օրեր են, Ռաշիդ, մի բուռ ժողովուրդ ենք մնացել, պահենք մեր լավերին։ Լսեցի՞ր ինչ ասաց. կարասին հարց տվին. ինչի՞ց է վախենում, ասաց փոքրիկ ամաններից։

Այս ասելով միլպետ Վաչագանը նախագահի հետ ելավ գյուղամեջ, ձնականության համար հարցաքննեց մի քանի բնակիչների և մեկնեց շրջկենտրոն։

ԲԱՑՃԱԿԱՏ ԱՂՐԻՐ, ԻՇԽՆՁՈՐՑԻ

Այդ օրը երկար թափառեց Մորուք Կարոն։

Մեծ Շարիարը մտքից չէր գնում։ Շատ փորձություններ էին անցել իր գլխով, բայց այդպիսի արկածի հանդիպած չկար։ Իսկապես, ինչ անզգուշություն էր իր կողմից գնալ և պառկել իրեն որոնող միլպետի ծոցում։ Ոչ, նա այլևս Մեծ Շարիար չի գնա։ Արդեն պարզ էր, որ իրեն խստորեն հետապնդում են և գավառամասի միլպետը այդ նպատակով էր եկել գյուղ։

Հիշեց առաջին տարիներին Ոսկեթասի ջրաղացի հետ կապված դեպքը, որի համար նա նույնիսկ ծեծեց կնոջը։ Ոչ, ոչ, նա այլևս այդքան անզգույշ չի լինի և այլևս չի իջնի դաշտի գյուղերը։ Լեռնային գյուղերում վտանգի պահին հնարավոր է որևէ կիրճի կամ սարի ետևում թաքնվել, ապավինել քարափներին ու ծերպերին, իսկ հարթավայրում ինչպե՞ս և ու՞ր թաքնվել։

Նա գերանդին դրեց այն բլրի կողին, որտեղից վերցրել էր և ձին քշեց դեպի իրենց սարերը: Կասկածելի ուղևորներ երևացին: Աջ թևի վրա մի հին գերեզմանոց կար: Գլխահակ մոտեցավ շիրիմներից մեկին և սանձը բռնած տխուր նստեց մի տապանաքարի, իբրև թե սգում է վաղամեռիկ հարազատին:

Սպասեց այդտեղ մինչև մութն ընկավ: Հեծավ ձին ու նորից քշեց: Արտենասարի տակ երևաց իրենց գյուղը: կիսամութի մեջ երևացին Մոսե Իմոյի, Տեր Քաջի Աղամի, իր եղբայր Օհանի, Գաբոյի, Փափազի, Պողոսի և մյուս սասունցիների տները:

Իր տանիքն էլ երևաց:

Լուսնի տակ ցոլաց բարակ սայլուղին, որով նա առաջին անգամ Լենինական գնաց, երբ նոր էր եկել Հայաստան: Գնաց ներկայացավ Գավգործկոմի երիտասարդ նախագահին:

Նախագահը հարցրեց.

— Ո՞վ ես, քեզ չեմ ճանաչում:

— Էն Մորուք Կարոն, որ ասում են, ես եմ:

— Սասունցիների պոլկի՞ց:

— Այո:

— Ինչու՞ եկար:

— Եկա, որովհետև դարիբության մեջ էի: Մուհամեդն ասել է՝ ես դարիբությունը կարգելեի, եթե վերադարձի քաղցրությանը չլիներ,

— Մոռացիր Մուհամեդին և Քրիստոսին և վայելիր այդ քաղցրությունը: Ես քո կնոջն էլ որոշել էի ուղարկել քեզ մոտ, բայց որ եկել ես՝ գնա գյուղ և հանգիստ զբաղվիր քո վարուցանքով:

Շնորհակալություն հայտնեց ու դուրս եկավ:

Հանգի՞ստ:

Իսկ ինչու՞ է ինքը այդպես անհանգիստ թափառում սարերի վրա և թաքնվելով իր

ձիու փորատակին և անձավների մեջ, կռանում օտար շիրմաքարերին: Ինչու է սպասում, որ մութն ավելի թանձրանա:

Մորուք Կարոն գիշերով հասավ իրենց գյուղի խոտնոցը: Կանգնեց Խոտնոցի մեծ քարի տակ: Նորից կտրեց առվի ջուրը և նորից ծերունի Ֆաղեն եկավ թիակը ուսին:

Ու պատվիրեց Կարոն.

— Գնա իմ ախպեր Օհանին կանչիր:

Ու ծերունի Ֆաղեն մութով քայլեց եկավ Օհանի դուռ:

— Օհա՛ն, վեր կաց, խոտնոց գնա, մարդ է կանչում:

Ու գիշերով դեպի խոտնոցի ձորը գնաց Մուրո տան Օհանը մենակ:

Մենակ էր ու մի աչքը կապած: Եվ Մորուքն ասաց.

— Օհա՛ն, ես ճամփորդ մարդ եմ, ընտանիքս քեզ ամանաթ: Կյանքը Մխտոր–քարի պես բան է. չշվարես և չշփոթվես էդ քարի վրա:

Մի բան իմացիր, աշխարհում մեր գտածը քիչ եղավ, մեր կորուստը՝ շատ:

Օհանը գնաց, Մարթան եկավ:

Եկավ ու կանգնեց Խոտնոցի մեծ քարի տակ, Օհանի կանգնած տեղը:

— Իշխնձորցի, քար ու հողը մաշվեց իմ կրունկից, — ասաց Կարոն: — Ես Սալոնիկից եկա, որ ազատ վարուցանքս անեմ, բայց չար մարդիկ ինձ հանգիստ չեն տալիս գյուղում: Հոգնեցի բուխարիկների, գոմերի ու հավքերի բներում ապրելով, մաղարայից մաղարա անցնելով: Իմ ձին էլ հոգնեց: Որոշել եմ՝ կերթամ: Կերթամ, որ ոչ ոքի մեղքի տակ չընկնեմ: Դու էլ ինձնից հետո ոչ մեկի մեղքը գլուխդ չառնես: Բացճակատ ապրիր, իշխնձորցի, ինչպես ապրել ես մինչև հիմա: Կար ժամանակ, որ Սասնա քար ու հողը կդղրդար քո պատճառով ու ես քեզ մեջքիս կապած մեն–մենակ կկռվեի չար աշխարհի դեմ: Քո սիրո համար ես մազրեցու աղջկան քո անունից խոստովան արի, որ էդ դղրդոցը հանգստանար:

Ասաց ու լռեց:

Լռեց ու նորից ասաց.

— Մինչև հիմա լեն ճամփի վրա իրար կողք-կողքի գնացինք, նեղ կածան հանդիպեց՝ գնացինք իրար ետևից, ես՝ առջևից, դու՝ ետևից, միշտ միասին ու իրարից անբաժան: Հիմա պիտի բաժանվենք: Քո էն գիշերվա տագնապը ճիշտ էր, իշխնձորցի: Մեր սողնակը հավիտյան փակվեց: Էս դուռը մեր բախտին թարս կպողը դժվար թե նորից բաց անի: Աստված մեզ երեք աղջիկ զավակ տվեց, բայց տղա ժառանգ չունենք: Օհանը երկուսն ունի: Քեզ ամանաթ Օհանի մեծ արդեն, կբերես մեր տուն և ձեռքը գիրք կտաս:

Ասաց ու գնաց:

Միայն Ահագչի գյուղը կանգնած մնաց ու մնաց Արտենի սարը իր տեղում՝ լուսն յակը ճակատին:

ԵՍ ԻՄ ՄԱՍԻՍԻ ԾԽԻՆ ԿՀԱՎԱՏԱՄ

Մաղդան բարձրիկ գյուղ է Արագածի լանջին: Ձին քշեց Կարոն, հասավ Մաղդա:

Այդտեղ էր ապրում Ջնգլիկ Պետոն: Կանգնեց գյուղից դուրս աղբյուրի մոտ ու կանչեց նրան:

Ու եկավ Պետոն:

Ջնգլիկ Պետոն տարիքով փոքր էր Մորուքից, բայց ավելի կշռադատ ու շրջահայաց: Եղել էր սասունցոց գնդի քաջ մարտիկներից մեկը: Մորուքի հետ մասնակցել էր Թալինի բերդի գրավմանը և գնացել-հասել մինչև Գորիս: Ի վրեժ Փեթարա Մանուկի և Ախոյի սպանության, նա 175 ձիավորով Մասիսի կողմից գրոհել էր Կողբի վրա և գրավել Հայաստանի աղահանքերը:

Իսկ այժմ թե Մասիսը և թե Կողբը գտնվում էին սահմանից այն կողմ:

Ճշտվել էր Շեյխ Զիլանի քուրդ առաջնորդների միացյալ զին յալ ապստամբությունը: Շեյխ Զիլանը մեծաքանակ ապըստամբների գլուխ անցած շարժվում էր Վան քաղաքի վրա:

Եվ նրանք որոշեցին սահմանն անցնել: Կգնան կմիանան քրդական ապստամբներին և կկռվեն բռնության դեմ: Եթե չկարողանան իրենց ծննդավայրն ազատագրել, գոնե կռված կլինեն հարևան փոքր ժողովուրդների ազատության համար:

Բայց ո՞ր կողմով մոտենալ Արաքսին:

Կարոն բացատրեց, որ ինքը եղել է Աղմաղանի կողմերում և իր կարծիքով ամենահարմարը Կոշի քարափների տակով դեպի Սև ջուր իջնելն է:

Մազղեցին համաձայն եղավ:

— Ես քեզ մոտ կգամ շաբաթ օրը, կես գիշերից առաջ, — ասաց Կարոն: — Հասա թե չէ՝ ճանապարհ ենք ընկնելու:

— Տանը պատրաստ կսպասեմ:

— Ես տուն չեմ մտնի: Հիմա էլ տուն չեմ գա, — զգուշացրեց Մորուքը, — իրար կհանդիպենք այս աղբյուրի մոտ:

Ջնգլիկ Պետոն ուտելիք բերեց: Կարոն իջավ ձիուց և ատրճանակը քաշելով պարպեց բացօթյա սեղանի առաջ: Մի ձեռքով հաց էր ուտում, մյուսով ձիու սանձը և ատրճանակը պահում:

— Ատրճանակը տեղը դիր և հացդ կեր, — նեղացավ Ջընգլիկ Պետոն: — Մենք եղբայրներ ենք:

— Իմ եղբայրը իմ զենքն է, — ասաց Կարոն և վերջին պատառը արագ ծամելով թռավ ձիու մեջքին:

Երեկոյան Պետոն կնոջը առանձին կանչելով պատվիրեց շտապ երկու զույգ գուլպա գործել:

Կինը ուզեց իմանալ, թե երկրորդ զույգը ու՞մ համար է:

— Քո գործը չէ: Կգործես սև թելից: Շաբաթ օրը պատրաստ լինի, — ապսպրեց Ջնգլիկ Պետոն:

Հինգ օր շարունակ Արևիկը գուլպա գործեց: Ցերեկները կանգնում էր գյուղից դուրս և սև բրդից թել էր մանում, իսկ գիշերները դրանից գուլպա էր գործում թախտին նստած:

Մորուքը եկավ ճիշտ ժամանակին, շաբաթ օրը, կեսօրից առաջ: Եկել էր ոտքով: Ձին տարել էր սար և թողել իր ծանոթ եզդիներից մեկի մոտ:

Պետոն նրան դիմավորեց պայմանավորված վայրում, աղբյուրի

մոտ: Պետոն հետը վերցրել էր մի կապոց ուտելիք և երկու ձեռք տաք գուլպա, մեկը իր համար, մյուսը՝ Մորուքի:

Կռացան խմեցին աղբյուրի ջրից և ձեռնափայտերը վերցնելով պատրաստվեցին մեկնել:

Լուսնի բացակայությունից օգտվելով լուսաստղը պայծառ շողշողում էր իրենց գլխավերևում: Արնիկը ձեռները ծալած, տխուր մոտեցավ նրանց, չհամարձակվելով առաջինը խոսել:

— Դե, կին, քեզ քաջի պես պահիր, ինչպես վայել է ֆիդայու կնոջը, — ասաց Ջնգլիկ Պետոն ձեռնափայտը թևատակից գետնին իջեցնելով: — Մեր գնալու մասին ոչ ոք չըգիտի քեզանից բացի:

— Գոնե ձեր պայմանն ասեք, որ իմանամ ո՞ղջ եք, թե մեռած, — հարցրեց Արնիկը:

— Մեր պայմանը երեք օր է: Էսօր շաբաթ է, վաղը՝ կիրակի: Մյուս օրը՝ երկուշաբթի: Էս երեք օրվա մեջ ամեն երեկո, երբ արևը մայր կմտնի, կգաս կկանգնես էս մեր կանգնած տեղը և կնայես դեպի Մեծ Մասիս: Եթե Մասիսի ստորոտում Ակոռի գյուղի մոտ կամ ս. Հակոբա աղբյուրի տակ կրակ երևաց, ուրեմն իմացիր, որ մենք անփորձանք անցել ենք Արաքսը, թե չերևաց, կնշանակի բռնված ենք, կամ զարկված: Մեր ազգ ու տոհմին ու հարևաններին մեր գնալու մասին կհայտնես միայն այն ժամանակ, երբ Մասիսի վրա ծուխ տեսնես:

Արնիկը աղբյուրի մոտ կանգնած երկար նայեց նրանց ետևից, մինչև որ երկու հայդուկները անհետացան մոտակա քարափների թիկունքում: Նա վերադարձավ տուն այն երջանիկ անհանգստությամբ, ասես թե իր ամուսինը հերթական ճակատամարտի էր գնում և շուտով կվերադառնա Մորուք Կարոյի հետ, կամ թե կապանվի մարտի դաշտում:

Հայդուկները գիշերով իջան դեպի Մեծամոր լիճը և մոտենալով Արաքս գետին, զգուշությամբ շարժվեցին դեպի Մարգարայի կամուրջը:

Արարատյան դաշտավայրի այդ մասը ծանոթ էր իրենց: 1918 թվականի մայիսին Իգդիրից իջնելով նրանք Մարգարայի կամուրջով շարժվել էին դեպի Մեծամոր և Արաքսի սարահարթը բարձրանալով գրոհել էին Թալինի բերդի վրա:

Իսկ ինչ էր Մարգարայի կամուրջը իր աշնանային կիսացամաք գետով այն հորդացած գետերի համեմատությամբ, որ նրանք բազմիցս կտրել-անցել էին իրենց երիտասարդ տարիներին:

Մորուք Կարոն և Ջնգլիկ Պետոն մի ամբողջ օր անցկացրին Արաքսի ձախափնյա եղեգնուտներում, մոտիկից զննելով գետի ծանծաղուտները: Կարոն ասաց, որ այդ տեղերով տարիներ առաջ անցել են իրենք և ծանոթ են ամեն մի թփին:

Երկրորդ օրը նրանք կամուրջի կողքով մտան գետը և հաջողությամբ հասան մյուս ափը: Նստեցին ափին և եղեգների հետևում թաքնվելով փոխեցին իրենց թրջված գուլպաները: Արնիկի գործած գուլպաներից մի զույգը Մորուք Կարոն հագավ, մյուսը՝ Ջնգլիկ Պետոն: Ապա հաց կերան և իրենց ձեռնափայտերն առնելով ելան ճամփա:

Ետևում Արաքսն էր, իսկ առջևում՝ Մասիս սարը: Երբ բավական հեռացել էին գետաբերանից, գլուխները հանեցին ու ետ դառնալով թափահարեցին դեպի Արագած:

Երկրորդ օրվա իրիկնադեմին Արևիկը եկավ նշանակված վայրը և նայեց դեպի Մասիս: Ուղիղ Մեծ Մասիսի ոտքերի մոտ նա մի բարակ ծուխ նկատեց: Կարծես մշուշ լիներ: Աչքերին չհավատաց: Աղբյուրից հեռանալով կանգնեց մի քարաժայռի և աչքերը տրորելով նորից նայեց: Գնալով այդ ծուխը մեծացավ և խարույկի քարերը լիզելով տարածվեց լեռան լանջն ի վեր: Ծխի միջից կարմիր բոցեր երևացին:

— Անցել են, — ուրախացած մրմնջաց Արևիկը երեսը խաչակնքելով: Ինքն էլ չնկատեց, թե ինչպես իր շուրջը մարդիկ հավաքվեցին: Բոլորի աչքը Մեծ սարի վրա էր:

— Անցել են, — այս անգամ բարձրաձայն գոչեց Արևիկը, ցույց տալով Մեծ Մասիսի ստորոտում երևացող կարմիր ծուխը:

— Ա՜յ, ա՜յ, նստած են կրակի մոտ և իրենց գուլպաներն են չորացնում: Տեսե՛ք, մեկը կանգնեց և դեպի մեզ է նայում, — ոգևորված շարունակեց Արևիկը առանց աչքը Մասիսներից հեռացնելու:

— Ովքե՞ր են, — հարցրեց մի գյուղացի:

— Մորուք Կարոն և Ջնգլիկ Պետոն:

— Ես չեմ տեսնում: — Ես էլ չեմ տեսնում, — հնչեց մի երկրորդ ձայն:

— Էստեղից էնտեղ մարդ չի տեսնվի, Արևիկ, — նկատեց մի հովիվ աղբյուրին մոտենալով»

— Իսկ ծուխը տեսնու՞մ եք:

— Ծուխը տեսնում ենք, — հաստատեցին բոլորը:

— Բա էն Կարոն չի՞ կրակի մոտ նստած: Էն կանգնածն էլ Ջնգլիկ Պետոն չի՞:

Ու բոլորը լարված հետաքրքրությամբ շարունակում էին նայել դեպի Մասիսները: Ամենից ակնապիշ նայողը Արևիկն էր: Այնպես էր կլանված, որ նրան թվում էր, թե ինքը իս՛կապես երկու մարդ է տեսնում Մասիսի ստորոտում: Մեկը կրակի մոտ մի քարի նստած իր գուլպաներն է չորացնում, իսկ մյուսը կանգնած նայում է դեպի իրենց գյուղի կողմը:

— Տեսե՛ք, Պետոն կրակի մոտից շարժվեց դեպի ս. Հակոբա աղբյուրը, — բացականչեց մաղդեցի կինը: — Մորուքն էլ տեղից ելավ:

— Աղջի, ո՞րն է Պետոն, — հարցրեց բարակ ձայնով մի կին:

— Չե՞ս տեսնում, — գրեթե ինքնամոռաց գոչեց Արևիկը, —

Ա՜յ, տես, չոքեց աղբյուրին և ջուր է խմում:

— Ֆիդայու համար աշխարհը նեղ է, — բացատրեց մի ծեր սասունցի: — Նրանք գնացին իրենց աստծո ետևից:

Շուտով ամբողջ գյուղում տարածվեց, որ Ջնգլիկ Պետոն և Մորուք Կարապետը Մարգարայի կարմուրջի մոտով փախել են դեպի Պարսկաստան՝ Ջելիմ խանի ապստամբներին միանալու:

Այդ նույն միջոցին նորակազմ կոլտնտեսության գրասենյակում

ծայր էր առնում տագնապալի մի լուր, որ Մորուք Կարոն և Ջնգլիկ Պետոն Արաքսին մոտենալիս խփվել են սահմանապահների կողմից և նրանց դիակները սայլերին դրած շուտով բերելու են Թալին և ցուցադրելու են ժողովրդի առաջ իբրև դավաճանների:

— Չեն սպանվել, գետն անցնելիս խեղդվել են, — ուղղեց գյուղի փոստատարը զրասենյակ մտնելով:

Մեկ–երկու տարեց սասունցի անկարելի համարեցին խեղդվելը, պատճառաբանելով, թե Արաքսի ջուրը էգ է: Մի քանիսն էլ պնդեցին, թե որձ է, որովհետև Բինգյոլի սարերից է գալիս, հնարավոր է, որ խեղդված լինեն:

Երբ Արնիկն իմացավ այդ լուրը, հանգիստ պատասխանեց.

— Թող նրանք էդպես խոսեն, ես իմ Մասիսի ծխին կհավատամ:

Եվ իսկապես, եթե որևէ ճանապարհորդ այդ պահին անցնելիս լիներ Մասիսի լանջերով, նա անպայման կնկատեր, թե ինչպես երկու ուղևոր մի մեծ կրակի մոտից ելնելով, այդ լեռան ստորոտով շարժվում էին դեպի Պարսկաստան:

Եվ Արնիկն իրավունք ուներ Մասիսի ծխին հավատալու:

ԽՍՐՈ ԵՎ ԱԴԱՄ

«Եկանք ու գնացինք... »

Մորուք Կարոյի և Պետոյի փախուստից հետո Փեթարա Խսրոյի վիճակը ծանրացավ:

Խսրոն ապրում էր Թալինի գավառամասի Կաթնաղբյուր գյուղում: Արագածի ցածրադիր լանջին շինված այդ ավանը իր դիրքով բավական հիշեցնում էր իր հայրենի Փլթար գյուղը և Խսրոն այդ վայրն էր ընտրել նոր բնակության համար: Նա այդ գյուղն եկավ մազե սև արան հաղին, հնամաշ խուրջինը ձիու թամբին կապած:

Ձին ծախեց ու երկու լուծ եզ գնեց վերադիր վճարով: Քանդեց իր գոտին ու մի քանի այծ ու ոչխար առավ: Հրացանն էլ հանձնեց Թալինի հեղկոմին:

Ռանչպար էր Խսրոն ու նորից կպավ իր լուծ ու մաճին: Սկսեց հայրենի հողը հերկել և որքան հերկեց, այնքան հողը քաղցրացավ:

Համատարածի շրջանում կուլակները կատաղի պայքար ծավալեցին կոլտնտեսային շարժման դեմ, ձախողում էին պետական մթերումների գործը, հրդեհում, ոչնչացնում էին հանրային նորաստեղծ տնտեսությունների ունեցվածքը, կոտորում էին անասուններին: Պահանջվեց կուլակությունը վերացնել որպես դասակարգ:

Ինչպես ամբողջ երկրում, այնպես էլ Թալինի գավառամասում նրանց կուլակաթափ էին անում և արտաքսում գյուղերից: Դիմադրողները խստորեն պատժվում էին: Գյուղում պակասեց հացը, արոտավայրերում նվազեցին ոչխարն ու այծը ու ծայր առավ ամեն տեսակ հերյուրանք սոցիալիզմի դեմ:

— Վա՜յ թե ժամանակ գա, որ գյուղը այծ մտնի, ժողովուրդը թողնի փախչի, չիմանալով, թե դա ինչ կենդանի է, կանխատեսում էին մարդիկ գյուղի ապազան, իրենց դրության ներկա վիճակից ելնելով: Ոմանք նույնիսկ սով էին գուշակում ոչ միայն Թալինի, այլև ամբողջ աշխարհի համար:

Ի՜նչ սարսափելի բան է, իսկապես: Անցել են շատ տարիներ և սարից մի այծ է երևացել գյուղի մեջ, և մարդիկ խուճապահար փախչում են տներից, չճանաչելով իրենց դարավոր բարեկամին, կարծելով, թե գազան է:

Իսկ սո՜վը:

Կուլակները տարածեցին, թե Կամե Գասպարը իրենց տանիքի վրա կորեկ է ցանել, իսկ դեղնած ականջներով Շմոն կերել իր մոտ պահած ուրարտական ցորենի վերջին սերմացուն:

Որ Կուրավա Շմոն իսկապես կերել էր այդ սերմացուն, այդ փաստ էր: Հուսահատվելով, որ արդարության աքաղաղը չի երևալու աշխարհի տանիքին, որ այլևս ինքը Մշո դաշտ չի գնալու և տանն էլ հաց չկա, գիշերով խաշել էր և տվել երեխաներին:

Ու լուրը գավառամասում բերնե-բերան էր անցել. — Կուրավա Շմոն հուսահատությունից կերել է Սասունից բերած ուրարտական սերմացուն, որը եթե ցանվեր ու բազմանար, Սովետական Հայաստանը կլցվեր հացով: Տարածել էին նաև, որ Աշտարակի շրջանում էլ անհետացել է Եղվարդի հռչակավոր ցորենը: Ասում էին, թե այդ գյուղի կոլխոզի նախագահն է կերել: Ու վերջ:

— Սարերում այծ ու ուլ չի մնացել, Շմոն էլ կերել է վերջին սերմացուն, էլ ինչո՞վ պիտի ապրենք:

Ու այդ տխուր հեռանկարից վախեցած՝ եղան մարդիկ, որ մտածեցին Արաքսի կամուրջն անցնել: Որտեղ Մորուք Կարոն և Պետոն են, այնտեղ էլ իրենք կլինեն: Մի՞թե իրենք չեն կարող նրանց նման մի մեծ խարույկ վառել Մասյաց լանջերին կամ... չվառել, ինչ կա որ, և կամ գնալ միանալ Շեյխ Ջիլանի ապստամբներին, գոնե առմիշտ վերջ կտրվի իրենց տագնապալի կացությանը:

Բոլորովին այլ կերպ էր դատում Փեթարա Իսրոն: նա մեկն էր սասունցի այն շինականներից, որ ամուր կպած էր իր նոր հողակտորին, և թեև դեմ էր բռնի միջոցներով գյուղի կոլեկտիվացմանը, սակայն ամենևին չէր մտածում փախչելու մասին: Ինչպես կարելի է հայրենի հողը լքել, Հայաստանը դատարկել իր հողագործներից: Թեկուզ մի հատիկ ու մնա բովանդակ գավառամասում, Փեթարա Իսրոն ձեռք չի բարձրացնի հայրենիքի վրա։ Այն մարդը, որ սար ու ձոր ընկած խուրջիններով մանուկներ էր հավաքում ամայացած երկիրը վերակենդանացնելու, ինչպե՞ս կարող էր դեմ չլինել այդ ազգադավ մտածումներին։ Հարկավոր է մնալ այս հողի վրա, աճել, բազմանալ ու Հայաստանը լցնել։ Հին հայդուկ Իսրոն խանդավառված էր Սովետական Հայաստանի գոյությամբ և հավատով էր նայում նրա ապագային։ Եվ նա գյուղից-գյուղ անցնելով քարոզում էր, որ ոչ մի սասունցի և մշեցի հողագործ չհետևի Մորուք Կարոյի և Արծիվ Պետոյի օրինակին։

Այդ գործում նրան մեծապես օգնում էին Տեր–Քաջի Ադամը, ծերունի Մոսե Իմոն, Կուրավա Բարսեղը, Առղա Զորիկը, Չոլոն, Սեմալցի Քոթան Գալուստը իր չորս ռանչպար եղբայրներով և բազմաթիվ ուրիշ լեռնցի հողագործներ։ Սակայն դժվար էր այդ ամենն անելը։

Կոլտնտեսության շարժման առաջին հաջողություններով արբեցած մի շարք շրջանային ղեկավարներ տեղերում թույլ էին տվել կոպիտ խախտումներ։ Հայաստանի լեռնային որոշ շրջաններում կոլտնտեսություններ կազմակերպելիս խախտվել էր կամավորական լենինյան սկզբունքը։ Կուլակ էին համարվել նաև շատ միջակ գյուղացիներ։ Այդ սխալներն ու Հեղումները օգտագործելով, դասակարգային թշնամին մի քանի գավառներում զինված պայքարի էր ելել Սովետական իշխանության դեմ։

Կուսակցության գլխավոր գծի դեմ հանդես էին եկել նաև «աջ» օպորտունիստները։ Նրանք մերժում էին կուլակների դեմ մղվող պայքարը, հովանավորում էին կուլակային ուռճացած տնտեսություններին և ձգտում էին համաձայնության գալ։ «Աջերը» թերագնահատում էին կուլակային վըտանգը և դեմ էին կոլտնտեսությունների և սովխոզների կազմակերպմանը։

Փեթարա Իսրոն և Տեր–Քաջի Ադամը բողոքել էին կամավորական սկզբունքի խախտման դեմ և հրաժարվել էին կոլխոզ մտնելուց։ Այդ բավական էր, որ նրանք համարվեին համատարածի թշնամի «աջերի» և կուլակության համախոհ։

Այդ օրերին մեծ փորձանք էր պայթել Էջմիածնի միլպետ իգդիրցի Վաչագանի գլխին։ նրան վտարել էին կուսակցությունից և դատի տվել դասակարգային թշնամու նկատմամբ անհոգություն ցուցաբերելու մեղադրանքով։ Ինչ–ինչ ճանապարհով իմացել էին, որ Մորուք Կարոն նախքան Պարսկաստան փախչելը, մի ամբողջ գիշեր թաքնված է եղել նրա ծոցում։ Հետազոտել էին Կարոյի ապրած բոլոր քարայրները և այն ճանապարհները, որոնցով անցել էր նա։ Հայտնի էր դարձել, որ ջրվոր Ֆադեն, փոխանակ Մորուքին բռնելու, գիշերով եկել էր գյուղ և սար էր տարել նրա հագուստն ու զենքը, որ Մորուքը սարում հանդիպում է ունեցել մի կասկածելի կնոջ և ծերունու հետ, որոնք իրենց մեջքի գոտին քանդելով, սանձ էին շինել նրա ձիու համար և հետևյալ օրը գնացել և ավարտել էին նրա հունձքը։ Այդ կապակցությամբ կասկածի տակ էին առնվել Փեթարա Իսրոն և Տեր Քաջի Աղամը։ Շշուկներ էին շրջում, թե նրանք նույնպես փորձ են արել արտասահման անցնելու և քրդական ապստամբներին միանալու. որ իբրև թե Աղամին և Փեթարա Իսրոյին տեսել են Մորուքի և Ջնգլիկ Պետոյի հետ Մարգարայի կամուրջի ուղղությամբ։ Վերջին երկուսին հաջողվել է սահմանն անցնել, իսկ Փեթարա Իսրոն և Տեր Քաջի Աղամը իբրև թե կես ճանապարհից զինված վերադարձել են իրենց տեղերը և ծածուկ պատրաստություն են տեսնում մեծ խմբով Պարսկաստան անցնելու։

Նույնիսկ իրենց գավառամասում համատարածի օրերին զգացվող հացի թանկության և կաթնամթերքի պակասի ամբողջ մեղքը բարդեցին այդ երկուսի վրա։ Տարածեցին, որ իբրև թե նրանք են խորհուրդ տվել Կուրավա Շմոյին՝ թե կե՛ր, Շմո, քո պահած ազնվական ցորենի սերմը, որ Սասունից դժվարությամբ բերված այդ սերմացուն չընկնի կոլխոզի ձեռքը։ Եվ, իբրև թե, ուրարտական ցորենի այդ ընտիր տեսակը, որից ընդամենը կես պարկ էր մնացել, աշխարհում ընդմիշտ կորավ այդ երկու հայդուկների պատճառով։ Այնքան հետապնդեցին, որ այդ անգրագետ մենատնտես շինականները լքեցին իրենց տունն ու տեղը և դարձան փախստական։ Մի–մի զենք գտան ինքնապաշտպանության համար և մտան Չաթին–Դաղի ձորը։ Եվ, քանի որ այդ տարիներին Արագածի վրա բանդիտներ էին երևացել, սրանց էլ համարեցին բանդիտ և գավառամասի ակտիվին մոբիլիզացնելով շարժվեցին սրանց վրա։

Դավթաշեն գյուղի մոտ, ձորի մեջ մի հսկա քարաժայռ կար։ Սեպտեմբերյան վաղ մի առավոտ Տեր Քաջի Աղամը կիսահարբած քնած էր քարայրում, իսկ Փեթարա Իսրոն ժայռին նստած հսկում էր Չաթին–Դաղին։

Ձորի մեջ գլուխները երևացին։ Առջևից, կուզեկուզ գալիս էին երեք հոգի։ Մեկը Եզնիկ գյուղի նախագահն էր։

— Աղամ, վեր կաց, պաշարված ենք, — գոչեց Փեթարա Իսրոն՝ արագորեն դիրք բռնելով ժայռի ետևում։

— Բանդիտ սրիկա, այդ դու՞ էիր պատրաստվում մեծ խմբով Շեյխ Ջիլանի մոտ փախչելու, — ասաց Եզնիկ գյուղի նախագահը։ Ընկեր պետ, — շուռ եկավ նա դեպի կողքի կապտերիզ գլխարկով և դեզին ճարմանդներով տղամարդը, — սրանք են պատճառը, որ մեր գավառամասում հացն ու կաթնամթերքը պակասել է։ Սրանք են քարոզում, որ շուտով սով է լինելու աշխարհում, — շարունակեց նա, առաջինը կրակի ազդանշան տալով։

Իսրոն կրակում էր օդի մեջ, չկամենալով որևէ մեկին սպանել, որովհետև բոլորն էլ հայեր էին, ոմանք միգուցե իր փրկածներից։ Կրակոցները արթնացրին Տեր Քաջի Աղամին և նա թաքստոցից դուրս նետվելով, դիրք բռնեց Իսրոյի կողքին։

— Գրոհ բանդիտների վրա, մահ կոլտնտեսային կարգի թշնամիներին, — հրամայեց գավառամասի լիազորը և ձեռքով արեց, որ միահամուռ համազարկ տրվի։

Ժայռը փշուր-փշուր եղավ: Փեթարա Իսրոն փորձեց մի ուրիշ հարմար դիրք գրավել, բայց գլխից խոցված մեջքի վրա տապալվեց գետնին: Եզնիկի նախազահը առաջինը վազելով ցատկեց նրա մարմնի մոտ...

Այդպես մեռավ հողագործ Իսրոն:

Ադամը նույնպես սպանվեց:

Փեթարա Իսրոյի և Ադամի դիակները հարազատները գիշերով ամփոփեցին Դավթաշեն գյուղի հեռավոր ձորալանջին, մի սիզավետ բարձունքի վրա:

Երկու հայդուկների գերեզմանին հետևյալ օրը երևաց մի խորհրդավոր գրություն. «Եկանք ու գնացինք...»:

ԿԻՆԸ ՉՀԱՍՑՐԵՑ ՏԱՔԴԵՂ ԲԵՐԵԼ

Չոլոն Ոսկեթաս գյուղի մի անշուք խրճիթում նստած իր խուրջինն էր կարում: Կարում էր հաստ մախաթով: Ավարտելուց հետո խուրջինը թափ տվեց և մի քանի իրեր փաթաթելով դրեց մեջը: Ապա շինեց մի գլանակ և թամբաձև աթոռը առաջ քաշելով, նստեց և սկսեց հանգիստ ծխել:

Նա արդեն նորոգել էր իր ոտնամանը և, չնայած որ ամառ էր, բրդյա տաք գուլպաներ էր հագել: Խուրջինի մեջ դրել էր նաև մի նախշուն ելեկ, մի քանի կոճի թել, մի հերոն, երկու–երեք կտոր օձառ, ծխախոտ և թիթեղյա մի բաժակ: Հացն էր պակաս, այն էլ շուտով պատրաստ կլիներ: Կնոջն ուղարկել էր այլուրի ետևից:

Չոլոն ճանապարհներին մեծացած մարդ էր, ուստի կարևոր համարեց ստուգել նաև իր ձեռնափայտը: Ելավ տեղից, անկյունից վերցրեց ճոկանը, մի քանի անգամ դրեց անրակի տակ և ամբողջ մարմնով ընկավ վրան, շուռումուռ տվեց և երբ համոզվեց, որ դիմացկուն է, դրեց խուրջինի վրա, պատի տակ: Այնուհետև կարգի բերեց իր գլխարկը, մեջքի գոտին:

Հագին բամբակյա մի հին տաքնոց կար. ստուգեց կոճակները: Ամեն ինչ տեղն էր:

Ներս մտավ Ցաղիգամը, Չոլոյի կինը, մի ծածկված տաշտակ թևի տակ:

— Դե, շուտ արա հացը թխիր, — դիմեց նա կնոջը այնպիսի եղանակով, որով սովորաբար դիմում են երկար ճանապարհի գնացողները: — Ինչքա՞ն այլուր տվին:

— Կոլխոզը այյուր չունի: Բարսեղի տնից բերեցի:

— Դե, թոնիրը վառիր: Մի քանի հատ էլ ձու կխաշես:

— Ի՞նչ է եղել, Չոլո, էս ի՞նչ պատրաստություն է, — ասաց Ցաղիգամը տաշտակով ալյուրը իջեցնելով խուրջինի կողքին:

Ցաղիգամը մշեցի աղջիկ էր, որի հետ Չոլոն ամուսնացել էր Թալինի բերդը գրավելուց հետո:

1926–ին Չոլոն հինգ տարով ուղարկվել էր Տաշքենդ: Այնտեղ նա զբաղվել էր կոշկակարությամբ, մի քանի ամիս էլ վարսավիր էր եղել: Վերադարձից հետո դարձել էր հնակարկատ և գյուղացիների կոշիկներն էր նորոգում:

1934–ին ընդունվեց կոլտնտեսության մեջ: Երրորդ տարին էր, որ նրա խնամքին էր հանձնված անասունը: Ամեն առավոտ Չոլոն եզներին քշում էր արոտ, արոտից կալ, կալից դարձյալ արոտ: Ժամանակին կերակրում, ջրում էր եզներին, մաքրում էր նրանց ախոռը և ուշ գիշերով վերադառնում էր տուն: Չոլոն արդու հարվածային եզնարածի անուն էր վաստակել և համարվում էր շրջանի լավագույն անասնապահներից մեկը: Այնքան նվիրված աշխատող էր, որ երբեմն լուսացնում էր եզների կողքին»

Բայց ահա դրանից մի օր առաջ Չոլոյին ազատել էին աշխատանքից: Կինը չէր իմանում այդ մասին: Պատճառաբանել էին, թե Չոլոն կոլխոզի եզներին ծեծում է: Կանչել էին գրասենյակ և ուղղակի ասել. «Վաղվանից էլ եզնարած չես», ու գործը հանձնել էին մեկ ուրիշի:

Չոլոն կյանքի անցուդարձը հասկացող մարդ էր և գիտեր, թե ինչը ինչոց է: Մորուք Կարոն և Ջնգլիկ Պետոն անցել էին Պարսկաստան: Փեթարա Իսրոն և Տեր Քաջի Ադամը հանգչում էին Դավթաշեն գյուղի ձորալանջին: Մորուք Կարոյի կնոջը և երեխաներին արտաքսել էին գյուղբից: Օհանի որդիներից մեկին, որին Մարթան բերել էր իրենց տուն որպես տղա ժառանգ, Մորուքի պատճառով հանել էին դպրոցից և նա գյուղից անհայտանալով, սկսել էր ապրել ուրիշ անվան տակ:

Տագնապի մեջ էին նաև հին ֆիդայիներ ձիապան Բարսեղը և Առղա Զորիկը:

Չոլոն զգում էր, որ իրեն կձերբակալեն, և կձերբակալեն հենց այդ գիշերը: Ահա թե ինչու նախապես կարգի էր բերել խուրջինը և ամեն րոպե սպասում էր, թե ուր որ է կգան իր ետևից:

Գաղտնապահ մարդ էր Չոլոն: Ֆիդայական կյանքը նրան վարժեցրել էր ծածկամտության: Այդ էր պատճառը, որ նա չէր ուզում կնոջը բան ասել, սակայն կինը զգում էր, որ Չոլոն մի կարևոր ճամփորդություն ունի կատարելու:

Մի բան մխիթարական էր, որ Չոլոն արդեն պսակել էր իր աղջկան: Մնացել էին ինքը, Ցաղիգամը և փոքրիկ Սարհատը՝ որդին:

Թեպետ ուշ էր, բայց Ցաղիգամը թոնիրը վառեց: Իրիկնադեմին հացը պատրաստ էր: Կինը ամուսնու համար թխել էր նաև մի քանի գաթա:

— Գաթաները դիր խուրջինը, իսկ ձվերը փաթաթիր լավաշի մեջ: Աղը չմոռանաս: — Ցաղիգամը լռելյայն կատարեց ամուսնու պատվերը: «Ուրեմն բարի ճամփա է գնալու» — մտածեց կինը և մի ուրախ շող անցավ նրա տխրամած դեմքով:

— Տանը սխտոր կա՞, — հանկարծ հարցրեց Չոլոն:

— Կճարվի, — ասաց կինը:

— Մի քանի պճեղ սխտոր դիր, մի քիչ էլ տաքդեղ:

— Սխտորն ի՞նչի համար է, — մռայլվեց կինը:

— Քեզ ասում եմ՝ դի՛ր:

Ցաղիգամը բերեց սխտորը և շտապեց տաքդեղի ետևից: Չոլոն սխտորը թղթի մեջ փաթաթելով կոխեց տաքնոցի գրպանը: Նա նորից վերցրեց ձեռնափայտը և շուռ ու մուռ տվեց: Ծայրը քիչ մաշված էր: Մի անգամ էլ հենվեց վրան ամբողջ մարմնով կամենալով փորձել ամրությունը, երբ դուռը բացվեց և միազամից ներս մտան հինգ զինված տղամարդ:

Չոլոն խուրջինը շալակած դուրս եկավ:

Կինը չհասցրեց տաքդեղ բերել:

Ճանապարհին իմանալով պատահածի մասին, Ցաղիգամը լալահառաչ վազեց գյուղսովետի և կոլխոզի գրասենյակ հայտնելու, թե եկել են Չոլոյին տանելու՝ օգնության հասնեն: Գրասենյակից հուսահատ դուրս եկավ և վազեց ձիապան Բարսեղի տուն: Այս հին հայդուկը Չոլոյի մերձավոր բարեկամն էր: Այդ օրվա մի տաշտակ ալյուրը Ցաղիգամը փոխարինաբար վերցրել էր Բարսեղի տնից: Այդ տանն էր գտնվում նաև Չոլոյի մանուկ Սարհատը:

Մինչ Ցաղիգամը կվերադառնար Բարսեղի և իր որդու հետ, իրենց դռան վրա մի սև ծանր կողպեք էր դրված՝ կնիքը վրան:

— Վա՜յ, անխիղճնե՛ր, Չոլոյիս տարան: Գոնե թողնեին վերջին անգամ իր որդի Սարհատին տեսներ, — ծղրտած Ցաղիգամը՝ անզորությամբ կախվելով երկաթե փականից:

ՉՈԼՈՅԻ ՎԵՐՋԻՆ ՕՐԵՐԸ

Չոլոյին գիշերով ուղիղ Վերին Թալին տարան: Շրջկենտրոնի գրեթե բոլոր ղեկավար աշխատողները ճանաչում էին նրան, ոմանք ի պաշտոնե, իսկ ոմանք էլ պարզապես լսել էին, որ այդպիսի մի հին ֆիդայի է ապրում իրենց գավառամասում:

Երբ Չոլոն ներս մտավ, գավառամասի լիազորը զգաստ կանգնած էր իր գրասեղանի առաջ, ձախ բռունցքը գրասեղանի անկյունին սեղմած, աջ ձեռքի մատները խրած գորշ կանաչավուն վերնաշապիկի տակ, մազոտ բթամատը վերևից խաղացնելով պղնձյա դեղին ճարմանդների հետ: Մաուզերի կոթը ուռուցիկ գալիֆեի վրայով կախվել էր մինչև ճտավոր սապոգի ծայրը: Հայացքը խիստ էր և հոնքերի թուխպը շատ: Կապտերիզ գլխարկը, պսպղուն ուսադիրները և կաշվե լայնեզր գոտու վրայով կրծքի և մեջքի կողմից թեքությամբ իջնող փոկերը ավելի դաժան երևույթ էին տալիս նրա պաշտոնական կեցվածքին:

— Խեր լինի, էս գիշերով ինչու՞ էիր էդքան զորք ուղարկել իմ ետևից, Հեռախոսով կանչեիր՝ կգայի, բրաո, — ասաց Չոլոն մտերմական շեշտ տալով իր խոսքին և խուրջինը ձեռնափայտի հետ շալակից իջեցնելով:

— Երևի գործ կա, որ քո կարիքը գիշերով զգացի: Կանչել եմ, որ քեզ մկրտեմ:

— Անունդ Մկրտիչ է, իրավունք ունես: Է՜, մկրտիր տեսնենք: Ես արդեն մի անգամ մկրտվել եմ Տաշքենդի ավազներում: Մեկ անգամ էլ թող քո ձեռքով մտնեմ Հորդանան:

— Բայց էս մկրտությունը ծանր է լինելու, իմացիր:

— Մկրտիչ, դուրբան, — դարձյալ նույն մտերմական շեշտով շարունակեց Չոլոն, — ես գիտեմ, որ դու չես ուզում ինձ կալանավորեր Մի ասա տեսնենք, թե ես ի՞նչ մեղք եմ գործել հայի կամ ռուսի դեմ:

— Հայի կամ ռուսի դեմ մեղք չես գործել, բայց կոմունիզմի դեմ գործել ես:

— Զորօրինակ ի՞նչ եմ արել, — ասաց Չոլոն նստելով մի խարխլված աթոռի և խուրջինը կողքին քաշելով:

— Դու ծեծել ես կոլխոզի եզներին:

— Իմ միտ չի գա, էդ ես ե՞րբ դարձա եզ ծեծող: Կամ ո՞վ է տեսել, որ ծեծել եմ: Չէ որ ես գյուղացի եմ, իսկ լծկանը գյուղացու ախպերն է:

— Դու գյուղացի չես: Դու ժողովրդի թշնամի ես:

— Ես քառասուն տարի ժողովրդի համար եմ կռվել, հիմա ես դարձա ժողովրդի թշնամի, դուք՝ բարեկա՞մ: Մեր կռիվը ու՞մ դեմ էր, դուրբան, բեկերի ու աղաների դեմ: Խենչալը զարկել էին Հայաստանի մեջքին, ուզում էիք» որ մենք ձեռքներս ծալած նստե՞ինք: — Չոլոն աթոռը ավելի մոտ քաշեց, արմ ունկները դնելով ուղղակի պետի գրասեղանին: — Բա Փեթարա Իսրոն ժողովրդի թշնամի՞ էր: Խեղճը խուրջինը մեջքը զցած որբ երեխաներ էր հավաքում ավերակներից, որ շիթիլ աներ Հայաստանի համար: Վերջին որբին խաղ ասելով էր առել մի քրդի ձեռքից: Բա Մորուք Կարոն ժողովրդի թշնամի՞ էր, որ խեղճին ուզեցիք բռնել, թողեց փախավ Շեյխ Զիլանի ապստամբների մոտ: Ոչ էլ Արծիվ Պետոն էր թշնամի: Հիմա էլ ընկել եք իմ ետևից: Ես արդեն, մի քանի անգամ ջուրն եմ ընկել և ձեր հեղեղից վախեցողը չեմ, բրաո: Չոլոն կոլխոզի եզներին է ծեծել: Ո՞վ կհավատա էդ պոչավոր ստին, — ցավալի շեշտով բացականչեց սասունցին և խնդրեց, որ իրեն թույլ տրվի մի գլանակ փաթաթել:

— Մի հատի իրավունք կտամ: Ուրեմն ժխտու՞մ ես քո հանցանքը:

— Իմ պահած լծկանը միշտ կուշտ է եղել, բրատ: Եվ եթե մեկ–երկու թեթև հարված եմ տվել, չի նշանակում, թե եզապահ Չոլոն լծկան ծեծող է: Եզներին ծեծելը մահանա է, դուրբան: Ձեր միտքը ինձ բռնելն էր ու բռնեցիք:

— Ավելորդ մի խոսիր, բաց արա խուրջինդ, — հրամայեց պետը:

Չոլոն ուսապարկը կողքից վերցնելով դրեց պետի առաջ:

— Մեջը զենք չկա՞:

— Մի հերոն կար՝ արդեն հանեցին:

— Իսկ էս ի՞նչ բան է, բոլորովին նման չէ մեր երկրի ապրանքին, — ասաց Սև–Մկրտիչը շորերի կապոցից դուրս քաշելով արծաթյա կոճակներով մի ելեկ, որ բավական մաշված էր:

— Ի՞նչ անեմ, ախպեր, քուրդն ասում է՝ սոխը ինչքան կճպես, էնքան կճեպ կտա: Սա Ջեմիլի նվերն է:

— Ջեմիլն ո՞վ է,

— Խութա քուրդ ցեղապետի կինն էր:

— Վրան սիրահարվա՞ծ ես եղել:

— Նա էր մեզ վրա սիրահարված, բայց մենք կյանքը մոռացած տարվեցինք ազգի ու հայրենիքի փրկության գործով: Մոռացանք թե՛ սեր, թե՛ ընտանիք և թե՝ ուրախություն: Ամեն բան տվինք ազգին ու հիմա տակը ի՞նչ մնաց. մի բուռ խաշած ձավար:

Չոլոն ելեկը դրեց խուրջինը և զգաց, որ իրեն վերադարձ չկա դեպի գյուղ:

Սև–Մկրտիչը սեղմեց ինչ–որ կոճակ: ներս մտան երկու աշխատակից:

— Շտապ հասցրեք քաղաք: Չոլոն խուրջինը շալակեց.

— Ես կերթամ, բայց աշխարհը էսպես չի՛ մնա, դուրբան, — ասաց նա շեմքից ետ դառնալով և խոսքը ուղղելով պետին, — կգան ավելի խելոք մարդիկ և ձեզ բոլորիդ կդատեն աշխատավոր մարդու հետ էսպես անխղճաբար վարվելու համար: Արդար կարգ կլինի աշխարհում: Բայց էդ ժամանակ ոչ ես կլինեմ, ոչ դուք:

Չոլոյին Երևան տարան փակ ավտոյով, հետը դնելով երեք զինված հսկիչ: Ճանապարհի խորդուբորդից ու պտույտներից Չոլոն զգում էր, թե որտեղ հասան:

Անցան Կաթնաղբյուրը: Ահա և ավտոն թեքվելով իջավ Դավթաշենի ձորը: Այդ ձորից վերևը մի մենավոր գերեզման կար: Չոլոն նստած տեղը ախ քաշեց:

— Ինչու՞ ախ քաշեցիր, — սաստեց հսկիչներից մեկը, անցքից ներս նայելով:

— Իմ ախ քաշելը ձեզ դա՞րդ եղավ, դուք կարող եք ծիծաղել, — նկատեց Չոլոն և հուզմունքից բեղի ծայրը այնպես բարակ ոլորեց, որ կարող էր անցնել ասեղի ծակով:

Ներքևում մնաց Աշնակը, վերևում՝ Ներքին Բազմաբերդը: Չոլոն հսկիչների խոսակցությունից զգաց, որ Թալինը մոտ է, որովհետև նրանք սկսեցին խոսել Թալինի վանքը քանդելու մասին: Երկուսը պնդում էին, թե պետք է քանդել, իսկ երրորդը խոհեմաբար դիմադրում էր:

Դեռևս պատանի հասակում շատ սասունցի տղաների և աղջիկների նման Չոլոն էլ պահոցի վերջին օրվա փոխինձի ճաշից մի պատառ տարել ու դրել էր իրենց տանիքին և հեռվից հսկել, թե թռչունը այն կտցելիս ո՛ր կողմի վրա է թռչելու: Ո՛ր ուղղությամբ թռչեր՝ իր բախտն էլ այդ ուղղությամբ կերթար: Եկավ մի հավք և Չոլոյի փոխինձը տանիքից կտցելով թռավ դեպի հարավակողմ: Եվ Չոլոն ամբողջ ժամանակ հավատացած էր, թե իր բախտը հարավից պիտի գար:

Խե՜ղճ Չոլո. թռչունը կտցեց ու թռավ, տարիները գնացին ու տակը մի փլված մատուռ մնաց...

Ձախ թևի ուղղությամբ մնացին Կաքավաձորը և Պարտիզակը, իսկ նրանից վերև, սարալանջին՝ Լեռնարոտը, Պետոյի գյուղը:

Պարտիզակը Չոլոյին ՛հիշեցրեց Գեղաշենի ռես Ավեին, որովհետև այդ գյուղում էր ապրում կոլխոզնիկ Վարդանը: Դա այն մանուկն էր, որ պատանգքի մեջ թաքնվելով և ոտքից հարված ստանալով, հրաշքով ազատվել էր ռես Ավեի բովանդակ տոհմից: Վարդանը աջ ոտքից կաղում էր, և բոլորը Թալինում գիտեին, որ դա Գնորգ Չաուշի ցասումնալից հարվածից մնացած դառնագին հիշատակն էր:

Քաղաքին մոտենալիս Չոլոն ձեռքը տարավ բամբակե տաքնոցի տակ և մի պճեղ սխտոր ծոցից հանելով՝ կուլ տվեց: Հսկիչները վախեցան, թե կալանավորը թույն է ընդունում և շատ ցավեցին, որ լավ չէին խուզարկել նրա կապոցը և տաքնոցի գրպանները: Բայց Չոլոն իսկույն հանգստացրեց նրանց ասելով, թե իր կուլ տվածը մի պճեղ սխտոր է: Բացատրեց, որ մեծ քաղաքի մոտենալիս սովորություն ունի սխտոր և կարմիր տաքդեղ կուլ տալու՝ իբրև հականեխիչ վատ օդի դեմ: Այդպես է պատվիրել հայրը, երբ առաջին անգամ Սասունից Հալեպ է տարել իրեն:

«ՂԱՐԻԲ ՄՇԵՑԻ»

Զորավար Մախլուտոն Պարսկաստանի վրայով Ամերիկա հասավ ձեռքին մի գավազան, հագին զինվորական վերարկու, ուսին՝ խուրջին:

Շատ հարուստ հայեր և հյուրանոցատերեր իրենց դռները բաց

արին նրա առաջ, բայց նա մերժեց թե հարուստ տները, և թե՛ շքեղ ապարանքները։ Լսել էր, որ Ֆրեզնո քաղաքի հեռավոր արվարձաններից մեկում, մի անշուք ճանապարհի վրա տարոնցի իր հայրենակիցներից մեկը փոքրիկ պանդոկ ունի շինած անտուն և անտիրական ճամփորդների համար։

Այդ պանդոկը կոչվում էր «Ղարիբ Մշեցի»։ «Ղարիբ Մշեցի»— փուլ եկավ Մախլուտոյի սիրտը այդ անունը հնչելիս։ Եվ որովհետև մութ էր և վայրը անծանոթ, ուստի շփոթված կանգ առավ խավարում անհետացող արահետի եզրին։ Նա գետնին պարզեց իր զինվորական վերարկուն, տոպրակը դրեց գլխատակին և ուզեց մի քիչ ննջել։

«Թող լռեն սոխակները, էլ չծլվլան,
Սլացեք կռունկներ դեպի Հայաստան,
Լուր տարածեցեք համուր հայության,
Հայոց պաշտպան Քեռին իջավ գերեզման»։

Վերջին բառերը շատ որոշակի լսեց։ Գլուխը բարձրացրեց* թվաց, թե երազ է։ Քեռի՞ն։ Ինչ ծանոթ անուն է։ Քեռի՛ն։ Դա այն նշանավոր հայդուկն էր, էրզրումցի Քաֆթառ Արշակը, որին ինքը տեսել էր Ղարսի արհեստանոցում, մաշված ձիաթամբը նորոգելիս։ Քեռին սպանվել էր Ռևանդուզի կռվին։ Իսկ սա օտար աշխարհ է։ Անկարելի բան է, որ իր լսածը իրողություն լինի։ Ի՞նչ գործ ունի Քեռին այս անհունորեն հեռու աշխարհում։ Ոչ, իր մտքի պատրանքն է դա, մոռացված մի հին երգի խաբուսիկ արձագանքը իր ծերացած ականջների մեջ։

Պատրաստվում էր գլուխը նորից դնել ուսապարկին, երբ մի տղամարդ ճրագը ձեռքին ետևից մոտենալով կռացավ իր վրա։

— Եթե ղարիբ ես, գնանք մեր պանդոկը։ «Ղարիբ Մշեցին» անտուն և անքուն ուղևորների համար է։

Սա արդեն պատրանք չէր։ — Իսկ որտե՞ղ է «Ղարիբ Մշեցին»։

— Այստեղից շատ հեռու չէ, — հնչեց օտարականի ձայնը։ — Ես ձեզ կտանեմ։ Իմ պաշտոնն է գիշերները շրջել ճանապարհներին և անօթևան ուղևորներին առաջնորդել այնտեղ։ Պանդուխտ հայերի համար պանդոկը մեկ շաբաթով ձրի է, իսկ օտարականների համար՝ կես վճարով։ Թույլ կտա՞ք օգնեմ։

— Իմ բեռը շատ թեթև է, — ասաց Մախլուտոն՝ հագնելով վերարկուն և խուրջինը առնելով ուսին։

Ճրագով մարդը ընթացավ առջևից, իսկ Մախլուտոն հետևեց նրան լուռ ու գլխահակ։ Ճանապարհը մութ էր, ավազոտ, և Մախլուտոն շարժվում էր առաջ աչքը պահած առջևից գնացող տղամարդու ոտքերին, որոնք զարմանալի խոշոր էին երևում ճրագի արձակած լույսից։

Հեռվում առկայծեց մի ավելի պայծառ լույս և թնդաց հայդուկային կորովի մի երգ թմբուկի և սրնգի նվագակցությամբ։

Գնդակ որոտաց նոյեմբեր ամսուն, Պաշարված ենք մենք, իմ սիրուն Սոսե։ Հասիր, Անդրանիկ, հասիր օգնության, Սերոբ Փաշեն. կզոհվե ի սեր ազգության։

Մախլուտոն անշարժացավ տեղում:

Որքան որ անակնկալ չէր «Ղարիբ Մշեցի» պանդոկի գոյությունը, անակնկալ էր այդ երգը օտարության մեջ, այդ ուշ գիշերով: Դրան հաջորդեց Սուլուխի նշանավոր կռվի երգը, որի մեջ հիշատակվեց նաև իր անունը: Ուրեմն իր սերունդը դարձել է պատմություն, դարձել է երգ ու վիպասանություն, հասնելով մինչև նոր աշխարհի ափերը: Ո՞վ բերեց այդ երգը այդտեղ: Որտե՞ղ է գտնվում ինքը: Ուրեմն Քեռու երգը նույնպես իրողություն էր և ոչ թե պատրանք, ինչպես ենթադրել էր քիչ առաջ: Ու հպարտության հետ մեկտեղ նրա վրա իջավ մի ծանր թախիծ: Առանց այդ էլ տրտում էր նա իր մեծ կորցրածի և աստանդական թափառիկ բախտի համար և ահա այդ երգը գալիս էր բոլորովին տակնուվրա անելու իր խռովահույզ հոգին: Ի՜նչ լավ է, որ մութ է, և ոչ ոք չի կարող նկատել իր արցունքները. ոչ ճրագը բռնած տղամարդը, որ առջևից էր գնում, ոչ աստղերն աղոտ և ոչ էլ այդ գիշերվա ուշացած լուսինը:

Վերջապես պանդոկը երևաց:

Դարձյալ մի քանի քայլ և նրանք պարտեզի միջով կանգ առան երկհարկանի մի շինության առաջ: Դա արևելյան ոճով շինված մի փոքրիկ հյուրանոց էր ճամփորդների համար: . Մուտքի ճակատին նկարված էր մշեցի մի հոգնատանջ ճանապարհորդ խուրջինը ուսին, գդակը թևի տակ, որ գավազանի կեռ ծայրով կիսամութի մեջ բախում էր իջևանի դուռը՝ մի տեղ ունենալու ակնկալությամբ: Տակը կենդանագիր մեծ տառերով գրված էր. «Ղարիբ Մշեցի»:

Ինչպիսի՜ հարազատություն կյանքին: Որքա՜ն նման է իր վիճակը ցուցանակում պատկերված ուղևորի վիճակին: Գիշեր էր և ինքն էլ եկել էր բախելու այդ անծանոթ իջևանի դուռը՝ մի տեղ ունենալու ակնկալությամբ: Ինքն էլ մշեցի էր, և իր ուսին էլ կար ճամփորդական մի խուրջին:.

Թավ, ոլորուն բեղերով մի տղամարդ ներսից բացեց դուռը և ձեռքով ցույց տվեց դեպի աջ: Նախ մտավ Մախլուտոն, ապա իր առաջնորդը ճրագը ձեռքին, որը նա մարեց շեմքին, հենց որ խավարը վերջացավ:

Միջանցքում երևաց պանդոկի տնօրենը, կոկիկ հագնված շիկահեր մի այր, բարի, արտահայտիչ աչքերով: Հոնքերը և երկար թարթիչները այնքան երկար էին, որ հիշեցնում էին մետաքսաթելի նրբին հյուսվածք:

— Էլ ուրիշ ճամփորդ չմնա՞ց դրսում, — հարցրեց նա մտահոգությամբ դիմելով իր սպասավորին:

— Էս մեկն էր, պարոն Լևոն, ուրիշ ճամփորդ չգտա:

— Կթուն մայրիկի մեղքը քո վիզը, — ասաց տնօրենը և արագ շարժվեց դեպի անծանոթ եկվորը:

— Լևո՛ն:

— Մամիկո՛ն, — միաժամանակ բացականչեցին նորեկն ու պանդոկի տնօրենը և փարվեցին իրար: Երկար ժամանակ այդպես գրկված մնացին: Ուրիշ ի՞նչ կերպ կարող են զգալ երկու դասընկեր իրար հանդիպելիս երեսուն տարվա բաժանումից հետո:

Լևոնը Կոփա աղբյուր շինող Աղաջանի տղան էր, որ ս. Մարինեի վարժարանում նստում էր Մախլուտոյի կողքին, վերջին նստարանի վրա: Սակայն մի օր նա կիսատ թողեց ուսումը և անհետացավ քաղաքից: Հետագայում տեղեկություն ստացվեց, որ գնացել է Ամերիկա: Այդ փախուստը կատարվել էր պատմության ուսուցիչ պարոն Սենեքերիմի ապտակից հետո:

— Շան լակոտ, դու ինչու՞ օսմաներեն ավելի լավ ես կարդում, քան հայերեն, — ասել էր պարոն Սենեքերիմը և մի ապտակ դրոշմել նրա ականջներին: Այդ ապտակից հետո կոփեցի Լևոնը այլևս չերևաց Մուշ քաղաքում:

— Ես Ամերիկա հասա 1892 թվականի աշնանը, — ասաց կոփեցի Լևոնը՝ Մախլուտոյին վերև տանելով և նստեցնելով իր դիմաց, ծաղկավոր բազմոցին: — Ոտքս բոբիկ էր և ձեռքս դատարկ:

Առաջին հայը, որ գաղթել էր Ամերիկա 1618–ին, եղել էր Ջոն Մարտին անունով մի զինվորական: Նա հրավիրվել էր մի ամերիկացու կողմից իրենց երկրում ծխախոտագործություն զարգացնելու: Մի քիչ ավելի ուշ, 1653–ին Վիրջինիա նահանգի կառավար չի հրամանով Ամերիկա էին գնացել երկու պոլսահայ շերամապահներ, տնկելով առաջին թթենիները այդ նահանգում և պատրաստելով առաջին մետաքսը: Այդ մետաքսից նրանք մի դրոշակ էին հյուսել և նվեր ուղարկել Էջմիածին: Ավելի ուշ մի հայ գյուտարար (Խաչատուր Սերոբյան) ստեղծել էր դոլարի տպագրության կանաչ ներկը, ընդ՛միշտ վերջ տալով ամերիկյան թղթադրամի կեղծումներին: Բայց ես ոչ ծխախոտագործ էի, ոչ մետաքս մշակող և ոչ էլ կանաչ ներկի գյուտարար: Ուժեղ ձեռքերով մի տղա էի, որ կարող էր միայն սևագործությամբ զբաղվել: Առաջին տարին մշակություն արի սրա նրա մոտ: Հետևյալ գարնանը վարձվեցի Կալիֆոռնիայի այգիներից մեկում, որտեղ շատ բանվորներ էին աշխատում: Վերակացուն մի հարուստ տեղաբնակ էր: Հենց երկրորդ օրն էլ ընդհարվեցի նրա հետ և դուրս եկա աշխատանքից: Այդ վերակացուն սովորություն էր դարձրել նախատել իր գործավորներին և գոռալ նրանց վրա: Բոլորովին ականջներիս չհավատացի, երբ հաջորդ օրը նա իմ ներկայությամբ հայհոյեց մի հայ բանվորի և ձեռք թափ տվեց նրա վրա: Հայհոյում էր անգլերենով, երբեմն էլ հետը խառնելով հայերեն որոշ բառեր և կարձակոթ ծխամորճը բե՛րանի անկյունում անհանգիստ խաղացնելով:

— Շուն հայ, — մի քանի անգամ կրկնեց նա, վրան կուտակելով նորանոր արտահայտություններ իմ մայրենի լեզվով:

Ես թողեցի գործը և մոտենալով վերակացուին ասացի.

— Մյուս անգամ չլսեմ այդ խոսքը:

— Իսկ ի՞նչ կլինի, եթե լսես, — հոխորտաց նա ծխամորճի ծուխը փչելով իմ երեսին:

— Ահա թե ինչ կլինի: Մենք ձեզ սովորեցրինք ծխախոտ մշակել, թթի ծառեր տնկել և խաղող ուտել և անխարդախ ներկով փրկել ձեր թղթադրամը և դու՛, քո պապերի անարժան որդի, համարձակվում ես այդ ձևով վարվել մեզ հետ, — ասացի ես և մոտենալով կռուփի մի ուժեղ հարված իջեցրի կալվածատիրոջ կզակին: Նա թավագլոր ընկավ իր կանգնած տեղից մի քանի քայլ այն կողմ:

Գործավորները անմիջապես դադարեցրին աշխատանքը, սպասելով պայթելիք փորձանքին:

Վերակացուն ոտքի ելավ, թափ տվեց շորերը, ծխամորճը դրեց բերանին և լուռ կանգնեց: Բոլորի կարծիքն այն էր, որ պիտի սկսվի ահեղ կռվամարտ իմ և նրա միջև: Վերակացուն, սակայն, մոտեցավ ինձ և ձեռքը բարեկամաբար երկարելով՝ ասաց, «Օլ ռայթ, կշնորհավորեմ: Վարմունքդ թեպետ կոպիտ էր, բայց քեզի պես հայերը կհարգեմ: Այլևս չպիտի նախատեմ ազգդ, որովհետև տեսա, որ հայությունը պաշտպան ունի: Կգովեմ ազգային արժանապատվության զգացումդ և կմեծարեմ քեզ: Օլ ռայթ, — կրկնեց ամերիկացին և վերստին սեղմեց իմ ձեռքը: Ապա դառնալով բանվորներին՝ ավելացրեց. — Այսուհետև մի արտոնեք, որ վիրավորեն ձեր արժանապատվությունը: Քաջ իմացեք, որ օտարականի աչքին միշտ հարգանքի արժանի է ա՛յն մարդը, որ պաշտպան է իր ազգին: Նա, ով կհանդուրժի, որ իր ներկայության հայհոյեն ու ծաղրեն իր ազգությունը և լեզուն, նա ստրուկ է, իսկ ստրուկի հանդեպ չի կարող հարգանք լինել»:

Հետևյալ օրը ես մի հայ մամիկ գտա Ֆրեզնո քաղաքում: Անունը Կթուն էր: Կարսեցի կին էր, իր ամուսնու հետ երկար տարիներ ապրած Նորվեգիայում և 1890-ին տեղափոխված Ամերիկա: Ամուսնու մահից հետո խեղճ կինը մնացել էր անօգնական: Մի օր ինձ ասաց. «Լոն, տղաս, օտարության մեջ մենակ ապրելը դժվար է: Ես քեզ մայր, դու ինձ որդի, եկ ձեռք-ձեռքի տանք ու միասին հոգանք մեր ապրուստը: Էս քաղաքում մարդիկ չգիտեն, թե ինչ բան է մածունը: Ես մածուն կմերեմ, իսկ դու տար ծախիր»: Մամիկի ասածը նստեց խելքիս: Առաջին օրը Կթուն մայրիկը երկու կճուճ մածուն մերեց: Մի կճուճը կերանք, իսկ մյուսը տարա շուկա: Իսկույն վաճառվեց: Երկրորդ օրը երկու կճուճ մածուն տարա: Կթուն մայրիկը նաև հիանալի լավաշ թխող էր: Մի տարի հետո հավաքած փողով թոնիր շինեցինք, ալյուր առանք և սկսեցինք լավաշ թխել: Առաջին հացը բաժանեցինք անցորդներին: Մայրիկը թխում էր, իսկ ես լավաշը տաք-տաք տանում էի վաճառքի: Ու էսպես մածուն մերելով ու լավաշ թխելով մի քանի տարվա մեջ բավական գումար վաստակեցինք:

Այդ տարիներին Կալիֆորնիայի շատ քաղաքներում երևացել էին բազմաթիվ հայեր, Արևմտյան Հայաստանի գավառներից եկած: Ֆրեզնո քաղաքի ճանապարհներին հաճախ կարելի էր հանդիպել պանդուխտ հայերի, որոնք աշխատանք էին որոնում: Դրանց զգալի մասը օթևան չունենալու պատճառով քնում էր դրսում: Իսկ հյուրանոցները թանկ էին: Խարբերդցի մի հայ, Գրիգորյան ազգանունով, երկար ժամանակ օթևան և աշխատանք էր որոնում իր չորս զավակների ապրուստի և ուսման համար: Մի օր գիշերով տուն գալիս տեսա նրա երկու տղաները քնել էին մեր հարևան ամերիկացու սանդուղներին, գլուխները մի ընդհանուր գլխարկի դրած: Արթնացրի և տուն տարա: Եվ նույն առավոտյան էլ ես և Կթուն մայրիկը որոշեցինք մի փոքրիկ պանդոկ շինել Ֆրեզնո քաղաքում մեր հայրենակիցների համար: Քաղաքի կենտրոնում մեզ տեղ չտվին: Փող էլ չունեինք այդպիսի հողամաս գնելու համար: Պանդոկը մենք շինեցինք մի խուլ ու հեռավոր ճանապարհի վրա, որտեղով միշտ ուշացած ճամփորդներ էին անցնում:

Հյուրանոցի անունը դրեցինք «Ղարիբ Մշեցի» և պայմանավորվեցինք, որ իմ և Կթուն մայրիկի հայրենակիցները մեկ շաբաթ անվճար օգտվեն դրանից, իսկ մյուսները՝ կես վճարով: Մեր հյուրանոցում ամեն երեկո հայկական երգ ու երաժշտություն կա: Արդեն քսան տարի է, որ «Ղարիբ Մշեցին» կանգնած է այս ճանապարհի վրա, և բոլոր հոգնած ուղևորներն ու ղարիբ հայրենակիցները իրենց առաջին հանգիստը այստեղ են առնում:

— Կթուն մայրիկն էր եփում պանդոկի ճաշը և թխում հաց, — շարունակեց կոփեցի Լևոնը: — Նրա շնորհիվ Կալիֆոռնիայում տարածվեց լավաշի և հայկական կերակուրների գործածությունը: Կարելի է ասել՝ առաջին թոնիրը նա է շինել Ամերիկայում և առաջին մածունը նա է մերել այս հողի վրա: Կարսեցի մայրիկը մեռավ սրանից հինգ տարի առաջ խոր ծերության հասակում, իր վերջին շնչում պարտավորություն դնելով մեզ վրա ճրագով որոնել անտուն և անտեր ճամփորդներին և օթևան տալ նրանց: «Ղարիբ Մշեցին» խոնարհ խավերի համար է: Հարուստ դասակարգի մարդիկ այստեղ տեղ չունեն: Կթուն մամիկը այս պանդոկի ոգին էր և ես այս իջևանը նրա հիշատակով և բարի անունով եմ կառավարում: ներքևում նվագախումբը թնդաց.

«Իբրև արծիվ սավառնում ես լեռ ու ձայր,
Թնդացնում ես երկինք–գետինք տենչավառ,
Սուրբ անունդ պիտի հիշվի դարեդար,
Հսկա լերինք քեզ ապաստան, Անդրանիկ»:

— Երթա՛նք, զորավարը եկել է, — ասաց պարոն Լևոնը և Մախլուտոյին առաջնորդեց պանդոկի ճաշարանը:

ԿԱՐՈՏ

Ընդհարվելով Արարատյան հանրապետության վարիչների հետ և հեռանալով Հայաստանից, Շապինանդը բնակություն էր հաստատել

Կալիֆոռնիայի Ֆրեզնո քաղաքում: Նա իր տան ներքնահարկը վերածել էր հյուրանոցի: Պատին կախված էին իր սուրը, մոսինի հրացանը և զինվորական վերարկուն:

Այնտեղ էր պահում նաև իր ձին, որ Ամերիկա էր բերել շոգենավ դրած:

Այդ զենքերը, զինվորական վերարկուն, մոխրագույն փափախը, սև սապոգները և մի աւլան նժույգ — այս եղավ նրա անձնական ողջ հարստությունը ամբողջ կյանքի ընթացքում:

Այլևս իր գործը զենքի հետ չէր: Պարապ ժամերին Շապինանդը իր հյուրանոցում փոքրիկ աթոռներ էր շինում և շատ մարդիկ ամերիկյան ոճավոր բազկաթոռները մերժելով, նրա շինած թամբաձև հասարակ քուրսիներն էին տանում տները, ոմանք գործածության, ոմանք էլ պարզապես հիշատակի համար:

— Ո՞վ է շինել:

— Զորավար Անդրանիկը:

— Հատ մ ալ ես վերցնեմ:

Ասում էին իրար և շտապում դեպի Շապինանդի արհեստանոցը:

Այդ աթոռներից մի քանիսը հասել էին մինչև նոր Զելանդիա և Ավստրալիա:

Մի օր բոլորովին անսպասելի վայրէջք կատարեց Խարզո անունով մի երևելի հայ գորգագործ: Մելքոն վարժապետի աշակերտ «Յա Մարաթուկն» էր, Սասնո Բսանաց գավառակի Ջրտնիք գյուղից: Լսել էր զորավարի աթոռների մասին և Մանչեստերից ինքնաթիռով շտապել էր Ֆրեզնո:

«Յա Մարաթուկ» Խարզոն Մշո ս. Մարինե դպրոցն ավարտելուց հետո միառժամանակ ապրել էր Հալեպում իր հորեղբոր մոտ: Այնուհետև առևտրական հատուկ կրթություն ստանալով Ֆրանսիայում, մոտ երկու տասնյակ տարի գործել էր Աֆրիկայի խորքերում, այնտեղ հիմնելով առևտրական մի խոշոր տուն և գրասենյակ, իր հիմնական բնակավայրը դարձնելով Անգլիայի Մանչեստեր քաղաքը: Այդ երիտասարդ սասունցին զորավարի թամբաձև աթոռներից մեկը ինքնաթիռով հասցրել էր Գանայի Ակրա քաղաքը, իսկ այնտեղից՝ Մանչեստեր: Օտարության մեջ «Յա Մարաթուկը» իր կնոջ հետ «Գորանի» և «Յարխուշտա» էր պարում և հաղթական բազմելով թամբաձև աթոռին ոգևորությամբ երգում էր «Տալվորիկի զավակն եմ քաջ» երգը:

Մոլի ծխող էր Շապինանդը: Բարկօղին, սև սուրճը և ծխախոտը նրա միակ սփոփանքն էր օտարության մեջ: Սիրում էր այն ծխախոտը, որ ուղարկում էին իր զինվորները Հայաստանից: Հատկապես սիրում էր Մշո թութունը: Իսկ այդպիսի թութուն կար Ուչան գյուղում և նա գնացող–եկողների միջոցով կապված էր այդ գյուղի հետ:

Աթոռներ շինելիս Անդրանիկը կարոտով հիշում էր Մառնիկի անտառի կաղնեփայտը: Հատակին թափվող օղակաձև սպիտակ տաշեղները նրա միտքը ուղղում էին դեպի ս. Կարապետի պուրակները:

Վերհիշում էր Սասունը, Մուշը, Առաքելոց վանքի նշանավոր կռիվը: Հայրենիքի կարոտն էր տանջում նրան, իր կորցրած հեռավոր ծննդավայրի մորմոքը: Վաղուց լսել էր, որ Սև Բեքիրի զորքերը ետ էին շպրտվել Ալեքսանդրոպոլից: Ախուրյանից դեպի արևելք կազմավորվել էր մի նոր Հայաստան՝ մուրճն ու մանգաղը ճակատին՝ մի փոքրիկ, սակայն ապահով անկյուն, ուր պետք է ապրեին և հավաքվեին աշխարհի բոլոր հայերը: Այդ փոքրիկ երկրի՝ Սովետական Հայաստանի գոյությունը սփոփում էր նրա վիրավոր, վշտացած հոգին:

Նա շատ բան չէր իմանում այդ երկրի մասին: Քար առ քար շինվում, բարգավաճում էր նոր Հայաստանը: Ոռոգվում էին նրա անջրդի դաշտերը, ամենուրեք լսվում էր մուրճի զնգոցը, և նա հաճախ մենության մեջ կամ խմբական հավաքույթներում այդ աշխատավորական երկրի կենացն էր խմում, խանդավառված նրա զարգացման և վերելքի պայծառ հեռանկարներով:

Այդ հեռաստանից նա ուշի-ուշով հետևում էր նաև Մասիսի թիկունքում ծավալվող ապստամբական շարժումներին, որոնց առաջնորդը Ջելիմ խան անունով մի հին հայդուկ էր:

Ով գալիս էր իր արհեստանոցը, նստացնում էր մոտը և երկար պատմում էր Սասունի կռիվներից: Ու՞ր են սրբազան նպատակի համար կռված իր զենքի ընկերները: Ու՞ր է Մախլուտոն: Որքա՜ն կուզենար նա աչք պահին տեսնել իր զինվորներից մեկն ու մեկին:

Զորավարը հաճախ էր այցելում «Ղարիբ Մշեցի» պանդոկը: Ոչ միայն պանդոկի տնօրենը, այլև պանդոկի դռնապահը և վարսավիրը մշեցի էին, եկող-գնացողները մեծ մասամբ ռանչպար մարդիկ, իսկ նա խորին սեր ուներ հատկապես դեպի հաչ գյուղացին: Հենց որ Անդրանիկը մոտենում էր պանդոկին, հաստաբեղ մշեցին լայնորեն բաց անելով դուռը և հարգալիր խոնարհվելով՝ գոչում էր. «Համեցեք, զորավար», իսկ Վանի Այլուր գյուղացի գլխավոր խոհարարը հապճեպով խորովածի շամփուրներն էր դասավորում կրակին:

Ու թնդում էր նվագը ղարաբաղցիների, և երգում էր խլնուսցի Սաֆարը, և պանդոկը վերստին աշխուժանում էր քաջահաղթ երգերից:

Զորավարը քաշվում էր ճաշարանի մի անկյունը, ուր պատից կախված էր Կթուն մայրիկի մեծ նկարը: Միշտ այդտեղ էր նստում, այդ նկարի տակ: Այդ պահերին նա ավելի շատ իր մտքերի հետ էր, քան շրջապատի: Ծխում էր և գլուխը բարձրացնելով նայում էր պատից կախված նկարին: Այդպիսի հազարավոր հայ մամիկներ կային Արևմտյան Հայաստանում: Դրանցից միայն մեկը տարիներ առաջ հրաշքով ընկել էր Ամերիկա և չէր ընկճվել այդ ամենակուլ միջավայրում, չէր ձուլվել օտարին, դիմադրել էր ճնշմանը և կրկնապատկելով իր բազուկների ուժը և հոգու կորովը պահպանել էր իր օջախի տաք հացը և նույնքան տաք մայրենի լեզուն:

Այդ մտքերը նրան տանում էին դեպի Կարս: Մինչև Սասուն գնալը Անդրանիկը երկար տարիներ չափչփել էր Սարիղամիշի և Կարսի ճանապարհները: Ու այժմ էլ նստած է նա պանդոկի ճաշարանի նույն անկյունում: Հենց նոր ներս մտավ: Խմեց մի քանի գավաթ բարկօղի: Մեկը մյուսի ետևից ծխիկներ վառեց և թաղվեց մտքերի մեջ: Կապտագույն ծուխը վերստին պարուրեց նրա դեմքը: Դեպի լայն ճակատը ձգվող զույգ կնճիռները դարձան խոր ակոսներ: Վառվռուն, ժպտուն աչքերը և գորշ ընչացքներից անջատված երկու խիտ, սպիտակած մազափունջը, որ օղակներ էին կազմել այտերի վրա, կորան երազաչին մշուշում:

Գլուխը ճերմակած էր:

Հիշեց, թե ինչպես առաջին անգամ Պոլիս գնալիս ճանապարհին կուլ տվեց վտանգավոր թուղթը: Հրշեջ է Պոլսում: Որտեղ ծուխ, կրակ, իրարանցում ու աղետ կա՝ այնտեղ է ինքը: Ահա վազում է հրշեջների ետևից: Հասավ հրդեհի վայրը, համարձակ նետվեց ծուխ ու բոցի մեջ: Տունը փուլ եկավ, ինքը մնաց տակը և գրեթե կիսամեռ իրեն դուրս նետեց բոցերի միջից: Բեռնակիր դարձավ: Սեբաստացի Մուրադի հետ բեռներ է կրում: Դոլմաբախչայում կառուցվող զինապահեստները հիշեց, ուր ինքը ծառայության մտավ որպես ատաղձագործ, և թե ինչպես ցախավելը պահակի աչքը կոխելով և նրա զենքը վերցնելով՝ փախավ Կարսի բանտից: Սերոբ Աղբյուրը 1895–ին Սարիղամիշում տրեխներ կարեց իր համար և հագցրեց իր ոտքը, որ միասին Սասուն գնան:

Ու գնացին:

Այն ժամանակ ինքը դեռ բոլորովին երիտասարդ էր: Ճանապարհին արտերի միջից իր դեմ մի աղվես ելավ: Սերոբն ասաց՝ «Լավ նշան չէ»:

Հիշեց Գելի գյուղը ձորի մեջ Անդոկ լեռան ստորոտում և Տեր Քաջի տունը: Մտքերը նրան տարան Ղարիբշան, Տաղվըրնիկ, ուր ինքը հրացանի կոթեր էր նորոգում, գոմի մութ անկյունում նստած: Մեկառմեկ հիշեց այն բոլոր ձորերը, որոնց տաք ավազներին ինքը պառկել էր անօգնական, մենակ:

Հիշեց իր գիշերային զրույցները իմաստուն ծերունի Գյալշո Մանուկի հետ:

Հիշեց, թե ինչպես ալիանցիք և շենիքցիները իրեն զինաթափեցին և ինքը իր յոթ հայդուկների հետ փախավ Սեմալ:

Պայթող Աղբյուրի փոթորկալի ժողովը հիշեց և տալվորիկցիների գրոհը իր վրա: Ինքը դիտավորությամբ գրգռեց նըրանց, որ որոշի իր հենարանը Սասունում: Գևորգ Չաուշի հետ նստած է Մոսե Իմոյի պատի տակ, և Հլողինքի ռեսը իր տոհմիկ խրթին բարբառով հարց է տալիս իրեն կոթանի և սև օձի մասին.„ «... Դուք իմա՞լ պիտի սպանեք վիշապ օձին, որ ոչ կոթանին վնաս էնի, ոչ ձագերին»: Այդ տարիներին ինքը խնդում էր ռեսի վրա, բայց ինչպե՛ս կյանքը ապացուցում ճշգրտեց այդ պարզամիտ շինականի խոսքը: Իրենք զարկեցին սև օձին և մեջտեղ կոթանը գնաց իր ձագերով: Այդ ձագերից մեկը եղավ արիասիրտ Քարայրը, որ առաջինը զոհ գնաց Ծովասարի և Անդոկի կռիվներին: Ահա նրա մերկ դիակը ձյուների մեջ ընկած, խոցոտված զենքերից ու փամփուշտներից:

Հանկարծ մշուշի պես եկավ և իր աչքերի առաջ կանգնեց Խաչենի գումանը, Ձեռքը տարավ դեպի ճակատը և այդ շամանդաղը ցնդեց: «Ափսոս, այդ հին ֆիդայիին կենդանի չըմնաց, որ մեզ ղեկավարեր կամավորական շարժումների ընթացքին», — հառաչեց նա:

Հիշեց Դիլմանի կիրճը, Խլաթ, Դատվան, Բաղեշ: Մարգի անտառը հիշեց: Իր հրամանով զորքը վրան զարկեց հաստաբուն կաղնիների տակ: Բոլորովին անսպասելի իր դիմաց կանգնեց Դրոն: Կարծես Մարգի անտառից ելավ: Հիշեց, թե ինչպես նրա հետ ընդհարվելով, իր զորամասով մտավ Էջմիածին և Մայր տաճարի պատերի տակ ավարտվեց իր ռազմական ուղին: Այդտեղ վերջացան իր պատերազմները: Այդտեղից իր հեծյալները ցրվեցին ամեն մեկը մի ուղղությամբ: Որտե՞ղ են այժմ Պայթող Աղբյուրի այդ հրեղեն ռազմիկները:

Մի կումով դատարկեց բարկօղու գավաթը և նորից գլուխը ծանրորեն իջավ ձեռքերի վրա, ձեռքերը՝ սեղանին: Ի՞նչ եղան իսկապես իր հայդուկ զինվորները: նրանցից մի քանիսը իր հետ հասան մինչև Ամերիկա: Մեկը խոհարար դարձավ պանդոկում, երկրորդը նպարեղենի խանութ բաց արեց Ֆրեզնոյում: Ոմանք էլ մեռան: Մանազկերտի իր կամավորներից մեկը տուն դրեց Վաշինգտոնում՝ Սնանի կճաշեն գյուղից բերած գեղեցկուհի Վարդանուշի հետ:

Իսկ ի՞նչ եղան այն զինվորները, որոնք մնացին Հայաստանում: Առաջին տարիներին մեկ–երկուսը նրանցից երբեմն ծխախոտ էին ուղարկում իրեն Կալիֆոռնիա եկողների հետ: Վերջում այդ կապն էլ խզվեց: Ի՞նչ եղավ, օրինակ, խոտորջուրցի հիսնապետ Թորգոմը, որի ձիու պայտը կորավ Տաթևի կիրճում: Հարությու՞նն ինչ եղավ, որին ինքը Էջմիածնի հիվանդանոցում հրաժեշտ տվեց:

Լսել էր, որ Հայաստանում մնացած իր զինվորներից մեկը խելագարվել էր: Դա ցից բեղերով հռչակավոր Կայծակ Անդրեասն էր, մեկը իր այն յոթ զինվորներից, որ իր հետ Շենիքից փախել էին դեպի Սեմալ: Անդրեասին նա Լոռվա սարերից սուրհանդակ էր ուղարկել Թալին, շտապ վերադարձի պայմանով, և այնուհետև այլևս չտեսավ նրան:

Շապինանդի միակ մխիթարությունը իր փոքրիկ արհեստանոցն էր և իր տան պարտեզը: Չլիներ այդ զբաղմունքը և չլիներ «Ղարիբ Մշեցի» պանդոկը, նա էլ կարող էր խելագարվել իր զինվորի նման: Եվ խելագարվելու պատճառները շատ էին: Այդքան արյուն թափել, այդքան հայ և ռուս զինվոր ու Դոնի կազակ պառկեցնել Արևմտյան Հայաստանի դաշտերում, և հաղթանակի արշալույսին այդ ամբողջ երկիրը նորից տեսնել թշնամու կրունկի տակ և այն էլ վերադիր վճարով. այդ վշտից ոչ թե մի մարդ, այլ մի ամբողջ ժողովուրդ կարող է խելագարվել:

Որքա՛ն ճիգ գործադրեց ինքը այդ տարիներին հայ գործիչներին

համոզելու՝ հավատ չընծայել երիտասարդ թուրքերին, մանավանդ օսմանյան սահմանադրությունից հետո: «Դրանցից ոչ մեկուն չեմ կրնար հավատալ, եթե անիկա երկինքեն իսկ իջած ըլլա», — ասում էր բոլորին: «Շունին լավը չըլլար, կխածնե օր մը»: Չլսեցին իրեն: Ոչ միայն չլսեցին, այլև միտք հղացան իրեն տանել Պոլիս և ընտրել Օսմանյան Պառլամենտի անդամ:

— Դուք հաշտվեցեք անոնց հետ, — կրկնում էր շարունակ, — բայց ինձ թույլ տվեք անհաշտ մնալու: Ես ձեզ մի գուշակություն պիտի անեմ և կուզեմ, որ լսեք. եթե այս հեղափոխական կոչված երիտասարդ թուրքերը ձեզ չկախեցին մի օր, ես մարդ չեմ: Օր պիտի գա, որ նրանք ալ պիտի դառնան սուլթան Համիդի պես մի գազան և բոլորիդ պիտ հոշոտեն:

Եվ հոշոտեցին:

Ինչ լավ է, որ «Ղարիբ Մշեցի» պանդոկի այցելուների թվին ավելացավ զորավար Մախլուտոն, իր զենքի և գաղափարի մարտական ընկերը:

Այժմ ինքը բոլորովին մենակ չէ:

Անդրանիկը սթափվեց իր մտքերից և երկու հայդուկապետներ իրար գրկած գավաթ բարձրացրին, խմելով հեռավոր Հայաստանի կենացը:

Նրանց գլխավերևում կանգնած էր պարոն Լևոնը, իսկ ավելի վերևում՝ պատի վրա, կթուն մայրիկի լուսանկարն էր:

ԽԱՉՔԱՐԻ ԱՌԱՋ

կեսգիշերին սանդուղքներով վեր ելնելիս Մախլուտոն նկատեց մի տղամարդու, որ մի փոքրիկ խաչքարի առաջ ծունկի իջած, ձեռքերը կրծքին աղոթում էր ճրագի աղոտ լույսի տակ:

Դիմագծերը կարծես գերմանացու լինեին: Երեսին սպի կար:

Մեհմեդ էֆենդին էր:

Աստված իմ, ինչպիսի՜ ահավոր կերպարանափոխությունների է ենթարկվում մարդ էակը այս կարճատև երազային կյանքում: Դա այն միևնույն տղամարդն էր, որ ճըրագը ձեռքին առաջնորդել էր իրեն դեպի «Ղարիբ Մշեցի» պան դոկը : Մթության մեջ չէր կարողացել նրա դիմագծերը որսալ:

Իսկ ձայնը փոխված էր:

Մեհմեդ էֆենդին խաչքարի առաջ և այն էլ որտե՞ղ, հեռավոր Կալիֆոռնիայի Ֆրեզնո քաղաքում: Նույնիսկ հագուստն էր փոխված:

Նա այժմ հագած էր իր գիշերային սև զգեստը և կարծես ձուլվել էր այդ սևացած փոքրիկ խաչքարին։ Դեպի վեր ուղղված անմեղ նայվածքը և ձեռքերի խոնարհ ծալվածքը կրծքի վրա այնպիսի արտահայտություն ունեին, կարծես Քրիստոսն էր աղոթում մ հնության մեջ։ Միայն այդ ծնկաչոք վիճակը բավական էր իր բոլոր մեղքերը քավելու, եթե արդարև մեղք ուներ գործած։ նա բոլորովին նման չէր այն մարդուն, որ Բաղեշի արգելանոցի թախտին ծալապատիկ նստած հավատափոխության գիմում էր գրում սուլթանին։ Այժմ նա մոլեգին ճիգով քանդում, ջնջում էր շատ տարիներ առաջ գործած հանցանքը, եռանդով աշխատում էր մոտենալ այն լուսավոր կետին, որից հեռացել էր։ Ճգնում էր վերագտնել իր խախտված հավատքի սյուները։

Շատ փոթորիկներ էին անցել Մեհմեդ էֆենդու գլխով։ նրա վզից անհետացել էր սպիտակ սավանը, այտերից կարմրությունը։ Դիմագծերը ավելի նուրբ էին ու բարի։ Առաջվա պես, սակայն, թիկնեղ էր, կուրծքը դուրս ցցված և գլուխը բարձր։ Եվ խոնարհվել էր այդ հսկա մարդը վերաալաց կոթողի տեսք ունեցող մի խաչքարի առաջ ու եռանդագին աղոթում էր գիշերային լռության մեջ։

Ինչե՜ր չէր արել նա ի սեր իր ժողովրդի։ Ուրացել էր իր հավատքը և իբրև քողարկված ֆիդայի թափանցել էր սուլթանի բերդը։ Համոզված էր, որ եթե ինքը այդ բերդի դուռը ներսից բաց չանի, հեղեղն անգամ անզոր կլինի դրսից քանդել այդ անիծյալ ուժը։ Աննկեղծորեն օգնել էր ֆիդայիներին, կանգ չառնելով ոչ մի միջոցի առաջ։ նույնիսկ վանքի կռվին ներկայանալով իբրև սուլթանի բանագնաց, նա իր ատրճանակը թողել էր «պետքարանում», որ Գևորգ Չաուշը զինվի նրանով։

Սահմանադրությունից հետո Մեհմեդ էֆենդին բոլորովին հիասթափվեց։ Հուրիաթը, ըստ նրա, եկել էր դժողք դարձնելու ժողովուրդների կյանքը։ նա գտնում էր, որ Հուրիաթի հռչակած ազատության, հավասարության և եղբայրության կոչերը կեղծ էին, և այն պատվանշանները, որ ինքը մինչև սահմանադրությունը հպարտությամբ կրում էր իր վրա, սահմանադրությունից հետո փուշ էին դարձել իր համար։ Հին և նոր կարգերի տարբերությունը այն էր, ասում էր Մեհմեդ էֆենդին, որ հին կարգերի ժամանակ հայ ֆիդայիները խիստ աչալուրջ էին և զինված կռվում էին սուլթանի բռնակալության դեմ, իսկ նորի ժամանակ նրանք զենքերը վայր դրեցին և հարբած քնած են։

Մեհմեդ էֆենդին մեկն էր նրանցից, որ գաղտնաբար խորհուրդ էր տալիս հայդուկներին զենքերը վայր չդնել, չզինաթափվել։ Քարոզում էր, որ արթուն մնան, վերջնականապես համոզվելով, որ Հուրիաթը մի միջոց էր մոլորեցնելու և ազգովին գլխատելու հայ ժողովրդին։

Սահմանադրության շրջանում Մեհմեդ Խալըքը մի քանի տարի պաշտոնավարեց Վանում։ Ամուսնացավ Անգին անունով մի հայ կնոջ հետ, որից անեցավ յոթ զավակ։ Այդ երեխաները մեծացան և սկսեցին հարցնել իրենց հորը, թե իրենք ինչ ազգի ծնունդ են։ Հայրը անհարմար կացության մեջ ընկնելով նրանց ուղարկում էր իրենց մոր մոտ իմանալու այդ հարցի պատասխանը: Հետզհետե գիտակցելով, որ իրենք հայ են, բայց թուրքական դպրոց են գնում և իրենցից ոմանք օտար անուններ են կրում, խմբովին ըմբոստացան հավատափոխ հոր դեմ: Նրանք փշրեցին իրենց դռան օտարագիր ցուցանակը և տեղը հայերենը դրեցին: Տանը խոսակցական լեզուն հայտարարեցին հայերենը: Իրենց ֆեսերն ու հագուստը դեն շպրտելով, հագան հայկական տարազ: Միայն հայրն էր դիմադրում տակավին իր գլխի վրա պահելով կարմիր ֆեսը:

Մի օր Մեհմեդի որդիներից մեկը՝ Ալին, կարդացել էր անգլիական պաշտոնական մի տեղեկագիր,

— Նրանք, — ասված էր այդ տեղեկագրում, — միայն առաջին համաշխարհային պատերազմի տարիներին սպանել են երկու միլիոն հայ, կործանել են կես միլիոն տուն ու ապարանք և պատմական հուշարձան, երկու հարյուր երեք վանք ու ճեմարան և երկու հազար հիսուն եկեղեցի, իսպառ անապատ դարձնելով երեք հազարամյա շեն մի երկիր...:

— Եվ այդքանից հետո դու դեռ համարձակվում ես ծառայե՞լ այդ բարբարոսներին և կարմիր ֆե՞ս կրել գլխիդ, — զայրացած գոչել էր Ալին հարձակվելով հոր վրա:

Իզուր փորձեց հայրը որդիներին համոզել, որ ինքը այդ ծառայությունը հանձն է առել հայերին օգնելու նպատակով, որ ինքը եղել է ծպտված ֆիդայի:

Մեհմեդ էֆենդին իր զավակներից վախենալով որոշեց փախչել արտասահման: Բայց խիղճը տանջում էր իրեն: Ինչպե՞ս ազատվել նրանց հետապնդումից, ինչպե՞ս դուրս գալ այդ անելանելի վիճակից: Այդ մտմտուքի և հոգեկան խռովքի ժամանակ նրա պաշտոնը բարձրացրին և Վանից տեղափոխեցին Հալեպ, ապա Դամասկոս:

Առաջին աշխարհամարտի վերջում իր ավագ որդին կանչվեց բանակ և անգլիացիների դեմ կռվելով սպանվեց Եգիպտոսի ճակատում: Հայ տարագիրներին ցույց տված օժանդակության համար Մեհմեդ էֆենդին երիտասարդ թուրքերի իշխանավորների կողմից կասկածի տակ առնվեց և իբրև դաշնակից տերությունների աջակից, անգլիացիների օգնությամբ տեղափոխվեց Պոլիս: Պոլսում Մեհմեդ էֆենդին հայոց առաջնորդ Զավեն պատրիարքի միջոցով մկրտել տվեց իր զավակներին: Իր աղջիկներից մեկին, որ ամուսնացած էր թուրք սպայի հետ, ապահարզանով բաժանել տվեց և մի հայ գործավորի հետ ամուսնացնելով, և ապա մնացած բոլորին էլ Պոլսից հանելով ուղարկեց ոմանց Պարսկաստան, ոմանց էլ՝ Ֆրանսիա:

Շուտով Մեհմեդ էֆենդու կինը մեռավ Պոլսում, իսկ ինքը բոլորովին լքված ու միայնակ մնալով, մի քանի տարի անց Պոլսից ընդմիշտ տեղափոխվեց Ամերիկա և աշխատանքի մտավ «Ղարիբ Մշեցի» պանդոկի տնօրեն պարոն Լևոնի մոտ: Միաժամանակ նա գրեթե ծպտված էր ապրում Ֆրեզնոյում, իբրև պարոն Ավետիս: Սակայն պարոն Լևոնը տեղեկանալով Մեհմեդ էֆենդու պատմությանը և հոգեկան տառապանքներին, նրան մի առանձին սենյակ հատկացրեց պանդոկի մեջ, ականատես դառնալով իր ծերացած հայրենակցի վերածնության տենդագին ճիգերին:

Իրեն հատկացված այդ խուցի մեջ, որ գտնվում էր սանդուղների տակ, Մեհմեդ էֆենդին հաստատել էր մի հին խաչքար: Ո՞ր քարգործ վարպետի կերտածն էր և որտեղի՞ց էր բերված՝ հայտնի չէր: Ձեռք էր բերել նաև մի աղոթագիրք: Հավատացնում էր, որ դա Կարմիր իրիցու տան տոհմական ավետարանն էր, որի վրա հայդուկներ էին երդվել: Մեջտեղի թերթերից մեկի ճակատին գրված էր՝ «Բարով արժանանաք կարմիր գնդակի հրեղեն համբույրին»: Ինքը, պանդոկի տնօրեն պարոն Լևոնը չէր հավատում ոչ աստծո գոյությանը և ոչ էլ խաչի ու ավետարանի զորությանը, բայց չէր խանգարում, եթե մեկը հավատքով փարված էր դրանց և անկեղծ ապաշխարանքով ուզում էր շտկել իր խոշտանգված հոգին:

Մեհմեդը իսպառ քաշվել էր քաղաքականությունից և զբաղված էր միայն դրանով: Ամեն երեկո, քնելուց առաջ նա ծունկի իջնելով պատի մեջ ագուցված խաչքարի առաջ և ավետարանը բաց անելով, սկսում էր աղոթել: «Ես աշխարհի ամենադժբախտ մարդն եմ, — ասում էր Մեհմեդ էֆենդին, — որովհետև ես կորցրի ամեն ինչ. և առողջություն, և զավակներ, և՛ կին, և՛ մնացի բոլորովին մենակ: Ես վանքից ելած եմ և մեջիտի մեջ էլ տեղ չունեմ: Բայց ես միաժամանակ ամենաազատ մարդն եմ, բոլորովին ազատ, քանի որ իմ տե՛րը ոչ այլ ոք է, քան իմ ներքին մարդը: Ինձ ուժը հարկադրեց դուրս ելնել շիտակ ճանապարհից: Թեև գիտեմ, օգուտ չունի նորից այդ ճանապարհին դառնալը, որովհետև շատ ուշ է, բայց կուզեմ մխիթարել իմ ներքին մարդը և նվազեցնել ատելությունը իմ անձի հանդեպ»: Եվ ամեն անգամ իր աղոթքն ավարտում էր այսպես. «Դառնամ աղոթարան սուրբ էջմիածին, աստված, երկինք, գետինք ես հայ եմ»:

Ավետարանի և խաչքարի կողքին էր դրված այն կանթեղը, որով նա գրեթե ամեն երեկո գնում էր հոգնած, մոլորված հայ տարագիրներ որոնելու պանդոկի շրջակայքի ամայի տարածություններում:

Ոչ ոք չէր այցելում Մեհմեդ էֆենդու այդ առանձնարանը, որ ներքուստ մի փոքրիկ մատուռի տպավորություն էր թողնում: Այդտեղ էր քնում, պատի երկայնքով դրված ցածլիկ թախտի վրա: Այդտեղ էր ճաշում, այդտեղ էր խմում իր սուրճը: Այդտեղ էր աղոթում ու ապաշխարհում, հեռու աշխարհի աղմկալի առօրյայից: նորանոր սուլթաններ ու թագավորներ հերթով ելնում ու իջնում էին իրենց գահերից: Մի բռնապետ

հաջորդում էր մյուսին, իսկ նա անհաղորդ այդ ամենին շարունակում էր վառել դեղին մոմերը խաչքարի առաջ:

Մի հին սնացած խաչքար: Կառչել էր դրան ու պոկ չէր գալիս: Այդ էր դարձել այժմ իր հավատքի և հույսի միակ հենարանը: Երազի պես իր աչքերի առջևով գալիս անցնում էին Մանազկերտի Իկնա գյուղի պատկերները, իր ծննդավայրի ոսկեղեն օրերի թովիչ տեսարանները, երբ ինքը երիտասարդ վարժապետ էր պարոն Ավետիս անունով:

Հիշում էր և ուշագնաց ընկնում խորանին, իր արցունքով հանգցնելով մաշված խաչքարի առաջ առկայծող դեղնամոմերը:

ԲՐԱԲԻՈՆ ԾԱՂԻԿԸ

Հետևելով Անդրանիկի օրինակին, Մախլուտոն նույնպես որոշեց զբաղվել արհեստով: Նա Ֆրեզնոյում բաց արեց սռլկարի արհեստանոց: Առաջին անգամ նա այդ արհեստը բանեցրել էր Սասունում, նորոգելով Շապինանդի ոտնամանները: Այնուհետև դեպքից-դեպք օգնել էր հայդուկներին՝ նրանց ոտնամանները կարկատելով: Կոշկակարությունը միաժամանակ օգտակար եղավ նրա համար: Ապա կարճ ժամանակով Մախլուտոն մի սրճարան բացեց Լոս-Անջելոսում: Սակայն շուտով հայրենակցական մի միություն, որ հիմնադրվել էր 1917 թվականին, Ֆրեզնոյի իր մասնաճյուղի միջոցով Մախլուտոյին նշանակեց միության կենտրոնական վարչության նախագահ: Այդ միության նպատակն էր օգնել գաղթաշխարհի կարիքավոր տարոնցիներին և զարկ տալ նրանց կրթական ու տընտեսական վերելքին:

1926 թվականի նոյեմբերին, Մախլուտոն Անդրանիկին անակնկալի բերելով, մեծ հանդիսավորությամբ նշեց Վանքի կռվի 25-ամյակը: Իր պատասխան խոսքում Անդրանիկը մանրամասն նկարագրեց այդ պատմական կռիվը և այդ կռվում զոհված իր ֆիդայիներին հիշելով՝ դառնորեն լաց եղավ:

Խոսքն ու զրույցը վանքի դեպքերի վրայով հասավ Հայաստանի հանրապետության հետ ունեցած վեճին:

— Ես, — ասաց զորավարը, — հեռացա Արարատյան հանրապետությունից, որպեսզի մասնակից չլինեմ այն անմիտ և անպատվաբեր գործունեությանը, որին նվիրվեցին նրա վարիչները առաջին իսկ օրից: Մի շենք շինելու համար հմուտ ճարտարապետներ են պետք: Դաշնակ հանրապետությունը վիժեցավ, որովհետև անոր ղեկավարները այդ շենքի հիմքը դրին օդի մեջ, փոխանակ հաստատուն գետնի վրա դնելու:

Մի գիշեր Մախլուտոն շտապ կանչվեց ծովափ: Կալիֆոռնիայի Չիքո կոչվող ջերմուկներից մեկում մեռնում էր Անդրանիկը:

— Եկա՞ր, Մախլուտո, — ասաց զորավարը նրա գլուխը գրկելով:

— Ես իմ ամբողջ կյանքում Բրաբիոն ծաղիկը փընտրեցի աշխարհում: Ես էլ, դու էլ այդ ծաղկի ետնից գնացինք:

Խենթ էինք և խենթի երազ ունեինք: Ոչ ոք դեռ չի գտել այդ ծաղիկը: Ասում են այդպիսի ծաղիկ չկա: Բայց եղան մարդիկ, որ մեզնից շուտ գտան դեպի այդ ծաղիկը տանող շիտակ ճամփան: Մենք սխալ կողմից փնտրտուքի ելանք և մոլորվեցինք քերծերում:

Ի՜նչ ծանր էր այն օրը, երբ ինքը իր զինվորներով գնդապետ Գիբոնի հետ ոտք դրեց բրիտանական փոխադրանավի վրա:

Այդ լուսաբացին երկու բարձրագոչ սուլիչ հնչեց: Մեկը գոռաց դեպի Եվրոպա, այդ իրենց ռազմանավն էր, որ շարժվում էր արևմուտք, իսկ մյուսը Բաթումից դեպի արևելք մեկնող շոգեկառքն էր, որ իր զինվորներին ու սպաներին տանում էր դեպի հարավ, դեպի Հայաստան: Ինքը ռազմանավի տախտակամածից ձեռքերը կրծքին ծալած երկար-երկար նայեց դեպի Հայաստան սլացող այդ շոգեկառքի ետնից, որի մեջ էր նաև իր հին հայդուկ Հաջի Գևոն՝ սուլոցը շուրթերին: Դեռ երբեք նա այդքան տխուր չէր սուլել իր հռչակավոր լոլոն:

Եվրոպա մեկնող փոխադրանավը լիքն էր Պարսկաստանից հայրենիք վերադարձող անգլիացի զինվորներով: Նավի տախտակամածի մի անկյունում օտար համազգեստներով և անծանոթ ու օտար լեզվով խոսող զինվորականների մի խումբ կար: Այդ իրենք էին՝ հայերը: Հաղթել էին դաշնակիցները և անգլիացի զինվորները տուն էին դառնում տոնական տրամադրությամբ: Գոհ էր և դաշնակից հրամանատարության ներկայացուցիչ գնդապետ Գիբոնը:

Այդ այն երջանիկ օրն էր, որ անգլիացի զինվորները երազել էին օտար երկնքների տակ մղած կռիվների միջոցին: Նրանց համար հաղթության ու խաղաղության տոնախմբությունները իմաստ ունեին: Իսկ հայերի խմբի համար դա վերադարձ չէր դեպի հայրենիք: Հայերը նրանց համեմատությամբ աքսորյալներ էին, որոնց տեսողության առաջ կար սրախողխող մի երկիր: Իրենք այդ մարդկանց հետ կողք-կողքի քաջաբար կռվել էին թշնամու դեմ, բայց այժմ օտարականներ էին նրանց միջավայրում: Դաշնակիցներից հուսախաբ, լքված օտարականներ:

Անդրանիկը ակամա հիշեց իր հայ կամավորներից մեկին, որին նա իր համար ընդմիշտ կորած էր համարում: Բոլոր հերոսական դեմքերը չքացան իր տեսադաշտից, իսկ այդ մեկը վերջին պահին եկավ և համառորեն կանգնեց իր աչքերի առաջ:

Գլուխը վիրակապված էր, ձեռքը վիրակապով վզից կախ: Թավրիզեցի էր, անունը Հայկ: Չմեռ էր ու ձյուն: Դութա՞ղն էր, Մու՞շն էր արդյոք, չկարողացավ ստույգ որոշել: Գուցե Բաղեշն էր կամ Ռահվե-Դուրանը: Բասենն էր գուցե: Հայկ Բժշկյանը մի անգամ եկավ իր մոտ և զայրացած ասաց. «Խաբված ենք, մեծ հայդուկ, դառնորեն, անխղճորեն խաբված ենք: Բոլորս միասին ազգովին խաբված ենք»: Ասաց ու ծանր քայլերով հեռացավ: Երկար ժամանակ ձյուների վրա լսվում էր նրա ոտնաձայնը, երևում էր խռոված կամավորի բեկբեկուն ստվերը:

Անդրանիկը այլևս չտեսավ նրան:

Բժշկյանը ատելությամբ լցված ցարական կարգերի հանդեպ, այդ օրվանից կտրուկ շրջադարձ կատարեց դեպի հեղափոխություն, կամավորական մարտիկի իր տոկուն կամքը կոփելով ռուսական հեղափոխության կարմիր հրդեհի մեջ, այդ հրդեհի բոցերի մեջ տեսնելով Հայաստանի և ամբողջ աշխարհի ազատագրության արշալույսը: Բժշկյանը կազմակերպեց իր Երկաթե դիվիզիան, պայքարի ելնելով հեղափոխության թշնամիների դեմ, դոփելով լայնածավալ Ռուսաստանի մի ծայրից մյուսը: Նա դարձավ հեղափոխական բանակի հրամանատար, իսկ այնուհետև նշանակվեց Սովետական Հայաստանի ռազմական կոմիսար: Նրա ետևից գնացին Սարդարապատի և Բաշ-Ապարանի ճակատամարտին մասնակցած շատ հայ մարտիկներ և Հայաստանում աճող զինվորական նոր սերունդը: Իսկ ի՞նքը: Ինքը մնաց իր հայդուկների, իր կամավորական և երկրապահ գնդերի, իր հայկական առանձին հարվածող զորամասի հետ, վերջին պահին հարկադրական բնակավայր ընտրելով հեռավոր Կալիֆոռնիան:

Թավրիզեցի խիզախ կամավորը այդ ժամանակ մի հասարակ դասալիք թվաց իրեն, ապազգայնացած մի զինվոր: Այդպես թվացին բոլոր նրանք, որ նեցուկ չեղան իրեն: Այդ նույն զինվորն այժմ կանգնած էր իր առաջ գեղադեմ ու բարձրահասակ, ճակատով հստակ և ընթացքով հաստատ: Այո, գուցե այդ էր իսկապես ուրիշ ճանապարհը: Այդ էր դեպի Բրաբիոն ծաղիկը տանող միակ վստահելի ուղին:

— Մախլուտո, մի փոքրիկ գեղեցիկ երկիր է փթթում Արաքսի ափին: Իմ դժվարագյուտ ծաղիկը այդ է և նրան են վերջին պահին իմ աչքերն ուղղված, — ասաց մահամերձը: — Կուզեմ, որ այդ կարմիր ծաղիկը բարգավաճի ու զորանա: Պետք է ուժ տալ ներկա Հայաստանին: Նա է մեր ապագա հույսերի խարիսխը:

— Իմ կյանքի ամենաուրախ պահը այն է եղել, — շարունակեց Շապինանդը, — երբ Առաքելոց վանքի մեջ մի բուռ հայդուկներով կռվում էինք սուլթան Համիդի կանոնավոր զորքի դեմ, մեկ էլ այն, երբ ֆիդայի քահանան զենքը ձեռքին կանգնած էր Գևորգ Չաուշի և իմ կողքին, և մշեցի հայ կանայք մեզ համար դիրքեր էին փորում վանքի պարիսպների մոտ: Իմ ամենատխուր պահը այն էր, երբ Գևորգի մահվան բոթը առա: Իմ երկրորդ սև օրը այն էր, երբ հայրենիքից հեռու, Բերդաքաղաքի անկման լուրը բերին ինձ: Բոլորին ասել եմ ու դարձյալ կկրկնեմ. երբ իրիկունը գլուխներդ բարձին կդնեք, որ քնանաք, մի քիչ մտածեք ձեր ազգի մասին, այնուհետև մտածեք ձեր հարևանի մասին հայ լինի նա, թուրք լինի, վրացի լինի, ով կուզի լինի, և բարի մտածեք:

Փոքր-ինչ շունչ առնելով ավելացրեց,

— Երկու բան սիրեցի աշխարհում— որբ մանուկն ու թըշվառները: Եթե իմ ժողովուրդը կուզի իմ ՛մահից հետո պատիվ անել ինձ, ես իմ արձանը չեմ ուզեր, փառավոր թաղում չեմ ուզեր, թող հայ ժողովուրդը կանգնեցնի ավերակ դարձած Առաքելոց վանքը և այնտեղ հիմնի մի ուսումնարան հայ մանուկների համար:

Վերջին խոսքը եղավ՝ մահս չեմ հոգար, այլ գործս, որ կիսատ մնաց:

Լուսադեմին Շապինանդը չկար:

Նրա մարմինը զմռսեցին և մահից ութ օր վերջը փոխադրեցին հայոց եկեղեցին: Հաջորդ օրը տարան թաղելու: Դագաղի առջևից ընթանում էր մի նժույգ՝ թամբին զինվորի համազգեստ և հրացան: Երբ թափորը հասավ «Արարատյան գերեզմանատուն», հայ երիտասարդները վերևից ինքնաթիռով վարդեր շաղ տվին նրա դագաղին: Բայց դագաղը հողը չդրին, այլ վերցրին ու կրկին եկեղեցի տարան:

Չորս ամիս հետո, Ֆրեզնոյի հայերը Սան–ֆրանցիսկոյի ֆրանսիական հյուպատոսի միջոցով բախեցին Փարիզի դուռը: Անդրանիկը «Պատվո լեգիոն» շքանշանով պարգևատրված էր ֆրանսիական կառավարության կողմից և Փարիզը նրան տեղ տվեց իր հերոսների պանթեոնում՝ Կոմունարների պատի մոտ:

Ու 1928 թվականի հունվարի 8-ին հայերը Ֆրեզնոյից ճամփա ելան դեպի Փարիզ իրենց հետ տանելով ազգային հերոսի դին:

Դրեցին հյուսված դամ բանի մեջ ու տարան: Աշխարհի բոլոր ծագերից հազարավոր հայեր էին շտապել Փարիզ հուղարկավորությանը մասնակցելու: ներկա էին նաև եվրոպական դաշնակից պետությունների զինվորական պատվիրակությունները: Դիակառքի մոտով գլխահակ քայլում էր զորավար Մախլուտոն զինակից հայդուկների խմբով: Մախլուտոյից անբաժան ընթանում էր Ղարիբը— Մոսե մայրիկի ձիու առջևից գնացող զինվորը: Ետևից համընթաց քայլում էին բարձրաստիճան հայ և օտարազգի զինվորականներ, ֆըրանսիացի զորավարներ, հայ և բուլղար զինվորներ, Մարսելում, Լիոնում և Փարիզում ապրող հին կամավորներ:

Աֆրիկայից եկել էր «Ցա Մարաթուկ» հարգոն, որ Անդրանիկի շինած աթոռներից մեկը Ամերիկայից հասցրել էր Գանայի Ակրա քաղաքը:

Գիբոնն էլ այնտեղ էր, Զանգեզուրի լեռներում սառած անգլիացի գնդապետը: Մոռանալով Անդրանիկի պատիժը, ծերունի զինվորականը բրիտանական իր դղյակից հասել էր Փարիզ, իր հետ բերելով «Սպիտակ ձիավոր» գիրքը, որի մեջ նկարագրել էր զորավար Անդրանիկի և նրա բանակի հաղթական երթը Գորիսից մինչև Էջմիածին: «Այդ մարդը բոլորովին տարբեր էր մինչև այն ատեն Կովկասի մեջ իմ տեսած բոլոր մարդկանցից, — գրել էր նա իր գրքում: — Անդրանիկի մեջ մի տեսակ մագնիսականություն կար, որ ամեն բան դեպի իրեն կքաշեր, ու ես առաջին իսկ հանդիպումից նրա ցանցերի մեջ բռնված էի: Նրա զորքերը առաջին իրական զորքերն էին, որ ես երբևիցե տեսած կամ: Չափազանցություն չպիտի լինի երբեք ասել, թե առաջին աշխարհամարտը ավելի հերոսական, ավելի դրամատիկ և ավելի հատկանշական մի անձնավորություն է ատադրած, քան այս հայոց զորավարը»:

Հուղարկավորներից բոլորովին առանձին և գլուխը կախ մի մարդ էր քայլում, որ այս տխուր առիթով եկել էր Ֆրանսիա: Դա Մեհմեդ էֆենդին էր: Մի քանի անգամ նա փորձ արեց մոտենալ դագաղակիրներին, բայց ձեռքը մնաց օդի մեջ: Դագաղը նրա մատն երին քսվելով բարձրացավ վեր, ավելի վեր. կարծես թռչում էր երկինք: Նույնիսկ մահվան գրկում Շապինանդը անհասանելի բարձրության մեջ էր: Նա ծնվել էր արծվային թռիչքների համար և հանգչում էր իբրև արծիվ բարձրության վրա:

Դագաղը ուսամբարձ հասավ Պեր Լաշեզ և Մախլուտոյի դամբանականի և ֆիդայիների պատվո համազարկի տակ իջավ գերեզման:

Ֆրանսիան նույնպես պատվո համազարկ տվեց: Անդրանիկի մահից հետո Մախլուտոն առմիշտ թողեց Լոս–Անջելոսն ու «Ղարիբ Մշեցի» պանդոկը և հաստատվեց Փարիզում: Եվ այնուհետև նա երկար տարիներ չբաժանվեց ոչ Ֆրանսիայից, ոչ էլ իր սիրած հայդուկապետի գերեզմանից: Շատ մեծանուն քաջերի միջով անցավ, բայց Անդրանիկի պես քաջի և հայրենասերի այլևս չհանդիպեց: Շատ վայրեր թափառեց, շատ քաղաքներ տեսավ, բայց մի քաղաք մնաց նրա սրտում և նրա աչքերի առաջ — Մ ուշը:

Տեսավ շատ գեղեցիկ դաշտեր, ծաղկավետ հովիտներ, բայց մի դաշտ մնաց նրա հայացքի տակ՝ Մշո դաշտը և մեն-մի ծաղիկ՝ դժվարագյուտ ու անհասանելի՝ Երկիր Հայաստան: Ու կարոտելով կարոտեց նա այդ բրաբիոն ծաղիկը և ծերանալով մաշվեց նրա կարոտից:

ԿԱՊՈՒՅՏ ՆԺՈՒՅԳԻ ՎԱԽՃԱՆԸ

«Ղարիբ Մշեցի» պանդոկի տնօրեն պարոն Լևոնը գրեթե մենակ մնաց Ֆրեզնոյում: Հայեր շատ կային այնտեղ: ՛Նրանք դարձյալ հավաքվում էին իր պանդոկը: նվագախումբը առաջվա պես թնդում էր և Մեհմեդ էֆենդին դարձյալ լուսարձակը ձեռքին գնում էր հայ պանդուխտներին և անտուն ուղևորներին պանդոկի ճանապարհը ցույց տալու: Ծերացել էր Մեհմեդ էֆենդին:

Երկրորդ ամիսն էր, որ նրան մի ուրիշ պարտականություն էլ էր հանձնված: Զորավարը մահից առաջ իր սուրը ուղարկել էր Սովետական

Հայաստանի պատմական թանգարանը, իսկ ձին նվիրել էր պարոն Լևոնին: Պանդոկի տնօրենը Ասլանի խնամքը դրել էր Մեհմեդ էֆենդու վրա: Ամեն առավոտ ծերունի Մեհմեդը քերիչով և սառը ջրով լվանում էր Ասլանին, թիմարում էր և կերակրում: Եվ շատ զբոսաշրջիկներ պարոն Լևոնի պանդոկն էին գալիս այդ առասպելական նժույգին տեսնելու: Պատմում էին, որ այդ ձիու թամբի տակ նշմարվում էին Մոսե Իմոյի աջ ձեռքի հետքերը: Բայց Մոսե Իմոն փոխանակ ձեռքը երեք անգամ զարկելու Ասլանի մեջքին, ինչպես թելադրել էր Պայթող Աղբյուրի Հրեղեն ձին, սխալմամբ երկու անգամ էր դրոշմ եղ և Ասլանը այդ սխալից իբրև թե ենթակա էր շուտափույթ մահվան: Առանց այդ էլ նա սովորական ձիերից երկար էր ապրել:

Առաջին տարիներին այնքան փոթորկային էր դարձել ասորի ցեղապետի մտրուկը, որ Կայծակ Անդրեասը Ռահվե-Դուրանում հազիվ էր կարողացել զսպել նրան երկու սանձ դնելով բերանին: նույնիսկ այդ վիճակում ձին շատ ուժեղ էր խածել նրա թևը: Անդրեասը Դիլմանի և Բաղեշի ճակատամարտի ժամանակ ցավալիորեն նկատել էր, որ իսկապես մի ինչ-որ ճակատագրական սխալմունք էր կատարված այդ նժույգի հետ, որը և արագացնելու էր նրա անկումը: Հին հայդուկը մտածում էր, որ եթե Մոսե Իմոն իր ձեռքը երեք անգամ դաճած լիներ ձիու կողամեջքին, Ասլանը կարող էր բոլորովին անմատչելի դառնալ մարդ արարածի համար, խորտակելով բոլոր սանձերը և թռչելով դեպի երկինք:

Ֆրանսիայից մի երևելի քանդակագործ էր եկել Ամերիկա: նա խնդրել էր, որ զորավարի ձին բերվի ծովափ՝ Հայդուկ ձիավորի քանդակը կերտելու համար: Այդ քարե հեծյալը դրվելու էր Պեր Լաշեզում Շապինանդի դամբարանին: Պարոն Լևոնը Մեհմեդ էֆենդուն կարգադրեց զորավարի ձին երկու օրով ծովափ տանել:

Ծովափը Լոս–Անջելոսի մոտ էր:

Ֆրանսիացին Ասլանին թեքությամբ կանգնեցրեց մի հսկա ապառաժի՝ գլուխը դեպի ծովը, և ոգևորությամբ գործի անցավ: Օվկիանոսի մուգ նարնջագույն ալիքները շառաչյունով գալիս զարկվում էին ժայռերին և սպիտակ փրփուրների վերածվելով, աղմկալի ետ դառնալով փլվում էին ետևից եկող կապույտ ալիքների վրա:

Իրիկնադեմին, երբ ֆրանսիացին ավարտել էր ձիու քանդակը քարե հեծյալով, Ասլանը հանկարծ քարաժայռից թռիչք գործեց դեպի օվկիանոսի ամեհի ջրերը: Չին գնալով հեռացավ եզերքից: Մեհմեդ էֆենդին անթարթափ վախեցած աչքերով նայեց նրա ետևից: «Հիմա ետ կգա», — անցավ նրա մտքով: Բայց նժույգը մաքառելով ալիքների հետ լողում էր դեպի օվկիանի մթնած ջրերը, մանրաամբակ սրունքները գետնից կտրած և պոչը ցցած դեպի վեր:

«Այդ ձին այլևս ետ չի գա», — մտածեց Մեհմեդ էֆենդին և մի սարսուռ անցավ նրա մարմնով: Վրայի շորերը արագությամբ հանելով շպրտեց ժայռերին և իրեն նետեց ջուրը:

Ջին բավական հեռացել էր ափից: Միայն նրա սպիտակ բաշն էր երևում ալիքներից վեր և գոլավոր ցցված պոչը: Լողաց Մեհմեդ էֆենդին: Ճեղքում էր աhռելի ջրերը, որ հասնի նրա ետևից: Թևերը հոգնեցին: Աստված իմ, ու՞ր է գնում Ասլանը: — Ասլա՛ն, ետ դարձիր: Ու՞ր ես գնում, Ասլան, — կանչում էր ծերունի լողորդը բազուկները անհուսորեն ալիքներին բախելով: Բայց նժույգը ձուլվել էր օվկիանին և անարգել գնում էր դեպի նրա ջրերի խորքը: Փոքրիկ, գեղեցիկ գլուխը ալիքներից վեր բարձր պահած ու ռունգերը լայն բացած, նա կարծես ոչ թե լողում, այլ սրարշավ վազում էր կապույտ բլուրների վրայով: Քանի–քանի անգամ կուրծքը այդպես հողմերին տված նա Տավրոսի ձյուները ճեղքելով իր հեծյալին Սասնա լեռներից թռցրել էր դեպի առեղծվածային Սմբատաբերդը:

Բոլորովին հոգնեց ծերունի Մեհմեդը: նրա բազուկները սաստիկ տկարացան: Եվ ի՞նչ էր ուզում այդ թշվառ մարդը* օվկիանոսի երախից փրկել մի խորտակվող նժույգ: Ծովափին հավաքված մարդիկ տեսնում էին, թե ինչպես այդ հանդուգն ծառայապետը մաքառում էր ու չէր հասնում նպատակին, չէր կարողանում բռնել ձիու բաշը: Ավա՜ղ, նա այլևս ոչ կարող էր Ասլանին հասնել, ոչ ավազոտ եզերքին: Ինչպե՞ս կարող էր Մեհմեդ էֆենդին սանձել մի հողմաթռիչ երիվարի: Ինչպե՞ս կարող էր հասնել մի անհասելի

բարձրության: Անհունորեն տարբեր էին նրանք իրարից: Օ՜, ի՜նչ ճակատագրական սխալ կատարեց «Ղարիբ Մշեցի» պանդոկի տնօրենը: Քիչ հետո Ասլանը այլևս չերևաց:

Նա անհետացավ ջրերի մեջ, ալիքների և ամպերի սահմանագծում: Աորի ցեղապետի ձին, որին ոչ Ռահվե–Դուրանի մոլեգին ձնաբուքը հաղթեց, ոչ Ջանգեզուրյան լեռների ահեղաշունչ քամին, ընկղմվեց օտար օվկիանոսի ալիքների ու ամպերի տակ: նրանից բավական հեռավորության վրա անհետացավ Մեհմեդ էֆենդին: Մեկը ջրերից էր ծնվել և գնաց ջրերի խորքը, միացավ իր տարերքին, մյուսը կուլ գնաց այդ տարերքին: Մեկը նժույգն էր հայդուկապետի, իսկ մյուսը մի հավատափոխ մանազկերտցի վարժապետ:

Քարաժայռին նետված բաճկոնի ծոցագրպանում գտան մի թրջված թուղթ, որ չորացնելով դժվարությամբ վերծանեցին. «Կուզա՞ս հետս քեզի տանեմ մեր երկիր, տես իմա՛լ անուշ երկիր է, իմա՛լ ժողովուրդ ունինք: Արժի, որ մեռնենք էնոր համար»:

Գևորգ Չաուշն էր գրել, բայց հայտնի չէր, թե ում, երբ և ինչ առիթով:

Տակը ավելացված էր. «Ես այդ անուշ երկրին ու ժողովրդին ծառայելու համար հայությունից իսլամ դարձա: Մեղա քեզ աստված: Մեհմեդ էֆենդի»:

ՎԵՐԱԴԱՐՁ

1947 թվականի սեպտեմբերին Ֆրանսիայից Հայաստան եկավ մի ծերունի զինվորական: Նա շոգենավ նստեց Մարսելում հայրենիք ներգաղթող ֆրանսահայերի առաջին խմբի հետ:

Մի օր առաջ նա Փարիզում էր: Այդ օրը գուցե նա միակ մարդն էր ամբողջ քաղաքում, որ վաղ արթնանալով գնացել էր Պեր Լաշեզ: Գնացել էր բարով մնաս ասելու քարե հեծյալին, որ մոլեգին նժույգը սանձած Եվրոպայի դաժան մրշուշների միջից նայում էր դեպի Հայաստան:

Երկրորդ աշխարհամարտի տարիներին ծերունի զինվորականը օգնել էր ֆրանսիական պարտիզաններին ընդդեմ հիտլերյան զավթիչների: Նրան իր մի քանի հայրենակիցներ խորհուրդ չէին տվել Ֆրանսիայից հեռանալ: Բայց նա նավ էր մտել նրանցից գաղտնի: Ուղղակի կառչել էր շոգենավից խնդրելով, որ իրեն Հայաստան տանեն: Ու մի առավոտ հայտնվեց Երևանում:

Գեղադեմ, բարձրահասակ մի զինվորական էր, հին ֆիդայի, որին ամենքը զորավար էին ասում: Ձեռքին զենք չկար:

Զենքի Փոխարեն հիմա նա ձեռնափայտ էր կրում, որին հենվում էր կանգնած ժամանակ: Քաղաքը գրեթե անծանոթ էր իրեն: Սերունդը փոխված էր: Իր տեսած առաջվա մարդիկ չկային: Քչերն էին մնացել: Բայց ու՞ր էին այդ քչերը: Նկատեց, թե ինչպես մեկ–երկուսը մտերմորեն շշնջացին իրար՝ «Զորավար Մախլուտոն է, Ֆրանսիայից է եկել», զարմացած նայեցին իրեն և արագ հեռացան:

Բոլորովին այլ նայվածք և քայլք ունեին իր սերնդի մարդիկ, իսկ այս նորերինը՝ զարմանալի տարբեր թվացին: Նրանք սաստիկ փութաքայլ էին, ուղղաձիգ և աչքերը անցյալից կտրված, կարծես ամբողջապես մխրճված էին ներկայի և ապագայի մեջ: Տարբեր էր անգամ նրանց խոսքը: Այդ խոսքը թեև հայերեն էր, բայց ուրիշ շեշտ և առոգանություն ուներ, իր համար նույնիսկ փոքր–ինչ անհասկանալի:

Դանդաղ քայլում էր նա և նրա գլխում ոչինչ չէր լսվում, բացի անցյալի ոտնաձայներից: Ամբողջ Մշո դաշտը իր գլխի մեջ էր, տուն առ տուն, տոհմ առ տոհմ: Գիտեր, թե ում դուռը ում բակի վրա էր բացվում, ում երգիկից ինչ գույնի ծուխ էր ելնում և օրվա որ պահին: Սասունն էր իր գլխում: Լայն, խոշոր տրեխներով նրա ուղեղի վրայով անցավ Սպաղանաց Մակարը: Գալեի ոտնաձայնը լսվեց:

Հենվեց ձեռնափայտին: Ծանր տեսարան է, երբ ծեր զինվորականը ապավինում է «երրորդ ոտքին»: Հանեց կապույտ մեծ թաշկինակը և ճակատը սրբեց:

Քիչ մնաց ընկներ: Նա, որ գրեթե պարտված չկար ոչ մի ճակատամարտում, քիչ մնաց սայթաքեր ողորկ մայթի վրա: Բայց այս ո՞վ է հինիին շտապում դեպի իր կողմը: Լսեց մի ծանոթ բացականչություն — «Զորավա՛ր», և տեսավ, թե ինչպես մի տղամարդ դիմացից գալով իր գլուխը առավ զորեղ բազուկների մեջ:

— Էդ դու՞ ես, Բարսեղ: — Եվ Մախլուտոն կրծքին սեղմեց իր ձիապանի, իր հին մարտական զինվորի ճերմակած գլուխը:

— Լսեցի, որ եկել ես: Վազեցի տուն, մի տոպրակ թութուն առա ու եկա:

— Գյուղի՞ց ես գալիս:

— Թալինի Ոսկեթաս գյուղից: Ջրավարը լռեց, հետո,

— Ի՞նչ եղավ Փեթարա Իսրոն:

— Նա վաղուց չկա:

— Տեր Քաջի Ադա մը:

— Նա նմանապես: Մախլուտոն փղձկաց:

— Մորուք Կարոյի մասին չեմ հարցնում, — ասաց նա գլխարկը ծածկելով, — որովհետև նրա վերջաբանը ինձ հայտնի է: Նրա և Ջնգլիկ Պետոյի մասնակցությունը քրդական շարժումներին շատ կարճատև եղավ: Հազիվ Պարսկաստան հասած՝ ապստամբությունն արդեն ճնշված էր և ապստամբության առաջնորդ Սալիմ բեկը (վերջերս Շեյխ Ջիլանը այդ անունով էր կոչվում) խաբված և տարված անհայտ ուղղությամբ: Իսկ գիտե՞ս, թե ով էր Շեյխ Ջիլանը: Դա մեր հին հայդուկ «Բրինդարն» էր Խնուսի Հարամիկ գյուղից, որ Մառնիկի անտառում ծառերի չոր եղրերը կեղևելով, անծուխ կրակ էր շինում իր ազգի համաշխարհային վեճը լուծելու համար, երազելով այն օրը, որ Գևորգ Չաուշը իրեն մի հրացան արտոնի՝ որևէ ճակատամարտում իր քաջությունը ցուցաբերելու:

Շեյխ Ջիլանի ապստամբությունը աշխարհը ցնցեց: Ահա թե ինչ բան է ազատասեր հայ ֆիդային: Շեյխ Ջիլանի հետ եղել են քուրդ Հասանոն և ասորի Աբդելոն: Վերջում Մասիսի լանջերին հայտնվել է Քոլոզ անունով մի քուրդ իր կնոջ հետ: Քոլոզը՝ դա Ամինոն էր, որի հարսանիքին մենք ներկա եղանք Ալի բեկին ահաբեկելով, և որը հետո իր նորահարսի հետ Ֆարխինի կողմերը փախչելով, ծծումբ ու վառոդ էր ուղարկում մեզ սուլթանի դեմ կռվելու համար: Այդ երեքն էլ՝ քուրդ Հասանոն, ասորի Աբդելոն և Քոլոզը իր կնոջ հետ, սպանվել են Օրգովի տակ, Շեյխ Ջիլանի առաջնորդությամբ Վանի վրա շարժվելու ճանապարհին: Անգլիացիների մատը խառն էր Սալիմ բեկի ապստամբությանը, և հակառակորդը շատ նեղն էր ընկած: Նա դիմեց օգնության: Ռիզա շահը փոքր Մասիսը հանձնեց թուրքերին և դրանով հարցը փակվեց:

— Հայտնի չէ՞, թե ինչ ուղղությամբ են տարել Սալիմ բեկին:

— Նա մոտավորապես գտնվել է այն վայրում, որտեղ իր վերջին օրերն է անցկացրել Դժոխք Չոլոն:

— Իսկ Մորուքը և Պետոն ո՞ղջ են:

— Նրանք Պարսկաստանից անցել էին Բաղդադ, Բաղդադից՝ Լիբանան: Մորուքը ծպտված էր ապրում, որովհետև Պարսկաստանում եղած ժամանակ նա սպանել էր մի անգլիացի սպայի, որը իր ներկայությամբ պարծեցել էր, թե ինչպես Անդրկասպյան ավազներում մասնակցել էր Ստեփան Շահումյանի և իր ընկերների գնդակահարությանը: Պետոն միաժամանակ ապրել է Գամբշլիում և Հալեպում: Վերջին կայանը Բեյրութն էր: Բեյրութում էին ապրում նաև Ցրոնաց Սուշիկը և «սասունցիների պոլկի» շատ երևելի զինվորներ: Վերջին տարիներին Ջնգլիկ Պետոն Անթիլիասի վանքում մեղվապահ դարձավ: Նա ամեն տարի Լիբանանի սարերով կոխում էր սահմանագլուխը, Տիգրանակերտի դաշտով հասնում էր Սասուն, կռանում խմում էր Անդոկի աղբյուրից և մի սափոր ջուր վերցնելով Մորուք Կարոյի համար, նորից սահմանը կոխելով վերադառնում էր Բեյրութ: Ո՞վ է իր ծննդավայրը այդպես սիրել:

— Եվ մեռա՞ն:

— Երկուսն էլ: Մորուքը՝ Պարսկաստանի Համ ադան քաղաքում, իսկ Պետոն՝ Բեյրութում: Երկուսն էլ մեռան հայրենիքի կարոտը իրենց սրտում: Միգուցե մենք շատ բաներում սխալ ենք գործել, Բարսեղ: Հնարավոր է, որ մեր պայքարի ուղին ճիշտ չի եղել, բայց մեր սերնդի միտքը ազնիվ էր և մեր դատը արդար: Ապիկար կլինեն այն մարդիկ, որոնք այժմ կամ ապագայում կփորձեն մեղադրել մեզ առանց խորամուխ լինելու մեր ապրած ժամանակի և պայմանների մեջ: Մենք այն ենք, ինչպես եղանք — մի քանի տասնյակ, գուցե և հարյուրավոր դաշտեցի և սարեցի ռանչպար գյուղացիներ, որ կռվում էին մեր ժողովրդի պատվի և ազատության համար, և այժմ բաց ճակատով ու խոցոտված սրտով կանգնած ենք պատմության դատաստանին: — Չքայլե՞նք մի քիչ — առաջարկեց Մախլուտոն: — Ուղում եմ անվերջ շրջել: Տեսնելիք շատ բան կա: Հա, ասացիր, որ ինձ ծխախոտ ես բերեր Շատ շնորհակալ եմ: Այս կապոցը մի քանի ամիս կբավե ինձ: Ֆըրանսիական գլանակներ ունեմ մոտս: Վերցրու քաշիր, տես կհավանե՞ս: Ինձ դուր չեն գալիս, փաթեթը սիրուն է, բայց մեջը համ չկա: Երևանում մեր երկրացիներից շա՞տ կան, — հարցրեց Մախլուտոն կանգ առնելով և նորից հենվելով զավազանին:

— Շատ կան, զորավար: Մոտ հարյուր հիսուն հազար մըշեցի կա Հայաստանում: նույնքան էլ սասունցի, հին և նոր սերունդը միասին հաշված:

— Ի՜նչ ուրախալի բան ասացիր: Իսկ ի՞նչ գիտես հին նայգուն Հաջի Գնոյի մասին:

— Իմ լսելով Հաջի Գնոն հսկիչ էր Թոխմախան լճի կարմիր քարհանքերի վրա: Դարձյալ չերքեզկան հագին էր, երկար չիբուխը բռի մեջ և Մանազկերտի «լոլոն» շրթունքներին: Վերջին տարիներին ապրում էր Բաթումում : Այնտեղ էլ մեռել է, իսկ հարսը և թոռները կան: Դու քո մասին պատմիր, զորավար, որտե՞ղ ես իջել:

— Ղարիբի մոտ: Հիշու՞մ ես Սոսե մայրիկի ձիու առջևից գնացող ձիավորին: նրա մոտ եմ իջել: Ղարիբը Ֆրանսիայից Հայաստան է ներգաղթել տաս տարի առաջ:Ապրում է Ֆիրդուսու փողոցի վրա: Հարևանները պատմել էին, որ Անդրանիկը 1916-ին փոխարքայի մոտից Բաղեշ վերադարձին իր ձին մի քանի ժամով կապել է այդ տան ներքնաhարկում: Եվ Ղարիբը այդ տունն է ընտրել բնակության համար: Երևան hասա թե չէ, Ղարիբը դիմավորեց ինձ կայարանում և ժամանակավորապես տարավ իր մոտ:

նրանք զրուցելով hասան Ֆիրդուսու փողոցը և բաժանվեցին: Բարսեղը վերադարձավ գյուղ, խոստանալով նորից, hանդիպել:

ԶԲՈՍԱՅԳՈՒ ՎԵՐԱԿԱՑՈՒՆ

Լենինյան շրջկոմի երիտասարդ քարտուղարը նոր էր մտել իր աշխատասենյակը, երբ քարտուղարուհին ծանուցեց, թե Ֆրանսիայից եկած մի հայրենադարձ է ուզում իրեն տեսնել:

— Հրավիրիր ներս:.

Ձեռնափայտը բռնած ծանր քայլերով ներս մտավ ծերունի զինվորականը: Քարտուղարը նրան դիմավորեց մուտքի մոտ:

— Տղա, դու մշեցի՞ ես, — մտերմիկ շեշտով նրան դիմեց զորավարը:

— Մշեցի եմ, քեռի: Իսկ դու՞ ով ես:

— Ես Մախլուտոն եմ:

— Զորավար Մախլուտո՞ն:

— Այո, Մուշ քաղաքից:

Անխառն մշեցին անդիմադրելի է զորեղ զգացմունքի առաջ, մանավանդ, երբ իր դեմ երկրացի է կանգնած: Շրջկոմի քարտուղարը զորավարին բարի գալուստ մաղթելով, տարավ նստեցրեց բազմոցին:

Մախլուտոն ձեռնափայտը դրեց կողքը և թաշկինակը hանելով ճակատը սրբեց:

— Կարելի՞ է ծխել:

— Ինչու՞ չէ, խնդրեմ:

Զորավարը փաթաթեց մի գլանակ և սկսեց hանգիստ ծխել, թեև սաստիկ hուզված էր երևում: — Դե, hիմա ասա տեսնենք, թե դու Դաշտի ո՞ր գյուղիցն ես:

— Խասգյուղ:

— Խասգյուղն ուներ չորս թաղ. Տունջո թաղ, Մարաղբյուր, Խաժուռիք և Վերին կամ Գավռցոց: Այդ չորսից ո՞րն էր ձեր թաղը:

— Թաղը չեմ hիշում: Ես խութեցի Երանոսի տղան եմ:

— Զորեպան Երանոսի՞: Այ տղա, ձեր տունը Գավռցոց թաղումն էր, Արջ կոյի ջաղացներից վերև, Մարտո տների դիմաց: Ձեր թոնիրը շաբաթը մեկ անգամ էր վառվում և ծուխը մի քիչ սև էր, որովհետև թաց փայտ էիք վառում։

— Դու իմ հորը տեսա՞ծ կաս, զորավար։

— Ես նրա հետ Բիթլիսից մինչև Սասուն եմ գնացել և ճանապարհին կոտրել եմ նրա խոլինջը։ Երանոսը մեր սուրհանդակն էր և փորը մախաթով կարած։ — Մախաթո՞վ, — զարմացավ շրջկոմի քարտուղարը։

— Բռնաշենի հովիվները կտրեցին։ Քո հայրը վերջին տարիներին վանքի փայտահատն էր և ապրում էր այն խուցի մեջ, ուր Արաբոյի հայրն էր ապրել ժամանակին։ Խեղձը ծառից ընկել էր և աղիքները դուրս թափել։ Շտապ հասցրինք

Բռնաշենի սարը։ Արինոքցի հովիվ Խոդեդանը բռնեց ոտքերից, իսկ դաշտադեմցի Տոնեն մախաթը տաքացնելով այծի սև մազաթելով նրա փորը կարեց։

— Իսկ աղիքնե՞րը։

— Աղիքները հարկավ մեջը գրեց։

— Քո պատմածը հրաշք է, զորավար։

— Հրաշք չէ։ Հրաշքը դու ես, որ խուրջինից ելած երկիր ես կառավարում։

— Ի՞նչ խուրջին։

— Քո անունը Զուլում չէ՞։

— Զուլում Հայկազյան։

— Դու Փեթարա Իսրոյի շիթիլներից ես։ Իսրոն խուրջինը մեջքին սարուձոր ընկած հայ երեխաներ էր հավաքում ավերակներից։ Մի երեխան մի ոսկի էր։ Իսրոյի մոտ մնացել էր ընդամենը կես ոսկի։ Քեզ բերող քուրդը Իսրոյից մի լրիվ ոսկի պահանջեց, թե չէ ուզում էր մեջտեղից ճղտել։ Ինձ մոտ փող չկար, Անդրանիկ փաշի գրպանն էլ դատարկ էր։ Մեր երգիչ Ալադին Միսակը քրդական մի երգ ասաց։ Երգը դուր եկավ քրդին և նա քեզ առանց վճարի դրեց Իսրոյի խուրջինի մեջ։ Եթե Միսակի երգը չլիներ, ոչ դու հիմա այստեղ կլինեիր, ոչ էլ ես քո կողքին նստած։

— Ուրեմն ինձ Փեթարա Իսրո՞ն է ազատել։

— Դու նրա հազարավոր շիթիլներից մեկն ես։ Հայկազյանը շտապեց իմանալ, թե հայրենադարձ զորավարը տուն ունի"։

— Ի՞նչ տուն։ Հայդուկը ե՞րբ է տուն ունեցել։

— Իսկ աշխատա՞նք։

— Աշխատանք էլ չունեմ։

— Որևէ արհե՞ստ։.

— Սոլկար եմ։ Կարող եմ նաև փուքս փչել, կլայեկ զարկել...

— Մենք քեզ տուն էլ կտանք, աշխատանք էլ, — ասաց շրջկոմի քարտուղարը։ — Հիմա դու քո հայրենիքում ես։

— Ես ուրիշ հայրենիք չունեմ։ Զինվորական մի հին վերարկու

ունեմ մոտս, կպարզեմ բաց երկնքի տակ, գլուխս կդնեմ մի ժայռի ու կքնեմ: Կարծում եմ ինձ դրա համար չեն բանտարկի:

— Ո՞վ իրավունք ունի քեզ բանտարկելու, զորավար, — խոժոռեց քարտուղարը:

— Հակառակորդներս ինձ Մարսելում ասացին. «Հենց որ հասնես Երևան, քեզ կբանտարկեն»: Երկրորդ օրն է այստեղ եմ և մոտեցող չկա:

— Եվ չի էլ լինի: Բայց դու շատ ես ծխում, զորավար, — նկատեց Հայկազյանը:

— Իմը ծխելն է: Առաջին ծուխս գնաց Նեմրութի վրա: Ֆրանսիայում էլ շատ էի ծխում: Էն օրվանից, որ Անդրա՛նիկը մեռավ, իմ ուտելը պակսեց, իմ ծուխը շատացավ: Ամեն վայրկյան մտքերիս հետ եմ: Հիացած եմ իմ տեսածով: Այսքան շեն Հայաստան իմ սերունդը հազիվ թե կարողանար պատկերացնել: Երկիրը շատ է ծաղկել, շատ է գեղեցիկ: Էսպես որ գնա, երկու–երեք տարի չանցած մենք Մուշ ենք: Ես ձեզ կտանեմ, մեկ առ մեկ ցույց կտամ ձեր տների տեղերը ու դրանից հետո մեռնելը դյուրին կլինի: — Մախլուտոն նորից փաթաթեց մի գլանակ: — Ինչ անուշ թութուն է: Երեկ իմ ձիապան Բարսեղը բերեց Ոսկեթասից:

Շուտով ամեն բան կարգավորվեց: Հայրենադարձ զորավարին հատկացվեց բնակարան Նաիրի փողոցի վրա: նրան նշանակեցին կենսաթոշակ և կարգեցին ընդհանուր վերակացու Կոմիտասի զբոսայգում:

Մենակ էր ապրում Մախլուտոն: Առավոտները գնում էր զբոսայգի, կարգադրություններ էր անում գործավորներին, և բահը վերցնելով սկսում էր աշխատել: Կոմիտաս զբոսայգին շինված էր Երևանի հին գերեզմանատան տարածքի վրա և նոր էր կազմավորվում: Զբոսայգին իր երևույթով չափազանց խորհրդանշում էր Սովետական Հայաստանը, որ նույնպես ծաղկել էր ավերականոցի և շիրմաքարերի վրա: Աշխատանքից հետո Մախլուտոն հսկում էր զբոսայգու գլխավոր մուտքի մեծ նստարանին, ծանր գլուխը ֆրանսիական թեթև գավազանին դրած: Դիմացը, զբոսայգու պատի տակ ուրիշ մի հայդուկ էր թաղված: Աչքը այդ հին հայդուկի գերեզմանից սահեցնելով, նա լուռ նայում էր անցուդարձ անող մարդկանց, երիտասարդ զույգերին: Մանավանդ սաստիկ հուզվում էր, երբ զբոսայգու մանկապարտեզի երեխաները սպիտակ գոգնոցներ կապած դաստիարակչուհիների ուղեկցությամբ շարքով անցնում էին իր առջևից: նրա ձեռնափայտի գլուխը երբեմն աննկատելի թրջվում էր և նա հախուռն ծրխելով դանդաղորեն գնում էր տուն:

Վանեցի մի կին շաբաթը մեկ–երկու անգամ գալիս մաքրում էր նրա սենյակը և գնում:

Զորավարին տեսության էին գալիս հին զինվորներ, ծանոթներ, բարեկամներ:

Մշտական այցելուն և զրուցակիցը Սմբուլ Արշակն էր, կամավորական հեծյալ գնդի հարյուրապետը, որ առաջինն էր մտել

Խաչմանուկյանների ապարանքը Բաղեշում և գեղեցկուհի Շուշանին իր բեռներով ուղևորել դեպի Երևան: Իսկ Շուշանը չկար: Զբոսայգին տարածված էր Հրազդան գետի եզերքին, որտեղից երևում էր Երևանի հին բերդը, բայց ոչ բերդի զինվորական հիվանդանոցն էր երևում և ոչ էլ գթության քույր Շուշանը:

Մյուս անբաժան այցելուն Ղարիբն էր: Իր ազատ ժամերին սա միշտ զորավարի կողքին էր նստած, տանը կամ զբոսայգում: Երկուսն էլ մտքով երբեմն տեղափոխվում էին Ֆրանսիա: Մինչև արտասահման գնալը Ղարիբը շարունակ եղել էր Սոսս մայրիկի հետ իբրև նրա ձիու առջևից գնացող զինվոր, և ամեն հանդիպմանը որևէ հետաքրքրական դրվագ էր պատմում այդ կամավորուհի կնոջ կյանքից: Ինչպես Աղբյուր Սոսեն Հաջի Գևոյի և արևմտահայ գաղթականության հետ Ալեքսանդրոպոլից հասավ մինչև Գորիս: Եղավ այն զինվորների մեջ, որ Անդրանիկին Բաթումից ուղևորեցին դեպի արտասահման, և վերջում մեկնեց Պոլիս: Իսկ Մախլուտոն ավելի հեռուն էր գնում: նա մտքով շրջում էր Ֆրեզնոյի և ԼոսԱնջելոսի փողոցներով և Ատլանտ յան օվկիանոսը կտրելով գալիս կանգնում էր Քարե հեծյալի կողքին:

Երրորդ այցելուն ձիապան Բարսեղն էր: Սա Ոսկեթասից էր գալիս, հետը երբեմն որևէ հին հայդուկ կամ կամավոր բերելով Թալինի և Աշտարակի գյուղերից:

Մայրաքաղաքի այն թաղամասը, ուր Մախլուտոն էր ապրում, խիստ աղմկոտ էր: Իրար ետևից ավտոբուսներ էին անցնում, անթիվ-անհամար ինքնաշարժեր:

Մի անգամ մի մենավոր ձի անցավ փողոցավ՝ վրան մի հեծյալ: Կանգ առավ և ձեռնափայտին հենված երկար նայեց ձիու ետևից: Ինքնաշարժերը քսվելով անցնում էին նրա մոտով: Ու հանկարծ այդ բոլոր ինքնաշարժերը դարձան ձիեր: Փողոցը լցվեց նժույգներով, կոշտ խճուղին դղրդաց նրանց սմբակների տակ: Թվաց նրան, թե այդ բոլորը Պայթող Աղբյուրի նժույգներն են, Սասնո առասպելական աղբյուրից բարձրացած հրեղեն ձիավորները: Անվերջ ելնում են ու վերջ չկա: Ահա նրանք անցան Հաղթանակի կամուրջով: Բոլորից առաջ ընթանում էին Քարե հեծյալը և մենավոր ձին, որի թամբին ինքն է նստած: Գնացին, գնացին, սմբակները դեմ տվին Սըմբատաբերդին ու սկսեցին հարվածել:

Մախլուտոն ձեռքը տարավ դեպի ճակատը և հրեղեն ձիերն ու ձիավորները չքացան, Սմբատաբերդը աներևութացավ:

Տեսիլք էր՝ ցնդեց:

Այդ բովանդակ տեսարանից իր աչքերի առաջ մնաց մեն-մի պատանի Սողզոմ գյուղի կանաչ դաշտի մեջ կանգնած, այնտեղ, ուր Մշո գետակը թափվում է Մեղրագետի մեջ:

Ինքն էր: Կարմիր Ծառի Զանգակ սարից իջած շարժվում էր դեպի արևելք, հայացքը հառած Խլաթա լեռներին և փոքրիկ դադարի կանգնած նայում էր, թե ինչպես հայրենի գետակը սպառում էր իր կյանքը, խառնվելով ավելի մեծին ու անծանոթին:

Իր կյանքի աղմկալի գետակն էլ ճիշտ այդպես իր ակունքից հեռանալով գնաց թափվեց ավելի մեծի ու անհունի մեջ: հետո նա արդեն տանն էր:

ԵՍ ԷՆ ՃՐԱԳ ՓՉՈՂՆ ԵՄ

Դռան փոստարկղում մի հաստ ծրար գտավ: Հալեպի հայ ծերանոցից էր:

Իր հին զինվորներից մեկն էր գրողը:

«Պաշտելի զորավար, լսեցի, որ Մարսելից Հայաստան ես գնացել: Երանի աչքերիդ: Բախտը ինձ Բերդակի անտառից քշեց դարիբության, իսկ ծերությունը ինձ տարավ անկելանոց:

Անգրագետ եմ ու մեկ ուրիշի գրել տվեցի այս նամակը: Կհիշե՞ս ինձ: Ես Սերոբ փաշի մոտ գյուլլեքի սերտն ու փուչը ջոկող Թադեն եմ, զորավար:

Վերջերս Ալեքսանդրիա քաղաքի մեջ մեռավ Աղբյուր Սոսեն: Պոլիսից էր եկել: Ուխտի էր գնացել Երուսաղեմ և օծտված էր սուրճի բաժակ նայելու շնորհքով: Անկեղծորեն հավատում էր, որ Սերոբ փաշի մեկ որդին ողջ է և գտնվում է Մարտենի քրդերի մեջ: Սոսեն ճամփա էր ելել իր կորուսյալը փնտրելու: Հասել էր Ջեզիրե և ձեռնունայն ետ դարձել, սակայն ոչ հուսախաբ:

Հիշու՞մ ես քաջակորով այդ հայդուկ կնոջը և առաջին հայ կամավորուհուն, ոտքերին ռուսական մույկեր, Աստրախանի փափախը գլխին և մաուզերը կրծքին:

Եվ մեռավ նմանապես մի ուրիշ հայդուկ կին էլ Ֆրանկնորշեն գյուղից՝ անունը Կաքավ: Ֆրանկ-Մոսոյի կինն էր, որ շալակով հաց էր տանում ֆիդայիներին: Կաքավն էլ բարի խաբրիկների էր սպասում: Ունեցել է մի աղջիկ և չորս տղա: Աղջիկը տարված է Մուշ և ասում են, թե մինչև հիմա հոն է: Մի տղան կորել է, մյուս երեք տղաները Հայաստանի մեջ են՝ Պետրոս, Սամվել և Բաղդասար: Վերջին տարիներին խեղճ կինը միշտ ասելիս է եղել. «Ես նման եմ էն հավքին, որ կորցրել է իր ձագերին և չի իմանում, թե ո՛րի ետևից գնա, ո՛ր թփի տակ փնտրի նրանց»:

Մեկ ամիս առաջ մի պոլսահայ պարոն եկավ մեր ծե՛րանոց: Տեսավ ինձ, իմ նկարը քաշեց և իմ մասին բան գրեց «Հայ ծերանոցի» մեջ, որից մեկ օրինակը նամակիս հետ ուղարկում եմ քեզ:

Զորավարը բաց արեց «Հայ ծերանոցը» և կարդաց.

«Մուշ գավառի Փեթար գյուղեն է Թադո քեռին, ինչպես կկոչեն

զինք ծերանոցի մեջ։ Խնամված փալաբեղ մը, փալաբեղին տակ ժպիտ մը և ժպիտին տակ զայրույթն ու հավատքը միասին կընթանան ու կարտահայտվեն զարմանալի կերպով։

— Քանի՞ տարեկան ես, Թադո քեռի, — կհարցնեմ։

— Իննիսուն, հարյուր՝ չեմ գիտեր, աստուծմով կապրիմ իշտե։ Ես բնավ դպրոց չեմ գացած, հաշիվ չեմ գիտեր, լեռնային եղած եմ — հողագործ հովիվ և… ֆիդայի։ Միայն այսչափը գիտեմ, որ վաղ հասակեն լեռները կֆռռայի հորս չագմակլիով (հոս Թադո քեռին պահ մը կբացատրե չագմակլիին ինչ ըլլալը և այն օրերու զենքերուն տեսակները)։ Շատ արագաշարժ էի։ Քեռին կըսեր, որ կամաց քալեմ, որ չհոգնիմ։ Ես կըսեի իրեն. «Եկուր, ես քեզ ալ կշալկեմ, քու զենքդ ալ»։

Ապա հանկարծ, արցունքոտ աչքերով կբացականչե. «Ա՜խ, Մուրադ, Մուրա՜դ»։ Ապա բարձր ձայնով կգոչե. «Ես տասնչորս տարի ծառայած եմ Անդրանիկին, Քեռիին, Սմբատին և Սեբաստացի Մուրադին բանակներուն մեջ, իսկ ավելի առաջ զինվոր եղած եմ Աղբյուր Սերոբին և Գևորգ Չաուշին։ Բիթլիս, Մուշ, Նեմրութ, Ալագյազ… ա՜խ, ա՜խ…»։ Եվ զայրույթեն կդողա, աչքերը արցունքով կճեցվին և պահ մը չի կրնար խոսիլ…

— Քեռի Թադո, Անդրանիկը ի՞նչ տեսակ մարդ էր, — կըհարցնեմ։

— Անդրանիկի պես զորավար մարդ չէ եղած։ Անոր բըմբլե բարձը Սասունի լեռները եղան, անոր պես մարդ կըլլա ։ Միայն երբ ջղայնանար, թուրքերեն կհայհոյեր և բուլղարերեն «նապրեդ» կըսեր։ Երբ փամփուշտ գար մեզի, կըսեր, որ գետին պառկենք, և ինքը միայն ոտքի կկենար և կտեղացներ փամփուշտները։ Ան շարունակ մեզի հետ ճաշի կնստեր և իր կերակուրը մեզի կբաժներ։

— Ամուսնացած ե՞ս, քեռի Թադո։

— Ա՜խ, Զոզան, Զոզան, — կբացականչե Թադոն ակնարկելով իր կնոջը։ — Երկու զավակ ունեցանք, պատերազմի ատեն ինչպես աշխարհ եկան և ինչպես աշխարհեն գացին՝ մենք ալ չգիտցանք։ — Հոս Թադո քեռին դարձյալ կհուզվի, կարտասվի և չի կրնար շարունակել։

— Ուրիշ զավակներ և թոռնիկներ ալ ունի՞ս։

— Շողիկս Հայաստան է, բայց ճիշտ ո՞ր քաղաքը, հիմա չեմ հիշեր։ Հայկանուշը Հոկտեմբերյան է, չորս կամ հինգ զավակներ ունի։ Զաբելն ալ Էջմիածին է, ան ալ չորս–հինգ զավակներ ունի։

— Նամակ կգրե՞ն քեզի։

— Ամա՜ն, միշտ, միշտ կգրեն։ Կգրեն «էկո՛ւ, էկո՛ւ, հայրիկ, մենք հարուստ ենք»։

— Է, կուզե՞ս Հայաստան երթալ։

— Աման, ադ ալ խո՞սք է, վաղն ալ ըլլա՝ կերթա մ։ Օգնեցեք ինձի, որ երթամ։ Սա վերջին օրերս գոնե մեյմը հայրենիքս, զավակներս և թոռնիկներս տեսնեմ ու անանկ մեռնիմ։

— Ծերանոցեն գո՞հ ես, քեռի։

— Պապամ, լավ է: Մաքուր է: Ջուրը, լույսը տեղն է, փառք աստուծո: Բայց վերջապես անունը ծերանոց է:

Երբ կպատրաստվիմ էրթալու, Թադո քեռին կրկին կպաղատի, — Տղա՛ս, չմոռանաս, ազգը զիս Հայաստան թող ղրկե:

— Ա՛խ, եթե կյանքս գրեի, ասանկ գիրք մը կըլլար, — հառաչեց քեռի Թադոն և ավելացրեց.

— Խողեղանի հեղինակին ըսէք, թող իմ անունն՛ն ալ դնե գրքի մեջ: Կըրնա պատահի, որ ես Հալեպի ծերանոցի մեջ մեռնիմ ու Հայաստանը չտեսնամ, մի հիշատակ ալ ինձանից թող մնա:

Եվ թող ուղղե նմանապես Մուսաբեկի մահվան հանգամանքները, տեղը և թվականը:

Ցոթ Թամբերու տան Մուսաբեկը (Ղասմբեկի եղբայր) մեռել է 1929–ին Ջեզիրե եղած ժամանակ: Սա իր տղայի՝ Մատանի պեի հետ 1925-ին կմիանա Սասնա Քոռ Հյուսեին փաշային, որպեսզի երթան քուրդերը ոտքի հանեն թուրքերի դեմ, օգնելով Շեյխ Զիլանի ապստամբներին: Գործը կվերջանա խարդախությամբ: Մուսա պեյը Ջեզիրե եղած ժամանակ կմեռնի: Որդին՝ Մատանի պեյը, Հյուսեին փաշայի հետ ճամփան կշարունակե և գիշեր մը, քնացած տեղը կսպանե Հյուսեին փաշային և կանցնի թուրքերու կողմ (սրանք միշտ քնացած տեղը մարդ կսպանեն): Այսօր Մատանի պեյը Մշո դաշտ կբնակի և իր դավաճանության արդյունքովը կապրի:

Բեկ ալ կա, բեկ ալ: Մոկս գավառի իշխան Մուրթլա բեկն ալ քուրդ էր, բայց երբ կանչվեց Վան, որ հայերին կոտորելու գաղտնի հրահանգ ստանա, ժողովը կիսատ թողեց, գիշերով հեծավ իր ձին և ամբողջ թափով սլացավ դեպի Մոկս: Իր ձիու սպիտակ փրփուրից խավարը ճերմակել էր: Մուրթլան ոզմեցի Լաթոյի հետ Մոկաց լեռները պաշարեց և Շատախի և Մոկսի հայերին ազատեց կոտորածից: Ջեվդետն ուզեց նրան բռնել և կախաղան բարձրացնել Վանում, բայց նա փախավ Քրդստան: Գնալուց առաջ իր ձին հանձնեց ոզմեցի Լաթոյին իբրև բարեկամության նշան:

Հիմա ցեղասպան ռումիները գլխարկները փոխած Ցոթ Թամբերու տան ժառանգների հետ, մեր հողերի վրա ման կուգան իրենք զիրենք քաղաքակիրթ համարելով: Բայց քաղաքակրթությունը միայն գլխարկ փոխելով չըլլար, այլ պետք է գլխարկի տակինը փոխել: Մեկ–մեկ կփորփրեն մեր հայրենի հողը և երբ գետնի տակ հայի կամ ուռումի ձեռքով շինած մի հին քաղաքի ավերակ կամ քանդված կամուրջ կըգտնեն, կուրախանան ըսելով, թե օսման թուրքն է շինել Քրիստոսից առաջ: Իմ աչքի առաջ աշխարհի մակարդը փչացավ: Դավաճանին ու ցեղասպանին մնաց մի ամբողջ երկիր, իսկ ազատատենչ հայդուկին՝ մի նեղ ծերանոց Հալեպի մեջ: Վա՛յ աշխարհ: Ես քո արդարությունը…

Սասունցի Թադո քեռին վերստին աղաչական շեշտով մը նայեց ինձ և վերջին խոսքը այսպես ավարտեց, «Կյանքը շատ դաժան եղավ մեզի հանդեպ և մեզի ցրիվ տվավ աշխարհի վրա: Սերոբ փաշի անունը տվեցի, բայց շատ տարիներ են անցել մեր բաժանումեն ու, թերևս, զորավար Մախլուտոն դըժվարանա հիշել, թե ես ով եմ: Դու իմ անունից իրեն գրե. «Կիիշե՞ս, զորավար, Բերդակի և Մառնիկի անտառը, և թե ինչպես հինգ ընկերով գնացինք քրդական հարսանիք և ես սպիտակ քոլոզը գլխիս կանգնած էի Մորուք Կարոյի ետև իբրև ճրագ փչող։

Ես էն ճրագ փչողն եմ»:

— Ճրագը, մի՞թե ճրագը մարեց: Իսկ ի՞նչ եղավ Մշեցի Տիգրանը, — կցկտուր բացականչեց Մախլուտոն և նամակը ձեռքի մեջ դանդաղաքայլ մոտեցավ լուսամուտին:

«ԽԵՆԹԻ» ԿՈՂՔԻՆ

Զարմանալի հանդարտ լուսանում էր Երևանի գարնանային առավոտը: Ոչ քամի կար, ոչ զեփյուռ էր փչում Քանաքեռի և Նորքի բարձունքներից:

Աբովյան փողոցի ձախակողմյան մայթով փութկոտ քայլերով դեպի վեր է ելնում քաղաքի անքուն բնակիչներից մեկը:

Հայկազյանը սաստիկ զարմացավ հայրենադարձ Ղարիբին իր շեմքի վրա տեսնելով այդ տարաժամ պահին:

— Զորավարը մեռավ, — ասաց Ղարիբը անաղմուկ ներս մտնելով:

— Ե՞րբ:

— Այս գիշեր: Սմբուլ Արշակն ասաց, որ երեկոյան մի աման Մշո կլուլիկ է կերել, երկար ծխել է և պառկել է քնելու:

— Ուրեմն անկողնու՞մ մեռավ, տարաբախտ մարդ, — բացականչեց Հայկազյանը: — Իսկ մոտը ո՞վ է եղել վերջին ժամին:

— Ոչ ոք: Նույնիսկ վանեցի հավաքարարուհին բացակա է եղել: Մենակ էր ապրում և մենության մեջ էլ մեռավ:

Ղարիբը շտապեց մյուս հայրենակիցներին կոչնակելու, իսկ Հայկազյանը արագ հագնվելով նրա ետնից դուրս եկավ տնից:

Անատոմիկումը մոտ էր իր բնակարանին: Նույն անտարբերությամբ Մասիսն ընդունում էր իր կրծքին արևի անդրանիկ ճառագայթները, առանց զգալու, թե ով է գալիս և ով է գնում աշխարհից: Հայկազյանը դանդաղորեն իջավ ցուրտ աստիճաններով և կամաց հրեց նկուղահարկի կիսա՛բաց դուռը…

Նախասենյակի աջակողմյան պատի տակ, դիասեղանի վրա պառկած էր

հաղթամարմին մի ննջեցյալ՝ սպիտակ սավանով ծածկված: Խորքի սենյակում աշխույժ մի տղամարդ եռանդով ետ ու առաջ էր քաշում դատարկ դեաստեղանները:

— Ներեցեք, ընկեր հսկիչ, երրորդ մասից այս գիշեր ննջեցյալ բերվա՞ծ է ձեզ մոտ:

— Մեզ մոտ գրեթե ամեն օր ննջեցյալ են բերում, — անփութությամբ պատասխանեց գործավարը առանց իր աշխատանքը ընդհատելու:

— Ես ձեզ հարցնում եմ այսօրվա բերածի մասին:

— Անու՞նը:

— Մախլուտո:

— Չէ, այդպիսի ննջեցյալ չկա մեզ մոտ: Պաշտո՞նը:

— Վերակացու էր Կոմիտասի զբոսայգում: Խոսքը մի հին զորավարի մասին է:

— Հա՛, այդպիսի մի զորավար կա պառկած այստեղ: Գուցե սա է, — ասաց պահակը և մոտենալով նախամուտքի սեղանին, ետ քաշեց սպիտակ ծածկոցը:

Նա էր, զորավար Մ ախ լուսան: Ոչ պսակ կար վրան, ոչ զարդ: Անշուք, անաղմուկ պառկած էր նա պաղ ներքնահարկում, պաղ սեղանի վրա, պաղ լռության մեջ:

Հաջորդ օրը մարտի 20–ին Հայկազյանը վարորդին կանչեց և կարգադրեց իրեն Էջմիածին տանել:

...Հուղարկավորների մեծ թափորը Երևանից հասել էր Էջմիածին և դագաղը ձեռքերի վրա պահած թեքվում էր դեպի Գայանեի վանքի գավիթը: Որտե՞ղից և ինչպե՞ս հավաքվեց այդքան ստվար բազմություն:

Թափորը գնալով ստվարացավ, իր մեջ առնելով Էջմիածնի և շրջակա գյուղերի ու ավանների շատ բնակիչների: Ղաղազին գրեթե կպած քայլում էին հարյուրապետ Սմբուլ Արշակը, ձիապան Բարսեղը, հայրենադարձ կարիբը, Հոնկա պապի թոռ Սիմոնը, հանգուցյալի մի քանի ազգականները, ծերացած զինվորներ, հին ֆիդայիներ, հայրենակիցներ:

Ընդհանուր կարգադրիչը երբեմնի հարյուրապետ Սմբուլ Արշակն էր:

Վանքի պատի տակ մի քանի տեղացի հուղարկավորներ էին նստել: Դրանց կողքին կանգնած էր մազոտ երեսով մի տղամարդ, մեջքը պատին հենած և հեռվից ակնապիշ նայում էր ահռելի փոսին: Դա այն սևադեմ երիտասարդն էր, որ 1919 թվականին պատրաստվել էր մահափորձ կատարելու Անդրանիկի վրա Էջմիածնում: նրա դեմքին ցավալի մի արտահայտություն կար: Խղճի խայթ էր զգում և եկել էր Անդրանիկի մերձավորագույն զինակցի թաղմանը իր մեղքը քավելու համար:

Երբ դագաղը դրվեց թարմ հողաթմբին, առաջին մարդը, որ հայտնվեց նրա գլխավերևում, պատի տակ կանգնած սևադեմ մարդն էր:

Նա կռացավ համբուրեց Մախլուտոյի ճակատը և բազմությունը ճեղքելով հեռացավ: Ու գլուխը վանքի պատին հենելով դառնորեն արտասվեց, շիթ առ շիթ մաքրելով իր խիղճը, իր հոգու վրայից քերելով տարիների անդարմանելի կոշտուկները:

Վեհափառ հայրապետը բացակա էր, ուստի առաջինը խոսեց նրա տեղապահ Սահակ արքեպիսկոպոսը: Նա դրվատեց զորավար Մախլուտոյին իբրև մեծ հայրենասերի և զորավար Անդրանիկի մարտական զինակցի: Հիշատակեց նաև Արաբոյի, Աղբյուր Սերոբի և Գևորգ Չաուշի անունները:

— Հանգուցյալը միայն մի անգամ եկավ ս. Էջմիածին, — ասաց նա, — և այդ մի ամիս առաջ էր: նա եկավ նորին սուրբ օծության Վեհափառի մոտ և նրան հանձնեց մի փոքրիկ ծրար: Ապա ծոցից հանելով մի հին գդակ, նվիրեց վանքիս թանգարանին: — Սա Մշո սուրբ Կարապետի վանահայր Հեսու վարդապետի գդակն է, — ասաց նա և պատմեց այդ գդակի հետ կապված ամբողջ պատմությունը:

Գուցե կիարցնեք թե ինչ էր գրված վեհափառին ուղղված նամակում, ընդամենը

երկու խոսք՝ «Հավատքիս համար ինձ կթաղեք ս. էջմիածնում, իսկ քաջությանս համար «Խենթի» կողքին: Եթե հարմար կդատեք: Մախլուտո»:

Հավատքի համար Էջմիածինը պատրաստ էր նրան ընդունելու իր ծոցում, իսկ քաջության համար ստացվեց հայրենի կառավարության համաձայնությունը, որին նույնպես նա դիմում էր արել մահից առաջ:

Ապա ֆրանսահայերի կողմից խոսեց հայրենադարձ Ղարիբը:

— Այս մարդը, որ այժմ հանգչում է դագաղում և քիչ հետո պիտի իջնի գերեզման, մեր ժողովրդի քաջարի զավակներից մեկն է, — ասաց նա: — Դուք ծանոթ եք նրա ֆիդայական անցյալին, բայց չգիտեք, թե ով է եղել նա Ֆրանսիայում երկրորդ աշխարհամարտի տարիներին: նա մեծ հայրենասեր Միսակ Մանուշյանի մերձավոր բարեկամն էր և Ֆրանսիայի մեր ընդհատակյա հակաֆաշիստ կազմակերպության ազգային կենտրոնի անդամը: Երբ 1943 թվականի ապրիլին հայ ազգային խորհուրդը և հիտլերյան ռազմական բաժանմունքը նրան հրավիրեցին Բեռլին, առաջարկելով հայ գերիներից և գաղութներից հայկական լեգիոն կազմել և արշավել Սովե՛տական Միության վրա, Մախլուտոն վճռաբար հրաժարվեց այդ գործարքից, հայտարարելով, որ ինքը Ռուսաստանի վրա երբեք զենք չի բարձրացնի:

Զորավար Մախլուտոն հակաֆաշիստ ընդհատակի հետ պայքարեց հիտլերյան Գերմանիայի դեմ, օգնեց նրա շախջախմանը և 1947-ին հայրենադարձների առաջին քարավանով եկավ Հայաստան: Գնաս բարով, Տարոն աշխարհի քաջակորով հայդուկ և աննման հայրենասեր: Քո պատմությունը դեռ նոր պիտի գրվի: Մենք քո և քո սերնդի մոլորությունները կհանձնենք Մասյաց հողմերին, իսկ բռնակալության դեմ մղած ձեր ազատատենչ կռրովը և անհողդողդ կամքը՝ դարերին՝. Եվ գուցե այս բրոնզաղեմ մանուկը շարադրի քո պատմությունը, որ գլուխը ձեռքերի մեջ առած մտախոհ կանգ է առել քո տխուր վերջաբանին:

Երբ բոլորը հեռացան և Սմբուլ Արշակն ու ձիապան Բարսեղը վերջինը լքեցին նոր ծածկված շիրիմը, իրենց հետ տանելով խելագար Անդրեասին, բրոնզաղեմ մանուկը հանեց ծոցատետրը և ծնկանը դնելով հուշագրեց, «Զորավար Մախլուտոն գերեզման իջավ 1956 թվականի մարտ ամսի 20–ին, երեքշաբթի, երեկոյան Ժամը 6-ին: Նա թաղվեց «Խենթի» քարից յոթ թիզ դեպի աջ: Փառք քաջ նախնիների հիշատակին»:

Հաջորդ առավոտյան երրորդ քաղմասի թաղային լիազորը հետը վերցնելով շրջանային սովետի նոտարին և գլխավոր հաշվապահին, շտապեց դեպի Նաիրի փողոցի այն տունը, որտեղ իր վերջին օրերն էր անցկացրել ծերունի զինվորականը:

Կնիքը քանդեցին և ներս մտան:

Տունը դատարկ էր: Թախտի վրա, բարձի տակ հայտնաբերեցին հնամաշ մի պայուսակ և մի նույնքան հնամաշ զինվորական վերարկու: Նոտարական բաժնում պայուսակը բաց անելիս մեջը գտան պատմական Հայաստանի քարտեզը, պարսկական մի մաշված ձիու սանձ դեզին ծոպերով, Գեորգինյան երկու ոսկի խաչ, Աղբյուր Սերոբի, Գևորգ Չաուշի և Անդրանիկի լուսանկարները, կամավորական մի խմբանկար՝ Հայկ Բժշկյանը Անդրանիկի և իր կողքին նստած, Մուշ քաղաքի տեսարանը՝ Սիմ լեռը ետևում, դաշտային մի հեռադիտակ, երեք արշին ճերմակ կտավ և մի սնացած փոքրիկ տուփ: Վերջինը Արաբոյի ծխատուփն էր: Այնտեղ գտան նաև Բդեի Միսակի «Հիշատակարանի» վերջին գլուխը և մի քանի հաստ տետրեր վրան գրած՝ «Ֆիդայի Մախլուտոյի թղթերը»:

Այդ ամենը նույն օրը հատուկ արձանագրությամբ հանձնըվեց Հայաստանի Պատմական թանգարանին:

Երկու տարի անց Կալիֆոռնիայի Ֆրեզնո քաղաքից մի ամերիկահայ զբոսաշրջիկ եկավ Երևան: Դեմքը շիկավուն էր, աչքերը՝ թաց կապույտ.

— Ես եմ, Մախլուտո: Ես եմ, քո դասընկեր կոփեցի Լեվոնը, — ասաց նա նետվելով իր հայրենակցի անշուք գերեզմանին: — Մենք իրարից բաժանվեցինք սրանից վաթսուն տարի առաջ, երբ Մելքոն վարժապետը մեզ սովորեցնում էր անգիր անել «Ռանչպարների կանչը»: Իմ հայրը կամուրջ շինող էր Բուլանուխի Կոփ գյուղում, իսկ քո հայրը՝ որմնադիր: Ինձ բախտը շպրտեց հեռավոր Կալիֆոռնիա, իսկ դու նետվեցիր ֆիդայական շարժումների մեջ, ուխտելով ծառայել Հայաստանի ազատագրության դատին: Ես մի փոքրիկ պանդոկ շինեցի Ֆրեզնո քաղաքում անտուն և անտեր պանդուխտների համար, իսկ դու քո կյանքը կամուրջ շինեցիր, որ հայ ժողովուրդը անցնի նրա վրայով: Դու մի խենթ էիր և եկար թաղվեցիր «Խենթի» կողքին:

Եվ արցունքները թափվում թրջում էին գերեզմանը մեծանուն հայրեն ասերի, որ հանգչում էր Գայանեի վանքի բակում իր պես անհանգիստ ու մեծահամբավ մի ուրիշ քաջի կողքին:

Շուտով Մախլուտոյի հողաթմբին բարձրացավ գրանիտե մի հուշարձան, որի վրա երկաթագիր տառերով դրոշմված էր.

«Տարոնի հայդուկ Մախլուտոյի (Սմբատ Բորոյան) հիշատակին: 1872 — 1956 թ.: Իր դասընկեր Լևոնից, Մշո Կոփ գյուղացի»:

ՎԵՐՋԻՆ ԺԱՅՌԱԳՆԱՑԸ

1962 թվականի վաղ աշնանը Մակու քաղաքի կողմից դեպի Արարատի գագաթն էր մագլցում մի հանդուգն ժայռագնաց:

Լեռան արևելյան լանջը խիստ ապառաժոտ էր: Աշխարհի ոչ մի ճանապարհորդ դեռ փորձ չէր արել այդ կողմով վե՛րելքն սկսել: Բայց այդ խիզախ լեռնագնացը որոշել էր Մեծ Մասիսը նվաճել հարավից բարձրանալով:

Մենակ էր ու մի ուսապարկ շալակին, ձեռքին ալպինիստի գավազան:

Ու՞ր էր գնում և ի՞նչ էր որոնում այդ խենթ ուղևորը: Փա ոք: Այդ հասակու՞մ:

Երկար մաքառելուց հետո կեսօրից առաջ հասավ ձյունի սահմանին: նայեց դեպի աջ — Փոքր Մասիսը իրենից ցածր էր կանգնած:

Ակոռին չէր երևում, ոչ էլ ս. Հակոբի աղբյուրը: Թուխ, կապույտ երկինքը կախված էր գլխի վրա: Հոգնած էր: Նըստեց մի ցից ժայռի հանգստանալու, ապա սկսեց վերելքը: Հսկա մի սառցաշերտ պոկվեց իր ոտքի տակից և դղրդոցով ներքև գլորվեց: Փշրվեց մի երկրորդն էլ, երրորդն էլ: Որքան վեր էր ելնում, տեսարանը դառնում էր վեհատեսիլ, իսկ վերելքը՝ դժվարին: Նա կպած էր մի ձյունեղեն բարձունքի, որի ետևից մի ավելի մեծ ու բարձր գագաթ էր երևում:

Գիշերը քնեց այդ բարձունքին կպած: Լուսադեմին Արցախի կապույտ լեռների և Փոքր Մասիսի թիկունքից բարձրացավ արևը: Բայց շուտով փոթորիկ սկսեց և ձյուն տեղաց կարկաախառն: Քամին հոնդյունով հարվածեց նրա մեջքին, կամենալով անդունդ գլորեր Մի ճայթյուն լսվեց փոթորիկի մեջ: Կայծակն էր, որ օձապտույտ անցավ իր մոտով: Քամին հանդարտվեց և թանձր մառախուղը ծածկեց հյուսիսային գագաթը:

Դարձավ ետ նայեց: Դիմացի խոր ձորի մեջ երևաց Թաղեի

վանքը: Նրանից դեպի արևմուտք տարածված էր գեղանի մի ծով, իսկ ծովից այնկողմ իր ծննդավայրն էր:

Մի քանի օր առաջ նա անցավ Մշո դաշտով: Եղավ նաև Սասունի կողմերը: Մի անծանոթ հայ կնոջ հետքերով էր գնում: Լուր էր առել, որ այդ կնոջը քրդերը գերի են տարել, բայց թե որտեղ հայտնի չէր:

Հարցուփորձով հասավ Բաղեշ: Բաղեշի դռանը օտարական մի հայի տեսավ, որ հեռվից երեք անգամ բարձրաձայն «Բիթլիս, Բիթլիս, Բիթլիս» գոչեց: Մի տարեց բիթլիսցի նրան ցույց տվեց երկհարկանի քարաշեն կիսավեր մի տուն «Ավելի մեյդան» թաղամասում, բարձունքի վրա: — Սրանք ձեր սենյակներն են, — ասաց ծերունին: Գրագետը կանգուն մնացած պատի լուսամուտը ձեռքով մաքրեց: Հետո գետնից քարեր առավ շոյեց, ծաղիկներ քաղեց և, ելնելով իր հորենական տան փլատակներին, ասաց. «Ապրելու համար շատ գեղեցիկ տեղ է: Հիսունհինգ տարի այս վայրկյանը ապրեցի, այլևս փույթ չէ, եթե մեռնեմ»:

Երեք անգամ «Բիթլիս» աղաղակող հայը Ամերիկայում էր ծնված:

Իսկ ի՞նքը: Ինքը, որ ծնվել էր Մշո դաշտում, ի՞նչ աներ ինքը: Քանի" անգամ գոռար «Մուշ»:

Որոնեց, բայց չգտավ կնոջը: Վաղեմի մի իղձ էր մնացել անկատար, մի սրբազան ուխտ, և նա վճռեց վերադարձից առաջ իրականացնել այն:

Չորս անտեսանելի ուժեղ բազուկներ ետևից հրում էին նրան դեպի Մասիսի հավերժական ձյուները:

Հյուսիսային գագաթի մառախուղը գլորվեց դեպի արևմըտյան լանջերը: Մի քանի պալան ս. Հակոբի կիրճով իջան Մեծ Մասիսի ստորոտը, լիզելով այն խանձված քարերը, որտեղ Մորուք Կարոն և Ջնգլիկ Պետոն մեծ խարույկ էին վառել տարիներ առաջ:

Քիչ առաջվա քամին ավլել էր արևելյան լանջերի ձյունը: Բարձրում պսպղում էր մի հսկայական սառցագագաթ արևի ճաճանչներով ողողված: Նա դեպի արևոտ գագաթն էր ձգտում, աչքերը հառած ցնորական բարձունքին:

Ստիպված էր սառույցի վրա աստիճաններ փորել: Ուսապարկը ամրացրեց մեջքին և գավազանի բրիչով սկսեց սառույցը ջարդել, որ ոտքի համար հենարան շինի: Կոտրեց ու մագլցեց վեր: Միշտ դեպի վեր: Լայնորեն տեսնելու համար պետք է բարձրանալ:

Արևը մոտենում էր մուտքին, իսկ գագաթը թվում էր անհունապես հեռու:

Նորից կոտրեց սառույցը և նորից մագլցեց վեր: Կոտրեց ու բարձրացավ: Մութ է, այլևս չի տեսնում: Շեկ Ղավիթին հիշեց, քրդական տարազ հագած խնուսցի այն հմուտ ուղեցույցին, որ միշտ գիշերով էր շրջագայում, և որի աչքերը խավարին վարժված լինելով ազատորեն կողմնորոշվում էին մթության մեջ:

Հիշեց Տավրոսի բուքը և աջ ոտքը զգուշությամբ սառցե հենակին դնելով, բրիչը վերջին անգամ բարձրացրեց հարվածի համար:

Ահա և գագաթը: Այլևս տեղ չկա բարձրանալու: Վերևում երկինքն է և ինքը՝ կանգնած մեծ լեռան վրա: Նայեց ետև: Ե՞րբ նվաճեց այս ահռելի բարձունքը: Մեկ զառիթափով այնքան էր առաջ անցել կյանքը վտանգի տալով, որ գրեթե հասել էր գագաթի կենտրոնին:

Գագաթը քիչ ուռուցիկ շրջանաձև հրապարակի էր նման:

Հենց այդտեղ էլ նա մի կետ ընտրեց: Բրիչով փոս պատրաստեց սառցի մեջ և ծոցից ինչ–որ բան հանելով, ամրացրեց այնտեղ:

Մինչև այդ բարձրացողները խաչ էին տնկել լեռան գագաթին, իսկ իր տնկածը խաչ չէր, այլ մի գունագեղ պաստառ, վրան երեք գիր միայն՝ Ս. Մ. Տ., այսինքն Սրապ, Մախլուտո և Տիգրան: Առաջին երկուսը վաղուց չկային: Նրանցից մեկը հանգչում էր Բասենի դաշտում Ալեքսանդրոպոլցի Պոզվալի Վաղոյի հետ անանուն մի քարակույտի տակ, իսկ մյուսը՝ Գայանեի վանքի զավթում : «Մեր երեքի կողմից» երկյուղածությամբ շշնջաց նա պաստառի ծոթը համբուրելով:

Ու կանգնած էր նա երկնահաս լեռան գագաթին, ամպերից ու աշխարհից բարձր, անհասելի բարձր: Մենակ էր, ուսապարկը մեջքին և ցրտից ու քամուց այրված դեմքին բերկրանքի արցունքներ:

Բայց այս ի՞նչ բան է. պաստառը շառագունեց: Մատների ծայրերը կարմրեցին: Գավազանը նույնպես: Դեմքի վրա շողերի փայլ զգաց: Բրդյա գլխարկը կարծես տաքացավ: Արշալու՞յս է: Ա՞րնն է ծագում: Այս ի՞նչ լույս է ցոլանում դեպի երկինք՝ պատռելով գիշերային խավարը: Հրաշք էր: Սարսափած ետ–ետ գնաց: Ապա նորից մոտեցավ և շոշափեց պաստառը: Պաստառը իր տեղումն էր, բայց կարծես բոցերով բռնկված:

Որտեղի՞ց է այդ հրացոլքը:

Ամբողջ հասակով կանգնեց խավարի մեջ և նայեց դեպի լեռան հակառակ կողմը: Լույսը այնտեղից էր բխում: Վազեց դեպի լույսը: Նա ներքևում տեսավ մի նոր աշխարհ և հրձվանքից գոռալով ուշաթափ ընկավ Արարատի գագաթին: — Այդ քո լույսերն են, Երևան: Մի՞թե դու ապրում ես: Կա՛: Հայաստանը կա՛: Հայաստանը ապրում է: Հզոր, լուսավոր, մեծավոր Հայաստանը: Եվ ողողված էր նրա դեմքը իր նոր հայրենիքի — Սովետական Հայաստանի լույսերով:

Այս անսովոր վերելքի հաջորդ օրը արտասահմանյան լրագրերում երևաց այսպիսի մի հաղորդագրություն, «Հին հայդուկապետ Գևորգ Չաուշի զինվորներից մեկը, որ հայդուկապետի մահից հետո նրա կնոջը և երեխային փախցրել էր դեպի Վան և Պարսկաստան և երկար տարիներ ապրել էր Ավստրալիայում, Մշեցի Տիգրան անունով, վերջերս մի անօրինակ վերելք է կատարել դեպի Արարատի գագաթը:

Իր հայդուկապետի առասպելական կնոջ հետքերով գնալով, նպատակ ունենալով նրան գտնել Արևմտյան Հայաստանի լեռնաբնակ քրդերի մեջ, նա իր ծննդավայրն է եկել աշխարհահռչակ գրագետ Վիլյամ

Սարոյանի վերջերս դեպի Բիթլիս կատարած հայտնի ուղևորության օրերին և անցնելով Սուլուխի նշանավոր կամուրջը, Մակու քաղաքի վրայով մոտեցել է աստվածաշունչ լեռանը:

Հավատավոր լեռնագնացը և ուխտյալ զինվորը իր երեք հայդուկ ընկերների անունից գիշերով մի պաստառ է տնկել Արարատի գագաթին: Այդտեղից նա տեսել է վերածնված Հա՛յաստանի լույսերը և ուրախությունից անդունդ զահավիժե՛լով անհայտացել է բիբլիական լեռան սառույցն երի մեջ:

Վերջին խելահեղ ժայռագնացն էր նա իր հանդուգն սերընդի:

ԻՄ ԱՂՈՒՆՆ ԻՋԱՎ

Աիագչի գյուղի Խոտոնցի մեծ քարը լայն ստվեր էր նետել ձորի մեջ:

Այդ քարի մոտով թիակը ուսին և ոտքերը քշտած լեռնի՛վեր էր շտապում մի կայտառ ծերունի: Ետնից վազում էին մի խումբ մանուկներ, աղջիկ և տղա, մեկը մյուսից առաջ անցնելով և գրեթե կախվելով ծերունու թևերից:

— Ֆադե պապի, էն հեքիաթը պատմիր:

— Ո՞ր հեքիաթը:

— Մոսե Իմոյի հեքիաթը:

— Էն, որ հրեղեն ձիեր է տեսել Պայթող աղբյուրի մեջ:

— Պայթող աղբյուրի և Շապինանդի հեքիաթը:

— Աշխարհի հեքիա՛թը:

— Աշխարհը ջրաղաց է, — դեպի մանուկների կողմը կրտրուկ շուռ գալով և թիակին հենվելով ասաց Ֆադեն: — Դու ջրաղաց մտնողի գալը մի հարցրու, նրա գնալը հարցրու: Մեկի բերածը կորեկ է, մեկինը ցորեն, մյուսինը՝ գզգըլ: Բոլոր մտնողները իրենց բերածը աղալու հերթի կսպասեն: Ջրրաղացպանն էլ, ասենք թե աստվածն է: Առաջին եկողին ասում է. «Պարկիդ տակը թոթվիր, խնամ Կիրակոս, քո աղունն իջավ»: Հերթը մյուսինն է: Քիչ հետո ջրաղացպանը կրիչակին նայելով գոռում է. «Խնամ Համբարձում, պարկիդ տակը թոթվիր, քո աղունն իջավ»: Սա էլ է գնում: «Քավոր Գրիգոր, թեռդ առաջ քաշիր, հերթը քոնն է»: Մի հանգ հետո դառնում է մյուսին, «Խնամ Մարկոս, քավորից հետո հերթը քոնն է, պատրաստվիր»: Ջրաղացպանի ալրոտ աչքը հանկարծ ընկնում է ռես Օնեին, որ նոր է ներս մտել և կանգնած է շեմքի մոտ:

— Ռես Օնե, դու ինչու՞ ես շեմքին կանգնել, անցիր իմ մոտ, էս

բարձր թեռան վրա նստիր, մինչև քո աղունը իջնի: Իմա՞լ եք, քոչ-քուլֆաթ իմա՞լ է: Ճժեր, մալեր, սաղ-սալամա՞թ են:

— Փառք աստծո, ամենքն էլ սաղ-սալամաթ են: ներս է մտնում մեկ ուրիշը:

— Բարով, խնամ Աբրո, թեռդ իջեցրի՞ր:

— Հա, իջեցրի:

— Բերածդ ի՞նչ է:

— Գլգըլ:

— Քո հալն ինչպե՞ս է, խնամ Աբրո: Լսեցի, որ աղջկադ մարդու ես տվել ու հորքուր Շաքրոն շատ լաց եղավ: Հալբաթ, աշխարհք է: Էսօր մեկը քո աղջկադ կտանի, դու կիլաս, վաղը դու կերթաս ուրիշի աղջկան կբերես քու տուն, էս անգամ դուք կխնդաք, էնոնք կիլան: Մենք ամենքս էլ մանրած թութուն ենք աստծո ծխատուփի մեջ: Կհանի իր գոտու տակից, կլցնի իր ղեյլանի մեջ ու կվառի: Կրակ կեղնենք, ծուխ կեղնենք ու կերթանք: Աղունդ պատրաստ է, քավոր Գրիգոր: Հիմա քո հերթն է, ռես Օնե: Խնամ Մարկոս, դու թեռդ քաշիր առաջ և քիչ սպասիր մինչև ես ռես Օնեի աղունն աղամ:

— Առանց հերթի՞:

— Ռեսին ի՞նչ հերթ:

Ու էսպես ամեն մարդ կմտնի ջրաղաց ու իր աղունն աղալով կերթա դուրս: Բայց եթե աղացքի ջուրը կտրվի, ի՞նչ պիտի անի ջրաղացպանը: Նա պետք է վերցնի իր թիակը և գնա ջուրը կապելու: Ուրեմն, աստծո մոտ էլ, երեխաներ, ամենազորավոր գործիքը դարձյալ թիակն է: Էս է աշխարհիքի հեքիաթը, — ասաց Ֆաղեն և ետ դառնալով բահը ուսին դրած շարունակեց ճամփան:

— Մոլուք Կալոյի հեքիաթը պատմիր, — ծղրտաց երեխաներից ամենափոքրը, որ պորտը բաց տոտիկ-տոտիկ անելով ճիգ էր անում մյուսներին հասնել:

— Գալե, դու փոքր ես, գոլ գնա տուն: Աղջի Կաքավ, չե՞ս տեսնում, ախպորդ պորտը քիչ մնա վազելուց պատռի, տուն տար, — բարկացավ խմբի ավագը, որի անունը Գևորգ էր:

— Մոլուքի հեքիա՛թը, — նորից ծղրտաց Գալեն, Կաքավի գրկից փախչելով:

— Դե, լավ, սպասեք ջուրը կապեմ ու ետ գամ ձեզ Մորուք Կարոյի հեքիաթը պատմեմ, — ասաց ծերունին առանց դադարեցնելու քայլերը:

— Խտանա Կածի հեքիաթը, քեռի Ֆաղե, թե ինչպես դու ելար նստեցիր աստծո չորքերի տակ ու քո թիակը մոռացար երկնքում, — առաջարկեց կարմրաթուշ մի աղջիկ՝ մազերնու փունջը ծնկներից հեռացնելով:

— Էդ թիակն է եղել, չէ՞, պապի:

— Հա, էս թիակն էր, բայց պոչը փոխել եմ:

— Ու էդ տարի շատ ձյուն էր եկել Խտանա Կածին:

— Էնքան ձյուն էր եկել, ձնձուղը որ պառկեր մեջքի վրա ու ոտներն էլ տնկեր, կհասներ աստծուն:

— Ու դու ելար նստեցիր էդ ձյուների՞ վրա:

— Ելա նստեցի ու ձեռքս թալեցի աստծո չոքերին:

— Էդ էս՞ արան է եղել, որ զցել ես Մորուքի վրա, — հարցրեց Կաքավը, Գալեին շալակած ետնից հասնելով:

— Հա՛, Կարոն էս ճանապարհով փախավ Ղարաչի: Խեղճը տկլոր էր. արաս զցեցի վրան ու գնացի իր շորերի ետևից: Իշխնձորցին գլխաշորը թափ տվեց ձիու քթին ու Մոսեն թռավ դեպի Ղալաչի: Գնացեք նստեք Խոտնոցի հովին, ես էս մեծ առվի ջուրը կոլխոզի արտին կապեմ ու ետ գամ ձեզ Մոսե Իմոյի, Շապինանդի և Մորուք Կարոյի հեքիաթը պատ՛մեմ:

— Ու թե ինչպես քո թիակը մոռացար Խտանա Կածի ձյու՛ներին:

— Քեռի Ֆադե, դու հրեղեն ձի տեսա՞ծ կաս:

— Էս աշխարհում հրեղեն ձի միայն Մոսե Իմոն է տեսել: Հետն էլ խոսել է: Թե ուրիշը կասի՝ տեսել եմ, չհա՛վատաք:

— Իսկ ու՞ր է Մոսե Իմոն:

— Էն քարափի գլխին կարմիր քարեր կան, տակը ձորն է: Էզ քարերից մեկի տակ Մոսե Իմոն է պառկած:

— Ո՞ր քարի:

— Էն բարձրադիր կարմրաքարը տեսնու՞մ եք, որի վրա մի ձեռքի քանդակ կա՝ մաճը բռնած. տակը դրած է «Որդուդ մահը քեզ մահ պատճառեց»: Դրա կողքին մի անգիր մաշված քար կա, — դեպի Խոտնոցի դիմացի քարափը շուռ գալով մատնացույց արեց Ֆադեն. — դա Մոսե Իմոյի գերեզմանն է: Էս թիակով եմ փորել:

— Դե, պատմիր, պապի, Մոսե Իմոյի հեքիաթը պատմիր: Ճի՞շտ է, որ նա Լոնդոնից մինչև Սասուն մի օրորոց է շալակով բերել ու մեջը մի հրեղեն աղջիկ է եղել:

— Բոլորը ճիշտ է: Էն կարմիր գլխաշորով պառավին տեսնում եք, ձորի պռնկին նստած: Էդ էն հրեղեն աղջիկն է:

— Մորքուր Վիտոն, — զարմանքով բացականչեցին երեխաները:

— Հա, մորքուր Վիտոն, — համոզիչ շեշտով հարեց Ֆադեն: — Գնացեք մոտը, նա ձեզ շատ բան կպատմի Մոսե Իմոյի և նրա բերած օրորոցի մասին:

— Իսկ ճի՞շտ է, որ Մոսե Իմոն օձեր է կախարդել նրանց աչքերի մեջ նայելով:

— Էդ էլ ճիշտ է: Վերջին տարիներին նա մեր գյուղում օձերի հմայությամբ էր զբաղված: Վիտոյի մոտ գնացեք, Վիտոն ձեզ ամեն ինչ կպատմի:

— Չէ, դու պատմիր Մոսե Իմոյի ու Շապինանդի հեքիաթը:

— Եվ Շապինանդի հրեղեն ձիու հեքիաթը:

— Քաջ է եղել, չէ՞, պապի, Շապինանդը:

— Շատ քաջ, երեխաներ, ես էլ նրա պես քաջ եմ, տեսեք ինչպե՛ս եմ վազում: Բռնեք ինձ, թե կարող եք:

Եվ ջրտուքվար Ֆաղեն թիակը ուսին, ոտքերը քշտած շարժվեց լեռնիվեր:

Մանուկները վազում էին, որ ետևից հասնեն, վազում էին ու կանչում:

— Պայթող աղբյուրի հեքիաթը պատմիր... Կապտաջուր լիքը առուն աղմկալի գալարվում էր բարձրադիր լանջով:

Ծերունին հասավ ու թիակի թաթը ամուր հարվածեց մայր առվի մեջքին: Զարկեց ու վայր թեքվեց հանկարծ: Շեղբի վրայով խուժեց ջուրը բախվելով նրա ծնկներին: Կարծես հանգստանում էր թամբին նստած, գլուխը թեթևակի հակած կրծքի վրա, ձեռքով թիակը պահած:

— Երեխեք, իմ աղունն իջավ...

Մանուկներից մեկը առաջինը մոտենալով բերանը դրեց նրա ականջին:

— Շապինանդի հեքիա՛թը պատմիր, պապի...

— Չե՞ս տեսնում, որ մեռած է, — բղավեց Գևորգը հեռվից՝ կռահելով, թե ինչ պատահեց:

Մանուկները իսկույն հավաքվեցին շուրջը, խոշոր աչքերով կայտառ երեխաներ, այտերը մուգ կարմիր ինչպես աշնան մասուր:

Էլի էն էր, նույն ջրտուքվար Ֆաղեն, կարճ բեղերով, սև աբան ծալած ուսին, ոտքերը մինչև ծնկները քշտած, նեղ-թաթ թիակը ձեռքի մեջ: Էն երկրագործ տալվորիկցին, որ լսել էր ջրաղացքարերի գոռոցը ձորերի մեջ և Սասնա գահավեժ ջրերի որոտը բարձր լեռներում, որ գիտեր, թե ինչ է կատարվում լեռնային արծվի հետ, եթե ջախջախված թևերով վայր է ընկնում երկնքից:

— Իր աբան քաշենք վրան և գյուղից մարդ կանչենք:

— Ոտքերը կմրսեն, շուտ ծածկենք մի բանով:

— Սերո՛բ, դու վազիր գյուղ և կոլխոզի նախագահին ասա՝ Ֆաղե պապին մեռավ, թիակը մնաց, — կարդա դրեց Գևորգը մի խաժաչք տղայի:

Սերոբը վազեց:

Մանուկները ծերունու աբան ուսից առնելով պարզեցին մեռածի ծնկների վրա, մինչև գյուղից մարդ կգար:

Լեռնային կապույտ պաղ ջուրը զնգալով գլորվում էր դեպի Խոտնոցի մեծ քարը, և աշխարհը կար:

— Էս էլ հեքիաթ է, — ասաց Գևորգը և ձեռքը Ֆաղե պապի թիակին դրեց:

ՎԵՐՋ